DER GARTEN

Sinnvoll geplant – richtig angelegt

DER GARTEN

Sinnvoll geplant – richtig angelegt

Von John Brookes

Mit einem Vorwort
von
Lennart Graf Bernadotte

Christian Verlag

Aus dem Englischen übersetzt und für die deutsche Ausgabe bearbeitet
von Winfried zur Hausen, BDLA
Redaktion: Ulla Dornberg
Korrekturen, Register: Monika Wöhlken
Herstellung: Dieter Lidl
Satz: Josef Fink GmbH, München
Schutzumschlag: Ludwig Kaiser, München

Lizenzausgabe mit Genehmigung der Europäischen Bildungsgemeinschaft Verlags-GmbH, Stuttgart

Idee und Realisierung der Originalausgabe: Dorling Kindersley Ltd., London

Druck und Bindearbeiten: Mohndruck Graphische Betriebe GmbH, Gütersloh
Printed in Germany

ISBN 3-88472-085-6

Inhalt

Vorwort

Ja, auf jener Bank möchte ich sitzen und in die etwas verwilderte Ecke des Gartens schauen. Dieses Stückchen Erde zeigt uns, was für den ewigen Rhythmus des Lebens wichtig ist:

Wurzeln schlagen.
Sprießen.
Erblühen.
Gedeihen.
Frucht ansetzen.
Sich vermehren.
Welken.
Sterben.
Zerfallen und das Entstehen
neuer Generationen ermöglichen.

Der Garten zeigt uns die ganze Spannweite des Daseins in einem kleinen Brennpunkt. Hier erlernen wir die Philosophie der inneren Ruhe und Ausgeglichenheit. Hier erfahren unsere Kinder, was Geburt und Tod bedeuten. Hier beobachten sie, daß Vergehen unerläßlich für neues Leben ist.

Gewiß – in jenem Garten, wo diese vom Wetter blankgescheuerte Bank steht, tritt der Frühling ganz ehrfurchtsvoll und behutsam auf die alten Blätter, die er braucht, um die neue Generation hervorzubringen.

Nehmen Sie dieses Buch und betrachten Sie es mit Muße. Es wird Ihnen von Schönheit, Leben, Planen und viel Arbeit berichten. Eine unermeßlich reiche Welt tut sich auf. Ein Buch für Gartenliebhaber, mit oder ohne Garten. Lassen Sie sich entführen in diese Welt der lebensspendenden Arbeit, die dem Gärtner eigen ist. Vielleicht werden auch Sie einmal das von Sonne, Wind und Regen zerfurchte Holz der alten Gartenbank mit Zärtlichkeit und Achtung streicheln.

Insel Mainau, Juni 1983

LENNART BERNADOTTE
Ehrenpräsident der Deutschen Gartenbau-Gesellschaft

Welcher Gartentyp ist angebracht?

Das verfügbare Areal, seine Lage und Ausrichtung

Klima und Bodenbeschaffenheit

Der Garten im Wandel der Zeiten

Einführung

Obwohl mehr oder weniger Übereinstimmung besteht, wenn es um angemessene Kleidung für bestimmte Jahreszeiten und Anlässe geht, weichen die Meinungen über die »richtige« Gestaltung eines Gartens schon beträchtlich voneinander ab. Dabei ist der Vergleich zwischen angemessener Kleidung und angemessenem Gartentypus durchaus nicht weithergeholt, denn auch eine gelungene Gartengestaltung orientiert sich an den Umständen und Gegebenheiten und nicht zuletzt an den Bedürfnissen und dem Lebensstil seines Besitzers. Gut gestaltete Gärten harmonieren immer mit ihrer Umgebung, orientieren sich an Haus und Landschaft und sind auf die Bedürfnisse ihrer Benutzer zugeschnitten. So wie ein im japanischen Stil gestalteter Garten in Verbindung mit einem Bauernhaus ein Unding ist, so paßt ein üppiger Bauerngarten selten zu einem Sichtbeton-Bungalow. Bevor man sich also mit Bleistift und Papier ans Werk macht, um ein Entwurfsschema auszuarbeiten, muß man genau überlegen, welche Funktionen der anzulegende oder neu zu gestaltende Garten zu erfüllen hat: soll er ein Aktionsbereich für Kinder werden, eine Erweiterung des Wohnbereichs, ein Zier- oder Nutzgarten? Ist man bereit, viel Pflege zu investieren, oder wäre ein weniger arbeitsintensiver Garten die Ideallösung?

Auch wenn Sie die Terrasse schließlich nicht selbst pflastern wollen oder können, ist die Hauptsache ein gut durchdachter Plan, denn für die Realisierung kann notfalls für bestimmte Vorhaben immer ein Fachmann zu Rate gezogen werden. Wichtig ist, daß der Gartenplan die Ausrichtung des Grundstücks genau bezeichnet, damit beispielsweise eine schattenliebende Pflanzung nicht auf die Südseite gerät. Auch eventuell notwendige Unterstellmöglichkeiten (für Mülltonnen, Fahrräder, Gartenmöbel) und andere Einrichtungen wie vielleicht ein kleines Gewächshaus oder ein Komposthaufen müssen in das Grundraster einbezogen werden, an dem sich das Pflanzschema später orientiert.

Häufig hat ein Haus einen Vorgarten und einen größeren rückwärtigen Bereich, und beide erfüllen einen unterschiedlichen Zweck: der Vorgarten ist quasi der optische Rahmen für

Ideale Stilverbindung *(unten links). Der Stil dieses schönen Hauses im traditionellen englischen Stil mit seinen Natursteinwänden und den bleiverglasten Fenstern wird durch einen entsprechend gestalteten Garten noch betont. Naturstein wurde auch für die Treppen verwendet, die weich in die flankierende Pflanzung eingebettet sind. Das graue Laub der Margeriten harmoniert gut mit dem Stein, während rote Kletterrosen für Farbkontrast sorgen. Daneben eine von japanischer Gartenarchitektur geprägte, klare und moderne Gestaltung. Durch die Glasschiebetüren werden Innen- und Außenbereich nahtlos miteinander verbunden.*

den Eingang und unterstreicht den Stil des Hauses, während der rückwärtige Bereich während des ganzen Jahres vom Hausinnern her gesehen und zugleich benutzt wird.

Die Gestaltung eines Gartens hängt natürlich stets vom individuellen Geschmack ab und kann sich beispielsweise auch an der Inneneinrichtung des Hauses orientieren; das ist besonders dann sinnvoll, wenn ein kleiner angrenzender Garten als Erweiterung des Wohnbereichs gedacht ist. Will man den Garten eher zur Erholung anlegen, ist in erster Linie über Pflanzen und Gehölze nachzudenken, die Sichtschutz gewähren und ein Gefühl der Abgeschiedenheit vermitteln. Dagegen spielt bei einem Aktionsbereich, auf dem man auch Sport treiben kann, eine strapazierfähige Bodenbefestigung die Hauptrolle.

Ganz gleich, welcher Gartentyp Ihren Neigungen und dem zur Verfügung stehenden Areal entspricht, dieses Buch wird Ihnen helfen, die Gestaltung Ihres Gartens Schritt für Schritt vorzubereiten und auszuführen, von Aufmaß und Plan bis hin zur Beflanzung und Pflege des gestalteten Areals.

***Rückwärtiger Gartenbereich** (oben). Im Gegensatz zum eher öffentlichen Charakter des Vorgartens ist der Wohngarten als privater Bereich im Freien als eine Erweiterung der Wohnung im Sommer zu betrachten. Man muß gut überlegen, wie man ihn mit seiner Familie nutzen will, damit man diesen Gartenteil funktionsgerecht planen kann.*

Die Lage Ihres Gartens

Gärten mit ähnlicher Gestaltung können aufgrund ihrer unterschiedlichen Lage völlig verschiedene Eindrücke hervorrufen. Eng umschlossene Gärten in der Stadt erscheinen viel kleiner als gleich große in einer ländlichen, offenen Umgebung. Aber gerade die Tatsache, daß man einen privaten Bereich im Freien in einer dichten städtischen Bebauung besitzt, macht einen Garten in der Stadt im Sommer und auch während der übrigen Jahreszeit so reizvoll. In der Stadt müssen bei der Gestaltung eines Gartens die umgebenden Baulichkeiten, von denen der Garten eventuell eingesehen werden kann, berücksichtigt werden. Das Problem ummauerter Stadtgärten ist oft der Mangel an Licht während des ganzen Jahres, so daß die Pflanzen gern in die Höhe schießen oder nach innen wachsen. Beschattung kann auch durch angrenzende Gebäude oder von einem überhängenden Baum aus einem Nachbargarten erfolgen. Ein von Mauern umschlossener Garten kann aber auch zu einer Sonnenfalle und während bestimmter Jahreszeiten zu stark aufgeheizt werden.

Diese Faktoren muß man bei der Planung berücksichtigen, denn das Ziel eines umschlossenen Gartens in der Stadt sollte ein einfacher Raum im Freien mit dauerhaften, ausdrucksvollen Pflanzengruppen sein. Als Kontrast kann man Einjährige in Töpfen davor gruppieren. Mit einer Überdachung ist eine gewisse Abgeschlossenheit zu erreichen. Der Charakter eines Gartens in der Stadt unterscheidet sich grundsätzlich von Gärten in irgendeiner anderen Lage und sollte daher andere Gartenformen nicht imitieren.

Gärten mit größerer Fläche, wie sie aus den Vororten bekannt sind, sind in bezug auf ihre Gestaltung anspruchsvoller. Ehepaare mit Kindern wohnen aus Platzgründen lieber außerhalb des Stadtzentrums.

Man möchte dort vielleicht auch Gemüse ziehen, um den Mittagstisch zu bereichern, und außerdem ist wahrscheinlich Spielraum für die Kinder erforderlich. Während die Gestaltung eines Gartens in der Stadt eher für die passive Betrachtung geeignet ist, sollte der Familiengarten in der Vorstadt stärker auf die aktive Erholung zugeschnitten sein, mit größeren Terrassenbereichen, die sich sowohl für Spiel als auch für sonstige Unternehmungen eignen. Die Bepflanzung eines solchen Gartens beschränkt sich vorwiegend auf Sichtschutz, um einen privaten Bereich zu schaffen. Wenn die Kinder erwachsen sind, können dekorative Elemente hinzugefügt werden.

Ländliche Gärten können recht groß sein, doch tendiert man heute dazu, sie auch zweckmäßig anzulegen. Im Wochenendhaus möchte man lieber das Leben auf dem Lande genießen, als ständig einen makellosen Garten pflegen zu müssen mit der Aussicht, daß man am nächsten Samstag wieder entsprechend darin herumwühlen muß. Die gesamte Gestaltung eines Gartens in ländlicher Umgebung muß mehr auf Entspannung zugeschnitten sein. Der Gartenbereich, der Arbeit erfordern könnte, sollte auf die unmittelbare Umgebung des Hauses beschränkt bleiben. Der übrige Gartenteil kann so angelegt werden, daß er möglichst wenig Pflege beansprucht.

Städtische, vorstädtische und ländliche Lagen sind manchmal nicht ganz zu trennen. Die Übergänge sind fließend. Ich befasse mich vorwiegend mit kleineren Gärten in allen Bereichen. Häufig sind Klima oder Höhenlage der einzige Unterschied, denn der heutige Trend zur Standardisierung von Haustyp und Areal hat zur Folge, daß sich die Häuser und ihre Umgebung überall zunehmend gleichen. Um einen standardisierten Garten zu vermeiden, muß man von seiner Lage ausgehen.

Ländlicher Garten *(rechte Seite). Dieser schwedische naturnahe Garten illustriert erholsames Gärtnern auf dem Lande. Mohn und Margeriten haben sich offensichtlich zwischen dem kleinteiligen Belag aus Naturstein selbst ausgesät.*

Gärten in der Stadt *(unten). Noch die kleinsten Gärten in der Stadt, selbst auf den Dächern und Balkonen, können zauberhaft sein. Sie sorgen dafür, daß man Steinen und Beton entfliehen kann und schaffen eine Verbindung zur naturnahen Welt außerhalb der Stadt.*

Garten in der Vorstadt *(links). Außerhalb der Stadt bedeutet mehr Platz weniger intensives Gärtnern und mehr Raum für aktive Beschäftigung im Garten. Der vertiefte Bereich in diesem Vorstadtgarten bietet geschützten Platz für einen Eßtisch, den man viele Monate hindurch benutzen kann. Durch terassenförmige Abstufung entstehen Sitzmöglichkeiten für zwangloses Beisammensein im Freien.*

Klima und Wetter

Klima und Wetter einer Siedlungslage haben großen Einfluß auf ihren Charakter. Sie haben den örtlichen Baustil beeinflußt, und wo Holz und Steine lokal vorkommen, wurden sie üblicherweise für den Bau von Mauern, Wegen und Zäunen benutzt. Einheimische Pflanzen lieferten die Umgrenzung und die innere Bepflanzung und geben den Gärten ortstypisches Gepräge. Erst durch den Vormarsch der modernen Gartencenter mit dem Angebot zahlreicher moderner Baustoffe hat sich diese Gestaltungsart gewandelt. Es ist traurig, daß Gärten heute nahezu überall mit gleichen Materialien gepflastert und mit vielen gleichartigen Pflanzen bestückt werden. Nur extreme Klimabedingungen zwingen zu individueller, landschaftsbezogener Gartengestaltung.

Wenn man wissen will, welche Gartenpflanzen im jeweiligen Klima gedeihen, richte man sich am besten nach dem, was in der Natur vorkommt, was landwirtschaftlich angebaut wird und was in anderen Gärten wächst. Die wichtigsten klimatischen Faktoren, die das Pflanzenwachstum in einem bestimmten Bereich beeinflussen, sind die örtliche Höhe und die Strenge und Länge des Winters. Die gärtnerischen Möglichkeiten können an bestimmten Stellen auch stark durch den Wind beeinflußt werden. Seewind z.B. kann in winzigen Mengen bis zu mehreren Kilometern von der Küste Salz mit sich führen. Die Anzahl der Pflanzen, die sich für solche Verhältnisse eignen, ist vergleichsweise gering.

Klimaverhältnisse können auch von Garten zu Garten schon stark schwanken. Gebäude, Mauern und Bäume können beispielsweise die Sonnenscheindauer im Gartenbereich beeinflussen. Im Sommer, wenn die Sonne hoch über diesen Hindernissen steht, gibt es wahrscheinlich genug Licht, auch wenn heller Sonnenschein nur zu bestimmten Tageszeiten einfällt. Aber im Winter, wenn die Sonne tiefer am Himmel steht, kann unter Umständen direktes Sonnenlicht den Garten nicht erreichen. Bäume und Gebäude wiederum können bei Luftströmungen einen Sog verursachen und beträchtlichen Schaden anrichten, wogegen offene Zäune oder Hecken die Gewalt des Windes durch Filterung brechen. Ein massives Hindernis, wie z. B. eine Wand (die andererseits Pflanzenwachstum fördern kann, indem sie die Sonnenhitze speichert), kann Windturbulenzen vergrößern und ist als Windschutz ungeeignet. Häuser und Gärten, die vergleichsweise nahe beieinander liegen, das eine auf einem Hügelrücken, das andere in einem Talgrund, erfahren beträchtliche Temperaturunterschiede sowohl im Winter durch den Frost als auch im Sommer durch den Wind. Frost ist ein bedeutender Faktor für das Ortsklima, weil Kaltluft wie Wasser von den Bergen herunterfließt. Liegt ein Garten zufällig dazwischen, kann jedes feste Hindernis die Kälte zurückhalten. Es ist möglich, diesen Kaltluftfluß mit gut durchdachter Bepflanzung abzuleiten. Gärten in Tälern oder auch unterhalb von Hügeln können in Frostlöchern liegen, die ihr überraschend kaltes Kleinklima erklären. Frost verbleibt in einem Frostloch, bis er vom Wind oder von der Sonne vertrieben wird. Eine solche Lage kann für frühlingsblühende Obstbäume tödlich sein.

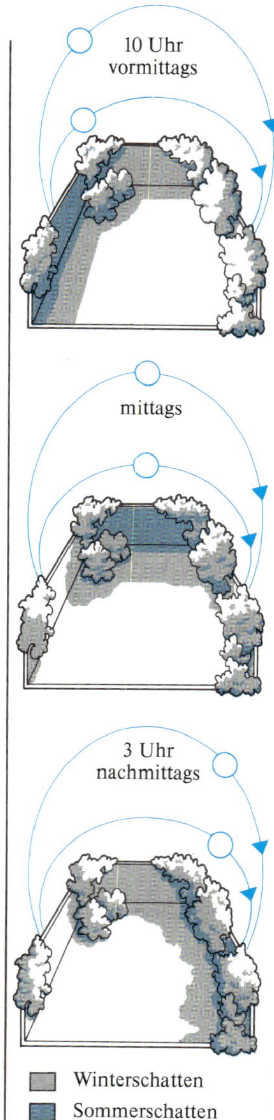

Sonne in mauergeschützten Gärten *(oben). Nur der zentrale Bereich eines ummauerten Gartens gewährleistet das ganze Jahr hindurch Sonnenschein. Der niedrige Lauf der Sonne im Winter vergrößert die Schattenbereiche.*

Frostfalle *Kaltluft fließt wie Wasser von den Bergen in die Talgründe und Becken.*

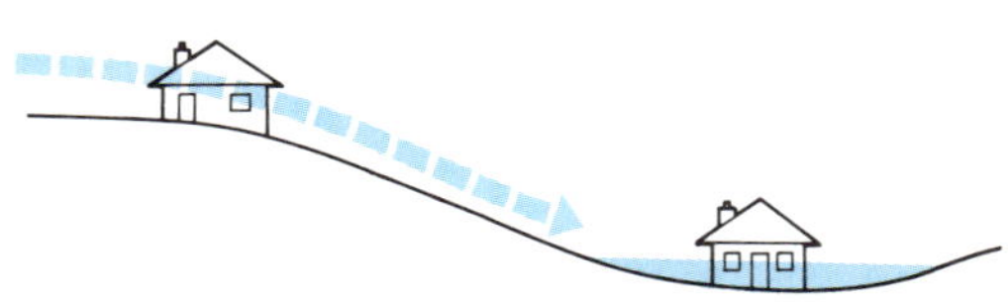

Garten in gemäßigtem Klima *Ausreichender Regen und milde Winter ermöglichen gutes Wachstum für eine erstaunliche Anzahl von Pflanzen.*

Garten in kühlem Klima *Hartriegel ist typisch für Neuengland mit seinen kalten Wintern; hier wurde er in Verbindung mit Ahorn gepflanzt.*

Garten in Wüstenklima *(links). Wüstenähnliche Sonnenhitze und Regenmangel können aufregende Gärten entstehen lassen. Architektur, Gartengestaltung und Wahl von Pflanzen, die starkes Sonnenlicht und Trokkenheit vertragen, geben hier den Stimmungsgehalt des Standorts hervorragend wieder.*

Garten in kaltem Klima *(unten). Dieser in einer Waldgegend gelegene Garten ist von einer Pappelkultur umgeben. Die gekonnte Anpflanzung von schattenliebenden Pflanzen in Verbindung mit den im Hintergrund aufstrebenden Bäumen und der steilen Linie des Hausdachs schaffen einen vor Winterkälte und Schnee geschützten Platz.*

Gestalt und Lage

Ein vorhandener Garten ist selten der Grund dafür, daß wir leben, wo wir leben. Entscheidend sind meist die Nähe zum Arbeitsplatz, zu Verwandten und ein geeignetes Haus von passendem Zuschnitt. Bei Wohnungswechsel kann eine freundliche Umgebung den Ausschlag geben, oder z.B. die Nähe zum Meer, aber bei der Beschreibung des Gartens wird meist nur etwas zur *Größe* des Areals ausgesagt. Meist hat man das zu übernehmen, was der frühere Eigentümer angepflanzt hat, oder man muß ganz von vorn anfangen, wenn man selbst ein Haus gebaut hat.

Schon ein nagelneuer Bauplatz mit seinem Bauschutt bietet Gestaltungsmöglichkeiten. Höhenunterschiede innerhalb des Grundstükkes, unterschiedliche Ausblicke oder sogar die Form eines benachbarten Baumes, der eine Beziehung zum Grundstück herstellt, sind von Bedeutung – alles kann in die Gesamtplanung einbezogen werden. Auch der Bewuchs bereits vorhandener Gärten ist zu berücksichtigen. Kleine Stadtgärten können mit Wänden ummauert werden, um den Charakter des Gartens und seiner Vegetation zu unterstreichen.

Auch die vorhandene Bodenart beeinflußt den Charakter Ihres Gartens *(siehe S. 123),* denn bestimmte Pflanzen gedeihen auf sauren, andere auf kalkhaltigen oder alkalischen Böden. Es hängt von der Zusammensetzung eines Bodens ab, ob er sich schnell erwärmt und damit das Wachstum im zeitigen Frühjahr fördert, oder ob er infolge seiner Dichte länger

Dramatische Lage *(links), Eine italienische Gartenterrasse in einem alten Obstgarten bietet einen herrlichen Blick in das tiefgelegene Tal. Die einfach aufgereihten Granitstelen reichen als Gartenschmuck angesichts dieser ungewöhnlichen Lage völlig aus. Außerdem gewährt die Mauer praktischen Schutz gegen die aus dem Talgrund heraufwehenden Winde.*

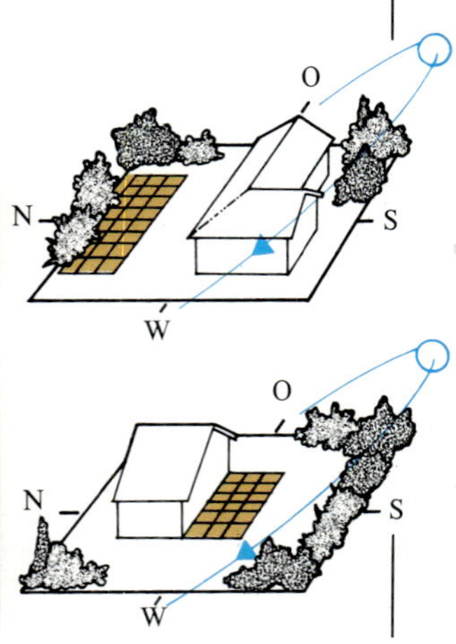

Lage beachten! *Die dargestellten Gärten haben unterschiedliche Lagen, das Haus oben weist eine nach Norden, das untere eine nach Süden gerichtete Hausfront auf. Die Gartensitzplätze sind in beiden Gärten gut gewählt, um die Sonne einzufangen.*

kalt bleibt und somit das Pflanzenwachstum verzögert. Nur zu oft findet man auf neuen Standorten lediglich eine dünne Schicht Mutterboden über einer beim Bauen verdichteten Lehmschicht vor. Wenn man also selbst bauen will, sollte dieses Problem beachtet werden, denn die Beseitigung des Lehms und die Andeckung mit fruchtbarem Mutterboden kann teuer werden und ist nur möglich, wenn man leichten Zugang zum Grundstück hat.

Die Lage des Hauses ist von größter Bedeutung für die Gestaltung des Gartens. Die Öffnung nach Südwesten gilt als ideale Lage für unsere Breiten. Hier gelangt man in den vollen Genuß langer Sommertage. Eine sonnige, nach Süden gerichtete Hausfront hat jedoch einen schattigen, nach Norden schauenden Hausgarten, und da viele Pflanzen Schatten brauchen, ist es nötig, die Terrasse in einem bestimmten Abstand vom Haus anzulegen, wenn man in der Sonne sitzen will. In besonders warmem Klima mag ein schattiger Bereich in der Hausnähe wünschenswert sein.

Es gibt nur wenige Lagen, die unüberwindliche Probleme für die Gartenplanung darstellen, und meistens liegt es an der falschen Einschätzung der örtlichen Gegebenheiten, wenn ein geplanter Garten unbefriedigend ist. Hohe Pflanzen oder Gebäude, die sich dem Lauf der Sonne entgegenstrecken, können Schatten werfen, die das Pflanzenwachstum vermindern und den Garten kalt erscheinen lassen.

Ein Garten am Hang bietet meist einen schönen Blick über die Landschaft, aber ehe man eine steile Hanglage erwirbt, muß man bedenken, daß unter Umständen Terrassierungen erforderlich sind, um ebene Bereiche im Garten zu schaffen *(siehe S. 120)*. Stützmauern können teuer sein, wenn sie gut gebaut sind. Bei Grundstücken, die zum Haus hin abfallen, können umfangreiche Dränagenvorrichtungen erforderlich sein *(siehe S. 103)*.

Sitzplatz im Grünen. *Bei dieser Terrasse hat man sich den vorhandenen Waldbestand zunutze gemacht. Der hölzerne Bodenbelag und die lockere Pflanzung betonen die ländliche Atmosphäre. Form und Blattwerk vieler Pflanzen, die in lichtem Schatten wachsen, sind charakteristisch, die Blätter sind meist groß.*

Bodenanalyse

Die Bodenart des Gartens gibt Hinweise auf die Pflanzen, die man dort setzen kann, sofern andere Voraussetzungen wie Dränage, Wetter und die einfallende Lichtmenge für die gewählten Pflanzen ebenfalls gegeben sind. Die meisten Gartenböden mit guter Bodengare sind auch für die meisten Pflanzen geeignet. Der Zustand des Bodens hängt von seiner Struktur ab, und die hängt wiederum von den organischen Bestandteilen ab. Nur extreme Bodentypen sind schwierig.

Die Hauptursache für unterschiedliche Gartentypen ist der Boden, der in Millionen von Jahren durch das Aufschließen der Felsen der Erdkruste entstanden ist. Daher hängt die Bodenbildung vom darunterliegenden Ausgangsgestein ab. So entstanden z.B. auf Urgestein wie Granit leicht saure, auf Kalkstein eher alkalische Böden *(s. unten).*

Die Beschaffenheit des Mutterbodens - des Teils, auf dem wir gärtnern -, hängt von Form und Zustand der Teilchen ab, die den Boden ausmachen, und vom Vorhandensein oder Fehlen organischer Substanz.

Ein Lehmboden wird aus sehr kleinen Teilchen gebildet, die so dicht zusammengelagert sind, daß er selbst bei warmem Wetter feucht bleibt. Er wird daher oft als kalter, bindiger Boden bezeichnet, aber wenn er schließlich austrocknet, bricht er. Ein sandiger Boden ist aus weit größeren Teilchen zusammengesetzt, ist wasserdurchlässig und erwärmt sich im Frühling rasch. Daher bezeichnet man ihn als warmen Boden. Die Grenze zwischen gut dräniert und zu gut dräniert ist sehr schmal. Ein Boden, der das Wasser zu schnell abführt, ist sehr arm, da alle Nährstoffe, die normalerweise in der Lösung um jedes Bodenpartikel liegen, abgeführt werden.

Ein lehmiger Sand, der aus einer Mischung von etwas mehr Sand- als Lehmanteilen besteht und viel organische Substanzen enthält, ist hinsichtlich seiner Struktur der ideale Boden zur Anzucht von Pflanzen.

Der Zusatz organischer Dünger sowohl in tonigen als auch sandigen Böden verbessert nicht nur seine Struktur, sondern er »ernährt« auch den Boden. Die Krümelstruktur gut verrotteten Düngers bindet die Teilchen eines lockeren Sandbodens oder teilt die feinen Partikel eines dichten Lehmbodens, während die darin enthaltenen Bakterien jede dieser Bodenarten so aktivieren, daß Pflanzenwachstum gefördert wird.

Um den Anteil an organischen Bestandteilen im Boden zu prüfen, muß man ihn sorgfältig untersuchen. Man nimmt eine Handvoll und läßt sie zwischen den Fingern durchlaufen. Im Idealfall sollte er eine krümelige Struktur aufweisen, weder zu schwammig noch zu dicht, noch zu staubig. Er sollte schwarz aussehen und süßlich riechen.

So wie nach seiner sandigen oder lehmigen Beschaffenheit beurteilt man einen Boden auch nach seiner Alkalität oder nach seinem Säuregehalt. Der relative Säuregehalt eines Bodens wird auf einer sogenannten pH-Skala gemessen. Sie reicht von pH 0 bis pH 14, wobei der Bereich pH 7 als neutral anzusehen ist. Pflanzen wachsen in Böden zwischen pH 4,5 bis pH 7,5, Werte zwischen pH 5,7 und pH 6,7 sind für die meisten Pflanzen ideal. Darüber ist der Boden zu alkalisch und darunter zu sauer. Kalkböden mit hohem Kalziumanteil haben einen hohen pH-Gehalt. Er kann durch starke Beimischungen von organischen Stoffen, wie Stallmist oder Kompost, saurer gemacht werden. Gut gedüngt kann auch ein kalkhaltiger Boden sehr fruchtbar werden.

Moorboden dagegen ist sehr sauer. Abweichend von anderen Bodenbildungen entsteht Moorboden aus Pflanzen und ist somit selbst organisch. Deshalb muß Moorboden meist dräniert werden. Man kann ihn alkalischer machen, wenn man kohlensauren Kalk hinzufügt. Eine Menge von 2,25 kg pro m^2 verändert den pH-Wert um etwa 0,5 bis 0,75 zur alkalischen Seite. Gekaufter Torfmull enthält wenig oder keinen Nährstoff, aber er verbessert einen Boden durch seine Auswirkungen auf die Krümelstruktur.

Bodentests können bei den Landwirtschaftskammern, den Fachschulen und angeschlossenen Instituten durchgeführt werden. Es gibt auch Geräte auf dem Markt, mit denen man die Bodenuntersuchung selbst vornehmen kann.

Jeder Bodentyp hat seine spezielle Vegetation, vom kleinsten Gras bis zu den Waldbäumen. Die Anwesenheit von einigen dieser Pflanzen ist ein Hinweis auf die Bodenart. Auch benachbarte Gärten zeigen gewöhnlich an, was in dieser Gegend gut wächst. In vielen Teilen Europas sind beispielsweise Rhododendren ein Zeichen für sauren Boden und Viburnumarten wiederum typisch für alkalische Böden. Birke, Kiefer, Stechginster und Ginster zeigen gewöhnlich einen leicht sandigen und meist sauren Boden an.

Man kann die Struktur und Wasserdurchlässigkeit eines Bodens prüfen und ihn für gesundes Pflanzenwachstum herrichten, aber es ist ein schwieriges Unterfangen, wenn man versucht, die Bodenart im Garten völlig zu verändern, um eine besondere Vielfalt von Pflanzen im Garten zu kultivieren, die auf diesem Standort eigentlich fremd sind. Falls nötig, kann man Container verwenden, um eine bestimmte Bodenart für solche Pflanzen bereitzustellen, die in dem anstehenden Boden schlecht gedeihen würden.

pH-Skala und -werte. *Die pH-Skala zeigt den Säuregehalt des Bodens an. Der Boden ist allgemein sauer oder alkalisch und hat demgemäß bestimmte Eigenschaften. Die erhältlichen Bodenprüfgeräte messen die Konzentration der Wasserstoffionen in einer mit destilliertem Wasser hergestellten Bodenlösung.*

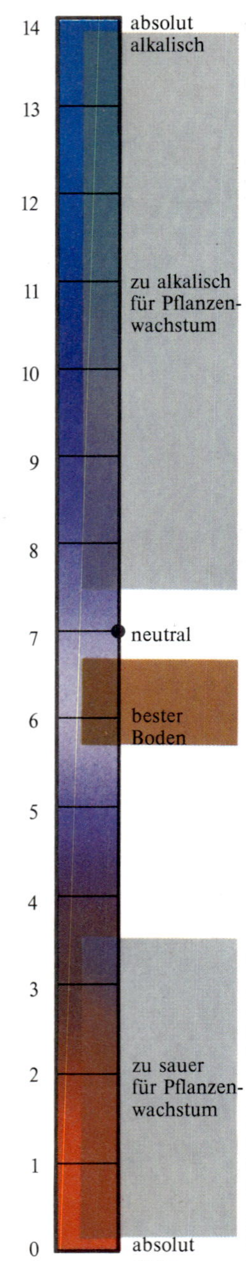

Erkennung von Bodenarten aufgrund der natürlichen Vegetation

Die Bodenart kann durch die Örtlichkeit einer Lage (Sonne oder Schatten und Hangneigung können den Wassergehalt des Bodens verändern) modifiziert oder verändert werden. Bestimmte Pflanzenarten wachsen allerdings auf ganz bestimmten Bodenarten. Pflanzen, die sich daher selbst in einem Gartenbereich ansiedeln, können ein guter Anzeiger der vorhandenen Bodenart sein. Das Weidenröschen wächst beispielsweise in fruchtbaren, nährstoffreichen Böden, ebenso wie die Brennessel. Heidekraut und Heidepflanzen sind typisch für saure Böden, die gewöhnlich sandig, moorig und nährstoffarm sind. Farne sind anpassungsfähige Pflanzen und können sowohl auf feuchten als auf trockenen Böden gefunden werden. Sie zeigen meist schwere, feuchte Böden an und lassen auf Lehm oder Ton im Untergrund schließen. Ein sicherer Hinweis auf feuchte Böden sind die Sumpfdotterblume und einige Hahnenfußarten, die man häufig in tiefliegenden Gärten und auf schlecht dränierten Weideflächen antrifft. Alkalischer, kalkhaltiger Boden wird oft vom Bingelkraut besiedelt, das sowohl an sonnigen als auch schattigen Standorten zu finden ist.

Weidenröschen – fruchtbare Böden

Heidekrautgewächse – arme, saure Böden

Farne – schwere Böden

Hahnenfußgewächse – feuchte Böden

Bingelkraut – alkalische Böden

Die Funktion eines Gartens

Von den großen historischen Gärten sind uns vorwiegend die überliefert, die am besten auf die Ansprüche der großen Familien mit ihrem aufwendigen Lebensstil zugeschnitten waren, die sie ursprünglich anlegen ließen. Daß historische Gartenarchitektur überlebt hat, ist den Künstlern zu verdanken, die damit nicht nur die Aufträge ihrer Bauherren erfüllten, sondern auch Gärten von großer, erhaltenswerter Schönheit schufen. Sie berücksichtigten dabei nicht nur den Lebensstil ihrer Auftraggeber, sondern auch den herrschenden Zeitgeist.

Um einen Garten auf die eigenen Ansprüche abzustimmen, muß man die Bedürfnisse der ganzen Familie kennen und daran denken, daß sie sich ständig ändern. Die Wünsche der Familienmitglieder in bezug auf die Gartenanlage ändern sich mit zunehmendem Alter.

Bevor man an Bäume und Sträucher denkt, muß man die Zweckbestimmung des Wohnbereichs im Freien untersuchen, der für gewöhnlich durch eine zum Garten führende Tür zu erreichen ist. Man benötigt Abstellraum mit Zugang, einen Komposthaufen, Raum für einen Ölbehälter, Wäschetrockenplätze und Stauraum für Gartenmöbel, Gartenwerkzeuge und Maschinen. All diese Bereiche müssen an feste, trockene Wege angeschlossen sein, die nachts auch beleuchtet werden sollten. Außerdem sind vielleicht Wege zu einer Garage, einem Werkraum, einem Frühbeet oder einem Gewächshaus erforderlich, die im Winter und im Sommer, bei Tag und bei Nacht begehbar sein müssen. Elektro- und Wasseranschlüsse dürfen nicht vergessen werden. Eine Terrasse zum Sonnenbaden, für Partys oder als Eßplatz im Freien gehört ebenfalls zu den Aktionsbereichen.

Man muß sich auch überlegen, wo ein Kräutergärtchen liegen sollte (möglichst nahe am Küchenzugang) oder ein Gemüsegarten. Die Größe eines Gemüsegartens muß allerdings genau berechnet werden, denn wieviel Zeit kann man tatsächlich aufbringen, um Gemüse zu kultivieren? Gemüse ist nämlich in den Geschäften gerade dann billiger zu haben, wenn man viel Zeit aufwenden muß, um es selbst zu ziehen. Vielleicht braucht man nur ein paar Salatköpfe, Beerenobst oder einen Obstbaum. Egal, wie man sich entscheidet, immer sind feste Wege zu einem Gemüse- oder Obstgarten notwendig.

Die Gartenform, die man innerhalb dieses gestecken Rahmens entwirft, hängt auch von vielen möglichen Wünschen und Bedürfnissen ab, die man an den Außenbereich stellt. Vielleicht wollen Kinder zunächst in einem Sandkasten spielen, später dann Fußball oder Squash gegen eine schon vorhandene Mauer? Diese späteren Aktivitäten schränken die Pflanzung von vornherein ein. Ein Grillplatz ist während des ganzen Sommers zweckmäßig, und eine größere Terrasse dazu kann nützlich für das Aufstellen einer Tischtennisplatte, fürs Sonnenbaden oder Festefeiern sein. Die wachsende und sich vergrößernde Familie benötigt vielleicht auch einen zweiten Garagenplatz oder Stellplatz für ein Boot oder einen Campingwagen. Wenn die Kinder das Haus verlassen haben, möchten die Eltern den Gartenbereich gärtnerisch oft stärker gestalten. Dazu kann das Aufstellen eines Gewächshauses oder eines kalten Frühbeets gehören. Solche spezifischen Garteninteressen halten sich meist bis in den Ruhestand hinein. Dann allerdings fordert die Pflege von stark differenzierten Bereichen ihren Tribut, und Flächen mit hohen Pflegeansprüchen müssen reduziert werden.

Nutzgärten *Gemüse- und Kräutergärten lohnen sich, wenn man Nahrungspflanzen, Kräuter oder Heilpflanzen gern selbst ziehen möchte. Gut geplante Bereiche oder eigene Gemüse- und Kräutergärten können– wie beim unteren Beispiel zu sehen ist – sehr schön sein.*

Gärten für vielerlei Aktivitäten *(oben). Gärten, die auf die Bedürfnisse ihrer Benutzer zugeschnitten sind, müssen oft auch Bereiche für aktive Betätigung einschließen. Für Erwachsene sind das meist Plätze zum Zubereiten und Grillen von Mahlzeiten im Freien; für Kinder kann ein Sandkasten sehr interessant sein. Es gibt keinen Grund, warum solche Aktionsbereiche nicht gleich in einen Gartenplan einbezogen werden sollten, wie in diesem Beispiel.*

Gärten zum Entspannen *Wenn man seinen Garten als einen Platz zum Entspannen ansieht, der nur ein Minimum an Pflege erfordert, so läßt sich das ebenfalls verwirklichen, wenn man sich die Mühe macht, den Garten von Anfang an entsprechend zu planen.*

Gärten im Wandel der Zeit

Der moderne Garten ist in erster Linie ein Produkt praktischer, standortbezogener Betrachtungen, denn meist ist das zur Verfügung stehende Areal klein, und die Gestaltung hängt ab von Zeit und Geld, die für die Realisierung eines Gartenplanes zur Verfügung stehen. In früheren Zeiten gab es weniger Gärten. Sie waren größer und auf einen aufwendigen Lebensstil zugeschnitten. Darüber hinaus wurden solche Lustgärten mit Hilfe von Personal unterhalten. Die uns überlieferten historischen Gärten waren meist Teil fürstlicher Residenzen. Mit ihnen konkurrierte der Nutzgarten des Arbeiters auf dem Lande. Erst nach der industriellen Revolution konnte sich eine breite Mittelschicht bilden, die sich Ziergärten – wenn auch in kleinerem Maßstab – leisten konnte. Aus dem körperlich schwer arbeitenden Landarbeiter wurde der Städter, und er gärtnerte noch immer – wenngleich man dabei auch mehr an Ernährung als an Zier- und Schmuckgrün dachte. Diese Entwicklung führte schließlich zu dem Gartentyp hin, wie er heute für die Vorstadtbereiche und die nähere städtische Umgebung typisch ist.

Im 18. Jahrhundert bereits hatte man sich zunehmend mit der Anpflanzung neuer Pflanzen beschäftigt, die damals aus allen Teilen der Welt zusammengetragen, selektiert und züchterisch entwickelt wurden. Im Jahre 1822 erfolgte dann die Gründung der Deutschen Gartenbau-Gesellschaft, die sich damals »Verein zur Beförderung des Gartenbaues in den Preußischen Staaten« nannte. Die Bedeutung dieser Gesellschaft war so groß, daß sie sogar per Kabinettsorder Portofreiheit genoß. 1882 erfolgte die Gründung der Deutschen Dendrologischen Gesellschaft, die sich ausschließlich mit heimischen und exotischen Gehölzen befaßt. Alle diese Gesellschaften existieren heute noch und erfreuen sich eines großen Zuspruches.

Der zunehmende Personal- und Arbeitskräftemangel für die Pflege von aufwendig gestalteten Gärten bestimmte die Gartenplanung in den frühen zwanziger Jahren unseres Jahrhunderts. Es dauerte allerdings bis zum Jahre 1950, bis neue Ideen eine Wandlung auf diesem Gebiet einleiteten. Der Funke, der neue gestalterische Ideen zündete, kam aus dem sonnigen Kalifornien. Das frühe kalifornische Gartenkonzept hatte seinen Ursprung in Spanien und gelangte über Mexiko an die amerikanische Westküste. Es handelte sich um Gärten mit schattigen Sitzplätzen, kühlenden Fontänen, wie man sie aus den berühmten maurischen Gärten in der Alhambra in Granada kannte. Hinzu kam ein neues Element – der Swimmingpool oder das Schwimmbecken im Garten, ein begehrtes Attribut für das Leben in sonnigen Klimazonen. Der gärtnerische Anteil dieser neuen Freizeitgärten war gering. Wenn aber Gärten angelegt wurden, bediente man sich zumeist billiger japanischer Arbeitskräfte, die in den zwanziger und dreißiger Jahren in Kalifornien sehr billig waren. Sie brachten Elemente künstlerischer japanischer Tra-

***Lebendige Tradition** (unten). Ein flämischer Garten aus dem 16. Jahrhundert, wie er in idealisierter Form von Abel Grimmer dargestellt wurde. Die Gestaltung ist attraktiv und die Ernte groß, aber die Pflege erforderte viele Arbeitskräfte. Das Bild rechts zeigt eine Gartenanlage in Kent (Sissinghurst Castle). Obschon im 20. Jahrhundert angelegt, wurde sie in überlieferter Form gestaltet und beansprucht ebensoviel spezielle Pflege wie ihr Vorbild.*

dition in die Gärten ein. In den dreißiger Jahren waren viele Intellektuelle nach Amerika ausgewandert, wo sie die Gartengestaltung sowohl in bezug auf Form als auch Wahl der Materialien ebenso wie die neue Architektur beeinflußten. Als beste Gärten aus dieser Zeit sind die von Thomas Church zu nennen, die in den vierziger Jahren angelegt wurden.

Nach den schrecklichen Jahren des Zweiten Weltkrieges beeinflußte dieser bestechend einfache Stil die europäischen Landschaftsgestalter, die sich veranlaßt sahen, die neuen Gebäude in der Wiederaufbauphase zu verschönern. Der neue Stil mußte jedoch den Klimabedingungen angepaßt werden. In Deutschland und Skandinavien waren die kalten Winter Ursache für die Reduzierung der in wärmeren Klimazonen möglichen Pflanzenvielfalt. Form und Umriß mußten hier den Mangel an Farbe kompensieren.

In England begünstigte das mildere Klima die Pflanzenauswahl. Auch von der Tradition her spielte die Struktur der Anlage dort eine geringere Rolle. Es war vielmehr der Wunsch nach einem kleinen, leicht zu pflegenden Garten für junge, wachsende Familien, der die Gartengestaltung in den sechziger und siebziger Jahren beeinflußte. Die Züchtung selbst sehr empfindlicher Pflanzen ist eher ein Resultat der Nachfrage in den Gartencentern, die genormte Materialien für jeglichen Zweck anbieten wollen. Der individuelle Pflanzenzüchter wurde durch die Gartencenter quasi verdrängt. Das Resultat ist eine deprimierende Gleichförmigkeit von Gärten in den vorstädtischen Wohnbezirken. Ein bemerkenswertes Interesse an Erhaltung von Natur und einheimischem Baustil hat auch der Gartengestaltung neue Impulse gegeben. Hinzu kommt, daß durch zunehmende Freizeitinteressen für die Gartenarbeit immer weniger Zeit bleibt. Für die Hobbygärtner – und davon gibt es Millionen – wird der Garten immer ein Ort der Kultur verschiedener Pflanzen sein, aber für die vielen Millionen, die das nicht sind, stellt der Garten eine willkommene Erweiterung der Wohnung dar und einen bepflanzten Bereich im Freien, der einen großen Teil der Ansprüche der Familienmitglieder befriedigen kann. Pflanzen bilden und bestimmen diesen Wohngarten, sie verleihen ihm Stil und Eigenart. Die festen Baustoffe für Wände und Bodenbelag müssen selbstverständlich der Architektur und der Umgebung des Hauses, zu dem der Garten gehört, angepaßt sein.

Der Sinn der Betrachtung von historischen Gärten liegt darin, daß man an ihnen ablesen kann, wie die jeweilige Anlage zu einer ganz bestimmten Zeit, an einem ganz bestimmten Ort und für einen ganz bestimmten Zweck entwickelt wurde. Daß sie überlebt haben, ist ihrer hervorragenden Gestaltung und vor allem ihrer Pflege über so viele Jahre hinweg zu verdanken.

An dieser Stelle wird man sich bewußt, daß unsere heutige Auffassung eines Gartens noch sehr von alten Traditionen bestimmt wird. Möchte der Besitzer eines kleinen Gartens wirklich seinen Rasen zweimal wöchentlich mähen? Und ist von einer Familie mit einem Supermarkt in der Nähe der sauber abgepackte, gekaufte Salat dem selbstgezogenen nicht vorzuziehen? Und wer pflegt und gießt den Garten während des Urlaubs und an Wochenenden?

Der unbezweifelte Charme der Gärten des 18. Jahrhunderts war lange Zeit Vorbild bei der Planung von Gärten in der Stadt und auf dem Lande, doch das neue Konzept hat sich an Zweckbestimmung und verfügbarer Freizeit zu orientieren. Doch wird auch veränderte Bepflanzung, beispielsweise gemischte Rabatten oder Pflanzung von Bodendeckern, nicht befriedigen, wenn das Grundkonzept des Gartenplans nicht stimmt. Haben wir eigentlich recht, wenn wir die gärtnerische Gestaltung weiterhin als Ideal eines Hausgartens propagieren? Warum ist längerer, gröberer Rasen mit naturnaher Bepflanzung, die ihrer Umgebung entspricht, falsch? Wir haben uns an raffinierte Züchtungen und künstlerische Perfektion gewöhnt und sehen in der Schönheit eines Gartens den einzigen Maßstab, obgleich der Durchschnittsgärtner sein persönliches Paradies meist weit weniger anspruchsvoll sieht, nämlich als einen erholsamen Ort im Freien.

Japanischer Stil *(rechts). Ein Garten in Okajama, Japan, in dem Umriß und Farben der Pflanzen gekonnt mit abstrakten Formen zusammengebracht wurden. Hierdurch entstand eine wirkungsvolle zeitlose Komposition.*

Neue Architektur verlangt neue Gärten *(unten). Ein Garten aus dem 20. Jahrhundert von Christopher Tunnard innerhalb einer älteren Anlage. Stil und Materialien eines neuen Hauses erfordern auch eine Neugestaltung der Umgebung, die dem neuen architektonischen Charakter gemäß ist. Der darunter abgebildete Garten wurde von Thomas Church im Jahre 1948 gestaltet. Das Schwimmbecken in seiner abstrakten Form fügt sich großartig in die dahinterliegende Landschaft ein.*

Innen- und Außenräume

Bei den ersten Anzeichen von länger anhaltendem Sonnenschein im Frühling reißt der Nordeuropäer gewöhnlich die Fenster auf und macht die Türen weit. Tiere und Kinder stürmen hinaus, und der Garten erfüllt seinen Zweck als nutzbarer Raum, als Reserve, die den ganzen Winter über schlafend dagelegen hat.

Meine Mietwohnung hat eine einfache Glasschiebetür, die den ganzen Sommer hindurch vom frühen Morgen bis zum Abend offen steht. Sie verbindet den kleinen Garten mit meinem Studio und macht das städtische Leben wesentlich erträglicher. Wenn die Tür geschlossen ist, macht der Garten immer noch viel Freude, sogar im Winter, wenn ein einziger kleiner Busch, eine winterblühende Zierkirsche, mich mit seiner Blütenpracht erfreut.

Eine gut abgestimmte Innen- und Außengestaltung schafft das ganze Jahr hindurch Blickverbindungen zwischen Innenraum und Garten. Die Kette reicht z. B. vom tiefsten Winter, wenn die angestrahlte verschneite Gartenpracht ins warme gemütliche Wohnzimmer eindrucksvoll herüberschimmert, bis zum Hochsommer, wenn Kommen und Gehen den Garten durch Essen, Spielen und Feiern zum erweiterten Wohnraum machen.

Der Brauch, im Innern eines Hauses wie im Freien zu leben, stammt aus sonnigen Klimazonen. Er begann mit den festgebauten umschlossenen Hofgärten der islamischen Welt in einem Stil, der einer früheren Bauweise, nämlich dem alten römischen Innenhof oder Atrium, entlehnt wurde. Auf diese zwei Vorbilder geht der maurische Patio in Südspanien zurück, ein zentraler Lichtschacht, der von Wohngeschossen umschlossen wird.

Während des Sommers entwickelt sich ein reges Leben in solchen Atriumgärten. Sie sind im Erdgeschoß von offenen Kolonnaden umgeben und für den täglichen Gebrauch eingerichtet. Aber diese Bereiche bleiben eher kühl als daß sie die Sonne einfangen, denn sie sind von den hohen, schattenspendenden Wänden des Hauses umgeben. Ein einfacher Springbrunnen in der Mitte kühlt die Luft, und das Geräusch plätschernden Wassers dringt angenehm wie leise Musik durchs Haus.

Dieser maurische Lebensstil wanderte mit den Spaniern nach Südamerika, nach Mexiko und schließlich nach Südkalifornien, wo eine vergrößerte Fassung dieses maurischen Gartenstils eine abgeschlossene Umgebung für das beliebte Swimmingpool-orientierte Leben der zwanziger Jahre lieferte. Moderne Formen und Konstruktionsmethoden machten die Räume hell und sorgten für gute Verbindungen zwischen Innen- und Außenraum.

Das sind die Ursprünge und Einflüsse einer neuen Gartenauffassung, die das Innere eines Hauses nach außen ausdehnt. Im Sommer ist ein solcher Garten eine physische und sichtbare Verbindung zwischen Innen- und Außenraum – eine Verbindung, die noch durch Verwendung gleicher Bodenmaterialien, durch großzügige Verwendung von Zimmerpflanzen und durch möblierte Außenterrassen verstärkt wird. Wählt man drinnen und draußen auch noch die gleichen Farben, ist das Gefühl eines erweiterten, blühenden und duftenden Wohnraums praktisch vollkommen.

Auf den folgenden Seiten werden Beispiele erfolgreicher Entwürfe vorgestellt, die das Innere mit dem Äußeren verbinden, um auf diese Weise den Wohnbereich eines Hauses zu vergrößern. Bei einigen wird die Innendekoration draußen auf Balkon und Patio fortgesetzt, andere bringen den Gartenstil ins Haus herein. Ob es nun gelingt, einen Wohnbereich mit einem Außenraum zu verbinden, hängt davon ab, wie geschickt man gleiche Materialien drinnen und draußen verwendet. Eine offene Tür ist die einfachste Verbindung zwischen innen und außen. Der ungehinderte Blick durch Fenster bietet ähnliche Möglichkeiten, das Innere mit dem Außenbereich eines Hauses zu verbinden.

Gewächshauseffekt *(rechts). Die Überschrift zu diesem Wintergartenanbau könnte heißen: Eleganz bei zwangslosem Leben im Freien. Pflanzenwuchs betont die Farben der Sitzmöbel, und fester Bodenbelag erlaubt Wässern während des Sommers.*

Terrasse am Mittelmeer *(links). In warmen, sonnigen Klimaten bieten sich einfache Sitzplätze im Freien an. Der Schatten einer Pergola sorgt für ein angenehmes Gefühl totaler Entspannung während der heißen Sommermonate.*

Verbindung von Innen- mit Außenraum

Wenn es zwischen Zimmer und Garten nichts als Glas gibt, kann der Raum des angrenzenden Gartens voll genutzt werden. Im Sommer sind beide faktisch verbunden, wenn man die Tür zum Garten öffnet. Die Weite des Raumes bleibt auch im Winter erhalten, wenn der Garten optisch mit dem Raum verbunden ist und selbst einen starken Blickfang darstellt. Gartenbeleuchtung verstärkt diesen Effekt im Dunkeln. Ein Beispiel einer Verbindung von Innen- mit Außenraum zeigt das untere Foto, wo am Ende eines Wohnraumes Blickverbindung zu einer gepflasterten Terrasse besteht, die im Sommer für zwanglose Mahlzeiten im Freien benutzt wird. Alternativlösungen zeigen die Zeichnungen unten.

Gelungener Wohn-/Gartenraum. *Dieser erholsame Raum mit einem großen Glasfenster öffnet sich auf eine Terrasse, die zum Einnehmen der Mahlzeiten benutzt wird.*

Alternative A *(links). Ein total gepflasterter Garten ist ideal für Partys. Der Plattenboden verläuft über die Schwelle nach innen und verbindet den Wohnraum mit dem Sitzplatz draußen. Ziegelpflaster und gleichfarbige Wände verstärken diesen Eindruck.*

Alternative B *(links). Hier ist der Außenraum mehr als Blickfang gestaltet. Die Zusammenstellung ist abstrakt, es werden große Flächen mit einer bestimmten Pflanze als Gegensatz zu den geschnittenen Bäumen in quadratischen Kübeln verwendet. Ein Wandschmuck lenkt das Auge über den Rasen auf die hintere Gartenmauer.*

Terrassenraum *(links). Der Architekt dieses Stadthauses hat jeden verfügbaren Quadratzentimeter für seinen Bewohner gestaltet, der Freude an frischer Luft und Pflanzen hat. Oben (draußen) liegt die Dachterasse, unten (innen) ein Musikzimmer. Beide Bereiche sind gleichermaßen mit Pflanzen bestückt.*

Erholsames Speisen im Freien *(rechts). Die Proportionen meines eigenen Eßzimmers setzen sich durch Einbeziehung der Balkenoberzüge, die sich dem Holz der Falttüren anpassen, nach draußen fort. Die Gartenmöbel passen dazu.*

***Privatbereich in der Stadt** (rechts). Bei diesem Beispiel schließt ein Dschungel vor der Tür in seiner Wirkung den Rest der Welt aus. Hierdurch entsteht ein stimmungsvoller, fein abgestimmter Wohnbereich im Freien.*

***Ländlicher Raum und Licht** (unten). In krassem Gegensatz zu dem städtischen Innen- und Außenbereich rechts zeigt der ländliche Garten unten eine klare, fast spartanische Ausstattung. Der freie Blick in den Garten und die weite Öffnung aus Glas lassen genug Sonnenlicht einfallen, um den gestalteten Innenraum voll auszuleuchten.*

Die Planung Ihres Gartens

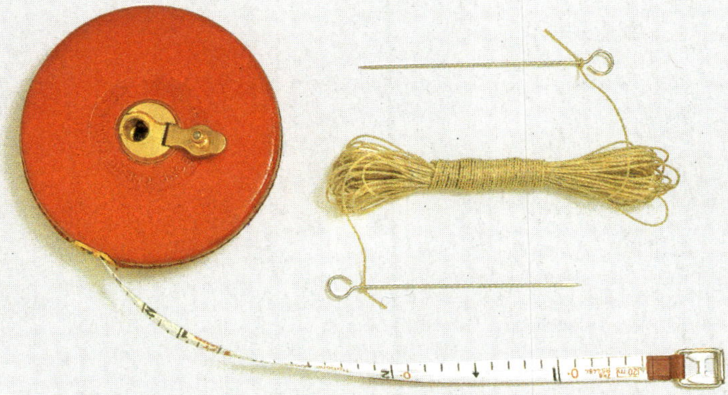

Das Aufmaß

Die wichtigsten gestalterischen Regeln

Entwurfsschema und Ausarbeitung des Gartenplans

Ein Blick auf schön gestaltete Gärten

Aufmaß und Form

Wenn man die Möglichkeiten eines Grundstücks untersucht und entschieden hat, was man selbst als Benutzer tatsächlich davon erwartet, ist es Zeit, einige Dinge zu Papier zu bringen und einen Plan zu erstellen, wie der Garten anzulegen und zu bepflanzen ist. Der erste Schritt heißt, ein leeres Blatt Papier oder Millimeterpapier zu nehmen und den Besitz aufzumessen.

Man beginnt beim Haus. Die meisten Häuser sind nach einem bestimmten Plan mit Winkeln von 90° gebaut, deshalb mißt man die Längen auf und trägt die laufenden Maße für die Fenster und die Tür ein, wie es auf der gegenüberliegenden Seite dargestellt ist. Auf diese Weise bekommt man einen genauen Lageplan des Anwesens.

Handelt es sich um ein älteres Haus mit vielen häßlichen Ecken oder älteren Anbauten, ist es vielleicht einfacher, die alten Grundrisse des Hauses und die dazugehörigen Lagepläne des Grundstücks herauszusuchen. Man kann sie als Grundlage für das Aufmaß verwenden. Wenn irgendwelche Architekturzeichnungen vorhanden sind, kann man möglicherweise auch direkt Kopien davon ziehen.

Hat man das Haus einmal eingemessen, trägt man die Maße sorgfältig in einen Arbeitsplan ein. Der Maßstab sollte wenigstens 1:100 betragen, für kleinere Gärten auch 1:50. Es muß genug Platz vorhanden sein, um den Gartenraum um das Haus einzutragen. Darauf folgt das Aufmaß des Gartens. Man legt Meßlinien im rechten Winkel zum Haus zu den Grenzen des Grundstücks. Falls nötig, markiert man diese Abmessungen mit Schnur, so daß man sie erkennen kann, und nimmt weitere Maße wieder im Winkel von 90° von allen vorhandenen Einrichtungen, die in erreichbarem Abstand liegen. Dann nimmt man die Längenmaße auf der Meßlinie und notiert sie im Plan.

Wenn sich irgendwelche Elemente im Garten nicht durch 90°-Einmessung erfassen lassen, mißt man sie von zwei bereits festgestellten Punkten an. Beim Zeichnen des Aufmaßplanes kann man deren Lage mit einem Zirkel exakt bestimmen. Diesen Vorgang nennt man Triangulation *(s. nächste Seite).*

Wenn man die Lage, die Begrenzung und die größeren vorhandenen Elemente oder Einrichtungen eingemessen hat, mißt man Umfang und Lage der kleineren Bestandteile einschließlich aller Details wie z.B. Stammumfang und Kronenbreite von Bäumen, alle auf dem Grundstück befindlichen Mauern oder Zäune, Stufen, Schachtabdeckungen. Hierbei geht man möglichst genau vor, um mit dem Aufmaß exakt arbeiten zu können.

Man muß jedes Stückchen aufmessen, jede Veränderung des Gefälles, damit man die Stufen oder Terassenmauern (*siehe S. 119*) einplanen kann. Die höchsten und tiefsten Punkte des Gefälles werden ebenfalls bezeichnet. Wenn der Höhenunterschied groß ist, kann man die Hilfe eines Vermessungstechnikers in Anspruch nehmen, der schnell einige Höhenpunkte im Garten festlegt, die auf eine bestimmte Höhe oder den Nullpunkt bezogen sind (oft beziehen sie sich auch auf die Fußbodenhöhe im Haus). Bei geringeren Höhenunterschieden kann man die Messung nach dem auf der gegenüberliegenden Seite abgebildeten System selbst vornehmen. Hierzu benötigt man eine Nivellierlatte oder eine leichte Aluminiumleiter. Man mißt den vertikalen Abstand der Latte oder Leiter, die mit einer Wasserwaage horizontal gehalten wird. Dann wird der Höhenunterschied zwischen Latte und Boden gemessen und so der Abstand zwischen abfallender Hanglinie und horizontal verlaufender Lattenlinie systematisch vermessen. Auf dem Aufmaßplan ist unbedingt der Nordpfeil einzutragen, denn davon hängt die Gartenplanung wesentlich ab. Auch den Maßstab sollte man mit eintragen, weil man ihn leicht vergißt.

Ausrüstung zum Vermessen und Zeichnen des Aufmaßplanes. *Dargestellt sind die einfachen Ausrüstungsgegenstände zum Messen und Zeichnen eines genauen Lageplanes. Nach dem Aufmaß geht es an die Planung.*

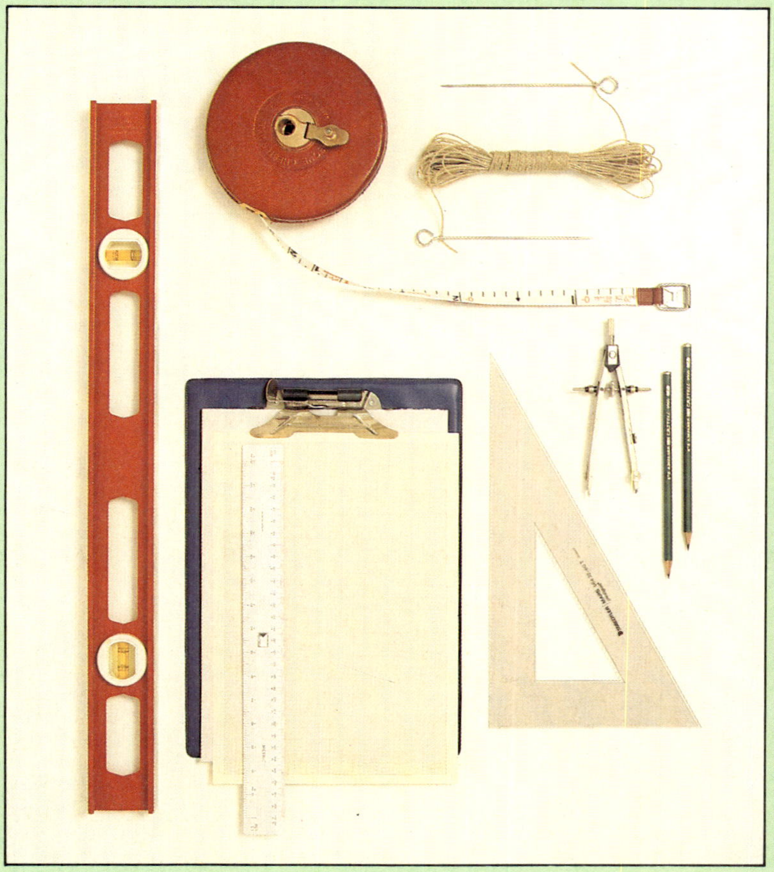

Herstellung eines Aufmaßes

Ein einfaches Aufmaß, wie rechts gezeigt, enthält alle erforderlichen Details eines vorhandenen Grundstückes. Es gibt dem Eigentümer die Grundlage für alle Planungsabsichten. Es wurde im Maßstab 1:100 aufgenommen, d.h. 1 cm auf der Karte entspricht 100 cm im Garten. Man kann auch andere Maßstäbe wählen. Zuerst macht man eine rohe Skizze des Bereichs, den man aufmißt. Man bittet jemanden, das Ende des Maßbandes zu halten, oder man steckt es jeweils am Boden fest. Wenn man mit dem Abmessen vom Haus zur Grenze beginnt, notiert man jedes wichtige Maß entlang der Meßlinie. Wenn man alle Maße erfaßt hat, die möglich sind, zeichnet man den richtigen Aufmaßplan, indem man die Rohskizze mit Lineal, Dreieck und Winkel in einen genauen Plan umsetzt.

Dreiecksmessung (Triangulation)
Man mißt von zwei bekannten Punkten, z.B. Hausecken, irgendwelche Punkte an, die von einer Meßlinie nicht im Winkel von 90° erreicht werden können. Nun schlägt man zwei Kreise in den gemessenen Abständen mit dem Zirkel und erhält am Schnittpunkt die genaue Lage.

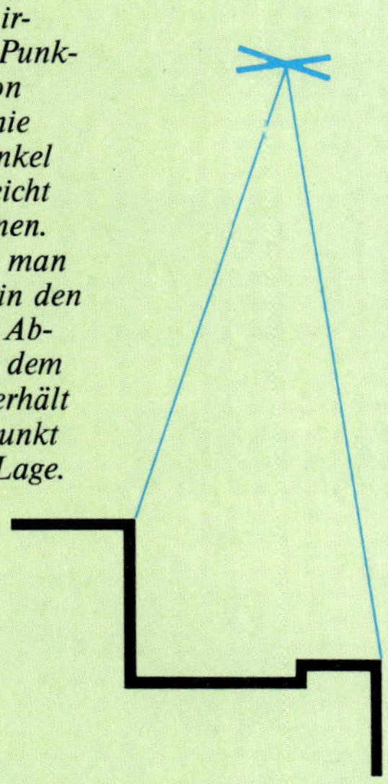

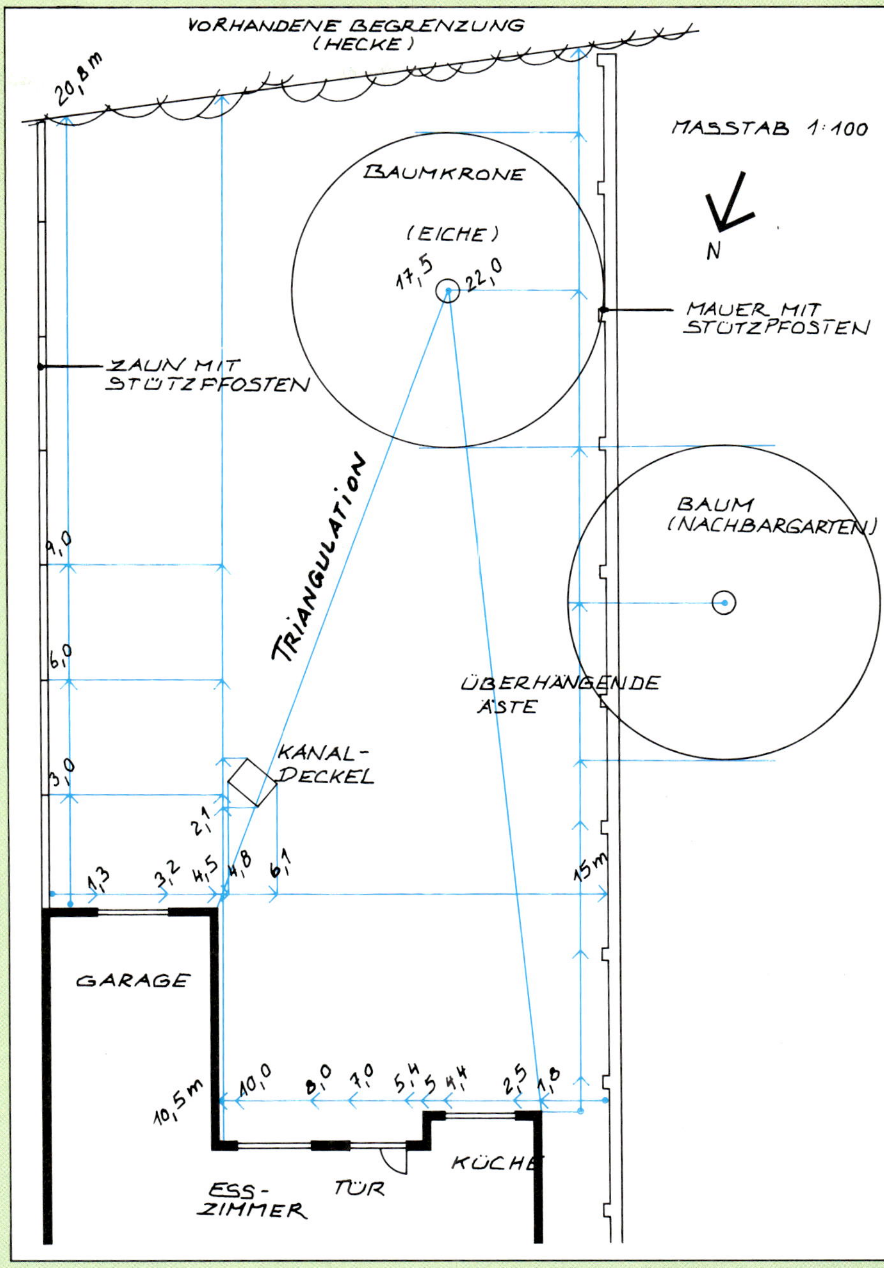

Messung von Höhenunterschieden

Um einen leichten Hang aufzumessen, gibt es eine einfache Methode. Man benutzt dazu einen Zollstock, eine Meßlatte und eine Wasserwaage. Das eine Ende der Meßlatte setzt man am höchsten Punkt auf den Boden und hält sie horizontal. Dann verschiebt man den Zollstock so lange, bis ein Höhenabstand von einem Meter erreicht ist. Nun mißt man die Entfernung vom Auflagepunkt der Meßlatte bis zum Zollstock. Das wiederholt man bis zum Tiefstpunkt des Gefälles. Man addiert die senkrechten Höhenunterschiede und dann die waagerechten, um das Gesamtgefälle zu ermitteln.

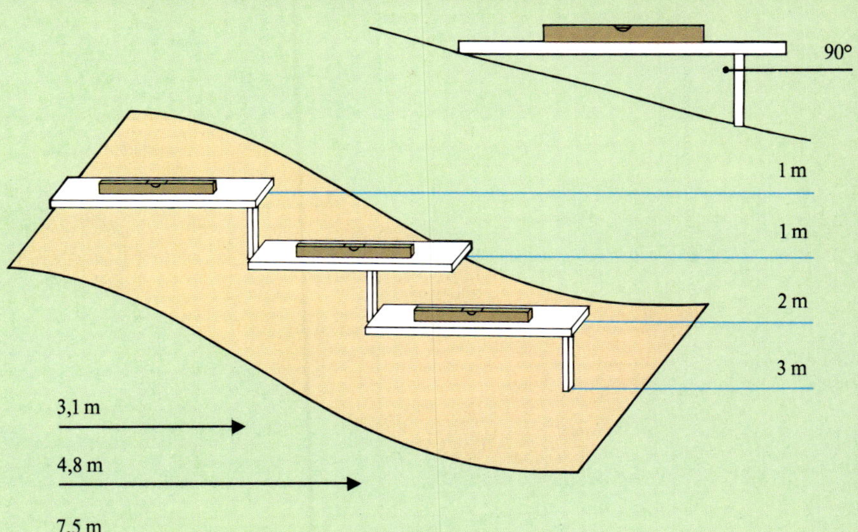

Linien und Muster

Viele Menschen lieben Gärten, die geometrisch gestaltet sind, andere bevorzugen freie, »natürliche« Formen. In beiden Fällen hängt der Stil des Gartens von der Art ab, wie die Pflanzen gruppiert sind, ob man sie schneidet oder frei wachsen läßt, aber den eigentlichen Charakter des Gartens entscheidet das zugrundegelegte Muster.

Die Linien, mit denen man das Muster des Gartenplanes darstellt, markieren auch die Grenzen der unterschiedlichen Bereiche des Planes, ob sie nun als Wege und Stellplätze oder als Zierflächen, wie z.B. Rasen und Pflanzflächen, dienen sollen. Linien, die vom Betrachter weglaufen, lassen eine Fläche länger erscheinen, und wenn man sie schließlich zusammenlaufen läßt (indem man z.B. einen Weg schmaler macht), kann der Garten wesentlich länger erscheinen als er tatsächlich ist. Im Gegensatz dazu verleihen Linien, die quer zum Betrachter verlaufen, dem Garten eine gewisse Breite.

Grundrisse können statisch oder dynamisch sein, wie man auf den unteren Beispielen sehen kann. Das Ziel ist, das richtige Muster für die jeweiligen Gegebenheiten zu wählen. Ein Garten mit Platz für Blickfänge innerhalb seiner Begrenzung oder mit Blick in die Landschaft kann bewegt gestaltet werden, wobei die Linien des Musters das Auge auf den Blickfang oder in die Landschaft lenken sollten. Es ist jedoch falsch, ein bewegtes Grundkonzept für den Garten zu wählen, in dem es für den Betrachter keinen Ruhepunkt gibt. Ohne Blickfang geht das Auge ziellos hin und her. Andererseits erfordert ein kleiner von Mauern umschlossener Garten, der keinen Blick nach außen bietet, ein Grundmuster, womit das Auge innerhalb des Grundstücks beschäftigt wird; dieser Entwurf sollte statisch sein.

Es gibt natürlich auch Mischungen dieser Grundregeln, derselbe Effekt kann durch geschwungene Linien und Geraden erreicht wer-

Die Wahl eines Musters

Muster kann man unendlich variieren und in der Gartenplanung einsetzen. Die unten abgebildeten Grundrisse sind in ein Raster eingezeichnet und haben somit alle den gleichen Maßstab. (Sie werden später selbst ein solches Raster für Ihren Garten zeichnen, wie auf S. 38 dargestellt.) Einige der Muster sind positiv und negativ dargestellt.

statisches Schachbrettmuster

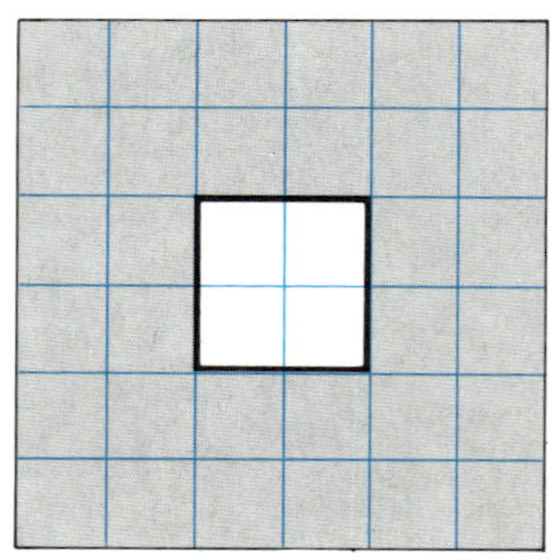

statisch formal

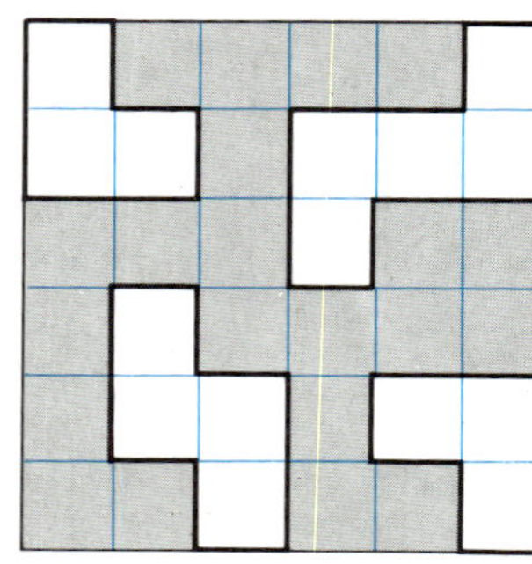

abstrakt

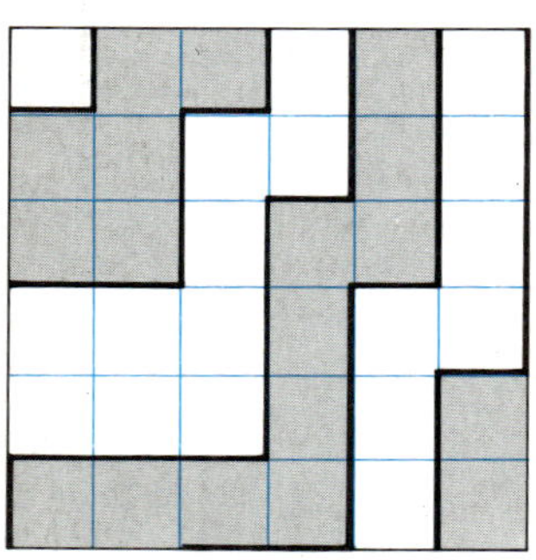

dynamisch

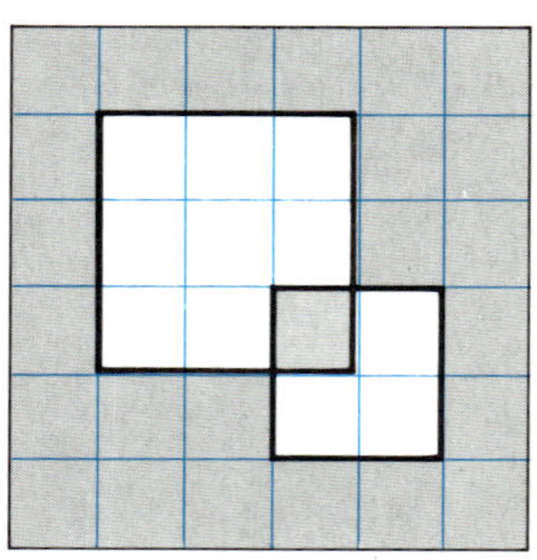

statisch abstrakt

dynamische Diagonale

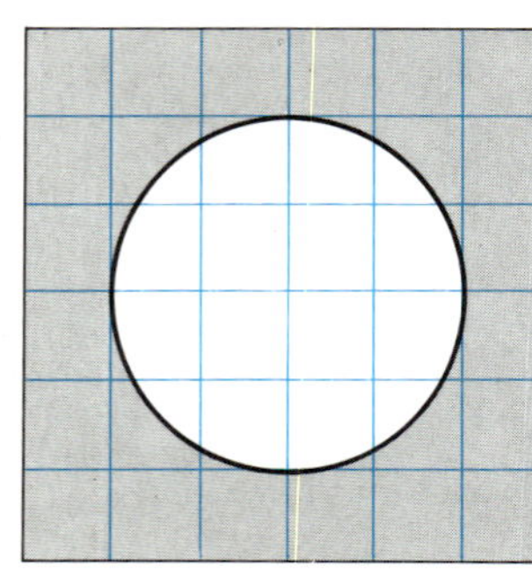

statisch formal

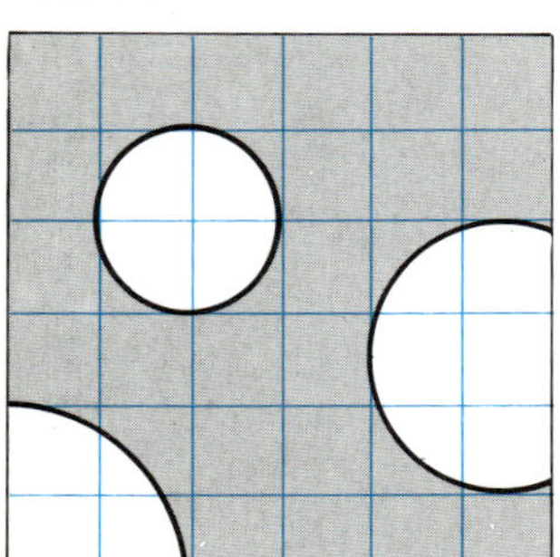

abstrakt (positiv)

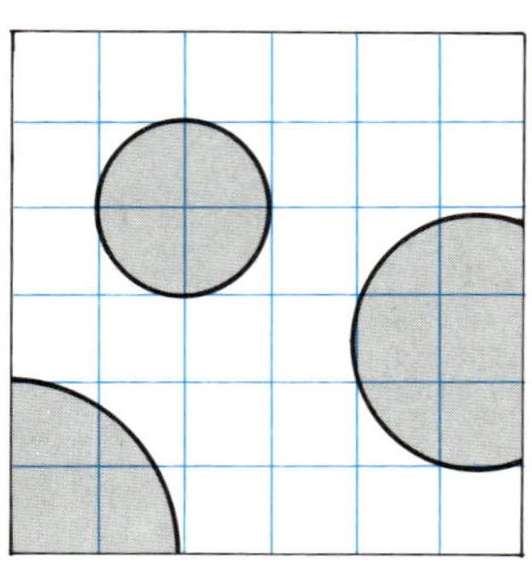

abstrakt (negativ)

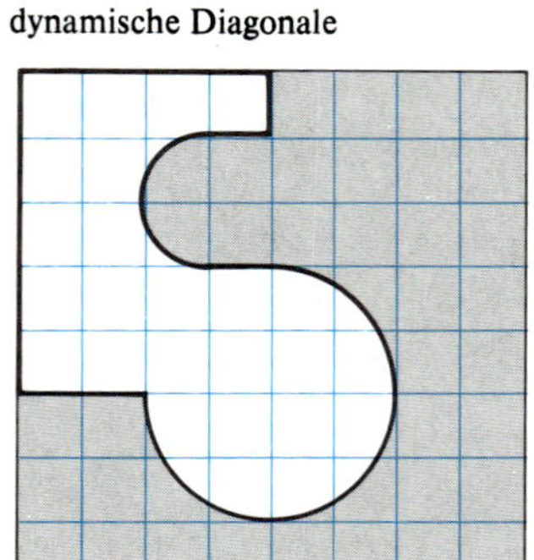

dynamisch geschwungene Linien

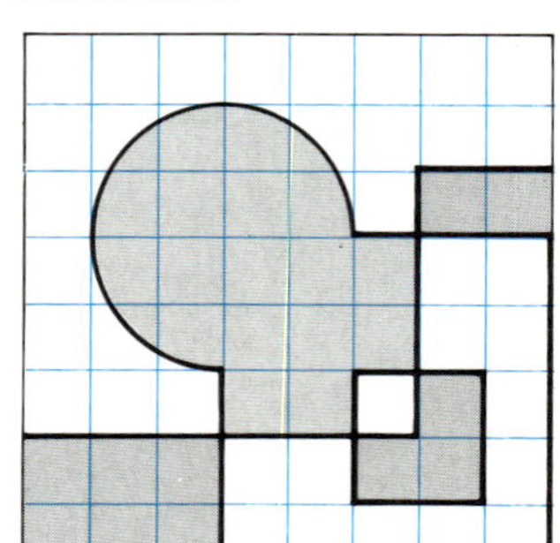

abstrakte Kurven und Rechtecke

den. Das Grundmuster für den Gartenplan muß Lage, Höhenunterschiede und Ausblick berücksichtigen und die Zeit, in der das Haus gebaut worden ist. Eine moderne, abstrakte Gestaltung ist z.B. ungeeignet für ein Haus aus dem 18. Jahrhundert, während ein modernes freistehendes Haus selten mit einem symmetrischen formalen Garten harmoniert.

Kleine Formen, wie Ziegel- oder Granitpflaster, sind für kleine Muster, größere Formen, z.B. Steinblöcke, besser für großflächigere oder einfache Layouts geeignet. Einfache Formen sind wiederum leichter zu bepflanzen. Übrigbleibende Ecken sind sehr schwer auszufüllen. Wenn man das weiß, sollte man zunächst ein Muster entwerfen und dann überlegen, wie man die einzelnen Flächen gegeneinander abgrenzt und ausfüllt. Man kann zu leicht schon bei der Überlegung, welche Pflanzen und Materialien man verwenden möchte, den Mut verlieren. Die Muster auf der gegenüberliegenden Seite zeigen einige Möglichkeiten auf einem Idealgrundstück. Hier ist jedoch noch keine Entscheidung gefallen, welche Bedeutung die Linien bekommen sollen (Wege, Pflanzflächen, Rasenflächen oder Terrassen). Aber jedes Muster ruft andere Empfindungen hervor, und hierdurch entstehen stark gegliederte Gärten. Der Garten bekommt eine individuelle Form und seinen eigenen Charakter, der durch viele persönliche Dinge noch betont wird. Man muß versuchen, diesen Charakter durch die Linienführung im Grundriß des Gartens nachdrücklich zu betonen.

Dynamischer Grundriß *(unten). Linien, die ein einfaches Muster aus ineinander übergehenden Kreisen bilden, sind als Grundlage für die Planung in diesem ausdrucksvollen Garten zu erkennen. Sie bilden nun die Grenzen von Rasen, Wegen, Pflaster, einem Planschbecken und der Bepflanzung.*

Formen und Proportionen

Die Linien, die man zu Papier gebracht hat, um die Gartengestaltung zu veranschaulichen, mögen einen zufriedenstellenden Plan abgeben. Die endgültige Form erhält man aber nur, wenn man ihn in die dritte Dimension übersetzt, indem man die Höhen der verschiedenen Elemente festlegt, seien es Mauern, Höhenunterschiede im Gelände oder freie Pflanzungen von Bäumen und Sträuchern. Damit baut man die tatsächliche Form des Gartens in seiner räumlichen Wirkung auf.

Was einen Bereich aber erst zu einem angenehmen Platz macht, sind die Formen und Proportionen der Grünpflanzungen, die diese bestimmten Bereiche halten und umgeben und so zum Verweilen einladen. Die Formen und Proportionen dieser bepflanzten und nicht bepflanzten Bereiche können die Baulichkeiten ergänzen, sie können aber auch mit der sie umgebenden Architektur wetteifern - nicht zuletzt mit Ihrem Haus.

Diese Proportionen, ausgewogen oder nicht, sind besonders in älteren, reiferen Gärten sichtbar, wo Bäume und Sträucher ausgewachsen vor uns stehen. Die Gartengestaltung ist deshalb eine so schwierige Kunst, weil man sich vorstellen muß, wie die bepflanzten Bereiche in Jahren aussehen werden, während man die kleinen Pflänzchen setzt. Es ist schwer vorstellbar, daß sogar die großen Landschaftsgestalter des 18. Jahrhunderts vor dem gleichen Problem standen. Sie konnten die Landschaft zwar beplanen und große Erdmengen bewegen, aber sie mußten die großen Anlagen mit winzigen Bäumen bepflanzen, die wir in voller Schönheit erst 200 Jahre später erleben können.

Bäume und Sträucher allein geben dem Garten nicht seine Form. Wände, Zäune, höher gelegene Beete, sogar eingebaute Grilleinrichtungen bestimmen die Proportionen kleinerer Gärten. Die Materialien, die verwendet werden, wirken sich auf den Gartencharakter insofern stark aus, als sie Licht reflektieren

***Gestaltung eines kleinen Bereichs** (unten). Jede Anordnung von Elementen im Garten sollte gleichermaßen sorgfältig geplant werden. Interessante Blickfänge können durch einfache Kompositionen erreicht werden, wie es unten dargestellt ist. Pflanzen unterschiedlicher Form und Anordnung kontrastieren hier mit einem kugelrunden Stein. Die Pflanzenabstände sind im Plan dargestellt.*

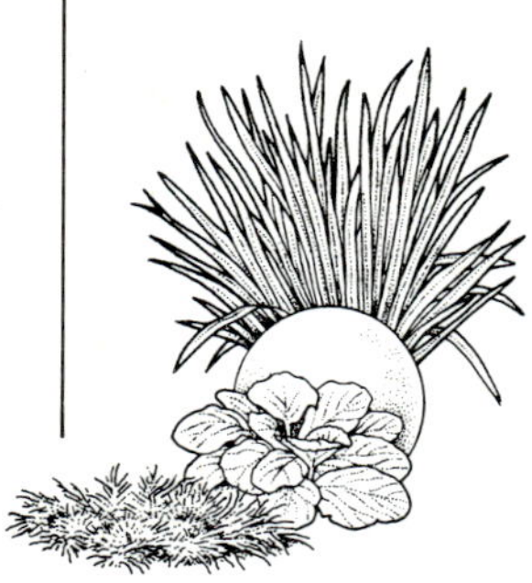

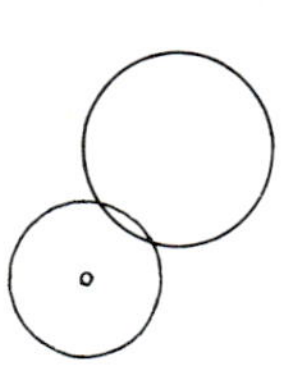

***Ausgewogene Form und Anordnung** Der Plan dieses Gartens in der Stadt ist einfach und optisch ansprechend. Der Garten erscheint von den verschiedenen Ebenen des Hauses, für das er geschaffen wurde, als grünes Bild. Obgleich durch Laubformen gemildert, ist die strenge Form des Grundrisses bestimmend. Eine lockere Gestaltung hätte eine bloße Ansammlung von Pflanzen ergeben.*

***Schaffung von Raumgefühl** (rechts). Bei diesem Beispiel schaffen Pflanzen das Raumgefühl, indem der Blick durch den Schatten der Pflanzung im Vordergrund nach hinten geführt wird. Der Eindruck dreidimensionaler Zusammenhänge und Proportionen ist für einen Garten wichtig, und gerade das macht ihn zu einem wirkungsvollen und Ruhe verbreitenden Erholungsbereich.*

oder absorbieren und harte oder weiche Konturen zeichnen. Doch bei jedem bepflanzten Bereich wird man Gruppierungen wählen, wie sie im Kapitel über Bepflanzung *(siehe S. 167)* beschrieben sind. Die Form einer ausgewachsenen Pflanze mit ihren Bestandteilen (Laub und Astwerk) ist nicht einzeln zu betrachten. Ihre Gestalt und die Lichtmenge, die durchgelassen oder reflektiert wird, sind ebenfalls bedeutsam. Beachten und vergleichen Sie beispielsweise ein Rhododendronblatt mit dem einer Kamelie. Das Rhododendronblatt ist eben und dunkel, das der Kamelie hell und durchscheinend. Wenn man diesen Unterschied mit der Anzahl der Blätter multipliziert und auf einen normal großen Busch berechnet, kommt man am Ende zu einem beträchtlichen Unterschied. Verschiedene Spezies (Bäume, die im Winter ihr Laub abwerfen) haben im Jahreszyklus offensichtlich weniger Auswirkungen, doch der Anblick ihrer Formen und der Struktur ihrer kahlen Äste und Zweige ist auch im Winter schön.

Der dreidimensionale Garten

Die Gartenform wird in erster Linie von dreidimensionaler Wirkung bestimmt. Raumgefühl kann durch Pflanzung von Gehölzen und kleineren Pflanzen hervorgerufen werden. Die beiden Beispiele unten zeigen, wie ein und derselbe Bereich völlig verschiedene Effekte hervorrufen kann. Der linke, formal gestaltet, besitzt eine geschlossene Anordnung. Die Bäume und Sträucher stehen im Gleichgewicht. Die Abbildung rechts zeigt einen weniger strengen Grundriß. Die Anordnung führt den Blick um eine Gruppierung in der Mitte und läßt eine verborgene Ausdehnung des Gartens vermuten. In beiden Gärten steht die Bepflanzung in ihrer Masse mit der unbepflanzten Fläche im Gleichgewicht.

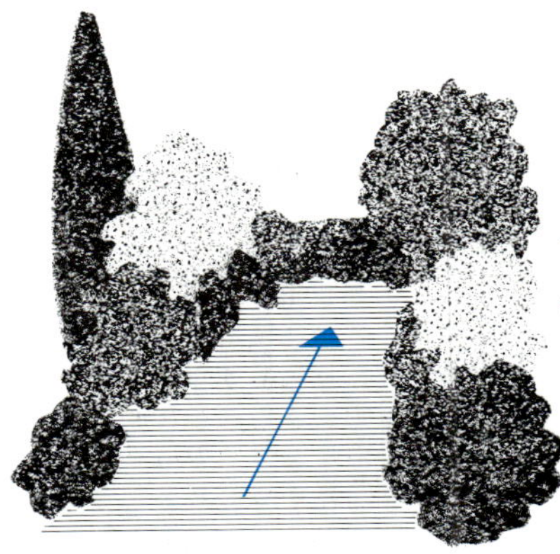

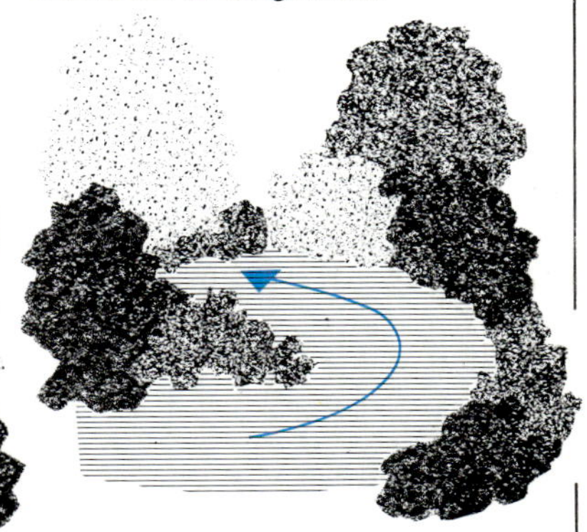

Farbe

Kräftige Farbtupfer, wie sie in jedem Samenkatalog zu finden sind, halten sich im Garten nur eine bestimmte Zeit, denn die meisten Pflanzen blühen jährlich kaum länger als einen Monat. Deshalb sollte man sich zunächst mit den zarteren Farben, den Farben und Tönungen des Laubwerkes beschäftigen, das man das ganze Jahr über sieht. Die Blattfarben der sommer- und wintergrünen Gehölze und Bäume sind sehr unterschiedlich und können, richtig ausgewählt, das ganze Jahr über interessant sein und Schnittgut für die Vasen liefern.

Die »Wände« des Freiraumes sollten durch einen Hintergrund aus zarten Farben gebildet werden. Aus dieser Sicht wird man feststellen, daß zu starke Farben im Hintergrund einen Mißklang mit den Stauden oder einjährigen Pflanzen darstellen können, die man davor pflanzen möchte.

Die Farben einheimischer Blumen sind meist gedämpft. Die zarten Frühlingsfarben werden durch blasse Frühsommerfarben ersetzt, die sich allmählich zu den kräftigen Farbklängen des Herbstes steigern. Härtere, wärmere Blütenfarben stammen aus sonnigen Klimaten, wo ihre Intensität durch die Kraft der Sonnenstrahlen gesteigert wird. Man soll sich jedoch von der Natur und vom gesunden Menschenverstand leiten lassen. Pflanzenzüchter versuchen heute, die schockfarbigsten

Gedämpfte Farben *(unten). Vergleichen Sie die weichen Töne und hübsch gefärbten Blattformen dieser Pflanzung mit der auffallenden blauen Rabatte gegenüber. Obwohl der Effekt der fein abgestuften Pflanzung weniger dramatisch ist, stellt die gedämpfte Farbskala dieser Anpflanzung einen Anblick von dauerhafter Schönheit dar.*

Farbtheorie
Man sollte Farben im Garten mit der gleichen Sorgfalt wählen wie bei der Dekoration einer Wohnung. Um die Wirkung von Farben zu verstehen, hilft es, wenn man zwischen Farben (reinen Farben) und Tönen (Farbschattierungen) unterscheidet. Die Verwandtschaft der Farben ist auf der Farbskala unten vereinfacht dargestellt. Die Skala hat eine warme Hälfte (Orange, Rot und Gelb) und eine kalte Hälfte (Grün, Türkis und Blau). Farben, die auf der Skala nebeneinander stehen, harmonieren meist miteinander, während gegenüberliegende stark kontrastieren.

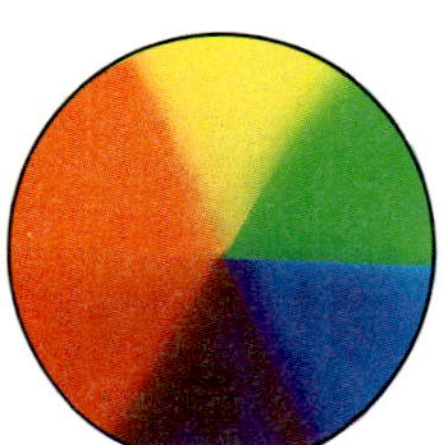

Farbskala

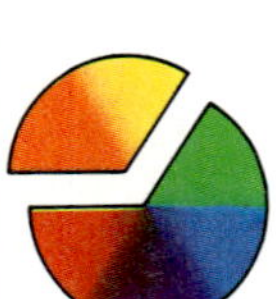

Farbharmonie

Farbkontrast

Starke warme Farben *(rechts). Der Effekt dieser kräftigen Gruppierung von Schafgarbe und Taglilie ist beruhigend, trotz ihrer warmen Farben. Das Geheimnis dieser Wirkung liegt in der Auswahl der Farben, die aus einem engen Bereich der Farbskala stammen.*

Varietäten der einfachsten Pflanzen zu züchten. Wenn es einen Markt für schwarze Rosen gibt, so bringen die Züchter sie eben auf den Markt. Solche Pflanzen sind besonders schwierig mit anderen zusammenzustellen, wenn sie nicht die Szene beherrschen sollen.

Farbe im Freien sollte benutzt werden, um Funktion und Charakter des jeweiligen Gartens zu unterstreichen, und zwar mit Stauden und Einjährigen, die die Wirkung des ausgewählten Blattwerks unterstreichen. Leuchtend gelbe und orangefarbene Töne regen an und sollten deshalb in Verbindung mit Aktivbereichen verwendet werden. Weichere Farben wie Blau und Rosa mit etwas Purpur oder Weiß haben ausgesprochen beruhigende Wirkung. Sowohl leuchtende, anregende Farben als auch weichere, zurückhaltendere können zusammen verwendet werden, aber der Effekt sollte nie eine Pfeffer- und Salzmischung darstellen, in der beide Arten wahllos kombiniert sind. Man beginnt mit den stärksten Farben im Vordergrund und läßt sie mit zunehmender Entfernung schwächer werden. Ein leuchtender Farbfleck in einem gewissen Abstand kann eine optische Unterbrechung darstellen und hat gleichzeitig eine verkürzende Wirkung.

Darum ist es wichtig, den Stimmungswerten sorgfältig nachzugehen, die man mit Farbe betonen möchte, und wenn eine Auswahl von Pflanzen vor einem Hintergrund aus vorhandener Vegetation stehen soll, sind die Farben genau abzustufen, um eine harmonische Zusammenstellung zu erreichen. Die metallischen Blau- und dunklen Grüntöne, die bei Koniferen häufig mit Silber und Gold kontrastiert werden, bringen nur geschmacklose »Mißtöne« hervor.

Starke Kontraste *Der Aufeinanderprall von Farben in dieser Rabatte ist atemberaubend. Rosa, Blau und Grau herrschen in dieser Staudenauswahl vor. Spots von Gelb und Weiß beleben das Ganze. Die Rabatte verdankt ihre Wirkung lediglich der Farbe, aber sie hat wenig Form und kein auffallendes Blattwerk, um die Farbkontraste zu mildern.*

Der Grundriß

Wenn man einen Überblick über die Lage gewonnen hat *(siehe S. 28–29)* und grundsätzliche Vorstellungen über das Gartenkonzept *(siehe S. 30–35)* bestehen, wird es Zeit, seinen Entwurf zu Papier zu bringen. Hierzu benötigt man ein System oder Schema.

Am besten wählt man ein Raster von einander schneidenden Linien in gleich breiten Abständen. Die Abstände (seine Modulation) müssen sich entweder an der Struktur des Hauses oder dem Grenzverlauf des Anwesens orientieren. Diese Elemente sind sorgfältig zu untersuchen, denn für unseren Zweck muß der Maßstab des Rasters mit dem Maßstab des einen oder des anderen übereinstimmen oder zumindest darauf fußen.

Es kann sein, daß die Außenfassade des Hauses einen geradlinigen, strengen Grundriß erfordert. Wichtig ist die Hauswand auf der Gartenseite. Wenn sie formale Gestaltungselemente aufweist, gibt es einen erkennbaren Rhythmus in den Maßen der Flächenaufteilung durch Türen und Fenster. Diese Zwischenräume können die Abstände des Grundrasters bilden. Moderne Häuser werden meist aus vorgefertigten Einheiten gebaut, die somit die Rasterteilung bestimmen. Viele Häuser sind jedoch unregelmäßig oder asymmetrisch konzipiert. In diesem Fall muß man die Rastereinteilung anderswo suchen.

Wände und Zäune werden im allgemeinen in regelmäßiger Form mit Pfosten oder Pfeilern in Beton, Holz oder Ziegelmauerwerk gestaltet. Oft sind die Zwischenräume mit Holz oder Mauerwerk ausgefüllt. In diesem Fall kann man den Pfostenabstand zum Rasterabstand machen. Viele Anwesen haben keine anderen Bezugsmöglichkeiten für ein Raster.

Beim Zeichnen legt man ein Stück Transparentpapier über das Originalaufmaß und kontrolliert noch einmal den Maßstab. Dann zieht man Linien über das Anwesen, indem man bei den Ausgangspunkten beginnt, und zeichnet sie im Winkel von 90° zum Haus oder zur gewählten Grenze. Man benutzt die gleichen Linienabstände auf einem zweiten Blatt, das man nun im Winkel von 90° über das erste legt, und bedeckt auf diese Weise das ganze Anwesen mit Quadraten.

Dieses Transparentpapier mit der Quadratur wird nun als Hilfsmittel für den Gartenplan, für die Gesamtgestaltung und die Einzeleinrichtungen verwendet. Jede Form, die innerhalb dieses Rasters entwickelt wird, hat entweder zum Haus oder zu den umgebenden Zäunen oder Wänden der Einfriedung einen Skalenbezug. Verstärkt man diese Bezüge später, indem man den Garten in bestimmten Materialien plant, die mit dem Haus oder der Einfriedung in Einklang stehen, werden Haus und Garten fest miteinander verbunden und die Planung läßt eine Fülle von Möglichkeiten zur Gestaltung der einzelnen Bereiche offen.

Wenn man das Grundmuster des Gartens aufzeichnet, benutzt man das Raster nach Möglichkeit als Richtschnur, indem man rechte Winkel dort zeichnet, wo sich die Rasterlinien schneiden, oder indem man die Abstände als Radien für erforderliche Kreise wählt. Zwar sollte man dem Raster folgen, um einen klar gegliederten Plan zu erhalten, doch kann das Raster auch flexibel gehandhabt werden. Man kann Quadrate des Rasters gleichmäßig unterteilen oder sogar im Winkel von 45° dazu Linien ziehen und somit den Grundriß und die Einzelbereiche noch stärker gliedern.

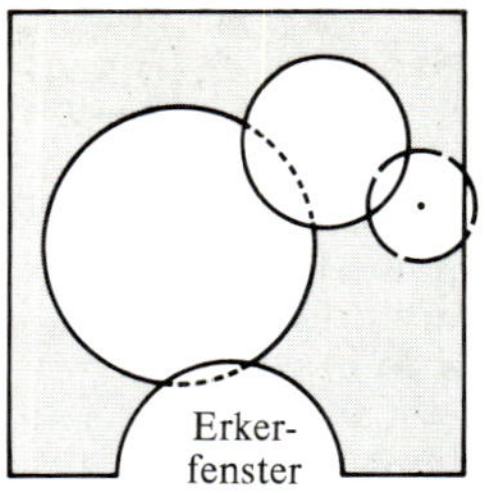

Sich überschneidende Kreise *(rechts). Der Plan dieses von Mauern umschlossenen Gartens besteht aus vielen sich schneidenden Kreisen, die vom Erker des Hauses ausgehen, wie man es in der Skizze oben sieht. Der erhabene Kreis wurde in Pflasterklinker gefaßt und erhielt eine Kiesdecke. Die Bepflanzung wurde in freier Form zwischen den Steingruppen angeordnet.*

Das Raster als Planungsgrundlage *Obwohl ein Raster eher als Hilfsinstrument für die Einteilung des Gartens betrachtet werden sollte, stellt es rechts unten die Endfassung eines Gartenplanes dar. Ein kleiner Bereich des Gartens wurde in drei Quadrate mit gegenläufigem Belag und einheitlicher bodendeckender Bepflanzung aufgeteilt.*

Anfertigung und Anwendung eines Rasters

Die Gartenfront des Hauses auf der rechten Abbildung hat vor allem für den Flügel des Hauses Bedeutung. Viel wichtiger ist jedoch die regelmäßige, 1,80 m breite Unterteilung der Umfassungsmauer, die den Maßstab für die Abstände des Grundrasters des Gartenplanes abgibt. Die Rasterlinien treffen mit den wichtigsten Bezugspunkten der Gartenfront des Hauses zusammen und machen dieses Raster besonders wirkungsvoll. Die ersten Elemente des Musters wurden bereits aufgezeichnet, Kreise und Vierecke mit gleicher Sicherheit plaziert. Es ist kaum möglich, sämtliche Einrichtungen eines Gartens genau auf das Raster abzustimmen, doch es ist wichtig, bei der Planung eine bestimmte Richtung einzuhalten, denn sie erleichtert die Einbeziehung der meisten Gestaltungselemente.

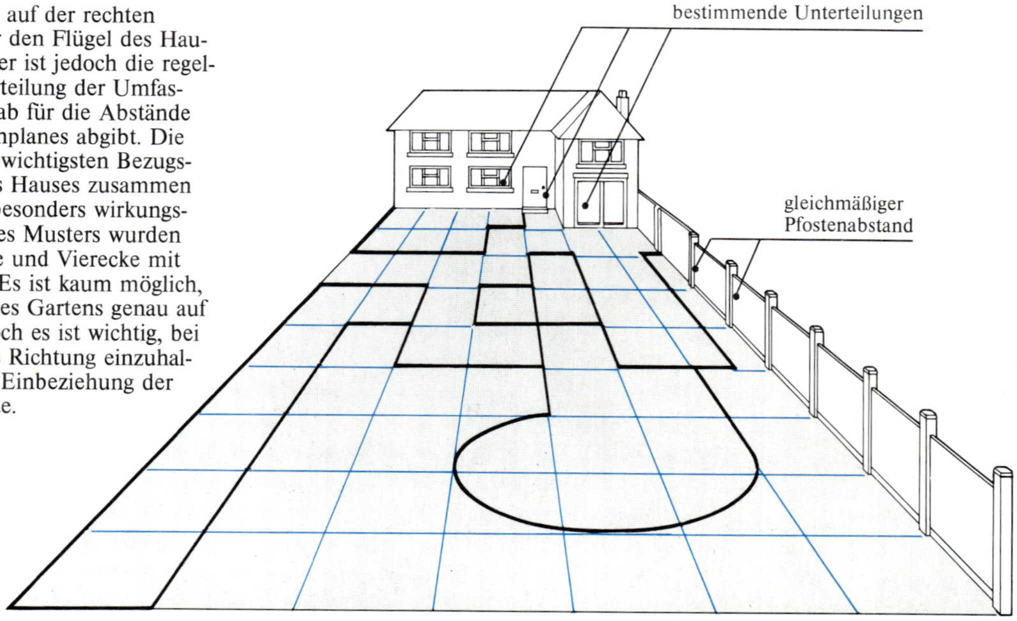

***Verbindung zwischen Haus und Garten** (oben).*
In diesem Garten in der Stadt verbindet das Raster den Garten stärker mit der Hausfassade als mit den öffentlichen Grünflächen hinter der Balustrade.

Der Plan

Auf dem Raster, das nun über das Aufmaß gelegt wird, sind jetzt die Bereiche einzutragen, die man für bestimmte Einrichtungen festgelegt hat: Die Terrasse, um die Sonne einzufangen, den Gemüsegarten, der in bequemer Nähe zum Haus liegen muß, einen annehmbaren Bereich für den Komposthaufen, ein Gewächshaus, eine Wasserfläche, das Beerenobst usw. Die jeweilige Lage wird bestimmt von der bequemen Erreichbarkeit, den Erschließungswegen und der Sicherheitsvorsorge besonders bei Kindern. Zuerst muß man jedoch die Position der Sonne im Sommer und Winter berechnen und die vorherrschenden Winde und darauf achten, daß man weder einen besonders schönen Blick verbaut, noch zu wenig Platz für die Abpflanzung eines häßlichen Ausblicks vorsieht.

Die Festlegung dieser Bereiche erfordert manchmal ein durchgehendes Muster für den ganzen Garten oder zumindest für den Verlauf der gepflasterten Flächen. Wenn man mit keiner Form weiterkommt, sollte man einen Entwurf auf Grund der Zeichnungen entwikkeln, die auf den Seiten 32 und 33 dargestellt sind, wobei man die gewünschten geraden oder geschwungenen Linien einzeichnet. Dabei sollte man jedoch immer bedenken, daß unterschiedliche Muster gegensätzliche Wirkungen erzielen und ihre Eignung für den eigenen Garten daraufhin überprüfen.

Meistens bestimmt die Landschaft, in der man lebt, die Gestaltungsform. Ein kastenförmiger Garten, der von Wänden umgeben ist, erfordert beispielsweise eine gerade, klare Gestaltung, die dem Charakter der Umgebung entspricht. Man kann das Ganze später mit freundlicher Bepflanzung etwas auflockern, um eine ausgewogene Gesamtgestaltung zu erreichen. Kurven erfordern im allgemeinen mehr Platz. Zu große Kreise in einem Viereck lassen beispielsweise Ecken übrig, die schwer zu konstruieren und zu bepflanzen sind. Bestimmte Bereiche verlangen natürlich auch bestimmte Formen. Es ist zwar möglich, Gemüsebeete in Kreisform anzulegen, aber gerade Reihen lassen sich leichter pflegen.

Es ist wichtig, daß alle Teile des Gartenentwurfs durchgestaltet sind, ohne überflüssige Ecken, und daß er einen ausgewogenen Eindruck macht. Der Schlußplan sollte klar und offen sein, baulich realisierbar und letztlich auch pflegbar. Um einen solchen Plan zu erhalten, ist es zweckmäßig, mit einem Raster zu arbeiten. Hierbei sollte man sich möglichst an die Vierecke halten und die weitere Unterteilung im Winkelabstand von 90 Grad vornehmen. Bei Kreisen ist darauf zu achten, daß sie dem Raster entsprechen und sich mit der Linie des Hauses oder einer Rabatte verbinden. Man kann sich auch für ein schräges Raster in 45 Grad entscheiden und mit Schrägen arbeiten, oder man unterteilt die Quadrate des Rasters in Hälften, Drittel oder Viertel, um eine beson-

Planungsabschnitte

Der fertige Plan des Gartens ist als Abschnitt 4 zu sehen *(unten rechts)*. Er entstand nach sorgfältiger Fertigstellung der Abschnitte 1 bis 3 (unter Berücksichtigung der Vorschläge auf S. 30/31 und 38/39). Bei diesem umschlossenen Hofgarten zeigt Abschnitt 1, wie ein Leitraster von der Lage der Garage, der Fassade und der Küchentür entwickelt werden kann.
Planabschnitt 2 zeigt, wie das Raster über den gesamten Bereich ausgedehnt wird. Anmerkungen über Lage, Einsehbarkeit und mögliche Einrichtungen wurden ebenfalls

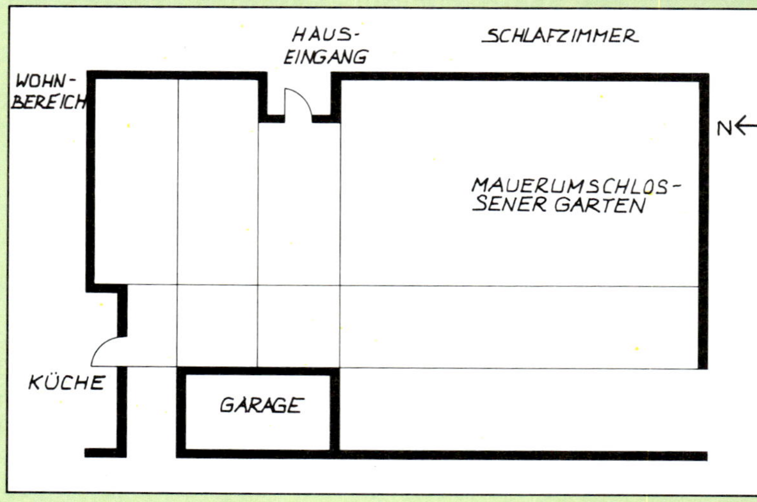

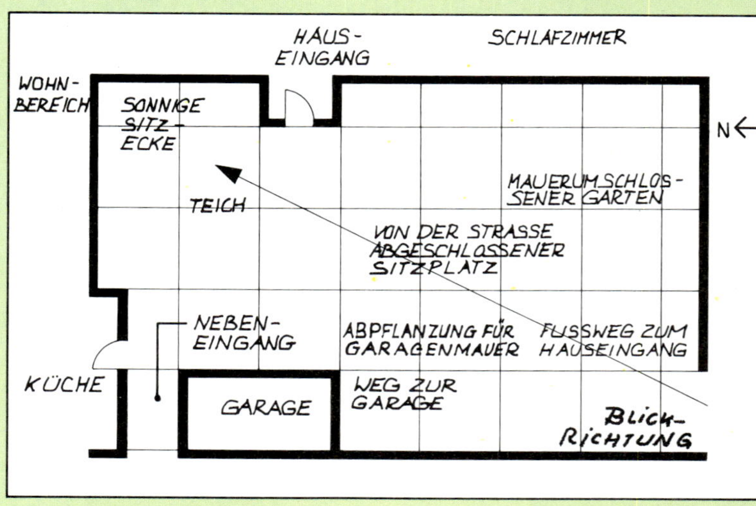

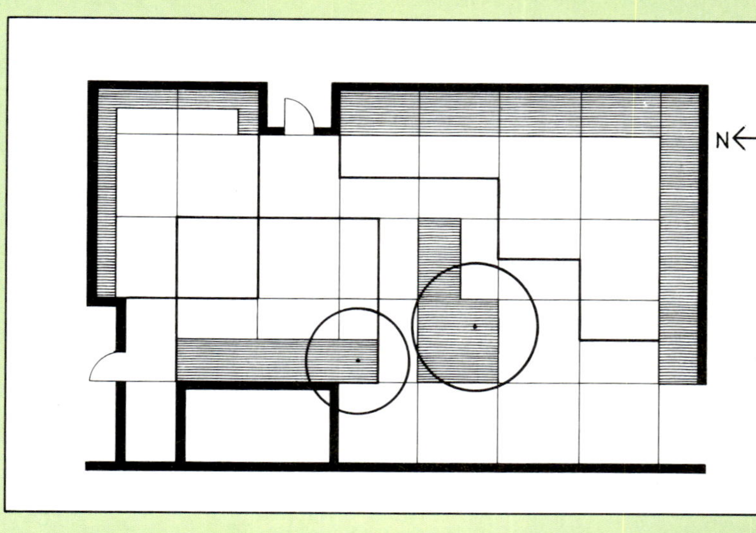

eingetragen. Hält man sich im Prinzip an den Linienverlauf im Grundraster, werden die Einrichtungen des Gartens letztlich auch eine optische Beziehung zu Haus und Garage erhalten.

Abschnitt 3 befaßt sich mit der Wahl des Bodenbelags, der Pflanzflächen und sonstiger Einrichtungen. Bei der Weiterentwicklung des Planes muß man Entscheidungen über die Pflasterung treffen oder sich überlegen, ob Höhenunterschiede angelegt werden sollen. Die Pflanzung selbst erfordert weitere Überlegungen und Skizzen *(siehe S. 168).*

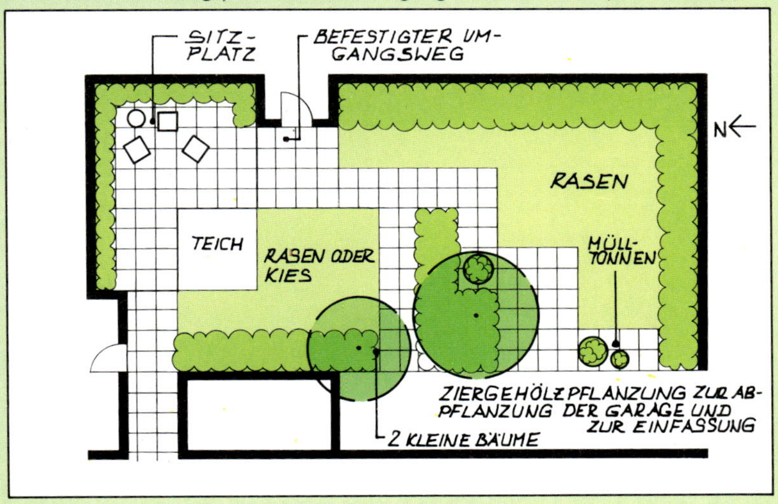

dere Form zu erreichen. Das Grundraster wird den Plan immer »zusammenhalten«. Der Entwurf wird mit kühnen Schwüngen und Kurven besser als mit schwachen, wackeligen Linien. Wenn das Raster entfernt wird und man den Endplan zeichnet, hat das Konzept seine eigene, ausdrucksvolle Form gewonnen und dabei die unterschiedlichen Zweckbestimmungen und Aktivbereiche einbezogen.

Man kann ein Raster für jede Gartenart und für jeden Gartenstil benutzen, ob man sich nun für einfache überlieferte Formen oder abstrakte oder fließende Formen entscheidet. Wichtig ist, daß man den Garten als eine Art Mosaik sieht, mit Bereichen für Pflanz-, Rasen- und Pflasterflächen, und daß man sich nicht an ein Wegenetz klammert, das unbefriedigende Flächen übrigläßt. Der Garten sollte von attraktiven Bereichen bestimmt sein, die über feste Oberfläche zu erreichen sind.

Die Endfassung ist ein zweidimensionaler Plan. Sein Erfolg hängt davon ab, ob man in der Lage ist, sich dieses Ergebnis dreidimensional in der Natur vorzustellen, ein Vorgang, der leichter ist, wenn man mit Pflanzen und Gartenmaterialien einige Erfahrung hat. Die skizzierte Projektion unten links ist eine Wiedergabe dieses Gartens in meiner Phantasie.

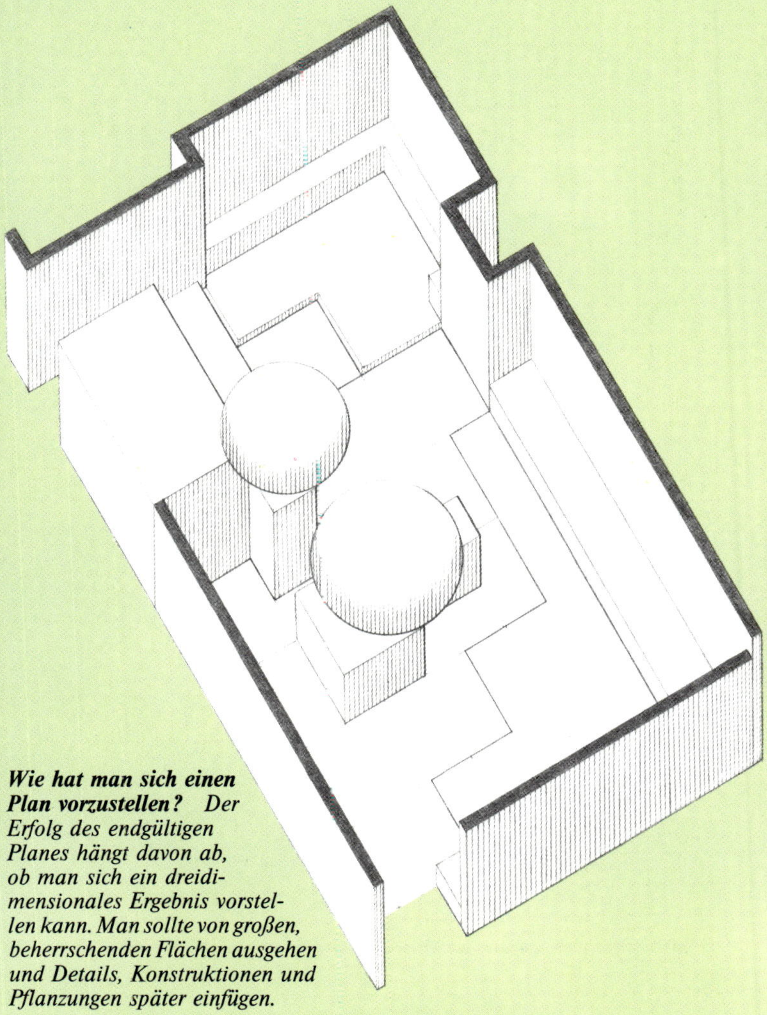

Wie hat man sich einen Plan vorzustellen? *Der Erfolg des endgültigen Planes hängt davon ab, ob man sich ein dreidimensionales Ergebnis vorstellen kann. Man sollte von großen, beherrschenden Flächen ausgehen und Details, Konstruktionen und Pflanzungen später einfügen.*

Wie der Garten aussehen wird

Die untere Abbildung zeigt, wie dieser Garten aussehen wird, wenn jedes Detail in Farbe und Form ausgeführt ist. Dieses Stadium erreicht man jedoch erst nach langer mühsamer Vorarbeit.

Gut gestaltete Gärten

Jeder der auf den folgenden Seiten abgebildeten Gärten wurde als Musterbeispiel für gut gestaltete Anlagen ausgewählt. Sie zeigen, wie die Gesetze der Gartengestaltung anzuwenden sind, um individuelle, charakteristische Anlagen zu erzielen. Jeder Garten ist eine Komposition in sich. Der gute Gesamteindruck beruht auf der Anwendung gerader Formen, die durch Pflanzen aufgelockert werden, und auf dem belebenden Einfluß einiger plastischer Elemente wie einfache Töpfe oder Findlingsgruppen. Jedem liegt ein bestimmtes Thema oder ein beherrschender Blickfang zugrunde, sei es nun Wasser, ein besonderer Baum oder ein anderes auffallendes Element.

Ein Gleichgewicht zwischen Struktur und Pflanzen ist im Garten schwer zu erreichen, denn der pflanzliche Bestandteil eines Gartens ändert sich durch das Wachstum ständig. Auch wenn das Verhältnis ausgewogen ist, muß es durch Schnitt ständig erhalten werden. In den folgenden Gärten herrscht ein solches Gleichgewicht. Die Pflege gestaltet sich aufgrund der einfachen Planung nicht schwierig, bei vielen gut gestalteten Gärten sonst oft ein Problem. Die Grundkonzeption ist überall sichtbar, gleichgültig, in welchem Material sie ausgeführt und wie stark der Garten letztlich bepflanzt wurde.

Gärten können aus verschiedener Sicht gestaltet werden: vom künstlerischen, vom gärtnerischen und von einem rein gefühlsmäßigen Standpunkt. Letzterer ist eine subjektive und sehr persönliche Angelegenheit, wogegen eine gärtnerische Gestaltungsweise mehr Interesse an kenntnisreicher Bepflanzung und am Gärtnern selbst zeigt. Eine künstlerische Gestaltung schließlich ist immer Ausdruck eines ganz persönlichen Geschmacks, denn wir reagieren alle unterschiedlich auf Farben, Formen, Muster und Kompositionen. Manchmal spielen auch Hör- und Geruchssinn eine Rolle, der Duft bestimmter Blumen, das Rascheln der Bambusblätter, der Gesang der Vögel oder das Rauschen von Wasser, das uns alle unterschiedlich anspricht. Ein Garten ist eine der wenigen Kunstformen, die alle unsere Sinne anspricht.

Unglücklicherweise können wir nicht mit den Eigentümern der dargestellten Gärten sprechen, daher entgehen uns möglicherweise feine Unterschiede der Komposition. Man kann sie nur studieren, indem man zu verstehen versucht, wie die Einzelelemente in ihrer Zusammenstellung harmonieren. Beim Nachgehen der Linien, Muster, Formen, Umrisse und Farben der folgenden Gärten sollte man sich daran erinnern, daß der eigene Garten kein Abklatsch dieser Beispiele sein sollte, denn er soll ja Sie selbst und Ihre Familie erfreuen und sonst niemanden. Es ist Sache des Gartenbesitzers, sein eigener Gestalter zu sein, aber die Betrachtung anderer Leute Gärten kann uns trotzdem auf Ideen bringen.

Wassergarten

Dieses Becken, die Brücke und die gewählten Pflanzen dieser Komposition wirken als geschlossenes Ganzes und müssen ihrem Besitzer das ganze Jahr hindurch Freude bereiten. Das rechteckige Becken wird von einer Brücke aus Weichholz überspannt. Die Lattung wurde auf Metallträgern montiert. Eine solche Brücke ohne Geländer muß breit genug sein, damit sich der Spaziergänger sicher fühlt. Eine Ecke des Beckens ragt in die mit Klinkern gepflasterte Terrasse hinein. Der Boden wurde im sogenannten Fischgrätenmuster verlegt. Der Rand besteht aus hochkant gesetzten Klinkern. Das Becken wurde an dieser Seite mit Steinblöcken und Findlingen, die bis ins Wasser reichen, frei gestaltet.
Die Pflanzung im Vordergrund besteht hauptsächlich aus Blaustrahlgras und den schwertlilienähnlichen Blättern von Neuseeländer Hanf, der bei uns leider nicht winterhart ist. Dazu gesellt sich das Löffelblatt mit seinen großen, immergrünen Blättern. Der Hintergrund des Beckens wird von einem Essigbaum beherrscht. Der Krug links davon hebt sich gegen einen Bambus ab. Der Gestaltungsplan ist streng geometrisch, aber gut plazierte Kontrapunkte, wie die Gefäße und die gut zusammengestellten Pflanzengruppen, lassen die Anlage freundlich und großzügig erscheinen.

Schlüssel

1 China-Schilf
2 Rohrkolben im Teich
3 Bambus
4 Essigbaum
5 Blaustrahlgras
6 Neuseeländer Hanf (nicht winterhart)
7 Kapuzinerkresse
8 Löffelblatt

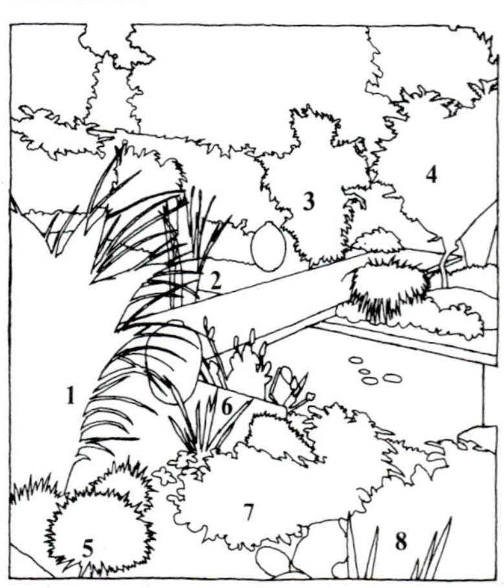

Gartendeck

Wir neigen dazu, Gärten immer nur vom Boden aus zu betrachten. Viele Gärten, besonders in der Stadt, sieht man aber auch von oben. Daher erfordern sie einen klaren Grundriß und Pflanzen mit großen Blättern, so daß das eine durch das andere wie beim oberen Beispiel ergänzt wird.
Der Garten auf der Abbildung wurde aus Holz gestaltet und mit Pflanzen »möbliert«. Der sonnige Teil vor dem Haus wurde mit Holz gedeckt und dient sowohl als Terrasse als auch als Umrandung eines kleinen Beckens. Die Terrasse ist Verbindungsglied zwischen Haus und Garten. Auf dem Holzbelag steht eine niedrige Bank vor einem Staudenbeet. Von dieser Ebene gelangt man über Stufen zu einem geschützten Eßplatz im Freien, der vor Einsicht durch dicht bepflanzte Hochbeete abgeschirmt ist. Sie sind mit Palisadenhölzern eingefaßt und harmonisieren mit dem Bodenbelag. Das schattenspendende Laub einer Aralie *(links)* und eines Essigbaums *(rechts)* ist auch von seiner Form her interessant. Im Vordergrund rechts erkennt man die graugrünen Blätter des Federmohns. Seerosen kontrastieren wirkungsvoll mit Binsen und Schwertlilien im Teich.
Das ist ein künstlerisch gestalteter Garten, denn nur Wenige würden so zurückhaltend in der Auswahl von Formen und Blattwerk vorgehen. Ein interessantes Detail ist der durch die Holzterrasse verdeckte Beckenrand. Der Teich selbst kann aus glasfaserverstärktem Polyester hergestellt werden. Man beachte auch den hübschen kleinmaßstäblichen Effekt der Platten im unteren Gartenbereich. Instruktiv an dieser Anlage ist die ruhige Wirkung, die von einer so strengen Raumaufteilung mit seiner fast monochromen Pflanzung ausgehen kann.

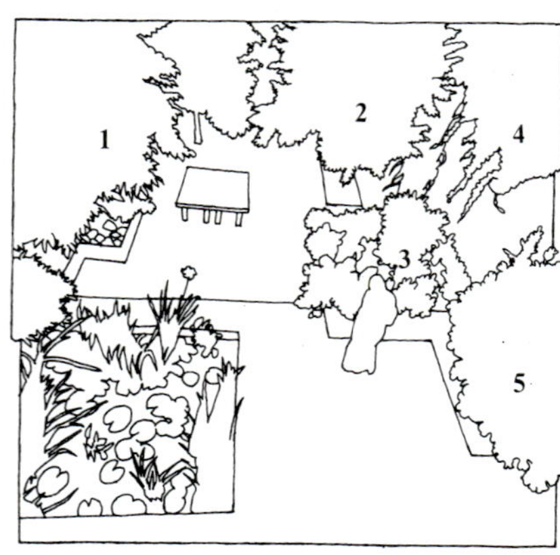

Schlüssel

1 Aralie
2 Essigbaum
3 schmales Beet mit gemischten Kräutern
4 Knöterich
5 Federmohn

Vorstadtgarten

Der schmale Garten gehört zu versetzt gebauten Reihenhäusern, die so angeordnet sind, daß die Wand des einen Hauses die Gartenmauer des nächsten darstellt. Vor dieser Wand ist ein Pflanzbereich mit sogenannten Karlsruher Gartensteinen gestaltet worden. Eine andere Reihe dient als Gartenbank, die im Sommer mit Kissen belegt werden kann. Dieser Bereich öffnet sich zu einem schmalen, privaten, gepflasterten Raum, der von Pflanzen überquillt und seinen besonderen Akzent durch einen auf Findlingen ruhenden Springbrunnen mit Mühlstein erhält. Die Findlinge ragen aus einer Betonschale, so daß das sprudelnde Wasser wieder aufgefangen und erneut hochgepumpt werden kann. Die Pergolenbalken sind eine geglückte Unterteilung des Gartens und bilden einen Rahmen für den kleinen dahinterliegenden Bereich. Durch geschickte Verwendung unterschiedlichen Bodenbelags erscheint die Anlage größer, als sie tatsächlich ist. Ein Findling und mehrere Granitkiesel unterstreichen die Wirkung.
Die Pflanzung ist üppig, und die dazwischenliegenden Pflasterflächen verleihen dem Grundriß Schwung und Bewegung.

Schlüssel

1 China-Schilf
2 Rotfichte
3 Greiskraut
4 Fackellilie (Raketenblume)
5 Bambus
6 gemischte Pflanzung mit Zwergkiefer
7 Blasenbaum
8 Lavendel

Vertiefte Gärten

Dieser kleine, vertiefte Garten ist ein hübscher abgeschlossener Platz für ein Sonnenbad und auch für Gartenfeste sehr geeignet. Er kann auf dem Lande oder in der Stadt, zu ebener Erde oder auf dem Dach liegen.
Der Architekt schaffte eine in sich geschlossene Welt. Obgleich der Mittelbereich offen gestaltet wurde, gibt es viele interessante Details.
Der Kontrast zwischen den geschickt gewählten Materialien und den weichen Pflanzenformen bildet sichtlich ein ausgewogenes Ganzes. Die den mittleren Pflasterbereich umgebenden Beete sind mit Karlsruher Gartensteinen eingefaßt und breit genug, um darauf zu sitzen. Hölzerne Pergola, Einfriedung und Wegebelag bilden hier den grafischen Rahmen. Bewußt gesetzte Findlinge und ein Mühlstein sind plastische Akzente im inneren Bereich. Ein derartig gestalteter Garten wäre hart und abweisend ohne üppige Bepflanzung. Hier besteht sie hauptsächlich aus Immergrünen, die das ganze Jahr hindurch interessant sind. Die Hängebirke sieht auch ohne Laub attraktiv aus.

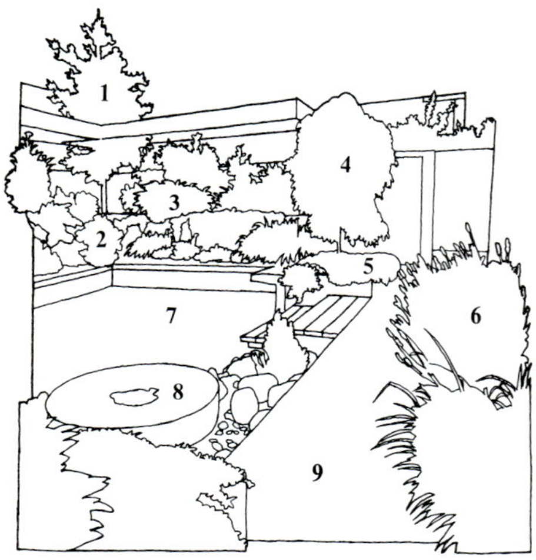

Schlüssel

1 Kiefer
2 gemischte Strauchpflanzung mit Azaleen
3 Berberitzen mit Holunder im Hintergrund
4 Hängebirke
5 Grasnelke
6 Lavendel
7 Pflasterklinker im Blockverband
8 alter Mühlstein
9 imprägnierter Weichholzbelag

Langer, schmaler Garten

Lange, schmale Terrassen sind schwierig zu gestalten. Manche Gärtner versuchen das Problem durch Übersetzung des Layouts eines größeren Gartens in einen kleineren Maßstab zu lösen. Das bringt jedoch nur kleine, beziehungslose Schwerpunkte auf viel zu engem Raum, die auf größeren Rasenflächen oder anderen Bodendekkern das Konzept zusammenhalten würden.
Der Architekt dieses kleinen Gartens (18 × 6 m) hat den Bereich als Ganzes gesehen und entwikkelte eine mäanderförmige Gestaltung mit einem Bereich für die Familie und einem zum Spielen am Ende des Gartens. Beide sind durch strenge architektonische Pflanzung verbunden, die einen wirkungsvollen Kontrast zu dem festen Bodenbelag darstellt und die Mauern der Nachbarhäuser wirkungsvoll verdeckt.
Eine Mauer aus Karlsruher Gartensteinen unterteilt außerdem beide Bereiche. Der vordere Bereich ist mit Betonplatten und Kiesstreifen gedeckt, die zum besandeten Spielbereich führen. Dieser Teil ist mit Rundhölzern befestigt, die in Beton eingelassen sind. Die ausgewählten Pflanzen sehen das ganze Jahr hindurch gut aus. Bambusgruppen und hohes Chinaschilf bilden eine immergrüne Abschirmung zur Einfriedung. Der kleine Baum links neben der Betonbank ist ein Geschlitztblättriger Essigbaum. Etwas davor erkennt man die schattenliebende Großblättrige Funkie. Der Erfolg dieser kleinen Gartenanlage liegt in der ausgewogenen, großzügigen Anordnung harter Gestaltungselemente in Verbindung mit weichen Pflanzenstrukturen und einer einfachen, klaren Raumaufteilung.

Schlüssel

1 Sandbereich
2 Stauden und Rosen
3 Geschlitztblättriger Essigbaum
4 Felsenmispel
5 von Kieselflächen unterbrochener Bodenbelag
6 Azaleen, Bambusarten und Bodendecker

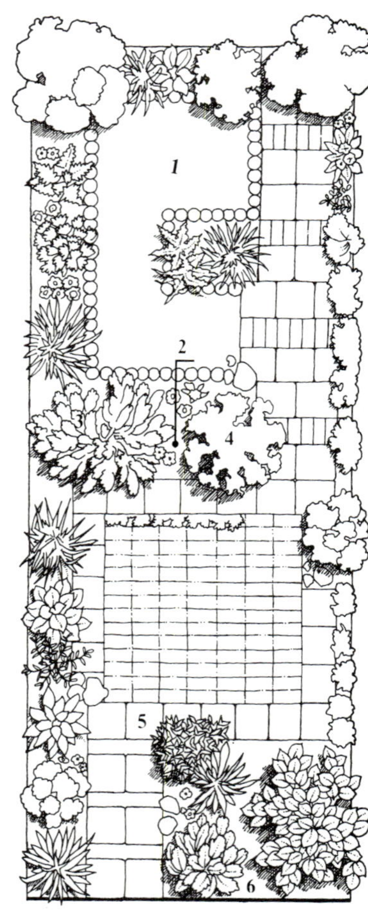

Schattiger Wassergarten

Zwei erhöhte Wasserbecken sind der Blickfang in diesem kleinen schattigen Garten in der Stadt, der an die Mauer eines benachbarten Anwesens stößt und zeigt, wie man aus der Not eine Tugend machen kann. Das Konzept besteht aus einem abstrakten Muster ineinandergreifender rechteckiger Formen aus Klinkern mit Höhenunterschieden. Der Plan gipfelt in einer Terrakottaplastik, die vor der angestrichenen Nachbarwand aufgestellt wurde. Dieser einfache, einfühlsame Plan verbindet sorgfältige moderne Planung mit traditionellen Baustoffen, die in den erhöhten Becken zu einem besonderen Gestaltungselement werden. Die Einfassung dient zugleich als Sitzgelegenheit. Die Bepflanzung solcher Bereiche ist wegen Beschattung und Tropfenfall bei Regen aus den überhängenden Bäumen schwierig, aber Farne und Moose (links im Bild) und auch Bambus wachsen unter solchen Bedingungen gut. Eine in den Vordergrund gesetzte Zwergmispel überspielt die Beckenform. Als Baustoff wurden nur Ziegelsteine verwendet.

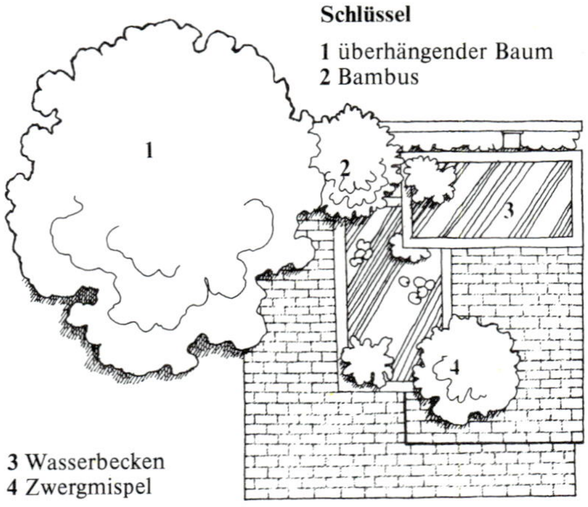

Schlüssel

1 überhängender Baum
2 Bambus
3 Wasserbecken
4 Zwergmispel

Vor- und Wohngarten in der Stadt

Der Plan dieses kleinen Mailänder Gartens wurde im Winkel von 45° zum Haus entwickelt, um einen Birnbaum zu erhalten und einen langweiligen kleinen Garten zu einem ganz ungewöhnlichen Erlebnisbereich zu machen. Es gibt viele interessante Ecken, die nicht nur erreichbar sind, sondern auch anregende, um eine Metallskulptur gruppierte abstrakte Muster aus Holz und Wasser bilden. Das Ganze wirkt nicht nur vom Garteninneren aus reizvoll, sondern auch vom Haus her.
Der Architekt hat nur zwei Baustoffe zur Formgebung benutzt, die eine strenge Gestaltung ermöglichten: Holzpflaster, alte Eisenbahnschwellen und große, rundliche Kiesel. Die Kiesel sollen kleine Kinder abschrecken. Die Bahnschwellen wurden zum Bau von Stützmauern, als Brücke und als Bank verwendet und um eine Sichtschutzmauer zu bauen, die einen häßlichen Bereich hinter dem Grundstück abschirmt. Unbepflanzt kann eine derartige Gestaltung überzogen wirken, aber im begrünten Zustand halten sich Gewachsenes und Gebautes die Waage. Ein großer Teil der Bepflanzung besteht aus Immergrünen, die das ganze Jahr hindurch interessant aussehen. Freundliche Blattmassen harmonieren mit der Flächenaufteilung. Fatsia, Kamelien, Löffelblatt und ein gelbbunter Efeu vertragen sich mit Farnen (nicht wintergrün) in den schattigen Winkeln. Wilder Wein wächst über den hinteren Zaun und sorgt für leuchtende Herbstfarbe.

Der Vorgarten ist schmal aber interessant, die Farben warm und einladend. Im Gartenplan führt ein Weg direkt zum Haus, aber er führt um eine größere Skulptur. Es wurde dieselbe Holzpflasterung wie im hinteren Garten gewählt, die hier jedoch mit Granitkantensteinen eingefaßt ist.

Schlüssel

1 Wilder Wein am Zaun
2 Sumpfschwertlilien im Teich
3 Stechpalme, Rhododendron und Efeu
4 großer Birnbaum
5 Fatsia
6 Yucca, Zwergpalme
7 Kamelien, Gartenhortensien
8 Töpfe mit Zwiebelpflanzen und Sommerblumen

rückwärtiger Gartenteil

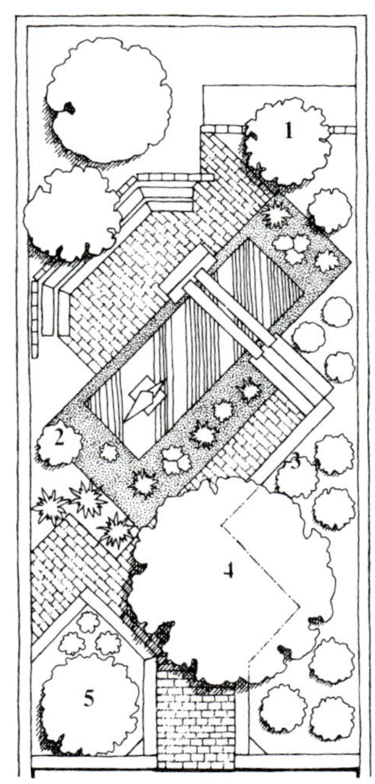

Vorgarten

Oben und darüber: hinterer Gartenteil
Rechts: Vorgarten

Garten am Park

Die meisten der in diesem Abschnitt gezeigten Gärten stammen vom europäischen Festland. Ihre Gestaltung ist makellos, und das bedeutet in diesem Zusammenhang sowohl die Anlage als auch das in Verbindung mit dem Gesamtkonzept verwendete Pflanzenmaterial. Die Pflanzung ist jedoch sehr vom Lokalklima abhängig. Viele Pflanzen, die hier nicht wachsen, können in milderen Klimazonen, zum Beispiel in England mit seinen milden Wintern, gut gedeihen, und diese Pflanzen werden von Festlandeuropäern in England auch so bewundert. Gärten in England unterscheiden sich auch von übrigen europäischen durch ihre naturnahere Wirkung, wie es hier die Abbildung eines Gartens mitten in London zeigt. Das Anwesen ist großartig - fast monumental und Teil einer noblen halbmondförmigen Häuserzeile aus dem frühen 19. Jahrhundert. Jedwede Gartengestaltung im Schatten dieser Architektur verlangt eine strenge Linienführung, wenn sie nicht unbedeutend erscheinen soll. Daher besteht der Bodenbelag aus einem einfachen, am Rhythmus des Hauses orientierten Klinkerraster, das mit Platten oder Rasen ausgefüllt wurde. Eigentlich sollte der Rasenbereich aus Kies bestehen, doch der Eigentümer fand Rasen als Fortsetzung des Bodenbewuchses der öffentlichen Grünflächen jenseits der Balustrade besser geeignet. Die stark von Bäumen beschattete Pflanzung ist in typisch englischer Weise sehr artenreich, eine kräftige Mischung üppigen, scheinbar aus den Beeten quellenden Grüns.

Schlüssel

1 Lorbeer
2 Drachenbaum in Töpfen
3 alter Birnbaum
4 gemischte Pflanzung in lichtem Schatten
5 alter Maulbeerbaum

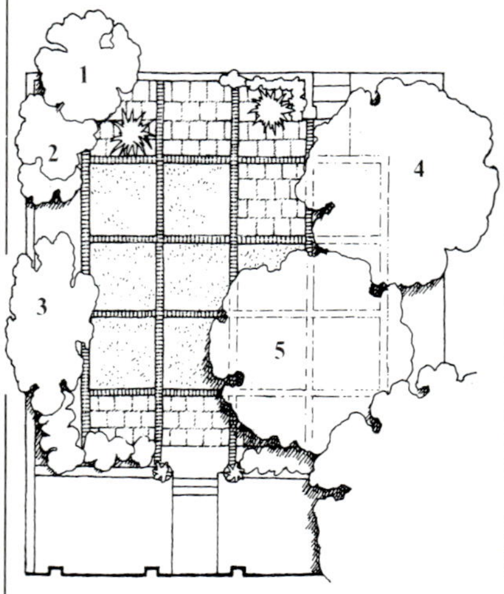

Die verschiedenen Gartentypen

Gärten von unterschiedlichem Zuschnitt, Ausmaß und Stil mit Vorschlägen für alternative Gestaltung

Mauerumschlossener Garten

Man kann eine ganze Reihe von Pflanzen in einem kleinen, mauerumschlossenen Garten unterbringen, besonders wenn er nach Süden ausgerichtet ist. Der unten abgebildete Garten ist ein gutes Beispiel dafür, was man auf begrenztem Raum erreichen kann. Der Blick aus dem oberen Stockwerk des Hauses zeigt die Blütenfülle des Gartens und läßt erkennen, daß die Terrasse vom Garten getrennt ist.

Die Vorschläge gegenüber zeigen einen offenen Bereich, der einen ungehinderten Blick von der Terrasse oder dem Erdgeschoß des Hauses auf die Bepflanzung gewährt. Beim oberen Vorschlag wurde der Verlauf der Plattenfugen um 45° zum Haus versetzt und damit Bewegung in die Gestaltung gebracht. Das Ende des Gartens verschwindet aus dem Blickfeld, das Auge wird auf eine Skulptur gelenkt.

Der untere Vorschlag ist geometrischer, doch auch hier wird der Blick bewußt geführt, und zwar durch eine quergespannte Pergola. Ein weiterer Akzent ist die Holzbank um einen Baum in der Mitte des Rasens. In beiden Vorschlägen ist eine befestigte Einfassung vorgesehen, so daß die Stauden wachsen können und das Mähen nicht behindern.

Abgeschlossenheit und üppige Pflanzung *Dieser Garten mit seiner üppigen Blütenpracht hat in seiner Abgeschlossenheit etwas Verträumtes. Die Terrasse ist umschlossen und vermittelt mit ihren Pflanzen, die sich frei in den Steinbelag ausbreiten, ein Gefühl der Ruhe.*

Moderne Gestaltung *Dieses um 45° versetzte Beispiel öffnet sich zum Garten und versucht, aus dem begrenzten Raum soviel wie möglich zu machen, wobei der Zauber des umschlossenen Bereiches erhalten blieb. Der strenge Bodenbelag besteht aus Betonwerksteinplatten, die als Kontrast zur freien Pflanzung gewählt wurden.*

Streng und geometrisch *Hier ist die Gestaltung betont geometrisch und öffnet den Garten vom Haus her über flache Stufen, die zu einer breiten Terrasse führen. Der Belag besteht aus in freiem Verband verlegten Natursteinplatten. Der Rasen verläuft bis zum Ende; eine Pergola überspannt den Garten und schafft eine Art Kolonnade.*

Wohnraum im Grünen

Dieser Hausgarten ist eine Erweiterung des Wohnraums, denn er schließt unmittelbar an das Haus an und ist der einzige Ausblick von den Fenstern. Die Vegetation sorgt für Schutz und Abgeschlossenheit, so daß man den Freiraum als Wohnraum benutzen kann.

Der Garten ist leicht vertieft, so daß eine Stufe von dem an das Haus grenzenden Deck erforderlich ist. Die Beete sind von Klinkerwegen gesäumt und bilden einen kleinen Blumengarten. Diese Gestaltungsform kann – bei gleicher Wirkung – auch für einen Kräutergarten oder sogar einen vorbildlichen Gemüsegarten gewählt werden.

Im oberen Beispiel gegenüber wurde der befestigte Bereich vergrößert, der nun an ein Wasserbecken grenzt. Schrittsteine führen über den Pool zu einer Sitznische, die von einer mit Schlingknöterich berankten hölzernen Pergola überspannt ist. Die Bepflanzung schließt einige immergrüne Gehölze ein und gelbblühende Ginsterarten.

Der untere Vorschlag weist parallel verlaufende Klinkerflächen auf, zwischen denen Granitplatten eingebunden wurden. Die Pflanzung enthält graulaubige Heiligenblumen und Kreuzkraut sowie die purpurblättrige Thunberg-Berberitze. Sie säumt die Klinkerstreifen und betont die Staffelung. Der Garten findet seinen Höhepunkt in einer L-förmigen Bank, die zum Haus ausgerichtet ist. Kübel mit blauen Schmucklilien betonen die Gestaltung.

Fensterförmige Bepflanzung *Die Gartenbeete erinnern – vom Haus aus gesehen – der Form nach an die Fenster einer romanischen Kirche.*

Plan mit Wasser und Pergola *(rechts). Bei diesem Vorschlag ragt das Terrassendeck über ein Becken. Die Pergola überdacht einen geschützten Raum für Sommeraktivitäten.*

Plan

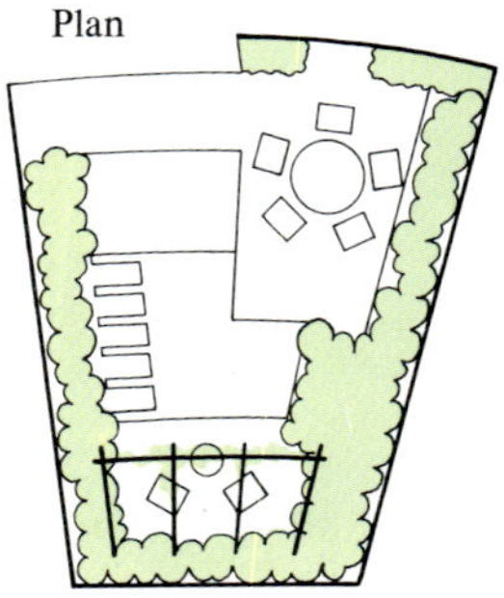

Gestaffelte Anordnung *Die Pflanzung wurde hier gestaffelt und führt zu einer L-förmigen Bank (siehe Plan unten). Die Linienführung der Klinkerflächen beherrscht den Plan, wird aber durch die Pflanzung und die sorgfältige Plazierung zweier Kübel aufgelockert.*

Plan

Garten mit Abschlußmauer

Dieser Garten endet an einer Garagenwand, die sowohl Hintergrund ist als auch Träger für die Pergola, die eine mit Holz befestigte Terrasse überspannt. Das Becken links zeigt eine erhöhte Steineinfassung. Für die Bodenbefestigung wurde Granitpflaster verwendet. Bei den Pflanzen im Vordergrund handelt es sich um Stechpalme *(rechts)*, ihr gegenüber steht ein großblättriger Wilder Wein. Bambus und Hartriegel sind die beherrschenden Pflanzen des Gartens. Beim oberen Beispiel gegenüber wurde die Anordnung streng gegliedert und harmoniert mit den Proportionen von Becken und Garten. Das Bodenmuster wurde aus Betonwerksteinplatten (in der Farbe der Beckeneinfassung) und dazwischen ausgepflasterten Feldern aus Klinkern gelegt, um einen Bezug zur Garagenwand herzustellen. Ein großer Teil der Pflanzung wurde belassen, lediglich ein flachwachsender Ginster am Ende des Beckens wurde hinzugefügt. Der Knöterich, der beim vorhandenen Garten ein häßliches Nachbargebäude verdeckt, wurde durch eine Korkenzieherhasel und immergrünen Feuerdorn ersetzt. Auf diese Weise erhält man im Sommer und Winter einen besseren Sichtschutz.

Die Garage blieb beim unteren Vorschlag Brennpunkt der Gestaltung, doch wurde sie hier besser in das Gesamtkonzept eingebunden. Die Pflanzung vor der Garage besteht aus einem Zierapfel *(rechts)* und Immergrünen davor. Auf der anderen Seite, hinter dem Becken, erhebt sich ein Essigbaum, davor ein Filzschneeball. Die Staudenbepflanzung besteht aus Schwertlilien und Astern für den Herbst. Im schattigen Hintergrund des Gartens stehen Schneerosen und goldgelber Efeu, der später über die Wand der Garage wachsen soll. Für Farbtupfer sorgen Kübel mit starkfarbigen Einjährigen und Zwiebelgewächsen.

Hintergrund als Blickfang *Dieser Garten endet an einer Garagenwand. Das Dach der Garage wurde durch eine Pergola verlängert, die eine Terrasse mit Holzbelag überspannt. Die Idee ist gut und ließ sich problemlos realisieren. Der übrige Teil des Gartens scheint jedoch weniger gelungen. Üppigere immergrüne Bepflanzung würde das ganze Jahr hindurch für gute Abdeckung sorgen.*

Verbindung der verschiedenen Gartenelemente *Ein strenges Grundmuster verbindet Becken und Garage miteinander. Dieser Vorschlag erfordert dichte Überpflanzung, doch muß das Konzept immer sichtbar bleiben. Die Korkenzieherhasel wurde als Solitärgehölz hinter das Becken gesetzt und ist auch im Winter ein schöner Anblick.*

Interessanter Gegenvorschlag *Diese Lösung versucht die Garagenwand zu verstecken und setzt ein Gegengewicht mit dem grauen Granitpflaster, das sich um das Beckenende schwingt und die Staudenpflanzung einschließt. Die Pflanzung wurde durch einen flachwachsenden Schneeball und einen Essigbaum ergänzt, die im Herbst für Farbe sorgen. Auf der anderen Seite wird der Blick auf einen Zierapfel und darumgruppierte Kübel mit starkfarbiger Sommerblumenbepflanzung gelenkt.*

Garten in waldiger Umgebung

Der gestaltete Bereich dieses Gartens und die natürliche Vegetation dahinter werden klar durch eine geradlinige Hecke voneinander getrennt. Der natürliche Wald bildet den Hintergrund für die Pflanzenformen in dem vom Menschen geschaffenen Garten. Auf dem gegenüber abgebildeten Vorschlag *(unten)* wurde der Garten durch Beseitigung der trennenden Pflanzung völlig zum Wald geöffnet, so daß die Weißbirken und die Stämme der Eichen voll zur Wirkung kommen. Der Rasen erhielt eine weichere Form, so daß der gemähte Bereich im Schatten des Waldes verschwindet. Rechts steht Fingerhut als Vorposten der »Wildflora« im Garten. Im Frühling blühen Zwiebelgewächse, später Blauglöckchen im Wildrasen.

Wenn eine Grenze gezogen werden muß, ist eine solche offene Lösung nicht möglich. Beim oberen Vorschlag gegenüber wurden Weißbirken auch in den Garten gepflanzt, um den natürlichen Wald und die kultivierten Flächen über die Abgrenzung hinweg miteinander zu verbinden. Durch zusätzliche Anpflanzung von Wildgräsern *(rechts)* wird die vorhandene Vordergrundbepflanzung wiederholt, doch der übrige Bewuchs wurde entfernt, um den Wald mit dem Garten zu verbinden. Die hintere Grenze besteht aus einem einfachen Drahtzaun, der den Blick in den dahinterliegenden Wald nicht behindert. Auch wenn der Wald nicht Teil des Anwesens ist, gehört er optisch zum Garten oder ist als sichtbarer Hintergrund Kulisse jenseits der Gartengrenze. Nur wenige Gärten in der Stadt haben einen solch schönen Hintergrund, aber oft kann man den Blick auf einen Kirchturm oder auf den Baum eines Nachbarn einbeziehen, indem man einfach den Vordergrund freihält. Bei der Schaffung eines interessanten Ausblicks muß man jedoch vorsichtig zu Werke gehen, damit die Abgeschlossenheit des Gartens erhalten bleibt.

Kontrast zwischen Garten und Hintergrund
Mit dem kleinen, erhabenen Beet, der rechtwinkligen Form des Rasens und den Umrissen, Formen und Blütenfarben der ausgewählten Pflanzen wird dieser Garten bewußt von seiner waldartigen Umgebung abgehoben. Der gestaltete Garten wird damit zum abgeschlossenen Bereich.

Verdeckte Abgrenzung *Wenn eine Grenzlinie für ein solches Anwesen absolut erforderlich ist, können Waldpflanzen in den Garten gesetzt werden, um die Trennung zwischen Garten und Wald abzuschwächen. Hier wurde die Zwergkonifere aus dem Beet im Vordergrund entfernt, um einen ungehinderten Blick auf die Weißbirken zu erhalten.*

Aufhebung der Gartengrenze *Hier wurde die begrenzende Hecke entfernt, um den Blick zum Wald hin zu öffnen. Die Gräser im Vordergrund und das erhabene Beet als Zeichen eines gepflegten Anwesens wurden weggelassen, um Pflanzenformen Platz zu machen, die den Waldcharakter bis ans Haus führen. Der Garten stimmt nun mit seinem landschaftlichen Hintergrund überein.*

Vorgarten

Der Vorgarten eines Hauses läßt auf die Bewohner schließen und wird von zwei Faktoren bestimmt. Allgemein kann man sagen: Je größer der Vorgarten, desto weniger einladend ist er, so wie ein großes Büro, das nur mit einer einzigen Person besetzt ist, einschüchternd wirkt. Der zweite und wichtigere Faktor ist jedoch die Randpflanzung. Ist sie niedrig und ausgewogen und gewährt sie einen freien Durchblick zum Haus, so ist die Wirkung einladend. Im Gegensatz dazu vermitteln hohe, dichte Pflanzungen, die das Haus verbergen, den Eindruck, daß der Besitzer ungesellig ist. Allerdings kann man auch Abgeschlossenheit suchen, und das wurde im Garten unten erreicht. Die Zusammenstellung der Formen und der Pflanzung ist durch die Belaubung das ganze Jahr hindurch interessant und versteckt den größeren Teil des Hauses. Eine Urne auf einem Sockel wird zum Blickfang, der den schmalen, zum Haus führenden Zugangsweg bezeichnet.

Man kann einen Vorgarten besonders einladend gestalten, wenn man einen breiten Zugangsweg wie auf dem oberen Vorschlag gegenüber anlegt. Der breite Weg wurde noch durch wechselnde Strukturen im Bodenbelag verschönt, und die senkrechten Linien der Koniferen tragen zur Verbindung von Haus und Garten bei. In diesem Vorschlag wurde ein Teil des vorhandenen Pflanzschemas übernommen und einige neue Pflanzen hinzugefügt. So wurden die niedriggeschnittene Hecke und die Bodendecker zur Linken des Weges beibehalten, während rechts Kriechwacholder jetzt die Breite betont.

Beim unteren Vorschlag ist der Zugangsweg völlig offen. Stufen werden zu Plattformen, die von geschnittenen Buchsbaumgruppen flankiert sind. Als Gegengewicht zur strengen Gestaltung des Einganges wurden mehrstämmige Birken gepflanzt.

Privateingang *(unten). Wenn man Abgeschlossenheit anstrebt, ist diese massive Pflanzung wirkungsvoll. Sie ist Blickfang und gewährt das ganze Jahr hindurch Sichtschutz. Die Bepflanzung hält den Bereich des Vorhofes und den gut geführten Weg im Gleichgewicht. Da das Haus bewußt »versteckt« wurde und der Zugangsweg nicht direkt zur Eingangstür führt, vermittelt die Anlage den Eindruck von Abgeschiedenheit.*

Verbreiterter Zugang *(rechts). Durch breite Stufen wird ein Gefühl von Gastfreundschaft vermittelt. Der Zugang ist von niedrigen Hecken flankiert und verleiht ihm so größere Bedeutung. Die kleinen Koniferen, die nur einen Teil der ursprünglichen Bepflanzung darstellen, verbinden das Haus optisch mit dem Garten.*

Einladende Gestaltung *(unten). Die Wirkung ist sehr einladend, denn nun liegt der Zugangsweg völlig offen da. Er besteht aus Plattformen und nicht aus Stufen. Sowohl die Verwendung eines einzigen Bodenbelages (Ziegel) und das erhöhte Beet mit Fleißigen Lieschen führen das Auge direkt zum Eingang.*

Ein geschütztes Eckchen

Es gibt für gewöhnlich ein besonderes Eckchen im Garten, das zwar klein ist, dafür aber das ganze Jahr hindurch die Sonne einfängt. Man darf sich glücklich schätzen, wenn das Haus in einem solchen Winkel angelegt ist, daß dieses Eckchen unmittelbar daran angrenzt. Meist muß man in einiger Entfernung einen Sitzplatz anlegen, um die Wärme einzufangen, und ein solches Beispiel, ein umschlossener Winkel, ist unten abgebildet.

Der Boden steigt etwa 45 cm zu einem aus Ziegelsteinen gemauerten Winkel an. Bei dem Beispiel auf der Abbildung wurden Bahnschwellen benutzt, um den Höhenunterschied als Sitzplatz zu gestalten. Natursteinplatten führen über die Abstufungen und wurden auch als Bodenbelag unter der Holzbank gewählt. Die warmen Farben des Mauerwerks wiederholen sich in den bodendeckenden Sträuchern und Stauden. Sie überspielen die unterschiedlichen Ebenen und zeigen ein reichhaltiges Farbenspiel. Diese Bodendecker müssen jedoch jeden Herbst rigoros ausgedünnt werden.

Die gegenüber dargestellten Gestaltungsbeispiele zeigen, welch unterschiedliche Stimmung durch Auswahl und Plazierung von Pflanzen zur Betonung von architektonischen Elementen hervorgerufen werden kann. Bei jeder Anlage sind die in der Gartenecke herrschenden Bedingungen zu berücksichtigen. Es sind Pflanzen auszuwählen, die sowohl Wärme als auch Trockenheit vertragen, denn das Mauerfundament entzieht dem Boden Feuchtigkeit. Bestimmte Arten können wegen ihrer starken Wurzelausläufer für eine Pflanzung in Mauernähe auch ungeeignet sein.

Die Gestaltung hängt auch von der Gesamtanlage des Gartens ab. Die Laubenecke mit ihrer klaren Gliederung kann für einen städtischen Garten die beste Lösung sein, während sich die Ecke in japanischem Stil überall dort eignet, wo sie mit dem übrigen Garten harmoniert. Für den ländlichen Garten unten bieten sich runde, niedrige, starkfarbige Formen an. Die Bepflanzung der Bereiche um die Gartenlaube rechts oben schafft mit größeren, rundlichen Formen eine Verbindung zu den beherrschenderen Immergrünen und der Gartenlaube selbst. Die Lösung im japanischen Stil ist linearer und in der Farbgebung zurückhaltender. Sie besitzt wegen der strengeren Formen der verwendeten Pflanzen das ganze Jahr hindurch allerdings größeren optischen Reiz.

Winkel im bäuerlichen Garten *Diese Ecke in einem ländlichen Garten ist freier gestaltet als die vorgeschlagenen Alternativen auf der gegenüberliegenden Seite. Seine Wirkung beruht auf dem dichten Teppich aus duftenden Stauden und strauchartigen Kräutern, darunter Thymian in verschiedenen Farben, niedriger weißer Lavendel und das bei uns nicht ganz winterharte Rosmarin. Wintergrüner Ehrenpreis rahmt die Goldlackbüsche. Rot und silbern schiebt sich der Günsel in den Vordergrund. Die meisten Pflanzen sind immergrün und das ganze Jahr hindurch interessant.*

Ecke mit Gartenlaube *Die Abstufungen zur Gartenlaube bestehen aus dem gleichen Material wie die Mauer. Selbst die Laube ist mit Ziegeln eingedeckt und die Holzkonstruktion weiß gestrichen. Der untere Bereich, der mit Kies abgedeckt werden kann, ist mit sich selbst aussäenden Staudenarten zu bepflanzen. Sträucher und Kletterpflanzen sind üppig und rund, um die harten Konturen der Mauern, des Bodenbelags und der Laube aufzulockern. Pastellfarben herrschen vor.*

Japanischer Effekt *Die japanische Gestaltung beruht auf dem Gegensatz zwischen grafischen Bauelementen und Pflanzenformen. Die Pflanzung besteht aus einem bizarren Essigbaum, Bambuswedeln und der Hängeform einer kleinen Trauerweide, die sich in den Blütentrauben der Glyzine im Frühling wiederholt. Die abgestuften Höhenunterschiede und der Sitzplatz sind mit Bahnschwellen gefaßt. Der Bodenbelag besteht aus Pflaster. In Verbindung mit einem Schöpfbecken ergeben diese Elemente reizvolle Blickpunkte.*

Üppiger ländlicher Garten

Dieser alte Garten verläuft parallel zum Haus und etwas über seine Grundlinie hinaus. Der Akzent wird von einem großen alten Apfelbaum gesetzt, der als Stütze für eine verschwenderisch blühende Kletterrose dient.

In einer solchen Situation muß der Gartenfreund, der seinen Garten neu gestalten will, die vorhandenen Pflanzen akzeptieren und sich an der ursprünglichen Anlage orientieren. Ein moderner Plan wäre unangebracht, vielmehr sollte der alte Charakter des Gartens erhalten werden, indem man ihn in einen ökologischen Lebensraum umwandelt, in dem Insekten und Vögel ihre Zuflucht finden können. Das ist der Tenor des Vorschlages, der auf der gegenüberliegenden Seite abgebildet ist. Vor allem für eine junge Familie ist ein Garten interessant, in dem Beeren die Vögel anlocken und Gras und Pflanzen ein Refugium für mancherlei Kleintiere bilden. In meinem ökologischen Garten hat der schüsselförmige Teich ein Ufer aus Steinen, die bis zur Mitte verlaufen und Zugang zum Wasser gewähren. Ein Rasenweg umgibt das Becken. Dahinter sorgt eine Gruppe von Ziergräsern für den natürlichen Schutz der Kleinlebewesen.

Andererseits kann der alte Charakter dieses Gartens belebt und betont werden. Im unteren Beispiel wird dem Apfelbaum größeres Gewicht durch eine weißgestrichene Bank darunter verliehen. Die Pflanzung zur rechten Seite wurde ausgelichtet und erweitert. Ein Staudenbeet enthält traditionelle Phloxarten, Astern, Lupinen und Rittersporn sowie schwachwachsende Kräuter wie Salbei, Rosmarin (Winterschutz!) und Raute.

Naturnaher Garten *Dieser reizvolle verträumte Garten mit all seinen üppigen Pflanzen ist voll »ausgewachsen«. Die Grenze zwischen einem solchen naturnahen und einem verwilderten Garten ist sehr dünn, und Auslichten und Neuanpflanzung muß sehr sorgfältig bedacht werden.*

Ökologischer Garten *(rechts). Diese Gartenform wurde für wildlebende Kleintiere entwickelt. Die umgebenden hohen Gräser und beerentragenden Sträucher wie Zwergmispel und Feuerdorn sollen Vögel anlocken, die Blütenstauden sind für Schmetterlinge und andere Insekten geplant. Die Bepflanzung im Vordergrund enthält große Mengen von Fetthenne, Christrosen und einer Schwertlilienart* (Iris foetidissima) *als Belebung für die Winterzeit und Insektennahrung.*

Oase aus vergangener Zeit *Eine gestrichene Holzbank umgibt hier den Apfelbaum, während Stauden die vorhandenen Gehölzflächen umrahmen. Der Eindruck von Abgeschlossenheit bleibt, aber diese kleine Gartenoase ist nun auf den Baum ausgerichtet. Um die Gestaltung etwas zu straffen, sollten die Stauden nur in einer Farbe gepflanzt werden.*

Kleiner Gartenhof

Dieses moderne Atriumhaus besitzt einen Innenhof, der von allen Räumen aus sichtbar ist. Nach der Bepflanzung aus Farnen und Japananemonen zu urteilen, erhält er wenig Licht. Das Solitärgehölz in der Mitte ist eine Forsythie. Sämtliche Pflanzen wachsen aus einer Kiesabdeckung.

Der Gartenbereich wurde so angelegt, daß er das ganze Jahr hindurch interessant aussieht. Ein so umschlossener Raum kann als Garten sehr aufregend sein, denn seine Lebensbedingungen unterscheiden sich erheblich von denen einer normalen Freilage: Der Gartenhof besitzt ein ganz anderes Mikroklima, es herrscht Luftruhe und die Luft wird bei kaltem Wetter von der Hauswärme temperiert. Wenn der Hof auch ausreichend Sonne erhält, kann die Vegetation in diesem Innenbereich geradezu exotisch werden.

Die Alternativen auf der gegenüberliegenden Seite stellen den Hof als Kinderspielplatz oder als Hof mit Wasserspiel dar. Der Plan für den Spielbereich ist von der angrenzenden Küche leicht zu überschauen, und ich habe den Fliesenbelag der Küche auf der Gartenseite unter dem Fenster als Stellfläche für Pflanzen ausgeweitet und einen kleinen Tisch vorgeschlagen, an dem Kinder sitzen können. Ein Sandkasten kann später einmal in ein kleines Becken verwandelt werden. Der Rest des Hofes ist gepflastert, aber leicht vertieft, so daß die umlaufende Stufe als Sitz benutzt werden kann. Ein völlig anderer Eindruck entsteht, wenn man den gesamten Gartenhof in einen Wasserspiegel verwandelt, der Licht in das Haus reflektiert. Das Becken wird mit den gleichen Fliesen eingefaßt wie der Bodenbelag in der Küche.

Ein besonderer Akzent wird durch weiße Sumpfschwertlilien mit Unterpflanzung sauerstoffspendender Arten wie z.B. Wasserpest gesetzt. Einige Zierkarpfen und eine Reihe von Fontänen oder nächtliche Unterwasserbeleuchtung beleben die Szenerie.

Gartenhof *In einem solchen Gartenhof, in dem Pflanzen von allen Seiten genau betrachtet werden können, muß die Vegetation das ganze Jahr hindurch eine Augenweide sein. Das ist mit ausgeprägten und exotischen Formen zu erreichen, zumal dieser Bereich geschützt und wahrscheinlich durchschnittlich um einige Grade wärmer ist als die meisten normalen Gärten.*

Spielbereich im Freien *Dieser Bereich fungiert offensichtlich als Erweiterung des Hauses und bietet Spielraum für kleine Kinder, die von der angrenzenden Küche aus beobachtet werden können. Das Mobiliar ist so beschaffen, daß es als eine Erweiterung des Innenbereiches gelten kann. Es wird durch einen einfachen Container ergänzt, der mit einer Engelstrompete bepflanzt ist. Ihre duftenden großen Blüten und Blätter kontrastieren wirkungsvoll mit dem Kletterwein. Zu Weihnachten kann man einen Lichterbaum schmücken und so aufstellen, daß er von allen Zimmern des Hauses aus sichtbar ist.*

Wassergarten *Dieser Wassergarten ist eine romantische Gestaltungsalternative. Er reflektiert Tageslicht durch die Fenster der umgebenden Räume. Das Becken sollte mit den gleichen Fliesen eingefaßt werden, die auch als Bodenbelag der Küche dienen, und einige schöngefärbte Prachtkarpfen erhalten. Den besonderen Akzent liefert ein Beet mit weißen Sumpfschwertlilien und sauerstoffliefernde Unterwasserpflanzen, die das Wasser sauber halten. Ein solcher Gestaltungsvorschlag muß sorgfältig bedacht und gleichzeitig mit dem Haus ausgeführt werden. Man kann ihn zwar auch später realisieren, muß dann aber den Bodenaushub durch das Haus transportieren.*

Unterteilter ländlicher Garten

Dieser typisch englische Garten wurde wahrscheinlich vor ca. 40 Jahren gestaltet, denn die ihn umgebenden Bäume sind ausgewachsen. Gärten waren damals allgemein unterteilt in Rasen, Blumenbeete in Hausnähe, besaßen ein Gewächshaus und häufig einen kleinen Gemüsegarten. Diese Anordnung kann sehr schön wirken, vorausgesetzt, die Wege, die vom Haus zum Nutzgartenbereich (Gewächshaus, Gemüse- und Kräutergarten, Komposthaufen etc.) führen, sind befestigt.

Die beiden Ansichten auf der gegenüberliegenden Seite zeigen, wie solch ein Garten verändert werden könnte, wenn die wichtigsten ursprünglichen Elemente erhalten bleiben sollen. Der obere Vorschlag enthält einen gepflasterten Kräutergarten, der mit dem Gewächshaus harmoniert. Ein Klinkerraster wurde mit Ziegel- oder Waschbetonplatten ausgefüllt. Ein höhergelegener Teich mit Klinkereinfassung ist der Mittelpunkt der Anlage. Die Beete sind mit Kräutern bepflanzt, und das Faß im Vordergrund enthält Lauch als formale Variante. Dieser Vorschlag macht den Garten zu einem duftenden, bienenumsummten Platz im Sommer und zu einem attraktiven umschlossenen Bereich im Winter. Das untere Beispiel würde sich für einen modernen ländlichen Garten eignen. Die Winkel des Gewächshausdaches wurden im Metallbogen im Vordergrund, in dem gestaffelten Teich und dem Weg wiederholt, der durch den Garten führt. Diese Geometrie wird durch eine weiche, üppige Krautpflanzung gegenüber aufgelockert.

Getrennte Rasen- und Gewächshausbereiche *Blick in einen traditionellen englischen Garten der zwanziger Jahre, mit Rasen im Wohngartenteil, der zu einem traditionellen Gewächshausbereich mit einem kleinen Gemüsegarten dahinter führt.*

Gepflasterter Kräutergarten *Dieses Areal wurde in einen gepflasterten Kräutergarten mit quadratischen Beeten zwischen Ziegelpflasterwegen und eingestreuten Waschbetonflächen verwandelt. Üppige Kissen immergrüner Kräuter wie Salbei, Rosmarin, Ysop und Majoran sind das ganze Jahr hindurch schön.*

Landhausgarten *Dieses Beispiel hat den Charakter eines modernen Landhausgartens, der im Layout die Form des Gewächshausdaches variiert. Die Bepflanzung schließt Kletterrosen, Lupinen, Schwertlilien, Lavendel, Stechpalme und Schmucklilie ein.*

Abgeschlossene Sitzecke

Dieser kleine an ein Haus grenzende Gartenabschnitt ist nach Süden ausgerichtet und bildet ein schönes geschütztes, abgeschlossenes Eckchen. Der Platz scheint vertieft, weil er von einer L-förmigen Stützmauer begrenzt wird – der Umfassungsmauer eines höhergelegenen Beetes. Becken und Sprudelstein gehören dazu. Die Verbindung eines abgeschlossenen Gartenteiles mit einem Bereich, der auch Ausblick auf die dahintergelegene offene Landschaft gewährt, ist gut gelungen.

Die Vorschläge auf der anderen Seite trennen den Sitzplatz völlig von der Umgebung, um einen geschützten privaten Bereich im Freien zu erhalten. In beiden Vorschlägen wird das höhergelegene Beet des Originals übernommen, um das Gefühl von Abgeschiedenheit zu erhalten. Die Stützmauer besteht aus U-förmigen Karlsruher Gartensteinen, die seitlich gemauert wurden, so daß der Rand als gelegentliche Sitzfläche benutzt werden kann. Beim oberen Beispiel wurde Stein (zwei vorgefertigte identische Elemente) auch als Material für den Tisch gewählt, während die Sichtschutzwand aus Holz den Ausblick begrenzt und das Raumgefühl verstärkt.

Im unteren Beispiel wird der Sitzplatz durch die hölzerne Pergola betont, die sowohl Schatten spendet als auch Rankgerüst für Kletterpflanzen ist. Ein Großteil der vorhandenen Bepflanzung wurde erhalten, aber das obere Beispiel ist einfacher gestaltet. Bei dem unteren Vorschlag begrenzen dichte immergrüne Pflanzen den Bereich, um zusätzlich Schutz und ein Gefühl völliger Abgeschlossenheit zu vermitteln.

Die robusten rustikalen Holzmöbel passen ausgezeichnet zu dieser Anlage.

Strenge dreidimensionale Formen *(unten). Der größte Teil dieses vertieften geschützten Ecks an einem Haus wird von einem Becken mit Sprudelstein eingenommen. Eine dazwischenliegende Ebene wurde zu einem Sitzplatz gestaltet. Die Verbindung von Pflanzen und Architektur ist optisch sehr gelungen.*

Betonung architektonischer Elemente *(links). Bei diesem Vorschlag wurde der Bereich mit waagrecht angebrachten Holzlatten abgegrenzt, die mit den tragenden Elementen des Hauses harmonieren. Traditionelle Gartenmöbel wurden durch freistehende Betonteile mit architektonischem Anspruch ersetzt.*

Überdachung durch eine Pergola *(rechts). Wenn man den Sitzplatz mit einer Pergola überdacht, wird das Raumgefühl verstärkt. Ein so gestalteter Bereich wirkt einladend und man wird ermutigt, sich darin niederzulassen und zu entspannen. Großzügige immergrüne Bepflanzung verstärkt diesen Eindruck und sorgt für Sichtschutz und Abgeschiedenheit.*

Gediegener Vorgarten

Ein schmaler Pflanzstreifen, der die Straßenseite des Hauses verschönern und zu einem Eingang führen soll, ist häufig ein schwierig zu gestaltender und zu bepflanzender Bereich, denn das Ergebnis muß das ganze Jahr über zufriedenstellend sein. Ein Eingang oder Zugangsweg schafft zusätzliche Probleme.

Die Straßenfront unten besitzt einen Gartenbereich, der kaum mehr als einen Meter breit ist. Der Torpfosten und die Einfriedung im Hintergrund sind so einfach wie möglich aus gebeizten Latten hergestellt. Diese Gestaltung steht mit der klaren Hausfassade in vollem Einklang. Die Pflanzung ordnet sich den strengen Formen unter, wenngleich die Pflanzenformen durch die darunterliegenden Kiesel und Findlinge betont werden. Hausschild, Name und Klingelknopf sind bewundernswert funktional und bei Nacht durch ein gut gesetztes Lichtkissen beleuchtet.

Alternative Lösungen müssen mit der Hausfassade in Einklang stehen, sie vielleicht überspielen, aber keinen scharfen Kontrast dazu bilden. Sie sollen Blickfang sein und ausgeprägte Formen sowie robuste Pflanzen enthalten, die den Belastungen an einem vielbenutzten Weg gewachsen sind.

Die beiden Alternativen gegenüber zeigen starke optische Elemente in der Nähe des Eingangs. Die obere Fassung hat einen kleinen Wasserbereich, während der Blickfang unten durch die Anordnung von Holzblock und kantiger Leuchtsäule gebildet wird. Bei beiden Beispielen wurde eine leicht zu pflegende Pflanzung gewählt, und in beiden unterbricht die aufstrebende Linienführung der Pflanzung nach der Fassade hin die strenge horizontale Linie des Hausbalkons, wenn man sie aus normaler Augenhöhe betrachtet.

Wasser als zusätzliches Element *(rechts). Hier wird die Einzäunung beibehalten, das kleine formale Becken durch einfache Holzlatten abgegrenzt. Der geradlinige Bodenbelag ist durch den Einschluß eines Streifens aus Katzenköpfen unterbrochen, die außerdem das Wasser schützen. Die Pflanzung zwischen Wasser und Haus hat klare Formen und Farben, die Blätter des Essigbaumes kontrastieren mit einem flachwachsenden Wacholder und einer Kriechweide.*

Ein moderner Hauseingang *(unten). Dieser Vorgarten hat eine einfache Einzäunung und einen Plattenbelag, die die strengen Linien und Farben der Hausfassade aufnehmen. Die Pflanzung ist vergleichsweise anspruchslos.*

Plastische Anordnung *Der Zaun wurde durch ein freitragendes Betonelement ersetzt, das die Linienführung des Balkons über der Fassade aufnimmt. Der lineare Plattenbelag zur Tür wurde von kontrastierenden Abschnitten unterbrochen, die teilweise aus einem Ortbetonstreifen bestehen, der quer durch den Garten führt.*

Garten in weiter Landschaft

Ein Garten mit großartigem Ausblick in die Landschaft wirft ganz eigene Gestaltungsprobleme auf. Das Beispiel unten illustriert einige davon. Ein Teich dient hier als Verbindungsglied zwischen Garten und der Landschaft dahinter, und das Ergebnis ist eindrucksvoll. Das rückwärtige Teichufer markiert eine unsichtbare Grenze. Die in der hinteren Mitte der Einfassung plazierte kleine Plastik - ein Greifvogel - soll den naturnahen Effekt unterstreichen. Bei einer solchen Gartenlage muß man sich entscheiden zwischen der Betonung des Vordergrundes und dem Ausblick auf die Landschaft. Man sorgt also entweder für noch mehr ungehinderten Ausblick oder man gestaltet den Teichbereich stärker durch. Die beiden Vorschläge gegenüber sind Alternativen.

Auf dem oberen Beispiel wurde der Vordergrundbereich freigelassen, so daß die hintere Uferlinie parallel zu den Hügeln in der Ferne verläuft. Die Skulptur wurde nun seitlich und höher aufgestellt, so daß sie einen Kontrapunkt zur Pflanzung darstellt, die den Ausblick verschönert und nicht verstellt.

Der untere Vorschlag engt das weite Blickfeld ein. Größere Pflanzung zur Linken dient dazu, die Landschaft optisch in den Garten einzubeziehen. Diese Bepflanzung besteht aus Gartenformen einheimischer Arten wie z.B. Strauchrosen. Der Essigbaum im Vordergrund links stellt einen guten Kompromiß zwischen Wild- und Gartenpflanzen dar und gibt den Hintergrund für einen einfachen Springbrunnen ab.

Der vorhandene Teich *Wasser kann eine attraktive Verbindung zwischen Garten und Landschaft darstellen. Hier wird die natürliche Form des Teiches durch Findlinge und zusätzliche Bepflanzung unterstrichen.*

Skulptur als Gegengewicht *(rechts). Störende Elemente wurden im Vordergrund entfernt, um den Garten zur Landschaft zu öffnen. Die Vogelplastik wurde als Gegengewicht links dazugestellt, die zurückhaltende Pflanzung der ursprünglichen Anlage beibehalten.*

Alternative mit Springbrunnen *Der Blick nach links ist nun geschlossen und wird so auf die andere Seite gelenkt. Die Pflanzung zieht sich in den Garten hinein und bildet den Rahmen für einen einfachen Springbrunnen. Neben dem Essigbaum sind Christrosen, Felsenbirne und Bambus vertreten.*

Stufen und Treppen

Die Anlage von Treppen und Stufen ist teuer, aber wenn sie richtig plaziert und solide gebaut sind, können sie einem Garten eine zusätzliche Dimension verleihen. Nur zu oft aber sparen Landschaftsgärtner und bauen die Stufen zu schmal und zu steil. Eine Treppe hat dreidimensionales Gewicht und führt den Benutzer von einem Bereich zu einem anderen oder begrüßt den Eintretenden am Hauszugang.

Das Bild unten zeigt eine geschwungene Treppe aus Granitpflaster mit Holzschwellen als Antritt. Die strenge horizontale Linienführung der Stufen kontrastiert wirkungsvoll mit den flankierenden senkrechten Formen der Gräser und Pflanzen. Eine Lampe lenkt den Besucher zur Treppe hin.

Im Vorschlag auf der gegenüberliegenden Seite oben wird Kies als Treppenauftritt benutzt. So können die Pflanzen in die Stufen hineinwachsen und die Anlage wirkt plastischer. Der Vorschlag in der Mitte rechts eignet sich als Hauseingang mit Namensschild und Beleuchtung. Wenn man einige Stufen verschwenkt, kann die Form noch interessanter gemacht werden. Die niedrige Stützmauer dient als gelegentliche Sitzfläche und gibt dem Garten dahinter eine gewisse private Note. Die Stufen beim unteren Beispiel rechts haben einen ungemein dekorativen Charakter. Sie begleiten einen Wasserfall, der von einer kleinen Unterwasserpumpe in einem Pumpenschacht am Fuß der Treppe betrieben wird.

Freie Stufengestaltung *Diese Stufen sind gut proportioniert und weder zu tief noch zu steil. Ihre Oberflächenstruktur, die von den Querhölzern eingefaßt wird, macht sie bei jedem Wetter sicher, zumal sie außerdem nachts beleuchtet werden. Senkrechte Pflanzenformen bilden ein Gegengewicht zu den horizontalen Linien der Stufen.*

Ländlicher Eindruck *Durch festgestampfte Kiesoberfläche können die Pflanzen zu beiden Seiten der Stufen sich selbst aussäen. Solche Pflanzungen können den natürlichen Eindruck der frei gestalteten Stufen noch steigern. Die Eisenbahnschwellen sind als Baustoff interessant und kontrastieren wirkungsvoll mit der Bepflanzung.*

Richtungsänderung *Hier ist der Stufenverlauf selbst ein plastisches Gestaltungselement. Drei Richtungsänderungen werden durch zwischengeschaltete Ebenen hergestellt. Die Stufen flankiert eine L-förmige Stützmauer, die als gelegentliche Sitzfläche dient. Ein flachwachsender Wacholderbusch ergänzt die strengen Horizontalen von Stufen und Mauer und kontrastiert mit der Senkrechten der Außenleuchte.*

Wasserfall mit Stufen *Diese Stufen sind sehr dekorativ und werden auf einer Seite von einem Wasserfall begleitet, der aus einer sanft sprudelnden Quelle unter dem oberen Absatz entspringt. Die großzügige Breite der Flucht wird durch flachwachsenden Schneeball und die übergreifende Rasenböschung gegenüber noch verstärkt.*

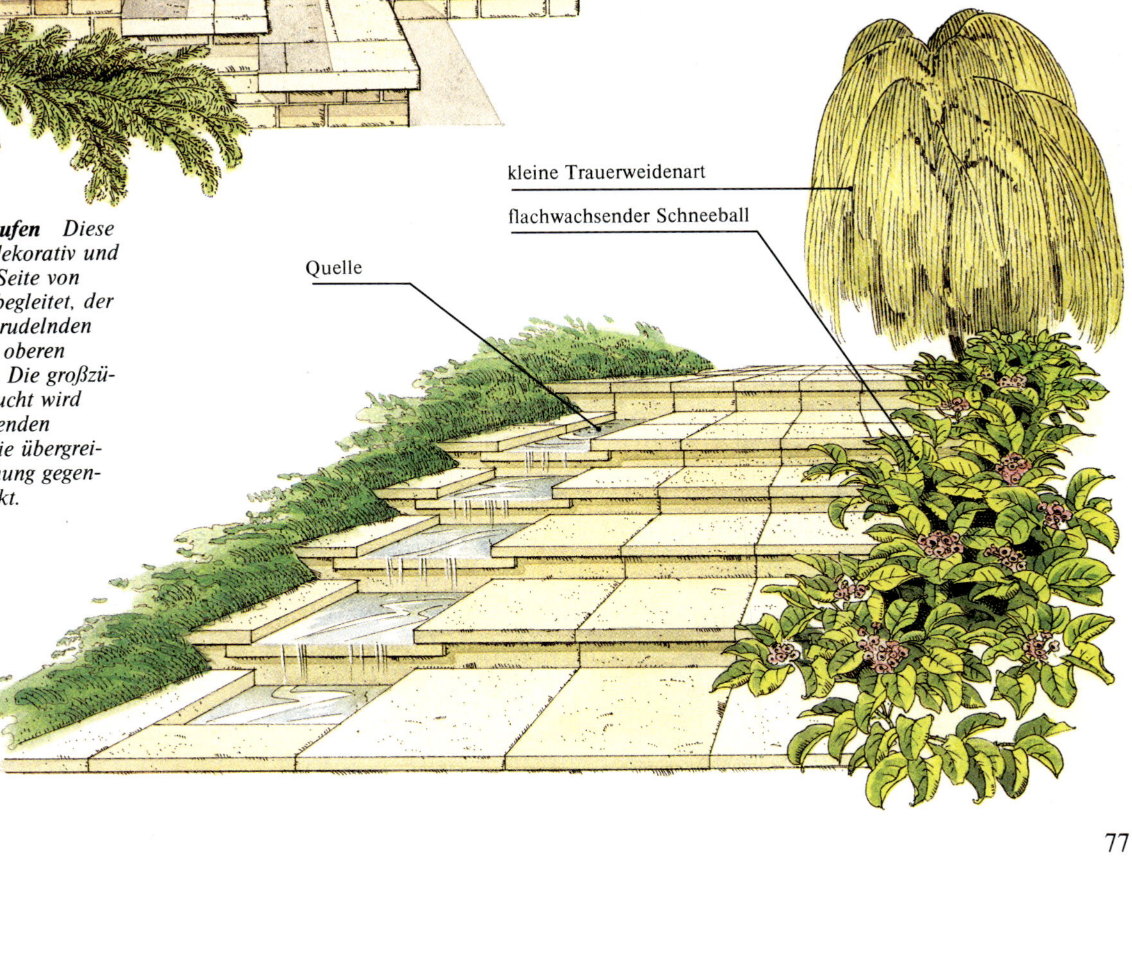

Garten mit einem Schuppen

Ein alter Schuppen kann für einen Garten nicht nur als Abstellraum äußerst nützlich sein, häufig kann er vielmehr auch als Gebäude das architektonische Hauptelement eines Gartens bilden. Zu oft werden die Möglichkeiten eines solchen Gebäudes nicht erkannt, und meist unterschlagen Gartenarchitekten dieses nützliche und oft auch baulich interessante Attribut. Die Lösung besteht darin, den angrenzenden Garten so zu gestalten, daß er mit der Zweckbestimmung des Schuppens in Einklang steht. Auf dem unteren Foto ist der Schuppen mit dem Wellblechdach Haupteinrichtung des Gartens. Er dient als Refugium und Abstellraum. Ungeachtet seiner ursprünglichen Funktion ist er jetzt ein wichtiger Bestandteil des Gartens.

Meine Alternativen gegenüber zielen auf eine stärkere Verbindung zwischen Schuppen und übrigem Garten ab. Das obere Beispiel weist den Bau als Umkleideraum und Hintergrund für ein Schwimmbecken aus. Schuppen und Swimmingpool stammen aus verschiedenen Epochen, daher ist sorgfältige Planung erforderlich, wenn eine zufriedenstellende Verbindung entstehen soll. Die Architektur des Gebäudes wurde in diesem Vorschlag durch Türmchen verstärkt. Das Dach besteht noch aus Blech, doch die Wände sind nun Ziegelmauerwerk. Gleiches Material dient auch zur Gestaltung des quadratischen Rasters, das den Swimmingpool umgibt. Die Felder wurden mit Waschbeton befestigt.

Der untere Vorschlag zielt auf einen ländlichen Charakter ab, der durch altmodische Pflanzen mit zierlichen Formen und Umrissen verstärkt wird. In beiden Vorschlägen orientiert sich der Gartenplan am Raster des Schuppens und stellt so eine Verbindung zwischen Architektur und Pflanzenbereichen her.

Zuordnung des Schuppens zum Schwimmbekken *(rechts). Bei diesem ziemlich extravaganten Vorschlag ist das Gebäude dem Schwimmbecken zugeordnet. Die neue Funktion paßt eigentlich nicht zur ursprünglichen Zweckbestimmung des Gebäudes, aber durch geringfügige Veränderung harmoniert es mit dem Schwimmbecken. Die Pflanzung, die aus senkrechtwachsenden Taxusarten, Palmlilien (Yucca) und Geranien besteht, ist ein wirkungsvolles Bindeglied.*

Eingebundener ländlicher Schuppen *Ein alter Schuppen mit einem schwarzgestrichenen Wellblechdach kann entweder eine hübsche Ergänzung oder eine häßliche Notwendigkeit im Garten sein. Um ihn geschickt in die Umgebung einzubinden, ist zu beachten, daß die Pflanzung mit den Proportionen des Gebäudes übereinstimmt.*

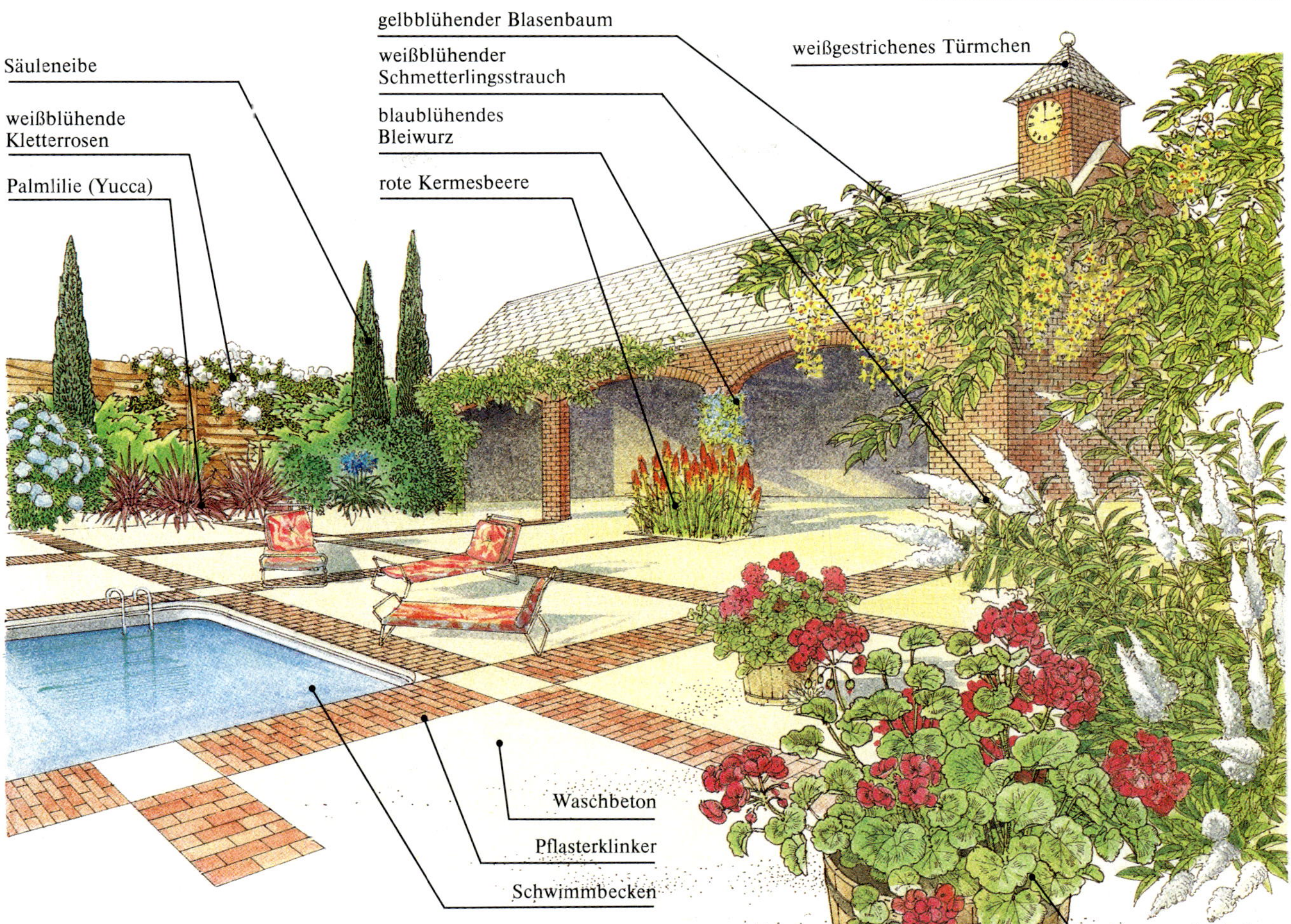

Betonung des ländlichen Charakters *(unten). Bei diesem Beispiel besteht die Bepflanzung aus Feuerdorn, Flieder und Schwertlilien, die die Szene beherrschen und einen ländlichen Eindruck hervorrufen. Außerdem sorgen sie für Sichtschutz.*

Gestaltung des Randbereichs

Ein wenig erfreulicher Anblick bei Stadtgärten ist der schmale Seitenstreifen zwischen Haus und Grenze, der sogenannte Bauwich, der die Verbindung zwischen Vor-und Hausgarten darstellt. Er ist oft eine Windschleuse und liegt meist im Schatten. Oft wird er als Lagerplatz für Abfall oder Brennmaterialien wie z.B. Kaminholz benutzt. Ob man diesen Bereich gut gestaltet in den übrigen Garten einbeziehen kann, hängt meist von der Breite des Durchgangsweges und dem möglichen Einblick in den Wohngarten ab. Wenn der Bereich schmal ist, sollte man den direkten Zugang mit einem Tor verschließen, um den rückwärtigen Bereich des Hauses zu sichern und Haushaltsvorräte zu verstecken. Wenn – wie unten – die Seitenstreifen breiter sind, kann man einen abgeschlossenen Bereich eigener Prägung gestalten oder ihn in den Wohngarten einbeziehen. Der vorgestellte Gartenabschnitt wurde mit einer Pergola aus imprägniertem Weichholz überspannt und mit Granit gepflastert. Hinter der Hauswand links, die durch eine Holzwand verlängert wird, verschwindet der Wohngarten zur Linken aus dem Blickfeld. Der hier gezeigte Garten im Bauwich ist eine eigenständige Passage und nicht speziell mit dem Hausgarten verbunden. In den beiden Alternativ-Vorschlägen, die gegenüber abgebildet sind, wurde dieser Zwischenbereich dagegen ganz bewußt als Teil des dahinterliegenden Hausgartens konzipiert und gestaltet.

Eingeschlossener Gehweg *Enggestellte Pergolabalken und pflanzenstützende imprägnierte Holzlatten an der Wand betonen den räumlichen Charakter bei dieser Lösung. Gelber Sonnenhut, Farbtupfer in Pflanzkübeln und das üppige Grün schirmen den Blick auf die hintere Gartenmauer ab.*

Strahlenförmiger Bodenbelag *Ein kleines Pflanzbeet am Fuß der Stütze des hinteren Dachüberstandes dient als Mittelpunkt eines strahlenförmigen Belages, der sich zum seitlich gelegenen Garten erstreckt. Die lanzettförmigen Blätter von Neuseeländer Hanf betonen den Mittelpunkt. Von hier aus wurden die Ziegel strahlenförmig gepflastert. Die entstehenden Zwischenräume sind mit rundlichen Kieseln verfüllt, die dem Belag an der Hauswand entsprechen. Die Winkel der Pergolenoberzüge wiederholen sich im strahlenförmigen Bodenbelag. Ein gepflasterter Platz wurde für Mülltonnen eingeplant. Die strenge Bodenpflasterung wurde durch ein Pampasgras zwischen den Kieseln unterbrochen.*

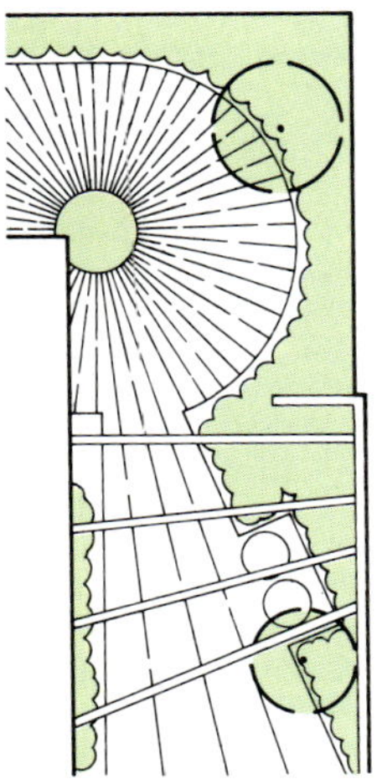

Plan

Freier Einblick *Bei diesem Vorschlag gewährt der seitlich angelegte Gartenteil einen freien Blick auf eine Plastik. Das wurde durch Weglassen der Pergola und sorgfältige Vordergrundbepflanzung erreicht. Niedrigwachsender Wacholder schirmt den Fuß des Pfeilers an der rechten Seite ab, ohne den Blick in den hinteren Gartenteil zu verbauen. Diese Anordnung ist weniger grafisch und lockerer als die obere. Natursteinplatten sind frei in den Ziegelbelag gesetzt und werden durch die Pflanzung geschickt angeordneter Feuerdorne und Wolfsmilchgewächse überspielt.*

Plan

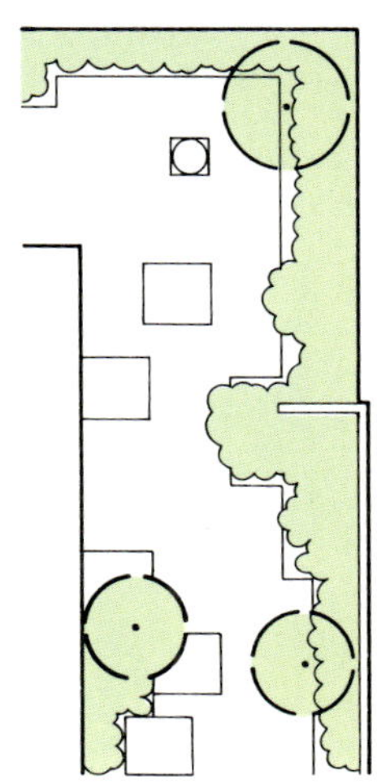

Rechtwinkliger Garten

Ein rechtwinkliger Garten wie der unten abgebildete erschließt sich dem Betrachter auf den ersten Blick. Daher ist eine einfache und straffe Gestaltung von besonderer Bedeutung. Die wichtigsten Einrichtungen sind hier die Terrasse und ein kleines erhöhtes Becken. Von der Terrasse schaut man auf die schöne, altmodische Bepflanzung, die den Rasen umgibt.

Ich habe versucht, diesen Plan auf der gegenüberliegenden Seite zu straffen. Der obere Vorschlag wird von Bögen bestimmt. Ein halbkreisförmiger Klinkerbelag vor dem erhöhten Becken und eine kreisförmige Rasenfläche verbinden die neue Terrasse mit der vorhandenen durch eine Klinkerstufe. Die kräftigen halbkreisförmigen Bögen erfordern ähnlich architektonisch starke und wirkungsvolle Pflanzengruppen.

Wer etwas gegen Kreise und Bögen hat und einen architektonischeren Grundriß vorzieht, tendiert vermutlich zum zweiten, strengeren Vorschlag. Er enthält mehrere ineinander verschachtelte Quadrate, die in dem höhergelegenen Becken ihren Höhepunkt finden. Man kann statt des Rasens Kiesflächen anlegen, wenn man schwere Gartenarbeit haßt, und lediglich bestimmte Pflanzen wie Frauenmantel einfach durch den Kies wachsen lassen.

»Ausgewachsener« Garten *(links). Dieser Garten hat sich über lange Zeit entwickelt. Die vorhandene Bepflanzung bildet jetzt ein Hindernis für neuere Einrichtungen wie die im Vordergrund angelegte Terrasse und das erhöhte Becken mit der Ziegeleinfassung.*

Quadratischer Plan *(rechts). Hier wird der Gesamteindruck durch Gestaltung mit quadratischen Ziegelflächen hervorgerufen. Statt Rasen bildet Kies die Oberfläche, in der Pflanzen sich selbst aussäen können. Die Bepflanzung ist in ihrem Sommeranblick dicht und zeigt die gelungene Zusammenstellung von Zwiebelgewächsen und Einjährigen innerhalb eines Rahmens aus Staudenpflanzen. Für interessante Formen sorgt das ganze Jahr hindurch die winterblühende Zierkirsche und der weißblühende Filzschneeball sowie die immergrüne Bepflanzung.*

Kreisförmige Linienführung *(links). Ein schwingender Grundriß bestimmt diesen Garten mit dem erhabenen Becken und der sorgfältig abgewogenen Randbepflanzung. Mit dem üppigen Grün wird die strenge Struktur von Terrasse und Becken gemildert. Es enthält Solitärgehölze wie Trompetenbaum und Falsche Akazie.*

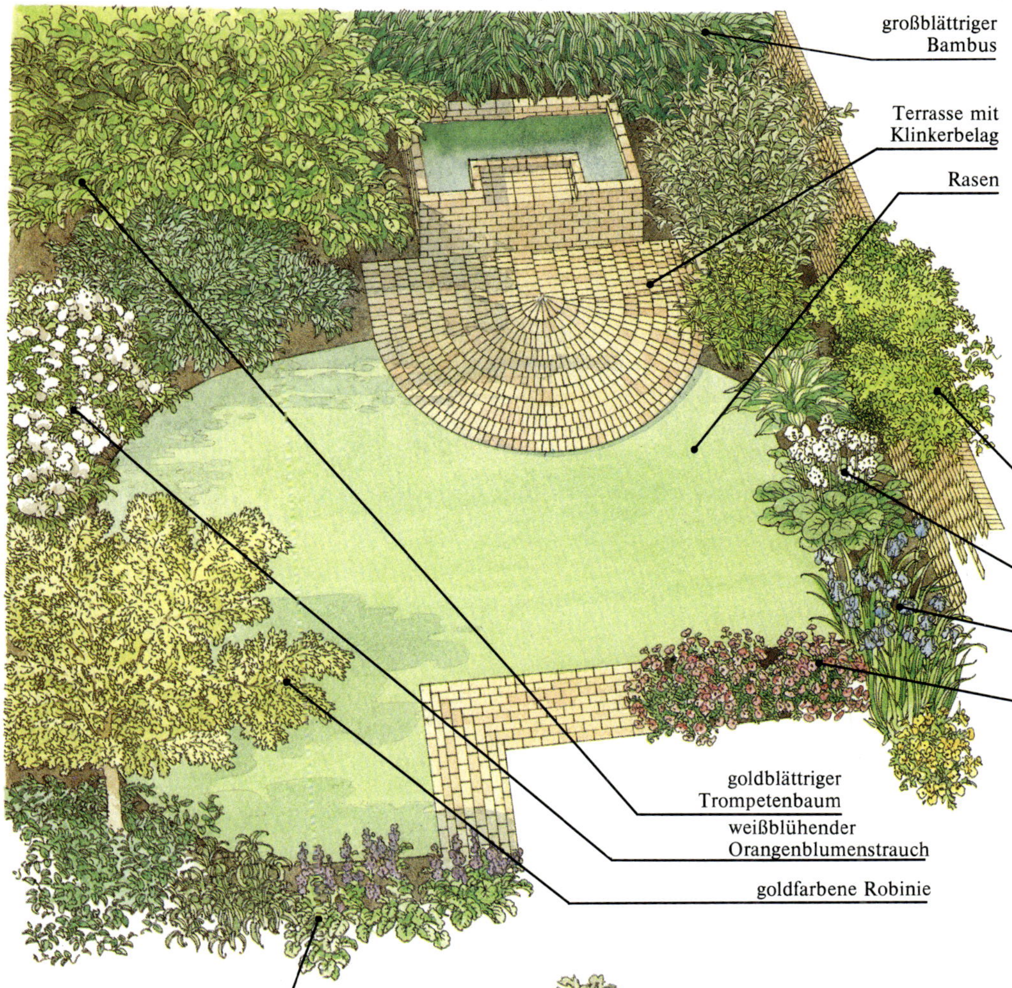

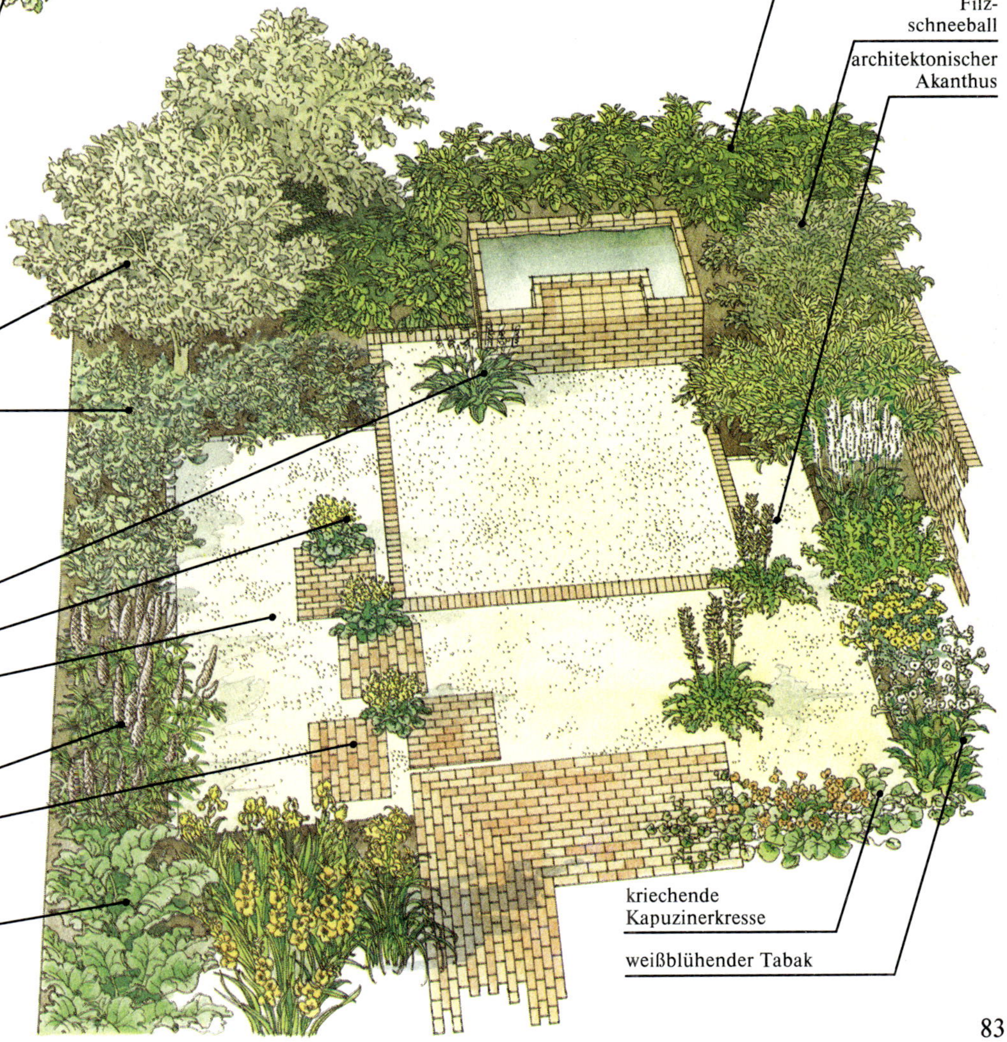

Terrassengarten

Der Architekt dieses modernen Hauses baute einen vertieften Bereich, um einen Garten anzulegen und gleichzeitig Licht in die unteren Räume zu bekommen, die den vertieften Bereich umgeben. Die terrassierten Abstufungen wurden durch Palisaden abgestützt. Die Pflanzung besteht aus Heidegewächsen und verschiedenen Koniferen, die die unterschiedlichen Ebenen betonen.

Mit dem Plan auf der gegenüberliegenden Seite oben wird versucht, eine optische Kluft zu überbrücken und eine Bepflanzung vorgeschlagen, die der eigenwilligen Architektur entspricht. Säulentaxus verleiht der Pflanzung Höhe. Große Beete und unbepflanzte Kiesflächen harmonieren mit dem Stil des Hauses.

Der untere Vorschlag ist einfacher. Die ausgewählten Pflanzen sind klein, aber der Pflanzbereich ist von großzügigem Zuschnitt und wechselt mit freien Flächen ab. Zu diesem Plan passen sowohl farbige Ergänzungen aus einjährigen Pflanzen als auch durch Rosen. Wird ein völlig anderer Gartenplan angestrebt, müßte man die L-förmige Terrasse anders gestalten. Meine Vorschläge für das stark hangförmige Areal sind unten rechts dargestellt.

Vorhandenes Amphitheater *Die ungewöhnliche Terrassierung des Anwesens verbindet das auffallende Gebäude mit seinem Garten, die Bepflanzung lenkt den Blick stufenweise nach oben.*

Alternativen *(unten). Diese Skizzen zeigen die vorhandene Terrassierung und zwei Alternativen, die den Charakter dieses eigenwilligen Gartens maßgeblich verändern würden.*

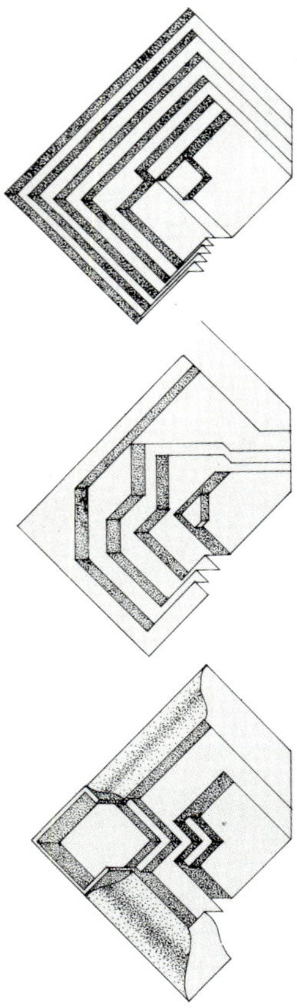

Italienisches Ambiente *Hier verbindet die Pflanzung den Garten und das Haus optisch miteinander. Die Vordergrundpflanzungen aus Fingerkraut und Pampasgras und die Palmlilie dahinter lenken den Blick auf die konischen Formen der Scheinzypressen. Ein blühender Pfirsich und eine gelbe Rose neigen sich in den eingetieften Bereich.*

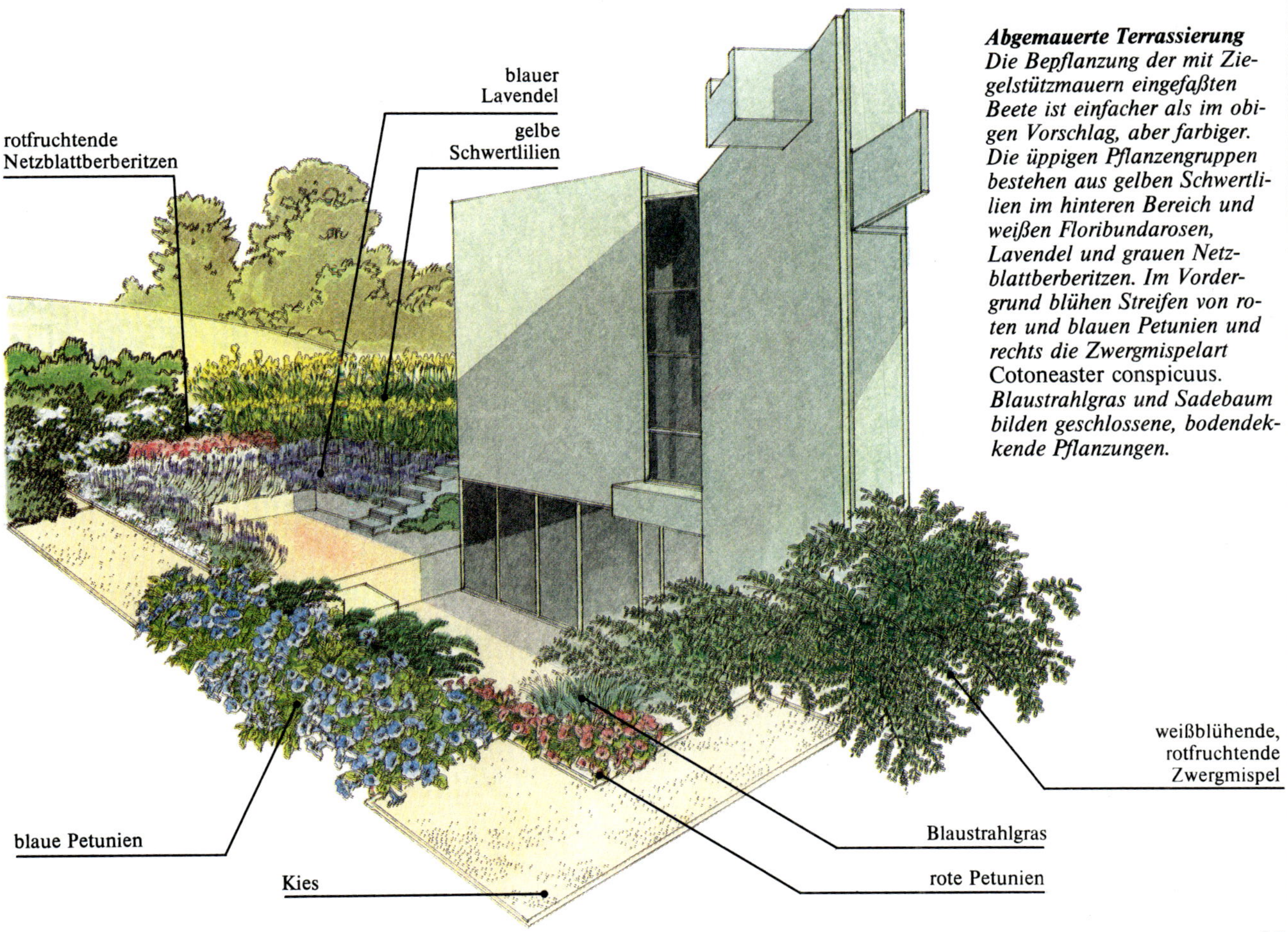

Abgemauerte Terrassierung *Die Bepflanzung der mit Ziegelstützmauern eingefaßten Beete ist einfacher als im obigen Vorschlag, aber farbiger. Die üppigen Pflanzengruppen bestehen aus gelben Schwertlilien im hinteren Bereich und weißen Floribundarosen, Lavendel und grauen Netzblattberberitzen. Im Vordergrund blühen Streifen von roten und blauen Petunien und rechts die Zwergmispelart* Cotoneaster conspicuus. *Blaustrahlgras und Sadebaum bilden geschlossene, bodendekkende Pflanzungen.*

Garten in der Vorstadt

Der unten abgebildete Seitenbereich eines Vorstadtgartens illustriert eine wirkungsvolle Gestaltung einer Gartenseite, die sowohl aus dem Garten als auch aus dem Haus heraus als in sich geschlossenes Konzept erkennbar ist. Die interessant gestaltete Pflasterung stellt eine Verbindung zwischen Rasen und dem rechten Bereich her. Interessante Vordergrundbepflanzung schützt ein freigeformtes Wasserbecken im japanischen Stil.

Im oberen Alternativvorschlag gegenüber wird die Terrassenseite durch eine Plastik und den abgestuften Wasserbereich interessanter gestaltet. Der Vorschlag ist klarer als das Original, und die strengen Formen von Becken und Plastik werden durch üppige Pflanzengruppen gemildert. Die Bambusgruppe bleibt, daneben steht aber nun gelbblühendes Kreuzkraut und dahinter eine Gruppe von flachwachsendem Filzschneeball. Kriechender Wacholder unter der Skulptur reicht bis ans Wasser und hebt sich wirkungsvoll von weißblühenden Herbstanemonen ab. Eine streng geschnittene Hecke vervollständigt das Konzept, das durch den Bodenbelag als Gegengewicht zur Plastik ergänzt wird.

Im unteren Vorschlag wird die Terrasse zum eigentlichen Garten gemacht, indem sie durch geometrisch versetzte und abgestufte Flächen bis an das Haus herangeführt wird. Das so entstandene Muster wird von einem kleinen runden Becken zusammengehalten, in dem das Pfeilkraut seine streng geformten Blätter entfaltet. Die Pflanzung ordnet sich bei diesem Beispiel der Gesamtstruktur unter. Daher wurde der Bambus reduziert und zwischen bodendeckendes Johanniskraut gesetzt.

Formale Lösung *(rechts). Dies ist ein formales Beispiel für Gestaltung mit Wasser, das hier in Intervallen herabfließt und einen Rahmen für die Betonplastik dahinter abgibt. Der höhergelegene gepflasterte Terrassenbereich stellt ein Gegengewicht dazu dar. Immergrüne bilden quasi eine Kulisse für die Betonplastik, der Bambus wurde wegen seiner interessanten Blattformen dazugesetzt, und blühende Blumen, Stauden und Sträucher sorgen für Farbe.*

Gut gestalteter Seitenbereich *Attraktiver Bodenbelag lenkt den Blick auf den frei geformten Teich, der von einem großen Bambus verdeckt wird. Von vorn gesehen ist diese Anordnung vor dem streng geometrischen, mit Waldreben berankten Gitterzaun sehr wirkungsvoll.*

Erweiterte Terrassen
Bei diesem Vorschlag wurde der höhergelegene Terrassenbereich gesondert gestaltet, der untere in einem Winkel angesetzt, und beide werden optisch durch ein kleines Becken zusammengehalten. Die Pflanzung ist bewußt einfach gehalten,

Garten mit Bodenmuster

Dieser Garten ist durch ein Bodenmuster gegliedert, auf das man von der höhergelegenen Terrasse herabschaut. Dieses eigenwillige Muster besteht aus Kreisen, die durch Fußwege miteinander verbunden sind und für besseres Mähen tiefer als der Rasen gelegt wurden.

Der Gegenvorschlag auf der gegenüberliegenden Seite oben ist wirkungsvoller, denn die Mittelflächen der gepflasterten Kreise wurden zu einfachen Wasserbecken mit kleinen Springbrunnen umgestaltet. Ringsherum wurden dichte Pflanzungen mit Sadewacholder und Ziest gruppiert, die von gelben oder weißen Floribundarosen unterbrochen werden - Farben, die man nicht mischen sollte. Die höhere Bepflanzung zur Linken besteht aus Weidenblättriger Zwergmispel (Feuerbrandgefahr!) mit immergrüner Lorbeerkirsche rechts.

Der Vorschlag darunter variiert die vorhandenen Einrichtungen mit einem noch ausgeprägteren Bodenmuster, wobei bestimmte Rasenflächen erhalten bleiben, der Rest jedoch bepflanzt wird. Das verleiht dem Garten einen etwas konventionelleren Charakter. Die gepflasterten Kreise erhalten räumliche Dimension durch die in Form geschnittenen Gehölze wie Hainbuche, Rainweide und Lorbeerkirsche. Voll ausgewachsen machen diese Pflanzen durch ihre unterschiedlichen Dimensionen den Garten zu einem parkähnlichen Bereich, in dem man gern spazierengeht. Beide Vorschläge sind allerdings nur bei entsprechender Größe des Areals wirkungsvoll.

Rosengarten als Gegenvorschlag *Bei diesem Beispiel habe ich ein wellenförmiges Muster über den Gesamtplan gelegt. Der mittlere Bereich besteht aus Rasen, die umgebenden Flächen sind mit zartfarbigen Floribundarosen bepflanzt.*

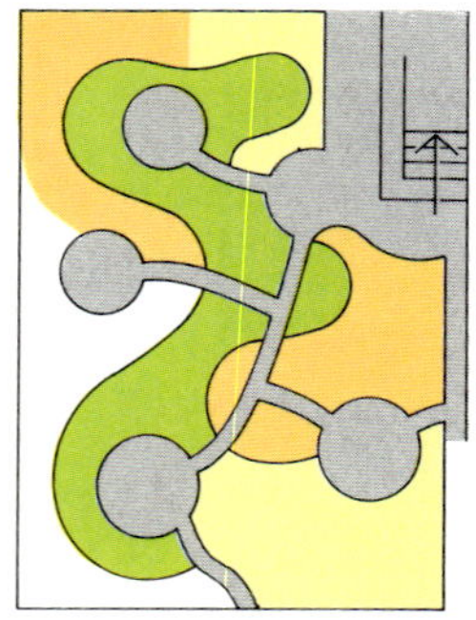

Pflastermuster *(unten). Der vorhandene Garten mit seinem Muster aus miteinander verbundenen dekorativen Wegen kommt zur Wirkung, wenn man ihn von der Terrasse aus betrachtet.*

Einbeziehung von Wasserbecken
Bei dieser Alternative wurden Rosenbeete und bodendeckende Pflanzen zwischen die Granitpflasterkreise gesetzt, in deren Mitte sich nun kleine Becken mit Springbrunnen befinden. Neben einem interessanteren Gesamteindruck, den man von der Terrasse aus hat, kann man auch schön in dieser Anlage herumspazieren.

Französisches Ambiente *Diese Gliederung wirkt wie ein traditioneller französischer Garten, denn die Kreise des Granitpflasters sind nun Pflanzflächen für geschnittene Bäume. Der Kontrast zwischen diesem aus einer anderen Zeit stammenden Plan und dem modernen Haus ist sehr wirkungsvoll.*

Eingang zu einem Landhaus

Der abgestufte Eingang zu diesem Haus wurde in Verbindung mit dem Gebäude geplant und fügt sich gut in die umgebende natürliche Waldlandschaft ein. Verschiedene Kübel und Pflanzen auf den abgestuften Ebenen sind auf den Stumpf einer alten Kiefer ausgerichtet, die einst vermutlich das beherrschende Element dieses Anwesens war. Die Stufen selbst bestehen aus fünf Ebenen, so daß man sich dem Eingang ganz bequem nähert. Bei dem ersten Alternativ-Vorschlag gegenüber habe ich alle Dekorationsstücke weggelassen und den abgestorbenen Baumstumpf durch eine junge Kiefer ersetzt, die so eine Verbindung zu den Nadelbäumen hinter dem Haus schafft. Beim zweiten Vorschlag habe ich Gruppen von Findlingen auf die abgestuften Flächen plaziert, um den kraftvollen Charakter der natürlichen Umgebung herauszuarbeiten. In beiden Alternativen schaffen Gruppen von strauchigen Bergkiefern eine Verbindung zwischen Garten und angrenzendem Wald. Für Farbe sorgen Wildpflanzen wie Fingerhut und der riesige Kaukasus-Bärenklau mit seinen meterlangen, handförmig geteilten Blättern und dekorativen weißen Blütenschirmen, die sich in etwa 3 m Höhe entfalten. Die Samenstände sollten rechtzeitig entfernt werden, sonst nehmen die Sämlinge überhand.

Zweckmäßig und schön *Hier handelt es sich um einen gut gestalteten Eingang, der ansprechend aussieht und zugleich nützliche Einrichtungen wie einen Holzstoß mit Kaminholz zeigt. Die Stufen, die zum Gebäude führen, sind breit und bequem. Aufrecht gestellte Klinker bilden den Gegentritt. Der Belag besteht aus Betonwerksteinplatten.*

Betonung der naturnahen Umgebung *(rechts). Dieser Plan ist einfacher und bezieht sich stärker auf die umgebende Waldlandschaft. Die Stufen sind bewußt freigehalten. Der abgestorbene Kiefernstamm, der den vorhandenen Zugang beherrscht, wurde durch eine junge Kiefer ersetzt, die jetzt zum Blickfang wird. Die neue Pflanzung betont die langen Horizontalen des abgestuften Aufgangs.*

***Kontrast durch Findlinge** (unten). Ein besonderer Effekt wurde hier durch große Findlingsgruppen und riesigen Kaukasus-Bärenklau erreicht. Die starke Wirkung dieses Vorschlags beruht auf dem Kontrast zwischen den runden Formen der Findlinge und den horizontalen Linien der Terrassierung.*

Wirkungsvoller Steingarten

Der unten abgebildete Steingarten ist eine gelungene Anlage. Die aufkragenden Steine sehen ganz natürlich aus, als ob sie durch die Witterung freigelegt worden wären. Der größte Teil der Bepflanzung ist in seiner Form auf das Gestein abgestimmt.

Bei den beiden alternativen Vorschlägen gegenüber wurde ein Verwitterungsprozeß vorgetäuscht. Beim oberen Beispiel sind die Felsen Teile einer mit Wasser verbundenen Komposition. Die »verwitterten« Seiten sind auf das Wasser ausgerichtet. Ein glatter Wasserspiegel reflektiert eine felsige Landschaft und ergibt eine ruhige Szenerie, die den Kontrast zwischen Pflanzen und Felsen ausgleicht.

Beim unteren Beispiel sind die »verwitterten« Gesteinsflächen nach rechts ausgerichtet. Die Felsgruppe ist durch einen Kiespfad unterteilt. Bei den Vorschlägen besteht die Bepflanzung vorwiegend aus Bodendeckern wie Steinbrech und Hauswurz, um die typische Primärbewachsung von exponierten Standorten zu simulieren.

Wenn man einen Steingarten anlegt, sollte man besonders daran denken, welche Form der Natur man nachahmen will. Eine alpine Szenerie weist Formen auf, die der Gärtner kennen muß. Am Fuß einer herausragenden Felswand befindet sich Moränenschutt oder Splitt, auf dem nur anspruchslose Polsterstauden gedeihen. Größere, anspruchsvollere Pflanzen überleben nur in Bereichen, die von der Felspartie geschützt sind, also nicht an der Wetterseite. Auf solche Standorte sind auch die senkrechtwachsenden Pflanzen zu setzen. Gut plazierte, senkrechtwachsende Gehölze können die sonst flachwachsenden Formen eines Steingartens betonen.

Steingartenanlage *Bei diesem Garten ist der Steingarten durch Wege vom übrigen Teil des Gartens getrennt. Reihen von flach eingebauten Felsen verleihen der felsigen Insel einen naturnahen Charakter. Die Pflanzung schließt interessante, flachwachsende Arten im Vordergrund und dichte Gehölzgruppen hinter der Hauptfelsgruppe ein.*

Beispiel mit Wasser *(rechts). Diese Alternative verbindet die Felsen mit Wasser und schließt einen kleinen Wasserfall mit Teich ein. Die senkrechte Konifere in der Mitte wiederholt die Senkrechte des Wasserfalls. Der Teich sieht ganz natürlich aus und hat keine sichtbare Einfassung. Die Pflanzung ist die gleiche wie im Original, hinzugekommen sind Kriechwacholder und niedrigwachsende Mauerpfefferarten und Primeln für das Teichufer.*

Hanglage *Hier wurde der Steingarten so gestaltet, daß die Steine aus einem Hang aufkragen. Die senkrechte Linie eines Säulenwacholders auf der einen Seite der Gruppe hält dem flachgestreckten Felsen darunter optisch das Gleichgewicht. Die Bepflanzung besteht aus niedrigbleibenden Pflanzen und besonderen alpinen Arten.*

Kleiner Reihenhausgarten

Dieser kleine farbenfreudige Bereich ist typisch für viele Gärten in der Stadt. Er ist gut gestaltet und ausgeführt, mit Pflasterung und erhöhten Beeten aus gleichem Material. Der Plan ist gestaffelt, um einen Sichtschutz zum rückwärtigen Zugang zur Parkfläche zu schaffen, aber Leitgedanke war, einen freundlichen Bereich für Familienaktivitäten im Freien zu schaffen.

Die auf der gegenüberliegenden Seite abgebildeten Alternativen verfolgen den gleichen Zweck, wobei im oberen Beispiel der Garten durch einen benachbarten Baum geschützt wird. Der schattige Garten ist nicht so farbenfroh wie der vorhandene, aber viele der Pflanzen benötigen weniger Feuchtigkeit und Licht. Die meisten besitzen ausgeprägte Blattformen und sind immergrün, so daß die Wirkung eines ruhigen, stark eingegrünten Raumes entsteht, die das ganze Jahr hindurch erhalten bleibt. Bambus liefert Struktur und zugleich Sichtschutz vor Zäunen und Nachbarn. In unseren Breiten verwendet man statt dessen besser *Pseudosasa,* denn er ist winterhärter. In der Schattenpflanzung befinden sich Stechpalmen, Mahonien, Ölweiden, großblättrige Efeu-Arten und Schneeball. Fingerhut, Salomonssiegel, Schneerosen und immergrüne Schwertlilien sind im Winter und zeitigen Frühjahr besonders interessant.

Gräser, die im unteren Vorschlag abgebildet sind, gedeihen am besten in hellen, offenen Gärten und vertragen sogar trockenen Boden.

Farbenfroher umschlossener Raum *Dieser gut geplante, kleine Garten steht im Frühsommer in voller Blüte. Die Pflanzung besteht aus Rosen, gelben Schafgarben und Rittersporn im Vordergrund.*

Alternative für trockenen Boden *(rechte Seite). Bei dieser Alternative habe ich mir vorgestellt, daß der Garten von einem benachbarten Baum überschattet wird, der den Boden austrocknet. Die verwendeten Pflanzen sind daher zwar weniger bunt als beim vorhandenen Garten, dafür aber grüner und voller. Die Betonung liegt hier auf der Form. Ein großer Teil der Pflanzen besteht aus Immergrünen. Zwiebelgewächse, Lilien und Fingerhut sorgen im Sommer für Farbe.*

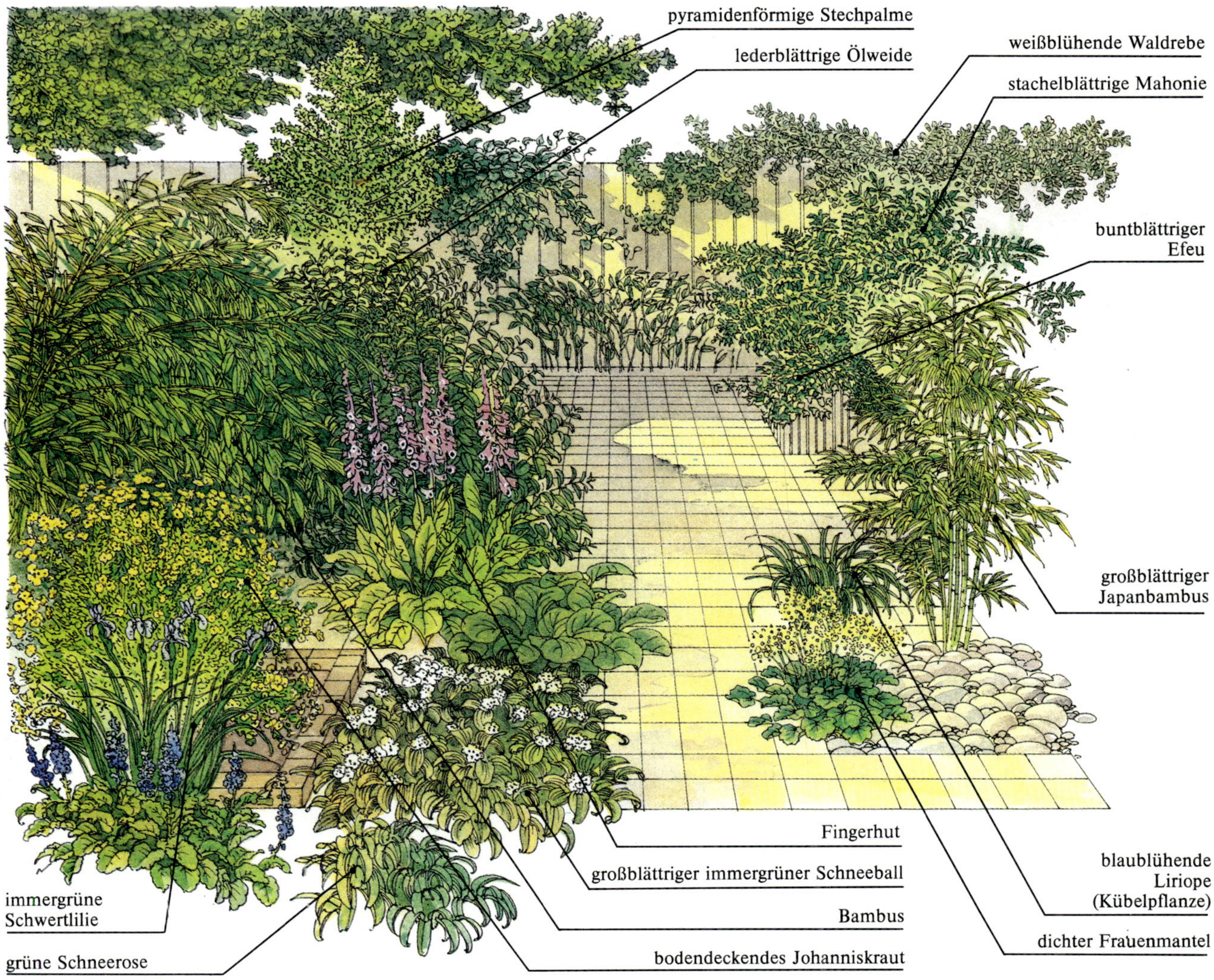

Garten mit Gräsern
Hier besteht die Bepflanzung des Gartens ausschließlich aus Ziergräsern, die während der Blüte im Sommer und Herbst besonders schön wirken. Gräser müssen während des Winters zurückgeschnitten werden. Sie eignen sich gut für Gärten, die im Winter mehrere Monate hindurch mit Schnee bedeckt sind, weil sie ausdauern. Der Stil dieser Bepflanzungsform verlangt nach größeren Pflastersteinen als denen im vorhandenen Garten. Daher wurden vorgefertigte Betonplatten verwendet.

Amerikanischer Vorgarten

Der Vorgarten dieses schönen amerikanischen Hauses besitzt einen L-förmigen überdachten Weg, der vor Sonne und Regen schützt. Dahinter erhebt sich eine große Zeder, und innerhalb des vom Weg begrenzten Flächenausschnitts wächst ein schöner Goldahorn.

Der Vorgarten bildet den Rahmen für ein Haus und sollte für das Kommen und Gehen einen ausgeglichenen, ruhigen, statischen Eindruck machen. Die Gestaltung dieses Bereiches ist relativ einfach - eine geschwungene Pflanzung umgibt ein einfaches kreisförmiges Wasserbecken. Die Rabatte trennt das Haus vom Garten und lenkt den Blick auf den Springbrunnen.

Der erste Alternativ-Vorschlag auf der gegenüberliegenden Seite (oben) zeigt eine einfache Kiesfläche als Verbindungsglied zwischen den einzelnen Gartenelementen. Da die Schönheit des Hauses und der Bäume in der Hauptsache in der Form begründet liegt, wird das Gestaltungsprinzip mit Bambusgruppen und niedrig wachsendem Sadebaum betont. Das Becken hat nun eine senkrecht sprudelnde Fontäne. Ein niedriger Wall aus Azaleen unter dem vorhandenen Ahorn lenkt den Blick zurück auf den Boden. Kies, der hier als Bodenbelag dient, sollte feinkörnig sein und fest mit dem Unterbau aus Splitt oder gemischtkörnigem Kies verbunden sein *(siehe S. 131)*.

Kies wird auch für das Schachbrettmuster des zweiten Vorschlags (unten) verwendet. Quadrate mit Kiesbelag wechseln mit Buchsbaumpflanzung in einem formalen, architektonisch gestalteten Garten ab. Jedes Quadrat ist in Klinker eingefaßt und stimmt so mit der Abdeckung des Eingangsweges überein. Es können auch andere Pflanzen verwendet werden. Die Wahl hängt von Boden, Klima und gewünschtem Effekt ab. Lavendel würde zum Beispiel polsterartiger aussehen, kann aber nach der Blüte zurückgeschnitten werden. Die Pflanzung muß jedoch immergrün sein, damit das Muster das ganze Jahr hindurch erhalten bleibt. Aber auch mit Rosen oder Einjährigen in einer einzigen Farbe kann das Muster dargestellt werden, vorausgesetzt, man erhöht die Pflanzbeete um etwa eine Ziegelhöhe.

Geschwungener Vorgarten *Die Gestalt eines Vorgartens, der von überdeckten Wegen eingefaßt und von schönen Bäumen gekrönt ist, sollte einfach sein und den Rahmen für das dahinterliegende Haus liefern. Eine graphisch geschwungene Linie teilt den Rasen von der Pflanzung ab und lockert den statischen Umriß des gut gestalteten runden Beckens.*

Bekieste »Landschaft« *Dieser Vorschlag beruht auf der Verwendung eines einzigen Bodenmaterials – Kies –, in den nur neue Pflanzen gesetzt werden, um die vorhandenen zu unterstreichen. Dazu gehören Bambus, flachwachsende Wacholdergruppen und eine Aufhügelung mit Azaleen unter dem vorhandenen Japan-Ahorn. Die Fontäne zeigt nun eine angenehmere senkrechte Ausrichtung und wird zu einem Ruhepol.*

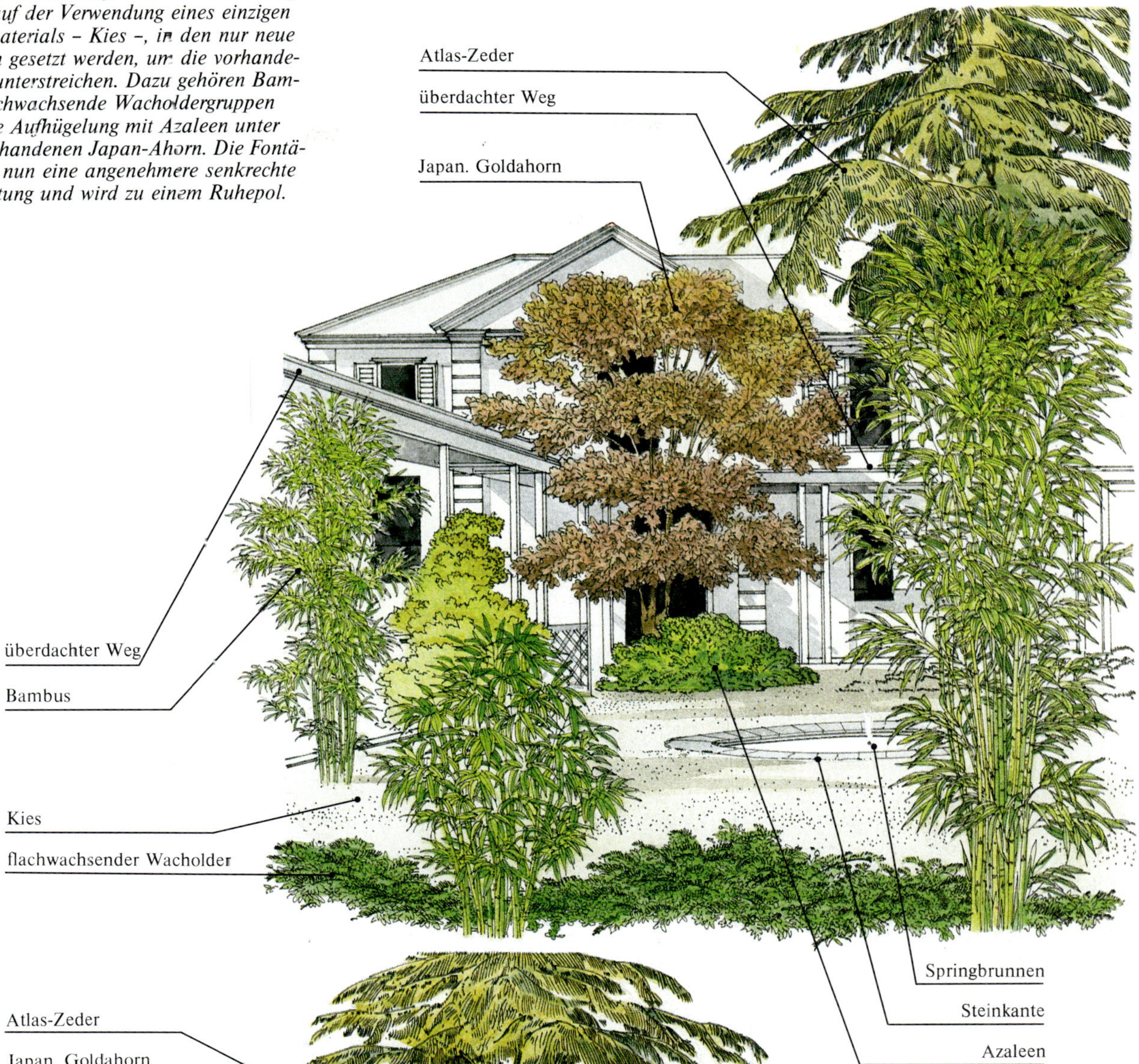

Schachbretteffekt *Dieses architektonische Beispiel wirkt durch die Betonung der gepflasterten Wege. Das Muster wurde mit Klinkern verlegt. Quadrate mit Kiesbelag wechseln mit Flächen von niedrigwachsendem Buchsbaum ab. Diese Lösung bringt die beiden schönen vorhandenen Bäume, einen Goldahorn und eine Zeder, ebenso wie die zurückhaltende Schlichtheit des Hauses besonders zur Geltung.*

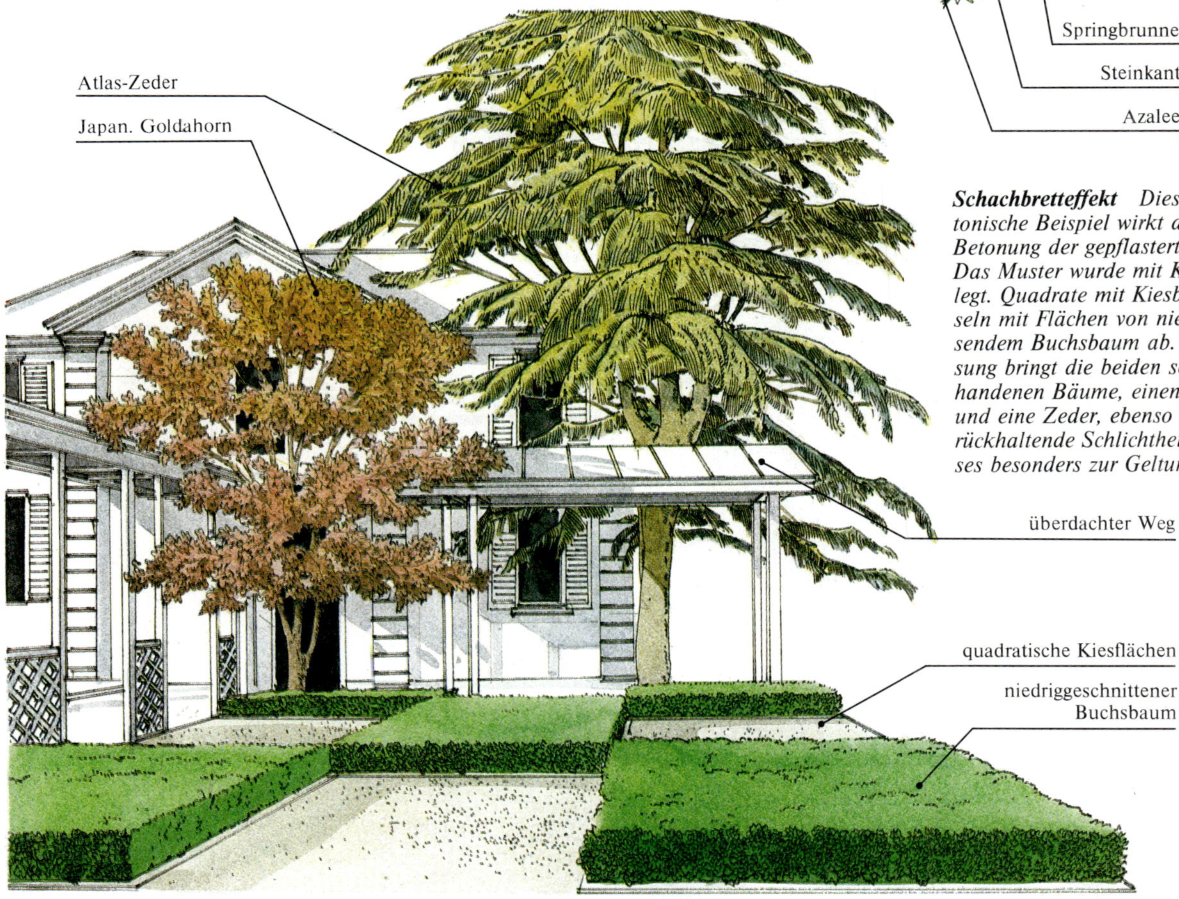

Schmaler, mauerbegrenzter Garten

Mauerumschlossene Gärten in der Stadt kann man quasi gestalten, wie man will, denn was innerhalb der Mauern liegt, muß sich in keine andere Umgebung einfügen. Jeder Garten innerhalb dieser strengen Linien aus Ziegelmauern muß großflächiger gegliedert und dicht bepflanzt werden, um ein Gleichgewicht zwischen Grün und Mauern zu schaffen. Der schmale Garten unten wird von einem großen Baum beherrscht, daher ist ein kleinteiliger Bepflanzungsplan ohnehin ungeeignet.

Die vorhandene Gliederung basiert auf Kontrasten. Die streng geraden Linien der klinkergepflasterten Terrasse werden durch ein Becken unterbrochen, das die Terrasse abschließt. Hinter dem Becken führt ein waldwegähnlicher Pfad durch freiwachsende Pflanzengruppen.

Ich habe zwei abstrakte Alternativen entworfen, denen ein strenges Raster zugrunde liegt, wenn man sie vom Haus aus betrachtet. Der erste Vorschlag auf der gegenüberliegenden Seite (oben) enthält eine Reihe von Pflanz- und Kiesflächen, die durch Klinkerstufen voneinander getrennt sind. Die einfache Bepflanzung besteht lediglich aus Farnen, denn sie sind ideal für schattige Standorte.

Der untere Vorschlag ist strenger und verbreitert das vorhandene Becken. Üppige Pflanzengruppen kontrastieren mit den Klinkerpflasterflächen, die an einer einfachen Überdachung des Hintereingangs enden.

Kombination von zwei Stilarten *Es ist schwierig, zwei verschiedene Stilrichtungen in einem kleinen Garten zu vereinen, doch in diesem schmalen, von Mauern begrenzten Garten ist es geglückt. Da der Garten total umschlossen ist, konnte die Umgebung in punkto Gestaltung ignoriert werden. Klinker wurden gewählt, um Mauerwerk, Terrasse und Beckenumrandung formal zu verbinden.*

Geschwungene, abstrakte Gestaltung *(rechts). Das Grundkonzept dieses Gartens besteht aus unterbrochenen Pflanzflächen und abgestuften Kiesbereichen. Wenn ein solcher Garten im Schatten liegt, sollte man ihn nur mit Farnen bepflanzen, die unter solchen Bedingungen gut gedeihen. Frühlingsblühende Zwiebelpflanzen und Lilien sorgen für farbige Akzente.*

Plan

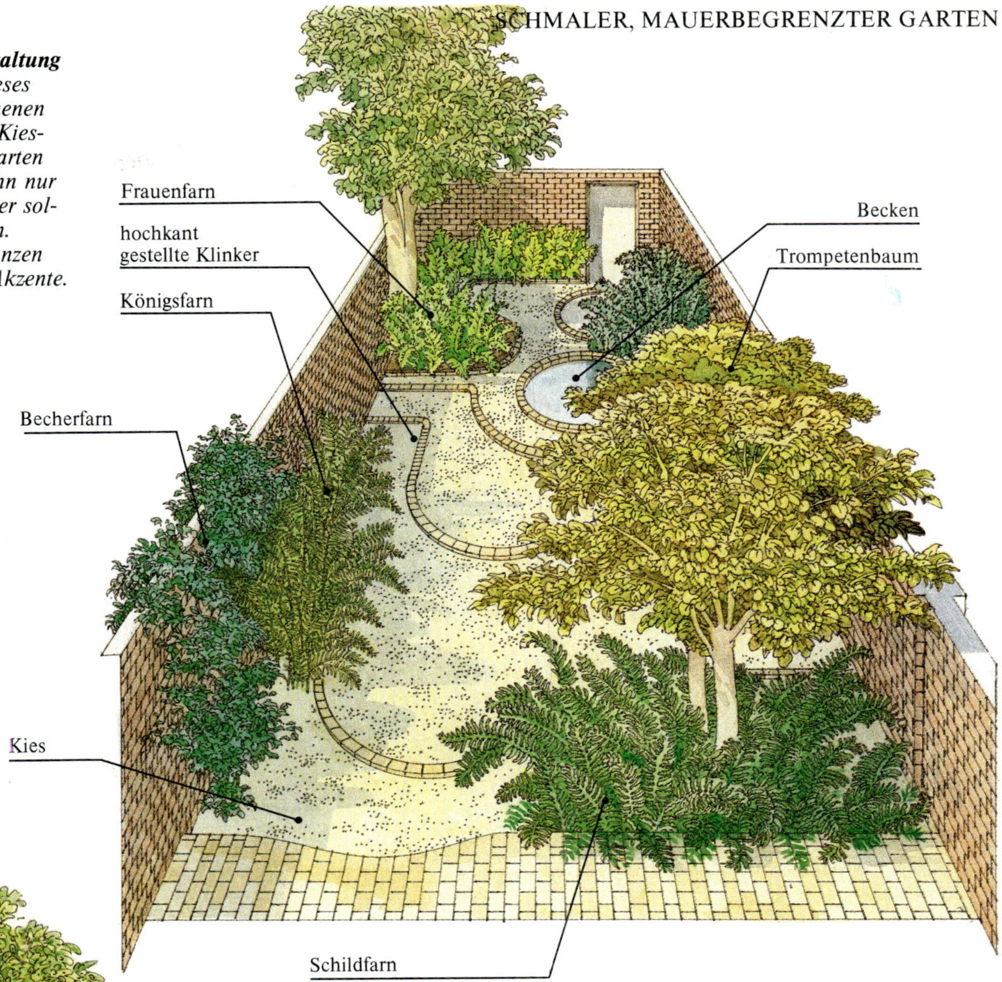

Klinkermuster *Dieses abstrakte Konzept basiert auf den asymmetrisch versetzten Klinkerpflasterquadraten, die zu einer einfachen Überdachung vor dem hinteren Garteneingang führen. Verschiedene Formen von Bambus bestimmen die Bepflanzung, dazu kommen großblättrige Stauden wie z.B. Rhabarber und Löffelblatt. Das Becken wurde beibehalten, allerdings in der Form verändert.*

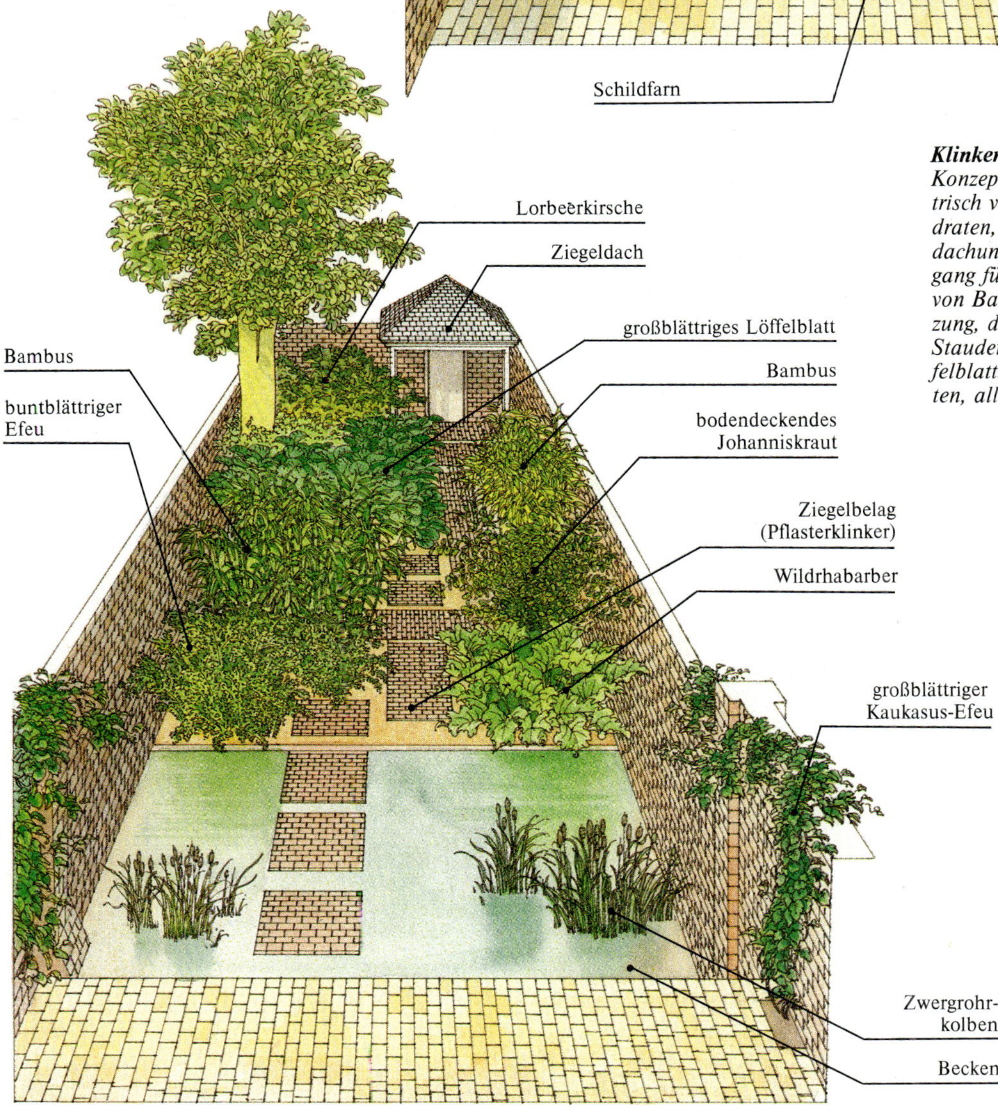

Plan

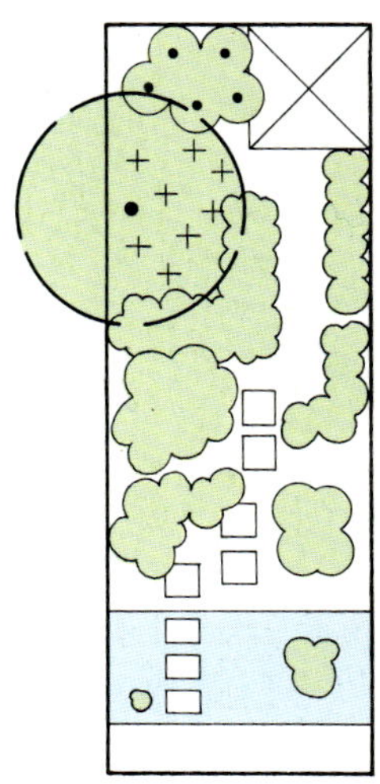

Balkongärten

Dieser attraktive Balkon ist eine einladende Oase im Freien. Die große Tür gewährt leichten Zugang nach draußen, erweitert den Wohnraum in den Sommermonaten und erlaubt auch bei kühlerem Wetter einen freien Blick auf das Grün.

Die wichtigste Einrichtung meines Gegenvorschlages ist ein Metall- oder Holzkasten (Hydrokultur), der mit Buchsbaum bepflanzt und in Form einer Palmette geschnitten ist. Mit Einjährigen in Rundkörben wird die Form des Markisenrandes variiert. Diese Körbe bestehen aus Maschendrahtgeflecht und sind mit einem Metallstab senkrecht in den Pflanzkästen verschweißt. Sie sind mit Moos und Blumenerde gefüllt. Einjährige Lobelien und Pelargonien werden durch das Moos gepflanzt und müssen täglich von oben gegossen werden.

Der Balkonbelag besteht aus leichten Platten mit Asbestzuschlägen. Rote oder braune unglasierte Fliesen werden als Alternative vorgeschlagen, keramische Fliesen, wenn keine Frostgefahr besteht.

Sommerbalkon *(rechts). Viele Topfpflanzen machen diesen Balkon zu einer farbenfrohen Erweiterung des angrenzenden Wohnraumes. Der Bodenbelag und die Pflanzkübel sind einfach gehalten und bringen die starkfarbigen Blumen schön zur Geltung.*

Alternative fürs ganze Jahr *Dieser Alternativvorschlag basiert auf strengen Formen, die auch im Winter reizvoll sind und Schutz gewähren. Die immergrüne Buchsbaumpflanzung ist für diese formale Gestaltung von großer Bedeutung. Im Sommer wird der Balkon großflächig mit Farben von Einjährigen in Containern geschmückt.*

Hängepflanzung *(unten). Hängebehälter, wie unten abgebildet, sind leicht aus Maschendraht oder durch Zusammensetzung von zwei runden Körben herzustellen. Bei meinem Alternativvorschlag wurden die Kugeln auf senkrechte Stützen geschweißt.*

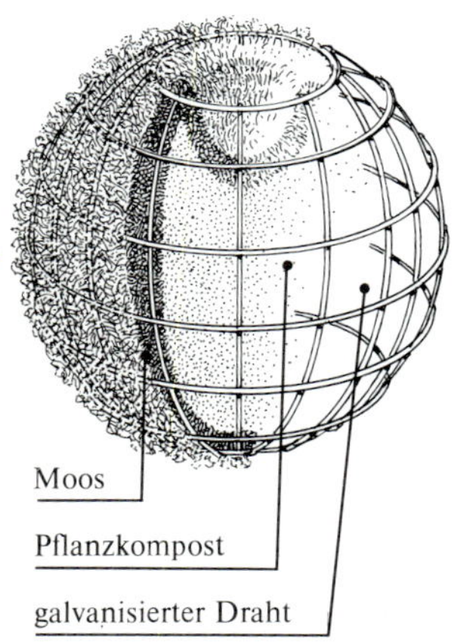

Die Anlage Ihres Gartens

Dränage, Elektrische Einrichtungen, Bewässerung

Wahl und Anlage von Einfriedungen, Zäunen, Sichtschutzmauern, Stufen, Rampen und Bodenbefestigungen

---

Besondere Einrichtungen und Gebäude

Vorbereitungen

Nun sollte man eine klare Vorstellung davon haben, wie der künftige Garten aussehen soll. Daher ist der Zeitpunkt gekommen, die festen Anlagen wie Wände und Bodenbeläge zu planen, denen man später Gehölze, Stauden, Rasen oder Bodendecker zugesellt. Feste Einrichtungen, wie z.B. ein Geräteschuppen, müssen mit eingeplant werden, damit sie direkt in das Gesamtkonzept einbezogen werden können.

Während dieses Vorbereitungsstadiums muß man sich für die zu verwendenden Materialien entscheiden: Was gibt es an Ort und Stelle, was würde in die Landschaft passen, und welche Kosten verursachen die unterschiedlichen Materialien? In einem traditionellen Garten sieht Naturstein immer gut aus, sowohl für die Errichtung von Mauern als auch für den Bodenbelag. Kleinere Flächen aus Backstein oder Granitpflaster sind auch denkbar und bei klarer Linienführung für eine moderne Gestaltung sogar gut geeignet.

Vieles hängt davon ab, wie man die Materialien einsetzt. Je kleiner die Fläche ist, desto mehr muß man auf Details achten. Aus diesem Grunde sind Pflasterwege aus Klinker weniger dynamisch als Wege aus Betonplatten, die miteinander verschmelzen und das Auge auf das Wegende lenken. Vorgefertigte Betonplatten machen einen modernen Eindruck. Selbst mit rauher Oberfläche sieht Beton anders als Stein aus. In seinen zahlreichen Formen ist es ein universelles Material und als Gußbetonbelag nicht zu verachten. Verwendung unterschiedlichen Materials kann große befestigte Bereiche auflockern, allerdings sollten die Details nicht zu unruhig werden.

Die Verwendung von Holz im Garten hängt von der Örtlichkeit und davon ab, was zu einem vernünftigen Preis zu erstehen ist. Zedernholz beispielsweise muß importiert werden und ist somit nicht ganz billig. Anderes Weichholz kann ebenfalls verwendet werden, unglücklicherweise ist es aber für Gegenden mit feuchtem Klima nicht als Bodenbelag anzuraten, da es in langen feuchten Wintern schlüpfrig werden kann. Bahnschwellen – wenn man sie bekommen kann – sind für Gärten hervorragend geeignet. Sie sind stark mit Schutzmitteln imprägniert, sehr dick und verfaulen daher nur langsam.

Das Muster, das man auf dem Papier gezeichnet hat, ist noch immer nur zweidimensional. Durch das Einfügen von Wänden, Stufen, Höhenunterschieden, Teichauskofferungen und dergleichen schafft man die dritte Dimension. Man muß daran denken, daß erst durch unterschiedliche Höhenausbildung beim Pflanzen Raumcharakter erzielt wird und daß freie Bereiche mit dem architektonischen Korpus kontrastieren müssen. Es ist ein Trugschluß zu glauben, daß die Fülle und der Glanz farbenprächtiger Blüten im Garten diese Grundstimmung hervorruft.

Bevor man den auf Papier entwickelten Plan übertragen kann, muß man die Anlage wahrscheinlich erst einmal räumen. Bei einem neuen Garten muß man vielleicht den Bauschutt beseitigen, in älteren Gärten mögen ungeeignete Pflanzen stehen. Dennoch sollte man sich genau überlegen, ob man irgendwelche größeren Elemente, wie Bäume, gepflasterte Flächen oder die Linienführung einer Hecke, beseitigen muß, die man vielleicht auch in den neuen Plan integrieren könnte. Bäume können auch ausgeschnitten werden. Äste kann man absägen oder stutzen, um eine neue Form zu erhalten. Doch diese Arbeit übernimmt am besten ein Baumpfleger oder Gartenbaubetrieb. Durchgewachsene Hecken kann man selbst wieder zurückschneiden.

Zuerst vernichtet man auf dem Grundstück das gesamte Unkraut, entweder durch Anwendung von Herbiziden (vorher: Haustiere und Kinder fernhalten!) oder durch Verbrennen, vorausgesetzt, benachbarte Anwesen oder Bäume werden nicht in Mitleidenschaft gezogen oder über Gebühr belästigt. Morsche Zäune und Einfriedungen sind ebenfalls zu entfernen.

Der Plan bis zu diesem Zeitpunkt *Wenn Sie den Abschnitt über die Planung des Gartens studiert und vielleicht von den Abbildungen unterschiedlicher Gärten angeregt worden sind, müßte der eigene Gartenplan ähnlich wie dieser aussehen. Die Bereiche mit Bodenbelag, Flächenbegrenzungen, Einrichtungen und Pflanzbereiche sollten festgelegt sein, auch wenn man sich über die zu verwendenden Materialien noch nicht im klaren ist.*

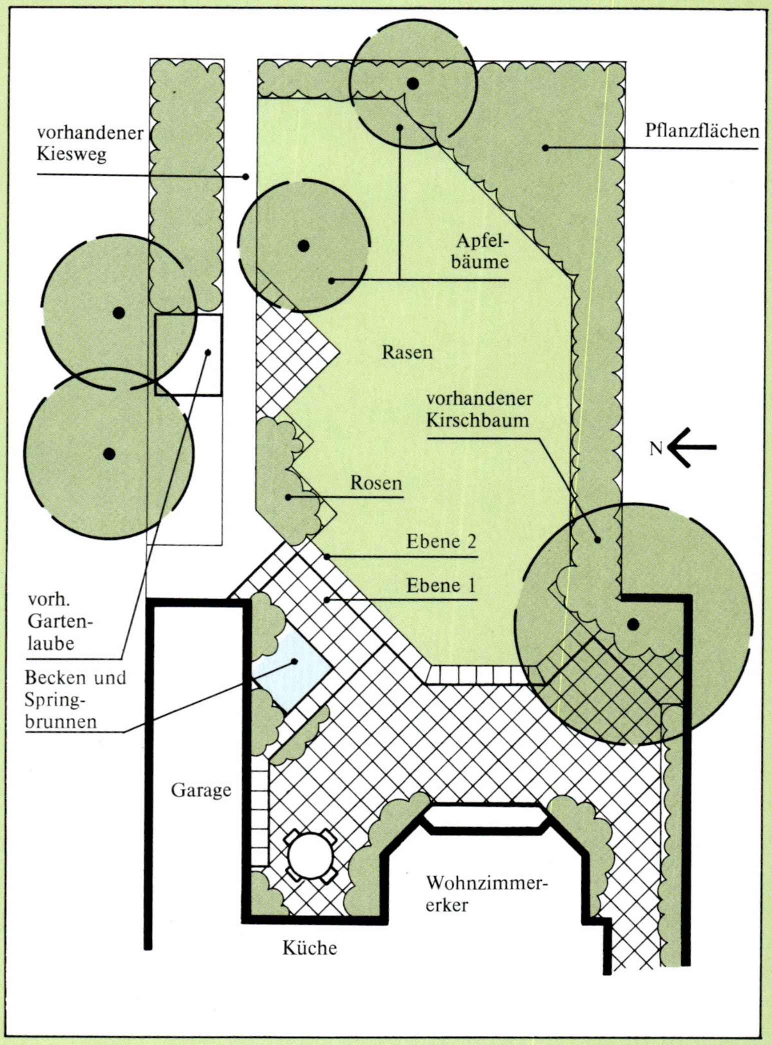

Übertragung des Plans auf das Gelände

Man kann nun den Plan auf die Fläche im Freien übertragen, indem man Pflöcke und weiße Bindfäden verwendet, um zu sehen, wie die Planung in der Wirklichkeit aussieht. Bei dieser Gelegenheit zahlt sich die Verwendung eines Rasters aus, denn nun ist es leicht, die Formen nach den Baukörpern auszurichten, die man zur Entwicklung des Plans benutzte. Unschöne kleine Ecken werden jetzt sichtbar. Wenn man die geraden Linien abgesteckt hat, zieht man maßstabgerecht die Kreise, indem man in die Kreismitte einen Pfahl schlägt und einen Bindfaden mit entsprechendem Radius daranbindet. Man ritzt den Bogen mit einem Stab oder Nagel in den Boden und steckt ihn ebenfalls ab. Wenn das gesamte Muster ausgepflockt ist, spannt man es ab. Nun kann man die gesamte Planung überschauen, wenn man vor dem Garten steht. Man sollte das Muster aus verschiedenen interessanten Blickwinkeln betrachten, aus einem Fenster des Obergeschosses, von der Bodenebene aus und von außerhalb des Anwesens. Dann geht man über die abgesteckten Wege und prüft, ob genug Platz für eine Schubkarre oder einen Rasenmäher bleibt und ob man leicht um die Ecken kommen kann. Wenn ein Zugangsweg zum Haupteingang erforderlich ist, muß man ihn so anlegen, daß er vergleichsweise gerade und mitten auf die Tür zuführt, auch wenn die Linienführung im Bogen verläuft, sonst kürzen Besucher den Weg selbst ab und treten alles nieder.

Wenn man einen Terrassenbereich abgesteckt hat, muß man prüfen, ob er in der Sonne liegt; auch sollte man den Lauf der Sonne im Sommer berechnen und beachten, daß keine Schlagschatten entstehen.

Ist eine Zufahrt geplant, muß sie so breit sein, daß man auf jeder Seite aus einem Wagen aussteigen kann und daß notfalls genügend Platz zum Wenden vorhanden ist. Kurzum, es ist zu prüfen, ob die geplanten Ideen sowohl praktisch als von allen Seiten aus auch optisch befriedigend ausfallen.

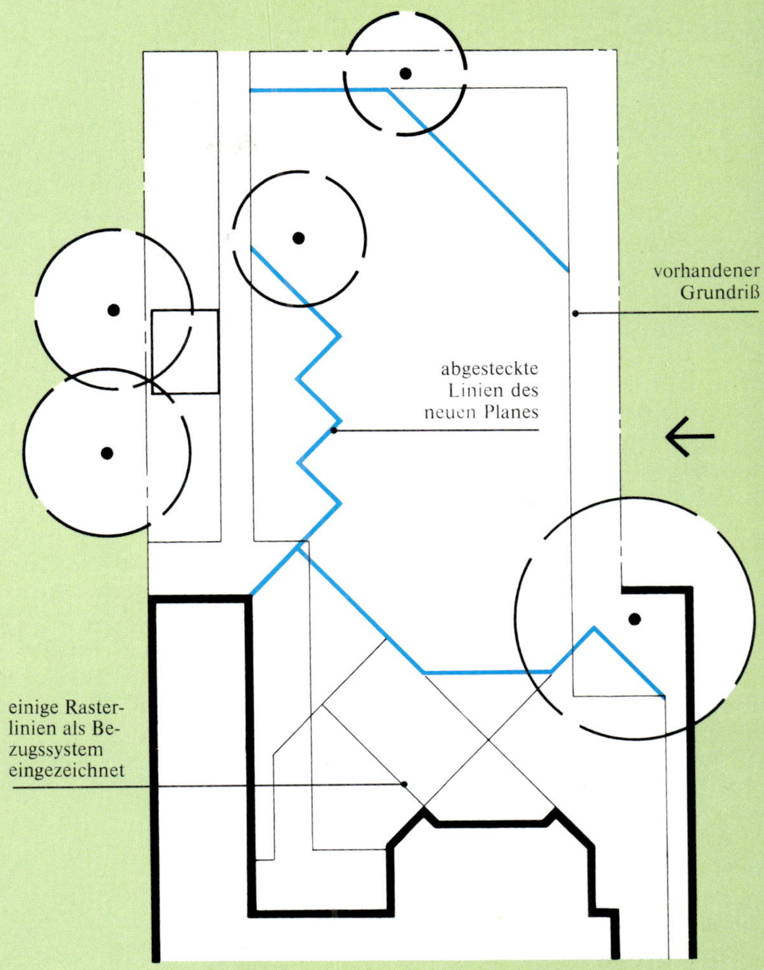

***Abstecken** (oben). Wenn man seinen Plan auf dem Papier entwickelt hat, steckt man die Linien auf dem Boden ab, indem man Pflöcke und Bänder benutzt. Hat man maßstäblich genau nach dem Aufmaß gearbeitet, erhält man durch das Einmessen den Gartengrundriß. Korrigieren Sie den Plan notfalls so, daß keine häßlichen Ecken und toten Winkel entstehen.*

***Festsetzung des Layouts** (rechts). Bevor man mit dem Graben oder Bauen anfängt, sollte man ins Haus gehen und die ausgepflockten Flächen aus allen zum Garten gerichteten Fenstern prüfen und sich erforderliche Höhenunterschiede und Stufen vorstellen. Es kann sein, daß man den Plan geringfügig korrigieren muß, um alle Blickwinkel vom Haus her optimal zu gestalten. Der Blick aus den oberen Fenstern ist besonders wichtig und gibt eine gute Vorstellung des geplanten Gartens.*

Dränage

Nur wenige kleinere Gärten benötigen ein komplettes Dränsystem, aber wo es für den Garten oder bestimmte Teile erforderlich ist, muß man eines anlegen, es sei denn, man findet sich mit langen Perioden von Staunässe ab. Es ist auch möglich, daß das Anwesen im Sommer trocken, im Winter aber durch den Anstieg des Grundwasserspiegels stark vernäßt wird.

Die Ursache der Vernässung liegt in neuen Gärten darin, daß Tonschichten des Bauaushubs auf der Fläche eingebaut wurden. Mit einer dünnen Lage Mutterboden abgedeckt, wird der Ton aber bald zu einer undurchdringlichen Lage, die dräniert werden muß. Durchbricht man die Schicht, so verschwindet auch das Wasser. Am besten gräbt man ein Probeloch von 100×100×100 cm, um festzustellen, ob ein bestimmter Bereich dräniert werden muß. Auf diese Weise sieht man das Bodenprofil und weiß, wieviel Mutter- und Unterboden vorhanden ist. Nach einem Regen stellt man fest, wie schnell das Wasser abzieht. Es ist möglich, daß sich das Loch auch dann mit Wasser füllt, wenn es nicht regnet. Das bedeutet, daß man den Grundwasserstand erreicht hat.

Wenn auf dem Anwesen natürlicher Ton- oder Lehmboden ansteht, hat man keine andere Alternative, als fruchtbaren Mutterboden darüber aufzutragen. Boden mit gewissen Lehmanteilen kann jedoch durch schwere Maschinen stark verdichtet worden sein. Diese Verdichtungen können oft schon durch tiefgreifendes Aufreißen (40 cm) der Bodenoberfläche behoben werden.

Falls das Anwesen wirklich dräniert werden muß, baut man ein Unterflursystem aus Tonrohren oder biegsamen geschlitzten PVC-Dränrohren. Sie werden in bestimmter Anordnung verlegt, wobei die sogenannten »Sauger« zu einem Sammler – möglichst im spitzen Winkel zur Fließrichtung – verlaufen, der wiederum an einen Vorfluter (Graben oder Hausentwässerung) angeschlossen wird. Niemals Gartendränagen an die öffentliche Kanalisation anschließen. Das ist bei uns verboten.

Die Tiefe einer Dränleitung und die Abstände zwischen den Saugern hängen von der Zusammensetzung und Dichte des Bodens ab. Man muß außerdem wissen, daß eine zu starke Dränung eines Anwesens genau so sinnlos ist wie das Gärtnern auf nassem Boden, denn sie beschleunigt lediglich das rasche Auswaschen all der wichtigen Mineralien im Boden.

Meist ist in einem Garten nur ein kleiner Bereich zu dränieren, auf dem aus verschiedenen Gründen das Wasser nach einem Regen stehen bleibt. Um diesen Teil zu entwässern, benötigt man nur eine einfache Leitung, die zu einem Sickerschacht führt, der auf dem Grundstück angelegt worden ist. Ein Sickerschacht ist ein Loch in den Maßen 100 × 100 × 100 cm, das mit Bauschutt oder dergleichen gefüllt wird. Er wirkt wie ein Wasserreservoir und gibt das gesammelte Dränwasser allmählich wieder an den Untergrund ab. Solch ein Sickerloch (Lebensdauer etwa fünf Jahre) legt man in gewissem Abstand vom Haus an und überpflanzt es später.

Sickerlöcher können auch Bereiche am Fuß von Hügeln entwässern oder am Rand von Plattenbelägen mit entsprechendem Gefälle angelegt werden. In solchen Fällen sollte das System während oder nach der Fertigstellung des Belages und der landschaftsgärtnerischen Arbeiten angelegt werden.

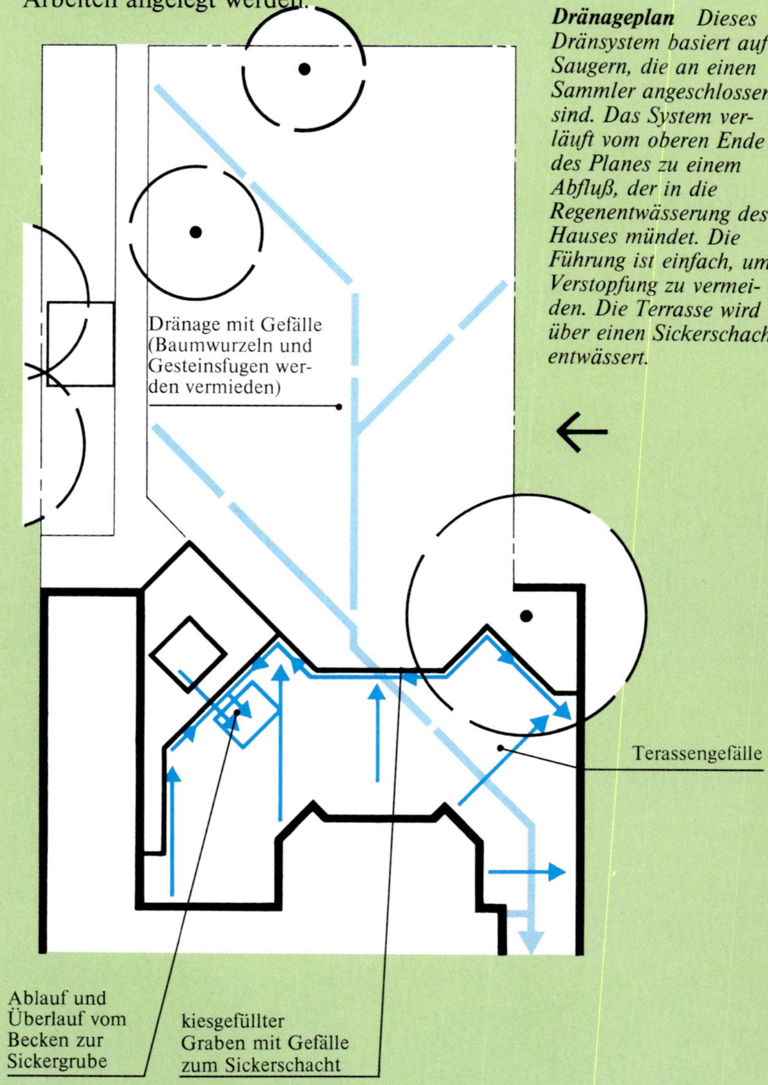

Dränageplan *Dieses Dränsystem basiert auf Saugern, die an einen Sammler angeschlossen sind. Das System verläuft vom oberen Ende des Planes zu einem Abfluß, der in die Regenentwässerung des Hauses mündet. Die Führung ist einfach, um Verstopfung zu vermeiden. Die Terrasse wird über einen Sickerschacht entwässert.*

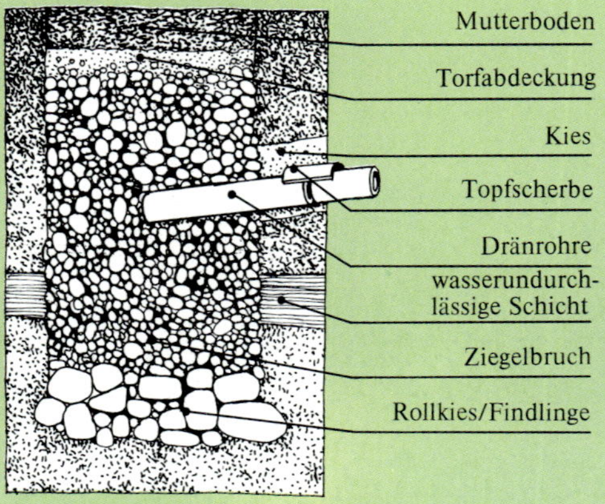

Sickerschacht *Ein richtig angelegter Sickerschacht kann unter Umständen die gesamte erforderliche Dränvorrichtung darstellen. Im Idealfall durchdringt man damit alle undurchlässigen Bodenschichten und läßt das hereinfließende Wasser durch Schichten aus Kies oder Bauschutt in die aufnahmefähige Erde darunter sickern.*

Bewässerung

Die Bewässerung eines beliebig großen Gartens erfolgt meist mit Gießkanne oder Schlauch. Das ist arbeitsaufwendig und zeitraubend, und es gibt heute einfachere Methoden. Das einfachste mechanische Bewässerungssystem ist ein perforierter Schlauch, den man durch ein Pflanzbeet oder über die Kübel eines Dachgartens legt. Dreht man das Wasser auf, so werden die Flächen durch feine Wasserstrahlen bewässert. Ein Schlauch kann natürlich nach der Fertigstellung eines Gartens verlegt werden. Andererseits gibt es ausgeklügelte Bewässerungssysteme aus Leitungen, die zu einem bestimmten Zeitpunkt der Gartengestaltung unter der Oberfläche verlegt werden. Diese Leitungen sind mit Versenkkopfregnern verbunden, die auf dem Niveau des Erdanschlusses liegen. Wenn die Zuleitung aufgedreht wird, steigen die Regner durch den Wasserdruck in die Höhe und bewässern die Fläche, wobei sich die Radien so überschneiden, daß der gesamte Bereich gleichmäßig beregnet wird. Nach dem Abstellen sinken die Regner wieder in den Boden. Das ist besonders praktisch in Rasenflächen, da es das Mähen der Flächen nicht erschwert.

Daneben gibt es Regner, die hin- und herschwenken und bestimmte Flächen bewässern. Die Größe dieser Flächen hängt vom Wasserdruck ab, der auch die Regner bewegt.

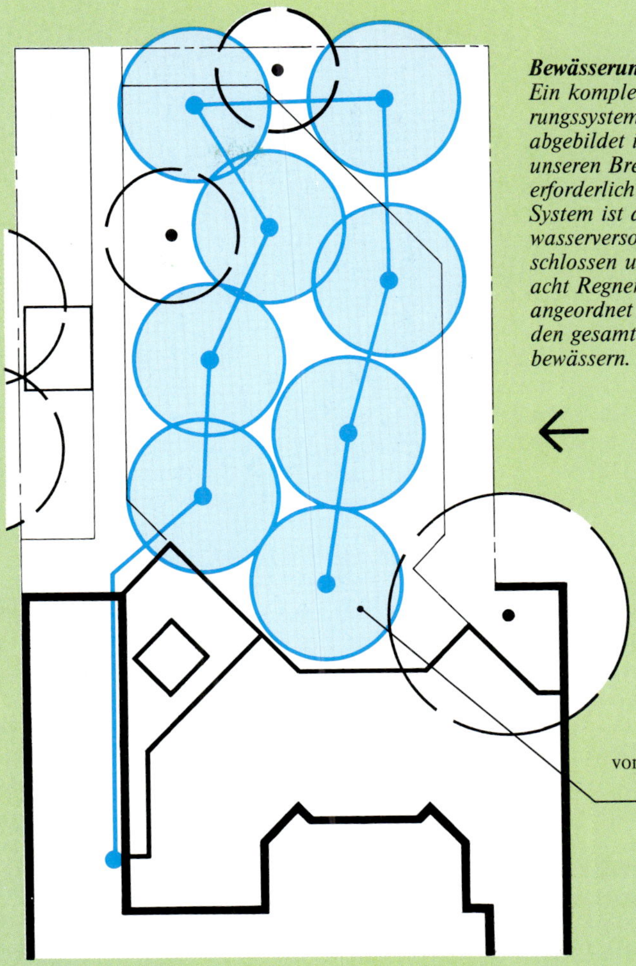

Bewässerungssystem *Ein komplettes Bewässerungssystem, wie es hier abgebildet ist, wird in unseren Breiten selten erforderlich sein. Das System ist an die Hauswasserversorgung angeschlossen und speist acht Regner, die so angeordnet sind, daß sie den gesamten Garten bewässern.*

←

Stromversorgung

Im allgemeinen verlegt man Beleuchtungskabel für Außenbeleuchtung unter die Erde, und zwar bevor der Garten angelegt worden ist, um spätere Zerstörungen zu vermeiden.

Gärten brauchen Strom zur Beleuchtung und für Einrichtungen wie Springbrunnenpumpen oder Filteranlagen von Schwimmbekken. Energie benötigt man aber auch für das Gewächshaus, für elektrische Sägen im Arbeitsschuppen und als Außensteckdose in bestimmtem Abstand vom Haus für den Anschluß eines Elektromähers.

Sämtliche Kabel sollten entlang von Mauern oder so tief in Schutzrohren unter der Erde verlegt werden, daß sie von Gartengeräten nicht durchstoßen werden können. Die Kabel müssen eine komplette Außenisolierung aufweisen mit Außenanschlüssen und verdeckten Steckdosen, die außerhalb der Reichweite von Kleinkindern angebracht sein müssen, wie rechts abgebildet.

Plant man die Kabelführung und die Leuchten an Zugangswegen, muß man auch Anschlüsse für niedrige Leuchten vorsehen, die Höhenunterschiede ausleuchten, und darauf achten, daß Dunkelzonen im Bereich der Hauptzugangswege vermieden werden.

Es ist einigen Zeit- und Geldaufwand wert, um eine wirklich effektive Beleuchtung zu installieren, mit der man nicht nur den Garten während der Winterabende vom Haus aus erleben kann, sondern mit der auch Einbrecher abgeschreckt werden.

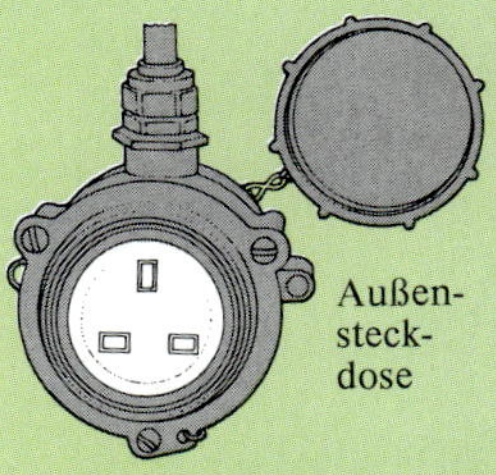

Elektroanschluß *Das Versorgungskabel für Pumpe und Leuchten ist an das Kabel einer Garage angeschlossen.*

←

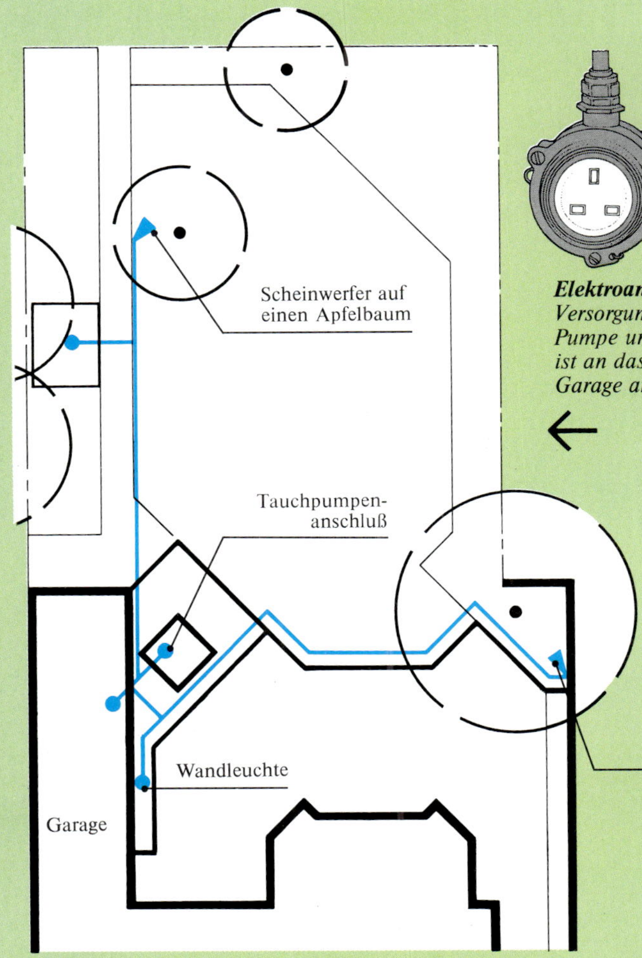

Grenzzäune und Einfriedungen

Grenzen bezeichnen den Umfang eines Grundstückes. Zur Unterteilung eines Gartens verwendet man dekorative Gliederungselemente. Viele Menschen erben Grenzzäune oder Mauern mit dem Anwesen, aber die Art der Einfriedung muß - wie jedes Gartenelement - mit der Örtlichkeit harmonieren.

Gartenformen sind heute meist regelmäßig und geometrisch, besonders bei neuparzellierten Grundstücken, und leider wird oft der Fehler gemacht, das Grundstück mit einem Standardzaun zu umgeben, der die Eintönigkeit nur noch betont. Mit unterschiedlichem Material kann diese Gleichförmigkeit auf einfache Weise belebt werden.

Am besten verwendet man Ziegel oder Natursteine, die zum Haus oder zur Terrasse passen, und vielleicht für den Rest der Einfriedung Holz, oder man verwendet durchgehend das gleiche Material, aber in unterschiedlicher Höhe, in Einklang mit dem Grundkonzept. Noch interessanter ist eine Lösung, bei der die Einfriedung bewußt in das Grundstück hineinführt und die Anlage fließend um die Ecken geführt werden kann, so daß der Garten größer erscheint.

Die Wahl der Einfriedungsart muß Sicherheit und Abgeschlossenheit des Privatbereiches garantieren, um beispielsweise Kinder oder den Hund im Garten, Fremde aber draußen zu halten. Doch diese Überlegungen sollten uns nicht daran hindern, einen Raum auch durch Einfriedung schöner zu gestalten.

Mauern

Mauern können aus Ziegeln, Naturstein oder Fertigbeton errichtet werden, obwohl Beton sich mehr für starke Stützmauern im Garten eignet. Unterschiedliche Baustoffe (*siehe S. 109*) können auf vielerlei Weise verwendet werden. Die Dicke der Mauer hängt von ihrer Höhe ab. Sie bestimmt auch den Abstand der erforderlichen Stützen und Pfeiler. Man kann sogar auf diese Stützen verzichten, wenn man Mauern in Zickzackform errichtet, oder einfach, indem man sie um Ziegelsteinbreite versetzt. Kurven und Schlangenlinien dienen der Stabilität, beanspruchen aber viel mehr Platz.

Natursteinmauern sind meist so dick, daß sie ohne Stützen halten. Winkelstützmauern aus Beton gibt es in zahlreichen annehmbaren Formen und Mustern. Die größeren erfordern ebenfalls keine Stützen.

Die Art, wie man eine Mauer abdeckt, bestimmt in großem Maße ihre Wirkung. Natursteinmauern deckt man am besten mit Abdecksteinen aus gleichem Material ein. Die Abdeckung von Ziegelmauern hängt von ihrer Dicke ab. Meist verwendet man hier eine Rollschicht. Betonwände kann man beispielsweise mit Betonpflaster abdecken (ähnlich einer benachbarten Terrasse) oder mit Ziegeln. Mit Dachziegeln, Schiefer oder Metalleindeckung kann man bestimmte architektonische Wirkungen erzielen.

Auch mit lokal verfügbarem Material kann man in traditioneller Bauweise sehr ansprechende und wirkungsvolle Mauern und Einfriedungen errichten, die hervorragend mit der ortstypischen Architektur und Landschaft harmonieren. Mit Schichtmauerwerk aus unbehauenen Steinen läßt sich - in Verbindung mit entsprechender Bepflanzung - ein besonders natürlicher Eindruck hervorrufen.

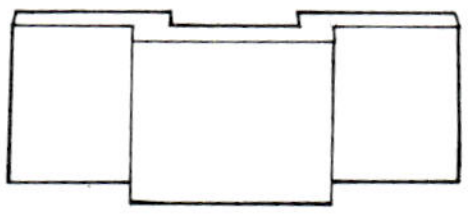
versetztes Mauerwerk

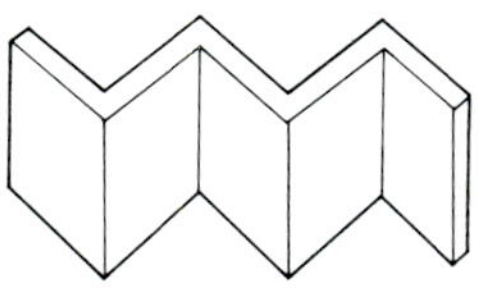
Zickzackmauer

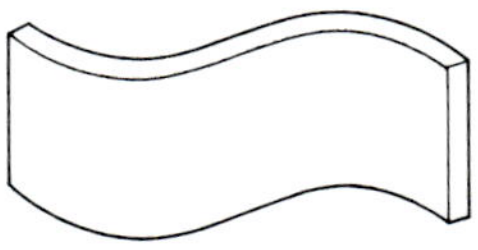
wellenförmiges Mauerwerk

Natursteine

Fast jede Art Naturstein ist für die Errichtung von Mauern geeignet - Granit, Kalkstein, Schiefer oder Sandstein. Die beiden wichtigsten Formen von Natursteinmauern sind Quadermauerwerk und Schichtmauerwerk, das wiederum in verschiedene Gruppen eingeteilt wird. Schichtmauerwerk aus unbehauenen Steinen wird in regelmäßigen und unregelmäßigen Schichten verlegt. Schichtmauerwerk aus rohbehauenen Steinen wird regelmäßig, unregelmäßig oder in wildem Verband verlegt. Gemischtes Schichtmauerwerk besteht aus ortsüblichen Materialien und basiert auf lokalen Bauweisen. Die meisten Natursteinmauern werden aus unbehauenem Schichtmauerwerk gesetzt und die Steine unbehauen so zu einer Mauer zusammengefügt, daß der Druck gleichmäßig über die ganze Mauer verteilt wird. Durchgehende senkrechte Fugen sind zu vermeiden. Um die Mauer zu verstärken, werden auf jeweils einen Quadratmeter Kopfsteine als Binder quer durch die Mauer gesetzt. Alle Zwischenräume müssen mit Mörtel ausgefüllt werden. Füllt man einige Zwischenräume mit Mutterboden und pflanzt Polsterpflanzen hinein, erhält man zusätzliche Effekte. Ist nur eine Ansichtsseite erforderlich, kann man zuerst eine Betonmauer errichten, die dann mit Naturstein verkleidet wird und mit verzinkten Maueranker verbunden werden muß.

Traditionelle Natursteinmauer
In dieser in losem Verband geschichteten Mauer wurde kein Mörtel verwendet. Wichtig ist bei solchen Natursteinmauern, daß die senkrechten Fugen immer versetzt werden.

Ziegelmauerwerk

Ziegelsteine sind das am häufigsten gewählte Material für Gartenmauern. Es gibt drei Sorten, die für die Verwendung im Freien geeignet sind. Einfache Mauerziegel sind am billigsten. Sie sind nicht bearbeitet und für jede Witterung geeignet. Vormauersteine werden dort verwendet, wo es auf das Aussehen ankommt. Sie sind entweder handgearbeitet oder mit Drahtschnitt versehen und nur auf der Ansichtsseite wetterfest. Schließlich gibt es die Klinker, die zu den härtesten und undurchlässigsten Ziegeln gehören.
Ziegel, die in Längsrichtung vermauert werden, nennt man Läufer; liegen sie mit ihren Enden aneinander, spricht man von Binderschichten.
Die Anordnung der Ziegel innerhalb einer Mauer bezeichnet man als Verband. Der Verband hat in erster Linie ästhetische Bedeutung. Für die Stabilität spielt er nur da eine Rolle, wo er von der Dicke der Mauer bestimmt wird oder wo es sich um durchbrochenes Mauerwerk handelt.
Einsteinstarke Mauern werden nur in Läuferverband errichtet, sollten aber nicht höher als ein Meter werden. Bei höheren Mauern wählt man einen anderen Verband, indem in bestimmten Abständen Ziegel als Binder eingebaut werden, die die Läuferschichten miteinander verbinden.
Rein dekorative Verbandarten kann man nur bei 36er Mauerwerk verwenden. Als Mörtelmischung für Außenwände in der üblichen Breite wird ein Zement-Kalk-Sand-Gemisch im Verhältnis von 1:1:8-9 empfohlen. Für Mauerwerk, das starker Feuchtigkeit ausgesetzt ist oder größeren Frosttemperaturen standhalten muß, kann die Mischung 1:1:5-6 betragen.

Gemischtes Ziegelmauerwerk *(rechts). Mauern altern mit der Zeit und werden von Efeu und Flechten überwachsen. Bei den harten, purpurfarbenen Sichtmauersteinen handelt es sich um Klinker.*

Bauen mit alten Ziegeln *(unten). Dieser vielfarbige Effekt wurde mit verschiedenen Arten alter Ziegelsteine erreicht. Sie wurden von Mörtel gesäubert und für ein durchbrochenes Mauerwerk verwendet.*

Konstruktion einer Ziegelmauer

Eine Mauer muß auf stabile und gleich große Fundamente gebaut werden, um spätere Setzung zu vermeiden. Es ist nicht möglich, genaue Angaben über die Größe der Fundamente für die verschiedenen Arten von Mauerwerk zu machen, da die Tragfähigkeit des Bodens variiert. Das gilt insbesondere für Boden mit hohem Feuchtigkeitsgehalt, wie z.B. Ton. Die Tiefe der Gründung hängt von der frostfreien Tiefe ab. Sie beträgt bei uns etwa 80 cm. Liegen keine ungünstigen Bedingungen, wie z.B. zu geringer Wasserabfluß, vor, reicht eine Betonmischung von 1:2:4-6 aus Zement, scharfem Sand und Kies für eine herkömmliche Mauergründung aus.
Die Ziegelsteine werden mit großer Sorgfalt auf dem Fundament aufgesetzt, um die Mauer horizontal und vertikal in Waage zu halten, und die Mörtelfugen müssen gleichmäßig dick sein.

Mauerwerk im englischen Verband *Diese Mauer ist zwei Steine stark (30–36 cm) im Wechselverband mit Läufern und Bindern gesetzt.*

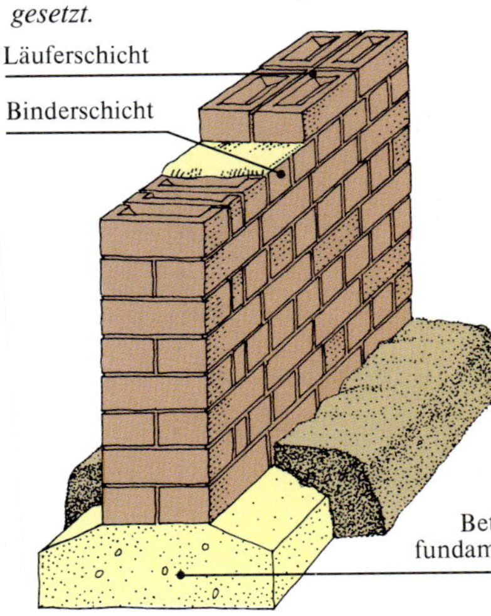

Ziegelsteinverbandarten

Die wichtigsten Ziegelsteinverbandarten sind rechts abgebildet. Sie werden allgemein für Außenwände benutzt, können aber auch als Pflastermuster dienen *(siehe S. 129).* Die Klarheit des Verbands kann durch die Art der Steinsetzung und durch die Farbe des verwendeten Materials gesteigert oder gedämpft werden.

Läuferverband

Flämischer Verband

Englischer Verband

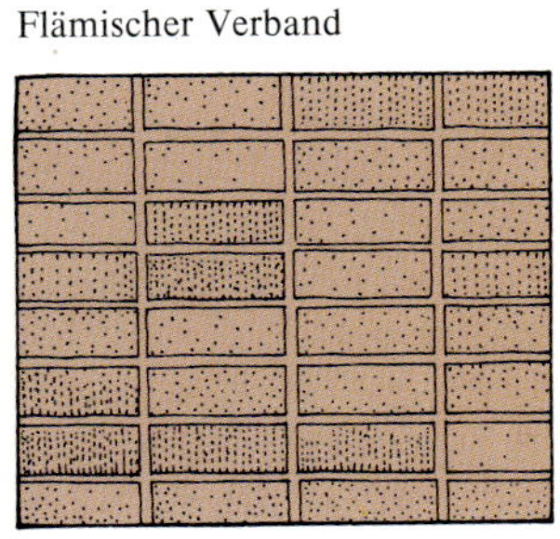

Kreuzfugenverband

Abdeckung

Meist muß eine schützende Abdeckung oder Kappe auf die Mauer gesetzt werden, da die meisten Ziegel nur an der Außenseite wetterfest sind. Unten sind zwei übliche Abdeckungen zu sehen. Links die bekannte Ziegelrollschicht, rechts Abdeckplatten mit Überstand, der ihrer Dicke entspricht.

Rollschicht, Eckenausbildung

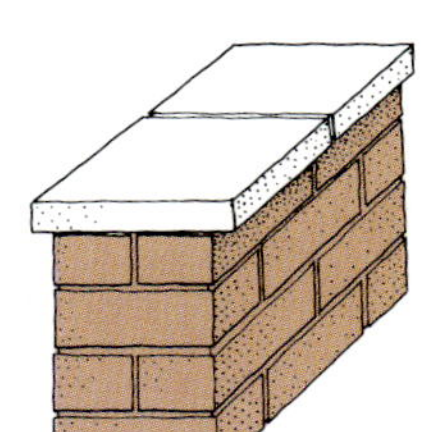

Betonplattenabdeckung

Betonsteine

Es gibt Betonsteine oder Betonformsteine, die wie Natursteine aussehen. Sie sind für Gartenmauern gut geeignet, aber ich persönlich liebe Imitationen nicht. Die meisten Baustoffe sind in ihrer arttypischen Struktur wertvoll, und Beton ist da keine Ausnahme. Glatte Betonblökke sind in bezug auf Stabilität, Wirtschaftlichkeit und schnelle Verarbeitung kaum zu schlagen und in vielen Farben und Oberflächenstrukturen erhältlich. Es gibt eine weit größere Auswahl gestalteter Ansichtsflächen, als das rohe graue Aussehen früher verwendeter Materialien vermuten läßt. Die Farben variieren, um örtlichen Ziegel- oder Naturstein zu imitieren. Es gibt auch Betonsteine, denen die vorgenannten Materialien in zerkleinerter Form beigemischt wurden. Die Steine können in unterschiedlichen Verbänden gesetzt werden, um eine dekorative oder schlichte Wirkung zu erzielen. Betonsteine können nach dem Einbau auch gestrichen werden. Sie sind als schwere Standardware, als Hohlblocksteine oder in Verbindung mit Bims als Leichtbetonsteine in poröser Struktur zu erhalten. Letztere mögen für die Verwendung im Freien nicht sonderlich geeignet sein, aber sie sind ideal beim Bau von Dachgärten, wo Gewicht eine große Rolle spielt *(siehe S. 160)*.

Belebung von Beton durch Farbe *Diese Betonsteinmauer aus Waschbeton wurde als Stützmauer errichtet und ist mit Platten abgedeckt. Die Wand ist gestrichen, um einen etwas farblosen Gartenabschnitt aufzuhellen.*

Konstruktion einer Betonsteinmauer

Betonsteine sind wesentlich größer als Ziegelsteine, daher läßt sich das Mauerwerk viel schneller und billiger errichten. Das große Format der Hohlblocksteine macht Stützen für ein Standardmauerwerk überflüssig, da solche Steine gewöhnlich für Stützmauern verwendet werden *(siehe S. 120)*. Solides Betonmauerwerk erfordert nur die halbe Dicke, muß aber mit Stützpfeilern in gleichen Abständen wie bei Ziegelmauern versehen werden *(siehe S. 107)*. Ein ähnliches Betonfundament ist ebenfalls erforderlich.

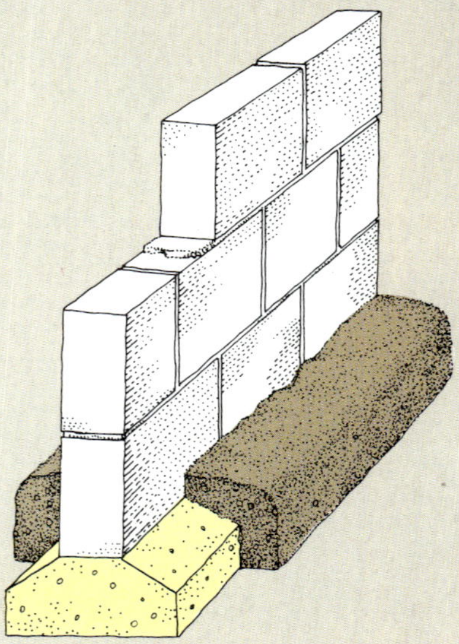

Betonfundament

Abdeckungen *Wie beim Ziegelmauerwerk sollten Betonblocksteine eine Schutzabdeckung erhalten. Vorgefertigte Platten eignen sich dafür recht gut.*

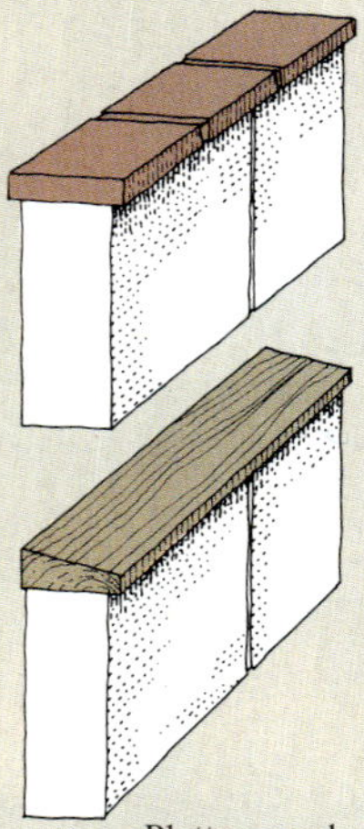

Platten- und Holzabdeckung

Mauerformen

Einige Ideen für solide Einfriedungen zum Schutz des Grundstückes sind unten dargestellt. Einfriedungen sollten in Verbindung mit dem zweidimensionalen Gartenplan konzipiert werden und auf die Form von Haus und Garten eingehen. Bevor man Einfriedungsmauern um das Grundstück errichtet, sollte man sich jedoch bei den zuständigen Bauordnungsämtern erkundigen, ob sie genehmigungspflichtig sind.

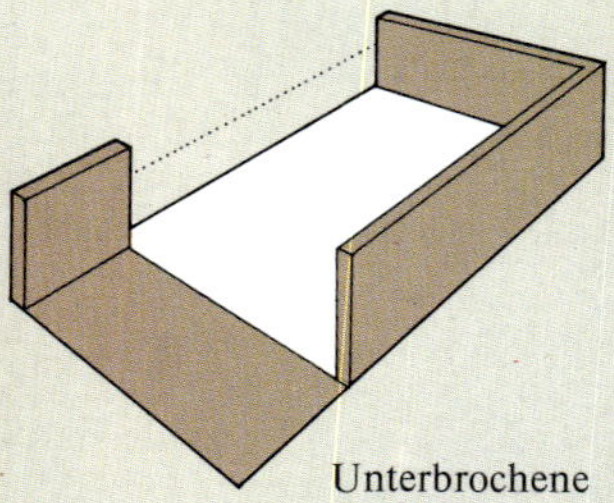

Unterbrochene Einfriedung

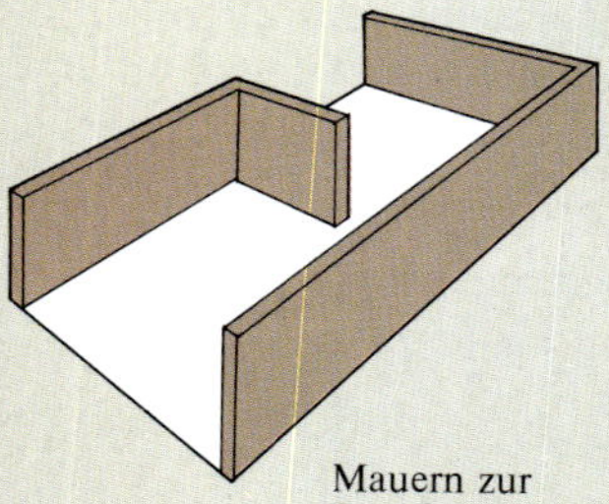

Mauern zur Blickführung

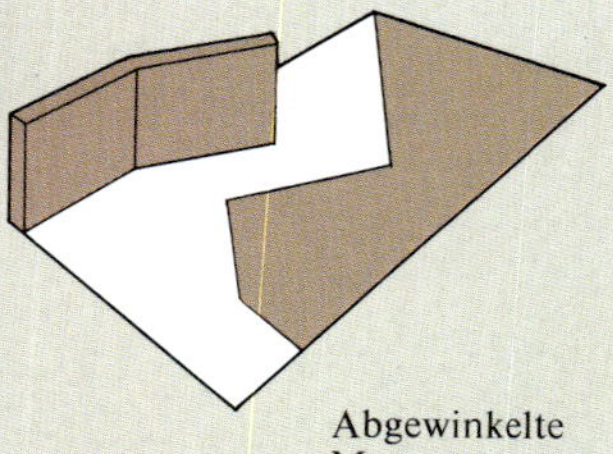

Abgewinkelte Mauern

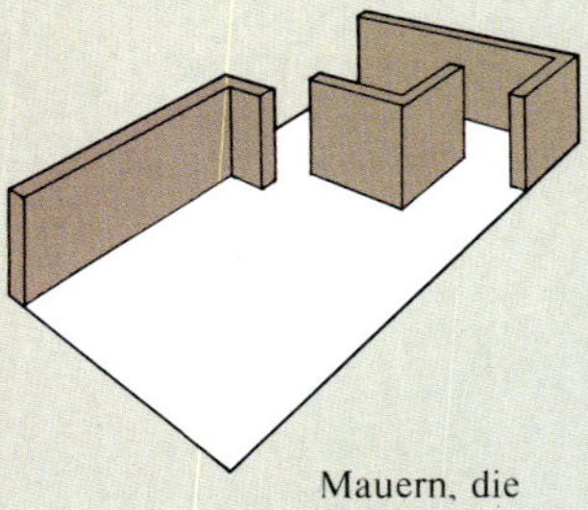

Mauern, die neugierig machen

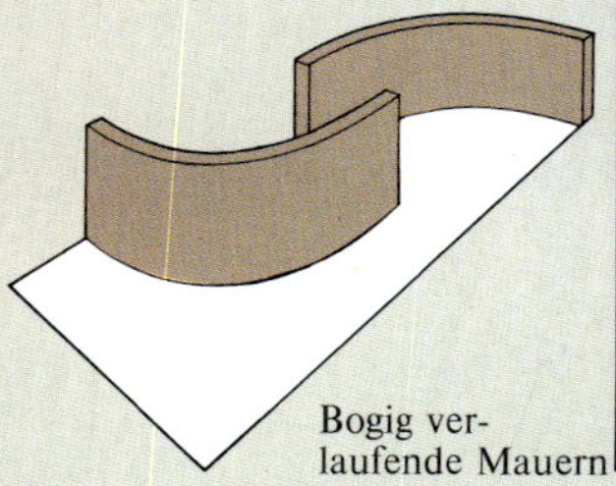

Bogig verlaufende Mauern

Baustoffe für Mauern

Es gibt eine Reihe von Materialien in Ziegel, Naturstein und Beton. Ihre Eignung hängt jedoch von den örtlichen Gegebenheiten ab. Ortsübliche Baustoffe sind meist richtig und meist auch preiswerter. Die Beschaffenheit der einzelnen Baustoffe ist von großer Bedeutung und muß mit den übrigen verwendeten Materialien harmonieren. Man kann auch bewußt Kontraste setzen, indem man glatte Betonschichten mit unbehauenem Naturstein, große Betonblöcke mit kleinformatigen Ziegelsteinen oder unterschiedliche Formate und Ziegeltypen verwendet. Bei letzteren muß man aber auch ihre unterschiedliche Oberflächenbeschaffenheit berücksichtigen.

Ziegelsteine

Abgebildet sind verschieden beschaffene Ziegel. Der Kanalklinker oben ist der härteste und besonders feuchtigkeitsresistent. Darunter sind drei Arten von billigen Mauersteinen abgebildet. Die anderen bezeichnet man als Vormauersteine.

Betonsplittsteine

In verschiedenen Gegenden kommen verschiedene Gesteinsarten vor, die bei der Herstellung von Betonsplittsteinen gebrochen und wie Kieszuschläge verwendet werden. Solche Steine sind leichter zu transportieren und zu verlegen als Naturstein.

Formsteine aus Beton

Formsteine aus Terrakotta

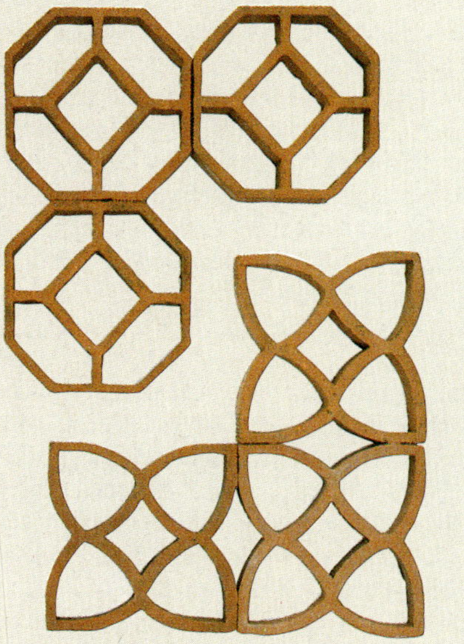

Ornamentsteinmauern

Größe, Oberfläche und Ornamentik von Formsteinen spielen bei der zu errichtenden Mauer eine wesentliche Rolle. Eine durchbrochene Mauer ist im allgemeinen nur in kleinen Bereichen wirkungsvoll, z.B. um ein massives Mauerwerk dekorativ zu durchbrechen. Als größere Abschnitte wirken solche Mauern langweilig. Die feiner strukturierten Terrakottaelemente sind leicht und können auf Dachterrassen als Windschutz verwendet werden, da sie nicht wie feste Einfriedungen Turbulenzen hervorrufen.

Betonsteine

Betonstein ist für die Gartengestaltung häufig bespöttelt worden. Er ist vergleichsweise billig, leicht zu handhaben und ein durchaus ehrenwertes, zeitgemäßes Material. Hohlblöcke oder Hohlblocksteine sind etwa 30 cm breit, Vollsteine sind etwa nur halb so dick.

Naturstein

Wo er hinpaßt, gibt es in punkto Größe und Beschaffenheit für Naturstein keinen Ersatz. Für gewöhnlich läßt er sich gut mit anderen Materialien kombinieren, Lohn- und Transportkosten sowie Schwierigkeiten beim Einbau sprechen allerdings oft gegen die Wahl dieses Materials.

1 Kanalklinker
2–4 einfache Mauersteine
5–10 Vormauersteine
11–14 Betonsplittsteine
15–16 Vorgefertigte Blöcke
17 Hohlblockstein
18 Glatter Betonstein
19 Bossierter Betonstein
20 Sandstein
Granit
22–23 Kalksteine

Einzäunung

Ein Zaun hat die gleiche Aufgabe wie eine Mauer, nur braucht er nicht so massiv oder solide beschaffen zu sein. Wie bei der Mauer hängen Art und Höhe von der Lage ab – ländlich oder städtisch. Größte Aufmerksamkeit sollte man dem Verlauf eines Zauns widmen, der sozusagen auf der Demarkationslinie zwischen zwei Anwesen errichtet wird, damit »Grenzverletzungen« vermieden werden. Es ist üblich, die bessere Seite des Zauns nach außen zu richten und die Pfosten innen zu setzen.

Die gebräuchlichsten Materialien für Zäune sind Holz, Metall oder Beton. Beton wird im allgemeinen nur für Stützen verwendet. Für die Zwischenfelder – ob durchsichtig oder massiv – bieten sich zahllose Kombinationen unterschiedlicher Materialien (zum Teil auch als vorgefertigte Einheiten erhältlich) an. Bestimmte Arten vorfabrizierter, auf Länge geschnittener Latten sind überall erhältlich. Ortsübliche Arten werden an Ort und Stelle angefertigt und sind besonders praktisch bei nichtgenormten Zwischenräumen.

Ein Zaun ist nicht stärker als sein schwächster Teil, deshalb ist es wichtig, schwache Stellen zu vermeiden. Ein gutgebauter Zaun ist nicht nur stabiler, er ist auch dauerhafter. Man muß sowohl die Stützen als auch die Zwischenfelder berücksichtigen, die Art, wie man die Stützen im Boden verankert, und, bei Holzzäunen, wie man sie mit Kappen und Kiesstreifen auch gegen Verwitterung schützen kann.

Die Lebensdauer eines Zaunes hängt vorwiegend von der Art des verwendeten Holzes ab. Die häufigsten europäischen Holzarten hierfür sind Eiche, Lärche, Kiefer, doch auch andere Holzarten können verwendet werden, wie z.B. Douglasie, Esche, Ulme oder Birke. Hierbei ist darauf zu achten, daß die Holzteile im Kesseldruckverfahren imprägniert sind. Das verlängert ihre Lebensdauer um ein Vielfaches.

Die Borke muß vom Holz entfernt werden, um Fäulniserscheinungen zu verhindern, und das geschälte Holz muß mit einem Schutzmittel behandelt oder versiegelt und angestrichen werden. Verwendet man ein Karbolineum, so kann das Holz nicht mehr gestrichen werden. Pflanzen wachsen dann mindestens eine Wachstumsperiode lang nicht an diesem Zaun, da sich Gase entwickeln, die die Vegetation verbrennen. Metallteile, die leicht rosten können, sollten verzinkt oder angestrichen werden. Verzinkte Schrauben oder Messingschrauben halten länger als Nägel.

Bei der Verwendung von Gußbeton zur Befestigung der Stützen gibt es zwei verschiedene Möglichkeiten. Die Pfosten können einzeln gesetzt werden, wobei die genauen Abmessungen zu beachten sind. Sie bleiben stehen, bis der Beton abgebunden ist. Dann werden die einzelnen Felder montiert. Müssen Pfosten und Zwischenfelder in einem Arbeitsgang aufgestellt werden, muß man die Pfosten eine Zeitlang mit Holzstützen absichern, bis der Beton abgebunden ist. Das dauert mindestens zwei Tage.

Ungewöhnliche städtische Einzäunung *Spalierobstbäume sind an einem Lattenspalier entlang der Vorgartenmauer dieses Hauses gepflanzt. Die Wirkung ist klar und stadtgemäß.*

Staketen- oder Lattenzäune

Staketenzäune sind eine durchsichtige, dekorative Spielart der dichten Holzzäune und sowohl für städtische als auch für ländliche Anwesen geeignet. Auch sie sind mit Pfosten und Riegeln gebaut, jedoch erheblich niedriger, und die senkrechten, mit Zwischenräumen versehenen Lattungen haben gerundete oder gespitzte Köpfe. Naturfarbene Zäune fügen sich leichter in die Umgebung ein als weißgestrichene, die besonders auffallen. Die Lattenköpfe kann man nach eigenem Geschmack gestalten. Sechs Vorschläge sind unten dargestellt, von der einfachen Rundung bis zu komplizierteren gesägten Formen.

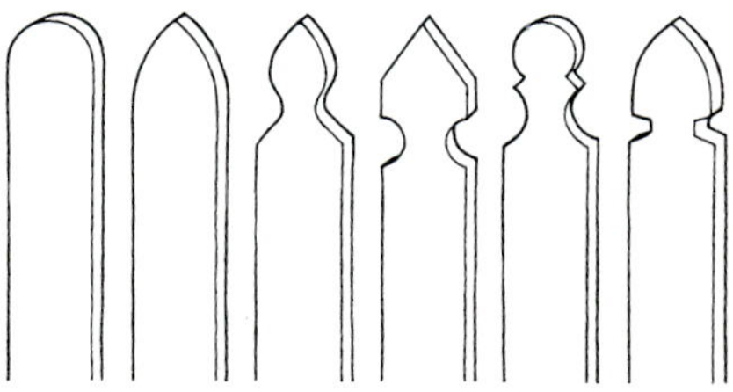

Zaun für eine ländliche Umgebung *(rechts). Ein weißgestrichener Lattenzaun umschließt diesen Landhausgarten, ohne die Bepflanzung ringsum auszuschließen. Er erfordert einen jährlichen Anstrich, wenn er nicht häßlich aussehen soll.*

Pfosten- und Riegelzäune

Pfosten- und Riegelzäune sind die einfachsten Holz- oder Holz/Metallkonstruktionen mit einem, zwei oder drei horizontalen Riegeln zwischen regelmäßig gesetzten Pfosten. Der Pfostenabstand sollte beim ersten Beispiel ungefähr 1,80 m betragen, die beiden anderen Beispiele erlauben einen größeren Abstand, etwa 2,50 m. Die horizontalen Riegel können mit einem zierenden Lattengerüst versehen werden.

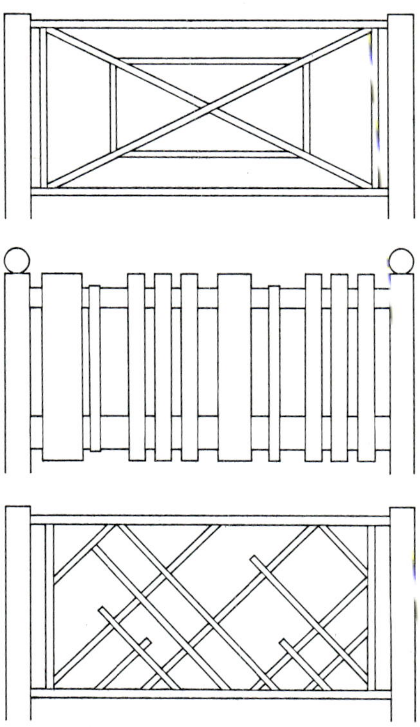

Zaun im Ranchstil

Dieser Zaun besteht aus horizontalen Planken, die in regelmäßigem Abstand (etwa 2,50 m bis 2,75 m) von Stützen gehalten werden. Die Höhe des Zauns sollte zwischen 1,20 m und 1,50 m liegen. Rechts unten ist eine Variante des Ranchzauns dargestellt, bei der die waagrechten Bretter abwechselnd auf Vorder- und Rückseite der Pfosten angeschlagen werden. So entsteht ein Zaun, der auf jeder Seite gut aussieht. Das gleiche erreicht man mit senkrecht genagelten Brettern, die abwechselnd an Vorder- oder Rückseite eines Riegels angeschlagen werden. Ranchzäune werden entweder angestrichen oder mit Holzschutzmitteln eingelassen. Kesseldruckimprägnierung ist auch hier besonders anzuraten.

Grenzzaun *Ein offener Ranchzaun, der von beiden Seiten gleich gut aussieht, ist ein idealer Grenzzaun zwischen zwei Anwesen. Offen oder geschlossen (wie in der Skizze unten) ist dieser Zaun ein ideales Rankgerüst.*

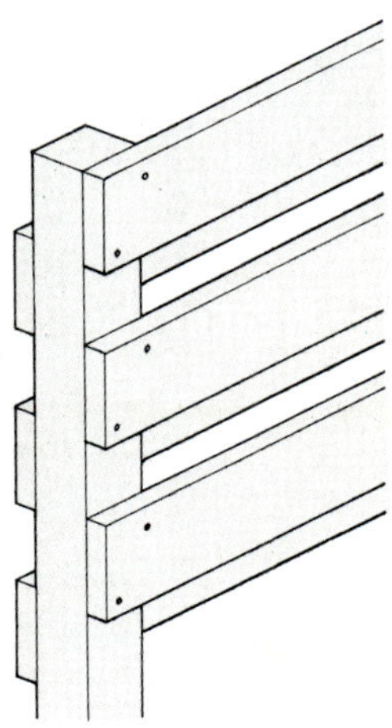

Dichter Bretterzaun

Dieser Zaun gewährt Schutz und Abgeschlossenheit. Man errichtet ihn üblicherweise an Ort und Stelle aus vorfabrizierten Brettern, die man an der Schmalseite überlappt. Wie aus der Skizze ersichtlich, haben die Bretter einen dreieckigen Querschnitt. Die Holz- oder Betonpfosten sollten in einem Abstand von höchstens 2,75 m gesetzt werden. Die Bretter werden an zwei oder drei horizontale Riegel genagelt, die mit den Pfosten verzapft werden. Ein Kiesstreifen zwischen den Pfosten schützt den Zaun an der Unterseite vor Fäulnis. Ein Schutzstreifen über der Oberseite verhindert das Eindringen von Feuchtigkeit in das Hirnholz. Dieser Zauntyp eignet sich für die meisten Standorte.

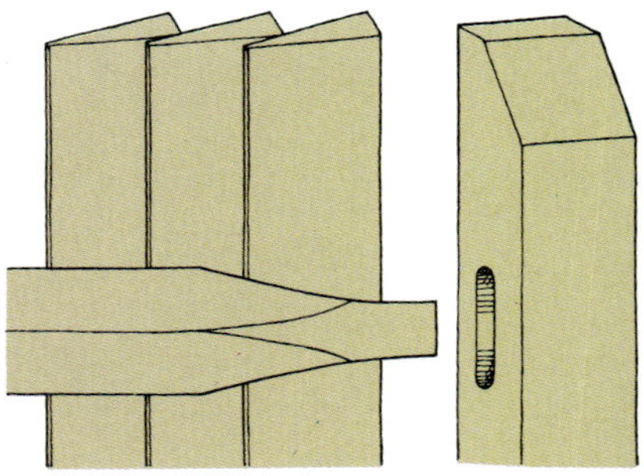

Dichter Zaun aus Dreikanthölzern *Die Latten werden von einer Querverstrebung gehalten, die in ein Zapfenloch im Pfosten gesetzt ist.*

Holzflechtzaun

Es gibt verschiedene vorfabrizierte Holzflechtzäune. Die Lebensdauer dieser Zäune hängt von der Art des verwendeten Holzes ab. Weichhölzer benötigen häufigen Schutzanstrich. Man verwendet zweckmäßigerweise kesseldruckimprägniertes Holz. Bongossiholz ist am besten geeignet. Es benötigt keine Pflege. Stabile Pfosten aus Beton oder Holz und eine Lage von Kies oder Splitt sind auch hier angeraten.

Zaun- und Mauerkombination *Zwischen den Pfeilern einer niedrigen Mauer wurde dieser Flechtzaun aus Zedernholz errichtet.*

Bambus

Bambuszäune geben guten Schutz und sind gleichzeitig sehr gut geeignet als Hintergrund für Bambuspflanzen oder andere Pflanzen mit architektonischem Aufbau. Die Zäune werden geflochten, da sie beim Nageln aufplatzen würden. Sie sind hierzulande wenig bekannt, da das Material schwer erhältlich ist. Beim Errichten von Bambuszäunen ist darauf zu achten, daß die hohlen, aufrechtstehenden Stäbe oder Pfosten verschlossen werden, da sonst Feuchtigkeit eindringen kann. Sie dürfen auch nicht in den Boden gesetzt werden, da sie dort leicht faulen. Auch hier ist eine Lage von Kies oder Splitt angebracht. Auch Bambusmatten, wie sie für Rollos verwendet werden, mit Draht an Pfosten befestigt, gewähren Sichtschutz. Im übrigen ist die Lebensdauer von Bambuszäunen begrenzt.

Japanischer Bambuszaun *aus dem Garten des Katsura-Palastes in Kioto. Die Skizze zeigt, wie die senkrechten und horizontal laufenden Stäbe miteinander verbunden werden.*

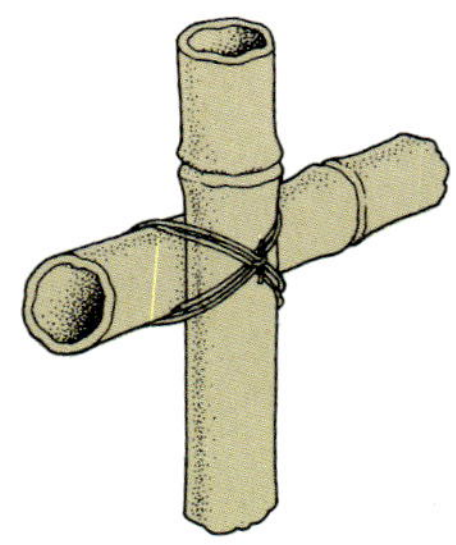

Spalierzaun

Eine bei uns wenig gebräuchliche Zaunart, die reizvolle Gestaltungsmöglichkeiten bietet. Man kann die Spalierlatten senkrecht oder schräg in vorgefertigte Rahmen setzen. Die Felder sollten nicht größer als 1,8 m^2 sein. Weichhölzer rotten leicht und sollten daher nur kesseldruckimprägniert verwendet werden. Hartholzstäbe garantieren eine größere Lebensdauer. Die Holzspaliere sind nur bedingt als Rankgerüst geeignet, da stärker werdende Pflanzen die dünnen Latten leicht brechen können.

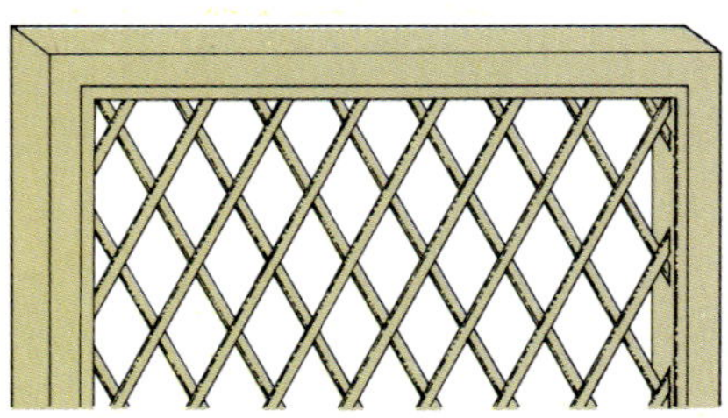

Spalierrahmen *Um die Lebensdauer des Spaliers zu verlängern, sollte es in einen Rahmen eingespannt werden.*

Reiser- und Knüppelzäune

Diese Zäune, die bis zu 1,80 m hoch errichtet werden können, bestehen aus Weiden- oder Haselzweigen, die senkrecht zwischen drei oder mehr Riegel eines Zaunes geflochten werden. Sie sind allerdings nicht von langer Lebensdauer und können nur vorübergehend als Sichtschutz verwendet werden. Eine gute Zwischenlösung, während anderer Sichtschutz in Form von Hecken oder Sträuchern heranwächst.

Plastikzäune

Es gibt verschiedene Arten von Plastikzäunen, die als Sichtschutz verwendet werden können. Sie sind in Form von imitierten Schilfmattengeflechten oder Palisadenzäunen erhältlich. Sie brauchen wenig Pflege, sind leicht zu montieren, aber nicht fest genug für einen üblichen Gartenzaun. Plastikpfosten sind außerdem hohl. Man müßte sie schon mit Beton füllen, um sie besser im Boden zu verankern. Plastik kann man auch mit verschiedenen anderen Materialien verbinden, wie z.B. Holz oder Metall. Verschiedene Arten von Wellplastik und Fiberglasflächen ermöglichen Konstruktionen, wie sie auf nebenstehender Skizze dargestellt sind.

Metallzäune

Es gibt zwei Arten von Metallzäunen, eine, häufig in Städten benutzt, ist der angestrichene Eisenzaun, den man aus Senkrechtstäben anfertigt, die zwischen horizontalen Stäben eingespannt sind. Sie enden häufig mit Spitzen oder Speerspitzen und waren besonders in früheren Zeiten üblich. Die andere Gruppe besteht mehr oder weniger aus Draht, Maschendraht oder Kettengliedern (manchmal plastikummantelt), die man zwischen Beton-, Metall- oder Holzpfosten spannt. Solche Zäune sind rollenweise in gewünschter Länge erhältlich. Man befestigt sie an zwischen die Pfosten gespannten Drähten. Sie sind leicht montierbar und geben einen gewissen Schutz, wenn sie fachgerecht aufgestellt sind. Maschendraht eignet sich gut als Rankgerüst für Schlingpflanzen.

Das Setzen der Zaunpfosten

Pfosten müssen stabil sein, um den Zaun zu halten. Holzpfosten sollten ständig mit Schutzmitteln behandelt werden. Aber trotz aller Schutzmittel faulen sie rasch, wenn sie direkt in den Boden gesetzt werden, selbst dann, wenn sie in Beton gesetzt werden. Dann dauert der Prozeß lediglich etwas länger. Wenn es möglich ist, sollten die Pfosten am Ende in einen Metallschuh gesetzt und erst dann in den Beton eingelassen werden. Man kann den Pfosten auch mit einer Betonspitze versehen, die man in das Fundament einläßt. Wenn man Pfosten direkt in die Erde oder Beton setzen muß, soll man sie so gut wie möglich vor Fäulnis schützen.
Wo der Boden standfest ist, legt man zuerst einen großen Stein in das Pfostenloch, um das Pfostenende zu schützen. Dann verfüllt man lagenweise mit Erde, wobei darauf zu achten ist, daß der Pfosten absolut senkrecht steht, und stampft die Erde ringsherum an. Mit einigen Steinstücken verkeilt man den Pfosten, um ihn leichter senkrecht halten zu können. Bei sandigem Boden mit geringer Festigkeit verfüllt man das Loch mit nassem Beton. Niemals das Pfostenende direkt in Beton setzen, er könnte Wasser enthalten, sondern auch hier einen großen Stein als Untergrund wählen. Dann füllt man etwa 10 cm mit kiesigem Boden, bevor man den Beton um den Pfosten gießt. Als Standardmischung empfehle ich ein Verhältnis von 1:3:5 (Zement zu Sand zu Kies). Beim Einbringen des Betons ist es ebenfalls angebracht, die Pfosten zu verkeilen.
Wo mit starken Frösten zu rechnen ist, kann der Beton aufbrechen und den Boden lokkern und damit die ganze Konstruktion unstabil machen. Hier sollte man das Loch bis etwa 30 cm unter die Gefrierschicht ausheben und mit Kies als Dränage verfüllen. Um zu verhindern, daß die Betonummantelung um den Pfosten bei Frost bricht, wenn der feuchte Pfosten gefriert und sich ausdehnt, setzt man geölte Holzkeile um den Pfahl, bevor man den Beton einfüllt. Nachdem sich der Beton gefestigt hat, entfernt man die Keile und füllt die Zwischenräume mit Teer oder Sand. Beton- oder Metallpfosten setzt man am besten direkt in den Beton.

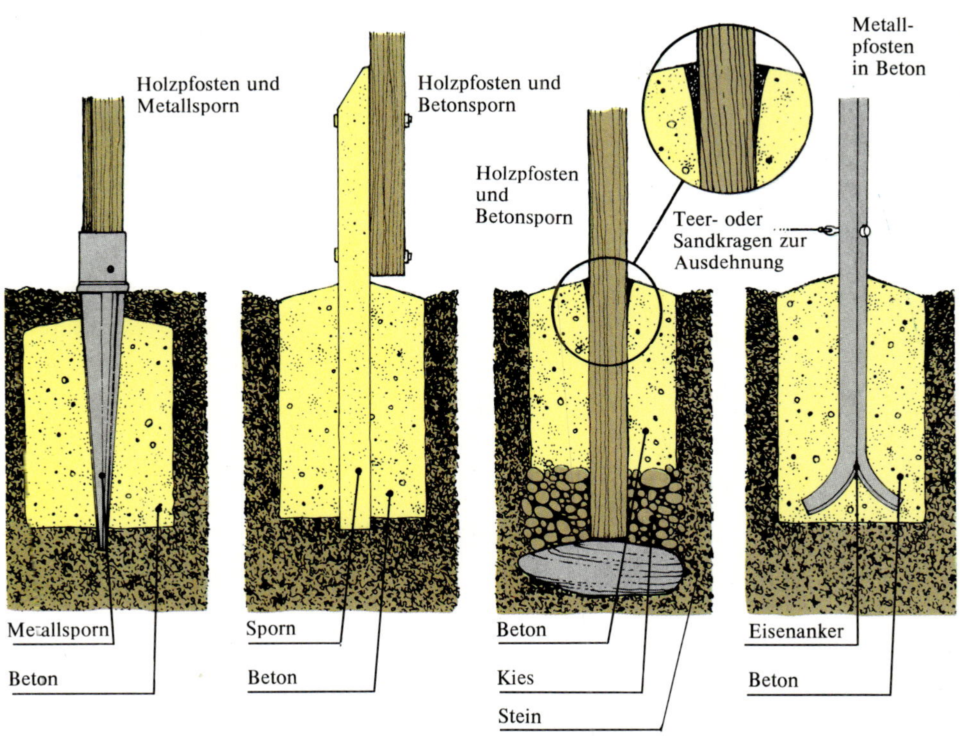

Ungewöhnliches Zaunmaterial

Auch Glasfaser eignet sich zur Errichtung leichter und dauerhafter Zäune und kann gut aussehen, wenn es – wie im unteren Beispiel – in einen Holzrahmen gesetzt wird. Doch auch rostige Eisenteile, Plexiglaselemente oder Bahnschwellen können in Verbindung mit Glasfaser recht wirkungsvoll sein.

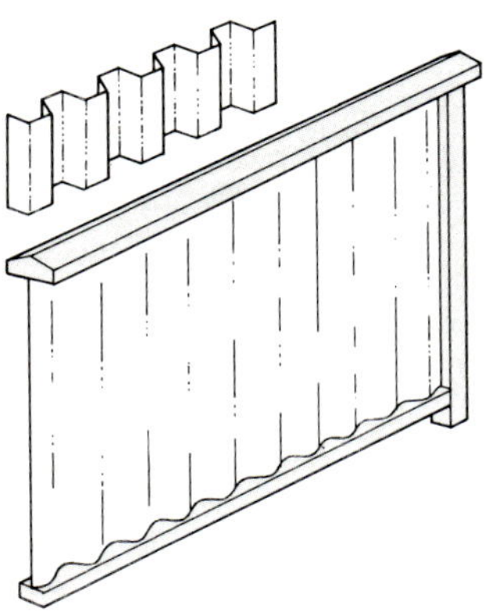

Pfostenkappen

Hartholzpfosten können einfach geformt sein und müssen das Wasser ableiten können. Die Lebensdauer von Weichholzpfosten kann beträchtlich verlängert werden, wenn man sie mit Holz- oder Metallkappen versieht, um das Wasser vom Hirnholz fernzuhalten.

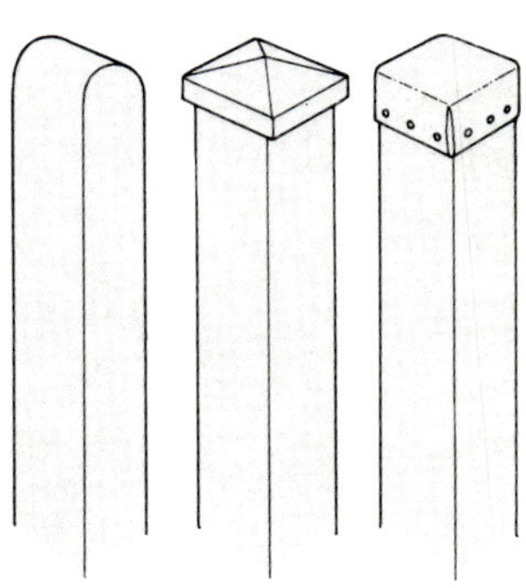

Erdbohrer *Ein sehr zweckmäßiges Gerät für die Fundamentlöcher ist der Erdbohrer. Beim Aushub der Löcher wird ein Minimum an Boden herausgenommen. Man kann ihn kaufen oder leihen.*

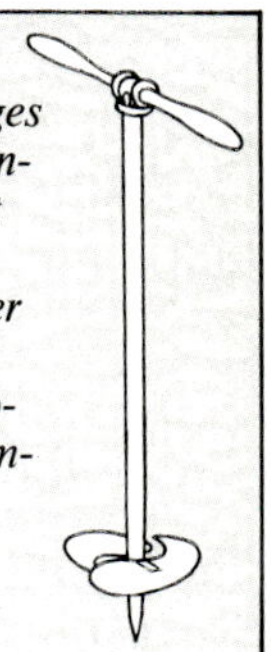

Materialien zur Errichtung von Zäunen

Vorgefertigte Zaunfelder gehören beinahe zum Standardangebot auf dem Markt. Die wichtigsten Formen sind hier abgebildet. Die örtliche Situation und der Zweck, den man mit der Errichtung eines Zaunes verfolgt, bestimmen den Zauntyp. Plastik gilt offensichtlich als vornehm und städtisch, Flechtzäune vermitteln eher einen ländlich-rustikalen Eindruck, und das Angebot zwischen diesen beiden Extremen ist groß. Im allgemeinen ist es falsche Sparsamkeit, einen zu billigen Zaun aus minderwertigem Material anzuschaffen.

Wenn man sich für einen Holzzaun entscheidet, muß man darauf achten, daß er entweder durch Tauchen oder im Kesseldruckverfahren dauerhaft mit Schutzmitteln imprägniert ist. Man versieht die Pfosten mit Schutzkappen und legt einen Kiesstreifen unter den unteren Latten an, die für sich erneuert werden können, denn der untere Bereich der Latten fault stets zuerst weg. Keine dieser Pflegemaßnahmen hat jedoch irgendwelchen Wert, wenn die Stützen des Zaunes nicht aus gesündestem Material bestehen und wenn sie nicht gut im Boden verankert sind.

Plastikzäune

Wenn man sich für einen Plastikzaun entscheidet, ist die Pflege minimal. Er kann recht attraktiv aussehen, aber seine Stabilität ist gering. Das Gewicht daran spielender Kinder vermag er selten zu tragen. Plastikzäune sind zweckmäßig zur Markierung von Grundstücksgrenzen in städtischer Lage, nicht aber für attraktiven Sichtschutz.

Ranchzaun

Pfosten und Kette

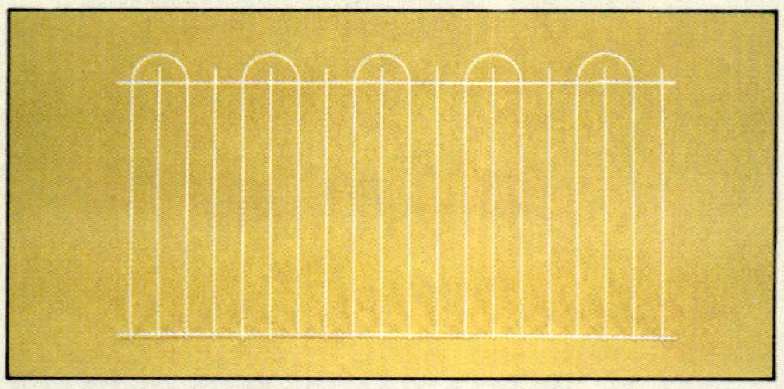

Stabgitterzaun

Holzzäune

Unten sind drei Holzzaunarten abgebildet, von denen es viele Abwandlungen in Größe und Flechtart gibt. Die meisten bestehen aus Weichholzarten. Durch Stülpschalungen aus Lärchenholz kann man nicht hindurchsehen, eher schon durch Flechtholzzäune. Zäune aus Spalierlatten sind ideal als Rankgerüst. Die Kombination von Holz und Kletterpflanzen ermöglicht hübsche, durchsichtige Gitter. Durch Vorpflanzung immergrüner Gehölze kann ihre Wirkung noch gesteigert werden.

Stülpschalung aus Lärchenholz

Flechtzaun

Spalierlatten

Latten- und Flechtreiserzäune

Lattenzäune vermitteln einen städtischen Eindruck, wenn sie gestrichen sind, und stellen gebeizt und imprägniert eine wunderbare Einfriedung dar. Ihre Höhe hängt von der Zweckbestimmung ab. Die Zaunfelder sollten wenigstens 7,5 cm über dem Erdanschluß beginnen, wenn die unteren Enden der Palisaden nicht faulen sollen (dabei hilft eine Kiesschicht unter dem Zaun). Flechtzäune halten nicht lange und gewähren eigentlich nur im Frühjahr Schutz. Ihre Lebensdauer kann bis zu 5 Jahren betragen. Sie sind allerdings als Schutz für Pflanzenaufwuchs oder als Windschutz für junge zarte Pflanzen nicht zu übertreffen.

Lattenzaun

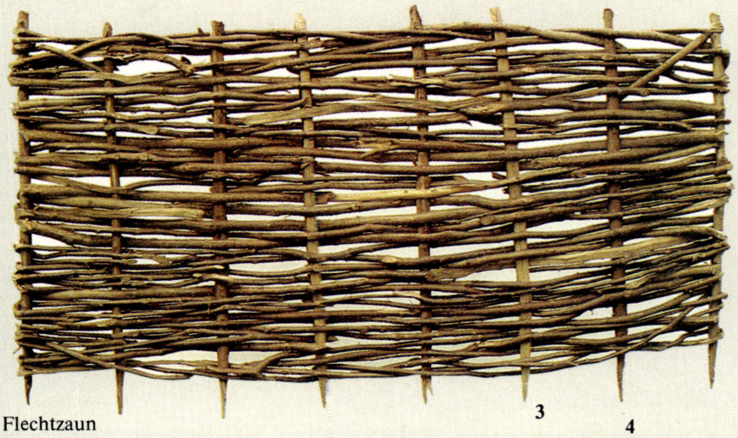

Flechtzaun

Zaunpfosten

Die Stabilität eines Zauns hängt von der Stärke der Pfosten ab, egal wie die Zwischenfelder aussehen. Betonpfosten in Betonfundamenten sind zweifellos die festesten Stützen, und wenn sie gut mit den Zwischenfeldern verbunden werden, sehen sie annehmbar aus. In feuchtem Boden oder wenn Vieh gegen den Zaun schlagen kann, ist Beton sicher zu empfehlen.
Besser sehen jedoch Holzpfosten aus. Sie können besäumt oder in ihrer natürlichen Form belassen werden, müssen allerdings vollständig entrindet werden, da sich sonst Schädlinge einnisten können und Fäulnis begünstigt wird.

1 Betonsporn
2 Metallfuß
3 Pfosten
4 Weichholzpfosten
5 Lärchenholzpfosten

Maschendraht

Maschendrahtzäune benutzt man für größere Grundstückseinfriedungen, wo Holz zu teuer ist oder wo man seinen Besitz markieren möchte, ohne den Blick vom Grundstück aus zu verbauen. Die Pfosten können aus Holz bestehen, doch Beton ist besser, weil er die oberen und unteren Spanndrähte des Maschengeflechtes tragen muß. Maschendrahtzäune aus Drahtgeflecht oder aus kunststoffbeschichtetem Maschendrahtgeflecht (farbig) sind am stärksten. Plastikummantelte Kaninchendrahtzäune sind nicht so stark wie Maschendrahtgeflecht, aber sie sind für viele andere Zwecke im Garten gut geeignet, z.B. als dekorative Felderfüllung oder als Stütze für starkwachsende Schlinger wie Feuerbohnen oder Duftwicken. Plastikbeschichteter Drahtstaketenzaun ist meist nur eine Zwischenlösung und benötigt starke Stützen in engen Abständen.

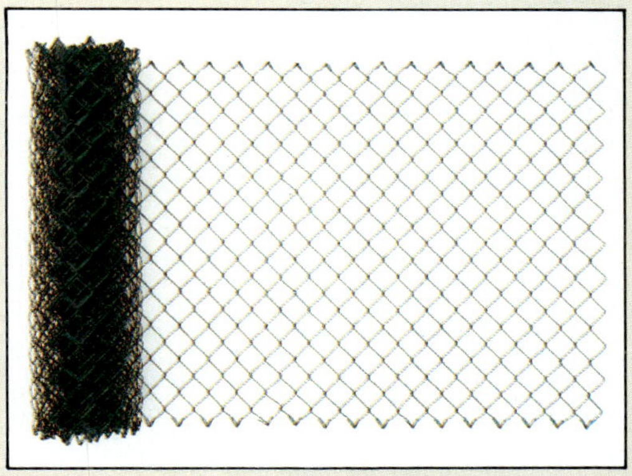

plastikbeschichtetes Maschendrahtgeflecht

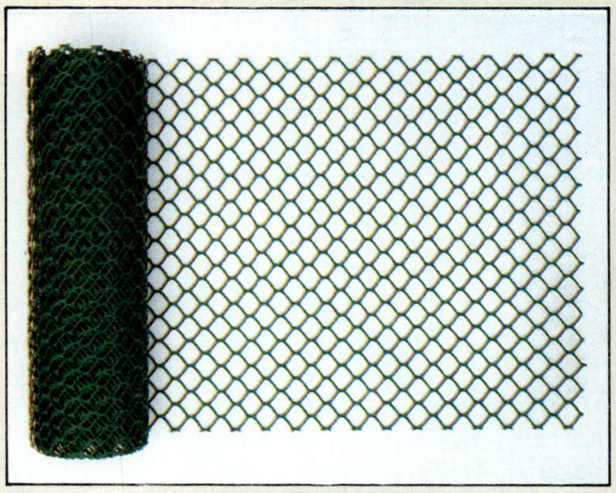

plastikbeschichteter Kaninchendraht

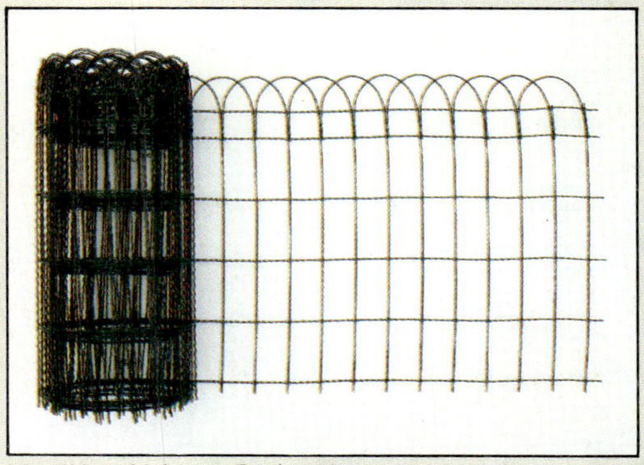

plastikbeschichtetes Drahtstaket

Tore

Warum das gleiche Tor wählen wie der Nachbar? Versuchen Sie doch, ein eigenes Tor zu entwerfen, damit der Eingang zum Garten etwas Besonderes wird, und vermeiden Sie die üblichen billigen, überverzierten Eisentore.

Zuerst muß man sich entscheiden, welchen Zweck das Tor erfüllen soll. Will man die Leute - wenn es ein Tor an einer öffentlichen Straße ist - am Hereinschauen hindern, oder sollten sie einen Blick in den Garten werfen können? Soll es lediglich die Kinder im Garten halten, oder soll es ein Sicherheitstor sein? Soll es dekorativ oder ein reines Zwecktor werden? Diese Fragen müssen beantwortet werden, ehe man über Größe und Art nachdenkt. Dann entscheidet man über den Stil, der zur Einfriedung und zum Haus passen muß, das meist mit dem Tor gesehen wird. Wenn man ein Holztor für einen vorhandenen Holzzaun benötigt, sollte man das Tor anders als den Zaun gestalten, sonst findet man das Tor nicht, wenn es geschlossen ist.

Auch die Mechanik des Gartentores muß gut und mühelos funktionieren. Die Pfeiler zu beiden Seiten müssen stark genug sein, um das Tor zu tragen, und die Verankerungen sollten stark genug sein, um zu verhindern, daß es sich setzt. Man sollte stets drei Ösen statt zwei benutzen und sicherstellen, daß Klinke und Schloß stabil, kindersicher und gut zu sehen sind. Wenn auf dem Tor Name und Hausnummer angebracht sind, sollte man mit einer Feder das Tor ständig geschlossen halten, damit diese Hinweise stets sichtbar sind.

Eingang mit besonderer Note *Ein schön gestaltetes, weiß angestrichenes Holztor, das genau zum Typ des Hauses paßt, zu dem es hinführt.*

Bauweise

Das Gartentor muß fest gefügt sein, denn es wird von unaufmerksamen Besuchern stark beansprucht. Die Zeichnung zeigt die Bauweise eines hölzernen Lattentors, das horizontal und querverstrebt ist, um die senkrechten Latten zu halten. Die Riegel sind in die beiden Rahmenpfosten eingelassen und mit Holzdübeln gesichert, damit die Schrauben nicht rosten.

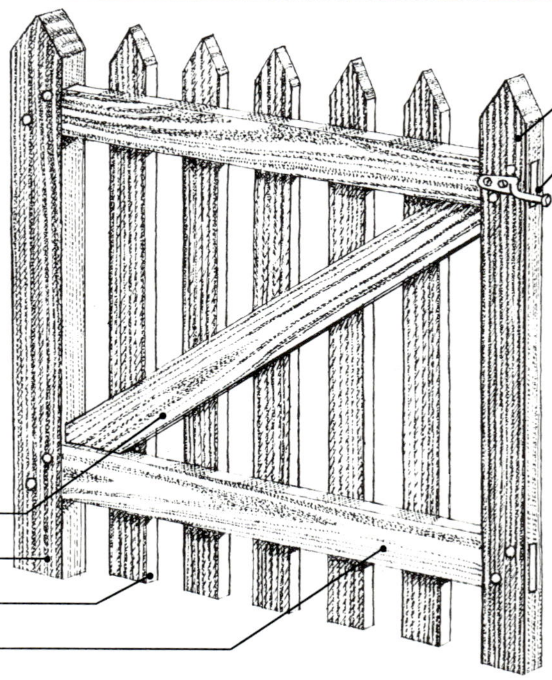

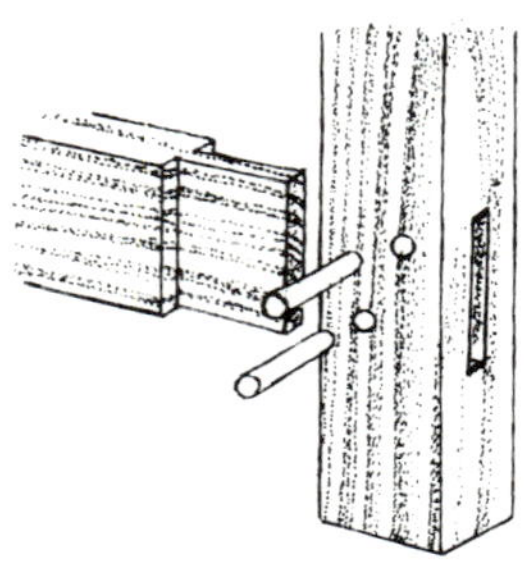

Zapfenloch und Zapfen *(unten). Beide müssen mit großer Sorgfalt ausgeschnitten werden.*

Einfaches Eichentor *(links). Die starken Pfeiler, die das Gewicht des Tores tragen, sind aus Naturstein gefügt. Die rustikalen Beschläge wurden aus stilistischen Gründen gewählt.*

Tore mit Stil *(unten). Dieses schöne, weiß angestrichene Holztor mit einem Spaliereinsatz führt durch eine alte Natursteinmauer. Darunter eine Seite eines Tores, das in Form von Sonnenstrahlen konstruiert und weiß angestrichen wurde. Der senkrechte Torpfosten besteht aus massivem Holz.*

Passende Tore zu verschiedenen Einfriedungen

Unten sind vier Beispiele von Toren abgebildet, die in verschiedene Einfriedungen eingesetzt sind. Das Geheimnis ihres Erfolges liegt in der Proportion zwischen Zaun oder Mauer zum Tor. Das Tor betont oder hebt sich ab von der Einfriedung, die es unterbricht.

Holztor in Ziegelmauerwerk

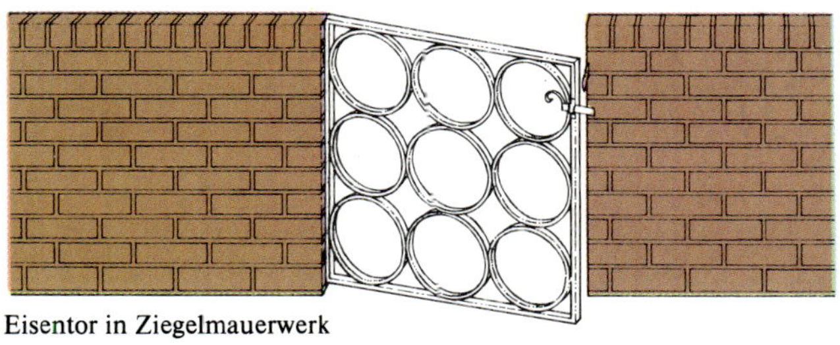

Eisentor in Ziegelmauerwerk

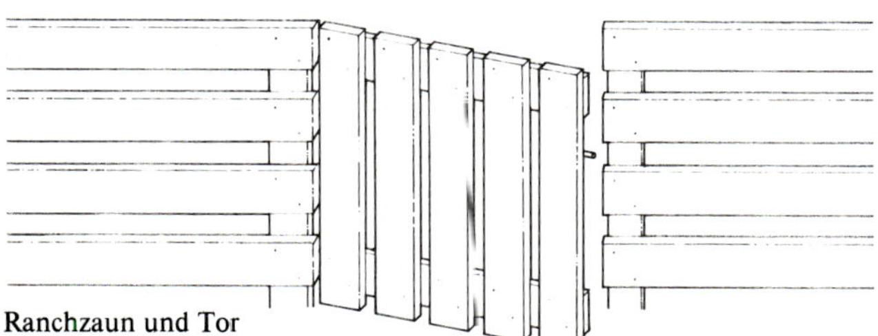

Ranchzaun und Tor

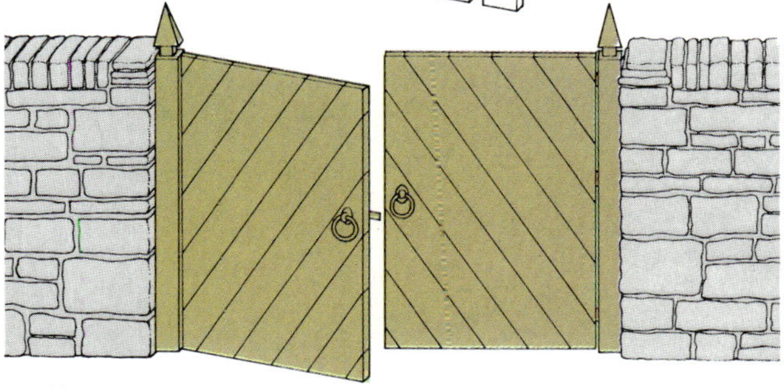

geschlossenes Holztor in Natursteinmauer

Wind- und Sichtschutzmauern im Garten

Auf Seite 106 ist zu sehen, wie eine Einfassung ein Grundstück unterteilen kann, ohne es völlig zu zerstückeln – wie die Kommata in einem Satz. Die Verwendung von Wind- oder Sichtschutzwänden im Garten, egal ob es sich um Mauern, Zäune oder Hecken handelt *(siehe S. 196),* geht in der Gestaltung eines Raums einen Schritt weiter. Wie die Einfriedung sollte sich auch jede Innenaufteilung an Rahmen und Charakter des Gartenplans orientieren, wie es im Kapitel über Gartenplanung beschrieben ist.

Mit einer Wand kann man einen Sitzplatz schützen oder einen Öltank, Wäschetrockenplatz, Komposthaufen oder sogar einen Gemüsegarten verstecken, wenn er nicht in die Gestaltung einbezogen werden kann. Ein solcher Sichtschutz kann weniger dicht sein als eine Einfriedung, da es dabei nicht um Sicherheitsfragen geht, doch sollte er das ganze Jahr hindurch wirksamen Schutz gewähren. Ein Gitterwerk, das mit einer Kletterpflanze berankt ist, bietet keinen wirkungsvollen Winterschutz.

Verschiedene durchbrochene Formteile aus Beton oder Keramik, mit denen man hübsche Schutzwände errichten kann, sind im Handel erhältlich. Je einfacher ihr Muster, um so wirkungsvoller sind sie als Hintergrund für alle Pflanzen, die davor wachsen. Durchbrochene Ziegelmauern erfüllen die gleiche Funktion.

Auch viele Holzzaunarten eignen sich als Füllung für einfache Rahmen, wie rechts zu sehen ist. Schutzwände für bestimmte Zwecke (etwa Schwimmbecken) können durchsichtig und aus ungewöhnlicheren Materialien bestehen. Schweres, teures Material, wie zum Beispiel Glas, erfordert jedoch fachtechnisches Wissen.

Selbstgebaute Schutzwände
Rechts sieht man einige Beispiele von Schutzwänden, die im Garten in Verbindung mit Pflanzen errichtet werden können.

1. Beim oberen Beispiel wird Treibholz in einen Rahmen gesetzt. Auch stärkere Äste sind geeignet, wenn man die Rinde entfernt und ein Holzschutzmittel verwendet.

2. Hier sind einfache Bambusstäbe senkrecht in den Rahmen eingespannt. Das sieht besonders schön aus, wenn zu beiden Seiten Bambusarten gepflanzt werden.

3. Kettenähnliches Material oder kunststoffbeschichteter Maschendraht kann ebenfalls in einen Rahmen gespannt werden. Eine Anpflanzung mit großblättrigen Kletterpflanzen, Feuerbohnen oder Efeu bietet das ganze Jahr hindurch Sichtschutz.

4. Mit einem Seil, das in den Rahmen gespannt und am Ende verknotet wird, erreicht man einen »nautischen« Effekt für die Einfassung eines Schwimmbeckens. Das Seil kann aus Hanf oder farbigem Synthetikmaterial bestehen.

5. Die unten abgebildete Schutzwand leitet den Blick in eine bestimmte Richtung, wobei die gerade Durchsicht verhindert wird.

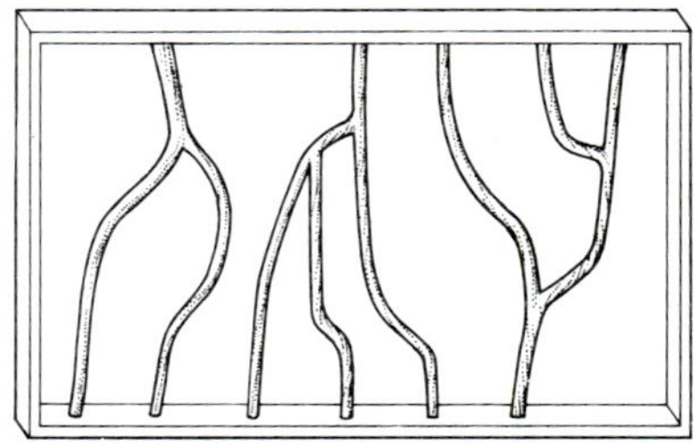
1

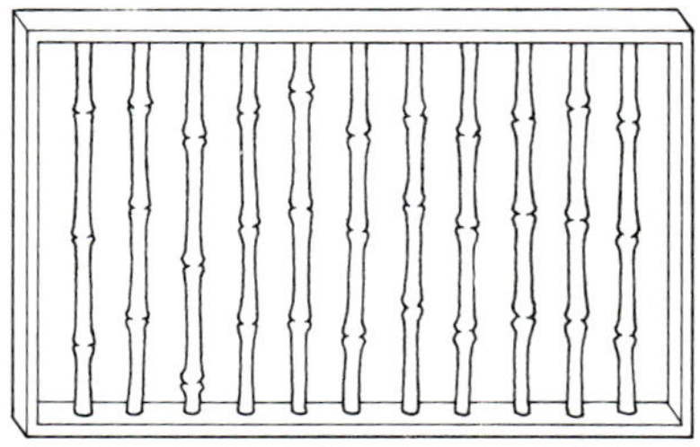
2

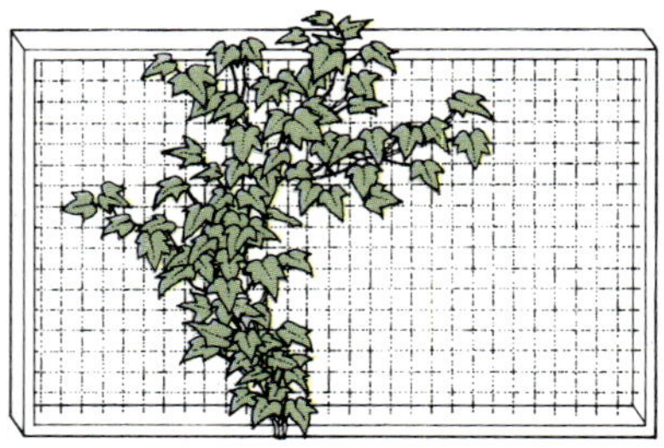
3

5

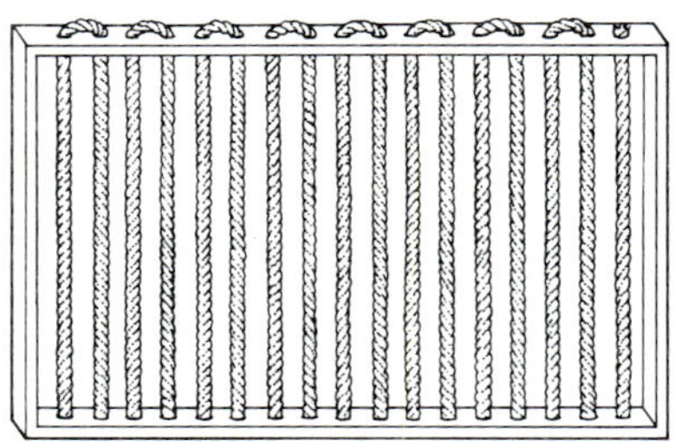
4

Schutzwände aus Hohlblock- oder Formsteinen

Wandformsteine stammen ursprünglich aus dem Mittleren Osten. Sie bieten Sichtschutz und lassen gleichzeitig die Luft zirkulieren. Bei falschem Einsatz bewirken sie das Gegenteil und können sogar Durchzug verursachen! Darum soll man mit Formsteinen sparsam umgehen und sie mit großblättrigen immergrünen Pflanzen verbinden, wie es auf dem rechten Foto zu sehen ist.

versetzt angeordnete Hohlblocksteine

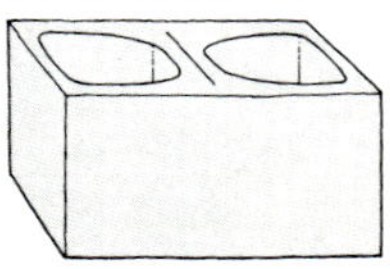

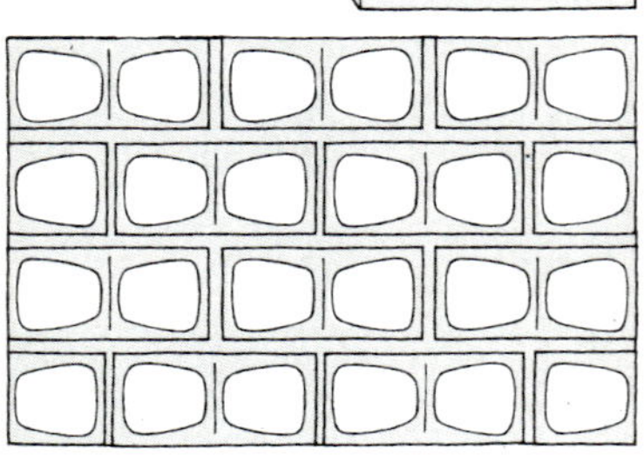

Höhenunterschiede

Man kann leicht seine Idealvorstellungen vom Wohnen aufgeben, wenn das Haus in einem Garten mit großen Höhenunterschieden liegt. Die Probleme eines abschüssigen Geländes kann man in einem Garten, der eine gewisse Größe besitzt, lösen, indem man ihn terrassiert. Terrassen sind das beste Mittel, verschiedene Ebenen aufzubauen. Eine wesentlich wirtschaftlichere Lösung ist jedoch die Anlage von modellierten Erdwällen und Steilböschungen. Das erfordert mehr Platz, ermöglicht aber gefälligere Aufhügelungen, die vielleicht mit felsigen Ausformungen noch gesteigert werden können.

Wie man die Höhenunterschiede auch gestalten mag, muß es immer das Hauptanliegen sein, den Boden bei der Ausbildung der Hügel und Böschungen so festzulegen, daß er bei schwerem Regen nicht heruntergewaschen werden kann. Mit Fertigrasen läßt sich ein Hügel sofort befestigen *(siehe S. 198)*, aber hierbei ist der Neigungswinkel zu beachten, unter dem das Gras noch mit dem Mäher geschnitten werden kann. Die Pflanzung von schönen Bodendeckern *(siehe S. 200)* kann den Boden ebenfalls stabilisieren, aber man muß größere Mengen bestimmter Arten verwenden, um den Fluß der Bodenerhebungen optisch nicht zu unterbrechen.

Eine Neigung von 30° ist mit einem Walzenmäher gerade noch zu bewältigen. Bei 45° ist ein Sichelmäher noch denkbar. Bepflanzt man Böschungen mit solchen Neigungen, sollte man grobmaschige Netze legen, die man dann wieder entfernt, wenn sich die Pflanzen eingewurzelt haben.

Der Zukauf von Boden, um Gartenböschungen anzulegen, kann ein teurer Spaß werden, wenn man daran denkt, daß Sträucher eine Mindesttiefe von 45 cm Mutterboden (Rasen kommt mit 7,5 cm aus) benötigen. Der große Vorteil gut geformter Hügel liegt darin, daß man unerwünschten Abraum oder Aushub von Bauvorhaben oder den Bauaushub eines Teiches darunter verbergen kann und auf diese Weise Dynamik und Bewegung in den Gartenplan bringt.

Jede selbst vorgenommene Verformung des Bodens sollte natürlich aussehen und nicht wie ein aufgekippter Schutthaufen. Nicht vergessen, daß zuerst der Mutterboden beiseite gesetzt wird, bevor man die Bodenplanierung durchführt. Dann trägt man den Mutterboden wieder auf. Ist das Material, das man verstekken will, nicht fest genug, sackt es nach. Überdies muß man daran denken, daß fester Bauschutt ein so hervorragendes Entwässerungssystem abgibt, daß Mutterboden auf einem solchen Hügel austrocknet und schneller als die anderen Bereiche des Gartens aushagert. Regenwasser sammelt sich gern am Fuße eines Hügels, wenn nicht eine entsprechende Dränung eingebaut ist *(siehe S. 103)*.

Gute Bodenmodellierung *Hier wurde mit dem Bauaushub eines Schwimmbeckens ein gut modellierter, sanfter Schutzhügel aufgeschüttet. So konnte das Bodenmaterial zugleich sinnvoll verwendet werden.*

Böschungen und Stufen

Verschiedene Möglichkeiten, Hügel und Böschungen anzulegen und dadurch das Gartengrundstück zu formen, sind in den Skizzen rechts dargestellt. Die Wirkung kann architektonisch **(1)** oder fließend **(2)** sein. Um eine gut durchmodellierte, wenn auch kleine Landschaft zu erhalten, braucht man Platz **(4)**, wenn man nicht die Hälfte der Böschung mit einer Mauer abstützt **(3)**. Um den Boden mit leichter Neigung zu modellieren, kann man auch eine flache Stufe beim Auskoffern/Anfüllen ausbilden **(5)**. Nicht vergessen, daß der Mutterboden zuvor abgetragen und später wieder aufgebracht wird!

1

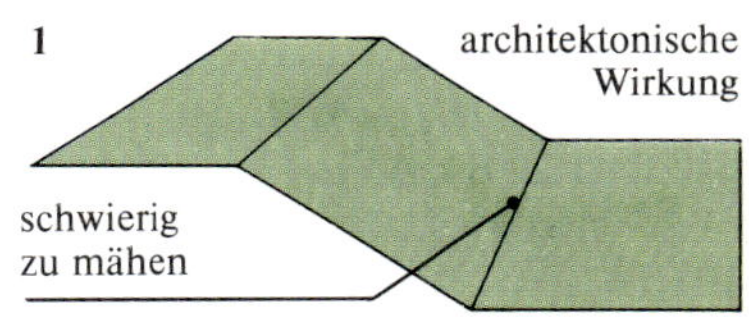

2

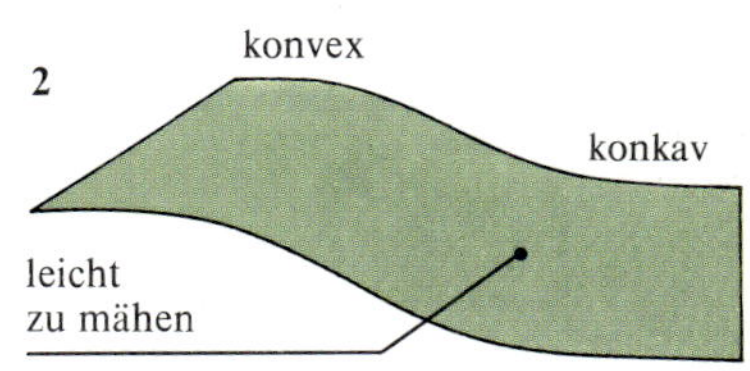

3

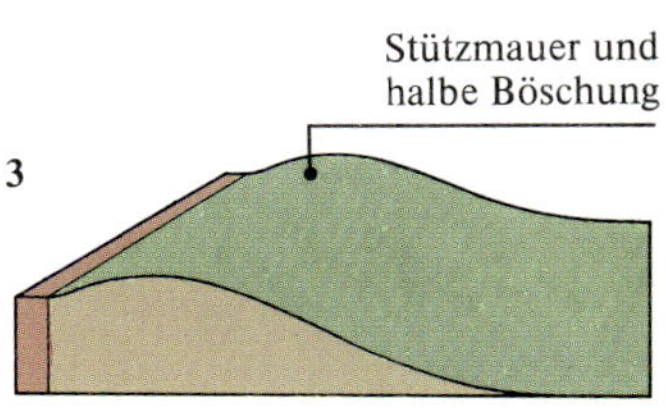

4

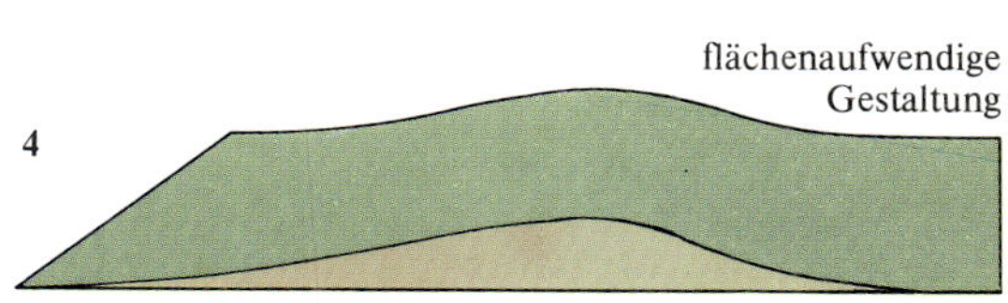

5

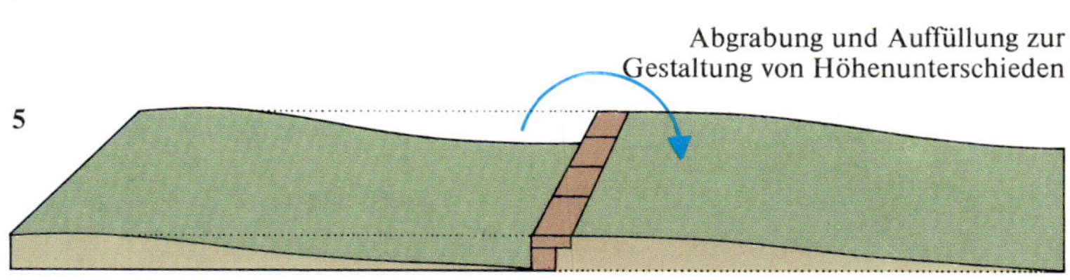

Stützmauern

Die Konstruktion einer Stützmauer, die höher ist als 75 cm, erfordert spezielle Sorgfalt, besonders wenn man damit Boden abstützen muß, der schwer ist und Dränung benötigt. Jede Stützmauer hat das ganze nasse Gewicht des dahinter anstehenden Bodens mit dem Druck seiner natürlichen Wasserführung zu tragen. Wenn die Stützmauer halten soll, muß eine Entwässerung angelegt werden. Stützmauern darf man niemals in Hausnähe errichten. Hier ist der Rat eines Landschaftsarchitekten erforderlich, besonders dann, wenn die Neigung sehr steil ist.

Häufig ist eine Stützmauer überflüssig, wenn man den Hang mit Hilfe von Abgrabungen und Auffüllungen wellenförmig anlegt und die Böschungen mit Rasen oder Pflanzen zur Bodensicherung begrünt. Entscheidet man sich in besonders steiler Lage für eine Stützmauer, kann man ein ähnliches Prinzip anwenden und mehrere niedrigere Mauern hintereinanderschalten.

Die stärkste Stützmauer erhält man durch armierten Beton, der an Ort und Stelle gegossen wird. Diese Arbeit sollte einem Ingenieur überlassen werden. Betonhohlblocksteine, die mit Eisen bewehrt und später mit Beton vergossen werden *(siehe Anhang für das Mischverhältnis)*, ergeben ebenfalls massive Stützmauern. Ziegelsteine besitzen weniger Stützvermögen, da sie kleiner sind. Eine Stützmauer aus Ziegeln sollte daher nicht höher als 1 m sein, wenn man nicht eine Betonstützmauer dahinter errichtet. Naturstein, der auf einer Seite bearbeitet ist oder bruchrauh vermauert wird, läßt sich zu stabilen Mauern verarbeiten, besonders wenn er fest im Boden verankert ist (d.h. in dem Boden eingebunden ist, den er abstützt). Eine Trockenmauer mit verschiedenen Pflanzlöchern kann mitunter einen rustikalen Eindruck hervorrufen, ist aber nicht immer und überall gleich gut geeignet.

Holz kann als Stützmaterial gute Dienste tun, sowohl in Form von Bahnschwellen als auch Palisaden, die senkrecht in den Boden gesetzt werden. Planken kann man horizontal einbauen, aber hierbei müssen die senkrechten Stützpfosten in ein Fundament eingebunden sein. Am besten sind Metallpfosten in Beton als Stützen. Je nach Art kann Holz vergleichsweise schnell verrotten.

Wenn sich kein Wasser hinter der Stützmauer stauen soll, müssen Entwässerungsfugen in regelmäßigen Abständen angebracht werden. Sie können entweder als offene Fugen im Verband oder als Dränrohr, das durch die Mauer gesetzt wird und sich am Fuß zu einem Durchlaß verjüngt, 15 cm über dem Erdanschluß auf der Ansichtsseite der Mauer angelegt werden. Man leitet das Wasser zu diesen Abzugslöchern, indem man den Bereich hinter der Mauer mit grober Asche, Schotter oder dergleichen verfüllt. Ein Kiesdrän am Grunde der Stützmauer kann außerdem sehr wirkungsvoll sein. Die Lebensdauer einer Stützmauer kann man verlängern, wenn man sie mit einer Dränleitung verbindet und die Wand auf der Rückseite mit einem Wasserschutzmittel behandelt.

Stützmauer für eine Gartenböschung *Frei verlegte und sehr schön behauene große Steinquader stützen hier eine Gartenböschung ab. Hinter der Treppe eine effektvolle Gruppierung von Steinblöcken.*

Gestaltung von Stützmauern

Vier Gestaltungsvorschläge für Stützmauern sind unten dargestellt. Das obere Beispiel zeigt Betonblockstufen, die gegen die Böschung nach rückwärts versetzt wurden, und darunter ist ein Beispiel aus Betonformsteinen zu sehen. Die gegossene Betonstützmauer wurde aus statischen Gründen mit einem Fuß versehen. Solche Wände sollten nicht höher als 1 m gebaut werden. Bei höheren Abstützungen ist Rat von einem Spezialisten einzuholen.

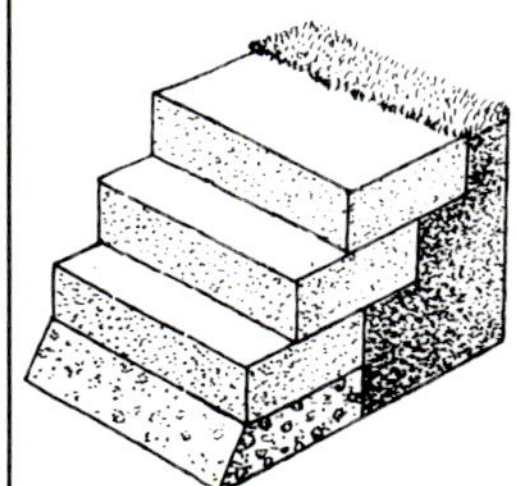

Betonblöcke

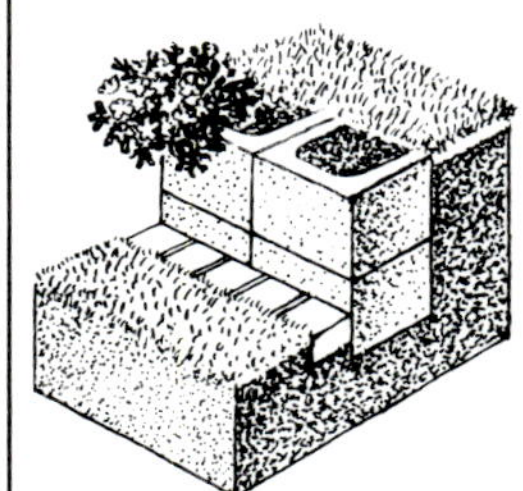

Betonfertigteile

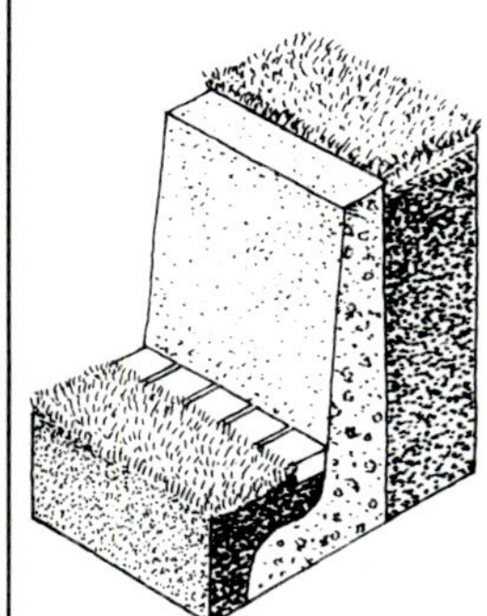

Gußbeton

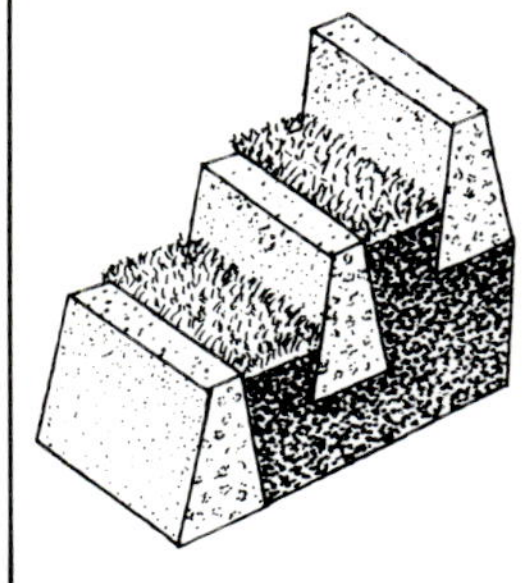

Fertigteile aus Gußbeton

Abgestufte Stützmauern *aus Naturstein und zwischengeschaltete Pflanzbeete stützen diese Rasenfläche ab. Eine freie Treppe verbindet die verschiedenen Ebenen über die Mauer hinweg.*

Konstruktion

Eine Stützmauer muß stark sein, da das Gewicht abzustützender nasser Erde schwer ist. Je höher die Mauer, desto stärker muß sie sein. Je größer im allgemeinen die Einzelelemente der Konstruktion sind, desto stärker ist die Mauer. Stauwasser hinter der Mauer muß durch Entwässerungsschlitze am Fuß abfließen können. Eine Hinterfüllung mit Asche oder Schutt leitet das Wasser zum Entwässerungsbereich und den Abzugslöchern. Ob eine Mauer wasserdicht sein muß oder nicht, hängt von der Örtlichkeit ab, von der Mauerform und davon, ob man Pflanzen in die Mauer setzen will oder nur auf die Mauerkrone. Man kann eine Mauer nicht wasserdicht machen, wenn Aussparungen für Boden und Pflanzen vorgesehen sind. Eine Ziegel- oder Betonmauer hat eine längere Lebensdauer, wenn sie kein Wasser aus dem Boden aufnimmt. Will man das erreichen, muß man eine wasserundurchlässige Folie zwischen Mauer und Erdanschluß einbauen.

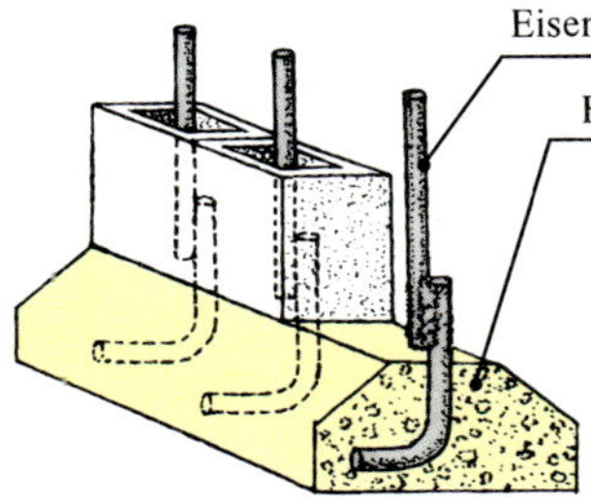

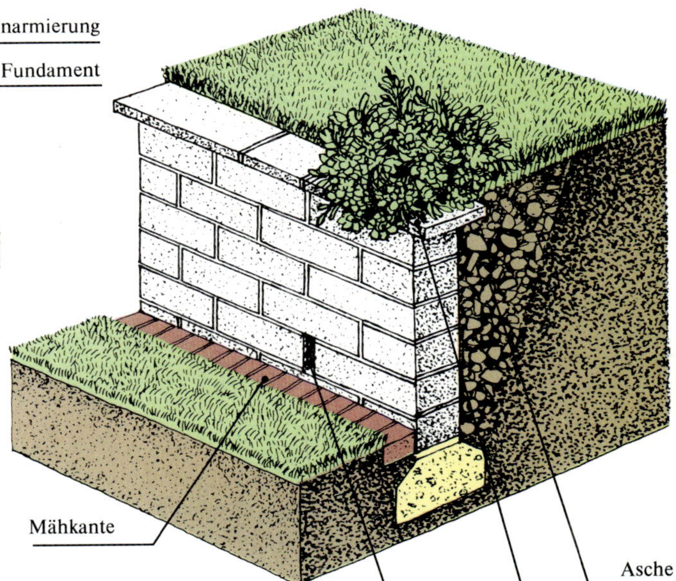

Mauer aus Betonblöcken *Diese Mauer besteht aus massiven Betonblöcken auf einem Betonfundament und einer Abdeckplatte auf der Mauerkrone. Als Wasserdurchlässe dienen senkrechte unverfugte Spalten. Ein Streifen aus Ziegelsteinen oder Beton erleichtert das Mähen. Betonhohlblocksteine verwendet man für stärkere Stützmauern, die mit Eisen armiert werden, wie oben. Die Höhlungen werden mit feuchtem Beton verfüllt, bevor die Abdeckung aufgelegt wird.*

Naturstein *Dieses Bruchsteinmauerwerk wurde aus Stabilitätsgründen mit Neigung (Dossierung) gegen den abzustützenden Hang gebaut. Gut gesetzt kann man es als Trockenmauerwerk gestalten. Der zwischen den Steinen eingebrachte Boden dient Moosen und Farnen als willkommener Wurzelgrund.*

Stufen und Rampen

Nur wenige Menschen können Skulpturen für ihren Garten anschaffen, aber eine gut geführte Treppe – nicht unbedingt eine große Freitreppe – kann diesem Mangel mehr als abhelfen. Stufen, die im Rhythmus des Gartens verlaufen, können nicht nur zum wichtigsten Gestaltungselement der Gesamtanlage werden, sondern darüber hinaus eine interessante und nützliche Einrichtung. Sie können auf etwas Besonderes hinweisen, auf einen besonderen Punkt oder einen gediegenen Sitzplatz.

Stufen müssen gefällig, flach und breit sein. Eine zu steile Treppe beschleunigt den Schritt unnötigerweise. Je breiter die Stufen, desto beschwingter und einladender erscheinen sie. Man plant die Stufen als Überbrückung von Höhe A zu Höhe B, aber nicht unbedingt auf kürzester Strecke. Man sollte sie vielmehr als integralen Teil der für die Gesamtgestaltung des Gartens ausgewählten Elemente und Materialien betrachten.

Die verwendeten Materialien bestimmen Form und Größe der Stufen. Außerdem sind die Bodenbeläge, die an den Enden der Treppe anschließen, und das Material, aus dem die Stützmauern gestaltet werden, für die Materialwahl von großer Bedeutung.

Wenn man eine Reihe gleichweiter Stufen in eine Böschung einbaut, ergibt sich oft ein häßlicher Einschnitt, oder es sind Auffüllungen zu beiden Seiten der Treppe erforderlich. Die Modellierung solcher Anschlüsse kann problematisch sein. Sollen sie aus Rasen bestehen, wird das Mähen an den Anschlüssen erschwert. Manchmal ist eine Stützmauer, die die Stufen seitlich einbindet, die sauberste Lösung.

Es ist selten nötig, die Stufen einen Hügel gerade herauf- und hinunterzuführen. Wenn genügend Platz vorhanden ist, können sie nach rechts oder links verlaufen und durch Zwischenpodeste unterbrochen werden. So wird eine grafische Wirkung erzielt. Für einen ähnlich dramatischen Effekt kann man Stufen beispielsweise freitragend in eine starke Stützmauer einbinden.

Es gibt flache Gärten, die dadurch besonders wirken, daß Stufen quer über das gesamte Grundstück führen. Solche Stufen sollen das Plankonzept unterstreichen, einen Geländeausgleich schaffen und den Blick auf die Anlage konzentrieren.

Gärten auf verschiedenen, durch Treppen verbundenen Ebenen, können für Schubkarren und Rasenmäher problematisch werden. Für diese Geräte muß ein eigener Rampenweg angelegt werden, sofern der Bereich groß genug ist. Sonst muß man an der Seite der Treppe Rampen anlegen. Bei schwachen Steigungen kann man sie zwischen zwei oder drei Stufen in mehreren Intervallen anlegen. Egal wie die Lösung aussieht, ein solcher Garten ist in jedem Falle schwierig zu pflegen.

Die Sicherheit steht beim Treppenbau an erster Stelle. Zu schmale Tritte oder solche mit unsicherer Oberfläche sind gleichermaßen gefährlich, während absolut ebene Stufen das Regenwasser zu langsam ableiten, so daß sie im Winter leicht überfrieren können.

Flache Stufen *Diese romantische Stufenfolge schwingt einen flachen Hang unter einer überhängenden Glyzine hinan. Die Stützmauer an der Seite wäre noch schöner, wenn das Auge dem Lauf der Stufen folgen könnte, aber der Gesamteindruck ist einladend und großzügig.*

Gemauerte Stufen *Bei diesem Beispiel wurden Ziegelsteine als Gegentritte zu einer Rasentreppe hochkant gesetzt. Das sieht sehr rustikal aus, ist aber schwer zu pflegen, weil das Mähen schwierig wird, denn das Gras wächst auch unmittelbar vor dem Gegentritt. Die Abdeckung der Stützmauer, die die Treppe seitlich begrenzt, wurde besonders geformt.*

Konstruktion

Die Anlage von Stufen ähnelt der Pflasterung *(S. 126)* und dem Bau von Stützmauern *(S. 121)*, denn jeder Gegentritt oder Antritt ist eine kleine Stützmauer. Man muß jedoch besonders darauf achten, daß die Auftrittsflächen fest in Beton gesetzt werden und das Wasser rasch nach rechts und links ableiten.
Ob die Kanten zwischen Auftritt und Gegentritt rechtwinklig sein sollen (vollkantig), oder ob man die Auftrittplatten überstehen lassen soll, hängt von den persönlichen Vorstellungen ab. Die erstere Lösung ist klar und architektonisch, die zweite bildet an jeder Stufe eine Schattenlinie, die jeden Tritt besonders betont.
Die Höhe der Stufen sollte ungefähr 15 cm und die Auftrittsbreite nicht schmaler als 38 cm sein. Um die erforderliche Stufenzahl zu errechnen, mißt man zunächst den Höhenunterschied des Bereichs *(siehe S. 31)* und teilt ihn dann durch die Höhe der Gegentritte (15 cm). Häufig muß man in eine Böschung einschneiden oder das Gefälle am Kopf oder Fuß einer Treppe angleichen, um sie richtig einzubinden.

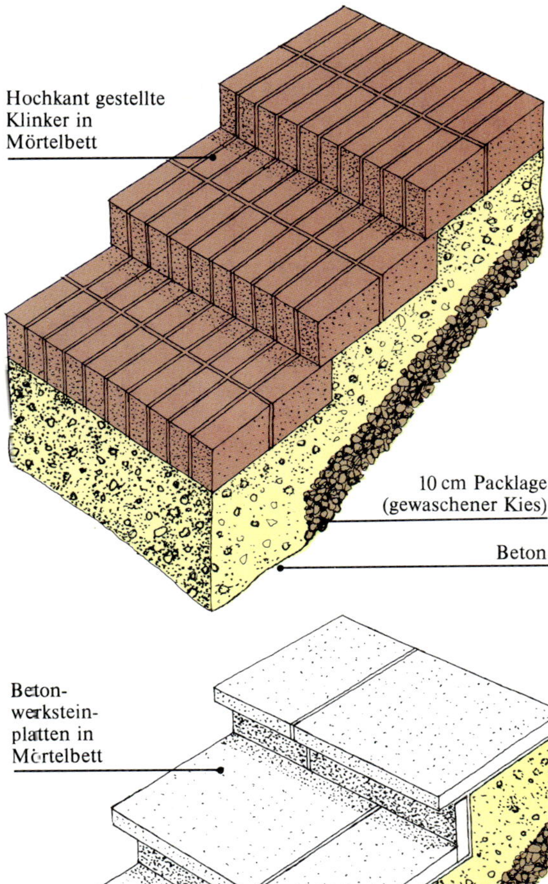

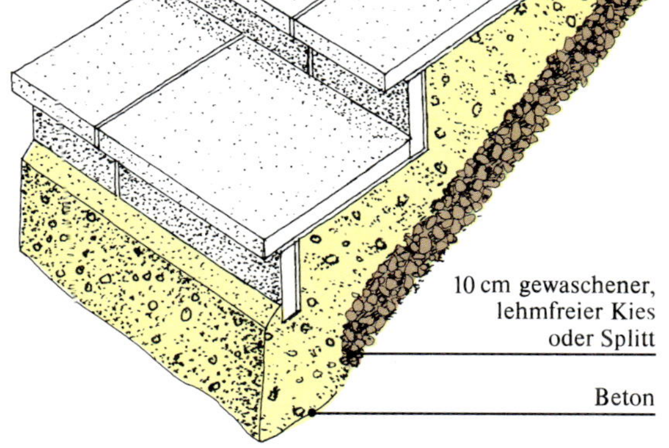

Rampen

Rampen sind einfacher anzulegen als Stufen, dazu billiger und leichter mit Maschinen zu befahren. Die Oberfläche sollte aus rauhem, griffigen Material wie Waschbeton oder Kies bestehen. Bei abgestuften Rampen, wie unten abgebildet, sollte das Steigungsverhältnis nicht steiler als 1 : 12 sein, die Stufen nicht höher als 115 mm. Für den Zugang zu einer Garage oder auf Flächen, die eine schönere Oberfläche benötigen, verwendet man Pflasterklinker oder Pflaster, das sehr griffig und rutschfest ist.

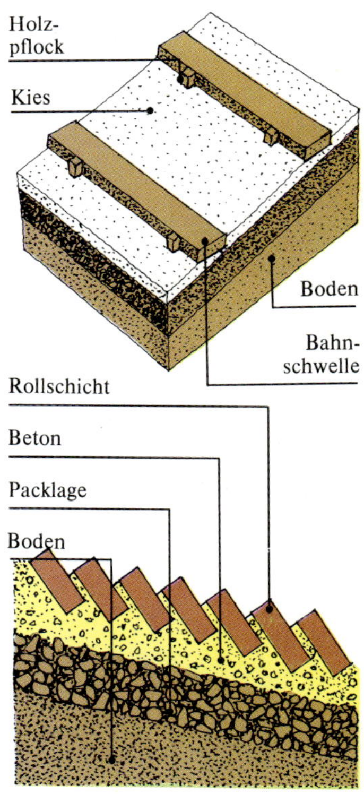

Verwendung unterschiedlicher Materialien

Die meisten Materialien für die Wegebefestigung lassen sich auch für den Bau von Stufen verwenden. Es ist zweckmäßig, Wegeanschlüsse an Kopf- und Fußenden von Treppen aus gleichem Material zu bauen. Architekten haben besondere Richtlinien für Stufenhöhe und Auftrittsbreite, aber im Garten gilt die Regel: Je angenehmer die Reihung guter breiter Stufen ist, desto einladender ist die Treppe. Man soll allerdings stets materialgerecht vorgehen. So lassen sich zum Beispiel aus Stammabschnitten attraktive »Trittsteine« herstellen.

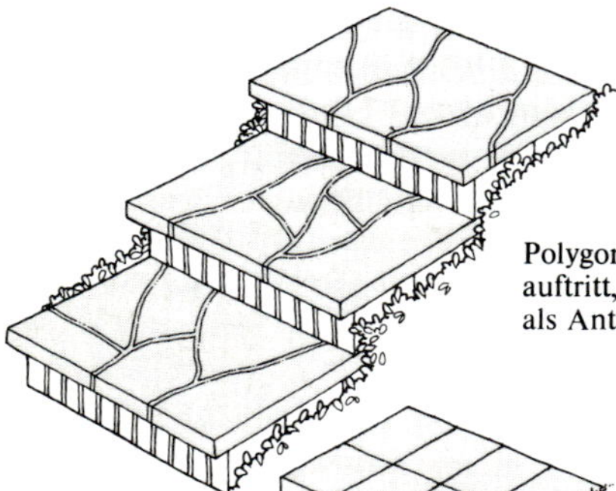

Polygonplattenauftritt, Ziegel als Antritt

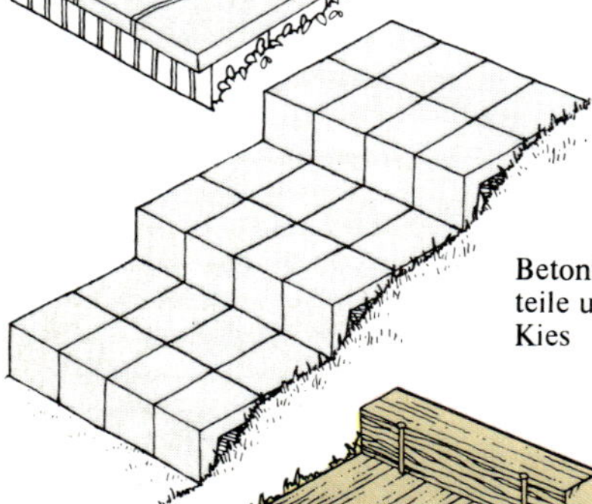

Betonfertigteile und Kies

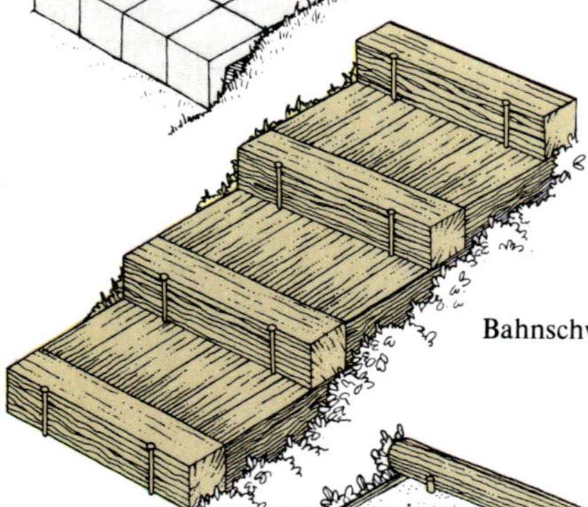

Bahnschwellen

Rundhölzer und Kies

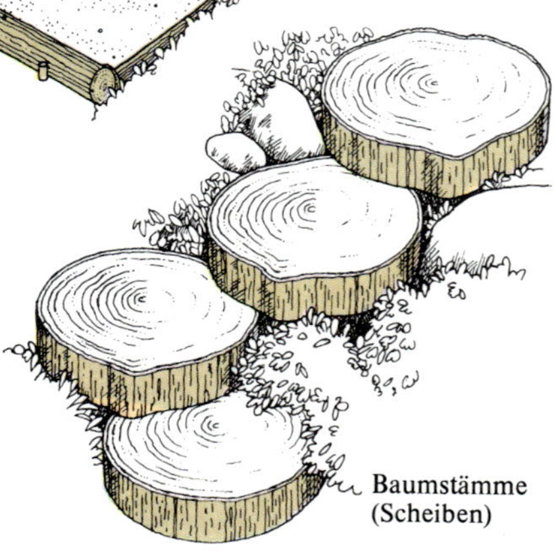

Baumstämme (Scheiben)

Polygonplatten *Eine freie Stufenanlage aus Polygonplatten eignet sich für Felspartien oder wilde Böschungen, wo sie sehr natürlich wirkt. In einer formalen Umgebung wäre sie jedoch völlig fehl am Platze.*

Auskragende Treppen

Wenn Platz begrenzt ist, können Stufen in einer Ecke aufgebaut werden, wie rechts gezeigt. Das Material besteht aus imprägniertem Weichholz, das in der Mauer befestigt ist. Man kann Stufen auch in eine Wand einlassen, wie es die Skizze unten zeigt.

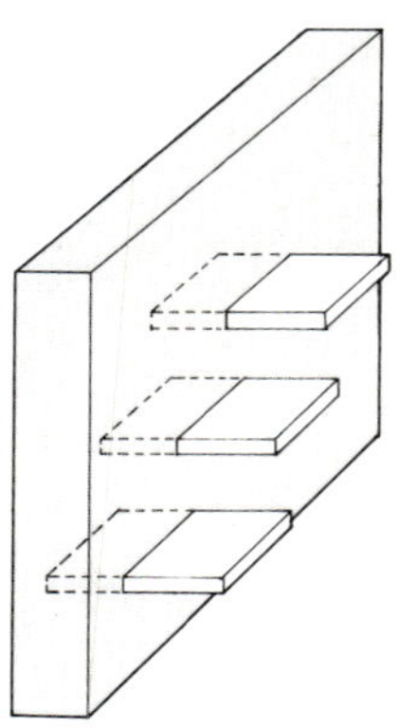

Stufengestaltung

Im allgemeinen führt man Treppen möglichst in gerader Richtung herauf und herunter. Mit etwas Phantasie kann jedoch die Richtung einer Treppe verändert werden, so daß sie sich zwangloser und quasi als Gestaltungselement in den Garten einfügt. Bei entsprechendem Gartenplan kann man nämlich Podeste in die Treppe einbauen, die den Treppenlauf um 90° verschwenken oder sogar um 180°, wenn genügend Platz für zwei Podeste vorhanden ist.

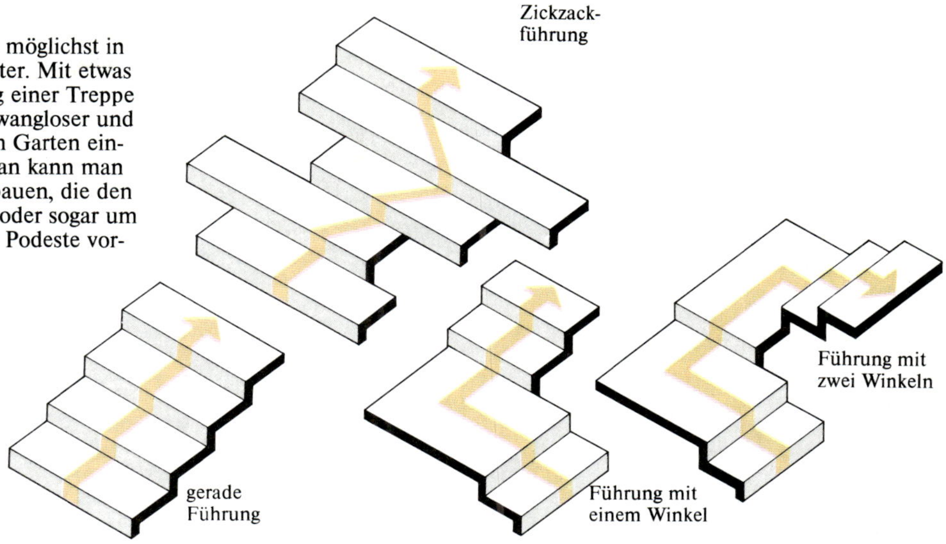

Pflanzen für Stufenanlagen

Die Pflanzen, die man zur Einrahmung oder zum Bewuchs einer Treppe auswählt, sollten die Treppe zwanglos in den Garten einbinden. Eine bewachsene Treppe kann eine wundervolle Wirkung ausüben. Will man den Eindruck erwecken, daß es sich um natürliches Wachstum handelt, kann man Pflanztaschen an den Seiten der Treppe freilassen oder Fugen in der Treppe für die Bepflanzung vorsehen. Zur Bepflanzung eignen sich Arten, die nicht zu stark wuchern und trotzdem robust sind. Kräuter sind ideal, denn sie duften, wenn man darüberstreift. Man sollte es einmal mit Kamille, Pfefferminze oder verschiedenfarbenen, niedrigbleibenden Thymianarten versuchen.
Mit der Bepflanzung der Randbereiche kann man den Charakter einer Treppe völlig verändern. Eine gerade Flucht kann geschwungen erscheinen oder so aussehen, als ob sie im Zickzack verläuft, wenn man die Pflanzen an den Seiten entsprechend anordnet und darüberwachsen läßt. Harte Linienführungen einer Treppe können gemildert und rein funktionelle Anlagen mit einer strengen architektonischen Pflanzung noch betont oder gesteigert werden.

Weiche Übergänge durch Bepflanzung *(oben). Walderdbeeren bedecken die Gegentritte dieser Steinstufen und liefern außerdem eßbare Früchte. Die Bepflanzung zu beiden Seiten bindet die Stufen weich in die Umgebung ein.*

Üppige Bepflanzung *(links). Die geschwungene Linie dieser geraden Treppenführung wird durch die beiderseitige Staudenpflanzung erzielt. Dies ist ein Beispiel für eine ausgezeichnete Pflanzenanordnung, die eine zweckmäßige Anlage verschönert und überspielt.*

Bodengestaltung

Wenn man den Garten mit all seinen Mauern umrissen, die Höhenunterschiede und Stufen festgelegt oder gebaut hat, muß man die einzelnen Bereiche des Gartenschemas mit Pflanzen, Rasen, Wasser oder irgendeinem festen Bodenbelag ausfüllen. Jeder der auf den nächsten Seiten beschriebenen festen Bodenbeläge soll das Begehen des Gartens erleichtern und ein Verbindungsglied zwischen Gebautem und Gepflanztem bilden.

Plattenbelag

In den nordeuropäischen Gärten sind Platten das beliebteste Befestigungsmaterial. Die zu verwendende Plattenart hängt vom Charakter des Anwesens und den Baustoffen ab, die im Garten und am Haus verwendet werden. Natürlich spielt auch der Preis eine große Rolle.

Man entscheidet sich meist gefühlsmäßig für den Bodenbelag. Wenn es ein Belag für einen Bereich im Freien sein soll, z. B. eine Terrasse in der Nähe des Hauses oder an sonniger Stelle irgendwo im Garten, kann er ein besonderer Blickfang der Anlage werden und erfordert deshalb durchdachte Gliederung. Wenn es aber nur ein fester Bodenbelag zur Verbindung von Punkt A mit Punkt B sein soll, spielt der Zierwert nur eine untergeordnete Rolle. Ich ziehe einfache Verlegemuster vor, die für die später daraufgestellten Gegenstände nur den Hintergrund abgeben oder die von einer Pflanzung eingefaßt werden. Plattenbeläge in Hausnähe sollen zudem das Haus, das sich darüber erhebt, auch betonen.

Wenn Platten unmittelbar ans Haus grenzen, sollten sie etwa 15 cm oder tiefer unterhalb der Dampfsperre der Mauern verlegt werden. Ist das nicht möglich, so sollte man einen Zwischenraum von 7,5 cm zwischen Pflaster und Hauswand mit Perlkies verfüllen.

Jeder Belag sollte mit leichtem Gefälle von etwa 2,5% (50 mm auf 2 m) vom Hause weg verlegt werden. Bei kleineren Flächen kann in die angrenzende Pflanzung oder in den Rasen entwässert werden, wenn der Boden gut wasserdurchlässig ist. Bei größeren Flächen legt man einen Dränstrang um den Rand des befestigten Bereichs, der in einen Einlauf mündet *(siehe S. 103)*. Ist das nicht möglich, wie zum Beispiel in einem mauerumschlossenen Stadtgarten, führt man das Gefälle der Plattenfläche zu einem Sickerloch, das mit einem Vorfluter verbunden ist, oder schließt an den Abfluß der Dachentwässerung an.

Bei der Anlage befestigter Flächen sollte man nicht zu viele verschiedene Elemente zusammenbringen. Die Randbereiche der Plattenflächen sind möglichst einfach zu gestalten. Man sollte gegebenenfalls ruhig auf das Grundraster des Gartens zurückgreifen *(siehe S. 38)*, um damit maßstäbliche Flächeneinheiten zu errechnen.

Betonplatten

Die meisten befestigten Fußwege erfordern einen Unterbau aus 10 cm Kies oder Splitt (auf Lehm kommt man mit etwas weniger aus). Darüber verlegt man die Platten, wenn sie schwer genug sind, in 5 cm Pflastersand. Bei kleineren Platten, die einen festeren Unterbau benötigen, ist eine Mischung aus Sand und Zement erforderlich. Die Dicke von Betonwerksteinplatten beträgt in der Regel 5 cm, so daß man etwa 20 cm auskoffern muß, wenn man von der Endhöhe des Belages ausgeht und die angrenzenden Flächen bündig liegen sollen. In die Fugen kehrt man Sand oder ein Zement/Sand-Gemisch (je nach gewähltem Unterbau) trocken ein.

Plattenweg *(oben). Betonwerksteinplatten in einfachem Wechselverband.*

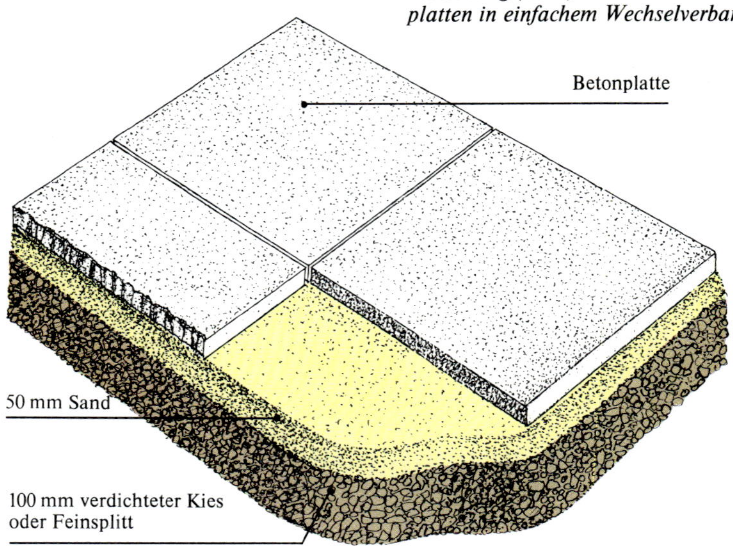

Gußbeton

Örtlich hergestellter Beton kann nur auf gut dränierten Böden, die nicht durch Frost oder Grundwasserstand beeinträchtigt werden, als Befestigungsmaterial verwendet werden. Er ist eines der billigsten Materialien für dauerhafte Flächenbefestigung. Man gießt frisch angemachten Beton an Ort und Stelle in einen selbstgebauten Rahmen, der später entfernt wird, oder man verwendet z. B. Pflaster als Rahmen. Als Schalung genügen Bretter von 25×75 mm aus Weichholz, die im entsprechenden Gefälle auf der Fläche montiert werden. Die Ecken sind gut zu befestigen. Der Unterbau sollte standfest verdichtet werden (75-mm-Kleinschlag oder gemischtkörniger Kies reichen aus). Temperaturunterschiede können einen Ortbetonbelag sprengen, wenn die Flächen im Vergleich zur Dicke zu groß werden. Die beste Einbauhöhe beträgt ca. 10 cm. Man sollte Ortbeton nur auf Flächen vergießen, die kleiner als 4 m² sind. Größere Bereiche werden mit Dehnungsfugen aus Latten abgeteilt. Betonwege werden in 4-m-Abschnitten hergestellt.

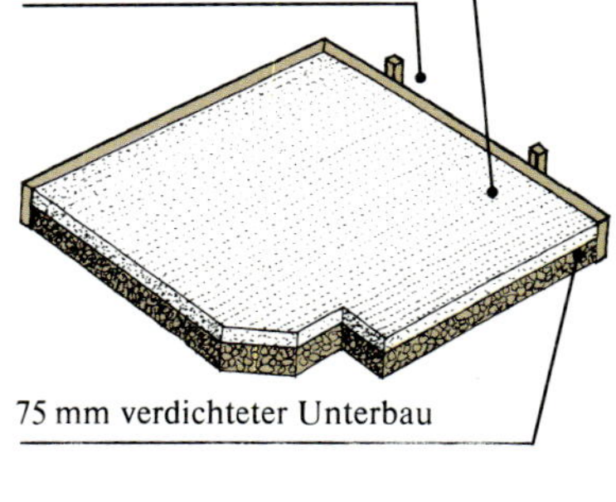

Naturstein

Natursteinplatten sind in gesägter oder bruchrauher Form im Handel. Die Wahl besonderer Platten hängt von verschiedenen Überlegungen ab. Dauerhaftigkeit des Materials, Oberflächenstruktur (rasche Vermoosung, Schlüpfrigkeit bei Nässe) und Frosthärte sind dabei zu berücksichtigen. Die Dicke der Platten schwankt je nach Plattengröße zwischen 50 und 75 mm.
Auf normalem Gartenboden (leichter, sandiger Lehm, feiner Sand, Sand und Kies oder Kies) verlegt man die Platten auf 75 mm Unterbau aus gewaschenem Kies oder ähnlichem körnigen Material in Sand. Sind die Platten groß und schwer genug, können sie direkt auf dem Unterboden auf Sand verlegt werden. Die Pflege wird erleichtert, wenn man unter den Ecken und in der Plattenmitte etwas Mörtel verwendet. Das Diagonalgefälle soll etwa 1:32 betragen. Mit einem Zement/Sand-Gemisch im Verhältnis 1:1 kehrt man die Fugen aus, um sie zu versiegeln.

Bruchrauher Belag

Beim bruchrauhen Belag (Polygonplattenbelag) ist jede Platte unterschiedlich geformt. Hier ist der gleiche Unterbau wie bei Betonplatten erforderlich. Schlecht verlegter Belag wird schnell wackelig und uneben. Gut verlegt sind die einzelnen Platten so zugeschnitten, daß die Fugen nicht breiter als bei regelmäßigem Plattenbelag sind. Die Oberfläche muß eben sein. Der Fugenverschluß wird genau wie bei Betonplatten vorgenommen.

***Verwendung gesägter Natursteinplatten** (oben). Der Belag wurde in einfachen, klar begrenzten Flächen verlegt.*

***Traditioneller Belag** (unten). Dieser traditionelle Natursteinbelag zeigt, wie genau jede Platte verlegt werden muß.*

Verlegemuster

Schwierige Verlegemuster sind nur dann von Bedeutung, wenn sie bestimmte Funktionen erfüllen, d.h. wenn sie Aufmerksamkeit auf einen bestimmten Bereich lenken sollen. Möglichst keine farbigen Platten in das Muster mischen und einfache Muster wählen!

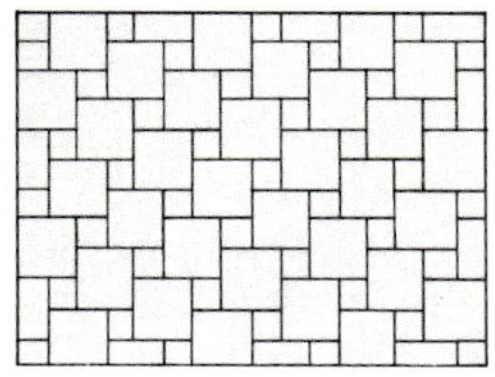

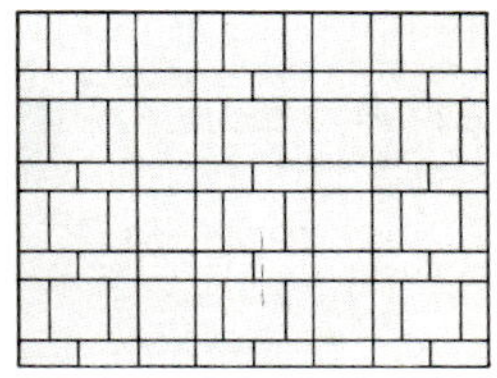

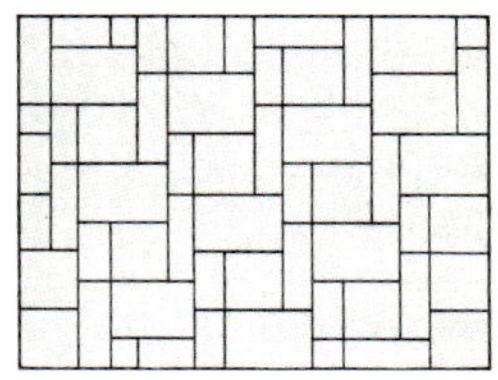

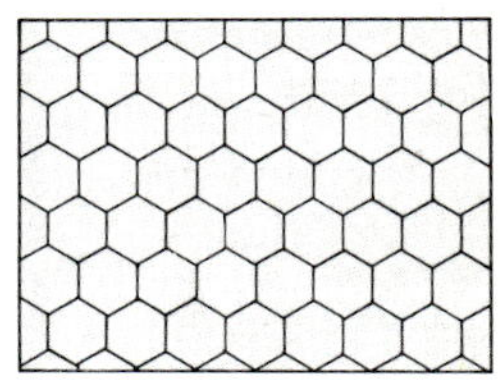

Bodenbelag mit Pflanzen

Die beiden Abbildungen zeigen, daß die Einbindung von Pflanzen in einen Belag sehr reizvoll sein kann. Die Wirkung ist besonders interessant, wenn nur eine Pflanzenart verwendet wird. Das geht übrigens nur bei Belägen mit großen Platten.

Eine Kombination von Platten und Pflanzen schränkt die Nutzung der befestigten Fläche ein. Offene Fugen für Pflanzen müssen sorgfältig eingeplant werden, wenn der Charakter des Bodenbelages gesteigert und nicht zerstört werden soll.

Pflasterung

Pflasterung mit kleineren Elementen einschließlich Klinker- und Betonpflaster ermöglicht kompliziertere Formen und eine stärkere Oberflächengliederung. Allerdings ist Pflaster im allgemeinen teurer als Platten, z.B. Betonwerksteinplatten. Der Preisunterschied liegt nicht immer beim Material, sondern hauptsächlich bei den Lohnkosten für das Verlegen. Wenn man die Kosten dadurch verringern will, daß man am Unterbau spart oder keinen sorgfältigen Fugenverlauf einhält, spart man am verkehrten Ende. Man erhält dann meist einen verunkrauteten, unebenen und wahrscheinlich auch gefährlichen Belag. Gut verlegt und verfugt ist ein kleinstrukturierter Pflasterbelag auf relativ kleinen Flächen sehr eindrucksvoll. Er zieht den Blick an und stellt eine Besonderheit im Garten dar.

Gerader Verlauf *Hier wurden Pflasterklinker geradlinig verlegt, um den Weg architektonisch zu betonen. Die Mauern und Stufen sind aus Betonfertigteilen erstellt. Beete mit großen Kieseln flankieren die Einfassungen.*

Verlegen

Kein Pflaster, egal ob Klinker, Fliese oder irgendeines der vielen erhältlichen Natursteinpflaster, liegt von selbst fest, weil es relativ leicht ist und eine kleine Oberfläche besitzt. Um es stabil zu verlegen, muß jeder Stein in ein 25 cm dickes Mörtelbett auf 75 mm festen Unterbau verlegt werden. Wenn die Fläche gepflastert ist, kehrt man einfach eine Mischung aus Zement und Sand (1:4) zwischen die Fugen. Sie nimmt die Bodenfeuchtigkeit langsam auf und erhärtet allmählich. Wenn das Pflaster schwere Belastungen aushalten muß, sollte es auf Betonunterbau auf gut verdichtetem Untergrund verlegt werden, wie es auf Seite 126 beim Ortbeton beschrieben wurde.

Man kann allerdings auch eine schwächere Mischung im Verhältnis 1:1:6 (Zement/Sand/Kies) wählen und den Unterbau ca. 100 mm dick einbringen. Wenn der Beton abgebunden ist, kann man darauf das Pflaster wie bei der Errichtung einer horizontal verlaufenden Mauer in Mörtel legen. Nach dem Antrocknen wird der Mörtel abgerieben.
Bevor ein Bereich gepflastert wird, kann man die Steine zur Probe lose auslegen. Es gibt kompliziert geformte Steine, die in vorgegebenem Muster verlegt werden müssen. Man findet rasch heraus, ob es verschiedene Variationsmöglichkeiten für das Verlegen gibt. Der Gesamteindruck ändert sich dabei allerdings wenig.

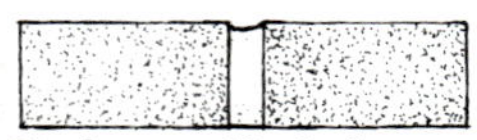

Verfugen *Nach dem Einkehren von trockenem Mörtel zwischen die Pflasterfugen muß man warten, bis er Feuchtigkeit aufgesogen hat und anfängt zu trocknen. Bevor er völlig abbindet, fährt man mit dem abgerundeten Ende eines Stabes über die Fugen, um einen sauberen, konkaven Abschluß zu erhalten.*

Pflasterklinker

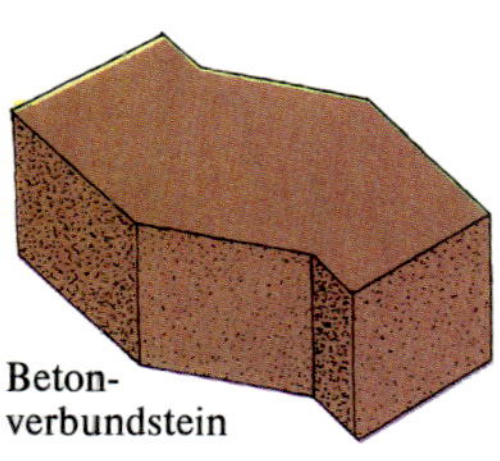

Betonverbundstein

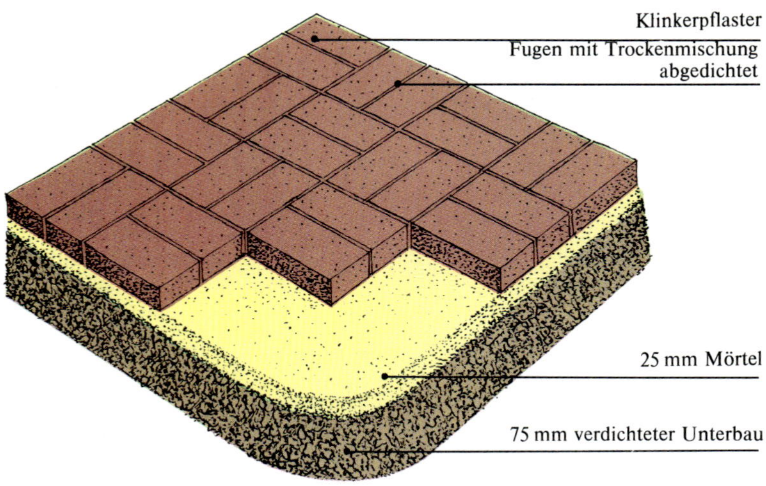

Einfassungen

Im allgemeinen faßt man Klinkerflächen mit einer Rollschicht ein. Diese Schicht kann man auch hochkant stellen, um eine festere Einfassung zu erhalten, aber auch Betonkantensteine oder Betonrückenstützen lassen sich verwenden.

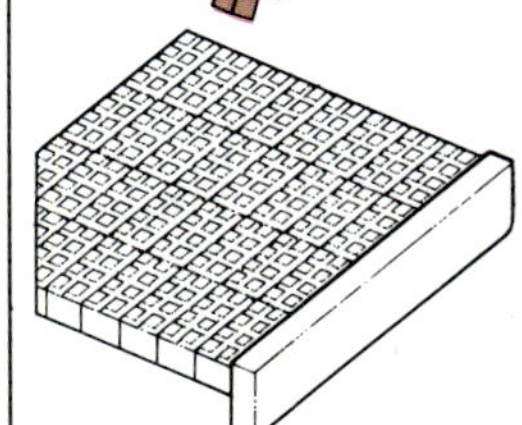

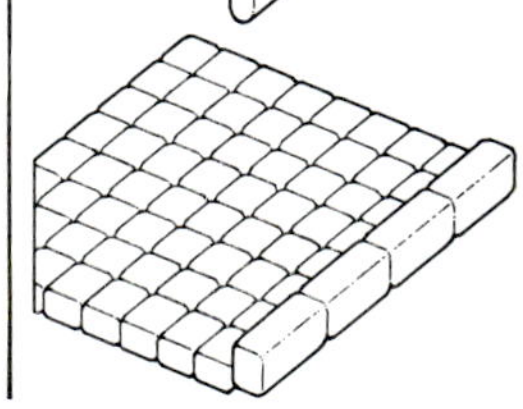

Klinkerpflaster

Die meisten Häuser wurden aus Ziegelsteinen errichtet. Wenn man einen ähnlichen Stein für die Befestigung der Gartenflächen verwendet, ist man auf dem richtigen Wege, Haus und Anwesen miteinander zu verbinden und eine harmonische Einheit zu erzielen.
In der Abhandlung über Einfassungsmauern im Abschnitt über Einfriedungen *(siehe S. 106)* sind verschiedene Verbandarten dargestellt. Die gleichen Formen und Verbände sind auch für den Boden geeignet. Mauersteine für Hochbauten sind jedoch meist nicht als Pflasterbelag geeignet, weil sie früher oder später fleckig werden und durch Frosteinwirkung abbröckeln. Das mag bei alten Häusern sogar wünschenswert sein, für einen akkuraten, dauerhaften Belag sollte man jedoch Pflasterklinker wählen. Sie sind hochgebrannt und dadurch härter als Mauerziegel, und obgleich sie etwas mehr kosten, lassen sie sich leichter verlegen, weil sie dünner, aber breiter und länger sind. Eine Alternative kann die Verwendung von sogenannten Kanalklinkern sein. Sie haben die gleiche Größe wie Mauerziegel, sind aber wesentlich fester.
Vermeiden Sie, große Flächen mit sehr verspielten Mustern zu verlegen. Das Resultat wirkt leicht zu unruhig. Guter Klinkerbelag ist etwas Besonderes, aber allzuviel davon ist schlecht.

Gefaste Kanten *(oben). Diese Terrasse wurde mit Pflasterklinkern mit abgeschrägten Kanten befestigt. Die Fase läßt die einzelnen Steine plastischer erscheinen.*

Abgestufte Terrasse *(links). Diese Terrasse wurde durch eine Rollschicht aus Vormauersteinen abgestuft. Die Terrasse selbst ist mit unterschiedlich breiten Bändern aus Pflasterklinkern belegt, die teils flach, teils hochkant versetzt wurden.*

Verlegemuster für Pflasterklinker

Klinker sind ein vielseitiges Pflastermaterial. Sie können auf verschiedene Weise verlegt werden, als Flachschicht, Rollschicht oder in verschiedenen Mustern. Die Steine lassen sich leicht schlagen. Sie bieten damit einen großen Spielraum für Pflastermuster, von denen fünf unten abgebildet sind. Bei größeren Flächen sollte man in Anbetracht der Farbigkeit und der vielen Steine ein einfacheres Muster wählen. Solche Muster schließen gleichartig ausgerichteten Verlauf und einfache Mauerverbände ein.

Flachverband

Flachverband

Flachverband

Hochkantverband

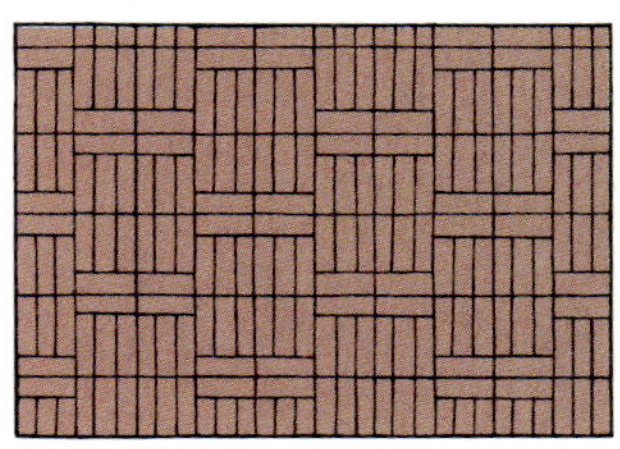

Hochkantverband

Granitpflaster

Natursteinpflaster ist ein hartes, quadratisches Pflastermaterial. Granit ist grau und in den meisten Fällen würfelförmig zugeschlagen. Früher bildete es einen dauerhaften Straßenpflasterbelag, der in Sand verlegt wurde. Bei der Aufnahme alter Straßen kann man zuweilen gebrauchtes Pflaster bei der Straßenbauverwaltung erhalten. Neue Pflastersteine werden meist importiert und sind daher verhältnismäßig teuer. Granit nimmt sich für viele Flächen fremdartig aus. Daher ist es sehr sorgfältig zu verwenden. Es ist in einer Mischung von Zement und Sand im Verhältnis von 1:5 in einer Dicke von 50 mm knirschfugig zu pflastern. Der Unterbau sollte aus 100 mm verdichtetem Kies oder Splitt bestehen. Mit der obigen Mischung werden auch die Fugen eingekehrt, bevor man die Oberfläche leicht berieselt und den Mörtel härten läßt.

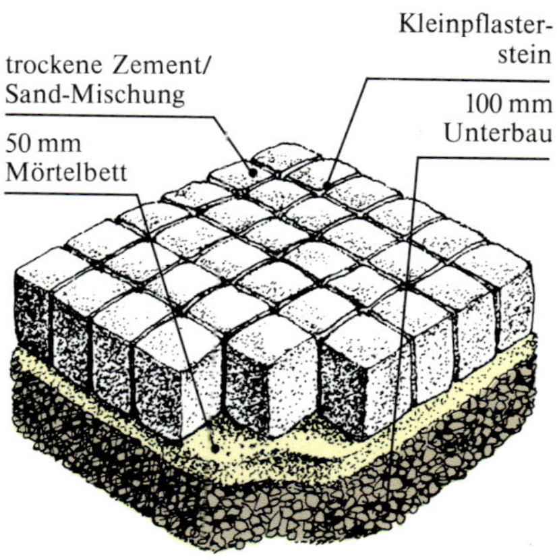

Granitpflastersteine *(oben). Granit wirkt hart und städtisch. Hier wurde er als steinerne Einfassung eines Beetes und als Bodenbelag verwendet.*

Betonpflastersteine *(rechts). Diese Steine ergeben eine gleichmäßigere Oberfläche als Granitpflaster.*

Kieselpflaster

Unter Kieseln versteht man durch Gletscher- oder Meeres- und Flußeinwirkung abgeschliffene, rundliche Steine von unterschiedlicher Größe. In Kiesbaggereien werden sie als Vorsiebmaterial bezeichnet. In Verbindung mit dekorativen Ziergehölzen lassen sich geradezu japanische Effekte damit erzielen. Kiesel sind schwer begehbar, daher benutzt man sie am besten zur Gestaltung von rein dekorativen Flächen.
Besonders wirkungsvolle Bodenbeläge erzielt man, wenn man Kiesel wie Eier in einem Karton dicht bei dicht setzt, so daß die abgerundeten Köpfe auf gleicher Höhe stehen. Will man Kiesel in dieser Form verlegen, benötigt man eine Einfassung wie zum Beispiel eine Klinkerrollschicht, Granitborde oder Betonkantensteine. Die Kiesel werden in eine 35 mm dicke Mischung aus trockenem Sand und Zement (3:1) auf 75 mm verdichtetem Kies oder Splitt verlegt. Man kehrt zum Schluß etwas von der trockenen Mischung in die Fugen ein und besprüht sie mit Wasser. Nach der Fertigstellung sollte wenig Mörtel zu sehen sein.

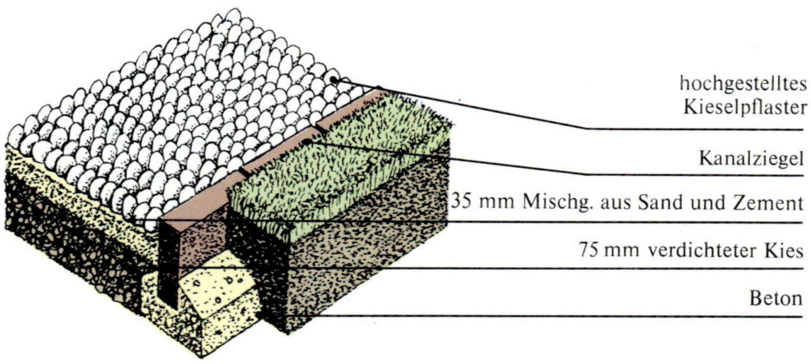

Kiesel als Bodenbelag *Diese Kiesel, die in wildem Verband mit der flachen Seite nach oben verlegt wurden, lassen sich offensichtlich gut begehen. Im allgemeinen verlegt man sie, um Fußgänger vom Betreten abzuhalten.*

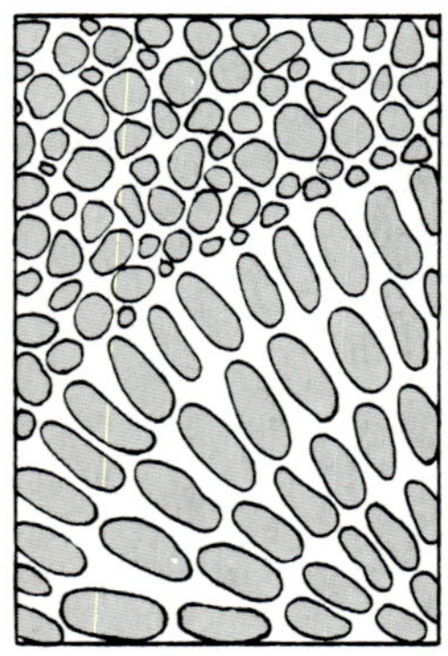

Interessantes Kieselmuster *(oben). Mit Kieseln unterschiedlicher Größe sind verschiedene Muster möglich.*

Weiche Oberflächen

Zwischen den Extremen harter Pflasterung und weichem Boden, der mit Pflanzen oder Rasen bewachsen ist, gibt es die »weichen« Eindeckungen. Sie sind angenehmer als Steine zu begehen und erfordern sehr wenig Pflege. Sie sind außerdem billig in der Herstellung und für kleine Gärten besonders gut geeignet. Das übliche zur Eindeckung verwendete Material besteht aus Perlkies, Kies oder Splitt. Man kann auch Rindenschnitzel verwenden, ein Material, das man als Mulche unter den Pflanzen ausbreitet, um die Verdunstung zu verringern. Borke sieht als Bodenbelag am besten in waldigen Gegenden aus.

Weiche Oberflächen stellen ideale Alternativen für kleine Bereiche dar, wenn nur kleine Pflanzbereiche erwünscht sind, die immer sauber und ordentlich aussehen sollen. Man kann dieses Material aber auch in ländlichen Gärten, in Vorstadtgärten und sogar in innerstädtischen Gärten verwenden.

Eine feste Kante ist für alle weichen Oberflächenmaterialien erforderlich, weil sie dazu neigen, seitlich auszuufern. Innerhalb von festen Kanten sind die Flächen leicht zu pflegen *(siehe Kapitel über Gartenpflege, S. 244)*. Unkraut in Kies oder Perlkies kann chemisch gespritzt, herausgehackt oder nach einem Regen leicht von Hand ausgezogen werden. Der Endeffekt sollte eher zufällig und natürlich aussehen, mit selbstaussäenden Pflanzen, die Unkrautfreiheit nicht immer erfordern.

Kies- und Splittflächen

Perlkies besteht aus kleinen, rundlichen Steinchen. Er wird in Kiesgruben oder an Flußufern abgebaut. Bei der Bestellung sollte man auf jeden Fall gewaschenes Material verlangen, damit es ohne Lehmbeimengungen geliefert wird. Splitt besteht aus scharfem Kleinschlag aus Felsgestein, das in Steinbrüchen gewonnen wird. Sowohl Kies als auch Splitt unterscheiden sich daher nach ihrer Herkunft und dem Gestein, aus dem sie bestehen. Man benützt das Material überlicherweise für den Straßenbau, wo es in Bitumenemulsion eingebettet ist. Es kann für Gartenwege aber auch lose aufgebracht und abgewalzt werden. Das Material sollte von einer Kante begrenzt werden. Etwa 20 mm starke Lagen kommen auf einen 75 mm dicken Unterbau, sonst sind solche Flächen schlecht zu begehen. Die oberste Schicht muß jeden Sommer nachplaniert werden, damit sie ordentlich aussieht. Kies und Splitt werden aber auch als Pflanzsubstrat benutzt.
Die Bodenvorbereitung unter den aufzubringenden Lagen hängt von der Bodenart ab. Ist es kalkhaltiger oder kiesiger Boden, bringt man die oberste Lage (Verschleißschicht) direkt auf den Boden auf und pflanzt unmittelbar darin. Ist der Boden sandig oder lehmig, muß man einen Unterbau von 25 cm Dicke einbringen, um die erforderliche Stabilität zu erreichen. Dann sind Pflanzgruben durch beide Schichten anzulegen, damit die Pflanzen unterhalb der Schichten im Erdreich wurzeln können. Nach einiger Zeit bildet sich im Belag selbst eine gewisse Bodenschicht, so daß man direkt in den Kies oder Splitt pflanzen kann.

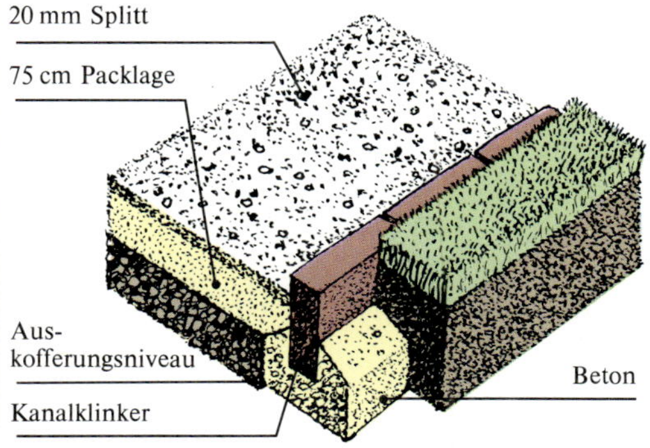

***Pflanzung in Splitt** (unten). Freie Pflanzung in verdichtetem Splitt ist hier in meinem eigenen Garten zu sehen. Mächtige Rosetten von Königskerzen wetteifern mit größeren Bereichen von Frauenmantel und Sumpfblumen im Hintergrund.*

Belagmaterialien

Es gibt ein erstaunliches Angebot von Bodenbelägen, obgleich sich viele letztlich für irgendeine Form von Beton entscheiden, denn er ist billig und überall erhältlich. Aber es ist zu einfach, nur das in Betracht zu ziehen, was der örtliche Baustoffhandel anbietet. Man sollte bedenken, daß es viele Möglichkeiten gibt und sich daher gut informieren. Materialmischungen sind durchaus möglich, wenn man ein festes Konzept hat.

scharrierte und gespitzte Platten

Belag mit Oberflächenstruktur

Bei der Auswahl des Bodenbelages sucht man zunächst eine Farbe, die mit dem Haus harmoniert. Man feuchtet ein Stückchen des Belags an, um zu sehen, wie er wirklich aussieht. Dann entscheidet man sich für die Größe der Platten oder Pflastersteine, damit sie mit dem Grundraster übereinstimmen und übermäßiges Zuschneiden vermieden wird. Wenn Platten zu schneiden sind (für gewöhnlich ein Zeichen, daß das Raster nicht stimmt), benutzt man kerniges Material, da billigeres leichter zerbricht.

Betonformplatten

regelmäßige Platten

Glatter Bodenbelag

Wenn man Tisch und Stühle auf den Belag stellen möchte, sollte man ein glattes Material wählen. Handelt es sich um einen größeren Bereich, muß man die Gesamtgestaltung darauf abstimmen. Man wählt außerdem die Farbe, die mit dem Haus harmoniert und feuchtet die Platten an, um Farbe und Rutschfestigkeit zu prüfen, bevor man sie endgültig verlegt.

Splittmaterial

Es gibt soviel Splittarten wie Gesteinsarten, denn das eine stammt jeweils vom anderen. Die Korngrößen variieren, daher gibt es beachtliche Unterschiede in Farbe und Dichte, wie unten zu sehen ist.

Kleinpflaster

Der präzise Einbau von Kleinpflaster bestimmt häufig die Gesamtwirkung eines Gartens, Dachgartens oder eines Gewächshauses. Je raffinierter das Gartenkonzept, desto sorgfältiger muß Kleinpflaster verlegt werden. Granitpflaster und -platten eignen sich für schwere Lasten. Sie sind bei guter Verlegung nicht zu übertreffen. Feinere Klinker und Fliesenbeläge kann man gut für zusammenhängende Innen- und Außenflächen verwenden. Betonverbundsteinpflaster eignet sich für Fahrwege ebenso wie für Flächen in Hausnähe. Ein zu großer Bereich mit kleinerem gleichmäßigem Pflaster erinnert an Hinterhöfe.

1 Granitpflaster
2 Granitplatten
3 Klinkerpflaster
4 Bodenfliesen
5 Klinkerpflaster
6 Verbundsteinpflaster
7 bruchrauhe Platten

Katzenköpfe

Wenn Kiesel oder Findlinge groß genug zum Pflastern sind, nennt man sie »Katzenköpfe«. Dicht aneinandergelegt ergeben sie einen schönen Belag.

Kies

Kies wird ausgebaggert oder stammt von Flußufern. Er besitzt keine scharfen Kanten.

Natursteinplatten

Bodenbeläge aus Naturstein wirken zeitlos und sind fast überall richtig. Die unterschiedliche Dicke bereitet jedoch beim Verlegen Schwierigkeiten. Sandstein, Grauwacke, Schiefer und Granitplatten gehören zu den häufig verwendeten Platten.

8– 9 gesägter Sandstein
10–11 geschliffener Sandstein
12 bruchrauher Sandstein
13–14 bruchrauher Kalkstein
15 bruchrauher Hartstein
16 bruchrauher Schiefer

Materialkombinationen

Die Grenze zwischen geglückter Kombination für Bodenbeläge und unruhigem Mischmasch ist sehr fein. Hat man einige Platten oder Pflastersteine von einem anderen Projekt übrig, kann man sie nur dann mit Erfolg verlegen, wenn man die Flächen der einzelnen Materialien so groß wie möglich wählt und die anderen Materialien so dazwischen versetzt, daß die Übergänge weich verlaufen.

Verschiedene Pflasterarten können zu einem ausgeklügelten Muster zusammengestellt werden. Je strenger das Muster ist, desto größer sollte die Fläche sein. Welche Materialien man kombiniert, ist meist eine Preisfrage. Ein größerer Bereich aus Klinkerpflaster kann beispielsweise zu teuer sein, aber ein Klinkerraster mit Betonplatten oder Kiesfüllung kann das Vorhaben viel billiger gestalten. Mit Farbkombinationen muß man sehr vorsichtig sein. Eine zu bunte Mischung bedeutet Wetteifern mit der Pflanzung oder anderen architektonischen Einrichtungen.

__Gemischter Belag__ Der Übergang von Granitpflaster über Kies zu bruchrauhen Platten und zurück zu Pflastersteinen ist hier sehr geglückt. Der Steintrog paßt in Größe und Material zum Pflaster.

__Holz in Kies__ (links). Bei dieser Oberflächengestaltung sind Stammabschnitte als Trittsteine in Kies gelegt worden. Während des Winters sollte man solche Holzflächen mit der Drahtbürste bearbeiten.

__Platten in Kies__ (rechts). Hier wurden sechseckige vorgefertigte Betonplatten in Kies verlegt. Die abgeschrägte Kante der Platten verhindert, daß sie leicht brechen.

Schwellen und Kiesel
Alte Bahnschwellen sind in gespanntem Bogen verlegt. Lose Kiesel wurden zum Verfüllen der Fugen gewählt. Sie sorgen für bessere Griffigkeit im Winter. Die Korngröße der Kiesel hebt die Bahnschwellen besonders hervor.

»Bunte« Mischung
(rechts). Diese bewußt »bunte« Mischung von Pflastermaterialien beherrscht die Blumenbeete und sogar die Möbel. Vorgefertigte Betonfliesen bilden ein Raster für das Holzpflaster. Im Vordergrund wurden Pflasterklinker verwendet.

Mischung von Klinkern und Platten

Wenn man Materialien kombiniert, muß man den Gesamtplan im Auge behalten. Auf der rechten Seite sind drei Möglichkeiten dargestellt, wie man eine kleine Terrasse pflastern oder befestigen kann. Wir nehmen an, daß sie an eine Seite des Hauses grenzt, so daß der Klinker ein Bindeglied zwischen Haus und Garten darstellt. Die obere Terrasse ist völlig in Pflasterklinker, mit kleinem Bereich für freie Pflanzung, gelegt. Bei Bedarf muß genügend zusammenhängende Fläche für Tische und Stühle eingeplant werden. Die mittlere Terrasse wurde mit dem gleichen Anteil von Klinker- und Plattenflächen gestaltet, die ein bestimmtes Muster bilden. Beim letzten Beispiel überwiegen die Platten. Klinker sind wie zufällig dazwischen verlegt. Die Einbindung größerer Plattenelemente wie der Betonwerksteinplatten kostet weniger als Kleinpflaster. Man muß allerdings beachten, daß die kleineren und größeren Platten im Maßstab so gewählt werden, daß so wenig wie möglich geschnitten werden muß.

Kanaldeckel

Häufig liegt ein Kanaldeckel gerade da, wo man eine Terrasse oder einen anderen befestigten Aktionsbereich anlegen möchte – noch dazu in falschem Winkel zur geplanten Richtung des Plattenverlaufes. Man kann dieses Problem auf verschiedene Weise lösen. Auf jeden Fall muß man ein klares Konzept haben, sonst betont man ihn am Ende, anstatt ihn zu kaschieren.
Man kann vertiefte Deckel anfertigen lassen, in die man das angrenzende Material einläßt. Diese Deckel sind aber zu flach, um Erde für Pflanzen oder Rasen aufzunehmen. Man kann einen Kanaldeckel aber auch gleich mit einplanen und ihn in einen bekiesten oder mit Findlingen bedeckten Bereich plazieren. Ein dazugepflanztes, flachwachsendes Gehölz wie eine Zwergmispel kann über den Deckel wachsen. Wenn es nicht anders geht, pflastert oder begrünt man den Randbereich und streicht den Deckel schwarz. Man vergißt ihn bald, wenn man ihn nicht gerade mit einem Pflanzkübel zum Blickfang macht.

Holzbeläge und -decks

Gute Holzbeläge hängen sehr vom Klima ab. Lange, feuchte Winter machen Holz schlüpfrig und unattraktiv, doch Regionen mit längeren, trockneren Sommern sind für solche Eindekkungen besser geeignet, auch wenn die Winter schneereich sind. Dort kann man solche Holzterrassen für längere Perioden und vielerlei Zwecke nutzen.

Die Kosten sind ein weiterer Faktor, von denen die Verwendung eines hölzernen Belags oder Decks im Garten abhängt. In Gegenden, wo Holz relativ billig ist, kann eine Eindeckung somit interessant sein. Holz ist meist reichlich verfügbar, und ein Holzbelag sorgt für einen idealen, natürlich wirkenden Übergang zwischen Garten und umgebender Landschaft.

Es gibt drei Arten von Eindeckungen. Die einfachste erfolgt auf dem Boden und ist eine gute Alternative zu einer sonst erforderlichen Terrassierung eines Grundstücks. Diese Holzeindeckung wird auf Beton-, Holz- oder kurzen Metallpfosten errichtet. In der Stadt sind solche Flächen ein wertvolles Bindeglied zwischen Haus und Garten, besonders wenn es sich um ältere, sogenannte Souterrainwohnungen handelt. Hier kann ein gut plaziertes Deck das Gefälle zwischen Souterrain und Gartenebene überbrücken.

Aufgeständerte Plattformen schaffen ebene Flächen, wo keine sind. Sie ermöglichen besondere Ausblicke, sind aber teuer in der Herstellung und erfordern mitunter die Hilfe eines Architekten, besonders wenn sie an das Haus grenzen. Ein Architekt kennt zudem die zu berücksichtigenden örtlich geltenden Bauvorschriften.

Die dritte Verwendungsmöglichkeit für Holzbeläge besteht in der Gestaltung von Dachgärten, in denen der vorhandene Dachbelag zum Begehen und für Garteneinrichtungen ungeeignet ist. Sind hierfür größere Konstruktionen erforderlich, ist ein Architekt oder Statiker zu Rate zu ziehen, damit die Auflast abgesichert ist. Schon bepflanzte Kübel können außerordentlich schwer sein, besonders wenn sie aus Stein oder Terrakotta bestehen und die Erde gegossen wird.

Ein guter Belag hängt immer auch von der Qualität des verwendeten Holzes und seiner Pflege ab. Natürlich benötigt man eine Holzart, die gegen Fäulnis, Splittern und Verwerfung widerstandsfähig ist. Rotzeder besitzt diese guten Eigenschaften, aber auch Kiefer, Lärche und Fichte sind gut geeignet, wenn sie kesseldruckimprägniert sind. Die Wahl der Holzart und des Verlegemusters richtet sich selbstverständlich auch nach den benachbarten gebauten Einrichtungen und am Gesamtcharakter des Anwesens. Das Holz muß auf jeden Fall splitterfrei sein und sich gut nageln lassen. Für die vielen Befestigungen sind verzinkte Nägel statt Schrauben zu empfehlen.

Konstruktion

Holzterrassen in Bodennähe sind relativ leicht anzulegen. Die Montage erfolgt auf festen Betonfundamenten, die im Boden verankert werden. Man gräbt für die Fundamente an den Stellen die Löcher aus, wo man die entsprechenden Stützen vorgesehen hat. Man kann auch vorgefertigte Betonelemente kaufen, die am Fuß der Stützen eingelassen werden und dafür sorgen, daß entsprechende Hohlräume für die einzulassenden Holzpfosten frei bleiben, die den Rahmen der späteren Plattform tragen. Die Holzpfosten müssen exakt auf Höhe gesetzt oder geschnitten werden, damit die 10×10-cm-Pfetten oder Balken, die das Grundgerüst des Belages bilden, völlig eben versetzt werden können. Diese Pfetten tragen Oberzüge in Stärken von 10×5 cm, die als Unterbau der Holzplanken des endgültigen Belages dienen. Die gesamte Konstruktion wird vernagelt. Die Holzpfosten, die mit den Pfetten untereinander verbunden werden, läßt man in die feuchten Fundamente ein. Unkrautbildung unterhalb der Planken kann man durch das Auslegen von schwarzer Plastikfolie zwischen den Stützen verhindern. Sichtbare Teile der Folie können mit Kies oder Splitt abgedeckt werden.

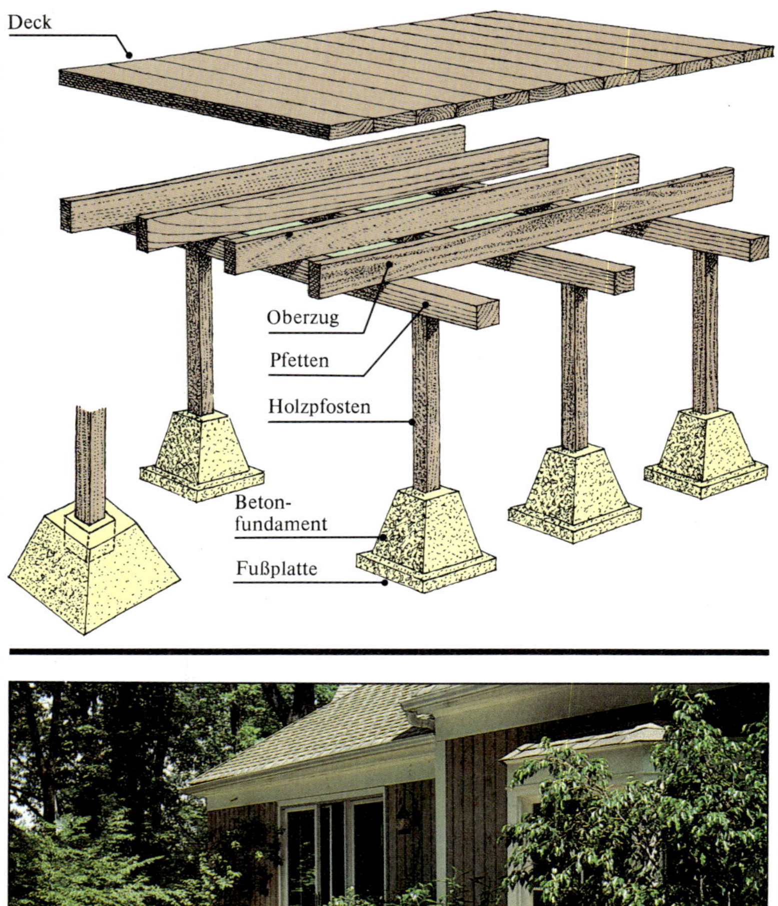

Abgestufte Terrasse *Dieser Holzbelag ist gut durchkonstruiert. Die beiden Ebenen sind mit durchgehenden Stufen verbunden. Das verwendete Holz ist einfach verlegt und harmoniert gut mit der Hausfassade.*

Verlegemuster

Je einfacher das Verlegemuster für den Holzbelag ist, desto einfacher ist auch die Unterkonstruktion. Weniger Holz und weniger Konstruktionsaufwand sind weitere Vorzüge. Möchte man ein besonderes Muster, so sollte man es an benachbarte Holzkonstruktionen, z.B. Zäune, anpassen.

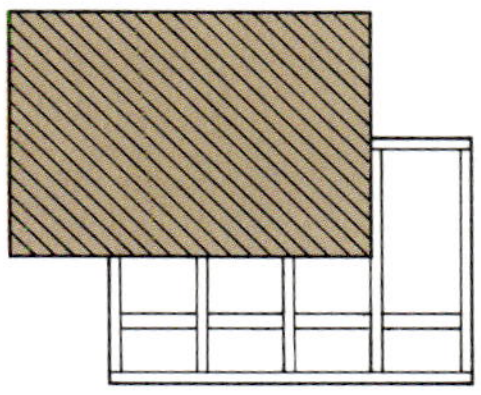

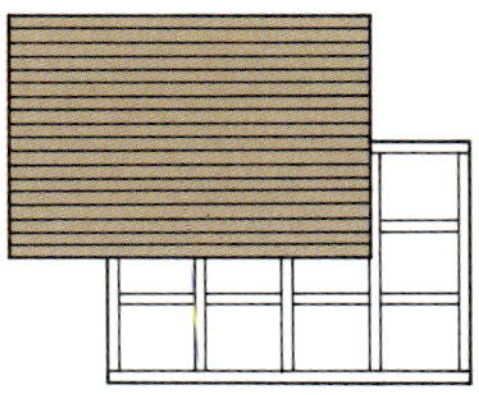

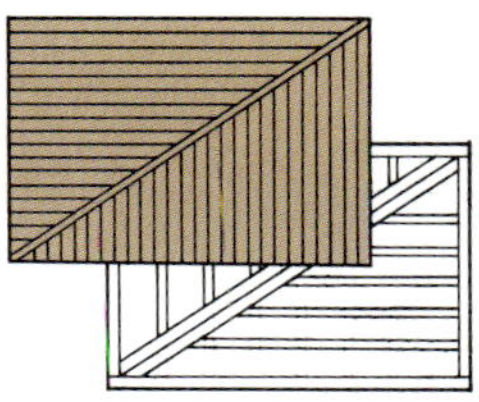

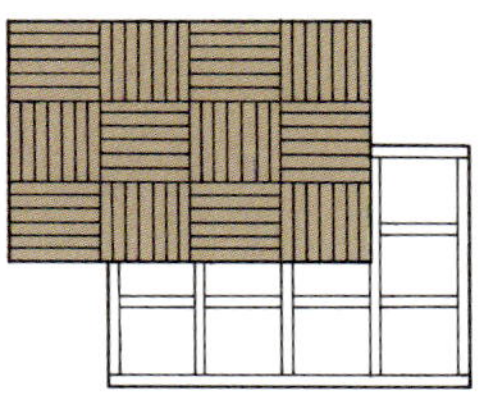

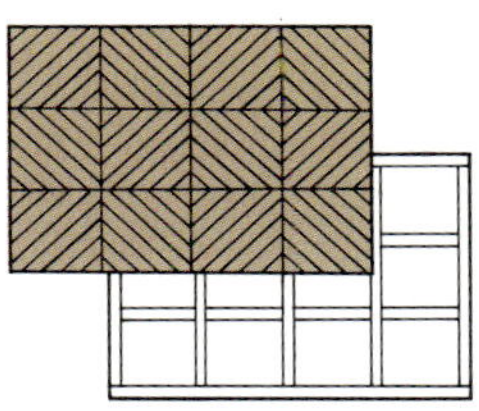

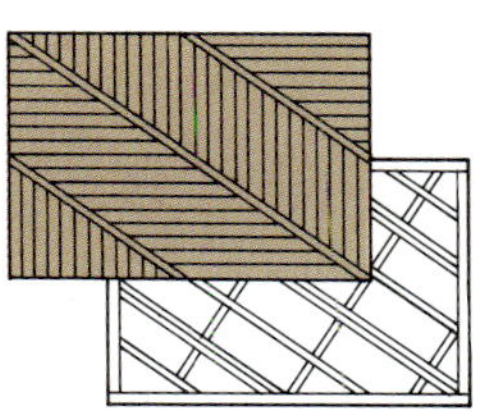

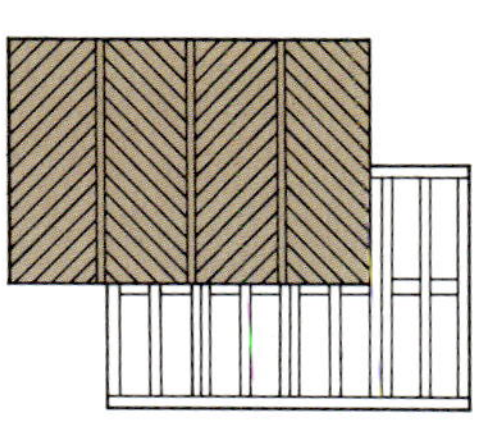

***Stufen aus Decks** (oben). Hier bilden stufenartig angeordnete Holzdecks mit dazwischengesetzten Betonblöcken eine eigenwillige Verbindung zwischen Haus und Garten. Der rustikale und stabile Eindruck wird durch die Stützmauern aus Eisenbahnschwellen noch unterstrichen. Holzfarbe und Proportionen harmonieren gut mit der Gestaltung des Hauses.*

Gestaltung der Plattform

Die rechts gezeigte Holzterrasse kann an jedes Haus angebunden werden. Anstelle eines Geländers oder einer Balustrade sind die Ränder des Belages aufgekantet. Sie umschließen die Plattform und dienen gelegentlich auch als Sitzgelegenheit. Ein anderer, höher gezogener Bereich kann als Tisch ebenso wie als Vorratsbehälter oder Stauraum für Kissen oder Gartenwerkzeuge genutzt werden.

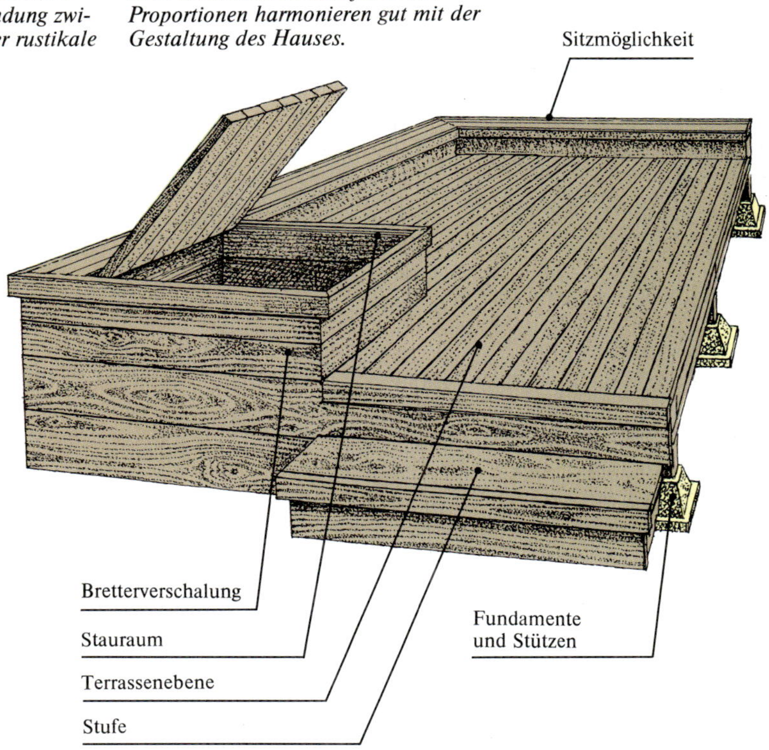

Besondere Anlagen

Wenn man das Grundkonzept und die Arbeitsbereiche im Garten festgelegt hat, kann man den Wünschen nach schönen Dingen nachgeben und sich überlegen, wie man besonders augenfällige Einrichtungen wie z.B. Bankbeete, Steingärten oder Wasserbereiche einschließlich Wasserläufe und Kanäle in die Tat umsetzen kann.

Heute sind die meisten Gärten zu klein für vielerlei Einrichtungen. In einem kleinen Areal sollte man den gesamten Garten unter ein bestimmtes Motto stellen. Die Kombination vieler zusammenhangloser Blickfänge, die durch Rasen oder Pflanzung getrennt werden, machen den Garten zu einer Ansammlung von Scheußlichkeiten und muß vermieden werden. Meist ist eine falsche Beurteilung der Maßstäbe die Ursache für solche »Ausrutscher«. So kann zum Beispiel der Steingarten leicht zu einem Fremdkörper in der Gesamtanlage werden. Die Grundvoraussetzung ist, daß ein Steingarten natürlich aussieht, das heißt wie Teil eines natürlichen Felsens, der durch Wind und Regenerosion freigelegt worden ist. Dieser »Aufschluß« wird dann mit alpinen Pflanzen begrünt. Wasser wird häufig mit solchen im Garten angelegten Felspartien verbunden, sei es als Bachlauf oder als Teich. Beides kann hübsch aussehen, kann aber auch kitschig wirken, wenn man das Konzept nicht klar und einfach hält.

Steingärten und erhöhte Beete

Das natürliche Aussehen einer Felsengruppe hängt nicht nur von der Anordnung der Steinbrocken ab, sondern auch von der Auswahl der Steine, die zur Landschaft passen müssen, wenn es dort Felsen gibt. Man muß aber auch darauf achten, daß die Geländemodellierung zur Felspartie hin natürlich aussieht. Im Flachland sollte die Steigung bis zu dem erforderlichen Höhenunterschied allmählich erfolgen.

Hat man für natürliche Felsgruppierungen keinen Platz, so kann man alpine Pflanzen in frei gestaltete Höhenunterschiede bzw. erhöhte Beete setzen. Da viele alpine Pflanzen von Natur aus klein bleiben, kann man ihre hübschen Farben und Formen in erhöhter Lage auch besser bewundern. Mit dem Hochbeet läßt sich zudem der exponierte Standort alpiner Pflanzen am besten nachbauen. In der freien Natur wurzeln viele alpine Pflanzen in Geröll oder Schutt, der durch Kies oder Splitt im Garten ersetzt werden kann. Erhöhte Beete lassen sich auch innerhalb eines Terrassenbereiches errichten, um Schutz vor Zug und Einsicht zu gewähren.

Naturnahe Felsgruppierung *Bei diesen beiden Beispielen sind die Steine gut in die Gartenumgebung eingebaut. In beiden Fällen sitzen die Steine in einer Böschung und sehen so aus, als seien sie von Wind und Wetter freigelegt worden. Die Gesteinsschichtung verläuft in gleicher Richtung wie am natürlichen Standort, und die Felsen sehen nicht wie Korinthen in einem Kuchen aus.*

Errichtung von Felspartien

Man benötigt keinen Erdberg, um einen richtigen Felsaufschluß darzustellen. Man kann jeden leichten Schwung im Garten ausnutzen. Andernfalls muß man die ebenen Flächen verändern *(siehe S. 119)*, indem man entweder einen einfachen Damm schüttet oder eine Stützmauer errichtet. An der Zeichnung unten erkennt man, daß der Erdwall nicht zu hoch sein darf und nicht zu voll. Die Felsbrocken sollten so in die Böschung eingebaut werden, daß sie wie natürliche Gesteinsschichtung wirken. Ein großer Teil der Felsen wird beim Hinterfüllen mit Erde oder Kies als Geröllersatz bedeckt *(siehe Geröllbeet unten)*. Die Hinterfüllung muß gut wasserdurchlässig sein – eine Voraussetzung für sämtliche alpinen Pflanzen –, aber sie braucht nicht nährstoffreich sein. Humus auf Granit oder Hartstein neigt zur Versauerung, auf Kalk wird er alkalisch. Demgemäß muß man die Pflanzen zusammenstellen *(siehe S. 16–17)*. Falls man nicht genug Platz für eine beidseitige Böschung hat, zeigt die untere Skizze, wie man den Böschungseffekt mit einer niedrigen Stützmauer erreichen kann. Sie ist dann besonders zweckmäßig, wenn man den Steingarten am Rande des Anwesens errichtet. In diesem Falle darf man jedoch die Stützmauer nicht sehen, sonst macht man die Wirkung zunichte.

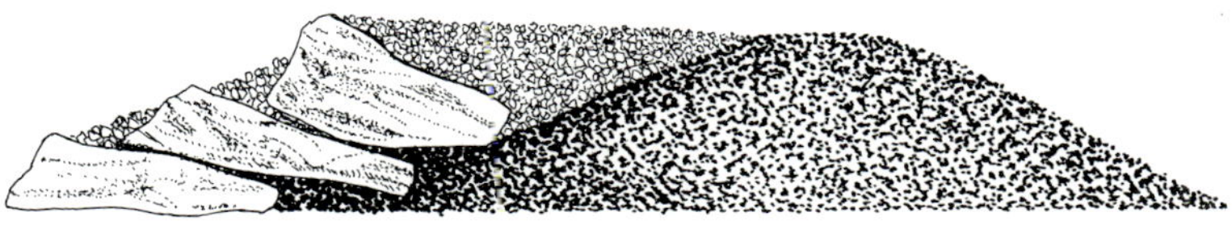

Steingarten in einem Wall

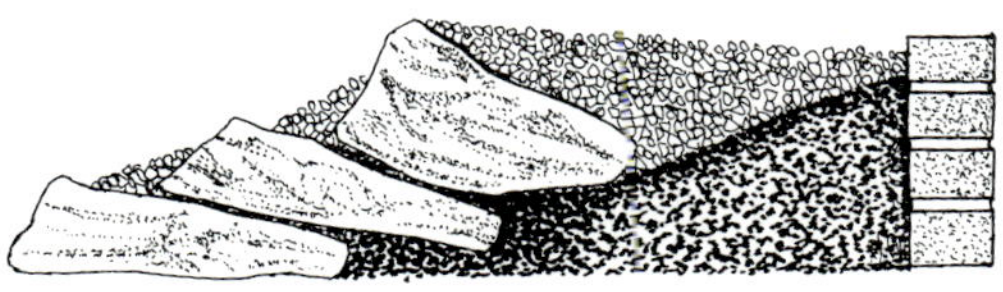

Steingarten in einer Böschung, die von einer Stützmauer gehalten wird

Der naturnahe Steingarten *Dieses Beispiel zeigt, wieviel Platz nötig ist, um freiliegende Steine mit der Umgebung in Einklang zu bringen.*

Anlage von Geröllbeeten

In der freien Natur besteht eine Geröllhalde aus Brocken des anstehenden Felsens. Sie ist schwer zu begehen und gefährlich, weil sie zum Rutschen neigt. Naturgemäß ist sie gut wasserdurchlässig und trocknet sehr rasch aus. Geröllpflanzen wachsen meist im Halbschatten größerer Felsen. Das ist auch der Standort, den sie im Garten finden sollten *(siehe Abb. rechts)*. Man kann ein Geröllbeet in ähnlicher Form an einen Steingarten anlehnen, man kann beides kombinieren oder das Beet innerhalb von Stützmauern aus Klinkern *(siehe unten)*, Natursteinen oder Bahnschwellen anlegen, damit die Pflanzen zur besten Wirkung kommen.

In der Skizze unten sind Stützmauern aus Klinkern dargestellt. Sie sind mit Geröll (Rollkies) verfüllt, um eine Auswahl alpiner Pflanzen aufzunehmen, die über den Kies kriechen und über die Mauer herunterhängen. Ziegelstufen dienen zum Ausgleich des Höhenunterschiedes. Rechts schließt eine Böschung an.

Schnitt durch ein Geröllbeet im Garten

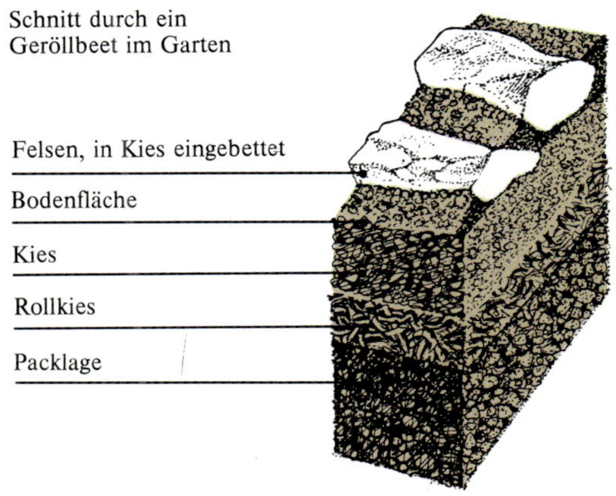

Geröllbeet in einer Stützmauer *Diese Ecklösung schließt Stufen und Stützmauern für Hochbeete für alpine Pflanzen ein. Wer die Stufen durch die Beete ersteigt, wird unwillkürlich auch die Pflanzenpolster näher studieren.*

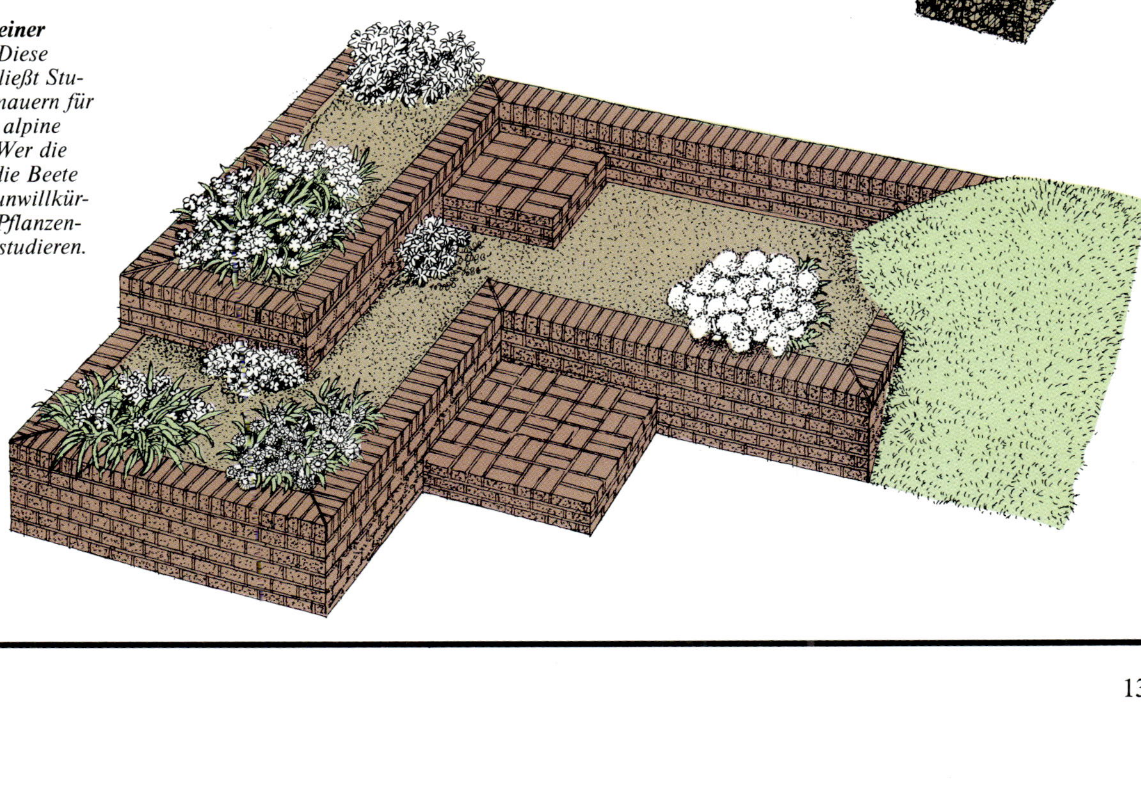

Wasserbecken

Wasser übt auf das Auge eine größere Anziehungskraft aus als jede andere Einrichtung im Garten. Es besitzt fast die gleiche Bedeutung wie ein Haus im Gartenplan, zudem hat es die einmalige Eigenschaft, Licht zu reflektieren. Es ist eine Einrichtung, die - gut angelegt - eine enorme Bereicherung darstellen kann. Bei falschem Einsatz kann Wasser aber auch jedes Vorhaben zunichte machen, zumal wenn es mit anderen subtileren Einrichtungen rivalisiert. Um solche Probleme zu vermeiden, sollte man Wasser mit Zurückhaltung als Teil des Gesamtkonzeptes verwenden. In kleinen Gärten sind formale Wasserbecken günstiger, die mit dem Haus oder einer Skulptur in Verbindung gebracht werden können, etwa ein Wasserbehälter oder ein Springbrunnen. Die freie Anlage von Wasserflächen (Wasser in frei geformten, natürlich aussehenden Teichen) erfordert mehr Platz als in kleinen Gärten vorhanden ist, wenn nicht der gesamte Garten frei und zufällig gestaltet wird.

Man muß sich absolut darüber im klaren sein, ob es ruhiges oder fließendes Wasser sein soll. Letztlich muß es für Kinder, die sich im Garten aufhalten, sicher sein. Es hat wenig Sinn, ein herrliches Becken zu planen, das man dann aus Sicherheitsgründen einzäunen muß. Viele Vorstadtgartenbesitzer müssen ihre Becken mit Netzen überspannen, um Vögel am Fischfang zu hindern oder um Herbstlaub aufzufangen.

Die Beckentiefe muß ihrem Zweck entsprechen. Flache Becken von ca. 30 cm Tiefe erscheinen tiefer, wenn die Seiten mit schwarzer, wasserfester Farbe angestrichen sind. Eine größere Tiefe benötigt man für Leben im Wasser. Fische müssen sich im Winter unter dem Eis aufhalten können, wenn das Becken zufriert.

Egal, welchen Wassertyp man wählt - formal oder frei gestaltet -, immer muß das Wasser klar und sauber sein. Um das zu erreichen, muß das Wasser entweder fließen, wobei man eine Umwälzanlage installieren kann, oder man muß ein natürliches Gleichgewicht schaffen durch sauerstoffspendende Pflanzen (wenigstens zehn Stück pro qm Wasseroberfläche), Schnecken und Fische. Eine funktionierende Nahrungskette hält grüne Algen fern, die die Oberfläche verdunkeln und das Wasser eintrüben. Kleinere Wasserbecken sollten regelmäßig gesäubert und neu gefüllt werden.

Gut gestaltetes Becken *Passende Bepflanzung und sorgfältige Detaillierung kennzeichnen dieses schöne Becken, bei dem ein gutes Gleichgewicht zwischen Wasser, Pflanzen und festem Belag herrscht.*

Beckenformen

Zunächst zeichnet man die gewünschte Form und prüft, ob sie sich gut in den Garten einbinden läßt. Unten sind Vorschläge dargestellt, die auf Kreisen basieren. Ein einfacher Kreis sieht formal aus. Weniger streng wirken dagegen Beckenformen aus sich schneidenden Kreisen (wie bei den unteren Beispielen).

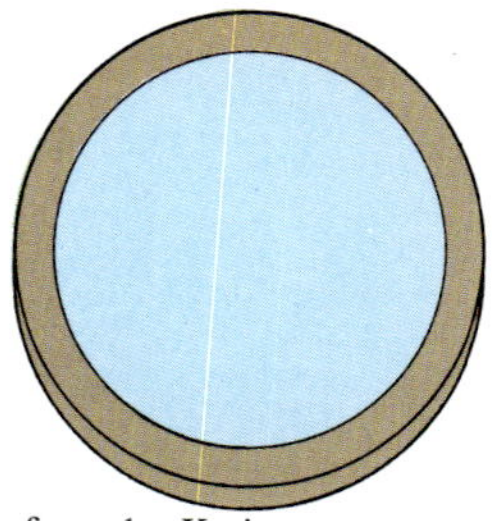

formaler Kreis

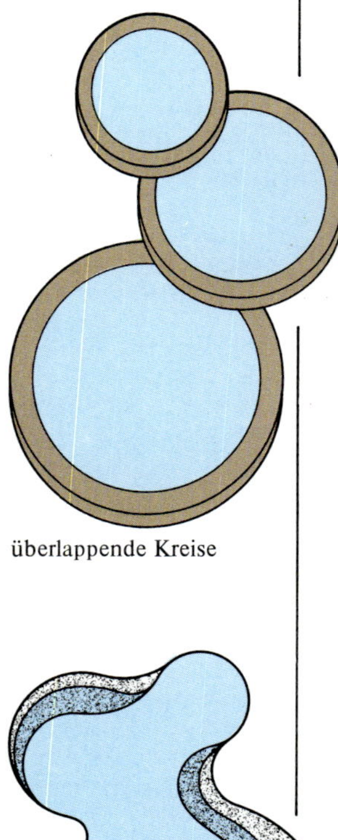

überlappende Kreise

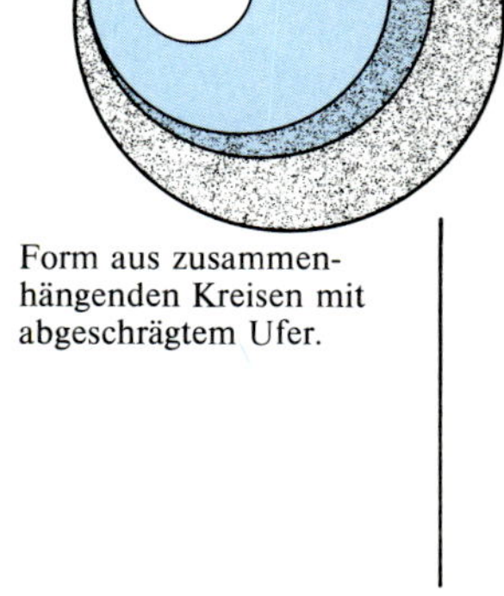

Form aus zusammenhängenden Kreisen mit abgeschrägtem Ufer.

Streng geformte Wasserbecken

Unter streng geformten Becken versteht man geometrisch gestaltete Behälter, Teiche, Kanäle und dergleichen. Eine klare Linienführung der Ränder, Einfassungen und Trittsteine, die möglicherweise hindurchführen, ist sehr wichtig. Die Uferbegrenzungen sollten im allgemeinen etwa 5 cm überstehen, damit Schwankungen des Wasserspiegels durch Verdunstung verdeckt werden. Ohne Überstand sieht man auch die grünen Linien, die sich an den Beckenrändern absetzen. Trittsteine, die durch das Wasser führen, sollten in derselben Weise angelegt werden. Sie sehen dann aus, als ob sie auf der Oberfläche schwimmen würden. Geometrische Becken bestehen häufig aus wasserdichtem, armiertem Beton oder aus Betonblöcken oder Klinkern, die wasserdicht verputzt sind. Am besten sind Betonbecken. Glasfaserverstärkte, vorgeformte Becken sind bis zu beträchtlichem Fassungsvermögen in klaren Formen zu erhalten, haben meist jedoch keinen Abfluß oder Überlauf. Ein geometrisches Becken kann eine spiegelnde stille Fläche sein, deren Oberfläche nur hier und da durch Iris oder Binsen unterbrochen oder von einem Springbrunnen belebt wird. Zu hohe Springbrunnen sind zu vermeiden. Die Höhe der Fontäne sollte nicht größer sein als der Abstand vom Springbrunnen zum Ufer. Geometrische Wasserbecken können sehr interessant sein, wenn sie erhaben angelegt werden. Es ist sehr schön, auf der erhöhten Kante eines solchen Beckens zu sitzen. Außerdem sind erhabene Becken für Kinder gefahrloser.

Geometrisches Becken, freie Pflanzung *(oben). Dieses Becken ist L-förmig, die Einfassung aus Bahnschwellen dient gleichzeitig als Stufe. Freie Pflanzung mildert die gerade, strenge Beckenform.*

Sechseckiges, erhabenes Becken *Die klaren, geometrischen Linien dieses Beckens aus Klinkern werden von einem Schwertlilientuff unterbrochen.*

Konstruktion

Kleine Becken sollten aus wasserdichtem Beton *(für geeignete Mischungen siehe Anhang)* bestehen und sowohl einen Abfluß für gelegentliches Reinigen als auch – was noch wichtiger ist – einen Überlauf besitzen, um überschüssiges Regenwasser abzuführen. In Frostlagen muß das Becken eisenarmiert sein und abgeschrägte Wandungen besitzen, damit sich das Eis im Winter nach oben ausdehnen kann. Ist eine solche Konstruktion nicht möglich, kann man ein Weichholzbrett im Becken schwimmen lassen, das die Ausdehnung des Eises ermöglicht und Schäden verhindert.
Auch eine Flachzone für Sumpfpflanzen kann man einrichten. Die Beckenränder müssen etwa 5 cm überstehen, um Randmarkierungen zu kaschieren, die durch Schwankungen des Wasserspiegels durch Verdunstung entstanden sind. Dieser Überstand versteckt gleichzeitig die grüne Algenlinie, die sich am Beckenrand absetzt. Für Wasserpflanzungen benötigt man spezielle Container für das Wurzelsubstrat und die Wurzelsysteme *(siehe S. 214)*.

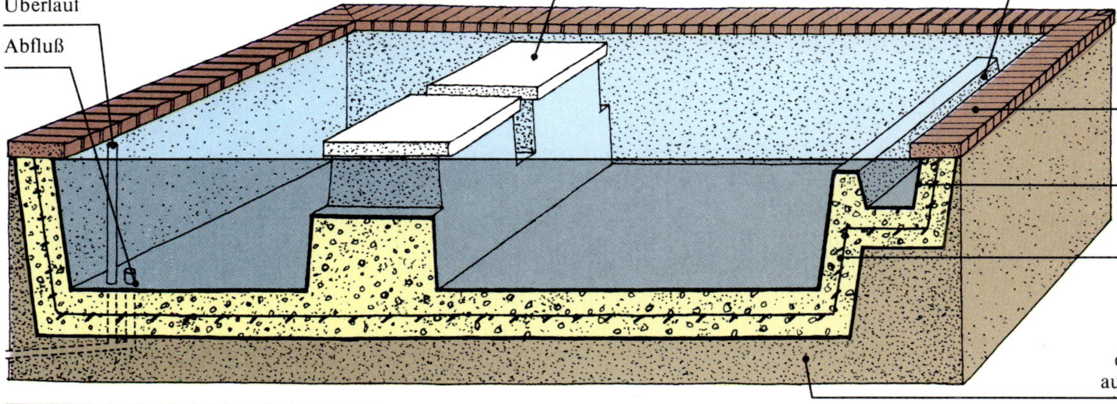

Freie Beckenformen

Freie Beckenformen erfordern Platz, um im Garten zu wirken, denn damit wird ein natürlicher Teich mit Pflanzinseln und Buchten simuliert. Planzen wachsen ins Wasser hinein und kontrastieren mit den bekiesten Ufern. Um diese naturnahe Wirkung zu erzielen, muß man den gesamten übrigen Bereich eines kleinen Gartens entsprechend gestalten und bepflanzen. Doch auch ein strenger, eingefaßter Teich mit einer Rahmung aus Findlingen und Bambuspflanzen kann gut wirken. Auch ein einfaches bepflanztes, kreisförmiges Becken kann innerhalb einer freien Pflanzung durch den starken Formenkontrast sehr effektvoll sein. Im kleinen Maßstab sieht allerdings ein plätschernder Bach und ein frei geformtes Becken vor einer Felspartie immer gekünstelt aus.
Freie Formen können aus Beton hergestellt werden, allerdings sehen die Kanten selten gelungen aus. Schmale, betongefaßte Wasserläufe wiederum neigen zum Brechen. Die besten Wasserbecken baut man heute, indem man die Fläche entsprechend tief auskoffert, eine Lage Sand aufbringt und dann mit einer starken Plastikfolie - möglichst auf Bitumenbasis (vorzugsweise schwarz) auskleidet. Die Kanten gräbt man ein oder überdeckt sie mit Rollkies oder Findlingen. Es ist jedoch schwer, solche Bereiche überzeugend zu bepflanzen und die Außenkanten der Folie zu verstecken. Der Beckenboden kann mit rundlichen Kieseln belegt und dann bepflanzt werden. Die Pflanzen setzt man zweckmäßigerweise in Unterwassercontainer. Man muß darauf achten, daß die Folie nicht beschädigt wird, denn ein kleines Loch ist schwer zu finden.

Japanische Gestaltung *Die Ufer dieses freien Beckens in japanischem Stil sind sorgfältig mit Findlingen und Pflanzen eingefaßt. Die Wirkung wird noch gesteigert durch den scharfen Kontrast der einfachen Holzbrücke, die darüber führt.*

Konstruktion

Die Fläche für ein frei geformtes Wasserbecken muß größer sein als die eines geometrischen Beckens, wenn es nicht gekünstelt wirken soll. Plastik- oder Bitumenfolien sind ideales Dichtungsmaterial für diese größeren freien Formen. Das Problem bei solchen Belägen besteht darin, daß man die Kante der Folie oder irgendwelche Falten sorgfältig verbergen muß. Zwei Möglichkeiten, solche Becken einzufassen, sind unten abgebildet. Die Folie wurde auf einer Lage von 7,5 cm Sand ausgelegt. Auf der linken Seite wurde der freie Ufereffekt durch Abdeckung des flach auslaufenden Ufers mit Findlingen und Kies erreicht. Die Neigung ist so flach, daß die Steine nicht auf den Beckengrund rutschen können. Man kann die Folie auch über in den Boden eingelassene Kantensteine ziehen, um das Ufer zu halten. Rechts wurde durch Verlegen der Folie über eine Betonkante ein gerader Verlauf erreicht. Die Kante ist mit Platten abgedeckt.

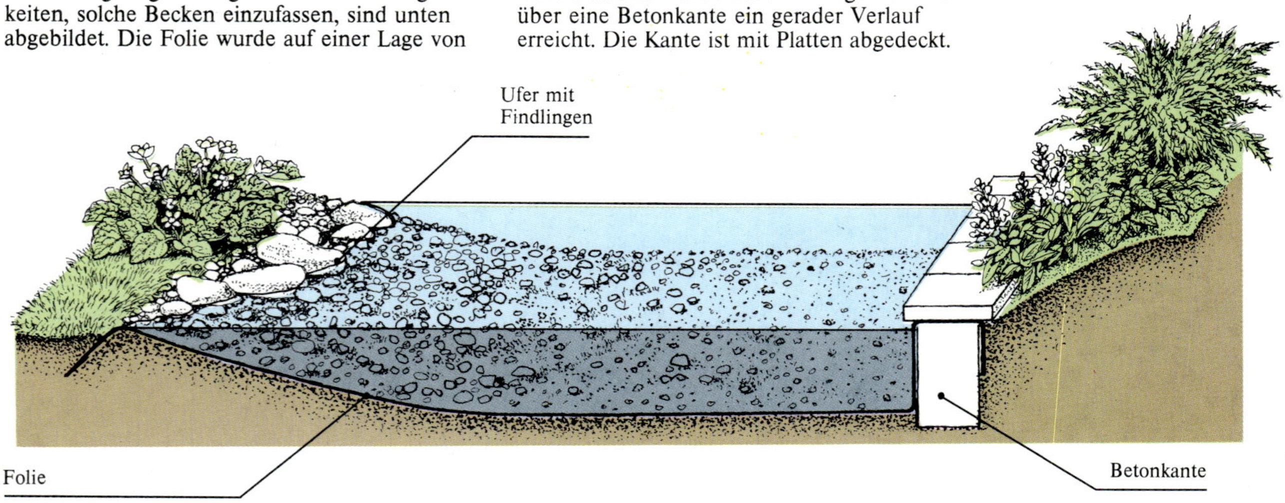

Wasserfälle

Das sanfte Plätschern rieselnden Wassers klingt weitaus beruhigender als das Spiel eines Springbrunnens. Fallendes Wasser aber braucht hellen Sonnenschein, um es zu beleben. Die schönsten kleinen Wasserfälle sind zwischen unterschiedlich hohen formalen Schalen oder Becken zu realisieren, wo sie eine effektvolle senkrechte Verbindung zwischen den einzelnen Wasserstufen darstellen. Die Überläufe dürfen nicht zu breit sein, sonst braucht man für die zu fördernde Wassermenge eine zu große Umwälzpumpe. Die Wassermenge, die ein ruhig fließender Überlauf benötigt, kann durch eine Tauchpumpe gefördert werden. Wenn man einen Überlauf gestaltet, muß man die Lippe überstehen lassen, damit das Wasser herunterplätschert und nicht am Überlauf entlang nach unten gelangt. Ein flacher Stein, ca. 5 cm vor dem Überlauf eingebaut, kann den Wasserfluß in die richtige Bahn lenken. Ein Dachziegel oder ein Stück Schieferplatte mit einem Rinnenschnitt auf der Unterseite erfüllt den gleichen Zweck, um die Wasserflut zu brechen. Bei größeren Wassermengen benutzt man eine Umwälzpumpe, die außerhalb des Beckens in einem wasserdichten Pumpenschacht installiert wird. Der Schacht muß in der Nähe des Beckenrandes angelegt und abgedeckt werden. Man braucht einen Elektroanschluß, egal ob man eine Tauchpumpe oder eine andere Pumpe einbaut *(siehe S. 105)*.

***Wasserfalleffekt** (rechts). Jede der mit einem Speier versehenen Schalen dieser Anlage gibt das überfließende Wasser nach unten weiter. Letzte Station ist ein kreisrundes Becken aus Beton.*

***Stufenförmiger Wasserfall** (oben). Die Idee eines Wasserfalls neben einer Treppe stammt aus dem Mittleren Osten, wo fließendes Wasser zur Luftkühlung verwendet wird. Hier ist die Anlage Dekoration.*

***Nachempfundener Bergbach** (rechts). Felsen und Wasser sehen hier wie ein Bergbach aus. Das leise Plätschern liefert den akkustischen Effekt. Eine einfache Tauchpumpe sorgt für den Wasserkreislauf.*

Springbrunnen

Wind kann ein verheerendes Spiel mit Springbrunnen treiben und Becken rasch ausleeren, wenn der Wasserstrahl zu hoch spritzt. Die Höhe der Fontäne sollte nicht höher sein als der Abstand des Strahles vom Beckenrand. In einem Hausgarten läßt man das Wasser aus der Mitte oder aus einer Ecke diagonal ins Becken plätschern.

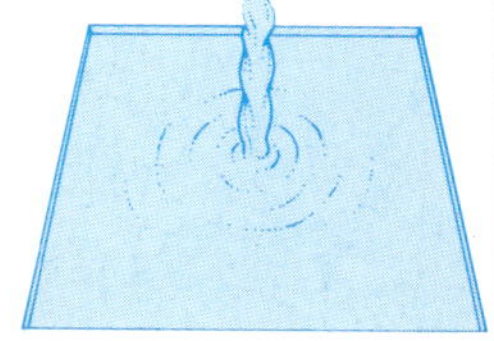

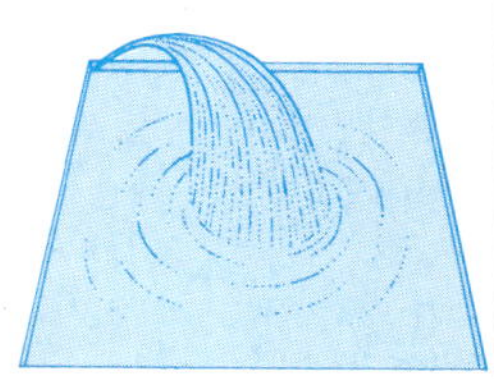

Schwimmbecken

Trotz klimatischer Probleme sind Schwimmbecken im Garten immer noch gefragt. Die Größe kann durch geringere Farbintensität und bestimmte Gestaltung des Beckenrandes optisch gemindert werden, aber ein solches Becken beherrscht immer seine Umgebung. Aus diesem Grunde sollte die Form wie selbstverständlich in den Gesamtplan eingebunden werden, um die Masse so klein wie möglich in Erscheinung treten zu lassen. Es ist ein Trugschluß anzunehmen, bizarre Beckenformen ließen sich leichter in einen Garten einfügen. Einfache Formen und Terrassen, die ein Bekken umgeben (Becken und Umgebung sollten als Einheit gesehen werden), sind auch einfacher einzubinden. Die Terrasse des Schwimmbeckens kann die Beckenform ergänzen, so daß die Verbindung von Becken und Terrasse besser in die Gesamtanlage paßt. Es ist allerdings immer das beste, die Beckenform vorher auf den Gesamtgarten zuzuschneiden, wobei man sie so einfach wie möglich hält. Einfache Formen sind auch praktischer, da man sie leichter beheizen und abdecken kann und man besser darin schwimmen kann. Im Gegensatz zu einem Hotel-Swimming-pool muß man mit dem Becken in seinem Garten das ganze Jahr über leben. Nichts ist deprimierender als ein sommerblaues Schwimmbecken unter einem düsteren Winterhimmel. Man kann es zwar mit einer Zeltbahn abdecken, doch eine dunklere Beckenfarbe ist vorzuziehen.

Die Lage eines Schwimmbeckens muß offen, sonnig und in einigem Abstand von Bäumen gewählt werden, damit kein Laub hineinfällt und das Wasser verschmutzt. Bekken dürfen nicht bei hohem Grundwasserstand gebaut werden, da sonst die gesamte Anlage in Bewegung geraten kann. Außerdem müssen sie für Baggergeräte leicht zugänglich sein. Der ausgekofferte Boden ist zweckmäßigerweise in der Nähe einzubauen *(siehe S. 119)*, da Transport Geld kostet.

Neben dem Schwimmbecken benötigt man Stauraum für Pflegegeräte, einen Platz für die Filteranlage und – im Idealfall – auch eine Umkleidemöglichkeit. Die eigentliche Berechnung und Ausführung eines Beckens sollte man Fachleuten überlassen.

Es gibt unterschiedliche Beckentypen, sie sind entweder aus armiertem Beton an Ort und Stelle oder aus Blöcken errichtet und verputzt. Man kann sie auch aus glasfaserverstärktem Polyester oder aus Metallfertigteilen, die mit bestimmten Folien auf Kautschuk- oder Bitumenbasis beschichtet sind, herstellen. Auch frei aufstellbare Rahmenkonstruktionen sind im Handel. Sie werden nicht in den Boden eingelassen und sind darum auch billiger. Mit entsprechender Umrandung können sie relativ annehmbar in den Garten integriert werden. Der Vorteil besteht auch darin, daß sie sich schnell erwärmen, weil sie über dem Boden stehen und relativ flach sind, und daß man sie am Ende der Saison abmontieren kann.

Quintessenz eines Sommers *Ein gut plaziertes Schwimmbecken in einem Garten, Inbegriff heißer Tage und erholsamen Faulenzens. Sowohl die Einrichtungen am Beckenrand als auch das Becken selbst stellen eine ideale Anlage dar.*

Beckenformen

Die Form eines Bekkens sollte sich nach dem Anwesen, nach Funktion (zum Spielen und zum Schwimmen) und natürlich nach dem Budget richten. Eine Übereckform ist teurer als ein Standardmodell und muß stärker beheizt werden, da warme Unterwasserströmungen nicht im rechten Winkel fließen. Unten sind einige einfache Beckenformen abgebildet.

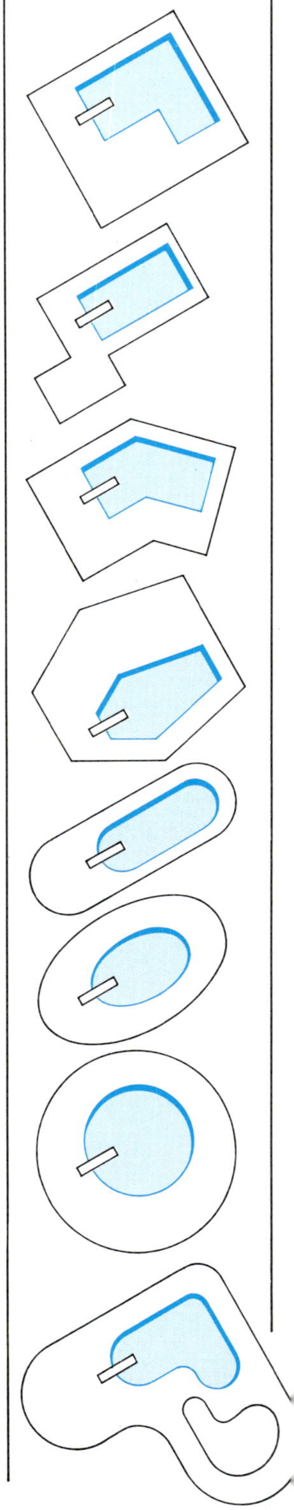

Beckeneinfassung

Die Einfassung gibt dem Becken den Schliff, wie die Einfassung eines Kissens. Oberstes Gebot: Sie darf nicht glatt sein. Beleuchtung und eine Überlaufrinne (Schaumfalle) können in vorgeformte Aussparungen eingebaut werden. Beispiel 1 besitzt eine abgedeckte Überlaufrinne unter der Aufkantung. Beim Beispiel 2 kann das Wasser in eine um das Becken installierte Überlaufrinne fließen. Die beiden unteren Beispiele 3 und 4 spielen die Zweckbestimmung als Schwimmbecken herunter, denn sie könnten auch zu einem Zierbecken gehören. Sie bestehen aus Betonplatten, Naturstein, Fliesen oder Klinker. Solche Kanten passen nicht zu blaufarbenen Becken, eher zu grauen oder schwarzgrundigen Anstrichen.

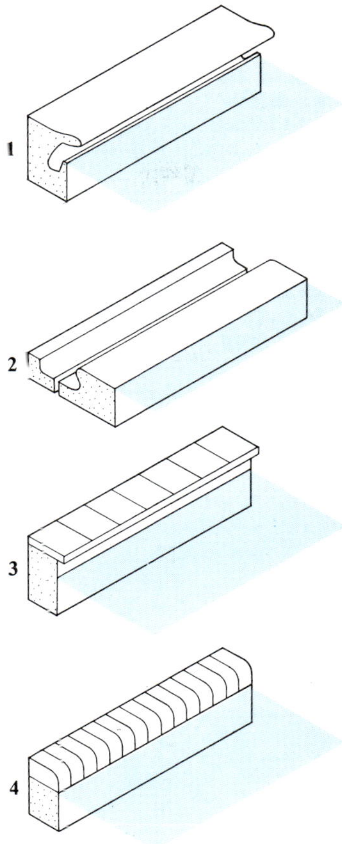

Gute Einbindung *Der Belag zum Sonnenbaden und die Einbindung des Beckenrandes in den Garten machen dieses Beispiel so anziehend. Einfache Pflanzenanordnungen sorgen für einen zweckmäßigen Teilsichtschutz zwischen Terrasse und Becken.*

Gute Schwimmbecken

Ein gut angelegtes Schwimmbecken beherrscht den Garten nicht, sondern fügt sich darin ein. Es sollte eine funktionale Einrichtung sein, die ihren Zweck sowohl als Schwimmbecken als auch zur Erholung am Wasser erfüllt. Im Idealfall sollte es – wie ein Zierteich – auch ausgesprochen schön gestaltet sein.

Unterschiedliche Funktionen *(oben). Dieses Becken ist klug eingeteilt. Es enthält einen niedrigen Bereich zum Spielen für kleine Kinder und einen tieferen zum Schwimmen. Kinder stellen bei allen Becken ein gewisses Risiko dar. Sie sollten immer einen Schwimmgürtel tragen, solange sie nicht gut schwimmen können.*

Eine besonders schöne Anlage *(unten). Nur wenige Grundstücke weisen eine solch imponierende Lage auf. Dieses frei geformte Becken oberhalb eines italienischen Sees zeigt, daß ein Schwimmbecken auch ein großartiges Gestaltungselement sein kann.*

Pflanzen am Schwimmbecken

Der eindeutige Nachteil von Pflanzungen, die zu nahe am Becken stehen, ist, daß Blätter von laubwerfenden Pflanzen ins Wasser fallen können. Auch Immergrüne verlieren etwas Laub. Auch sollten Pflanzen vermieden werden, die stachelig oder giftig sind, besonders wenn Kinder das Becken benutzen. Pflanzen, die zu nah am Becken wachsen, können von Chlorid beeinträchtigt werden, was allerdings davon abhängt, wie das Wasser gechlort wird. Man sollte den Rat eines Fachmannes einholen und ein geeignetes Umwälzsystem einbauen.

Trotz dieser Probleme stellt eine Pflanzung häufig Schutz vor Zugluft in der Nähe eines Beckens dar. Größere Plattenflächen, die ein Becken im allgemeinen umgeben, können auch durch Pflanzen überspielt und eingebunden werden. Wenn Rasen angrenzt, ist darauf zu achten, daß das Mähgut nicht in das Becken gelangt. Man kann auch tragbare Kübel als vorübergehende Dekoration rings um das Becken aufstellen, wenn es zeitweilig nicht benutzt wird.

Auch die vorherrschende Windrichtung spielt natürlich eine Rolle bei der Abpflanzung eines Schwimmbeckens.

Aktionsbereiche

Der Begriff Aktionsbereich wird hier für solche Teile des Gartens gewählt, die für besondere Zwecke gedacht sind – z.B. als Spielbereiche oder Grillecke.

Kinder können in einem zum Spielen ungeeigneten Garten viel zerstören. Da er oft der einzig sichere Spielbereich für sie ist, muß man ihn entsprechend planen, denn Bälle und Fahrräder liegen sonst unweigerlich zwischen den Pflanzen. Die Spielgewohnheiten eines Kindes ändern sich jedoch mit zunehmendem Alter. Krabbelkinder benötigen einen kleinen Rasen in Sichtweite des Hauses, aber fernab von Wasser oder Stufen. Sie lieben kühne Farbgebungen in ihrem Bereich. Sind sie einige Jahre älter, lieben sie einfache Höhenunterschiede wie Grasstufen oder Böschungen zum Herunterrollen.

Ein Sandkasten ist immer beliebt. Er sollte möglichst so groß sein, daß die Kinder darin »Haus« oder »einsame Insel« spielen können, denn der Großteil ihres Spiels ist Phantasie. Innerhalb des Sandkastens braucht man einen flachen Bereich, auf dem sie Kuchen backen und Burgen bauen können, sonst geschieht das in der Sandkastenumgebung. Der Sand sollte in einen Kasten aus Beton, Ziegelsteinen oder Holz eingefüllt werden; für die notwendige Dränage sorgen offene Fugen.

Sehr flaches Wasser zum Planschen ist besonders beliebt, aber Wasser muß weit genug vom Sand entfernt sein, sonst ist das Resultat überall Schlamm. Flaches Wasser, das bis zur Augenhöhe eines Krabbelkindes reicht, ist sicherer und kann für kleine Schiffchen benutzt werden. Sandkasten und Planschbecken können später in hübsche Wasserbecken für den Garten umgewandelt werden.

Wenn Kinder heranwachsen, benötigen sie mehr Platz – einen Bereich zum Dreiradfahren, Ball- und Federballspielen usw. Ein fester Bodenbelag ist auch für Tischtennis im Freien wichtig. Oft braucht man Flächen für Basteleien mit Maschinen oder eine Ecke für Haustiere. Die meisten dieser Einrichtungen gehen unvermeidbar zu Lasten schöner gartengestalterischer Einrichtungen.

Kinder wollen auf ihren Erholungsflächen hauptsächlich Spaß haben und müssen ungehindert herumrennen, ballspielen, radfahren und klettern können. Klettergerüste sollte man auf Rasen setzen oder auf Standorte mit weichem Belag wie Rindenschnitzel. So wird das Herunterfallen weniger gefährlich.

Neben den kommerziell angebotenen Klettergerüsten, die für heranwachsende Kinder rasch zu klein werden, bieten sich auch Geräte an, die man ohne viel Aufwand – zum Beispiel aus Baumstämmen – selbst konstruieren kann.

Ist eine Grillecke geplant, sollte ein befestigter Bereich eingeplant werden. Obwohl zahlreiche fahrbare Geräte angeboten werden, sieht ein gemauerter Grill mit bequemer Arbeitsfläche und Stauraum doch weitaus schöner aus. Außerdem ist eine solche Anlage stabiler und sicherer.

Spaß im Garten *Wenn der Garten ein Ort der Erholung – besonders für Kinder – werden soll, kann das Spielen durch sorgfältige Planung erlebnisreicher und für den Garten selbst weniger strapaziös gestaltet werden. Wichtig hierfür sind solide Materialien und robuste Pflanzen.*

Sandkästen

Sandkästen müssen groß genug zum Spielen sein, Wasser gut ableiten und mit gewaschenem Sand gefüllt werden. Eine Lage von ca. 30 cm scharfem Sand (kein Bausand) ist nötig. Der Sand sollte in einem Kasten aus Beton, Ziegelsteinen oder Holz untergebracht werden, den man mit Platten auslegt, die wiederum auf einer Lage Feinkies oder Asche verlegt werden. Für die Dränage sollten die Fugen offen bleiben. In Städten sind Sandkästen immer riskant, denn sie werden häufig von Katzen benutzt. Am besten baut man einen einfachen Holzrahmen, der mit einem Netz bespannt wird. Wenn der Sandkasten nicht benutzt wird, deckt man ihn damit ab.

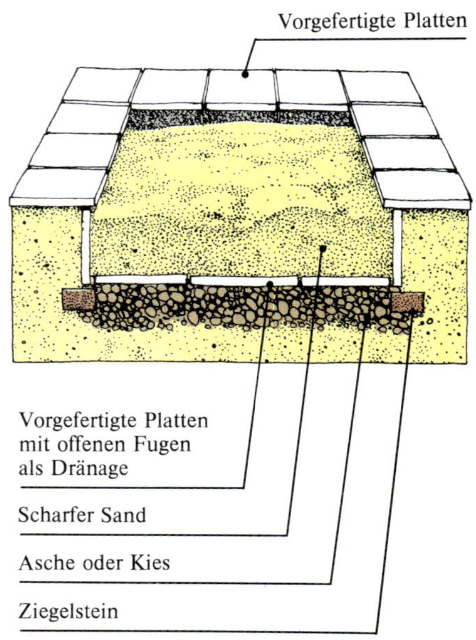

Klettergerüste

Die meisten kommerziell hergestellten Klettergerüste werden unzweckmäßig, wenn die Kinder größer werden. Daher ist es besser, selbst ein Klettergerät, vielleicht aus einem alten Baumstamm, zu bauen, den man später in Stücke zersägen kann. Mit einer Drahtbürste behandelt man rauhe Rinde, um Splitter zu entfernen.

Grilleinrichtungen

Im Garten müssen die Aktionsbereiche für Erwachsene sorgfältiger geplant werden als Kinderspielflächen. Der Grillplatz kann Mittelpunkt einer Gartenterrasse im Sommer werden, und man muß ihn so planen und bauen, daß er genauso gut funktioniert wie der Küchenherd. Auch ein entsprechend großer Bereich für Grillgerät und Holzkohle ist einzuplanen. Es sind verschiedene transportable Formen auf dem Markt, aber man kann selbst leicht einen Grill aus Ziegeln mauern. Auch Beleuchtung und die erforderliche Arbeitsfläche, die dem beweglichen Grill meist fehlen, kann man leicht selbst installieren.
Eine solche Anlage kann in einen Terrassenbereich einbezogen werden und ist auch dann attraktiv, wenn sie nicht benutzt wird. Man muß allerdings darauf achten, daß der Rauch durch die vorherrschenden Winde nicht in Richtung auf das Haus, den Nachbarn oder auf den Sitzbereich getrieben wird. Wenn der Grill nicht direkt im sichtbaren Gartenteil liegt, kann man ihn im Winter auch zum Verbrennen von Gartenabfällen benutzen.
Um den Grill muß genügend Platz für den Koch und für die Gäste sein. An kühlen Sommerabenden ist der Bereich um die Holzkohlenglut ein gemütlicher Platz zum Wärmen. Flache, tischähnliche Anrichteflächen an den Seiten der Grillfläche sind praktisch zum Abstellen von Tellern, Schüsseln, Gläsern und Flaschen. Es ist sehr unangenehm, wenn man nach einer Gartenparty leere Gläser und Tassen aus den Pflanzbeeten holen muß.

Konstruktion

Wenn man eine Reihe von Gästen am Grill bedienen will, sollte er nicht kleiner als 1,00 x 0,50 m sein. Eine kleinere Fläche bedeutet, daß einige Gäste warten müssen, während andere essen. Der Grillrost kann leicht durch eine gut gemauerte Ziegelwand gehalten werden, wie unten zu sehen ist. Der Behälter für die Holzkohle sitzt darunter und ist leicht herauszunehmen. Man sollte wenigstens 1 qm Arbeitsplatte rechts und links vom Grill zum Anrichten und Bedienen einplanen.
Die Gesamthöhe des Grills muß zur eigenen Körpergröße passen. Dafür kann man bei den Arbeitsplatten in der Küche Maß nehmen. Schränke unter den Arbeitsplatten sind praktisch, die Türen müssen allerdings wasserfest sein. Eine elektrische Außensteckdose ermöglicht den Anschluß ortsveränderlicher Spotlights oder einer Stehlampe *(siehe S. 105)*. Die gesamte Grillanlage kann direkt auf einer gut befestigten Terrasse oder auf einem eigenen Fundament *(siehe S. 126)* errichtet werden. Eine Gußbetonplatte unter dem Grill ist ein wirkungsvoller Schutz.

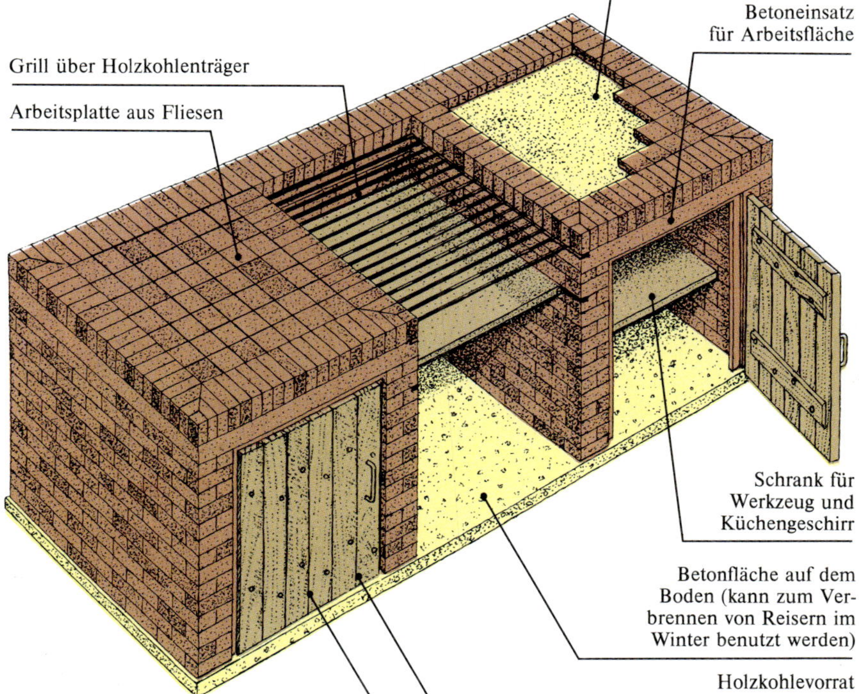

Eine Küche im Freien
Ein gut gestalteter Platz für die Zubereitung und das Servieren von Speisen kann für einen Bereich zum Feiern gewissermaßen das Tüpfelchen auf dem i bedeuten. Dieser gut gestaltete Bereich mit seinen vielen Schränken und Arbeitsplatten eignet sich allerdings nur für heiße, trockene Klimazonen.

Gebäude im Garten

Wie gut ein Garten auch geplant sein mag, so muß man doch häufig nach einigen Jahren irgendwelche Bauten darin errichten, wenn ein neues Hobby begonnen wird oder ein Wagen oder Gartenwerkzeuge untergebracht werden müssen. Im Handel werden verschiedene vorgefertigte Gartenhäuser angeboten. Die Vielfalt der Materialien, aus denen sie hergestellt werden, ist bemerkenswert. Man sollte aber Schuppen oder Gartenhäuser immer aus ein und demselben Material wählen, damit die verschiedenen Baulichkeiten am Ende kein Sammelsurium ergeben. Vorgefertigte Elemente sehen meist modern aus und sind klar in der Linienführung. Stammt das Haus aus einer anderen Bauperiode, müssen solche Bauten dann so versteckt werden, daß man sie nicht zusammen mit dem Wohnhaus sieht.

Der Preis ist bei der Anschaffung von Bedeutung. Im allgemeinen läßt sich ein größeres Gartenhaus allerdings leichter in die Umgebung einfügen als ein kleineres, denn es ist der Größenunterschied zwischen Wohn- und Gartenhaus, der Probleme aufwirft. Mit kleineren vorgefertigten Einheiten gibt es oft auch deshalb Probleme, weil sie in punkto Höhe nur selten gut proportioniert sind. Eine gewisse Einheit erzielt man, wenn man die notwendigen Baulichkeiten - Geräteschuppen, Gewächshaus, Frühbeet, Kompostbereich und möglicherweise auch noch einen Öltank - zusammen in einem Bereich aufstellt, den man durch einen Weg erschließt. Eine andere Möglichkeit wäre, eine fensterlose Mauer zu errichten und die Bauten daran anzuschließen.

Treibhäuser und Wintergärten

Treib- oder Gewächshäuser und Wintergärten werden häufig zusammen aufgeführt, ihre Funktion unterscheidet sich jedoch sehr wesentlich. Ein Wintergarten ist die Erweiterung eines Hauses, während ein Gewächshaus - obgleich es an ein Haus angebaut sein kann - Teil des Gartens ist. Die Bedeutung eines Gewächshauses liegt in der Kultur dekorativer Pflanzen unter Glas. Seine Ausstattung muß daher auf Hantieren mit Wasser und Pflanzen zugeschnitten sein. Hingegen ist ein Wintergarten eher als Teil des Hauses möbliert und lediglich mit Pflanzen geschmückt.

Ein Wintergarten wird wegen seiner großen Fenster ohne Doppelverglasung im Winter meist zu kalt und im Sommer zu heiß sein. Die Fenster können natürlich geöffnet werden, aber Zugluft kann zum Problem werden. Deshalb ist die Nutzung eines Wintergartens, auch wenn er noch so gut gehegt wird, abhängig von der Temperatur.

Es werden zahlreiche Gewächshaustypen auf dem Markt angeboten. Sie bestehen meist aus weißgestrichenem Weichholz und erfordern regelmäßige Pflege und neuen Anstrich. Die Pflanzen können in Beete oder in Töpfen auf den Boden gesetzt werden oder auf Pflanztische. Viel Sorgfalt und Pflege für die Pflanzen ist nötig, wenn man nicht eine automatische Bewässerungsanlage einrichten kann, da bei warmem Wetter mitunter zweimal täglich gegossen werden muß. Doch ein Gewächshaus lohnt all diese Mühen, denn es versorgt uns auch während der langen dunklen Wintertage mit einem blühenden, wachsenden Garten mit Hyazinthen, Narzissen und Mimosen. Im Sommer ist ein größeres Gewächshaus ideal für Feste und Partys. Idealerweise sollten Pflanzung und Ausstattung stilistisch zusammenpassen. Man kann einen tropischen Charakter mit großblättrigen Pflanzen erzielen oder einen lichten und hübschen mit einer ganz besonderen Farbauswahl. Auf jeden Fall aber ist die Grundvoraussetzung ein klares Konzept.

Gewächshaus nach Maß *Dieses hübsche Gewächshaus wurde speziell als Verbindung zweier Gebäude entworfen. Man kann darin eine begrenzte Anzahl von Pflanzen kultivieren, und es ist gleichzeitig Eingang zum Garten. So wurde das Gewächshaus zu einem eigenständigen dekorativen Element in einem Gartenbereich, der sonst zugig und uninteressant geblieben wäre.*

Das Gewächshaus des Pflanzenfreundes *Dieses Gewächshaus wurde eher zur Anzucht von Pflanzen als für den familiären Gebrauch entworfen, dennoch bleibt Platz für eine Sitzgelegenheit in dieser grünen Oase im Stil des 19. Jahrhunderts.*

Nutzung eines Gewächshauses

Eine Ecke des Gewächshauses kann man als kleines Tropenhaus benutzen, aber zunächst muß man einmal Borde und Pflanztische in geeigneter Höhe errichten *(siehe S. 151)*. Darauf kann man die Pflanzen getopft aufstellen oder Stecklinge eigener Mutterpflanzen oder geschenkte Stecklinge heranziehen. Das Kultivieren von exotischen Pflanzen, das ein Gewächshaus zu etwas Besonderem macht, kann zu einer Leidenschaft werden. Die untere Abbildung zeigt zwei Anzuchtkästen für den Liebhaber. Beide besitzen eine elektrische Heizung, die durch den Kies verlegt wurde. Der obere Kasten ist geschlossen, um höhere Luftfeuchtigkeit zu erhalten.

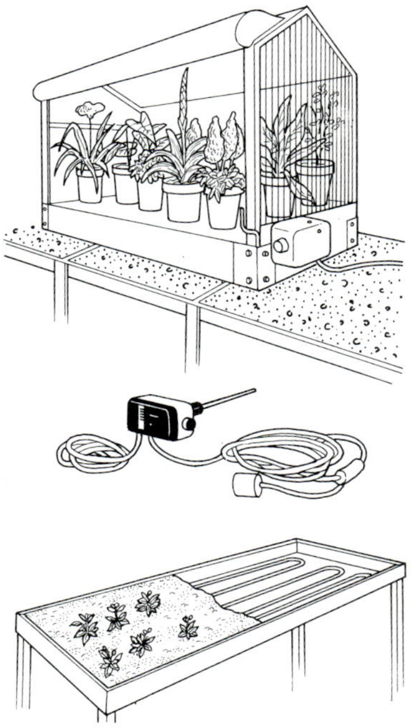

Sommerliches Eßzimmer *Bei diesem Beispiel wurde das Gewächshaus in ein schönes Speisezimmer für sommerliche Tage verwandelt. Der Boden ist für die Pflege der Pflanzen und zur leichteren Aufstellung von Möbeln gefliest. Verstellbare Sonnenschutzblenden halten das Haus während der Sommermonate kühl.*

Bodenbeläge für das Gewächshaus *Natursteinplatten, Klinker, Betonplatten und Fliesen bilden einen idealen, tragfähigen Bodenbelag für ein Gewächshaus.*

1, 2 Natursteinplatten
3–7 bruchrauhe Platten
8, 9 gesägte Platten
10 rauhe Terrakottafliesen

__Moderner Gartenraum__ (rechts). Der Charakter dieses gefliesten Gartenzimmers ist durchaus modern. Die Familie hat viel Platz. Der Raum wird durch kräftige Blattmassen und Farben akzentuiert. Die getopften Pflanzen lassen sich versetzen, damit der Raum für verschiedene Zwecke genutzt werden kann.

__Erweiterung des Hauses__ (linke Seite). Dieser Gewächshausanbau, der das ganze Jahr hindurch benutzt werden kann, bietet ausreichend Raum für Pflanzen und einen Eßplatz. Der Stil orientiert sich an der wilhelminischen Epoche und wird durch die Korbsessel und den Fliesenboden angedeutet.

Verschiedene Stellagen

Die handelsüblichen Stellagesysteme sind häufig mehr Dekoration als zweckmäßige Konstruktion, und sie passen von den Ausmaßen her nicht überall hin. Darüber hinaus sind einige kaum mehr als Borde, die durch Nässe bald häßlich werden. Das obere Beispiel in der Abbildung unten hat einfache Metallborde. Darunter sieht man eine Metallstellage mit Kieswannen, in denen Töpfe während einer Abwesenheit von zu Hause praktisch und leicht feucht zu halten sind. Das dritte System besteht aus abgestuften Metallstellagen. Bei den beiden unteren Systemen handelt es sich um Metallrahmen mit hölzernen Lattenrosten. Diese hölzernen Abstellflächen verrotten allerdings leicht.

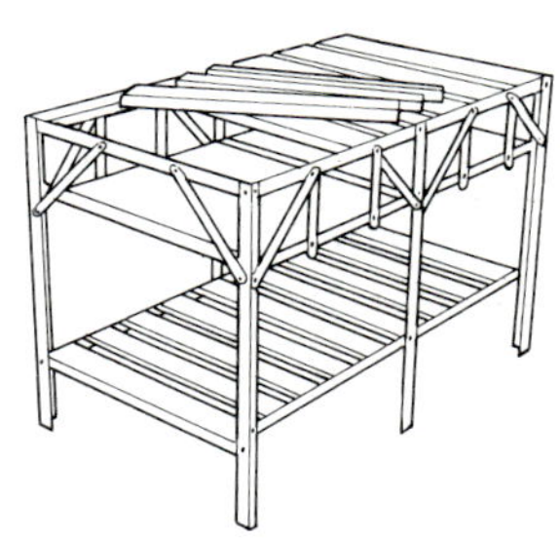

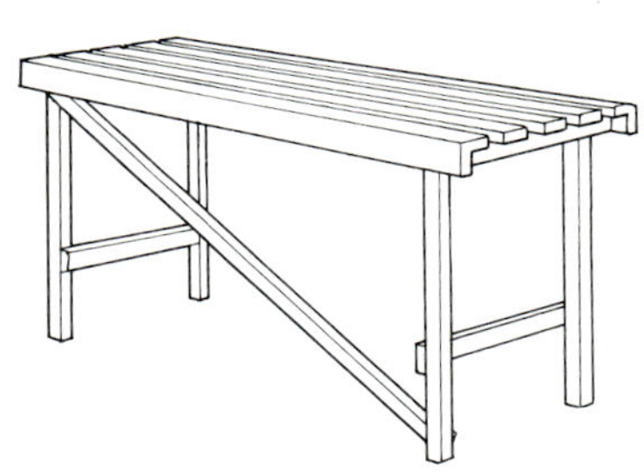

Konstruktion der Stellagen

Die Stellagen müssen stabil gebaut sein, um das beachtliche Gewicht von nassem Torf oder Kies und Töpfen zu tragen. Man verwendet Winkeleisen (50 mm breit) für die Stützen, die in Beton gesetzt werden sollten, und für die Verstrebungen, die mit den Stützen verbunden sein müssen und die Asbestzementplatten tragen. Streben sind sowohl unter den Asbestplatten als auch im Winkel zwischen den Stützen erforderlich. (Winkeleisen mit Rostschutzfarbe behandeln.) Die Asbestplatten erhalten eine Lage aus feinem gewaschenen Sand, in den die Töpfe gesetzt werden können. Der Sand sorgt für die Aufnahme überflüssiger Wassermengen und reguliert wiederum die Feuchtigkeit in den Töpfen durch die Kapillarwirkung in der Blumenerde.

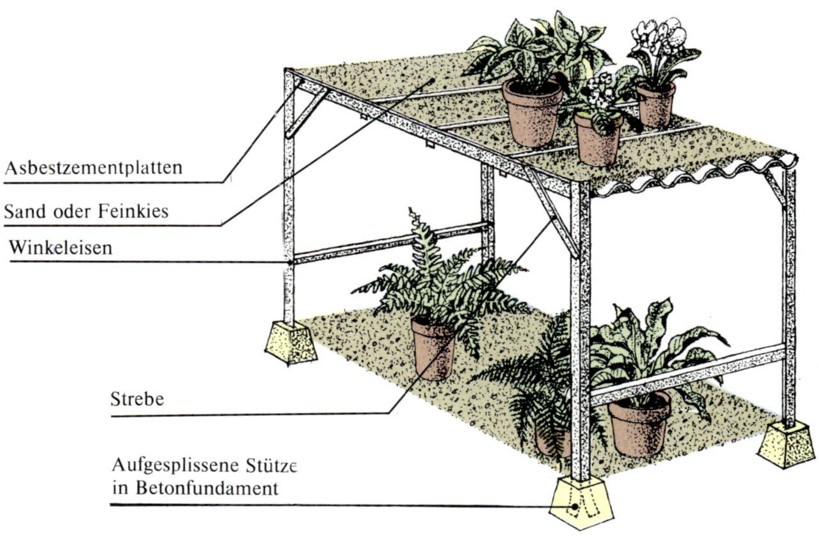

Abstellraum

Wohin mit den Gartengeräten, Gartenmöbeln, Fahrrädern, Spielsachen und anderen Dingen, die nur zu bestimmten Zeiten im Garten verwendet werden? Es scheint, daß moderne Architekten das Problem des Abstellraums meist total ignorieren. Wenn Familien älter werden, wird dieses Problem durch abgelegte Spielsachen und Gerätschaften noch größer. Neben den sperrigen Geräten wie Rasenmäher sammelt sich oft auch eine Menge Dünge- und Schädlingsbekämpfungsmittel an. Viele davon sind hochgiftig und müssen an wasserdichter Stelle vor dem Zugriff von Kindern sicher sein. Es gibt außerdem Komposterde, Saatmischungen, Erde für Stecklinge und evtl. Blumenerde. Kommen dann noch Gartenschuhe oder Gummistiefel hinzu, hat man ein wirkliches Unterbringungsproblem. Wo es möglich ist, kann man aus der Not eine Tugend machen und ein vorhandenes Gartenhäuschen benutzen, oder man überlegt, wie man ein neues bauen kann, das in das Gartenkonzept paßt, vielleicht im Anschluß an eine vorhandene Mauer oder an einen Zaun. Geht das nicht, so ist ein Geräteschuppen zu erwägen. Bevor man aber mit dem Bauen beginnt, sollte man die Ortssatzungen und baupolizeilichen Vorschriften studieren, denn es gibt verschiedene Vorschriften über zulässige Formen und Größen. Man wählt einfache Formen, die ins Gesamtkonzept passen, und ist überrascht, wie unauffällig ein solcher Zweckbau sein kann. Näheres über die Abschirmung ist auf Seite 178 zu erfahren.

Auf der Straßenseite des Hauses fehlt es oft an Platz für die Mülltonnen. Einfache Schränke für diese Tonnen können gut in das Gesamtkonzept des Gartens einbezogen werden.

Traditioneller Gartenschuppen *Die Verschiedenartigkeit der häufig benutzten Werkzeuge in diesem Vorrats-, Umtopf- und Geräteschuppen zeigt, mit welchen Raumproblemen ein Hobbygärtner konfrontiert ist. Meist benötigt man nicht so viel Platz, doch ein kleinerer Schuppen zum Umtopfen würde ähnlich aussehen.*

Zweckmäßiger Stauraum

Spezifische Raumprobleme können manchmal mit einem Zweckbau für die unterzubringenden Geräte gelöst werden. Solche Bauten sind nur dann geglückt, wenn sie mit dem Gartenkonzept harmonieren. Holzkonstruktionen lassen sich beispielsweise gut an das Zaunmaterial anpassen.

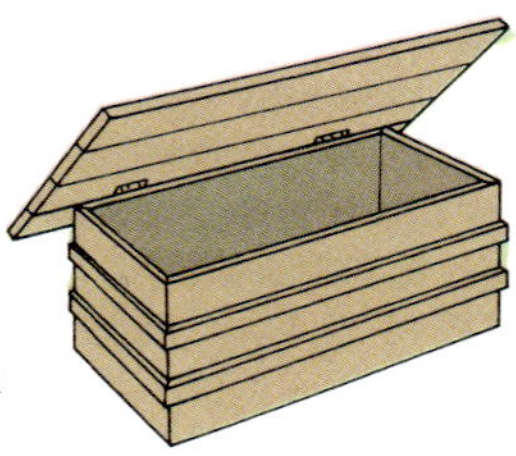

Holzkasten und Bank

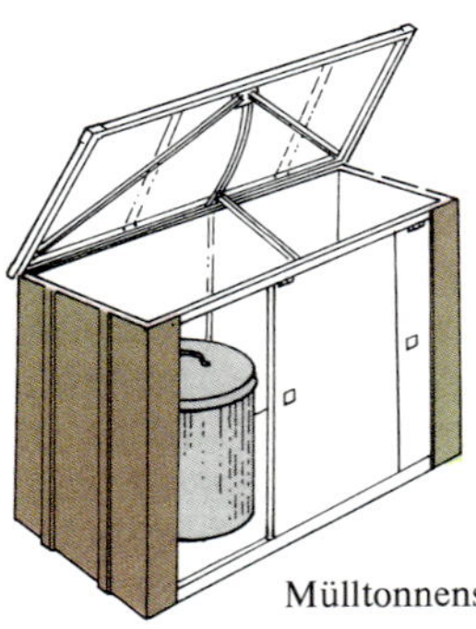

Mülltonnenschrank

Eckschrank

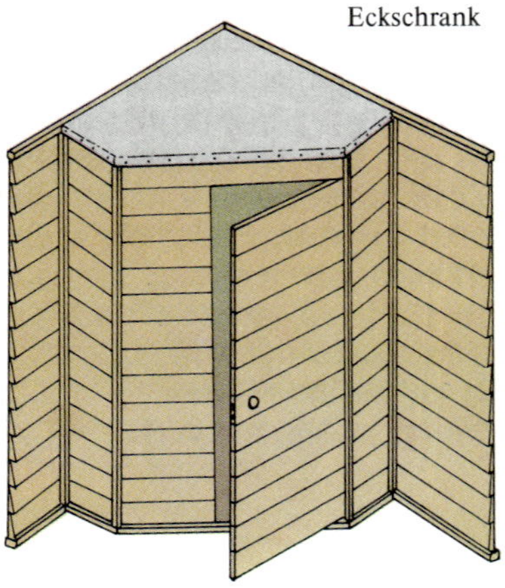

Gartenhäuschen

Die unten dargestellten Häuschen zeigen handelsübliche Typen. Die auszuwählende Form sollte Bezug auf den Garten nehmen. Ein größeres Häuschen ist oft leichter in die Gestaltung einzubeziehen als ein kleineres. Weist der Garten außerdem noch ein anderes freistehendes Gebäude auf, etwa eine Garage oder ein Gewächshaus, so sollte man das Gerätehaus in der Nähe errichten, um zu viele Andienungswege und befestigte Flächen zu vermeiden.

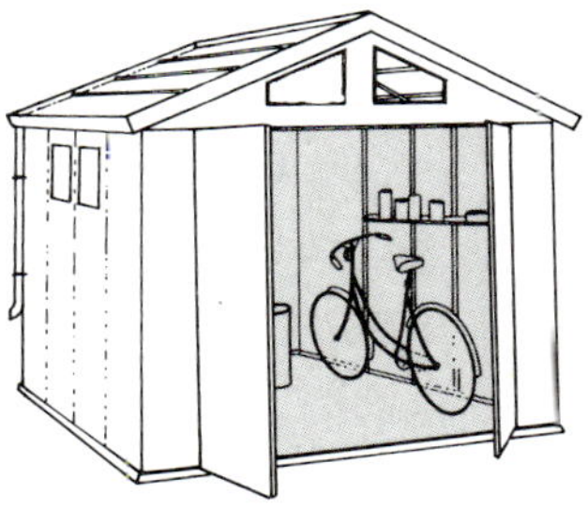

Gartenhäuschen mit Doppeltür in Metall oder Plastik

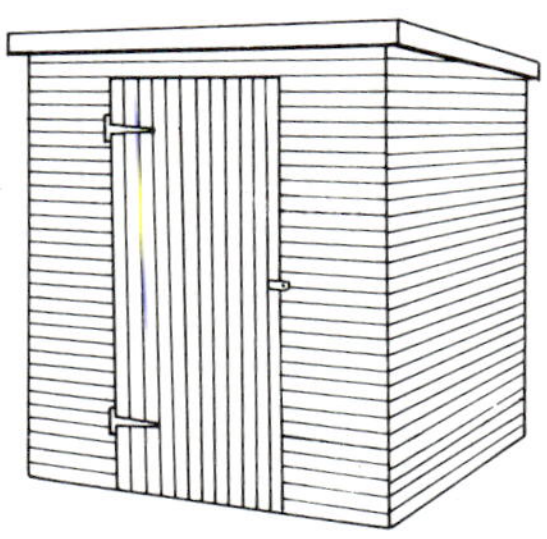

Einfacher Unterstellraum aus Holz

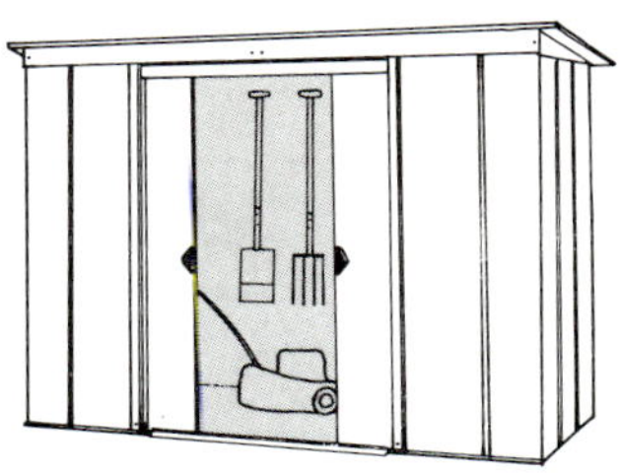

Metallhäuschen mit Schiebetüren

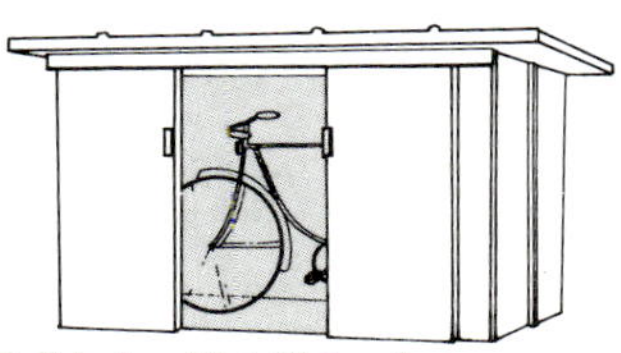

Halbhohes Metallhäuschen

***Pflanzenschuppen** (oben). Dieses holzvergitterte Beispiel wird zeitweise für Zimmerpflanzen benutzt, die Schatten und kühlen Standort benötigen.*

***Einfacher Geräteraum** (unten). Das tragende Gerüst dieses Baus besteht aus Beton. Das Dach ist mit Teerpappe eingedeckt, die Türen sind aus Holz.*

Unterbringung von Geräten

Gartengeräte sollten immer sauber weggelegt werden. Man ölt Zinken und Spatenblätter von Metallwerkzeugen ein, gelegentlich auch sämtliche unbenutzten Holzstiele. Es ist entmutigend, mit schlecht gepflegten, rostigen Gerätschaften zu arbeiten. Viele der neuen Gartengerätesysteme besitzen plastiküberzogene Stiele, in die diverse Geräte eingesetzt werden können. Ob man nun aber moderne oder traditionelle Werkzeuge benutzt, immer sollten sie an den Wänden des Gartenhäuschens aufgehängt werden, wenn man sie in gutem Zustand halten und den Boden für schwere, sperrige Geräte freihalten möchte. Das rechts abgebildete Aufhängesystem hat verstellbare Klemmen für Stiele und Haken zum Aufhängen.

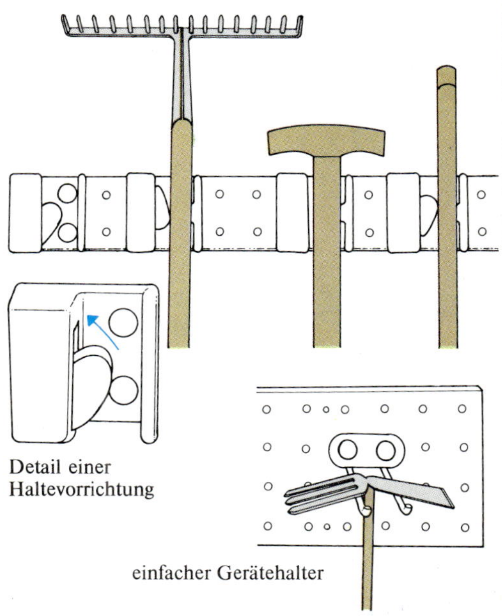

Detail einer Haltevorrichtung

einfacher Gerätehalter

Fundament

Eine solide Gründung ist für jedes Gartenhaus wichtig. Die einfachste besteht aus einer ca. 15 cm dicken Betonplatte *(siehe Anhang für geeignete Mischung)* auf verdichteter Packlage. Man kann aber auch jede dauerhafte Bodenbefestigung wählen, die zu den anderen Flächen im Garten paßt. Holzhäuser werden meist mit einem Holzboden geliefert, der auf Fugen gesetzt wird, damit er von unten belüftet wird.

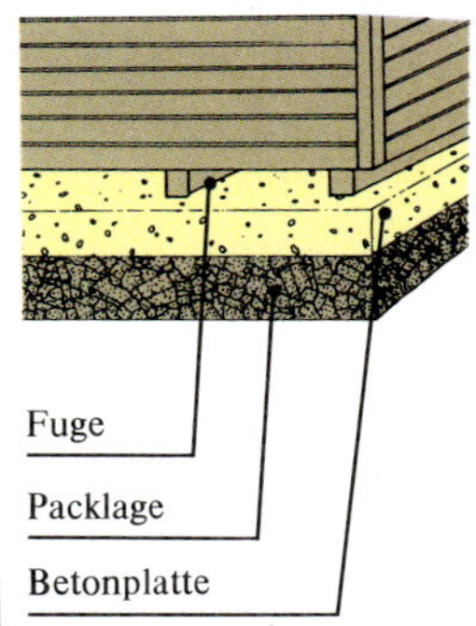

Gewächshäuser und Frühbeete

Es wurden schon viele Spezialbücher über Lage und Gestalt dieser nützlichen Garteneinrichtungen geschrieben, doch uns interessiert in erster Linie ihr äußeres Erscheinungsbild. Form und Aussehen haben sich allerdings immer an der Zweckbestimmung zu orientieren; manche von den im Handel angebotenen Gewächshaustypen sind zu klein und ausgeklügelt, um noch zweckmäßig zu sein. Der wirkliche Pflanzenzüchter entscheidet sich für das Gewächshaus, das seinen gärtnerischen Anforderungen entspricht.

Darüber hinaus bestimmen auch Standort und Gartenstil den Gewächshaustyp. Die Tragkonstruktionen können aus Weichholz, Zeder oder Metall bestehen, die Dächer sattel- oder pultförmig, mehrfirstig oder wie eine Kuppel gewölbt sein.

Auch vollautomatische Gewächshäuser, die sich selbständig bewässern, belüften und schattieren, werden schon angeboten, aber solche Ausführungen sind nur dann zweckmäßig, wenn eine entsprechend große Glasfläche vorhanden ist. Die meisten Hobbygärtner brauchen ein Gewächshaus zum Überwintern, für Frühbeete im Frühling und zur Anzucht von Stecklingen im Spätsommer. Auch Tomaten und Paprika lassen sich während des Sommers darin kultivieren, aber ohne automatische Bewässerung kann das Gießen zu einer Plage werden. Je kleiner das Haus ist, desto schwieriger läßt sich die Temperatur kontrollieren und damit auch die Feuchtigkeit. Ein Kasten mit Bodenheizung würde den meisten Anforderungen in punkto Glasfläche genügen. Das Angebot an Rahmenkonstruktionen ist begrenzt. Es ist relativ einfach, aus Ziegelsteinen oder dem weniger dauerhaften Holz selbst ein Fundament herzustellen und mit einem einfach aufzunehmenden Glasrahmengerüst abzudecken. Wenn die Rahmenkonstruktionen keine Bodenheizung besitzen, kann man sie immer noch zur Abhärtung der Pflanzen verwenden, die man aus Saatgut herangezogen hat.

Sowohl Metallrahmenkonstruktionen als auch Gewächshäuser müssen an sonnigen Standorten aufgestellt werden. Der Bereich großer Bäume ist zu meiden. Auch ist zu bedenken, daß sich Schnee im Winter auf dem Dach auftürmt und regelmäßig entfernt werden muß. Überhängende Bäume können durch abrutschende Schneelasten verheerende Schäden am Gewächshaus anrichten.

Metallrahmenkonstruktionen und Gewächshäuser sollten durch feste, trockene Wege erschlossen werden, die breit genug für eine Schubkarre sind. Im Umfeld sollte genügend Platz für Töpfe und Kübel geplant werden. Auch als kleine Zweckkonstruktionen können Gewächshäuser hübsch wirken und brauchen nicht versteckt zu werden.

Gewächshaus als Blickfang *In diesem holländischen Garten ist das Gewächshaus ein eigenständiges dekoratives Element, das von einer hübschen Pflanzung gerahmt ist. Der Bereich um das Holzrahmenhaus wurde dauerhaft befestigt.*

Gewächshaustypen

Die Grundtypen der Gewächshäuser für kleinere Gärten sind unten abgebildet. Sie bestehen aus pflegeleichtem Zedernholz oder Metall oder aus Weichholz, das regelmäßigen Anstrich benötigt. Ob man freistehende oder anschließende, bis zum Boden verglaste oder halb verklinkerte Gewächshäuser aufstellt, ist eine Frage des persönlichen Geschmacks.

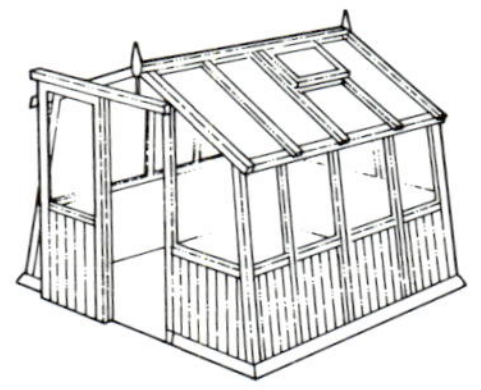

Gewächshaus mit Holzwand

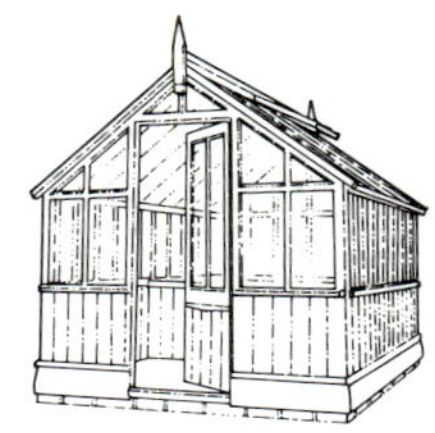

Gewächshaus mit Holzwand und Spanndach

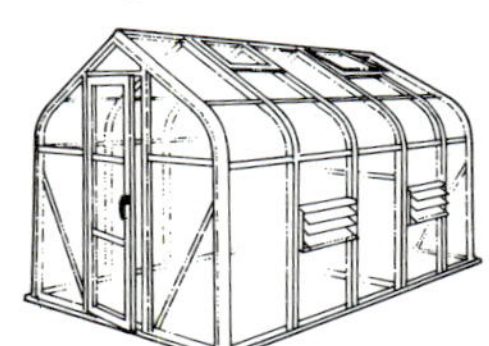

Metallrahmen, bis zum Boden verglast

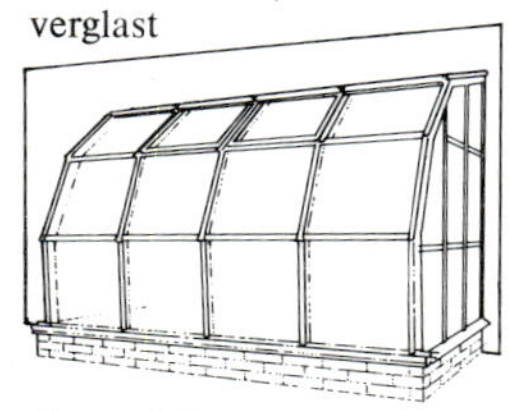

Gewächshaus als Anbau

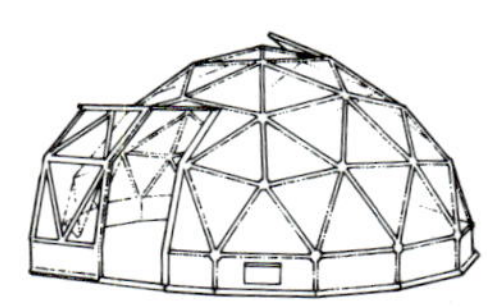

Metallrahmenkuppel

Die Lage für ein Gewächshaus

Man muß darauf achten, daß das Gewächshaus genügend Sonnenlicht erhält und sich außerhalb des Schattenbereiches von Bäumen und Gebäuden befindet. Im Idealfall sollte der First freistehender Gewächshäuser in Nord-Süd-richtung verlaufen, damit die Sonne es tagsüber ständig bescheinen kann und auf beiden Seiten die gleiche Lichtmenge einfällt. Der endgültige Standort wird allerdings von der Gesamtkonzeption des Gartens und der geplanten Strom- und Wasserversorgung *(siehe S. 104–105)* bestimmt.

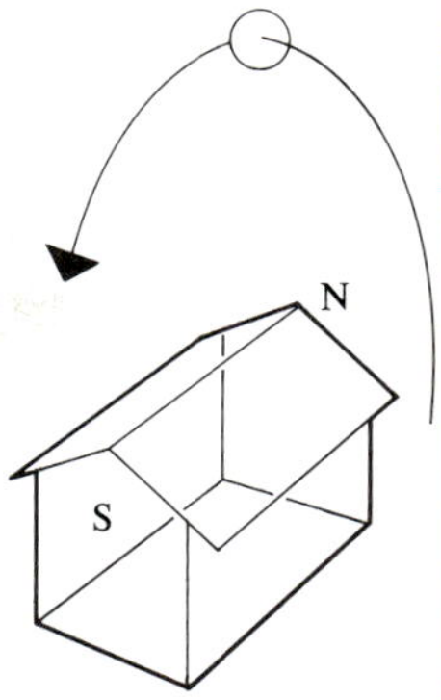

***Farbenfroher Anbau** (links).* *Ein hölzernes Gewächshaus mit Maueranschluß ist in einem kleinen Garten oft leichter zu errichten als ein freistehendes. Man kann es vor jeder sonnigen Wand errichten.*

***Erker-Gewächshaus** (oben).* *Ein nach Süden ausgerichtetes Erker-Gewächshaus ist eine hübsche Lösung, wenn man nur einen kleinen Garten besitzt, und verschönert noch dazu die einfache Mauer.*

Konstruktion eines Kalten Frühbeets

Ein einfaches Frühbeet zur Abhärtung von Pflanzen aus dem Gewächshaus oder zur Aussaat von Einjährigen ist leicht zu bauen. Man stellt einen schrägen hölzernen Kasten her (etwa 1,20 × 1,20 m) und einen gleich großen Rahmen für die Verglasung. Dieser Rahmen kann extra angefertigt werden oder aus alten Fensterrahmen bestehen. Er wird an der tieferen Seite, wie in der Zeichnung dargestellt, gehalten. So kann er aufgeklappt und zum Lüften auf den Überstand der Kastenumrandung gelegt werden. Soll die Konstruktion längere Zeit überdauern, muß man sie mit Holzschutzmitteln behandeln, allerdings nur solchen, die sich nicht schädlich auf die Sämlinge auswirken. Nach der Behandlung muß man das Holz längere Zeit gut trocknen lassen. Man kann den Kasten auch in der Farbe eines benachbarten Gewächshauses streichen. Wenn man das Frühbeet für Containeranzucht benutzt, kann man es auf einem festen Untergrund errichten, wo Fäulnis nicht so schnell entsteht wie in Frühbeeten mit Bodenschluß.

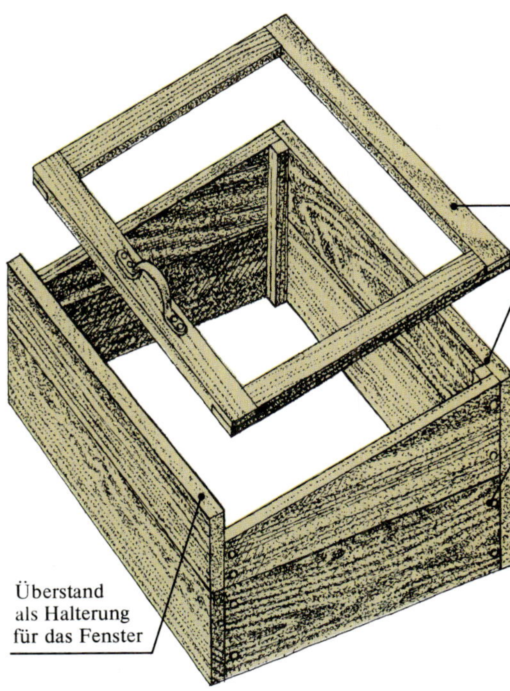

Pergolen

In wärmeren Klimazonen werden Pergolen im allgemeinen zur Beschattung von Wegen verwendet. Bei uns betrachtet man sie mehr als Bindeglied zwischen Wohnung und Garten. Sie dienen außerdem als Gerüst für Schling- und Kletterpflanzen. In einsehbaren Gärten in der Stadt schaffen sie für den, der darunter sitzt, einen gewissen privaten Bereich. Wenn man den Verlauf der Oberzüge entsprechend plant, kann auch das Sonnenlicht durchscheinen. Ein Pergolengerüst über einer Terrasse bildet einen eigenen Raum im Freien. Wenn eine Pergola an das Haus angeschlossen ist, zieht sie den Blick nach draußen, indem sie einen Teil des Gartens einrahmt und gleichzeitig dem Wohnraum größere Tiefe verleiht.

Eine Pergola muß mit dem Baustil des Hauses in Einklang stehen, denn sie wird sowohl von innen als auch von außen gesehen. Die Proportionen der verschiedenen Konstruktionselemente müssen miteinander harmonieren. Zu oft sind die Unterzüge, die als Träger der Oberzüge fungieren, verhältnismäßig dick. Die Maße der Holzbalken für die Unterzüge (Holz eignet sich am besten als Baustoff für diese auf den Hausmaßstab abgestimmte Brücke) hängen von der Länge ab, die zwischen den Stützen zu überspannen ist, und dieser Abstand hängt seinerseits wieder von der Holzart ab (Hart- oder Weichholz), die man verwenden möchte.

Das beste Maß für Pergolen liegt etwa bei einer Spannweite von 3,00–3,50 m, denn wenn die Balken zu lang werden, hängen sie durch. Stehen sie zu eng, verziehen sie sich. Am besten nimmt man Eichenbalken für die Unterzüge. In Mittelmeerländern verwendet man häufig unbesäumtes Weichholz. Heute kauft man besäumtes, imprägniertes oder gestrichenes Weichholz oder Zedernholz, das im Laufe der Zeit eine attraktive graue Farbe annimmt. Hartholz, das weit weniger reißt, ist ziemlich teuer.

Die Stützen einer dauerhaften Konstruktion können aus Steinsäulen oder aus gemauerten Pfeilern bestehen. Man kann sie auch aus Holz oder Metall herstellen. Wenn die Lage nichts anderes erfordert, sollte das Material auf jeden Fall so einfach wie möglich sein. Das Gerüst hat die Funktion, Pflanzen zu stützen. Daher müssen die Pflanzen wirken und nicht ein ausgeklügeltes Rankgerüst. Wo eine Pergola an das Haus anstößt, kann sie entweder in die Wand eingelassen oder - einfacher - auf einer L-förmigen Metallkonsole aufgesetzt werden, die an der Wand befestigt wird.

Wenn Holz für ein besonderes Projekt zu schwer ist, kann man verzinkten Draht spannen, z.B. über einen Dachgarten, oder in einem Garten in der Stadt von Mauer zu Mauer führen. An solchen Drähten gezogene Wein- oder Hopfenranken spenden im Sommer Schatten und lassen im Winter das Licht hindurch.

Obgleich sich mit einer Pergola auf einfache und wirkungsvolle Weise Wohn- und Freiraum miteinander verbinden lassen, wenn sie als Erweiterung eines Hauses gedacht sind, so kann man damit auch abseits vom Haus einen abgeschlossenen Bereich gestalten. Wenn zwei Wände rechtwinklig in einer Gartenecke hinten im Garten aufeinandertreffen, kann man beispielsweise mit Hilfe einer Pergola einen reizvollen geschützten Sitzplatz anlegen. In einem solchen Fall ist man bei der Gestaltung nicht so sehr auf den Stil des Hauses angewiesen und kann das Material frei wählen. Immer jedoch sollte sich das Material des Rahmengerüstes harmonisch in die Umgebung einfügen, denn im Winter ist es ja unbelaubt zu sehen.

Pergola gegen starkes Sonnenlicht
Diese gut gegliederte Pergola bildet mit dem von ihr umschlossenen Bereich eine Erweiterung des Hauses. Die klaren Linien werden vom Sonnenschein nachgezeichnet und werfen ein geometrisches Muster auf Wände und Boden. Die Stufen sind aus Ortbeton hergestellt. Der Bodenbelag zeigt ebenfalls ein lineares Muster.

Traditionelle Pergola *(oben). Dieser überdeckte Gang wurde aus ortsüblichen Materialien hergestellt - Eiche und Stein. Der Bereich, durch den sie führt, ist üppig bepflanzt.*

Geschützter Winkel auf dem Lande *(rechts). Leichtes Weichholz diente zum Bau einer Pergola über einer Terrasse. Sie erzeugt eine ruhige, gemütliche Atmosphäre.*

Konstruktion einer Pergola

Imprägnierte Weichholzbohlen und Metallstützen können zum Bau einer einfachen Pergola, wie sie rechts abgebildet ist, verwendet werden. Die Bohlen sind mit geeigneten Metallschuhen an der Stützwand befestigt. Auf der anderen Seite wurden Metallstützen in die Bohlen eingelassen. Sie besitzen die halbe Dicke der Oberzüge. Die Pfosten müssen fest unter der Oberfläche in Betonfundamente eingelassen werden. Die Reihe der Oberzüge wird durch ein Metallrohr verbunden. Pflanzenstützender Draht sollte an der Unterseite der Pfosten angebracht werden, um Kletterpflanzen *(siehe S. 212)* das Wachstum zu erleichtern. Die Platten auf der Terrasse sollten so verlegt werden, daß die Pergolenstützen möglichst mit einer Fuge zusammentreffen.

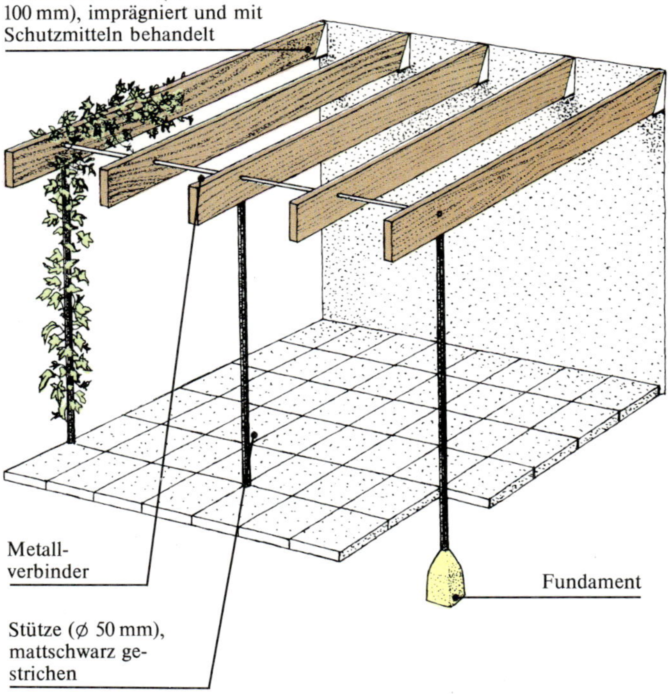

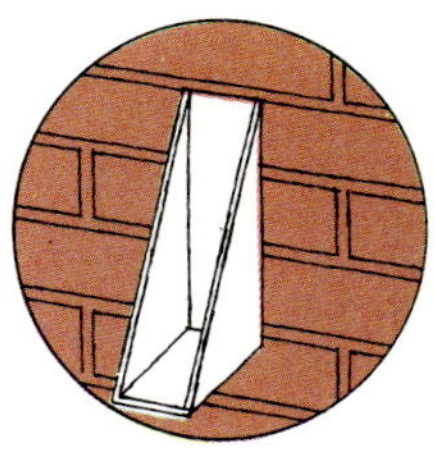

Befestigung durch Metallschuhe, *die mit Mörtel in die Wand eingemauert sind.*

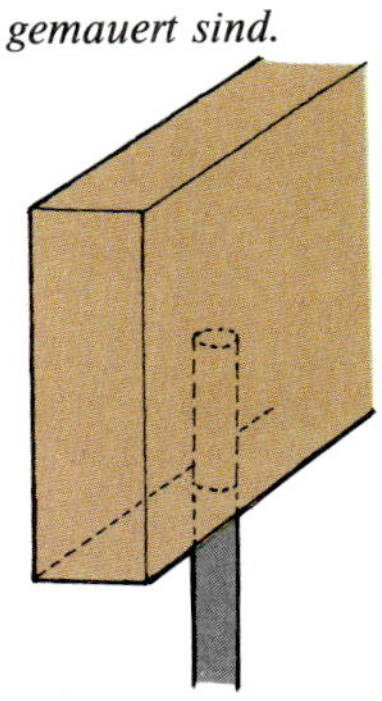

Senkrechte Verzapfung *in den Oberzügen (auf Stützen).*

Schützende Dächer

Zu diesen leichten Bauten gehören Schutzdächer, Gartenhäuschen, Lauben, Rankgerüste und ähnliche Konstruktionen. Diese Einrichtungen sollen vor Wind und Sonne schützen und ein Gefühl von Geborgenheit vermitteln. Es ist auch gemütlicher, im Sessel oder Liegestuhl in der Nähe einer schützenden Mauer zu ruhen als auf einem ungeschützten und vielleicht zugigen Platz.

Vorgefertigte Gartenhäuschen werden in vielen unterschiedlichen Formen und Stilrichtungen angeboten. Meist bestehen sie aus gestrichenem oder imprägniertem Holz. Wenn die Konstruktion in der Nähe des Hauses errichtet werden soll oder in Verbindung mit anderen Baulichkeiten, muß sie dazupassen. Doch die Schönheit solcher Baulichkeiten liegt darin, daß sie im allgemeinen versteckt in größeren Gärten liegen und daß man sie daher auf eigene Weise gestalten kann. Wenn man ein Gartenhaus mit Türen aufstellen will, müssen sich die Türen weit öffnen lassen, um ein Überhitzen des Raumes während des Sommers zu vermeiden.

Ein einfaches Sonnenschutzdach kann man leicht selbst herstellen. Es erfordert keine wasserdichte Abdeckung, denn es soll ja lediglich vor Sonnenstrahlen schützen. Wenn Mauern oder Zäune vorhanden sind, kann man sie zum Teil auch zur Befestigung eines einfachen Baldachins nutzen.

Einfache Rahmen sind ideale Rankgerüste, die ebenfalls für Schatten sorgen können. Eigens für diesen Zweck konstruierte Gerüste aus gestrichenem Eisen sind für viele Gärten eine passende Lösung und können einer Laube eine klare Linienführung geben. In Verbindung mit Kletterpflanzen oder Hängebaumformen kann man mit solchen Gerüsten einen umschlossenen, geschützten Raum schaffen.

Überdachte Konstruktion

Sämtliche unten abgebildeten Konstruktionen können im Garten errichtet werden, um den Rhythmus einer Anlage zu betonen. Sie können aber auch praktisch genutzt werden: als schattiger Sitzplatz, als Spielbereich für die Kinder oder zum Unterstellen von Gartenmöbeln und Geräten.

Gartenhäuschen aus Ziegelsteinen *(rechts). Dieser Zweckbau hat eine Glasschiebetür und ist besonders für Einladungen im Sommer geeignet. Bei geschlossenen Türen kann der Raum auch bei kühlerem Wetter benutzt werden.*

Pergola *(unten). Ein offenes Metallgerüst kann entweder unbewachsen als dekorativer Blickfang oder als Klettergerüst für Schlingpflanzen verwendet werden. Im letzteren Falle würde es eine dekorative Laube abgeben.*

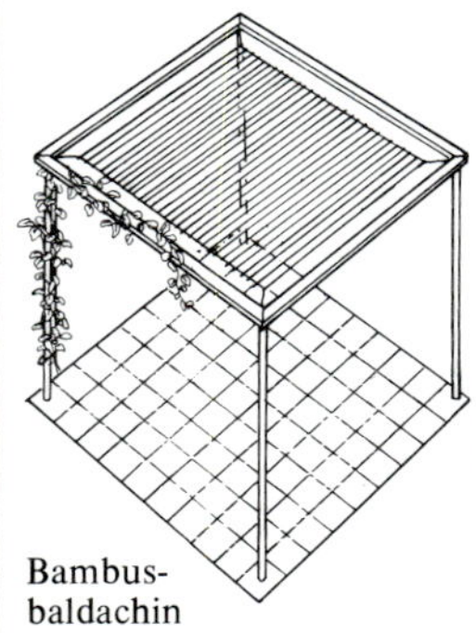

Bambusbaldachin

Zeltdachkonstruktion

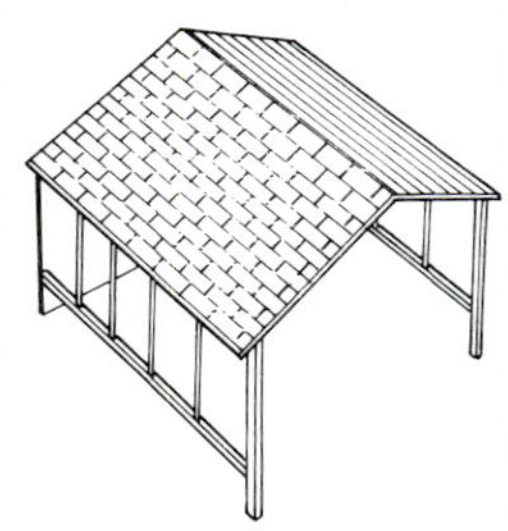

gedecktes Dach

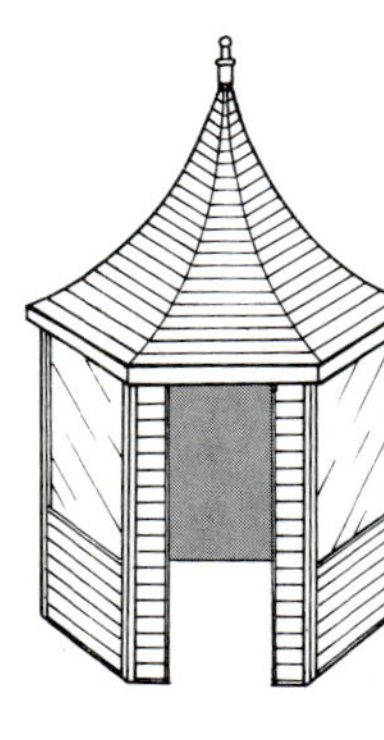

oktagonale Gartenlaube

Garagen und Unterstellplätze

Alle reinen Zweckgebäude, wie z.B. Unterstellplätze oder Garagen, sollte man mit dem Haus verbinden. Das ist besonders bei einer Garage wichtig, denn hier handelt es sich um ein relativ großes Gebäude. Dafür sollte man ähnliche Baustoffe wie für das Haus verwenden. Auch die Dachneigung des Wohngebäudes sollte wiederholt werden. Bei einer Flachdachkonstruktion sollte man wenigstens das Gesims der Garage mit irgendeiner Linie des Hauses in Beziehung setzen. Gibt es einen Weg zwischen Haus und neuem Bauwerk, kann man Bögen oder Zäune errichten, um die Gebäude miteinander zu verbinden.

Garagen sind heutzutage bei der Errichtung eines Hauses obligatorisch. Daher ist die Gestaltung der Fassade einer Garage, ihrer Türen und Fenster genauso wichtig wie die Zufahrt. Die Einfahrt sollte breit genug für leichten Zugang und Rangieren sein. Notwendig ist auch ein geeigneter Wasserabfluß mit Benzinabscheider, wenn man den Wagen in der Garage waschen möchte. Fahrwege und Bodenbeläge in Garagen und Unterstellplatz müssen so konstruiert sein, daß sie das Gewicht der Fahrzeuge tragen. Das bedeutet dickeren Unterbau und festere Verschleißschicht. Für die richtigen Maße und geeignete Materialien sollte man auf jeden Fall den Rat eines Fachmannes einholen.

Will man eine neue Garage oder eine zweite Garage bauen, könnte man sie auch im Winkel von 90° zu den vorhandenen Bauten setzen, um eine Art Hof zu schaffen. Es muß allerdings genügend Platz zum Rangieren des Fahrzeuges verbleiben.

Einbindung einer Garage

Wenn man eine Garage baut, sollte man sie in die Gesamtgestaltung der Anlage einbinden. Hier wurde das dadurch erreicht, daß sie ans Haus angebaut wurde und die gleichen Materialien, Dachneigungen, Fenster- und Türformate verwendet wurden wie beim Haus.

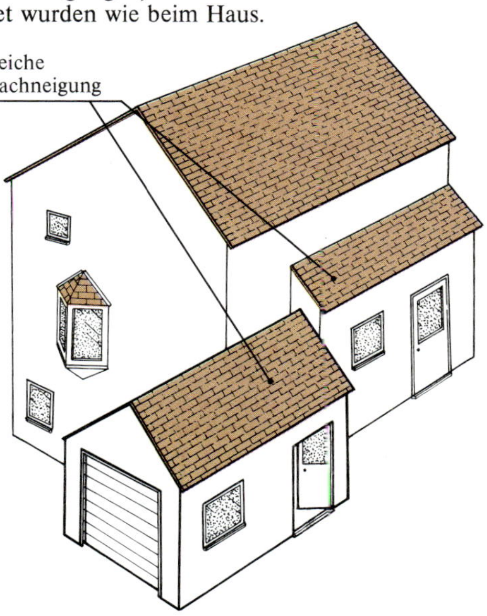

Vorschläge für einen Unterstellplatz

Ein Unterstellplatz ist eine ziemlich große Konstruktion in einem Garten und muß sorgfältig geplant werden. Man muß überlegen, welche Baustoffe verwendet werden können. Eine offene Bauweise ermöglicht leichten Zugang zum Wagen. Bei den beiden Beispielen rechts wurde auch zusätzlicher Stauraum am hinteren Ende eingeplant. Das eine Beispiel zeigt eine Konstruktion aus Holz, das andere eine aus Betonblocksteinen.

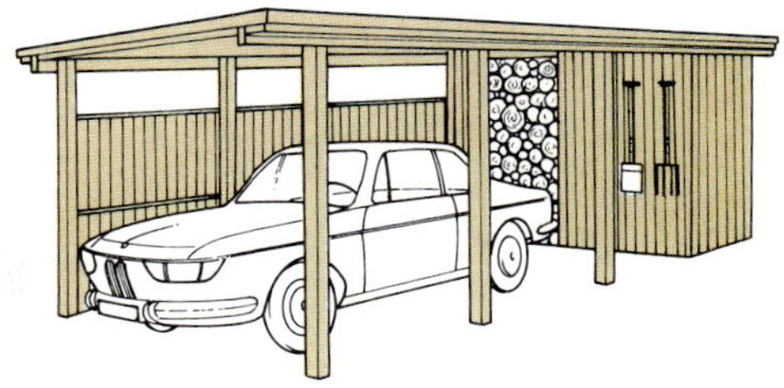

Holzkonstruktion

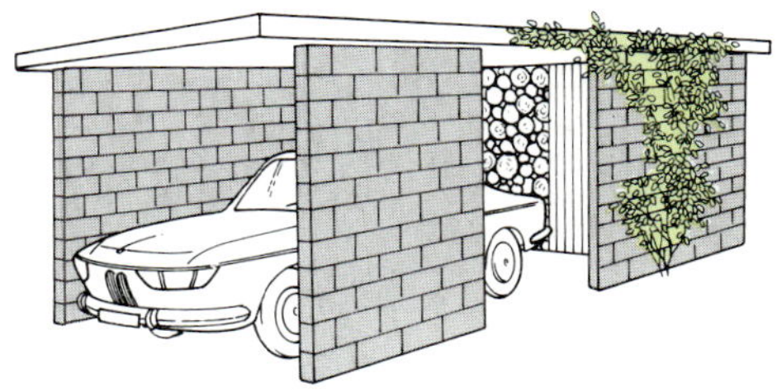

Konstruktion aus Betonblocksteinen

***Gelungene Lösung in Holz** (oben). Hier wurde mit der erweiterten Holzkonstruktion zugleich ein überdachter Weg geschaffen, der den Unterstellplatz mit dem Haus verbindet.*

***Versteckte Garage** (unten). Wenn man eine häßliche Garage besitzt, kann man sie hinter Pflanzen verstekken. Hier wurde Feuerdorn als Spalier gezogen und in Form geschnitten.*

Dachgärten

Wenn man einen Dachgarten anlegen will, muß man vorher wissen, welches Gewicht das Dach aushalten kann, denn feuchter Boden ist sehr schwer. Daher sollte man den Rat eines Architekten oder eines Statikers einholen. Man braucht obendrein die Erlaubnis des Hausbesitzers bzw. Grundstückseigners, insbesondere auch dann, wenn bestimmte bauliche Konstruktionen erforderlich sind. Es kann auch sein, daß die Behörde von der Straße her sichtbare Schutzvorrichtungen am Rande des Daches nicht genehmigt. Außerdem ist zu berücksichtigen, daß sämtliche Bauteile stabil genug sein müssen, um der Winterwitterung, dem Wind und dem Regen standzuhalten. Wind und starke Sonneneinstrahlung machten die Bewässerung zu einem Hauptproblem der Anlage, besonders im Sommer. Darüber hinaus pflegt man auch nur im Sommer an einen Dachgarten zu denken, aber die Töpfe, Kübel, Beete und Konstruktionen müssen das ganze Jahr hindurch gepflegt werden.

Wenn alle Voraussetzungen erfüllt sind, zeichnet man die Größe des zur Verfügung stehenden Dachbereichs auf und gestaltet den Raum wie ein Wohnzimmer, indem man den Sitzplatz zur Sonne oder zu einem attraktiven Ausblick orientiert. Wenn man den Aufenthaltsbereich geplant hat, ist an Wind- und Sichtschutz zu denken. In solchen Fällen braucht man möglicherweise neben Seitenblenden auch Schutz gegen Einblick von oben. Wenn die technischen Voraussetzungen gegeben sind, erhält man diesen Schutz am einfachsten durch eine Pergola.

Man muß außerdem entscheiden, ob die Pflanzung direkt in den Boden oder in transportable Gefäße gesetzt werden soll. Im ersteren Falle baut man die Beete, wenn es das Dach erlaubt, aus möglichst leichtem Material, das sowohl eine ausreichende Dränage als auch genügend Raum für die gewählten Pflanzen in ausgewachsenem Zustand bietet. Man braucht für die meisten Pflanzen mindestens 50 cm hohen, gut vorbereiteten Kompostboden, der über eine Dränageschicht aufgefüllt wird. Bäume benötigen meist die doppelte Pflanztiefe.

Nach der Planung der Beete ist die Befestigung des Bodens zu überdenken. Wieder spielt das Gewicht eine Rolle. Dünne Beläge sind ideal; verwenden kann man Terrakotta- oder glasierte Bodenfliesen, Pflasterklinker oder Schiefer. Auch Marmor ist geeignet, denn er hält im Sommer den Boden kühl. Holzpaneele sind ein idealer Fußboden auf einer vorhandenen Bitumendecke.

Wie bei jeder Gartengestaltung sollte man die Anordnung so wählen, daß spannungsvolle Formen geschaffen werden. Sämtliche Töpfe oder Kübel müssen tief genug sein und möglichst aus Glasfaser oder Plastik (wegen des Gewichts) bestehen. Alle Container sollten mit besonders präpariertem, leichtgewichtigem Substrat und Dränagematerial gefüllt werden. Vermiculite ist ein gutes, leichtes Wurzelsubstrat, jedoch vollkommen steril, so daß es unbedingt mit organischem Boden und Dünger aufgefüllt werden muß.

Das Wässern geht leichter von der Hand, wenn man die Leitungen fest installiert und einen gelochten Schlauch durch die Pflanzen legt, der von einem schwach fließenden Wasserhahn gespeist wird.

Pflanzen, die man für das Dach auswählt, müssen besonders windbeständig sein. Aus diesem Grunde ist die Pflanzung niedrig zu halten. Man verwendet Pflanzen, die Schutz geben und üppiges Grün liefern, nicht aber Pflanzen mit hohen Kulturansprüchen.

Ein Dachgarten ist in bezug auf Material, Pflanzen und Pflege eine kostspielige Angelegenheit. Am meisten kostet die Anlage, denn wenn die Materialien nicht durch das Haus getragen werden können, müssen sie mit Hilfe von Kränen oder auf andere Weise außerhalb des Hauses nach oben transportiert werden. Dennoch ist ein privater Dachgarten in der Stadt eine wundervolle Ergänzung für jede Wohnung.

Pflanzcontainer für Dachterrassen

Architekten planen solche Pflanzkübel für Dachterrassen häufig gleich mit ein.

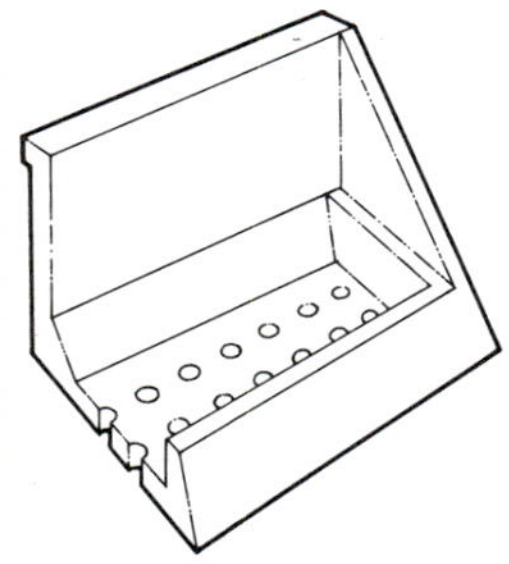

Schutzwände

Die Windverhältnisse auf einem Dachgarten sind immer ein Risiko. Der Wind kann in diesen Bereichen das ganze Jahr über wehen. Er drückt die Pflanzen nicht nur zu Boden, sondern trocknet sie auch aus, besonders in Verbindung mit starker Sonneneinstrahlung. Eine hohe, feste Barriere schützt nur die Pflanzen, die direkt auf der Leeseite gedeihen, ruft an anderer Stelle aber Turbulenzen hervor. Besser eignet sich ein Lattenzaun mit Zwischenräumen oder durchbrochenes Material, das die volle Kraft des Windes filtern kann.

Der andere Grund für einen Schutzzaun ist der Wunsch nach einem Privatbereich. Sind höhere Schutzwände nicht möglich, muß man versuchen, bestimmte Bereiche durch Pflanzung abzuschirmen und möglicherweise eine leichte Pergola zu errichten.

Plankenzaun *(links). Dieser Zaun aus Zedernholz sieht nicht nur schön aus, sondern er ist auch ein wirkungsvoller Windfilter auf einem Dach.*

Rankgerüst *(oben). Metallträger sind mit Drähten für Kletterpflanzen bespannt, die ausgewachsen ausgezeichneten Sonnenschutz bieten.*

Konstruktionsvorschlag

Wenn es das Gewicht zuläßt, kann man Dachflächen mit Lochziegeln belegen und üppig begrünen. Auf diese Weise schützt man die Dacheindeckung und schafft Bereiche für das Aufstellen und Versetzen von Gartenmöbeln, wie es die jeweiligen Windverhältnisse erfordern. Gute Dränage ist wichtig. Als Wurzelsubstrat verwendet man Kompostmischung mit großem Anteil aus leichtem Füllmaterial. Pflanzen wurzeln leicht darin, doch sie benötigen viel Zusatzdüngung, vorzugsweise aus organischem Dünger. Automatische Bewässerung ist angebracht, wenn man Arbeit sparen will. Um Stauraum für Werkzeug, Töpfe und Dünger zu schaffen, kann man Bänke mit Klappdeckel konstruieren, wie unten dargestellt. Sie mögen nicht sonderlich bequem sein, sind aber ideal für Partys.

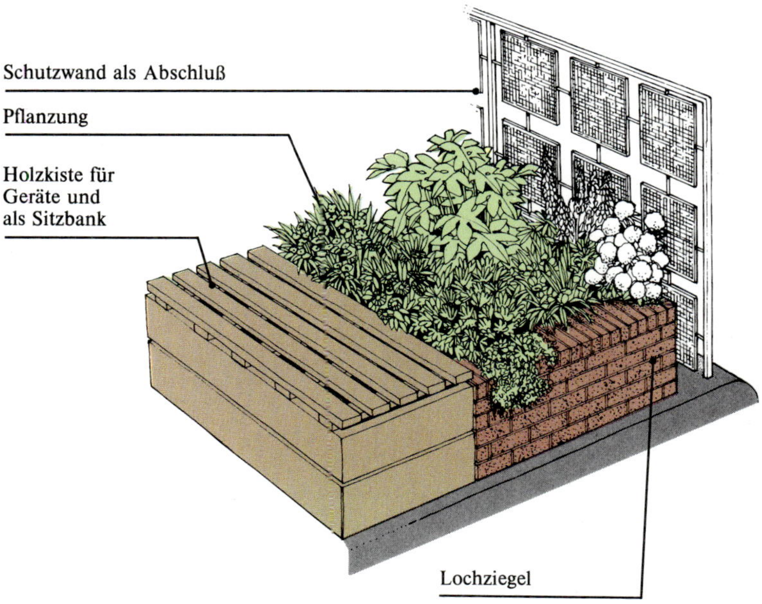

Größerer Dachgarten *Ein Dachgarten ist auch für die angrenzenden Wohnräume eine Erweiterung. Dieses Beispiel zeigt einen eingebauten Sitzplatz und größere Inseln aus Pflasterflächen. Freundliche immergrüne Bepflanzung sorgt für unterschiedliche Perspektiven aus den verschiedenen Räumen.*

Balkone

Viele Regeln, die für den Dachgarten gelten, sind auch für den Balkon verbindlich, obgleich die Gestaltung mehr auf den Raum abgestimmt sein sollte, dem er zugeordnet ist. Seine Gestaltungsmöglichkeiten sind begrenzter als die für einen Dachgarten. Der Balkon ist im allgemeinen geschützter als das Dach und oft durch andere Balkone überdeckt, so daß es auch auf die Pflanzen nicht regnen kann.

Man muß sich klare Vorstellungen über die Gestaltung seines Balkons oder seiner Loggia machen, denn auf einem einsehbaren und zugigen Balkon wird man sich kaum wohl fühlen. Soll er also ein Platz auch für ein Sonnenbad werden, muß man für Wind- und Sichtschutz sorgen. Oft können Brüstungsgeländer eingelassen werden, ohne daß die Fassade dadurch beeinträchtigt wird. Nur wenige Architekten oder Hausbesitzer erlauben allerdings weitergehende Veränderungen. Natürlich soll Balkonschutz keine Sichtbehinderung darstellen. Das gilt auch für Pflanzen, besonders wenn sie aus der Wohnung selbst sichtbar sind.

Das Gewicht ist auch auf Balkonen ein Problem, und bevor man irgendwelche Veränderungen vornimmt oder auch nur einen einzigen Kübel aufstellt, muß man sich über die Statik informieren. Auch die Stärke der Bauteile über dem Balkon kann von Bedeutung sein, wenn man als freundliche Alternative z.B. Container aufhängen oder ein leicht montierbares Klettergerüst aus Schiffstau in Zickzackverspannung herstellen will. Es kann auch vorkommen – falls nicht eingemauerte Pflanzkästen vorhanden sind –, daß beim Wässern der Kübel Wasser auf den Balkon des darunterliegenden Nachbarn tropft. Wenn man keine Hydrokulturen anlegt, muß man Blumenteller unter die Töpfe stellen, die überschüssiges Naß auffangen.

Die Pflanzen, die man auswählt, sollten ähnlich beschaffen sein wie für einen Dachgarten, doch müssen sie mit dem Haus in Einklang stehen. Man kann auch Kräuter in Containern ziehen, denn sie gedeihen an dieser Stelle gut und sind nebenbei auch noch nützlich.

Viele Balkone eignen sich nicht für Pflanzen oder sie erhalten keine Sonne und werden selten als Sitzplatz benutzt. In solchen Fällen kann man sie zur Auflockerung des Bodens verschiedenartig pflastern und mit Statuen oder Plastiken aus glasfaserverstärktem Polyester (wegen des Gewichts) schmücken. Auch hier ist stets die Statik zu prüfen.

Man muß immer auch berücksichtigen, wie der Balkon von der Wohnung her aussieht, denn von da aus wird er am häufigsten betrachtet. Auch eine Beleuchtung ist zu erwägen, um den Raum und die aufgestellten Pflanzen besonders hervorzuheben. Außerdem sollte man versuchen, Innen- und Außenraum mit Markisen und Vorhängen zu verbinden. Die Wirkung läßt sich noch steigern durch Verwendung des gleichen Bodenbelags, denn Bruchsteine, Klinker und Schiefer sind für innen und außen gleich gut geeignet.

Zeltartige Überspannung *Eine Markise überspannt diesen Balkon und verwandelt ihn in einen zeltähnlichen Raum, in dem man sich im Sommer aufhalten kann. Üppiges Grün sorgt für Sichtschutz.*

Gestaltungsvorschläge

Unten sieht man verschiedene Lösungen, wenn Raum knapp ist und der Balkon durch ein Dach beschattet wird. Feste Einbauten sparen Platz.

Als Wind- oder Sichtschutz kann man ein robustes Rollo aus Holzlatten anbringen.

Eine kleine eingebaute Bank mit Klappdeckel enthält Stauraum für die Kissen.

Man hält den Boden frei, wenn man leichte Container mit Einjährigen aufhängt.

Anordnung bei schönem Ausblick *Das schöne Panorama bestimmte die Gestaltung dieses Balkons, im Gegensatz zum nach innen gerichteten Blick auf der gegenüberliegenden Seite. Die einladenden Möbel und die Einfassung täuschen einen ebenerdigen Sitzplatz vor.*

Blick von oben
(unten). Die Gestaltung eines Balkons, wie er hier abgebildet ist, eignet sich besonders für die Stadt. In diesem Falle sind Pflanzen in Containern dicht zu einem Arrangement zusammengestellt, das man am besten von oben sehen kann. Das Metallgeländer wurde zum Schutz vor Zugluft verglast.

Töpfe für Hydrokultur
Diese Töpfe besitzen einen Wasservorrat, von dem ein Docht in das Pflanzgut reicht. Sie machen tägliches Wässern auf windigen und sonnigen Dächern und Balkonen überflüssig.

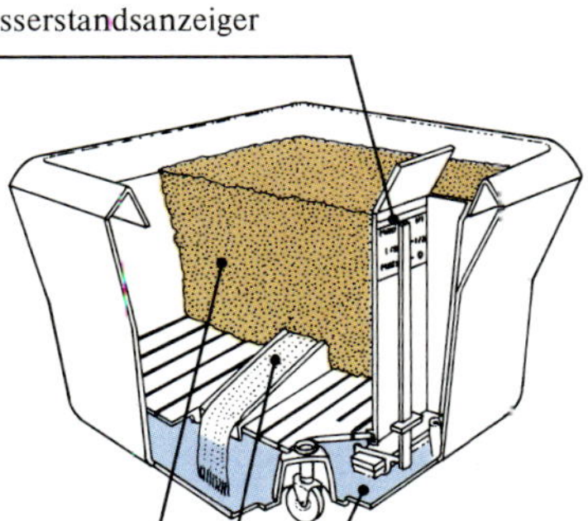

Balkon aus der Wohnung gesehen

Ein Balkon wird öfter durch Tür und Fenster von innen gesehen als betreten. Manche Balkone eignen sich überhaupt nicht für den Aufenthalt, weil sie zu laut, zugig oder zu schattig sind. In solchen Fällen gestaltet und bepflanzt man den Balkon so, daß er den Blick aus dem Wohnraum durch Einbeziehung der Balkonwände, des Zugangs und der Brüstung verschönert.

Klare Gestaltung *Die Fenster sind durch Vorhänge und Pflanzen miteinander verbunden. Das Stoffmaterial harmoniert mit der Markise über dem Balkon.*

Orientalischer Eindruck *Hier sind die Fenster optisch durch Bambusrollos verbunden. Außerdem wurde Bambus in Kübeln auf dem Balkon gepflanzt und eine hohe Vase im Zimmer aufgestellt.*

Pflanzenkultur auf Balkonen

Bei der Verwendung von Kübelpflanzen auf Balkonen muß man Arten auswählen, die eine Menge Wind und Zugluft vertragen. Die Pflanzen müssen zum Gießen und Ausputzen leicht zugänglich sein. Es ist zu bedenken, daß die Pflanzung, die in der ersten Begeisterung angelegt wurde, während der gesamten Wachstumsperiode, einschließlich der Urlaubszeit, unterhalten werden muß. Darum soll man sich nicht überfordern. Eine gesunde üppige Pflanzung einfacher Arten ist weitaus hübscher als eine unbefriedigende Ansammlung seltener, bizarr geformter Exemplare. Andererseits kann man eine ausdauernde Bepflanzung von winterharten Stauden und kleinen Sträuchern in Erwägung ziehen. In diesem Fall braucht man nur einzelne Gruppen farbkräftiger Einjähriger als Zwischenpflanzung zu setzen.

Konventionelle Pflanzung *(gegenüberliegende Seite). Hier handelt es sich um eine konventionelle und dennoch sehr attraktive Balkonkastenbepflanzung aus Immergrünen und Koniferen mit Begonien.*

Üppige Pracht *(oben). Diese Art der Bepflanzung eignet sich für Balkonenthusiasten und garantiert völlige Abgeschlossenheit im Sommer. Sie besteht hauptsächlich aus Geranien in verschiedenen Pinkfarben sowie einigen Petunien und Winden dazwischen. Die Pflanzen sind einzeln in Töpfen an einem Holzrahmen aufgehängt. Viel Gießen ist für eine solche Pracht erforderlich.*

Farbe und Form *(links). Eine kleine italienische Dachterrasse strahlt vor gelben Margeriten und einer hübschen Agave. Farbstarke Pflanzung sorgt für sofortige Wirkung. Die Anordnung wird hier noch gesteigert durch einen Kanarienvogelkäfig, der in hiesigen Breiten jedoch fehl am Platz wäre.*

Stapelbare Gefäße

Es gibt verschiedene Kästen und Containersysteme auf dem Markt, die auf eine Halterung gesetzt werden können und ein interessantes Muster bilden. Wenn sie bepflanzt sind, können ganze Blütenkaskaden entstehen.

Jedes der rechts abgebildeten Tongefäße benötigt nur eine Halterung, denn das Gewicht des Bodens stabilisiert die einzelnen Elemente. Rechts außen sind Betonfertigteile abgebildet, die für Bepflanzung vor einer Mauer verwendet werden können. Entsprechende Imprägnierung ist erforderlich, damit die Feuchtigkeit nicht durch die Wand dringt. Pflanzen in solchen Fertigelementen müssen regelmäßig gegossen werden.

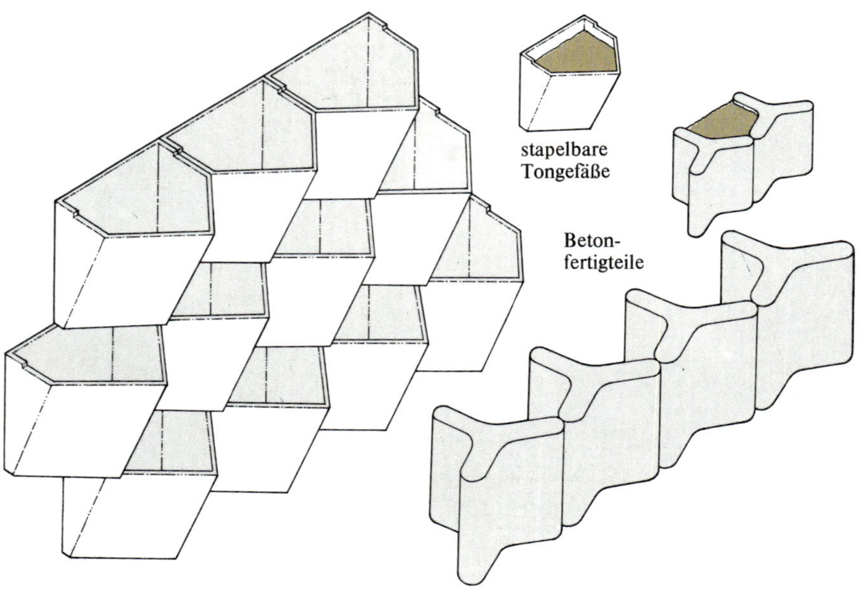

Balkonkästen

Für viele Städter ist der Balkonkasten der einzige Beitrag zur Landschaftsgestaltung, aber eine Häuserzeile mit starkfarbig bepflanzten Balkonkästen ist ein herrlicher Anblick in der Stadt. Die am häufigsten kultivierten Pflanzen sind Geranien und Begonien, aber man kann das Pflanzenmaterial im Balkonkasten auch stärker variieren. Bevor man darüber nachdenkt, was man hineinpflanzt, sollte man jedoch erst den Behälter aussuchen.

Die Kastenart, die erforderlich ist, hängt sehr von dem Fenster ab, wie es geöffnet wird und davon, ob man den Kasten draußen überhaupt aufhängen kann. Man kann einen Kasten für Kräuter auch in der Küche am Fenster halten. Wenn sich die Fenster nach außen öffnen, müssen die Kästen an starken Metallbügeln unter dem Fenster befestigt werden, damit die darin wachsenden Pflanzen das Öffnen nicht behindern. Die meisten Fenster öffnen sich allerdings nach innen. Manche Häuser besitzen sogar Schiebefenster, die die Anbringung, Bepflanzung und spätere Pflege sehr einfach machen. Manche Balkonkästen werden auch auf niedrigen Stützmauern, auf Dächern oder Balkonen aufgestellt. Diese Kästen müssen immer sicher befestigt werden, egal aus welchem Material sie bestehen und wo sie sich befinden.

Früher wurden die meisten Balkonkästen aus Holz gefertigt. Später bestanden sie aus Asbest, und heute ist das meistverwendete Material Plastik. Viele Kästen sind zu niedrig, um eine Pflanze während der gesamten Wachstumszeit gesund zu halten. Die besten Kästen sind immer noch Holzkästen mit herausnehmbaren Einsätzen für die Pflanzen, denn sie bieten den Pflanzenwurzeln einen wirksamen Schutz vor der für sie gefährlichen Sonneneinstrahlung. Ein dünner Kasten aus geprägtem Plastik reicht allein nicht als Wurzelschutz.

Das Substrat für einen Balkonkasten sollte aus organischen Stoffen oder Torf bestehen, um die Feuchtigkeit zu halten. Aber Pflanzen benötigen außerdem ständig Düngung mit einem herkömmlichen Flüssigdünger, denn häufiges Gießen wäscht die Mineraldünger rasch aus.

Gute Dränage ist immer wichtig. Eine Dränageschicht von ca. 50 mm Schotter oder Blumentopfscherben sollte den Boden des Kastens bedecken, der Abzugslöcher auf der Unterseite zur Abgabe von überschüssigem Wasser besitzen muß. Stehendes Wasser in undränierten Kästen verursacht Wurzelfäulnis und letztlich das Absterben der Pflanzen. Über die Dränage breitet man Torf oder anderes organisches Material, um zu verhindern, daß der Boden in die Dränschicht gelangt. Am Kastenrand sollten 50 mm als Gießrand freibleiben. Für Bepflanzung geeignet sind Blumenzwiebeln, Vergißmeinnicht, Goldlack, Geranien, Begonien, Ageratum und Petunien. Sie alle sorgen das Jahr über für Farbe. Hübsch ist auch eine ausdauernde Pflanzung mit Wacholder, Fingerkraut und kriechender Zwergmispel oder schmalblättrigem Efeu.

Aufhängen von Balkonkästen

Balkonkästen müssen absolut sicher angebracht werden, besonders wenn sie über öffentlichen Verkehrswegen hängen. Kästen auf Fensterbänken mit sich nach innen öffnenden Fenstern können seitlich an der Fensterlaibung verankert werden. Kästen unter sich nach außen öffnenden Fenstern sollten mit einer verankerten Konsole sicher an der Wand oder dem Fensterrahmen befestigt werden.

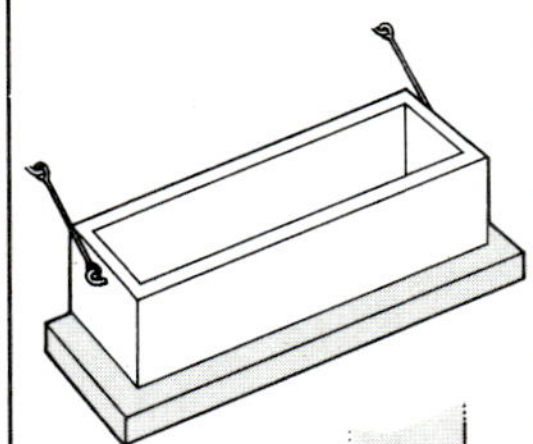

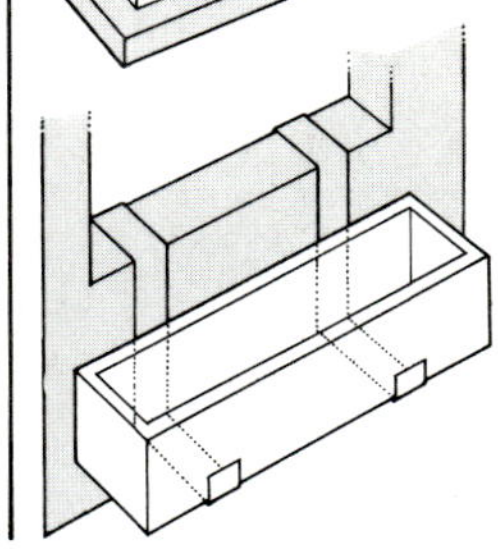

Konstruktion eines Balkonkastens

Es gibt verschiedene Kastentypen auf dem Markt, die aus unterschiedlichen Materialien bestehen, aber trotzdem ist es manchmal erforderlich, Kästen nach eigenen Maßen anzufertigen. Man verwendet wegen der größeren Lebensdauer möglichst Hartholz. Sonst muß man sich mit kesseldruckimprägnierten Weichhölzern begnügen. Zur Befestigung dienen feuerverzinkte Flachkopfschrauben. Ausreichende Dränage ist wichtig. Man kann Plastikröhrchen durch die Dränagelöcher schieben, damit die Feuchtigkeit nicht in das Hirnholz gelangt. Der Kasten muß stabil sein, denn wenn er mit feuchtem Boden gefüllt ist, besteht beträchtlicher Druck nach außen. Am besten setzt man einen Metalleinsatz in den Balkonkasten, der für die Bepflanzung leicht herausgenommen werden kann.

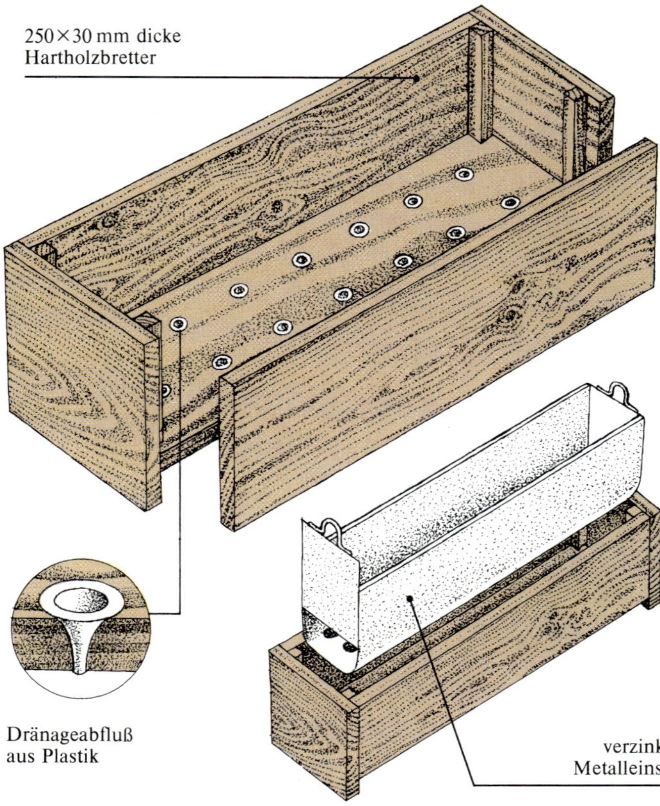

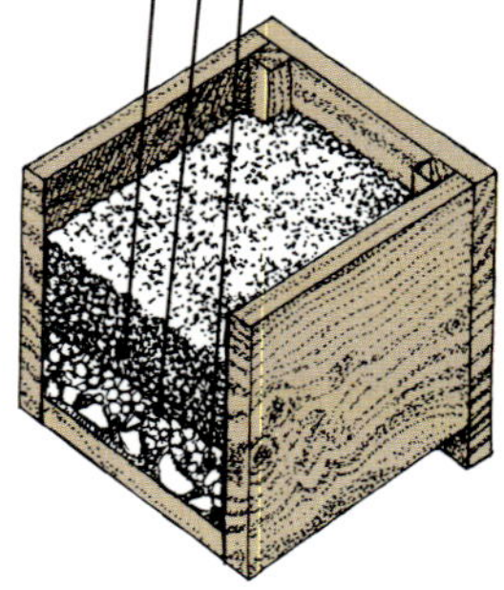

Füllen des Kastens *Auf den Boden des Kastens kommt eine 5 cm dicke Topfscherbenschicht, wobei größere Stücke die Abflußlöcher überdecken sollten. Darüber breitet man ein Vlies oder eine Torfschicht, bevor der Kompost eingefüllt wird.*

Balkonkasten für die Stadt *(oben). Die Schlichtheit von Fenster und Kasten ist einer städtischen Umgebung durchaus angemessen – rote Geranien in einem Asbestkasten. Die Holzkeile halten ihn in Waage und erleichtern die Dränage. Beim Gießen ist darauf zu achten, daß kein Wasser auf darunterliegende Balkone fließt.*

Vorgeblendete Fensterkästen *Hier wurden die Pflanzen zur Betonung der Fassade eingesetzt. Geranien und Petunien sind auf die Wandfarbe abgestimmt. Zu beiden Seiten des dunkleren Garagentors stehen hellblühende und relativ seltene Orangenblumensträucher.*

Die Wahl der richtigen Pflanzen

Maßstabgerechte Proportionen, Form, Umriß und Farbe

Wahl, Plazierung und Kombination von Pflanzen – von Bodendeckern bis zu Bäumen

Bepflanzung des Gartens

Nachdem nun praktisch alle Aspekte des Gartenplanes berücksichtigt wurden, kommen endlich die Pflanzen als lebenspendendes Element an die Reihe.

Ältere, größere Gärten wurden häufig aus vorhandenen Waldgebieten herausgetrennt oder waren auf dem Lande von geschnittenen Hecken umgeben. Der moderne, unvergleichlich kleinere Garten jedoch wird von Hauswänden, benachbarten Anwesen und Garagen »eingefriedet«. Das Problem ist nicht, wie man einen grünen Rahmen aus Bäumen und Hekken erhält und welche Arten man hineinpflanzt, sondern welche Pflanzen man benutzt, um das Umfeld nach wohlüberlegtem Plan zu »entsteinern«.

Wahrscheinlich steht Ihnen ein relativ kleines Areal zur Verfügung, so daß die Pflanzen nach ihrer Größe im ausgewachsenen Zustand auszuwählen sind und dem Maßstab des Gartenraumes entsprechen müssen. So wie das Raster für den Garten vom Haus abgeleitet wurde *(siehe S. 38)*, muß nun die Pflanzung auf das Gartenraster abgestimmt werden.

Die Pflanzenauswahl wird sich außerdem auf Arten mit kräftigen Umrissen, klaren Formen, bestimmtem Aufbau oder Duft beschränken, wenn man das ganze Jahr hindurch einen Garten mit Charakter haben möchte. Äußerst wichtig ist auch, wie und in welcher Stückzahl Pflanzen angeordnet sind. Ein ausdrucksstarker Gartenplan wird immer auch dadurch verwässert, daß man alle möglichen Pflanzen (eine hiervon und eine davon) bunt durcheinanderpflanzt.

Bei der Pflanzenauswahl sollte man auch beachten, in welcher Zeit eine bestimmte Art in der Region eingebürgert wurde. Wenn man Pflanzen für eine bestimmte Lage auswählt, die aufgrund ihres Ursprungs oder ihrer zeitlichen Einführung zusammengehören, wird der Pflanzplan gestrafft. Libanonzedern versinnbildlichen den Gartenstil des 18. Jahrhunderts, während die Araucarie für viktorianische Gärten in England typisch ist. Beide wären in jeder anderen Umgebung - auch wenn sie dort gut gedeihen - falsch am Platze.

Manche Pflanzen sehen in ländlicher Umgebung gut aus, sind aber für Stadtgärten nicht geeignet. Die Birke ebenso wie die Erle sind hierfür gute Beispiele. Andererseits wirken dekorative Baumhybriden wie Fremdkörper zwischen einheimischen, ländlichen Pflanzungen. Japanische Kirschen, Eukalyptus und die zunehmend verwendete goldene Zypressenart *Cupressocyparis leylandii* gehören dazu.

Die Wahl der Pflanzen wird natürlich auch durch den vorherrschenden Bodentyp bestimmt. Heide und heideartige Pflanzen beispielsweise lieben saure Böden, während Buche, Eibe und Buchsbaum kalkhaltige Böden vorziehen. Dann gibt es eine Reihe von Pflan-

Pflanzung im ländlichen Stil *Die Sträucher und Kräuterpflanzen auf dieser Aufnahme sind üppig und fließend gruppiert. Die lockere Pflanzung erinnert an alte Bauerngärten.*

Formale Pflanzung *(rechts). Im Vergleich zur lockeren Pflanzung oben ist die Anordnung hier streng linear. Geschnittene Formen kontrastieren mit freieren Pflanzenformen und bilden grüne Skulpturen.*

zen, die für bestimmte Klimazonen typisch sind, wie z.B. die Kräuter und Sträucher mit harzigem Holz aus dem Mittelmeerraum. Viele sind bei uns nicht ganz winterhart, so Rosmarin, Zistrose, Lavendel, Salbei und halbwildwachsende Pflanzen wie Yucca. Manche Arten benötigen leichten, kühlen Waldschatten, während der größte Teil der Ein- und Zweijährigen besser im offenen Wiesenland gedeiht. Wer einmal auf einen Berg geklettert ist, wird festgestellt haben, daß das Klima in höheren Bereichen kühler wird und daß Pflanzen- und -Formenvielfalt mit zunehmender Höhe rasch abnehmen, bis nur die kleine Alpenrose oder das Edelweiß in den Felsspalten übrigbleibt. Eine andere typische Pflanzengruppe mit besonderem Charakter sind die Sumpfpflanzen, unter denen es wieder Unterarten gibt, die frischen, feuchten bis nassen Standort bevorzugen. Ich erwähne den natürlichen Pflanzenstandort ganz bewußt, denn obwohl die Kulturformen der Wildpflanzen auch auf fremdem Standort und unter anderen Bedingungen gedeihen, müssen sie für den Garten doch sehr sorgfältig ausgewählt werden. Eine Yucca beispielsweise gedeiht sicher gut neben einem Farn, aber man sollte sie trotzdem nicht zusammenstellen, denn ihre ursprünglichen Standorte sind grundverschieden, und die beiden Pflanzen sehen zusammen eben nicht »natürlich« aus.

Alle hier diskutierten Pflanzen besitzen ihre eigene, besondere Form und charakteristisches Laub und Blütenfarben, die sie aufgrund ihres jeweiligen Standorts ausgebildet haben. Pflanzen mit großen Blättern stammen z.B. meist aus schattigen Bereichen, denn ihre Blätter sind deshalb so groß, weil sie so die größtmögliche Lichtmenge absorbieren können. Pflanzen aus Wüstengegenden besitzen oft fleischige, schwertförmige schmale Blätter, um die Feuchtigkeit zu halten und Sonnenlicht abzulenken. Wenn man Gartenpflanzen zusammenbringt, sind es gerade die charakteri-

***Deutscher Stil** (oben). Diese Pflanzung beruht stärker auf Form und Gestalt als auf Farbe. Hier bilden Pflanzengruppen mit Findlingen und Wasser eine vollendete Komposition. Die gewählten Pflanzen vertragen auch kalte Wintertemperaturen.*

***Englischer Stil** (rechts). Bei dieser üppigen englischen Pflanzung beruht die Wirkung vorwiegend auf der Wahl von Pflanzenfarben und Blattformen. Es gibt wenig bewußte Formgebung in der Anordnung der Pflanzengruppen, aber die Wirkung ist großzügig und romantisch. Ein klassischer Sockel mit bepflanzter Schale bildet einen hübschen Blickfang. Im Winter allerdings wirkt diese Pflanzung weit weniger eindrucksvoll.*

stischen Formen, die man bewußt auswählen sollte, denn sie verändern sich im Jahreszyklus wenig, während Blütenfarben vergänglich sind. Erst wenn man den Gesamtcharakter der Pflanzung des eigenen Gartens festgelegt und auf den Ort abgestimmt hat, kann man an Pflanzenfarben denken.

Die Pflanzung ist voller Risiken, die aber erkennbar sind. Hat sich eine Pflanze für eine bestimmte Situation als geeignet herausgestellt, kann man sich überlegen, wie sie in die eigene Pflanzenkomposition einzubeziehen ist. Es gibt eine bestimmte Reihenfolge, in der dies geschieht.

Als Grundgrün sollte man ein abwechslungsreiches Pflanzenarrangement planen und so zusammenstellen, daß letztlich möglichst wenig Erde sichtbar bleibt. Das ist die Grundtheorie der Pflanzplanung. Das Ziel bei Auswahl und Verwendung der Pflanzen ist immer eine erkennbare, charakteristische Gesamtstruktur im Sinne des Gartenplans.

Pflanzenklassifikation

Die deutschen Bezeichnungen für bestimmte Pflanzen variieren stark von einer Landschaft zur anderen. Daher benutzt man botanische Namen, die für sämtliche Pflanzen verbindlich sind, *(siehe Pflanzenübersicht S. 260ff. und Register S. 282ff.)*. Das erste Wort in der Klassifikation einer Pflanze ist der lateinische Gattungsname wie *Acer, Berberis* oder *Cotoneaster*. Es gibt jedoch etwa 70 Arten von *Cotoneaster*, von denen nur etwa die Hälfte im Handel ist. Einige sind kaum 3 cm hoch, während andere baumartig wachsen. Der zweite botanische Name beschreibt die Art (z.B. *Cotoneaster horizontalis*) und gibt häufig den Charakter der beschriebenen Pflanze an. Häufig sieht man geschrieben *Cotoneaster sp.* Das ist die Abkürzung von *Cotoneaster species* und weist hin auf alle Arten *(Species)* der Gattung *Cotoneaster* oder auf eine nicht näher definierte Art. Gibt es mehr als eine natürliche Varietät derselben Art, folgt ein dritter botanischer Name zur besseren Identifizierung. Wenn eine Varietät durch Züchtung entstanden ist, wird sie als Kulturform oder *Cultivar (cv.)* bezeichnet. In diesem Falle wird der Name in einer modernen Sprache (Sortenname wie »Ostfriesland« oder »Hermann Löns«) angehängt. Manchmal sind zwei Arten miteinander gekreuzt (hybridisiert). Eine Hybride wird gewöhnlich durch ein x vor dem Namen der Art bezeichnet.

Grundregeln bei der Pflanzung

Wenn ein Garten angelegt wird, ist er bis zu seiner Bepflanzung unvollständig. Wie viele und welche Pflanzen man auswählt und wie man sie gruppiert, hängt von verschiedenen Faktoren ab. Pflanzung kann einem besonderen Zweck dienen, zum Beispiel, um einen besonders häßlichen Fleck zu kaschieren, Schatten zu spenden, Nahrungsmittel zu erzeugen, den Geruchssinn anzusprechen oder eine feuchte oder schattige Ecke auszufüllen. Häufiger sind Pflanzen aber die grünen »Füller« in einem Rahmen, den der Gartenplan vorgibt und die das ganze Jahr hindurch farblich und formal durch das Wechselspiel der Farben in Laubwerk, Ästen, Beeren, Früchten und Blüten interessant sein sollten.

Man sollte sich allerdings auch im klaren sein, daß der Garten häufig Einrichtungen enthält, die der Natur nachempfunden sind. Teiche, Felsgruppen, Fluß- und Bachläufe erfordern Bepflanzungen und Anordnungen, wie sie in der Natur vorkommen, egal wie der Garten im übrigen konzipiert sein mag. Es gibt natürlich auch andere Lektionen, die man der Natur abschauen kann. So wird ein Bereich mit natürlicher Vegetation häufig von nur einer oder zwei Hauptarten beherrscht und gelegentlich durch einige andere Arten ergänzt. Das macht den typischen Charakter einer Vegetationsform aus, ob es sich nun um einen Kiefernwald oder ein Heidemoor handelt. In solche Landschaften zieht es uns im Urlaub, und mit einem ähnlichen einfachen und zurückhaltenden Pflanzschema kann man auch den eigenen Garten zu einem erholsamen Ort machen.

Es ist nicht nötig, jede Ecke mit anderen Pflanzenarten zu füllen. Natürlich ist ein Garten ein geplanter Bereich, und viele Hobbygärtner sehen ihren Verdienst in der Anzahl der Pflanzenarten, die man darin ziehen kann. Ich persönlich finde eine kunstvolle Blumenrabatte, wie sie in vielen Gärten zu sehen ist, zwar ganz hübsch, eine natürlich wirkende Pflanzenanordnung jedoch weitaus schöner.

Heutzutage haben viele Menschen weder die Zeit noch die Lust, einen Garten intensiv zu pflegen. Daher ist eine zwanglose Pflanzung angebracht, die der Natur erlaubt, das Ergebnis mit Wildformen der gezüchteten Arten zu vervollständigen.

Gleichrangig zu diesen Überlegungen zur Pflanzenauswahl steht der Wunsch, Pflanzengruppierungen zu schaffen, die dem persönlichen Geschmack in bezug auf Form, Wuchsform und Farbe entsprechen. Gekonnte Zusammenstellungen betonen ein Grundmuster, kontrastieren mit der Anpflanzung oder verstärken ein bestimmtes Farbschema. Wachsende Kenntnis von Pflanzen, Erfahrung im Garten und – wie ich hoffe – die Beispiele aus diesem Buch werden Ihnen helfen, wirkungsvolle Pflanzengruppierungen anzulegen, die auf allen Ebenen zufriedenstellend ausfallen.

Interessante Pflanzung fürs ganze Jahr

Die drei Bilder unten zeigen ein und denselben Garten im Frühling (von oben nach unten), im Sommer und im Spätsommer. Alle drei Beispiele lassen erkennen, daß die Pflanzen so zusammengestellt wurden, daß das ganze Jahr hindurch für Farbe gesorgt ist. Im Frühling stehen Narzissen zwischen den austreibenden Stauden in Blüte, während die jungen Nadeln der Lärche im Vordergrund auszutreiben beginnen. Dann sorgen im Sommer die leuchtenden Polster von Mauerpfeffer und Schleierkraut für interessanten Bodenbewuchs vor den beiden Tuffs von Rauhgras. Im Vordergrund gedeiht der gelbe Mauerpfeffer mit dem Polsterknöterich rechts daneben. Gegen Ende des Sommers sind zwar die Gräser abgestorben, dafür ist aber der Mauerpfeffer ein hübscher Anblick und wirkt wie ein leuchtend roter Teppich.

Nachahmung der Natur

Natürliche Vegetation ist für die Bepflanzung von Gärten immer dann Vorbild, wenn der Hobbygärtner eine spezifische Landschaft im Kleinformat gestalten will. Natürliche Landschaftsformen besitzen ganz eigene, charakteristische Vegetationselemente und können nur dann erfolgreich in einen Garten übernommen werden, wenn man sie in freier Natur untersucht, wie ich es unten bei dem Bachbett machte. Nur so ist man in der Lage, Pflanzbereiche richtig anzuordnen und Pflanzen auszuwählen, die in jeder Hinsicht dazu passen.

__Garten als Erweiterung der Landschaft__ (oben). Die Bepflanzung im Vordergrund dieses feuchten Standortes besteht aus heimischen Arten, ist aber dem natürlichen Standort nachempfunden. Die Wildpflanzung im Hintergrund mit einigen Solitärelementen, wie z.B. den Farnen links, wirkt vor den Bäumen ganz natürlich.

__Natürliche Form, für den Garten übersetzt__ (unten). In diesem Garten wurde ein Bachbett mit groben Kieseln und Findlingen nachgebaut, um einen Flußufereffekt zu erreichen. Ein solches Ufer erfordert eine entsprechende Vegetation – in diesem Beispiel sind es die für Bachläufe typischen Weiden.

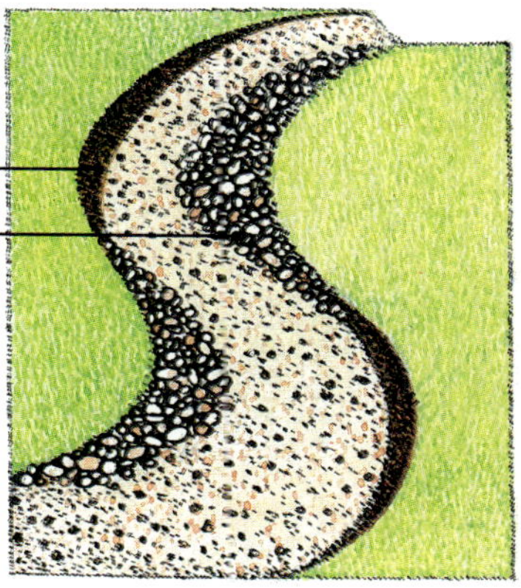

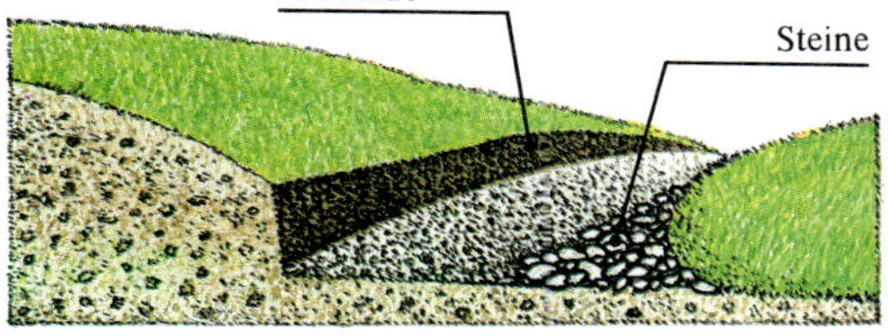

Die Rolle von Umriß, Blattform und Farbe

Wenn man sich über die zu verwendenden Pflanzenarten im klaren ist und die erforderlichen Größen, muß man weitere Charakteristika der Pflanzen untersuchen, beispielsweise ob sie sommergrün, immergrün oder halbimmergrün sind, welche Blütenfarbe sie besitzen und wie lange die Blütezeit im Vergleich zu anderen Pflanzen in der Zusammenstellung dauert. Auch die Blattfarbe ist zu beachten. Sie soll das ganze Jahr hindurch interessant sein, denn manche Pflanzen treiben hellgrün oder goldgelb aus und werden im Sommer grün, andere treiben dagegen grün aus und bekommen erst im Herbst leuchtende Farben.

Auch die Farbe der Rinde kann im Winter sehr dekorativ sein, wenn beispielsweise das Laub von gestutzten Hartriegelbüschen und Weiden in Farben von Chromgelb über Orange und Rot bis tief Burgunderrot leuchtet.

Nach den Blütenfarben sollte man auch an die Farbe der Früchte und Beeren im Herbst und Frühwinter denken. Außerdem ist die Beschaffenheit der Blätter und Zweige von Bedeutung. Viele der Pflanzen mit graufilzigen Blättern, die in gemischten Rabatten so wirkungsvoll sind, stammen aus südlichen Gegenden und sind sowohl schön anzusehen als auch anzufassen. Eine der wirkungsvollsten Arten in dieser Hinsicht ist das Laub der seidenhaarigen Windenart *Convolvulus cneorum.* Andere Oberflächen, wie das Laub der Stechpalme, sind glatt und glänzend, während viele der Mittelmeerkräuter krauses Laub von kulinarischem Wert besitzen. Auch die Oberflächenbeschaffenheit von Stämmen, Ästen und Zweigen ist zu bedenken, denn sie kann glatt und glänzend oder weich und schuppig sein, wie bei manchen Koniferen. Diese Charakteristika spielen bei der Pflanzengruppierung eine Rolle. Je unterschiedlicher Formen, Farben und Oberflächenbeschaffenheit, desto stärker die Wirkung.

***Wirkung durch Blattwerk** (links). Alle Blätter in dieser Pflanzung sind klein und schaffen mit dem feingefiederten grauen Laub eine lichte Atmosphäre. Die Gruppierung schließt Perlpfötchen und Rosmarin ein.*

***Wirkung durch Farbe** (rechts). Diese leuchtenden Farben lassen auf viel Sonnenschein schließen. Pelargonien und Staudenwicken stehen zwischen einer Feige und einer Weinrebe.*

***Wirkung durch Wuchsform** (unten). Hier beruht die herausragende Wirkung auf der plastischen Form der Pflanzen. Die Blätter der Funkie und Montbretien werden von dem gelben Entenschnabelweiderich eingerahmt.*

Pflanzplan für ein Beet

Man kann seine Pflanzen im Garten für kleine Bereiche zusammenstellen, aber es ist nahezu unmöglich, sich eine ganze Rabatte mit den vielen Pflanzen vorzustellen, die man sich darin wünscht. Es ist daher besser, die Beete zuerst einmal aufzuzeichnen.

Man legt am einfachsten Transparentpapier über den Gartenplan und paust die zu bepflanzenden Bereiche ab. Man geht maßstabgerecht vor und trägt zunächst die beherrschenden Pflanzen wie Bäume oder Büsche ein, die den Gartenplan akzentuieren sollen.

Dann plant man das »Gerüst« für den Hintergrund, wie Decksträucher und Bäume zur Abschirmung. In Anpassung an den Maßstab des Gartens kann man mehrere Pflanzen einer Art zusammenstellen, vielleicht jeweils drei oder fünf Exemplare. Dazwischen kann man eine oder zwei Baumarten setzen, um größere Höhe und Dichte zu erhalten, aber letztendlich stehen die Gehölze unter diesen Bäumen im Schatten. Man sollte viele Immergrüne pflanzen, damit die Anlage auch im Winter gut aussieht.

In Pflanzenkatalogen sind Endhöhe und Umfang im ausgewachsenen Stadium angegeben, die wichtig für die Pflanzabstände sind. Große Sträucher können im Abstand von 2 m gepflanzt werden, mittelhohe im Abstand von 1,50 m und so weiter *(siehe S. 187)*. Der Boden zwischen den Pflanzen ist bald bedeckt, wenn die Pflanzen angewachsen sind, aber man kann Neupflanzungen zeitweise auch mit Sonnenblumen und Tabakpflanzen verschönern.

Erstellung eines Pflanzplanes

Der Gartenplan, den man am Ende des Kapitels über die Planung eines Gartens erstellt hat, weist leere Bereiche für die Pflanzung auf. Bei der Betrachtung des Planes hat man sich die Pflanzbereiche dreidimensional vorzustellen, doch die Details, d.h. welche Pflanzen man wo pflanzt, können nur festgelegt werden, wenn man einige Kenntnisse und Erfahrungen mit Pflanzen hat. Die Pflanzbeispiele in diesem Kapitel sind lediglich als Anleitung zu verstehen.

Dann kann man die Pflanzung auf dem Papier festlegen. Man nimmt den Maßstab der Planunterlage und zeichnet jeden Pflanzbereich so groß, daß er die Pflanzung im Detail darstellt. Außerdem muß man jedes Beet getrennt vom Gesamtplan aufzeichnen, allerdings seine Lage innerhalb des Gartens genau im Gedächtnis behalten. Die Pflanzbereiche werden nämlich selten isoliert gesehen. Mit einem System aus verschiedenen Zeichen kann man die unterschiedlichen Pflanzen auf dem Plan darstellen. Dabei muß der Standort jeder Pflanze eingetragen werden. Auch die Fläche muß dargestellt werden, die für die Ausbreitung der Pflanzen benötigt wird. Die beste Darstellungsform sind maßstabsgetreue Kreise, um Pflanzen in ausgewachsenem Zustand darzustellen. Punkte und Kreuze stehen für kleinere Pflanzen, Kletterpflanzen werden allgemein durch dreieckige Symbole dargestellt, die mit ihrer flachen Seite zum Klettergerüst zeigen sollen.

1. Schritt. Wählen Sie einen besonderen Baum, der entweder zum Mittelpunkt des Pflanzbereiches oder in Beziehung zu einer anderen interessanten Einrichtung (möglicherweise zum Haus oder einer Aussicht) steht. Hier wurden zwei Exemplare von Neuseeländer Hanf (bei uns nicht winterhart) als Gegengewicht zu einem beherrschenden Eschenahorn gesetzt.

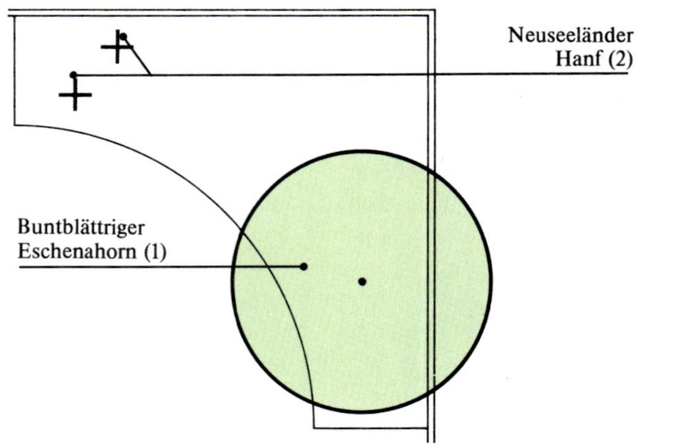

2. Schritt. Nun setzt man immergrüne Sträucher und Kletterpflanzen als Randpflanzung dazu, die die Pflanzung formal zusammenhalten, Schutz gewähren und die grünen Wände bilden, vor die man die Schmuckpflanzen stellt. Dieses Prinzip des »Gerüstbaus« sollte man auch bei kleineren Pflanzen anwenden. Hier erfüllen u.a. Schneerosen, Löffelblatt und Schwertlilien diese Funktion.

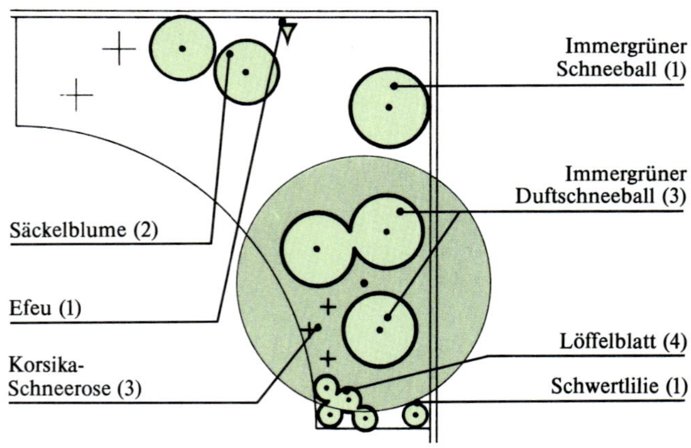

3. Schritt. Nun füllt man die Flächen mit kleineren dekorativeren Gehölzen auf und beachtet dabei die Farbzusammenstellung, die unterschiedlichen Höhen, die Formunterschiede (im Winter und Sommer), die Form und Beschaffenheit des Blattwerks und die Rindenfärbung. Dann fügt man die kleineren Schmuckstauden ein und die Bodendecker.

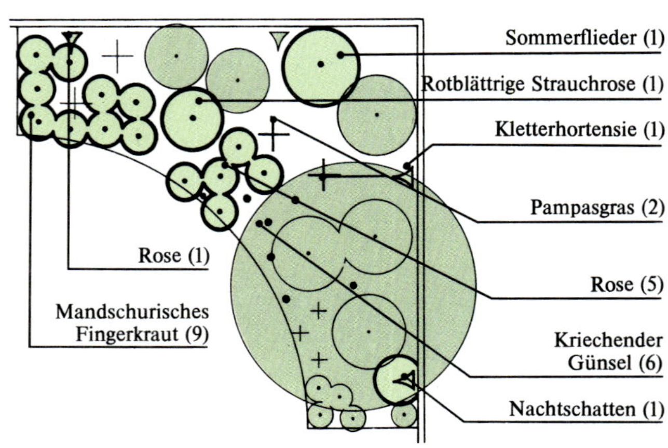

Nach den Decksträuchern beginnt man mit der Zusammenstellung der Solitärgehölze als Vorpflanzung. Man wählt zunächst die strengen, architektonischen Formen, zum Beispiel Palmlilien oder Akanthus für sonnige Standorte und die großblättrigen Funkien und Bergenien für schattigere Bereiche. Diese starken, ausgeprägten Formen kontrastiert man mit weicheren, aufgelockerten Pflanzen. Hierbei muß auch an die Farbe gedacht werden. Schön sind Zusammenstellungen aus einem bestimmten Farbbereich. Dabei kann man die Farbe einer Mauer oder eines Teppichs in dem Raum, aus dem die Pflanzung zu sehen ist, mit den Farben der Pflanzung aufnehmen oder variieren. Man kann weiche Rosa- und Grautöne mit etwas Purpur und Weiß kombinieren oder leuchtendes Orange, Gelb und Rot mit Grau aufhellen. Diese Farben bestimmen den Gesamteindruck, und der wiederum sollte sich am Stil des Hauses orientieren.

Auch bei der Staudenzusammenstellung sind Form und Farbe wichtig. Man mischt vielleicht große Rittersporne mit später blühenden Sommersträuchern, die den Rittersporn stützen und die Samenstände verdecken. Dann ist an die Zwiebelgewächse zu denken, und zwar nicht nur an die Frühjahrsblüher, sondern auch an sommerblühende Lilien und Herbstkrokusse. Pflanzen Sie eine Rose (oder zwei) gegen einen alten Baum oder ein anderes Klettergehölz.

All das bringt man zu Papier und vergißt auch seine Lieblingspflanzen nicht. Und nun muß man hart sein und ungefähr die Hälfte der ausgewählten Pflanzen wieder herauswerfen. Der häufigste Fehler ist nämlich, daß man zuviel pflanzt.

Wenn man schließlich jede Pflanze mit ihren Dimensionen im Plan eingezeichnet hat, kann man sich an die praktische Arbeit machen und mit der Pflanzung beginnen.

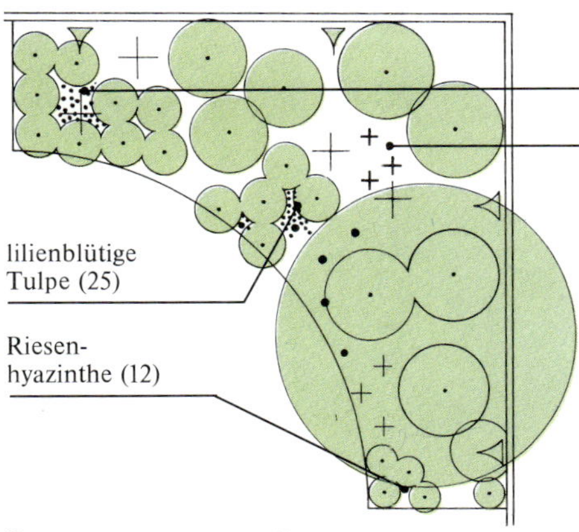

4. Schritt. Nun plant man die Einjährigen, Zweijährigen und Zwiebelgewächse als leuchtende Farbflecken ein. Solche zusätzlichen Farben sind mit Zurückhaltung zu verwenden, besonders wenn die Komposition bereits kräftige Blüten- und Blattfarben enthält.

Pflanzschema und Vorstellungsvermögen

Nachdem Sie Ihren endgültigen Gartenplan erstellt und sich für die Form der einzelnen Pflanzbereiche entschieden haben *(siehe S. 41)*, hängt der Erfolg Ihres Pflanzschemas nun davon ab, ob Sie es sich so vorstellen können, wie es in etwa fünf Jahren aussehen wird. Die Zeichnung oben illustriert unser Pflanzschema.

Die Auswahl der Bäume

Das auffallendste Merkmal eines Baumes im Sommer und im Winter ist immer seine Form, und damit bestimmt er stets auch die Art der Pflanzen, die man zu ihm gesellt. Bäume sind schließlich die größten Pflanzen im Garten, und bei der Pflanzung ist zu bedenken, daß sie bei richtiger Pflege schnell in die Breite und in die Höhe wachsen. Darum muß man sich bei der Auswahl der Bäume über die spätere Form, den Umfang der Krone und die Farbwirkung im klaren sein.

Im allgemeinen können Baumformen wie folgt eingeteilt werden: senkrechte, pryamidale oder konische, breitsäulige, breitwüchsige oder kugelige und hängende Formen. Innerhalb dieser Einteilung kann die Baumkrone dicht sein und wenig Licht auf die Unterpflanzung durchlassen und somit Unterwuchs bisweilen ganz verhindern, oder sie kann licht und locker sein und einen gesprenkelten Schatten auf die Unterpflanzung werfen. Doch auch das Ernährungs- und Verankerungssystem, das nicht ganz so groß wie der sichtbare Teil des Baumes ist, muß bedacht werden. Je dünner das Laubwerk, desto schwächer ist die Wurzelausbildung, denn schwere Verankerung ist dann nicht erforderlich. Man muß aber wissen, daß beim Pflanzen in der Nähe von vorhandenen Bäumen oder beim Setzen neuer Bäume in einen Bereich von vorhandener Pflanzung die gesamte Nahrung zum Nachteil der neugesetzten Pflanzen stets durch das Wurzelsystem der vorhandenen Gehölze aufgenommen wird.

__Kontrastierendes Laubwerk__ Hier kontrastiert das silbergraue Laub eines ausgewachsenen Eukalyptus und das einer staudigen Melde mit der dunklen Masse einer hochgeschnittenen Taxushecke. Eine schmalblättrige Birne bildet den Hintergrund für den Eukalyptus.

__Baumkulissen__ (oben). Das helle Laub eines Eschenahorns beschattet einen Sitzplatz in diesem Garten. Rechts vom Rasen wächst ein Mehlbeerbaum, den die hübschen roten Äste eines immergrünen Erdbeerbaumes, der bei uns nur in milden Klimazonen überwintert, wirkungsvoll betonen.

Wurzelsysteme

Man kann sich leicht vorstellen, daß bei einigen Baumarten und Gehölzen das Wurzelsystem unter dem Boden so groß ist wie die Krone, besonders wenn sie in gutem, lehmigem Gartenboden wachsen. Der größte Teil dieses Wurzelsystems besteht aus winzigen Faserwurzeln, die den Wasserfilm anzapfen, der jedes einzelne Bodenkorn umgibt. Wurzeln wachsen immer in die Richtung einer Wasserquelle. Daher sollten große Bäume nicht in die Nähe von Dränagesträngen gepflanzt werden. Wenn man neue Pflanzen zwischen ausgewachsene setzen will, ist immer auch die Ausdehnung der Wurzelbereiche zu bedenken. Man muß sich das verzweigte Wurzelnetzwerk unter einem ausgewachsenen Baum, einer geschnittenen Hecke oder einer Anzahl von Ziergehölzen vorstellen. Diese Wurzeln beanspruchen nicht nur eine solche Menge an Nahrung, daß sie den Boden ihrer Umgebung auslaugen, sondern sie stellen auch ein Hindernis für neue Pflanzen dar.

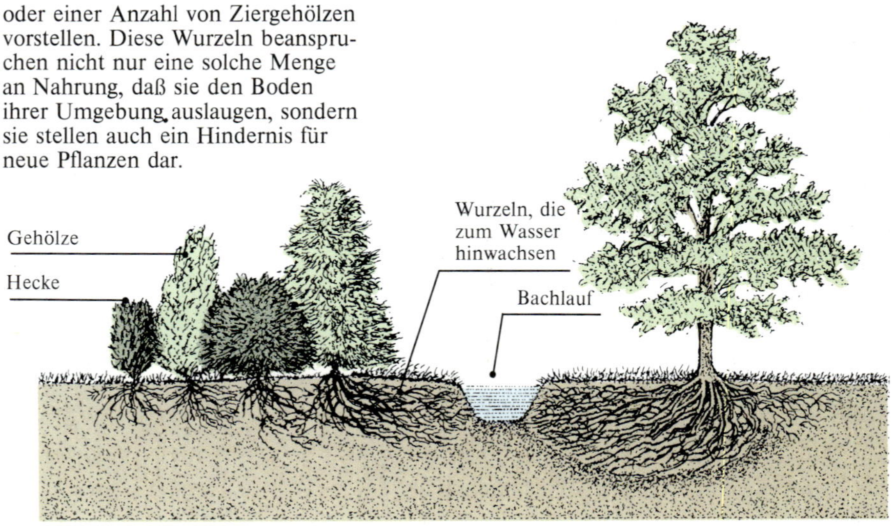

Die Größe der Hintergrundbäume, die man pflanzen möchte, sollte sorgfältig bedacht werden, bevor man sich für die einzelnen Standorte im Gesamtplan entscheidet. Wenige Gärten sind groß genug für einen Waldbaum wie eine Buche, eine Esche oder eine der großen Koniferen (Fichten und Tannen). Pappeln, die man fälschlicherweise als Schutzhecke pflanzt, können zu den mittelgroßen Bäumen gerechnet werden, obwohl sie große Höhen erreichen. Selbst die überall gepflanzten Lebensbäume erreichen sehr rasch – wenn man sie frei wachsen läßt – Höhen von 10–15 m. Darum sind etliche Überlegungen vor der Pflanzung erforderlich, und man sollte sich anhand von Katalogen und Gartenbüchern genau informieren, wie groß die Bäume wirklich werden, und überlegen, wo man sie hinpflanzt, damit sie nicht die Sonne wegnehmen, einen Nachbargarten beeinträchtigen oder das Haus mit starkem Wurzelwuchs untergraben. Baumwurzeln können besonders in starken Lehmböden Schäden anrichten, wo tiefreichende, starkwachsende Wurzeln auf der Suche nach Feuchtigkeit während einer Trockenperiode tief in den Untergrund gehen und dabei den Boden und die Fundamente eines in der Nähe stehenden Hauses mit ihrem Wurzelwerk aufbrechen können.

In wärmeren Klimazonen sind höhere Bäume in Hausnähe wegen der Beschattung angebracht. Man sollte hier Bäume mit weniger dichtem Laub aussuchen, die einiges Licht durchlassen. Hierbei handelt es sich meist um Flachwurzler, wie z.B. die Falsche Akazie.

Bäume, mit denen man einen häßlichen Ausblick verdecken will, sollten lieber in die Nähe des Hauses gepflanzt werden als am Außenrand des Gartens. Dort werden nicht nur mehr Bäume benötigt, sondern sie ziehen häufig den Blick erst auf den Punkt, den man verdecken möchte.

Waldartige Pflanzung *Diese Anordnung der Bäume ist lichtem Waldbestand auf natürlichem Standort nachempfunden. Gute Gruppierung von Bäumen ist immer attraktiv, besonders wenn sie – wie hier – in Herbstlicht getaucht ist. Im Vordergrund sieht man weißrindige Birkenarten.*

Baumformen

Die charakteristischsten Baumformen sind unten dargestellt. Diese Formen findet man bei allen vorkommenden Arten, von den Forstgehölzen bis zu den kleinen dekorativen Kreuzungen. Flachschichtige Kronen deuten Bewegung an, während andere, wie die senkrechten, die die statischen Elemente des Gartens bilden, die Ruhepunkte für das Auge sind.

senkrecht

konisch

Hängeform

kugelig

flachkronig

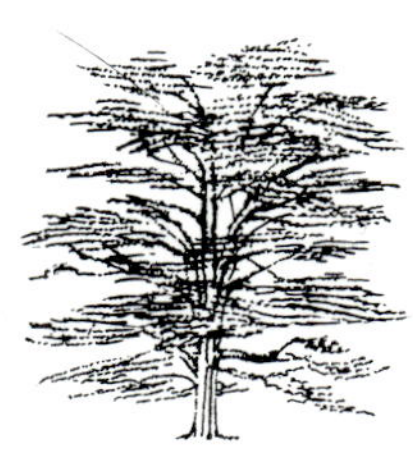

flachschichtig

Kleine Bäume

Das Angebot an Bäumen für kleinere Gärten ist groß. Solche Bäume eignen sich zur Pflanzung vor größere Arten, können aber auch als Sichtschutz innerhalb des Gartens oder als eigenes dekoratives Gartenelement gesetzt werden. Die Lebensdauer kleinerer Bäume ist zwar kürzer als die von Waldbäumen, doch sind sie auch schneller ausgewachsen. Kleinere Bäume wachsen von Natur aus in höheren Lagen, wo Wind und Kälte höheres Wachstum verhindern, und das ist zu berücksichtigen, wenn man bestimmte Arten für die Bepflanzung von Dachgärten auswählt.

Die Gehölzarten, die sich anbieten, lassen sich in zwei Kategorien einteilen: solche, die besonders schön aussehen, und solche, die man als Deckgehölze für eine Schutzpflanzung verwendet. Aber hier ist der persönliche Geschmack entscheidend.

Im allgemeinen wird man mir zustimmen, daß Kirsch- und Pflaumenbaumarten, Zieräpfel und Rosengewächse zu den dekorativen Pflanzen gehören, weil sie blühen, Früchte tragen oder herrliche Herbstfärbung zeigen. Keines von diesen Gehölzen besitzt jedoch formale Qualitäten, und man schaut die halbe Zeit des Jahres auf kahle Bäume. Koniferen besitzen andererseits das ganze Jahr hindurch ihre schöne Form, aber wenn man sie in Mengen anpflanzt, wirken sie meist dominierend und langweilig.

Für mich sind die kleineren Arten der Papierbirke oder die schmalen, hängenden Zweige der Weidenblattbirne der beste Ersatz für Koniferen. Ich bewundere außerdem knorrige, alte Apfelbäume - lebend oder abgestorben. Die exotischeren, wertvollen kleinen Ahornbäume werden nicht nur wegen ihres Blattwerks bewundert, sondern auch wegen der Zweige und der Herbstfärbung. Man pflanzt sie nicht wegen der Blüte wie die Magnolien, deren ausgewachsener Baum eine gute Form besitzt. Der goldfarbene Trompetenbaum wird bis zu 5 m hoch und ist wundervoll in der Blüte, doch auffallend auch wegen seiner großen, herzförmigen Blätter. Das Sommergold der China-Blasenesche, die bronzefarbene Früchte ausbildet, ist sehr attraktiv. Die Goldrobinie entwickelt sich ebenfalls zu einem hübschen Baum. Die Kupferfelsenbirne ist eine hübsche, weißblühende Alternative zu den Kirschen und ein wirkungsvolles Solitärgehölz.

Für schöne Herbstfärbung kann man auf lehmfreiem Boden den Katsurabaum pflanzen. Seine Blätter nehmen im Herbst eine zartrosa, rote oder goldene Farbe an, das Laub ähnelt dem des Judasbaumes, der purpurfarbene, rosenartige Blüten früh im Mai an kahlen Zweigen hervorbringt.

Im naturnahen Garten gefallen mir der Frühlingsaustrieb der Mehlbeeren und die Herbstfrüchte der Vogelbeere, die man jedoch besser als Füller zwischen ausdrucksvoll geformte Bäume setzt. Dazu gehören auch Erlen, Hainbuchen und Haselnüsse. Auch Weiden sind geeignet, vor allem die strauchigen Arten, die sich zu kleinen Bäumen entwickeln.

Alle diese persönlichen Vorlieben müssen jedoch kritisch überdacht werden. Beispielsweise sind gleiche Gehölze für Standorte in gleichen Breiten oft wegen unterschiedlicher Höhenlage nicht geeignet. Auch klimatische Unterschiede können die Wahl eines Baumes beeinflussen. Lange, kalte Winter und heiße Sommer, die in Süddeutschland unterschiedlich auftreten, entsprechen nicht den Standortbedingungen, die beispielsweise das milde Rheinland bietet.

Ich selbst liebe keine Bäume mit purpurfarbenem Laub, denn ich empfinde sie als zu auffallend und innerhalb einer Pflanzenzusammenstellung zu schwer und beherrschend. Dunkelrote Japanische Zierkirschen, deren Blüten mit leuchtendem Frühlingsrasen und tiefgelben Narzissen kontrastieren, finde ich scheußlich. Auch Goldregen meide ich, denn

Beherrschender Ahorn *Das goldfarbene Laub eines Japanischen Ahorns beherrscht diesen Garten. Dieser und der Geschlitztblättrige Ahorn links im Vordergrund werden häufig als Sträucher bezeichnet, doch sie können zu attraktiven kleinen Bäumen heranwachsen.*

Besondere Baumformen *Diese Beispiele zeigen unterschiedliche Baumformen. Rechts ein junger Blumenhartriegel mit seinen flachabstehenden Zweigen, rechts außen ein rundschöpfiger Japanischer Zierkirschbaum, darunter die charakteristische breitwüchsige Form eines alten Apfelbaumes und unten rechts die Hängeform einer alten Kiefer.*

es ist sehr schwierig, den richtigen Platz dafür zu finden. Meine persönliche Antipathie gegen Koniferen stammt daher, daß ich aus einer Gegend komme, wo große Flächen offener Moorgebiete durch zu große Nadelwaldaufforstungen ökologisch verödeten. Ich habe allerdings nichts gegen Kontur- und Schutzpflanzungen und einige darin untergebrachte Nadelgehölze, doch das Vorurteil bleibt, und es wird nicht durch die Unzahl bizarrer Koniferen ausgeräumt, die in jedem Gartencenter angeboten werden. Es ist Beweis dafür, daß unsere Gartenindustrie nichts unversucht läßt, wenn es um Umsatz geht – auf Kosten unserer einheimischen, natürlichen Pflanzen. Bestimmte Koniferenarten können jedoch bei sorgfältiger Gartengestaltung durchaus verwendet werden, denn ihre ausgeprägten Formen, egal ob flach, pyramidal oder senkrecht, können in bestimmten Fällen sehr wirkungsvoll sein. Ihre starken Farben müssen behutsam eingesetzt werden, denn eine Weißfichte beherrscht in ausgewachsenem Zustand im Garten alles andere. Viele dunkle, mattgrüne Koniferen sind gut für Hintergrund- und Schutzpflanzung zu gebrauchen.

Die Verwendung von Bäumen im Garten ist in erster Linie ein Raumproblem, es sei denn, es steht ein riesiges Areal zur Verfügung. Es ist besser, schöne Gehölzgruppierungen zu pflanzen und drei oder vier Exemplare der ausgewählten Baumart zusammenzusetzen. Die Gleichzeitigkeit der Baumblüte ist oft ein Problem, denn im Frühling gibt es einen Blütenrausch, dann eine ruhige Zeit, dann Farben im Frühsommer und anschließend Ruhe bis zum farbenglühenden Herbst. Man muß also die Pflanzen so auswählen, daß die Pflanzung das ganze Jahr hindurch interessant aussieht.

Was beim Kauf von kleinen Bäumen zu beachten ist *Kleine Bäume, die im Handel erhältlich sind, werden nach Umfang und Form (siehe unten) katalogisiert. Man sollte sich vor dem Kauf darüber im klaren sein, wie der ausgewachsene Baum aussieht, und nur Exemplare mit gesunden Stämmen und Zweigen wählen.*

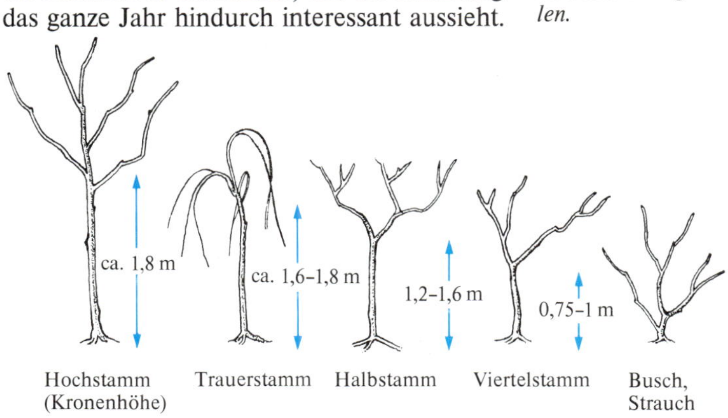

Baumpflanzung

Generationen hindurch war es üblich, junge Bäume im Herbst zu pflanzen, wenn das Wachstum ruht, denn die Pflanzen wurden ohne Ballen verkauft. Heutzutage bekommt man jedoch Bäume und Sträucher in Containern, so daß sie ohne Beeinträchtigung der Wurzel mehr oder weniger das ganze Jahr hindurch gepflanzt werden können, vorausgesetzt, der Boden ist nicht gefroren.

Das Pflanzloch sollte etwa 1 qm groß sein. Bevor man es mit gut verrottetem Kompost füllt, gabelt man den Untergrund mit einer Grabgabel durch. Dann bringt man organischen Dünger, Kompost, verrotteten Stalldung und dergleichen etwa 20 cm dick ein und gabelt ihn mit dem Untergrund durch.

Nun setzt man den Baum, der am besten vorher gründlich gewässert wurde, in das Pflanzloch, schneidet den Container seitlich auf und entfernt ihn vorsichtig, ohne die Wurzeln zu beschädigen. Man muß die Unterseite des Ballens säubern, wenn der Container in der üblichen Weise mit einer Dränageschicht versehen war. Der Baum darf nur so tief im Boden stehen wie im Container. Ist das nicht der Fall, hebt man den Baum an und unterfüllt ihn mit Mutterboden und Komposterde. Bevor das Loch verfüllt wird, schlägt man neben dem Wurzelballen einen Pfahl ein, um die jungen Baumwurzeln nicht zu verletzen. Dann füllt man das Loch mit Humusboden auf und schüttelt den Stamm vorsichtig durch Heben und Senken, um sicher zu sein, daß der Boden gut zwischen den Wurzeln verteilt wird und tritt ihn um den Wurzelballen mit dem Hacken fest an. Dann muß man öfter nachsehen, denn der Baum benötigt regelmäßig Wasser, während Trokkenperioden manchmal sogar täglich. Das ist besonders dann wichtig, wenn er nicht während der Wachstumszeit gepflanzt worden ist.

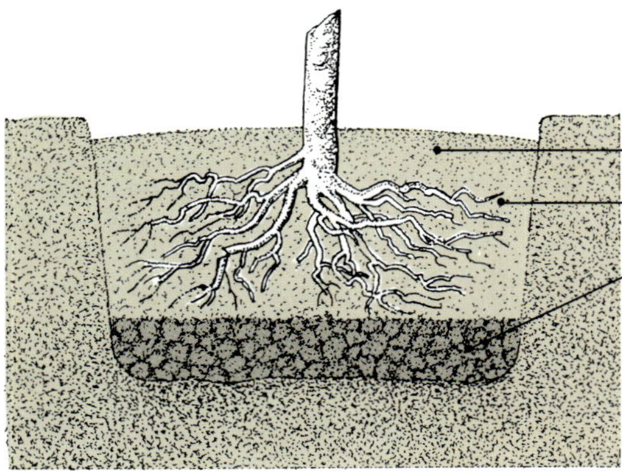

Kontrastpflanzung *(oben). Das lichtgelbe Laub der Scheinakazie hebt sich wirkungsvoll von der Hecke ab.*

Angestrahlter Apfelbaum *(links). Viele Bäume können durch versteckte Beleuchtung hervorgehoben werden.*

Pfählen und Anbinden

Neu gepflanzte Bäume befestigt man mit einer Plastikbindung an den Pfählen. Wenn man einen Baum während der Wachstumsperiode pflanzt, muß er entsprechend feucht gehalten werden, damit die Wurzeln aus dem dichten Ballen herauswachsen, der durch die Anzucht im Container entstand. Sie ernähren und festigen den Baum rasch. Bäume, die in exponierten, freien Lagen gepflanzt werden, müssen mit einem Pfahl gestützt werden, der im Winkel gegen die Hauptwindrichtung gesetzt wird, wobei Bäume mit schweren Kronen zusätzliche Stützen und Bindungen benötigen.

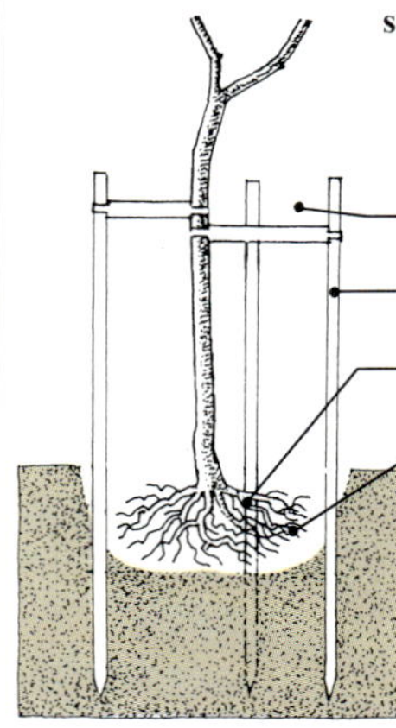

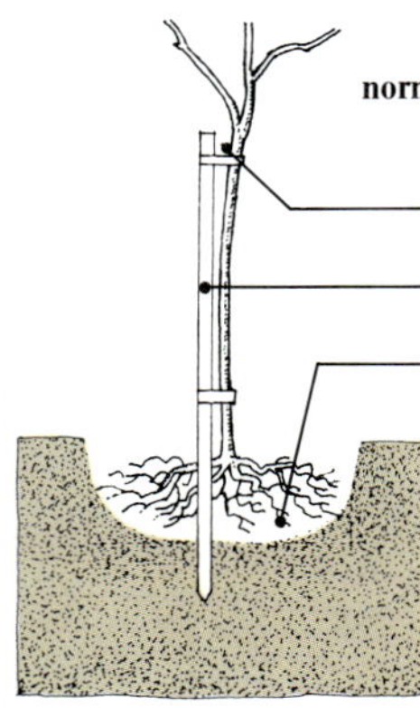

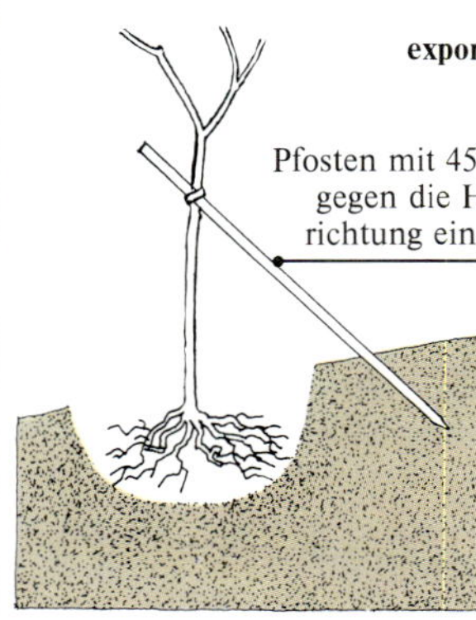

Formieren von Bäumen

Im frühen Mittelalter waren Spalierformen und Symmetrie groß in Mode. Spätere romantische Strömungen machten freiere Pflanzungen populär, und man kopierte bisweilen sogar die Natur.

Heute ist das Interesse an formaler Gestaltung und dem Gegensatz zwischen natürlich gewachsenen Pflanzenformen wieder erwacht. Geformte und geschnittene Bäume sind heute zudem eine billige Alternative zu Gartenbildwerken. Unter Formieren versteht man das Anbinden laubabwerfender (bisweilen auch blühender) Gehölze an Rahmen, so daß die Äste eine grüne Mauer oder ein grünes Dach bilden. Eine Weiterführung dieser Kunst ist das Formieren von Obstgehölzen in der Manier französischer Gartenarchitekten des 17. Jahrhunderts. Die Formen, die in der Zeichnung unten verdeutlicht werden, zeigen einige Spalier- und Cordon-Formen, die an Drähten gezogen wurden. Die Pflege dieser Spalierbäume ist auf *S. 251* beschrieben.

***Spalier aus Goldregen und Glyzinen** (rechts). Der über einen Metallrahmen geformte Goldregen wirkt wie ein goldener Tunnel; Glyzinen wurden dazwischengesetzt, um später im Jahr einen ähnlichen Effekt zu erzielen.*

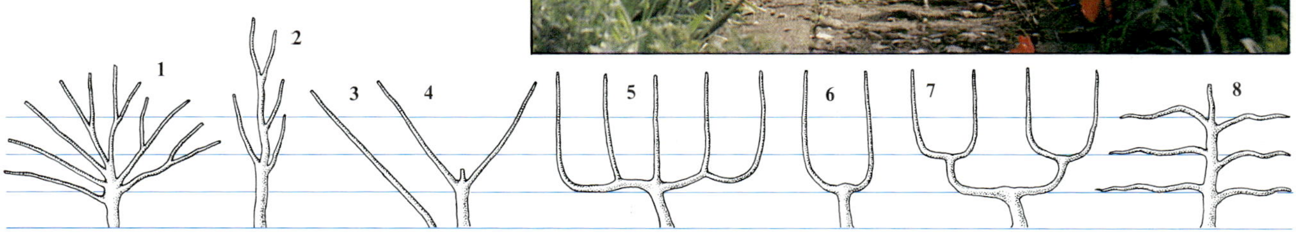

1 Fächerspalier
2 Fliederspalier
3 Schnurbaum (Cordon)
4 Doppelcordon
5 Harfenspalier
6 U-Form
7 Doppel-U-Form
8 waagerechtes Spalier

***Formierte Hainbuchen** Hainbuchen wurden zu einem Laubengang formiert und lenken den Blick auf eine weiße Bank. Blaugraue Weinrauten wurden um die Stämme gepflanzt, um das Gefühl der Abgeschlossenheit auch am Boden zu steigern.*

Hecken

Die Pflanzen, die am häufigsten zurückgeschnitten werden, sind Heckenpflanzen. Es gibt drei Heckenformen: die freiwachsende Hecke, die wenig Schnitt benötigt und aus Pflanzen wie Berberitze, Eskallonie oder Feuerdorn besteht, die Hecke aus Pflanzen, die gelegentliches Zurückschneiden erfordert und nicht wie Lorbeerkirsche ständig in Form geschnitten werden muß, und schließlich Hekken, die durch den Schnitt dicht und kompakt gehalten werden sollen, wie Buchsbaum, Hainbuche, Scheinzypresse, Buche, Stechpalme, Liguster, Heckenkirsche und Eibe.

Welche Hecke man wählen soll, hängt von Lage und Charakter des Anwesens ab und dem Zweck, dem die Hecke dienen soll. Die Lage schränkt die Auswahl bereits ein, besonders in Gegenden mit starkem Schneefall. Schnee kann Hecken brechen, wenn er nicht regelmäßig abgeschüttelt wird.

Ein häufiger Fehler ist, daß man die Heckenpflanzen viel zu dicht zusammenpflanzt, in der Annahme, auf diese Weise rasch einen dichten Schutz zu erhalten. Da Hecken aber selten gedüngt werden, können einzelne Pflanzen innerhalb der Hecke bei einem bestimmten Alter leicht absterben. Darum muß man die Pflanzen gleich in entsprechenden Abständen setzen und etwas Geduld haben. Außerdem sollte man bei der Auswahl der Pflanzen berücksichtigen, daß die raschwüchsigen ihr Wachstum nicht wunderbarerweise einstellen, wenn sie die gewünschte Höhe erreicht haben.

***Traditioneller Bogengang** (oben). Hier wurden Eiben zu einem Bogengang geschnitten. Andere, pyramidenförmig geschnittene Eiben stehen dahinter. Die architektonischen Möglichkeiten dieses Pflanzenschnittes sind sehr vielfältig und können traditionell – wie hier – oder modern wirken.*

***Geschnittene Pfauen** (rechts). Der Heckenzierschnitt gehört zum Stil von Landhausgärten, stammt jedoch aus der Zeit der großen architektonischen Gärten im 17. Jahrhundert.*

Heckenformen

Wenn man Zeit für die erforderliche Pflege hat, kann man mit Heckenpflanzen mancherlei dreidimensionale Formen gestalten. Die Terrasse wurde mit Arten bepflanzt, die dafür besonders gut geeignet sind. Die Pflanzenanordnung für eine Hecke als Einfriedung ist unten dargestellt und sollte die rechts angegebenen Pflanzabstände einhalten.

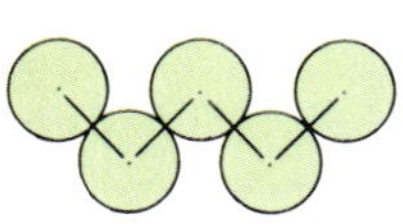

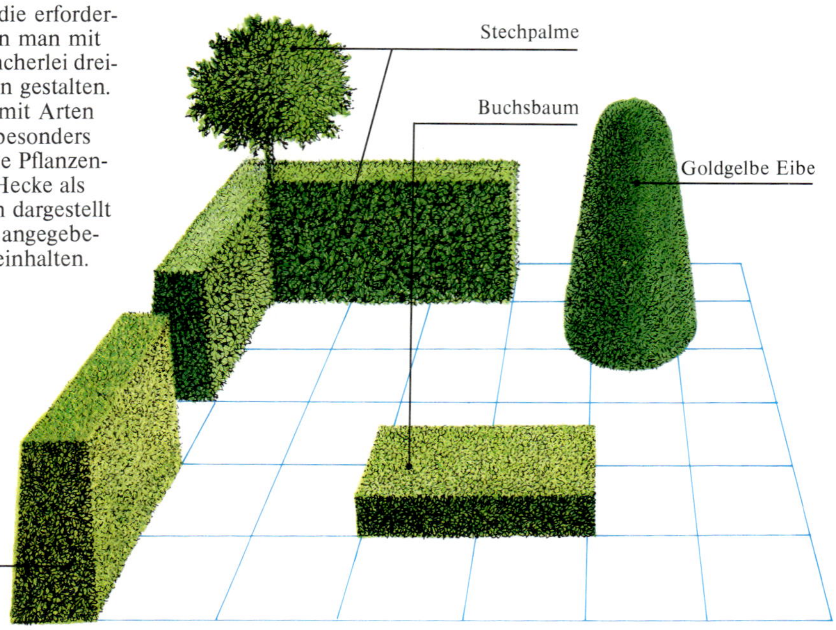

Pflanzabstände in mm

Buchsbaum	450
Hainbuche	450
Leyland-Zypresse	750
Rotbuche	475
Stechpalme	500
Liguster	50
Heckenkirsche	275
Lorbeerkirsche	700
Goldgelbe Eibe	500
Thunberg-Berberitze	300
Buchsbaum	300
Echter Lavendel	300
Zypressenkraut	250

Sträucher

Wenn man in einen Garten kommt, fällt einem zuerst die leuchtendste Farbe oder die am seltsamsten geformte Pflanze auf. Die Wirkung einer Pflanze hängt jedoch von ihrem jeweiligen Standort ab, der wiederum durch die Hintergrundpflanzung geprägt wird. Pflanzen im Hintergrund liefern die »Kulisse«, gegen die sich alles andere abhebt. Sie verleihen dem Garten auch die Winterform und sorgen für Schnittgrün und für Schutz und Nahrung der Kleinlebewesen.

Der Umfang einer solchen Pflanzung hängt von der Gartengröße ab. Im allgemeinen sollten die Gruppierungen klar und einfach sein.

Immergrüne kommen hier zu ihrem Recht, denn sie wirken das ganze Jahr hindurch. Nicht alle wachsen langsam, wie häufig angenommen wird. Viele besitzen schönes, glänzendes Laub, hübsche Blüten und sind im Herbst durch Beerenschmuck interessant. Blättert man durch einen Pflanzenkatalog und geht man die Zwergmispel-, Schneeball- und Feuerdorn-Arten durch, so findet man große Unterschiede in Größe, Formen und Farben. Auch bei Bambus, Liguster, Lorbeerkirsche (besonders *Prunus laurocerasus* und *P. lusitanica* – letztere Art nur für geschützte Lagen), Berberitzen und Mahonien, Ölweiden, Eskalonien, Eiben und Buchsbaum finden sich Arten, die für Ihren Boden, Standort oder das Klima Ihrer Gegend geeignet sind. Wenn man einen geschützten Garten in der Stadt besitzt, können sogar Kamelien gepflanzt werden. Bei windexponierten Lagen oder in Küstennähe benötigt man sehr robuste Spezies. Rhododendren sind ein Fall für sich, denn sie gedeihen nur auf saurem Boden. Wenn sie blühen, können sie herrlich aussehen, besonders wenn die

Sträucher mit farbigem Laub *(unten). Diese gemischte Anordnung von immergrünen Gehölzen mit kleinen Bäumen und Stauden besitzt vorwiegend goldfarbenes Laub. Sie wirkt durch die Auswahl von Pflanzen innerhalb eines bestimmten Farbbereiches.*

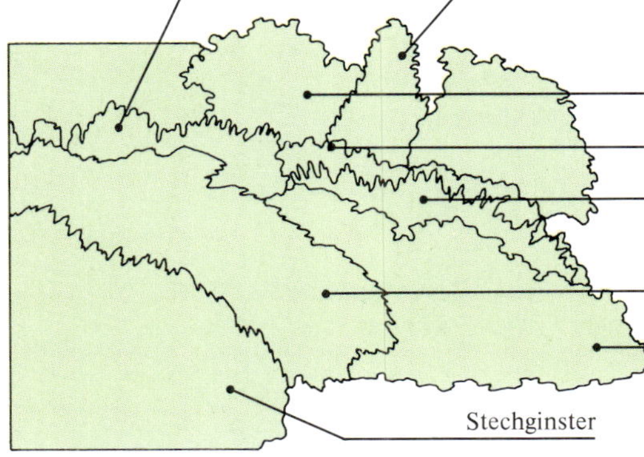

Farben sorgfältig ausgewählt wurden. Ohne Blüten sieht ihr Laub langweilig aus, außerdem wachsen sie auch ziemlich langsam.

Zwischen und vor den Immergrünen im Hintergrund wählt man Standorte für verschiedene größere Gehölze, die zwar rascher wachsen, aber nur wenig oder keinen Winterschutz geben. Azaleen wählt man wegen ihrer Blüten und ihres Duftes im Spätfrühling. Andere, genauso brauchbare sind z.B. die Schlehe, die eine naturnahe Wirkung hat, oder der graublättrige Gemeine Sanddorn. Sommerflieder und Pfriemenginster wachsen schnell, blühen gut, sind aber nur von kurzer Lebensdauer. Man kann sie gut mit niedrigen Immergrünen unterpflanzen, so daß sie nach einigen Jahren entbehrlich sind. Auch Scheinquitten-Arten können in die Liste der Pflanzen aufgenommen werden, die im Frühling und im Herbst interessant sind. Die Hartriegel-Arten sind wegen ihrer Belaubung, der Holzfärbung und der Blüten recht dekorativ. Rotblühende Blutjohannisbeeren können auch gut als Decksträucher angepflanzt werden, vorausgesetzt man mag ihren Geruch.

Die Liebliche Weigelie ist ein Deckstrauch, dessen hübsche Blüten spät im Frühling erscheinen. Andere raschwüchsige Decksträucher sind z.B. die unterschiedlichen Holunderarten mit ihren reichblütigen Trugdolden und ihrem gefiederten Laub.

Einige Formen der Forsythie besitzen dunkelgelbe Blüten und sind von häßlichem, geradem, aufrechtem Wuchs. Hübscher sind die zi-

Hortensiengruppe *(oben). Eine hübsche Blütengruppierung für den Spätsommer aus den Arten* Hydrangea involucrata *mit ihren purpurfarbenen Blüten und den großen sterilen weißen Randblüten und als Kontrast die bekannte* H. macrophylla »Amay Pasquier«. *Diese Kulturform benötigt alkalischen Boden, wenn sie blau blühen soll.*

Gehölze für saure Böden *(links). Immergrüne lieben meist einen sauren Boden. Eine Heideart, im Vordergrund dieses großen Gartens, steht hier zusammen mit schwachwachsenden, teils immergrünen Azaleen-Hybriden. Der Hintergrund besteht aus verschiedenen Arten des Japanischen Ahorns.*

tronenfarbenen, locker wachsenden Hängeforsythien, die auch in der Blumenbinderei beliebt sind. Später blüht der Pfeifenstrauch, der einen wundervollen, jasminartigen Duft ausströmt. Größere und den Wildformen ähnliche Formen der Strauchrosen sind ebenfalls ausgezeichnetes Deckstrauchmaterial. Für solche Standorte sind auch die neuen, öfterblühenden Parkrosen zu empfehlen. Der Wasserschneeball ist ideal, doch sind alle Schneeball- und Fliederarten ziemlich auffallend und somit beherrschend.

Die meisten hier erwähnten Gehölze sind Frühlingsblüher. Die größeren, sommerblühenden Gehölze - z.B. Strauchveronika- und Zistrosenarten, die bei uns nicht völlig winterhart sind - können ausgesprochen spektakulär aussehen und müssen geschickt plaziert werden. Wo sommerblühende Gehölze solitär gepflanzt werden, ist die gleiche Technik wie bei den Containerpflanzen anzuwenden (*siehe S. 182*). Im allgemeinen pflanzt man Gehölze jedoch in vorbereitete Beete, die einen Teil der Gesamtgestaltung darstellen.

Gehölzbeete werden am besten von Hand umgegraben. Früher wurden Pflanzflächen und Gemüsegärten rigolt, d.h. der Boden wurde zwei Spatenstich tief umgegraben und mit organischem Dünger angereichert, wobei man die Wurzelunkräuter entfernte, vorausgesetzt, der Mutterboden reichte tief genug. Wenn man den Boden so gründlich bearbeitet, steigert man seine Fruchtbarkeit. Heutzutage gräbt man meist die Flächen nur einen Spatenstich tief um und bringt organischen Dünger mit ein, aber auch diese Arbeit kann sehr teuer werden. Da man eine Pflanzfläche aber nur einmal kultivieren kann, bevor sie bepflanzt wird, ist das Geld gut angelegt, denn man schafft so eine gute Grundlage für das spätere Wachstum.

Das Fräsen des Bodens geschieht auch bei zusätzlicher organischer Düngung meist zu flach. Unkräuter werden dabei lediglich zerstückelt, über die gesamte Fläche verteilt und erscheinen dann anderswo.

Nach einer zeitgemäßeren Methode wird eine Rasenfläche in der Größe der gewünschten Pflanzfläche mit Unkrautvernichter gespritzt, nach einem Monat oder später werden die Gehölze direkt in das abgestorbene Gras gepflanzt und anschließend wird die Oberfläche mit organischem Dünger oder Kompost gemulcht. Das sollte jedoch im Herbst geschehen, damit das organische Material während der Winter- und Frühlingszeit von Würmern nach unten transportiert werden kann. Eine Sommermulche aus organischem Dünger trocknet leicht aus und bildet Krumen, die sich schwer auflösen und ständig von den Vögeln hin- und hergescharrt werden.

Wie Bäume, so kann man auch andere Gehölze, die mit Ballen geliefert werden (Containerpflanzen) das ganze Jahr hindurch pflanzen, man muß sie allerdings gut wässern. Herbst und Frühling sind Pflanzzeit für Pflanzen ohne Ballen und darüber hinaus die beste Zeit für größere Pflanzungen überhaupt.

Pflanzabstände für Gehölze

Es ist schwierig, genaue Pflanzabstände für Gehölze anzugeben. Sie hängen davon ab, wie schnell man eine geschlossene Pflanzung erhalten will. Man muß den unterschiedlichen Zuwachs der Pflanzen berücksichtigen. Rhododendren wachsen z.B. bis zu mehreren Metern in die Breite, dies aber relativ langsam, so daß man sie in etwa 2,00 m Abstand pflanzen sollte. Man rechnet längstens etwa 5 Jahre, bis man das gewünschte Ergebnis erhält. Hierbei ist zu berücksichtigen, daß einige Gehölze bereits während dieser Zeit zurückgeschnitten oder drastisch ausgelichtet werden müssen.
Unten sind in einer Tabelle die Höhen der üblicherweise verwendeten Gehölze angegeben. Gehölze von höherem Wuchs sollte man im Abstand von 2,00 m pflanzen, mittelhohe etwa mit 1,50 m und niedrigbleibende nur mit 1,00 m Abstand. Im allgemeinen pflanzt der Anfänger seine Gehölze zu dicht zusammen und wundert sich, wenn die neuerworbenen Pflanzen im Frühjahr nicht austreiben. Wenn man die richtigen Wachstumsbedingungen berücksichtigt und die Gehölze fachgerecht gepflanzt werden, wachsen sie schnell an und schließen sich rasch. Möchte man den Boden zwischen den Gehölzen später bearbeiten, weil man die Erde nicht sehen will, kann man ihn mit Mulche abdecken oder Stauden, Zwiebelpflanzen und Einjährige zur Vorpflanzung verwenden. Sonnenblumen oder Tabak können in den ersten Jahren als Füller dienen.

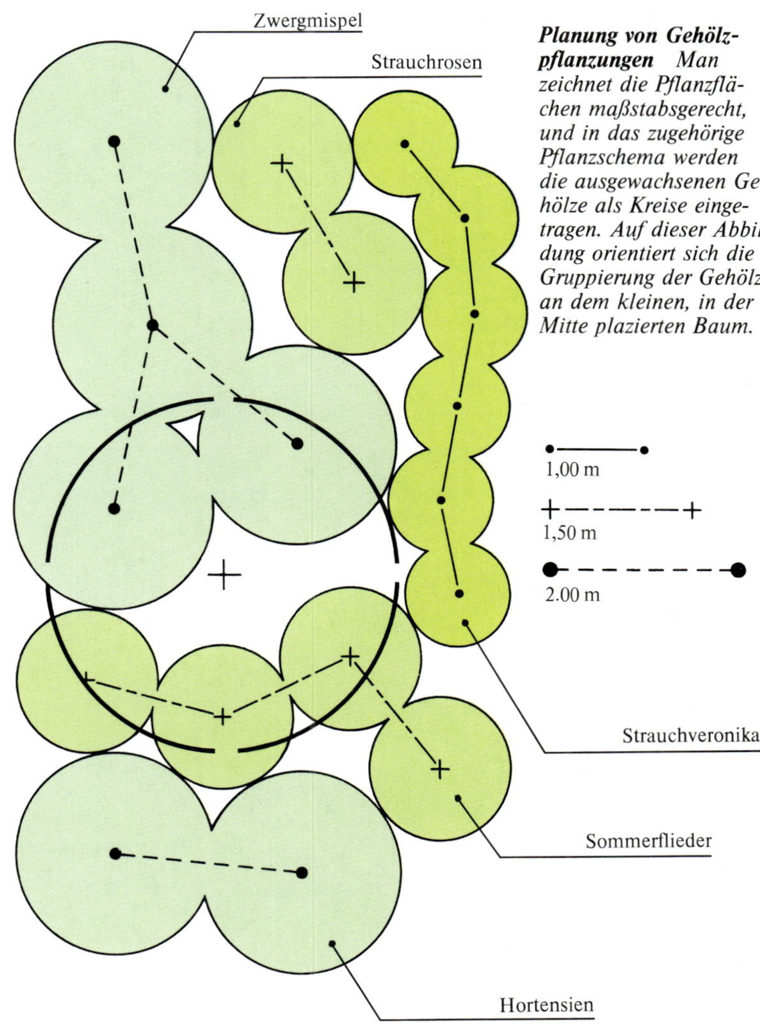

Planung von Gehölzpflanzungen *Man zeichnet die Pflanzflächen maßstabsgerecht, und in das zugehörige Pflanzschema werden die ausgewachsenen Gehölze als Kreise eingetragen. Auf dieser Abbildung orientiert sich die Gruppierung der Gehölze an dem kleinen, in der Mitte plazierten Baum.*

Große Sträucher	Mittelgroße Sträucher	Kleine Sträucher
Sommerflieder	Berberitze	Rosmarin
Zwergmispel-Arten	Besenginster	Japan-Skimmie
Pfeifenstrauch	Gartenhortensie	Greiskraut
Feuerdorn	David-Schneeball	Strauchveronika
Schneeball		

Solitärgehölze

Die Auswahl von Pflanzen wurde bis hier aufgrund von Verwendbarkeit und Größe bzw. Umfang getroffen. Vor diesen »tragenden« Hintergrund muß man nun die dekorativen Solitärgehölze setzen, um das ganze Jahr über für farbliche und räumliche Effekte im Garten zu sorgen. Besonders wichtig sind die örtlichen Verhältnisse wie Standort (warm oder kalt), Lage (sonnig oder schattig), und Boden (trokken oder feucht), aber es gibt eine Reihe hübscher Pflanzen, die für fast alle Bedingungen geeignet sind und ein Grundgerüst für Ihre dekorativen Pflanzen liefern können. Man kann sie sozusagen als Pflanzen mit architektonischem Aufbau bezeichnen. So wie man Solitärbäume ganz bewußt plaziert, ehe man die Füller in die Zwischenräume pflanzt, kann man auch mit architektonisch interessanten Sträuchern arbeiten. Egal, wie leuchtend die Farbauswahl ausfällt, so spielen Formen doch eine wesentliche Rolle und machen die Anlage das ganze Jahr hindurch interessant.

Man beginnt mit den Pflanzen, die bei ungestörtem Wachstum zu Bäumen heranwachsen. Als Beispiel seien erwähnt: Aralie, die bei jährlichem Rückschnitt im Herbst riesige gestielte Blätter bis zu Meterlängen ausbildet. Korkbaum und Schillergras können in der Pflanzung ebenfalls besondere Akzente setzen. Auch der Essigbaum oder der geschlitztblättrige Gerberstrauch sind interessante architektonische Attribute in der Pflanzung, die sich im Herbst mit leuchtenden Farben schmücken und im Winter ein dekoratives Astwerk zeigen.

Gartenfreunde in der Stadt kennen vielleicht *Prunus lusitanica,* eine immergrüne Kirschart, die der Lorbeerkirsche ähnelt. Überhaupt gibt es unter den Zierkirschen eine Reihe von interessanten, kleinbleibenden Formen wie z.B. *P. subhirtella »Accolade«, P. yedoensis* und *P. subhirtella »Plena«,* die alle eine charakteristische Wuchsform haben.

Baumpäonien mit ihren herrlichen gelben Blüten im Frühling sind eigenständige Gartenbildwerke. Auch der immergrüne Runzelblattschneeball und verschiedene Abkömmlinge dieses lederblättrigen, immergrünen Strauches mit den bis zu 25 cm langen Blättern gehören zu den Gehölzen mit Signalwirkung. Von den Bambusarten seien hier der Japanbambus und der zierlichere *Sinarundinaria nitida* erwähnt, Bambusgewächse, die bei uns auch strengere Winter überstehen.

Pflanzen für einen bestimmten Gartencharakter *Die Gräser und Bambuspflanzen des unten abgebildeten Gartens sind ausgesprochene Charakterpflanzen. Sie sind allesamt immergrün und ausdauernd.*
Das Gehölz in der gemischten Rabatte (Abbildung darunter) ist eine Chinesische Strauchrose. Davor steht die strenge horizontale Form eines Chinawacholders. Die Gehölze bilden den Hintergrund für die Blütenstände des Fingerhuts und die Ähren einer violetten Salbeiart.

Geschwungene Rabatte

Dieses Pflanzbeispiel baut hauptsächlich auf die Wirkung von Ziergehölzen. Es ist oben im Frühlingsaspekt und rechts als Plan abgebildet. Die Anpflanzung verbindet Form, Struktur und Laubwerk, und Immergrüne und laubwerfende Arten sind gut proportioniert. Obgleich sie im Frühling farblich besonders attraktiv ist, wirkt die Pflanzung durch weiße Floribundarosen, silberrosa Blüten von Wollziest und die cremefarbenen Blütenstände der Palmlilie auch im Spätsommer interessant.

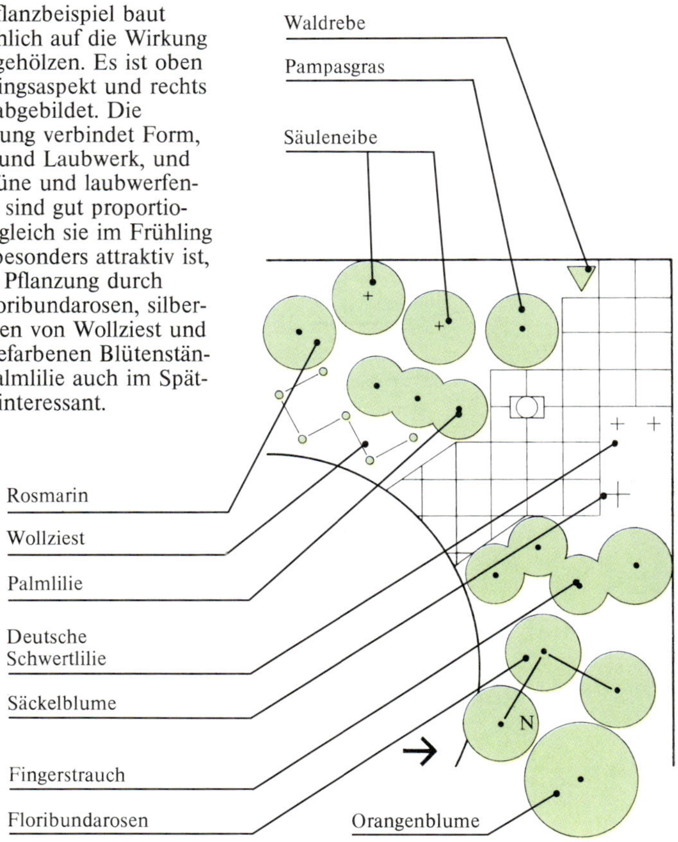

Gekonnte Zusammenstellung *Obgleich die Funkie den Vordergrund mit ihrer ausgeprägten Form beherrscht, wird die Zusammenstellung durch die Hintergrundpflanzung mit Neuseeländer Hanf (nicht winterhart) und Geißblatt noch gesteigert.*

Mit diesen Gehölzen kann man eine japanische Atmosphäre im Garten erzielen. Zu den kleineren Gehölzen gehören die Baumyucca (in den meisten Gegenden winterhart), der kleine Davidschneeball mit seinen immergrünen Blättern, der allerdings Höhen bis zu 2 m erreichen kann, die Skimmie, *(Skimmia foremannii)* und die Orangenblume mit ihren stark duftenden Blüten (Winterschutz!).

Zwischen solche geschickt plazierte architektonisch aufgebaute Arten kann man einfache Gruppierungen anderer Ziergehölze eigener Wahl anordnen, wobei darauf zu achten ist, daß sie das ganze Jahr hindurch etwas zu bieten haben. Eine klare Zusammenstellung ist wichtiger als ein Durcheinander, und man erreicht sie, indem man zwei, drei oder vier verschiedene Arten von kleineren und sieben, acht oder neun von den höherwachsenden Gehölzen zusammenpflanzt.

Meine Vorliebe gilt den vielen Formen der Berberitze, denn man kann sie gut mit kleineren Gehölzen zusammenstellen. Hierzu gehören Ginster, der Perückenstrauch mit seinem purpurfarbenen Laub, der Buschklee, die Pimpernuß und die spät blühende Hortensie.

Bei den Hortensien kann man die getopften Sorten der *Hydrangea hortensia* ins Freie pflanzen. Sie blühen mit rosa und bläulich schattierten Blütenständen und bringen mehr Farbe in den Spätsommer. Auch hier ist etwas Winterschutz geboten.

Planung einer duftenden Hecke

Obwohl viele duftende Heckenpflanzen früh im Jahr blühen, sind ihre Blüten weder besonders hübsch noch sind die Sträucher von bemerkenswertem Wuchs. Manche von ihnen, darunter *Sarcococca sp., Mahonia japonica,* die Orangenblume und bestimmte Seidelbastarten, sind bezüglich ihres Standorts nicht besonders anspruchsvoll und können deshalb im Winkel in der Nähe einer Tür gepflanzt werden, damit ihr Duft im Sommer ins Haus hereinweht. Für eine zugleich auch optisch ansprechende Heckenbegrenzung müssen allerdings auch ausgeprägte Wuchsformen und starke Farben vertreten sein. In diesem Beispiel wurde die Pflanzung um pyramidenförmig beschnittene Hainbuchen gruppiert und Pflanzen gewählt, die sowohl Form und Farbe als auch Duft liefern.

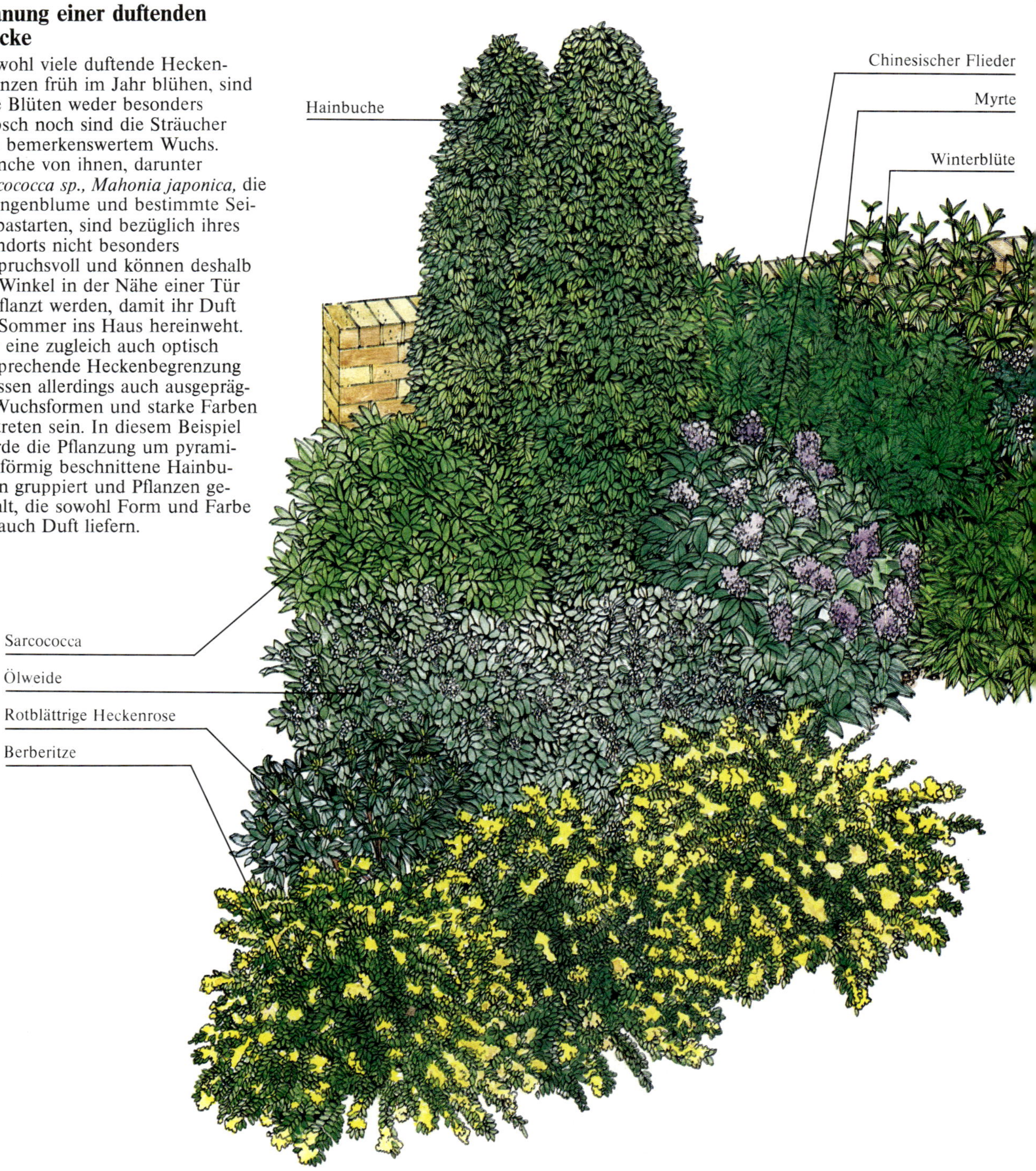

Sehr hübsch ist auch das Fingerkraut mit seinen Varietäten, das sehr leicht zu kultivieren ist und etwas Pflege das ganze Jahr hindurch mit Massen von leuchtendgelben Blüten dankt. Es gibt neuerdings auch rosafarbene Spielarten. Die Blütezeit reicht bis zum ersten Frost. Besonders empfehlenswert sind auch viele der kleinblumigen alten Wildrosensorten wie *Rosa rubrifolia* mit ihrem bläulichroten Laub, *R. rubiginosa* mit dem nach frischen Äpfeln duftenden Blattwerk und die zahlreichen *R. rugosa*-Abkömmlinge, die als Strauchformen und Bodendecker bei uns angeboten werden.

Bestimmte Floribundarosen lassen sich gut mit dekorativen Sträuchern zusammenstellen, zum Beispiel mit blauem Lavendel oder dem staudigen Salbei. Viele der Kräuterpflanzen mit Gehölzcharakter können in Rabatten verwendet werden. Sie finden sie hier allerdings gesondert besprochen *(siehe S. 217)*. Kräuter als Sommerblumen duften nicht nur, sondern sind häufig auch immergrün.

Es gibt viele Gehölze, die hier nicht erwähnt wurden, z.B. die graulaubigen, wie bestimmte Ölweiden, die mit ihrem lichten Grau den Farbcharakter einer Anpflanzung aufhellen können. Auf leichten Böden ist auch der Sanddorn mit seinem herbstlichen Beerenschmuck zu erwähnen. Er ist allerdings nur fruchtbar, wenn männliche und weibliche Exemplare zusammenstehen.

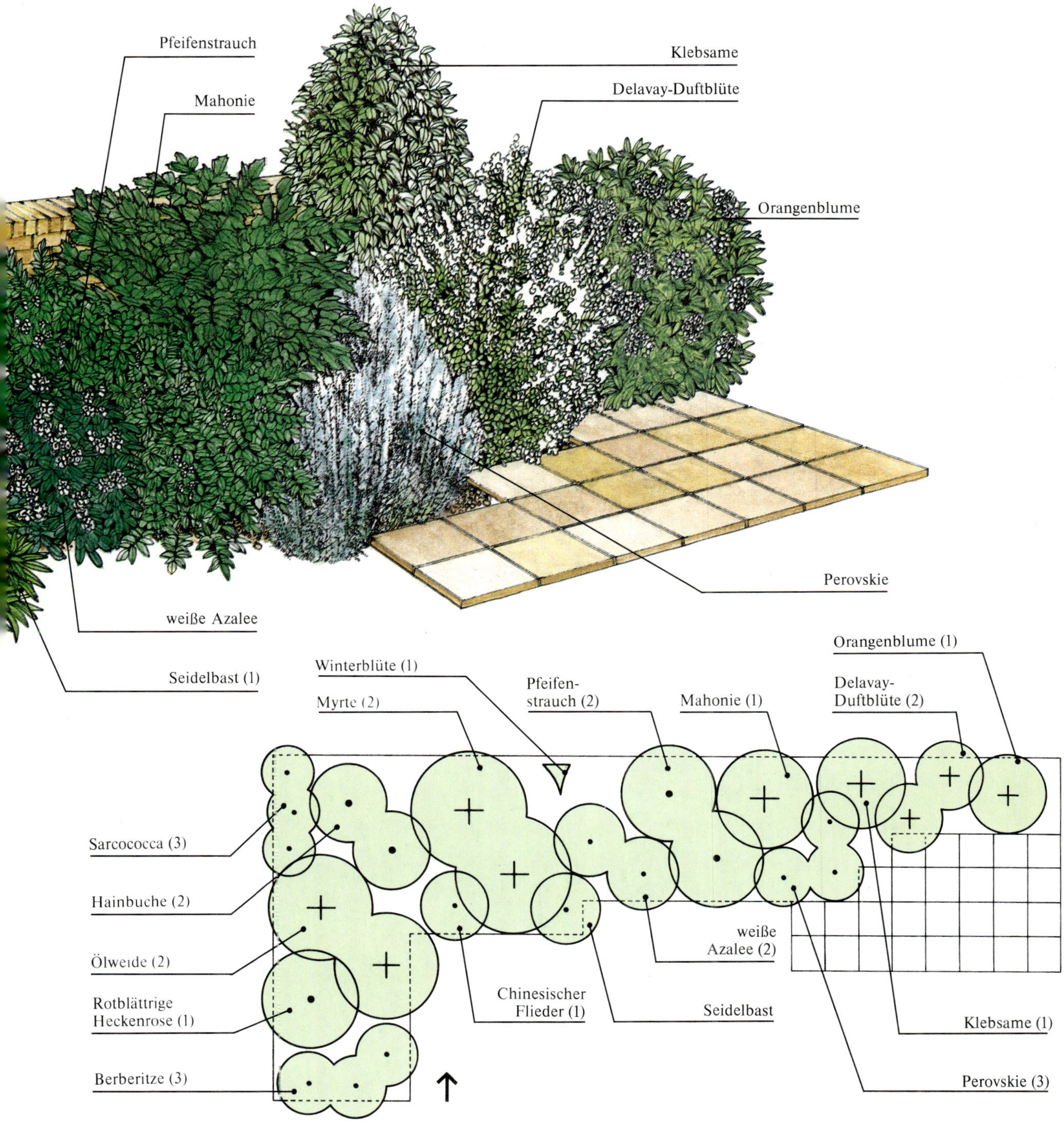

Stauden

Stauden sind die Pflanzen, deren Blüten den ganzen Sommer über für Farben im Garten sorgen. Wenige sind immergrün, und die meisten sind leicht zu kultivieren. Es gibt Formen für jeden Standort und jede Lage. Ihre Ansprüche hängen oft von der Bodenart und von dem Klima ihres Ursprungslandes ab. Viele der graulaubigen Arten kommen zum Beispiel aus Neuseeland. Stauden mit leuchtenden margeritenähnlichen Blüten stammen aus Südafrika. Stauden, die in Nordeuropa heimisch sind, haben meist weichere Farben. In größeren Gruppen können sie aber sehr lebhaft wirken, wie gutgestaltete Beete und Rabatten ja beweisen. Der Unterschied zwischen einer reinen Staudenrabatte und einer gemischten Rabatte besteht darin, daß in der letzteren auch Gehölze gepflanzt sind, die nicht nur die Attraktivität erhöhen und die Blütezeit der Rabatte verlängern, sondern auch das tragende Gerüst der Anlage darstellen. Eine gemischte Rabatte ist leichter zu pflegen, denn viele freistehende Stauden müssen den ganzen Sommer hindurch gestützt werden. Das liegt vermutlich an unserem zu nährstoffreichen Boden, denn viele Stauden stammen z.B. aus den Wüstenzonen des Iran und aus anderen trockenen Regionen mit nährstoffarmen Böden.

Wenn man seine Wahl trifft, muß man zunächst an Form und Umfang der Pflanze denken, erst dann an die Blütenfarbe, denn diese charakteristischen Merkmale sieht man den ganzen Sommer hindurch, wogegen die Blüten manchmal nicht länger als eine Woche erscheinen. Pfingstrosen blühen herrlich, aber nur wenige Tage. Meist ist es zu warm oder zu feucht, so daß sich die hübschen Blüten nicht lange halten. So ist es wichtig, daß Pfingstrosen vor einer hohen, später blühenden Pflanze ihren Platz finden, damit das Laub nach der Blüte zur Geltung kommt.

Die Wolfsmilcharten gehören im Pflanzenangebot zu den beliebtesten architektonischen Pflanzen, denn sie besitzen während des ganzen Jahres einen interessant gegliederten Aufbau. Ihnen folgen in der Rangliste die vielen Schneerosenarten, graue Königskerzen *(Verbascum)* mit ihren turmhohen gelben Blütenständen, mit denen sie jede Rabatte verschönern. Auch die großen Blätter der Artischocke und der Federmohn benötigen viel Platz. Federmohn breitet sich rasch aus. Taglilien folgen an nächster Stelle. Sie besitzen ausgezeichnete Farben und sind äußerst anspruchslos. Mauerpfefferarten sind ebenfalls gut zu gebrauchen, da sie spät im Sommer blühen. Die purpurfarbenen Spielarten lassen sich besonders gut mit Japanischen Anemonen zusam-

Sommerblühende Staudenpflanzung *Hier handelt es sich um eine gute Auswahl früher, sommerblühender Stauden. Rittersporn beherrscht die Szene mit dem großen Lilienschweif und dem Fingerhut. Im Vordergrund stehen Schwertlilien, das große, lederblättrige Löffelblatt und blaue Kugeldisteln.*

menstellen. Das freundliche Löffelblatt ist ideal für Vordergrundpflanzung, beispielsweise als immergrüner Fleck zwischen dem üppigen Frauenmantel. Einige Storchschnabelarten sind gut zu kultivieren. Sie besitzen dichtes Laub und sind auch als Bodendecker sehr nützlich *(siehe S. 201ff.)*. Gräser lassen sich gut zwischen diese interessanten Pflanzen setzen und können das Gerüst einer Rabatte abgeben. Sie entwickeln sich nach eigenen Gesetzen zu Pflanzengruppen und können zu 2 m hohen Prachtexemplaren heranwachsen, die im Wind rascheln, aber es gibt auch winzige weiche Kissen von leuchtend blauen, grauen oder grünen Halmen. Die meisten Gräser sind ausdauernd, aber sie wollen bei der Teilung und beim Rückschnitt sorgfältig behandelt werden.

Andere Stauden, die man gern mag, pflanzt man zwischen die vorgenannten Solitärexemplare und vervollständigt das Gesamtbild mit ihren Farben. Eine Art, die zeitig im Frühjahr blüht, ist die Gemswurz, die bald von der Farbenvielfalt der Schwertlilien ergänzt wird. Hinter ihren aufrechten, schwertförmigen Blättern erheben sich wenig später die Rittersporne und bald darauf folgen die Glockenblumen in verschiedenen Schattierungen. Wenn der Sommer sich neigt, werden die Farben der Blütenstauden wärmer. Sonnenröschen und Sonnenblumen zeigen sich in warmen, gelben und orangefarbenen Tönen. Sonnenbraut und Sonnenhut gehören ebenfalls zu dieser Grup-

Pflanzabstände für Stauden

Es ist unmöglich, genaue Angaben über die Pflanzabstände von Stauden zu machen, denn einige, wie z.B. die kugeligen Artischocken, erreichen Durchmesser von 1 m, während andere nur wenige Zentimeter beanspruchen. Als generelle Richtschnur für eine Rabatte kann man etwa fünf Stauden pro Quadratmeter rechnen *(siehe Zeichnung S. 193)*. Bei der Auswahl ist sowohl Form als auch Farbe wichtig. Große, blaue Lupinen stehen hier neben den blauen Strahlenblüten von Feinstrahlaster.

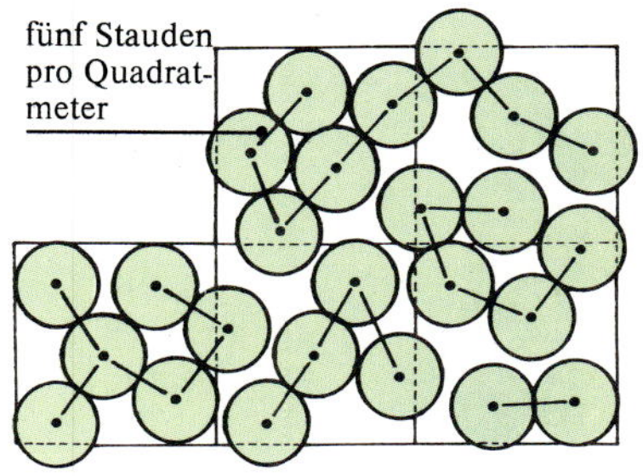

Gelbe Rabatte *Die Stauden in dieser gelben Rabatte setzen sich aus Glockenblumenarten, den bei uns als Einjährige kultivierten Gazanien, gelben Löwenmäulchen und graublättrigen Strohblumen zusammen. Im Vordergrund erkennt man einjährige Ringelblumen.*

pe. Phlox kann diese Farben ergänzen. Für die Herbstblüte gibt es eine Reihe von Astern, die bis zum ersten Frost blühen.

Die Farben dieser Sommerblumen sind atemberaubend in ihrer Vielfalt, aber um ein Kunterbunt zu vermeiden, muß man die Rabatte planen und die Farbauswahl nach einer bestimmten Skala treffen. Man kann beispielsweise in einem Bereich Gräser und in einem anderen Pflanzen mit margeritenähnlichen Blüten zusammenstellen. Zu viele Spielarten sind zu vermeiden. Man pflanzt die Sorten in größeren Gruppen zusammen und läßt die eine in die andere übergehen. Wenn man in einem Gartencenter einkauft, stellt man oft fest, daß eine kräftige junge Pflanze zwei- oder dreimal geteilt werden kann. Das gilt besonders für Pflanzen aus der Freilandanzucht. Wenn auch die Gruppen im Pflanzjahr noch reichlich dünn sein können, so sollte man doch stets daran denken, daß Stauden relativ rasch wachsen.

Einmal eingewachsen, müssen die Pflanzen nahezu jedes Jahr geteilt werden. Das ist besonders bei Gräsern der Fall, denn diese Stauden wachsen aus der Mitte heraus und hinterlassen später dort eine Kahlstelle. Die Teilung gehört zu den Frühlingsarbeiten *(siehe Pflege der Kulturpflanzen, S. 250f.)*. Daher muß man wissen, welche Pflanze wo steht, denn im zeitigen Frühjahr kann man sie schlecht erkennen. Es ist also zweckmäßig, sie sorgfältig im Herbst zu etikettieren, damit man weiß, was wo steht, wenn man sie teilen möchte.

***Freie Frühjahrspflanzung** (linke Seite). Eine gemischte, freie Pflanzung mit Frühlingsblühern: Frauenmantel wird von einer Wolfsmilchart begleitet, rechts erkennt man Spanische Schwertlilien und Schlüsselblumen, während die kugeligen Formen der Engelwurz den Hintergrund beherrschen.*

***Verschiedene Gräser** (rechts). Hier gedeihen sie unter einem Götterbaum. Unter den fiedrigen Ähren ist auch das Lampenputzergras zu erkennen.*

Vorschlag für eine immergrüne Bepflanzung

Die Anzahl der Stauden, die in leichtem Schatten gedeihen, ist größer, als man gewöhnlich vermutet. Gerade wegen dieser Eigenschaft wurden die Pflanzen für dieses Beispiel ausgewählt. Die vorgeschlagenen Arten haben sich durch Veränderung ihrer Blattformen an veränderte Bedingungen angepaßt und sind dadurch besonders attraktiv. Das geht allerdings auf Kosten leuchtender Blütenfarben, denn Schattenpflanzen blühen meist in zarten Tönen von Weiß, Rosa oder Blaßblau.

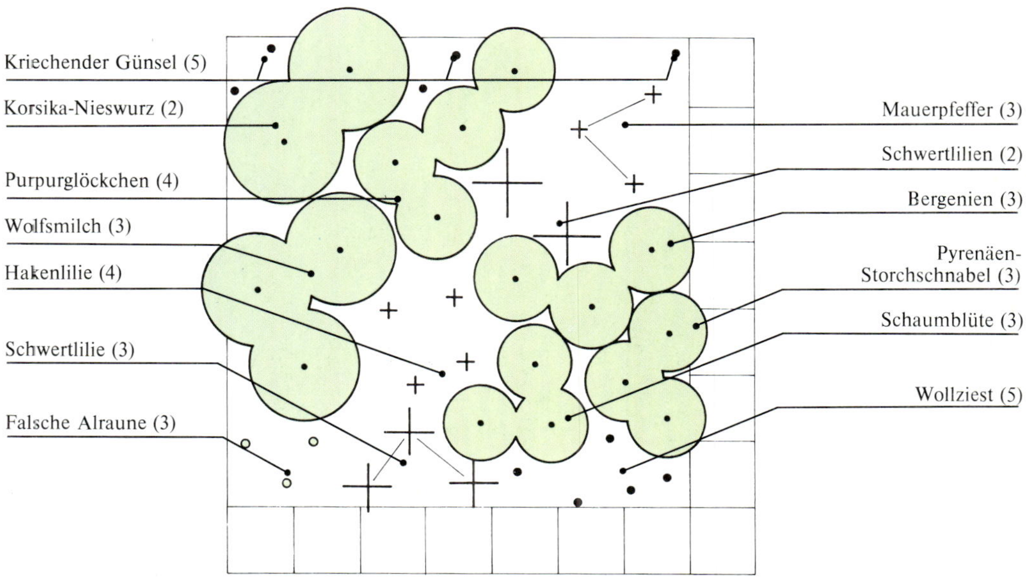

Pflanzplan für eine gemischte Rabatte *Diese gemischte Rabatte – hier ihr Anblick im Sommer – enthält vorwiegend Immergrüne als Pflanzgerüst. Im Hintergrund leuchtet das dichte Laub von Zwergmispel, Geißblatt und Kranzspiere. Diese Pflanzen ergeben nicht nur einen wirkungsvollen Hintergrund für die davorgesetzten kleineren, sondern sie dienen ihnen auch als Stütze. In der Mitte sind die dekorative Rundblättrige Minze mit ihrȩn grün-weißen Blättern und die Hundskamille zu erkennen, die im Sommer hübsche gelbe Blüten hervorbringt. Daneben steht ein Zierlauch mit hellgelben Blüten. Der Vordergrund wurde vorwiegend mit Bodendeckern bepflanzt; dazu gehören Echter Salbei, der das ganze Jahr hindurch hübsch gefärbtes Laub trägt, und die Sumpfblume mit zahllosen weißen Blüten.*

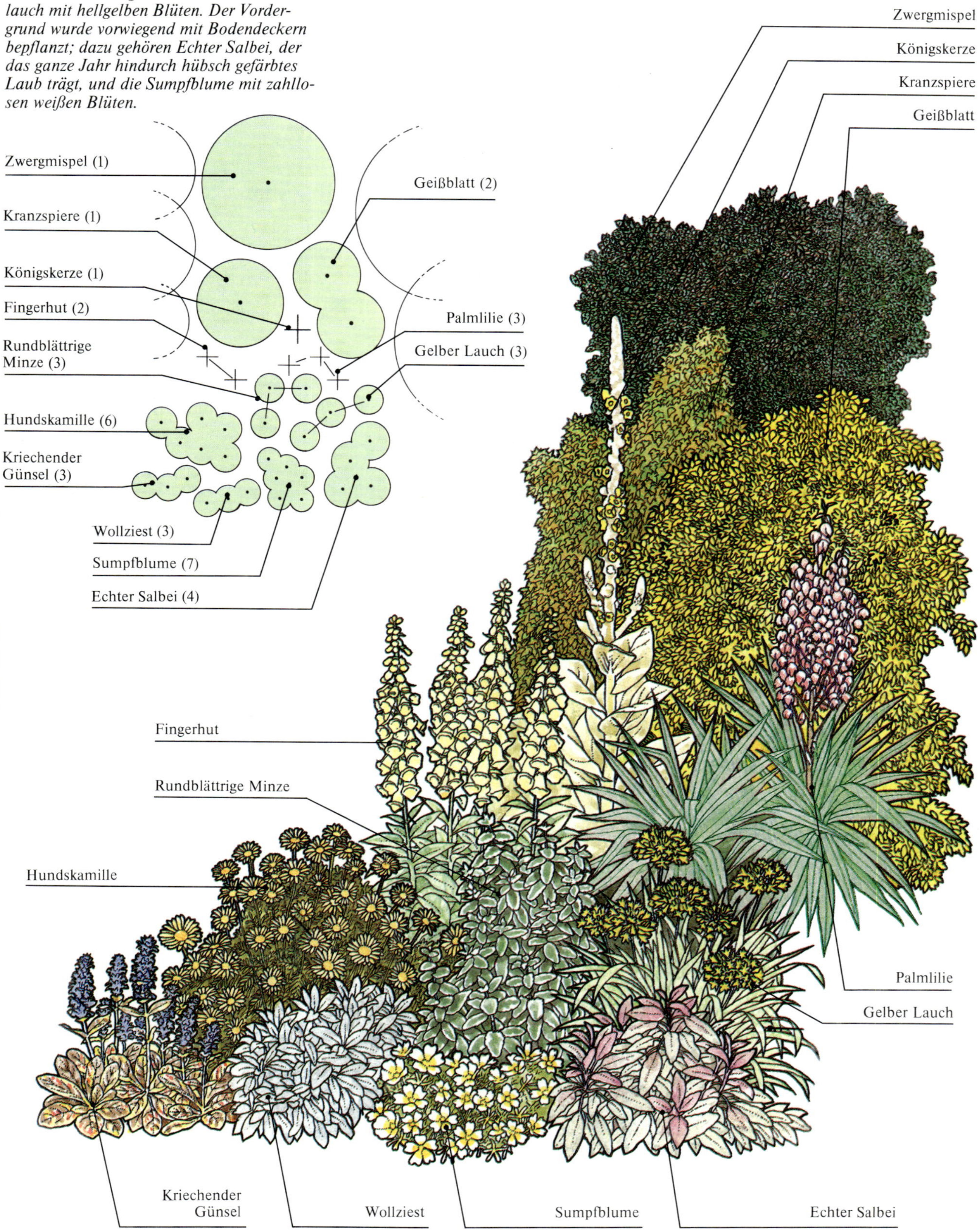

Einjährige

Unter Einjährigen versteht man Pflanzen, die sich in einem Jahr aus Samen entwickeln, blühen, fruchten und absterben. Viele Sorten besitzen leuchtende Blüten und sorgen für Farbe im Garten, auf Dachgärten oder im Balkonkasten. Mit wenigen Ausnahmen ist die Blütezeit der Einjährigen ziemlich kurz. Daher muß man sie in Abständen aussäen, damit sich die Blütezeit auf einen längeren Zeitraum erstreckt. Es gibt jedoch einige Einjährige, die sich selbst aussäen und Jahr für Jahr wiederkommen, d.h. verwildern und an Stellen wiedererscheinen, wo man sie am wenigsten erwartet. Dazu gehören Ringelblumen, der Tabak, die Kapuzinerkresse und Mohn.

Bis vor wenigen Jahren wurden vor allem in öffentlichen Anlagen farbige Pflanzbeete als Blickfang angelegt. Diese Inseln wurden mit blühenden Massen bestückt, die dann beim ersten Anzeichen des Nachlassens im Blühen wieder ausgetauscht wurden. Diese Art der extravaganten Bepflanzung mit Einjährigen läßt sich aber wegen der hohen Lohnkosten und der gestiegenen Ölpreise (Beheizung von Gewächshäusern bei der Anzucht von Einjährigen) nicht mehr so leicht realisieren.

Einjährige sind winterhart oder halbwinterhart und erfordern eine unterschiedliche Anzucht. Winterharte können direkt im Frühling oder Sommer ins Freiland gesät werden. Die halbwinterharten Arten müssen im Gewächshaus oder Frühbeet vorkultiviert werden.

Unter den winterharten Arten bevorzuge ich die Strandkresse, das Löwenmäulchen, die Ringelblume, bestimmte Arten der einjährigen Wucherblume, pastellfarbene Nelken, den sich selbst aussäenden einjährigen Mohn und die schönen, wenn auch wuchernden Stiefmütterchen.

Unter den halbwinterharten Arten mag ich blauen Leberbalsam, das unverwüstliche Fleißige Lieschen, das Männertreu mit all seinen Formen, die duftende Levkoje, Nemesien (Elfenspiegel) und die gelben und orangefarbenen Formen der Studentenblumen.

Einjährige verwendet man heute auch, um Strauchpflanzungen in den ersten Jahren mit schnellwüchsigen höheren Pflanzen zu füllen (Sonnenblumen sind hierzu ideal), oder zur Vorpflanzung von gemischten Rabatten. Tuffs von Löwenmäulchen, Heliotrop und Leberbalsam können jede Rabatte verschönern.

Die Farbe von Einjährigen sollte man großflächig oder gemischt verwenden, um den Eindruck einer Alpenblumenwiese oder eines Bauerngartens hervorzurufen. Höherwachsende Arten müssen gestützt werden.

Abgeblühte Einjährige schneidet man zurück, um eine zweite Blüte zu erhalten, oder man nimmt sie heraus und sät an ihrer Stelle raschwachsende Gemüsearten.

Bunte Farbenmischung der Einjährigen *Dieses Beispiel zeigt Zinnien und Beetdahlien, die unter Obstbäumen wachsen. Dahlien können auch aus Samen gezogen werden, doch üblicherweise pflanzt man sie als Knollen. Zinnien müssen möglichst unter Glas im Warmen ausgesät werden, bevor man sie abhärtet und dann ins Freiland auspflanzt.*

Die Verwendung von Gelb, Orange und Rot

Die Blütenfarben des Sommers sind vorwiegend Gelb, Orange und Rot, obgleich in nördlichen Gegenden die Töne weicher sind und später im Jahr erscheinen als im Süden. Die Farben von Einjährigen können stark und aufdringlich sein und müssen daher sorgfältig eingeplant werden, denn sie beherrschen unvermeidlich ihre Umgebung, besonders in einem natürlichen, ländlichen Garten. Man kann diese leuchtenden Einjährigen entweder in den Vordergrund oder seitlich zu einer Hauptblickrichtung pflanzen. Man sollte sie jedoch keinesfalls an das hintere Ende des Gartens setzen, weil dadurch der dazwischenliegende Bereich optisch verkürzt wird.
Mit Bedacht gewählt, können Gelb-, Orange- und Rottöne jedoch auch sehr wirkungsvoll sein, besonders wenn man hellere Farben dazwischensetzt und sie damit abschwächt. Zitronengelb und Dunkelrosa schwächen leuchtendere Farben ab, wenn man sie daruntermischt. Weiß hat die gleiche Wirkung und bringt Leben in eine Farbmischung. Purpurrot ist ebenfalls eine wichtige Farbe, mit der man leuchtende Töne abschwächen kann.

Warme, mit Weiß gemischte Farbtöne *(links). Nemesien sind leicht zu ziehen. Die blasseren Töne dämpfen hier die kräftigeren sommerlichen Farben.*

Ungebrochenes Gelb *(unten). Gelbe Löwenmäulchen sind leicht zu ziehende Beetpflanzen. Sie können mit Stauden gemischt oder vor Gehölzgruppen gepflanzt werden, sind aber wirkungsvoller in Tuffs.*

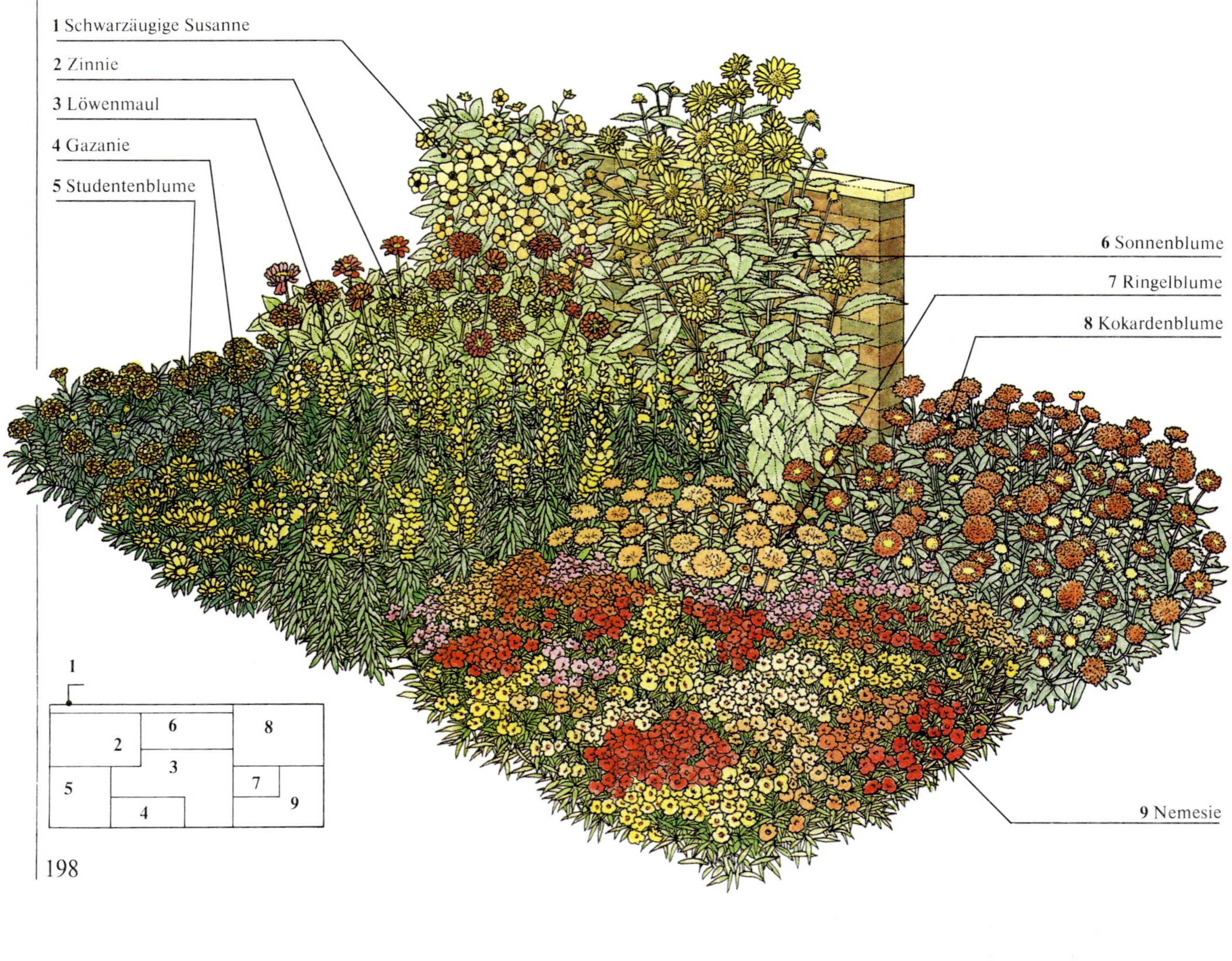

Die Verwendung von Weiß und Cremefarben

Weiße Blumen, die mit anderen Blütenfarben gemischt werden, haben eine aufhellende Wirkung. Verwendet man sie allerdings allein, so sehen sie kalt aus. Weiß benötigt viel Grün, um freundlicher auszusehen. Züchter von Einjährigen haben weißblühende Pflanzen herausgebracht, die so mit Blüten bedeckt sind, daß die Blätter darunter verschwinden.

Weiße Einjährige können sehr schön aussehen, wenn sie mit Gräsern zusammengepflanzt werden. »Weiße Gärten«, in England sehr beliebt, bestehen aus weißblühenden Stauden, die immer von Einjährigen unterstützt werden, um diese Wirkung zu erzielen. Einfarbige, weiße Pflanzen in Balkonkästen können an einer Hausfassade sehr frisch und effektvoll wirken.

Cremefarben sollten nie anstatt von Weiß verwendet werden, denn sie besitzen eine gewisse Wärme und Eigencharakter. Wie Zitronengelb benutzt man Cremefarben, um kräftige, leuchtende Farben abzuschwächen oder in Verbindung mit grünem und goldfarbenem Laubwerk. Creme sieht auch in Verbindung mit dem saftigen Grün eines gut gepflegten Rasens schön aus.

Cremefarben als Farbkontrast *(oben). Weiche, cremefarbene Mittagsblumen sehen in Verbindung mit Tiefrosa besonders wirkungsvoll aus. Hingegen bringt die weiße Gänsekresse eine harte Note in die Gruppierung.*

Reines Weiß *(links). Weiße Petunien sind von bestechender Reinheit und gehören zu den schönsten einjährigen Beetpflanzen. Sie blühen allerdings nur, wenn sie genug Sonnenschein erhalten.*

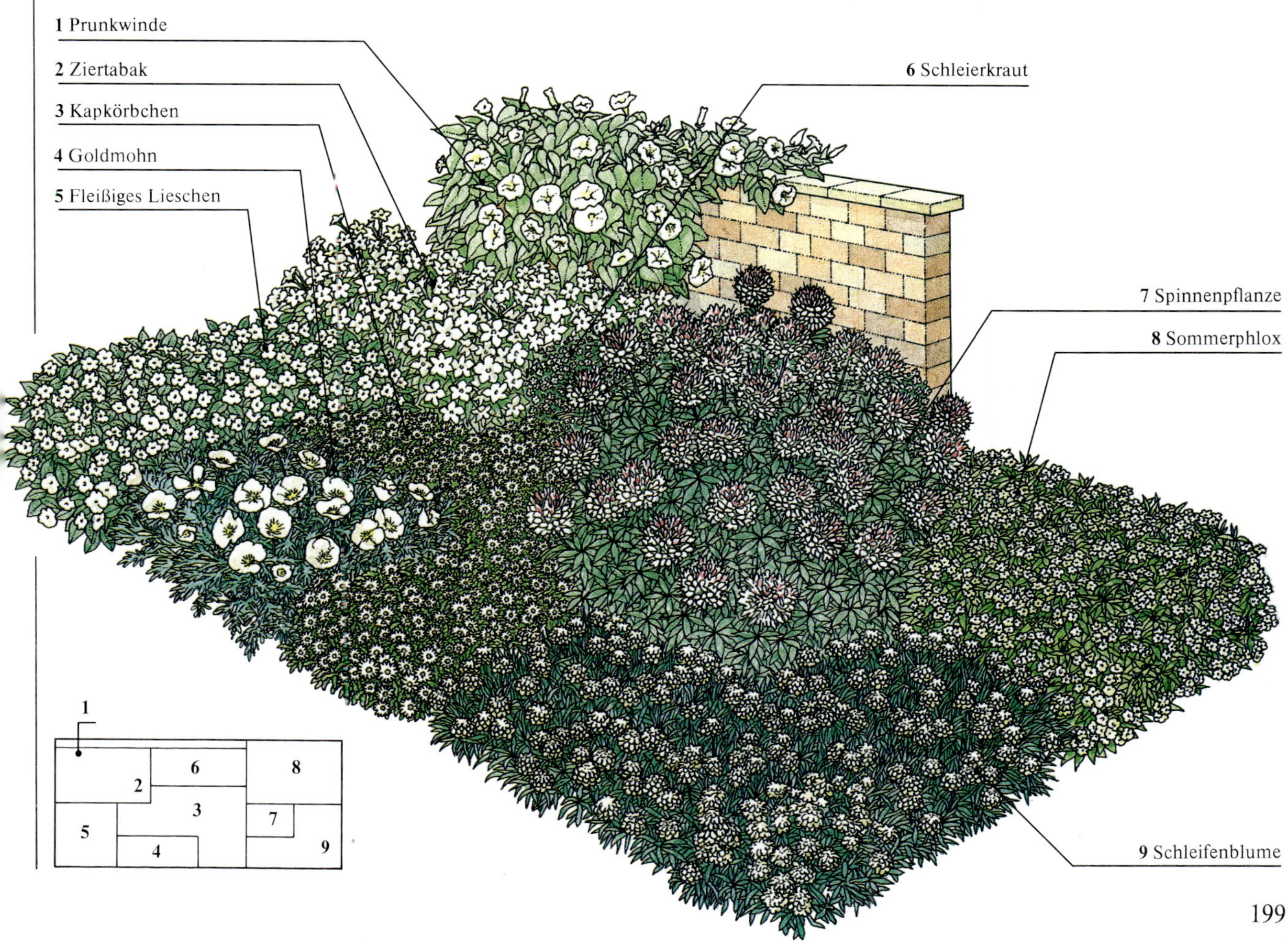

Blaublühende Pflanzen

Blau ist eine sehr starke Farbe und sollte daher sehr sorgfältig im Garten verwendet werden. Zuviel sieht aufdringlich aus, zuwenig irritiert lediglich. Der Standort ist hier wichtig, und man sollte sich von der Natur führen lassen, denn diese Farbe kommt in der Natur in lichtem Schatten vor oder sie schimmert durch das Wiesengras.
Leuchtendes Blau wirkt am stärksten bei Sonnenschein und wolkenlosem Himmel, dann reflektiert es das Firmament. Diese Bedingungen herrschen bei uns allerdings selten, darum meine ich, daß Blau zu einer aufdringlichen Farbe wird, wenn man sie nicht durch Rosa, Grau und vielleicht etwas Purpur abschwächt. Blau ist natürlich eine Frühlings- und Frühsommerfarbe, doch ich finde es schwierig, blaue Krokusse in ein Beet einzubauen, und blaue Astern wirken im Spätsommer bedrückend auf mich. Man muß genau überlegen, wohin man blaue Einjährige pflanzt, wenn man einen naturnahen Effekt erreichen will. Wenn man jedoch einen großen farbigen Blickfang im Garten setzen möchte, ist diese Farbe nicht zu überbieten.

***Blaue Kissen** (oben). Die Büschelblume – auch Bienenfreund genannt – zieht mit ihrer herrlichen blauen Blütenpracht zahllose Bienen an.*

***Sommerliche Winden** (links). Für mich ist das Purpurblau der Trichterwinde der Inbegriff eines heißen Sommermorgens. Diese einjährige Kletterpflanze kann bis zu 6 m Höhe erreichen, vorausgesetzt, sie steht in vollem Sonnenlicht.*

Rasen und Bodendecker

In unseren Breiten ist Gras der häufigste natürliche Bodendecker. Es ist mit Kräutern durchsetzt und gedeiht sehr leicht, und es gibt wenig Probleme bei der Anlage und Unterhaltung der Flächen, die das Grundkonzept der meisten Gärten bilden, vorausgesetzt, man hat die richtige Mischung eingesät.

Rasenflächen können sich stark unterscheiden. Rasenfanatiker, die ihren Rasen so behandeln, als wäre er eine Kegelbahn, wünschen zu jeder Jahreszeit und auch während einer Trokkenperiode einen unkrautfreien, dichten smaragdfarbenen Teppich aus feinen Gräsern, und sie mähen ihn zweimal die Woche. Das kostet Zeit und Geld, denn ein solcher Rasen muß gedüngt und regelmäßig bearbeitet werden und es ist sicher nicht eine Fläche, auf der Kinder und Halbwüchsige spielen können. Für normalen Familiengebrauch ist ein gröberer Rasen gut genug, und ich habe nichts dagegen, wenn Unkraut dazwischen wächst. Die Alternative zu einem dichten Mährasen ist ein selten geschnittener Rasen. Wenn man das Gras durchwachsen läßt und nur einen Weg oder Pfad dazwischen mäht, schneidet man nur den Bereich, den man tatsächlich benötigt, und gibt den Blumen die Chance, innerhalb ungeschnittener Bereiche zu wachsen und zu blühen. Eine solche Kultur erfordert etwas Geschick und kann hübsch aussehen, wenn Obstbäume im längeren Gras stehen. Wenn man Gras längere Zeit ungeschnitten läßt, kann man damit den häßlichen Anblick absterbender Zwiebelpflanzen nach der Frühlingsblüte vermeiden.

Die Aufzucht von Wildblumen in einem Rasen ist nicht so leicht, wie man sich das vorstellt. Sät man Samen aus, erdrückt das Gras unvermeidlich die Sämlinge. Daher pflanzt man sie am besten von Hand in Tuffs in den Rasen, um einen höheren Anteil an Wildblumen zu erhalten. Der Zeitpunkt des Mähens hängt von der Blütezeit ab und von der Höhe, die der Rasen letztlich erreichen soll. Um eine richtige Blumenwiese oder eine Alpenblumenwiese zu erhalten, muß man den Boden umbrechen, entsprechend behandeln und neu einsäen, wobei eine standortbezogene Blu-

Mannigfaltige Bodendecker *Elfenblumen dienen in diesem Garten als Bodendecker zwischen den einfachen keramischen Schrittplatten. Die Steinkreise wurden in gleicher Form in größerem Durchmesser in dem dahinterliegenden gepflasterten Bereich wiederholt; damit wurde die Fläche stärker durchgestaltet.*

Verschiedene Rasenarten

Die verschiedenen Rasenarten reichen vom smaragdgrünen Teppichrasen, dem unkrautfreien Vorstadtrasen bis zur Wildblumenwiese. Die Art ist eine Geschmacksfrage und eine Frage der Nutzung.
Sobald man sich entschieden hat, kauft man den entsprechenden Samen, denn es gibt heutzutage eine große Auswahl, wie z.B. Feingräsermischungen, die einen Rasen bilden, der hübsch aussieht aber schwer zu pflegen ist und leicht beschädigt werden kann, oder Mischungen aus harten Gräsern, die einen strapazierfähigen Rasen abgeben. Es gibt auch Rasenmischungen, die sowohl Gras als auch Blumen für eine Blumenwiese enthalten *(siehe S. 280)*. Samen ist billig, aber Rasensoden oder Rollrasen bilden einen festeren Rasen, der in der ersten Zeit weniger Pflege benötigt.

Wildblumenwiese *(rechts). Ein schönes Beispiel für Margeriten, die in hohem Gras wachsen. Dieses Gras wird erst gemäht, wenn die Blumen im Juli abgeblüht sind, wie man es vom Heuen her kennt.*

Strapazierfähiger Rasen *(oben). Dieser »Familienrasen« ist gut gemäht und gepflegt. Er besteht jedoch aus harten Gräsern, um notfalls einiges auszuhalten.*

Rasen unterschiedlicher Zusammensetzung *(unten). Dieser Rasen besteht aus einer Mischung aus groben und feinen Gräsern. Die leuchtende Färbung entsteht durch einen Kleeanteil* (Trifolium sp.). *Ein kurzer gemähter Rasen leidet schnell unter Sommerdürre, längeres Gras aber bleibt grün.*

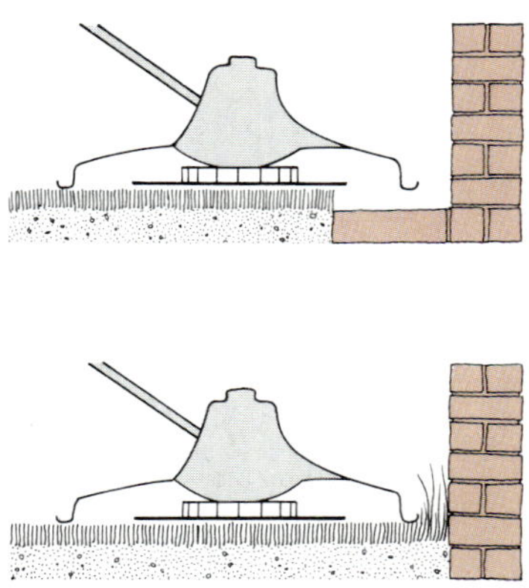

Mähkanten *Wenn man einen Rasen anlegt – entweder durch Einsaat oder als Fertigrasen, der an Mauern oder Stufen angrenzt –, ist eine Mähkante zwischen Rasen und Bauteilen praktisch. So kann man mit dem Mäher über die Kante fahren und sämtliche Halme erreichen. Ohne Mähkante muß man das Gras von Hand schneiden oder stehenlassen.*

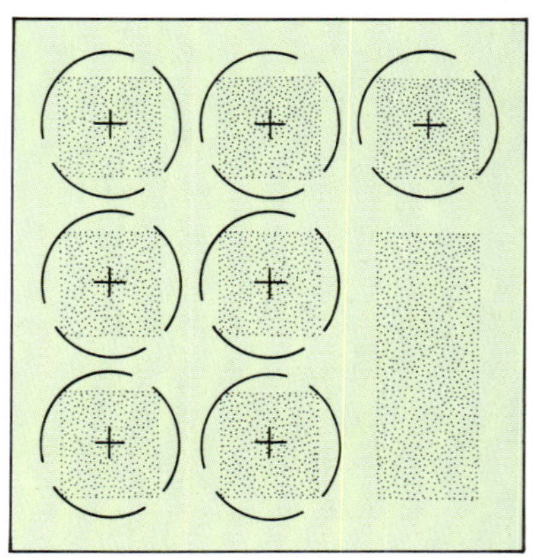

Mähplan *(rechts). Man kann in groben Rasenflächen Muster mähen, wie hier zwischen Blüten- und Obstbäumen. In die auszusparenden Flächen setzt man die Blumenzwiebeln.*

menrasenmischung verwendet werden muß. Der Grassamen muß außerdem langsam wachsende Gräser enthalten, neben denen sich die entwickelnden Blumensämlinge behaupten können. Die Entwicklung und Unterhaltung eines gewöhnlichen Rasens ist eine Sache für sich *(siehe S. 256)*. Wo nur ein kleinerer Bereich zur Verfügung steht und man sich nicht der Mühe einer regelmäßigen Pflege unterziehen will oder kann, sollte man andere Bodendecker in Erwägung ziehen. Man kann im Abschnitt über die Herstellung von Bodenbewuchs *(siehe S. 131)* nachlesen, wie gut Wildpflanzen in Kies gedeihen. Man kann dieselbe Technik einer lockeren Pflanzung in einem grünenden Rahmen anwenden. Eine hübsche Gruppe von Ziergräsern in einer Fläche aus flachwachsender Zwergmispel kann sehr attraktiv sein, zumal wenn frühlings- und herbstblühende Zwiebelpflanzen hindurchwachsen und die Wirkung steigern. Die natürliche Form einer solchen Begrünung erreicht man auch mit Efeu oder Heide. Ob man nun größere Sträucher pflanzt, die sich auf den Boden neigen, wie Schneeballarten oder Hortensien, oder spezielle Bodendecker, um den Boden unkrautfrei zu halten, ist ziemlich gleich, nur muß der Boden vor der Pflanzung unkrautfrei sein, denn Wurzelunkräuter, die durch Bodendecker hindurchwuchern, sind sehr schwierig zu bekämpfen.

Zwischen Rasen und zwangloser Bodendekkerpflanzung gibt es Übergangsformen, die man gelegentlich betreten kann. Solche Flächen kann man z.B. auch mit aromatisch duftenden Pflanzen begrünen, und wenn es das Klima erlaubt, auch Kamille darunter mischen. Man verwendete sie früher, um höhergelegene Sitzplätze in traditionellen Kräutergärten damit einzusäen. Kamille liebt volle Sonne, sieht im Winter aber nicht schön aus und liebt trotz einer gewissen Frostresistenz eine feste Schneedecke schon gar nicht.

Ein Gemisch aus niedrigbleibenden Thymianstauden ist ausdauernd und bildet – je nach Artenzusammensetzung – einen dichten grauen oder grünen Bodenbelag mit ganzen Blütenwogen. Dieser Bodendecker erfordert eine offene, sonnige Lage.

Die verschiedenen Formen vom Günsel wachsen überall sehr leicht, obwohl sie einen feuchteren Boden vorziehen. Sie bilden einen ausgezeichneten dichten Bodenteppich. Ihr Laub ist meist rot oder rötlich gestreift. Der Frauenmantel bildet einen herrlichen Sommerteppich aus grünen Blüten mit schirmför-

Bodendecker *benötigen nur eine flache Mutterbodenschicht, weil die Nährstoffe im allgemeinen durch die zahlreichen Wurzelausläufer in die Pflanze gelangen. Daher sind sie für Dachgärten gut geeignet, wo das Gewicht eine große Rolle spielt. Bei diesem Beispiel wurde der Efeu geschoren, um die gewünschten Konturen zu erhalten. Rhododendren sorgen in der Efeupflanzung für Farbe. Überhängende Ost-Platanen umgeben den Bereich.*

migen Blättern, die jeden Tropfen Feuchtigkeit festhalten. Die Grasnelke bildet immergrüne Rasenpolster mit rosafarbenen Blüten. Verschiedene Berberitzenarten haben attraktive Blüten, schönes Laub und herrlichen Beerenbehang. Ein gutes Beispiel dafür ist die Rotblättrige (sommergrüne) Berberitze. Bei den zahlreichen Zwergmispelarten wuchern einige. Sie sind als Bodendecker besonders geeignet und können Mauern malerisch überwachsen. Eine meiner liebsten ist die Teppichzwergmispel *(Cotoneaster dammeri),* besonders die Kulturform »Skogsholm«. Zwerg- oder Steinmispeln wachsen unter Bäumen, Sträuchern, aber auch in freiem Stand.

Zur Unterpflanzung von Rosen kann man Nelken verwenden, wenn sonnige Lage und gut dränierter Boden gegeben sind. Die Elfenblumen mit ihren dekorativen, geteilten, immergrünen Blättern wachsen fast auf jedem Standort. Heide kann als eigene Fläche in einem separaten Teil des Gartens gepflanzt werden. Sie steht wirkungsvoller mit anderen Heidekrautarten zusammen als mit anderen Bodendeckern. Sie liebt volle Sonne, und fast alle Arten sind kalkfeindlich. Man kann mit bestimmten Arten fast das ganze Jahr hindurch blühende Heide erleben, und es gibt auch wunderschöne Laubfärbungen darunter. Für eine sonnige Böschung kann man flachwachsende Formen von Ginster wählen, von denen die meisten im Frühsommer mit leuchtenden Blütenbesen überladen sind. Storchschnabelarten sind zum Teil ausgezeichnete Bodendekker mit hübschen Blüten und Blättern für sonnigen und halbschattigen Standort, obwohl man sie vorwiegend zur Vorpflanzung von gemischten Rabatten verwendet.

Sämtliche Efeuarten sind gute Bodendecker für jeden Standort. Sobald sie einmal eingewachsen sind, können sie allerdings alles andere überwuchern. Dasselbe gilt für die bodendeckenden Arten des Johanniskrautes, doch beide sind für Ecken geeignet, in denen sonst nichts gedeihen will. Flachwachsende Koniferen, wie bestimmte Wacholderarten, sind gute Bodendecker und wachsen bemerkenswert schnell. Dasselbe trifft auf die Goldnessel zu, die nicht nur über die Wege, sondern auch in die Gehölze hineinwächst. Sie verträgt lichte bis tiefschattige Lagen. Sorten mit buntgemustertem Laub sind für dunklere Standorte eine willkommene farbige Bereicherung.

Das immergrüne Geißblatt liebe ich besonders, denn es besitzt einen hübschen Wuchs, wenn auch die Blüte nicht sonderlich in Erscheinung tritt. Man möchte es fast nicht für ein echtes Geißblatt halten. Der Ysander (Dickmännchen) ist ein niedriger immergrüner Bodendecker mit Teppichwuchs. Für wildere Bereiche im Garten eignet sich die strauchige Kriechende Silberweide. An ihren Zweigen mit den silbrigen, seidigen Blättern erscheinen im Frühling gelbe Kätzchen. Sie gedeiht in jedem halbwegs kulturfähigen Boden, sogar auf feuchten Stellen. Für sehr schattige Lagen wird *Sarcococca humilis* empfohlen, eine mit den Buchsbaumgewächsen verwandte Pflanze. Mit ihren dunklen immergrünen Blättern bildet sie einen wirkungsvollen Gegensatz zu den duftenden weißen Blüten, die bereits im Februar erscheinen. Auch unter den Kreuzkraut- und Ziestarten gibt es gute Bodendekker. Sie lieben jedoch einen offenen, sonnigen Standort. Eine Ausnahme ist der Sumpfziest, der – wie sein Name ja andeutet – auf feuchten Böden gedeiht.

Persönlich finde ich das sehr beliebte Immergrün als Bodendecker häßlich, obwohl es nichts an seinen leuchtendblauen Blüten auszusetzen gibt. Es wuchert sehr. Unter allen Umständen ist das Große Immergrün *(Vinca major)* zu vermeiden, weil es zu stark wächst. *Vinca major* ist erträglich, wenn man es im Frühling zurückschneidet, damit es buschiger wird.

Nützlicher Bodendecker *(rechts). Diese Bodendeckerpflanzung in einem Geröll- oder Alpengarten schließt Heidekraut links im Vordergrund und ein niedriges Pfaffenhütchen dahinter. ein. In der Mitte zeigt das Pfennigkraut seine goldenen Blätter, hinter dem Majoran und flachwachsende Wacholder stehen. Niedrige blaue Enziane scheinen dazwischen durch. Im Foto rechts daneben bildet das Johanniskraut als Begleiter der schönen Steinstufen einen leuchtenden Bodendecker.*

Pflanzplan für Bodendecker

Dieser Plan und die Darstellung zeigen einen nach Süden gerichteten Gartenhof, der von drei Mauern umschlossen ist. Einzelne Solitärgehölze beleben den Garten, doch die meisten Pflanzen sind Bodendecker. Sie sorgen das ganze Jahr hindurch mit Blütenfarben, besonders aber mit ihrer Struktur und Blattform für eine interessante Wirkung. Ein solcher Entwurf muß sorgfältig umgesetzt werden, damit die Pflanzen nicht über die vorgegebenen Formen hinauswachsen. Mit Trittsteinen kann man die Pflanzbereiche trennen.

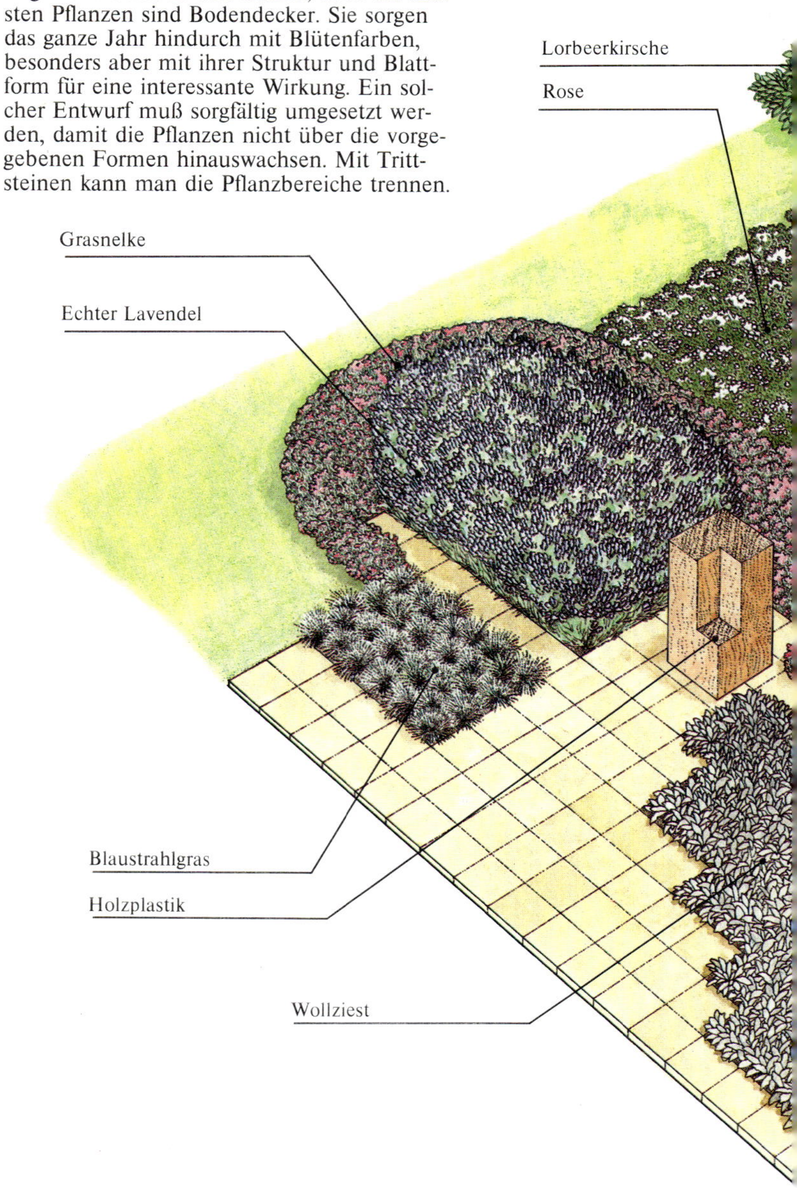

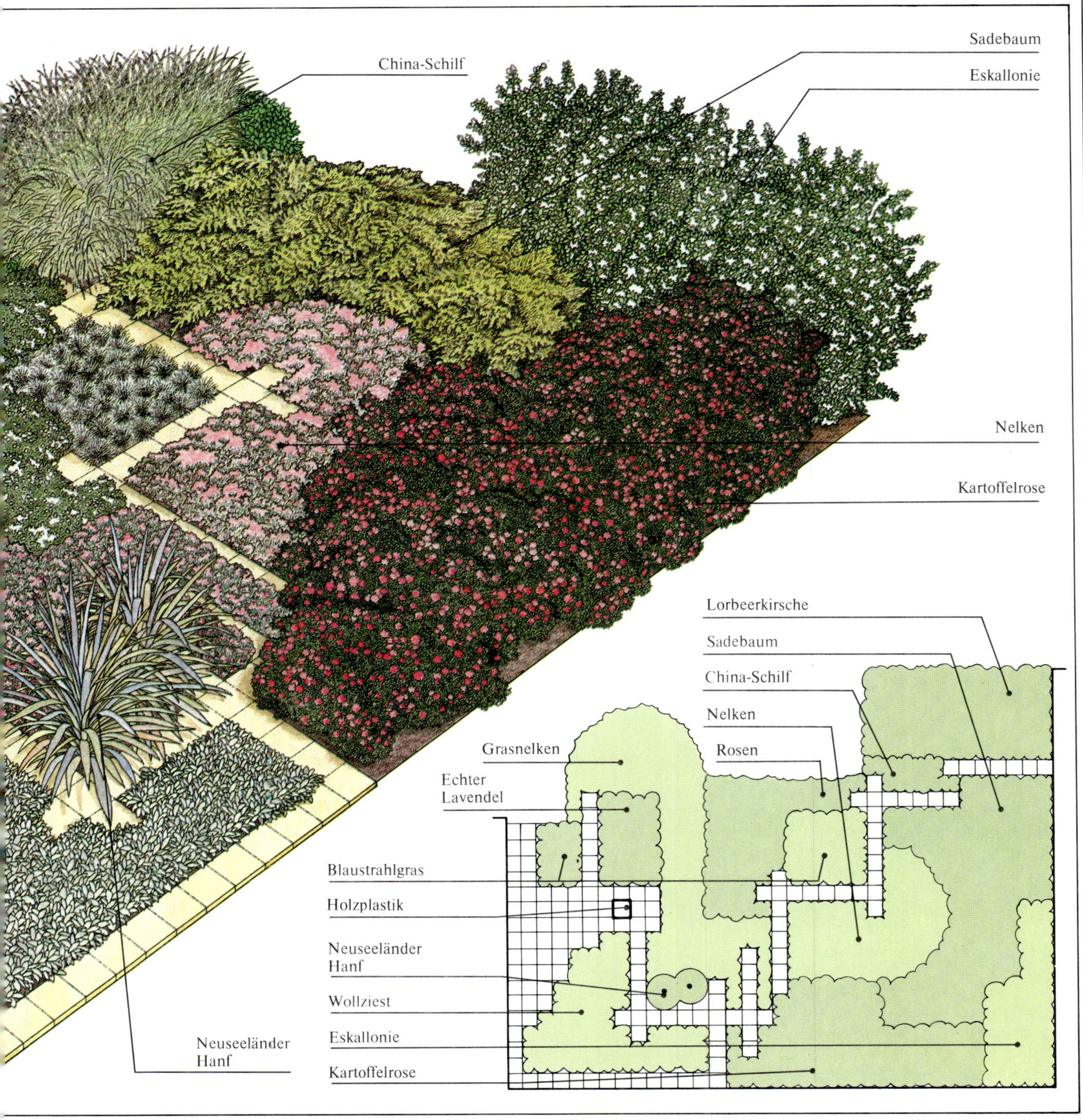
China-Schilf
Sadebaum
Eskallonie
Nelken
Kartoffelrose
Neuseeländer Hanf
Lorbeerkirsche
Sadebaum
China-Schilf
Nelken
Rosen
Grasnelken
Echter Lavendel
Blaustrahlgras
Holzplastik
Neuseeländer Hanf
Wollziest
Eskallonie
Kartoffelrose

Schattenliebende Pflanzen

Häufig ist der Schatten das größte Problem in einem Garten in der Stadt, und die Pflanzen müssen häufig unter überhängenden Bäumen oder im Schatten von Gebäuden und Mauern wachsen. Tatsächlich aber gibt es eine ganze Anzahl von Pflanzen, die im Schatten gedeihen. Sie entwickeln größere Blätter (oft als Ersatz für leuchtende Blütenfarben), und gerade deshalb kann man sie für interessante Zusammenstellungen verwenden.

Es gibt zwei Arten von Schattenzonen, die von der Lage abhängen: feuchte Bereiche, die keine Sonne erhalten und bei denen es von den Bäumen herabtropft, und trockene Standorte, die durch überhängende Bäume vor Regen geschützt sind. Die meisten Ahornarten gedeihen ausnahmslos gut in feuchten, schattigen Lagen. Hierbei sind die »Schlangenhautformen« wegen des interessanten Aussehens im Winter genauso empfehlenswert wie die bekannteren japanischen Fächerahornarten. Erlen gedeihen gut, auch alle Weißdornarten, Pappeln (das ist allerdings eine Platzfrage) und Weiden. Die Traubenkirsche ist ebenso inter-

Schattiger Stadtgarten *(links). Eine Lorbeerkirsche beschattet diesen Garten in der Stadt, und eine schönlaubige Zimmeraralie (Winterschutz!) wurde mit Farnen und einem schmalblättrigen Bambus zusammengepflanzt. Bei den Farnen handelt es sich um Frauenfarn und den kleinblättrigeren Schildfarn.*

Feuchter Schatten *(links außen). Herbstanemonen und die Schusterpalme bilden hier eine Sommerpflanzung an einem Vogelbad. Im Hintergrund Efeu. Der immergrüne Bodendekker* (Helxine sp.), *der nur auf feuchtem Boden zu kultivieren ist, gedeiht lediglich in klimatisch besonders begünstigten Gegenden.*
Im Foto links erheben sich kräftige Funkien (Kultursorte Hosta undulata »Variegata«) *zusammen mit Königsfarnen unter einer Zimmeraralie (Winterschutz!). Die Staude ganz links unter dem Bogengang ist eine Korsika-Schneerose.*

Schattenpflanzung in japanischem Stil *Der Pflanzplan dieses kleinen Hausgartens berücksichtigt die schattige Lage und macht sie zur Tugend. Bambus, Fächerahorn und Farne schaffen eine lichte Blätterkulisse vor den einfachen Glasschiebetüren in japanischem Stil. Der einfache Holzbelag und das Sandbeet steigern die Wirkung. Der höherwachsende Bambus paßt sehr gut dazu, muß aber zurückgeschnitten werden, wenn er nicht alles andere übertrumpfen soll.*

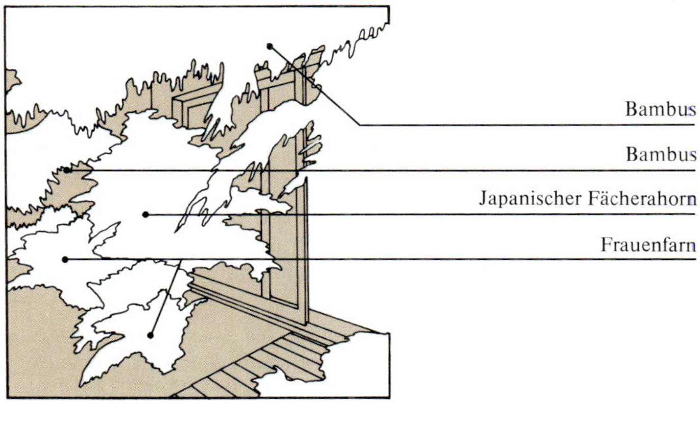

essant wie der Judasblattbaum, ein herrlicher Frühlings- und Herbstlaubbaum.

In kleinerem Maßstab ist unter den Stauden der Geißbart zu nennen, der jeden Sommer ein prächtiges Kleid aus cremefarbenen Blütenständen anlegt. An geschützter Stelle und auf feuchtem Standort gedeihen auch Kamelien (Winterschutz). Sie lieben neutralen bis schwach sauren Boden. Die Scheineller mit ihren weißen, starkduftenden Blütenkerzen, die im Spätsommer erscheinen, ist für solche Standorte ebenfalls gut geeignet.

Eine ausdauernde Strauchart für feuchten Schatten ist der Hartriegel mit seinen vielen Arten, die durch ihr hübsches Laub und die farbigen Zweige im Winter auffallen. Die großblättrige Zimmeraralie gedeiht nur an geschützter Stelle und verlangt Winterschutz. Auch die Zaubernuß, deren duftende büschelige Blüten lange Zeit blühen und unempfindlich gegen Frost sind, ist hier geeignet, ebenso wie die im Spätsommer in schattiger Lage blühenden Hortensien. Die Strauchformen mit Wildcharakter gehören mit ihren von Scheibenblüten umrandeten Blütenständen zu den wertvollsten Arten.

Liguster sollte nicht vergessen werden. Es gibt viele interessante großblättrige Formen, sogar gelbblättrige *(Ligustrum ovalifolium ssp.)*, die besonders im Winter hervorleuchten, wenn man sie nicht zurückschneidet. Eine andere häufig verwendete Pflanze für Schattenlagen ist der Kirschlorbeer (*Prunus laurocerasus* - wird in botanischen Werken allerdings Lorbeerkirsche genannt). Einige dieser Arten verlangen jedoch Winterschutz. Unter den Stauden gehören zu meinen Lieblingen für schattige Lagen die Schneerosen, die im zeitigen Frühjahr blühen, Funkien und die dramatischen Blätter des Wildrhabarbers, einer sehr dekorativen Staude.

Allgemein verwendete Bodendecker für dichten Schatten sind gewöhnlicher Efeu, Ysander oder Dickmännchen und Immergrün. Viele Bambusarten, die feuchten Boden lieben und Schatten vertragen, sind bei uns nicht winterhart. Das Besondere am Bambus ist das Rascheln im Wind, aber er liebt keine offenen, zugigen Standorte. Ist er erst einmal fest eingewachsen, gehört er zu den schönsten und elegantesten Immergrünen. Die bei uns häufig verwendeten und einigermaßen winterfesten und immergrünen Arten sind *Pseudosasa* und *Sinarundinaria sp.* Wachsendes Interesse besteht an ausdauernden Farnen - aus gutem Grund, denn die meisten wachsen leicht, stellen geringe Bodenansprüche und lieben kühle, schattige und feuchte Standorte. Sie stehen ausgezeichnet an Nordseiten im Garten.

Die Pflanzen, die sich für trockene Standorte im Schatten eignen, sind nicht so zahlreich, doch unter den Gehölzen sind der Erbsenstrauch, der Christusdorn und die Falsche Akazie zu nennen, solange man die gelbblättrigen Formen vermeidet. Auch die Felsenbirne mit ihrem herrlichen Frühlings- und Herbstlaub und die vielen Berberitzenarten, der Sanddorn, ein schnellwüchsiges Gehölz mit ausgeprägtem grauem Laub, sind besonders hervorzuheben. Rotblühende Johannisbeeren gedeihen auf trockenen Böden im Halbschatten so gut wie Holunder.

Als Bodendecker für trockenen Schatten empfehle ich die großblättrige Bergenie (Löffelblatt) und das Kaukasus-Vergißmeinnicht, die ungefähr gleichzeitig blühen. Die Goldnessel ist ein ausgezeichneter Bodendecker, auch wenn sie wuchert. Hierzu gehört auch das immergrüne Geißblatt, ein Strauch mit myrtenähnlicher Belaubung.

Viele Gräser lieben trockenen Schatten. Die meisten stellen keine besonderen Probleme. Pampasgras gehört zu den Favoriten, ebenso wie die Schwingelarten und Hainsimsen.

Gräser und Bambus *(ganz oben). Das Pampasgras* Cortaderia selloana *gehört zu den bekanntesten; eine dichtere Form besitzt das weniger harte* Cortaderia pumila, *es verlangt aber besonderen Winterschutz. Darunter ist ein Bambus* (Arundinaria viridistriata) *mit seinem gestreiften Blattwerk abgebildet. Leider lohnen nur wenige Arten den Anbau in unserem Klima. Besser geeignet ist* Pseudosasa.

Bepflanzungsvorschlag für trockenen Schatten

Pflanzen, die sich für trockene, schattige Standorte eignen, sind seltener als Pflanzen für feuchte Böden. Die Artenauswahl für diese Bedingungen sollte daher weniger auf Blüten als auf gutes Gedeihen ausgerichtet sein. Die geplante Einfassung rechts ist für eine Hausecke unter einem alten Apfel- oder Birnbaum gedacht. Um einen solchen dunklen Bereich aufzuhellen, wurden vorwiegend Pflanzen mit gelblichen Blüten oder Blättern gewählt. Eine dunkle Ecke profitiert stark von regelmäßigen organischen Düngergaben, die dazu beitragen, die Feuchtigkeit in dem sonst trockenen Boden zu halten.

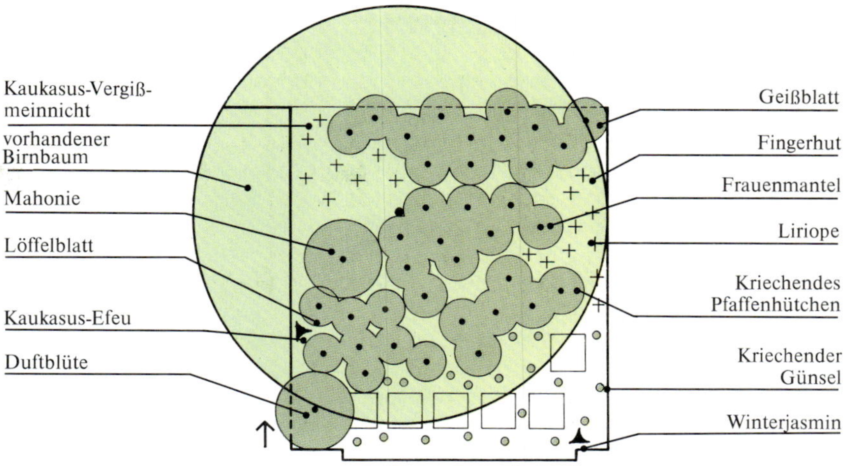

Zwiebelpflanzen

Zwiebeln pflanzt man entweder natürlich, das heißt so, als ob sie auf Wiesen verstreut im Gras wachsen, oder man baut sie in die gemischte Pflanzung ein, wo ihre absterbenden Blätter nicht so auffallen. Das Geheimnis einer geglückten Pflanzung mit Zwiebelgewächsen hängt mit ihrem ursprünglichen Standort zusammen und mit ihrer Form. Manche, wie Hyazinthen und Galtonien (Sommerhyazinthen), sind von steifem Wuchs, deshalb kann man sie eigentlich nur mit anderen Pflanzen zusammensetzen, wogegen andere, wie Narzissen und Schneeglöckchen, in einer Rabatte nicht zur Wirkung kommen. Sie müssen in naturnaher Weise gepflanzt werden.

Winter- und frühlingsblühende Zwiebeln beherrschen die Pflanzflächen, wenn sie den Winterabschied anzeigen, mit ihren Blüten. Bei uns sind es die Winterlinge und das Schneeglöckchen, die im Januar oder zeitigen Februar erscheinen. Ihnen folgen die Gartenkrokusse und die frühen Reifrocknarzissen (Sorte »February Gold«). Die Anemonen zeigen sich wenig später mit den Dichternarzissen, mit Schneeglanz und den Traubenhyazinthen. Hyazinthen pflanzt man in Tuffs oder in formale Beete. Das gleiche gilt für Tulpen. Ich schätze wegen ihres lockeren Wuchses besonders die lilienblütigen Tulpen und einige der Papageientulpen wegen ihrer bizarren Farben. Im Frühsommer erscheinen die leuchtendfarbenen Holländischen Schwertlilien, denen sich die architektonischen Formen der Laucharten und Ixien hinzugesellen. Schön sind die majestätischen Kaiserkronen und die verschiedenen Arten der Lilienschweife, die bis zu 2 m hoch werden können.

Im Hochsommer sind es die Kaphyazinthen, die Lilien und die einfachen Gladiolen und Montbretien, die den Blumenliebhaber erfreuen. Herbstzeitlose und Herbstkrokusse *(Crocus speciosus)* blühen dann im Spätherbst (manchmal bis in den frühen Winter), und so schließt sich der Kreis.

Wenn Zwiebelpflanzen durch niederes Strauchwerk wachsen sollen, pflanzt man sie in zufälligen Gruppen, nicht aber in regelmäßigen, kreisförmigen Flächen. So sehen sie natürlicher aus. Man muß allerdings auf die Zwiebeln achtgeben, wenn man die Flächen im Winter durchgabelt oder umgräbt.

Um eine naturnahe Wirkung im Rasen zu erzielen, streut man die Zwiebeln zufällig in der oben angegebenen Weise über den Rasen und setzt sie ein, wo sie hinfallen. Man muß sie natürlich in die richtige Tiefe setzen, aber nicht in gleichem Abstand, sonst verliert sich der Wildcharakter. Die späten Narzissen sind noch nicht abgeblüht, wenn mit dem Rasenmähen begonnen werden muß. Sie benötigen nach der Blüte noch ungefähr sechs Wochen, um ihr Laub einzuziehen, bevor das Gras geschnitten werden kann.

***Zwiebelpflanzen in Kübeln** (oben). Hier wurden Narzissen und Holländische Schwertlilien zusammengepflanzt und sorgen für Frühlingsfarben.*

***Narzissenteppich** (unten). Diese Mischung aus Frühlingsnarzissen hat sich schon gut in diesen Rasen in England eingebürgert.*

Verstreute Pflanzung im Rasen

Innerhalb eines bestimmten Bereichs kann man Blumenzwiebeln auswerfen und dann dort pflanzen, wo sie zu Boden gefallen sind. So erhält man einen natürlichen Effekt, wenn sie später blühen. Die Zwiebeln werden entweder mit einem Zwiebelpflanzer oder einem Spaten auf richtige Tiefe gepflanzt. Man hebt mit dem Spaten zuerst die Rasensoden ab, setzt dann die Zwiebeln ein und deckt die Soden wieder darüber.

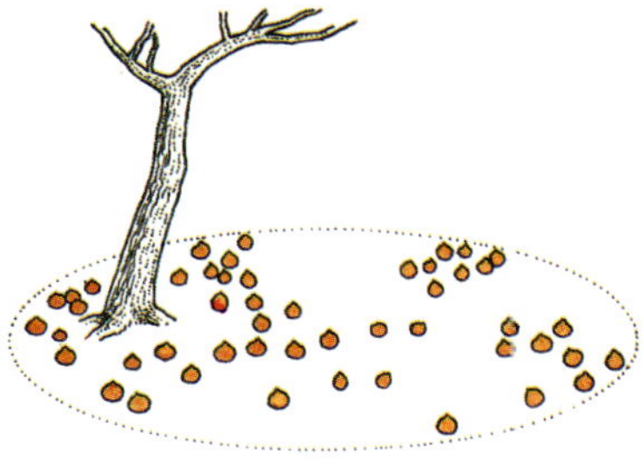

Ungewöhnliche Zwiebelpflanzen
Nur zu oft denken Gartenfreunde bei Blumenzwiebeln nur an Frühlingspflanzen und übersehen, daß sie während des ganzen Jahres im Garten blühen können. Zu den später blühenden Arten gehören Laucharten (rechts) und die Lilien (unten). Manche Lilienarten müssen besonders kultiviert werden, aber die meisten lassen sich leicht ziehen und sind eine attraktive, duftende Bereicherung des Blütenflors im Garten.

Bestimmte Bereiche mit Blumenzwiebeln

Damit die absterbenden Blätter der Zwiebelpflanzen nicht den ganzen Rasen verunzieren, pflanzt man sie nur auf einem bestimmten Bereich aus und läßt das Gras auf dieser Fläche wachsen. Etwa sechs Wochen nach der Blüte sterben die Blätter ab. Dann kann man diesen Bereich des Rasens genauso mähen wie den übrigen, wenn man nicht mit unterschiedlichen Graslängen arbeiten will.

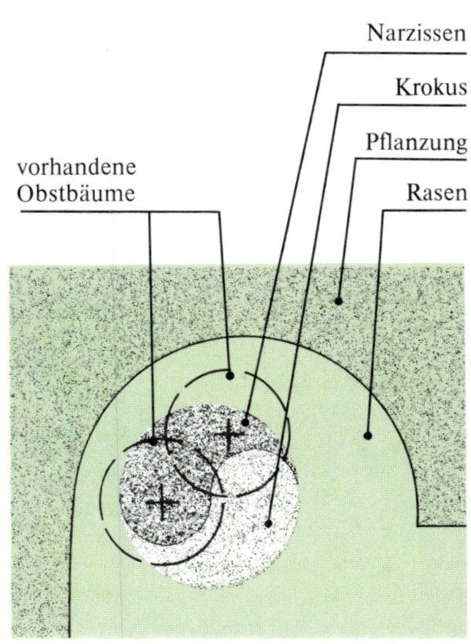

Kletterpflanzen

Pflanzen ranken sich auf dreierlei Weise empor. Einige besitzen Haftwurzeln, mit denen sie sich an Mauerwerk festhalten können (Efeu, Wein, Kletterhortensie), andere, wie Waldreben, sind Schlingpflanzen, die ihre Blattstiele um eine Stütze wickeln und sich so festklammern. Die dritte Gruppe besitzt keine Möglichkeit, sich selbst festzuhalten, sondern schiebt ihre langen Zweige in andere Wirtspflanzen und windet sich so nach oben. Hierzu gehören die meisen Geißblattarten und die sogenannten Kletterrosen.

Daneben gibt es Pflanzen, die nur im Schutz einer Mauer gedeihen und die man daran hochziehen kann. Dazu gehören der Feuerdorn, die Rosenquitte und alle Spalierobstarten.

Einige Kletterpflanzen sind immergrün. In unseren Breiten kommt hierfür nur der Efeu, das Pfaffenhütchen und das Immergrüne Geißblatt in Betracht. Groß- oder kleinblättrige, silbrig- oder goldgelbgefleckte Efeuarten sind leicht zu kultivieren und wachsen willig in jede gewünschte Richtung. Das Immergrüne Waldgeißblatt verströmt an Sommerabenden mit seinen gelben Blüten einen starken Duft. Fast sämtliche Geißblattarten sind auf den Besuch von Nachtfaltern ausgerichtet und verströmen daher erst abends ihren Duft. Andere Immergrüne sind Gehölze wie die flachwachsende Fächer-Zwergmispel. Sie gehören eigentlich nicht zu den Kletterpflanzen, können sich aber an Wänden hochdrücken und ganze Mauern eingrünen.

Raschwüchsige Ranker sind meist sommergrün. Wenn sie erst einmal einen Zaun überwachsen haben, hören sie natürlich nicht unbedingt zu wachsen auf. Den Rekord hält hier der Schlingknöterich, der bis zu 6 m Höhe im Jahr erreichen kann. Schnell hat er einen Baum oder ein Haus überwachsen und entfaltet im Herbst seinen cremefarbenen Blütenschaum. Ein anderer starker Schlinger ist die Pfeifenwinde mit ihren großen, herzförmigen Blättern und den hängenden, gelbgrünlichen oder braunen Blüten. Ich schätze besonders die Rostrote Rebe, einen Kletterwein, der sich im Herbst orange bis dunkelrot färbt.

Versteckte Stütze *(unten). Die üppige Pflanzung in diesem kleinen Garten in der Stadt wird von einer Kletterrose beherrscht. Kletterrosen benötigen Rankgerüste, die man leicht selbst herstellen kann. Bei diesem Beispiel ist das Rankgerüst abnehmbar, so daß die Wand dahinter ohne Schwierigkeiten gestrichen werden kann.*

Vielseitige Efeuarten *(oben). Dieses Foto zeigt die Anpassungsfähigkeit von Efeu. Hier rankt sich eine helle Sorte durch einen Wacholder, dahinter klettert eine dunklere an einer Wand empor. Es werden verschiedene Efeusorten im Handel angeboten.*

Kletterpflanzen an Hauswänden

Die Spaliere, die man für Kletterpflanzen an Hauswänden benötigt, sollten unauffällig sein und mit der Gestaltung der Hausfassade in Einklang stehen. Außerdem sollte die Art der Stützen auf die jeweilige Kletterpflanze abgestimmt sein. Eine zierliche Pflanze erhält ein zierliches Spalier, robuste Stützen sind für kräftiges Laubwerk geeignet. An einer Hauswand kann man Spanndrähte parallel zu den Mörtelfugen ziehen. Ein Holzspalier sollte mit den Proportionen der Hauswand übereinstimmen.

Skizze oben: horizontale Drähte an Abstandshaltern.
Skizze unten: rechtwinkliges Lattenspalier im Maßstab der Fenster und Türen.

***Mauerschmuck** (oben). Das schöne alte Mauerwerk kommt erst durch die Kletterpflanzen voll zur Geltung; im oberen Beispiel ist es eine Kletterrose, im unteren ein Geißblatt. Beide sind an unsichtbaren Drähten befestigt, die parallel zu den Mauerfugen gespannt wurden. Die Kletterrose wird vor dem Rückschnitt heruntergenommen (siehe S. 258), während die neuen Austriebe des Geißblattes nach und nach unter die Drähte geschoben werden.*

***Nächtliche Blütenpracht** (links). Die plastische Form der ausgewachsenen Kletterpflanzen eignet sich besonders gut für künstliche Beleuchtung. Die verschiedenen, mit dem Haus harmonisierenden Kletterpflanzen machen diesen Mauerbereich zu einem romantischen Sitzplatz.*

Sumpf- und Wasserpflanzen

Wasserpflanzen besitzen – genau wie die in normalem Boden wachsenden Pflanzen – ein für ihren Standort typisches Aussehen. Sie stellen auch bestimmte Ansprüche. Ihr Wasserbedarf ist beispielsweise recht unterschiedlich. Einige brauchen lediglich einen feuchten Standort, andere, wie bestimmte Schilfarten und Binsen, stehen in bis zu 50 cm tiefem Wasser. Es gibt auch Wasserpflanzen, die großteils untergetaucht leben und nur mit ihrem Blattwerk auf der Wasseroberfläche schwimmen. Seerosen sind für diese Gruppe typisch. Wieder andere leben völlig untergetaucht und sind dort wichtige Sauerstoffspender. Der wichtigste Faktor für Wasserpflanzen ist, ob es sich um ein fließendes oder ein stehendes Gewässer handelt. Bodengehalt ist nicht so wichtig wie die Wassertiefe, in der das Substrat für die Wurzeln gesetzt wird. Nach diesen zwei Kriterien – Art des Gewässers und Pflanztiefe – unterteilt man Wasserpflanzen in zwei Gruppen.

Wasserpflanzen haben andere Bedürfnisse als Landpflanzen. Viele ernähren sich aus dem Wasser selbst. Sie haben ihre Formen dem Wasser angepaßt und besitzen daher oft große Blätter. Das macht sie für Pflanzenzusammenstellung so attraktiv. Es gibt viele flachwachsende Formen, wie die Seerose, und solche mit großen fächerartigen Blättern wie die Zierform von Rhabarber und das größere Mammutblatt, das sich allerdings nur für mildere Klimaregionen eignet und Winterschutz benötigt. Im Gegensatz dazu besitzen einige Wasserpflanzen Blätter, die senkrecht wachsen oder nadelspitz ausgebildet sind. Der Kontrast zwischen senkrechten und horizontalen Blättern macht eine Zusammenstellung von Wasserpflanzen sehr reizvoll.

Die wirkungsvollsten Gruppierungen im Wasser bestehen aus nur zwei oder drei Pflanzenarten. Das wird einem sofort klar, wenn man sich Wasserpflanzen in der freien Natur ansieht. Einzelne Tuffs von einer Art, größere Flächen von einer anderen und dazwischen klares Wasser steigern sich gegenseitig in ihrer Wirkung. Das ist gute Gestaltung.

Bevor man seine Wasserpflanzen pflanzt, muß man sich entscheiden, wo die Pflanzen wachsen sollen und welche Boden- und Wassertiefe zur Verfügung stehen. Für bestimmte Pflanzen kann man bestimmte Höhen durch

Ergänzung durch ein Wasserspiel *Das Wasser wird durch eine Tauchpumpe im Steinbecken umgewälzt. Die Pflanzung besteht aus Pfeilkraut, Seerosen und Laichkraut, das wegen seiner langgezogenen Blätter auffällt.*

unterschiedliche Beckentiefe schaffen, man kann aber auch die Höhe der Pflanzen im Wasser dadurch regulieren, daß man sie in Plastikbehälter pflanzt und durch darunter gesetzte Ziegelsteine auf die richtige Höhe bringt. Die Behälter sind Spezialkonstruktionen und besitzen an den Seiten ein offenes Gitterwerk. Sie sind von dunkler Farbe, so daß sie unter Wasser nicht mehr zu erkennen sind. Man muß sich stets vergegenwärtigen, daß sich auch manche Unkräuter und Schwimmpflanzen in bestimmten Bereichen rasch ausbreiten können. Die beste Pflanzzeit für Wasserpflanzen sind die Monate April bis Juni, weil gerade dann starkes Wachstum einsetzt. Im folgenden Winter haben sich die Pflanzen gut verankert und können auch die kalte Jahreszeit gut überstehen.

Seerosen wachsen in einer Wachstumsperiode ziemlich stark, wenn sie in nährstoffreichem Boden gepflanzt werden. Ohne Nährstoffe bleiben die Blätter klein und die Pflanzen blühen nicht. Eine gute Bodenmischung besteht aus sechs Teilen lehmiger Rasenerde, die mit einem Teil Kuhdung oder einem Teil grobem Knochenmehl gemischt wird. Wenn die Wurzeln in die Container gepflanzt sind, breitet man eine Lage reinen Lehm und eine Lage Kies darüber aus, um die feinen Bestandteile zu binden, wenn das Gefäß zu Wasser gebracht wird. So wird auch der Kuhdung zurückgehalten, der sonst an die Oberfläche schwimmt, das Wasser verschmutzt und die Fische vergiftet.

Unterwasserpflanzen kann man auch in reinen Lehm setzen, der keinen zusätzlichen Dünger enthält. Niemals Teichschlamm im Garten verwenden. Er besitzt wenig Nährstoffe und nicht einmal Unkraut wächst darauf.

Wenn man eine neue Pflanzensendung erhalten hat, sind alle toten und geknickten Blät-

Ausgewachsene Pflanzung *(oben). Die Pflanzung dieses schön gestalteten Teichs besteht aus Seerosen und Breitblättrigem Rohrkolben mit Deutschen Schwertlilien, die im Juni im Vordergrund blühen.*

Frühe Blüte *(links). Diese gelbblühenden Sumpfdotterblumen verschönern das Teichufer im zeitigen Frühjahr und blühen oft im Herbst noch einmal. Die bunten Blätter im Mittelgrund gehören zu einer Sibirischen Schwertlilienart.*

Das Setzen von Wasserpflanzen

Die verschiedenen Wasserpflanzenarten *(siehe S. 278)* erfordern unterschiedliche Pflanztechniken, damit sie in die richtige Tiefe gelangen. Ein abgetrennter Beckenbereich ist ein idealer Standort für Sumpfpflanzen. In einem Teich mit idealen Lebensbedingungen für Wasserpflanzen kann man auch direkt in den Boden pflanzen, der sich unter Sand und Kies auf dem Beckengrund gebildet hat. Die Pflanzung in herkömmlichen Körben *(siehe Abb. S. 216)* ist allerdings einfacher. Man kann die Höhe der Körbe mit Ziegelsteinen justieren.

ter zu entfernen und die Wurzeln leicht zurückzuschneiden. Den Teich füllt man dann ganz langsam. Der Kaltwasserschock kann sonst für Pflanzen, die bereits durch den Transport ziemlich gelitten haben, während der Wachstumsperiode böse ausgehen. Um das Risiko so klein wie möglich zu halten, füllt man das Becken allmählich - zuerst nur so tief, daß die Pflanzen mit Wasser bedeckt sind. Dann läßt man das Wasser einige Tage stehen, bevor man den Wasserspiegel weiter anhebt. Um eine Trübung durch aufgewirbelten Schlamm zu vermeiden, kann man den Teich füllen, indem man den Schlauch in einen Blumentopf auf dem Beckenboden leitet. Das Wasser darf nicht zu schnell einlaufen. Wenn man Pflanzen in ein bereits gefülltes Wasserbecken einsetzen will, sollte das ebenfalls allmählich geschehen, besonders wenn sie tief gesetzt werden müssen. Man erreicht das durch darunter aufgeschichtete Ziegelsteine, die man allmählich abbaut, bis das Gefäß in der endgültigen Tiefe steht.

Neue Becken und Teiche brauchen immer eine gewisse Zeit, bis das Wasser klar wird, denn man muß warten, bis zwischen Tieren, Pflanzen und der verfügbaren Wassermenge ein Gleichgewicht hergestellt ist. Das kann sogar ein ganzes Jahr dauern. Auf keinen Fall darf der Teich oft geleert werden, um ihn zu säubern, denn bei der neuen Füllung beginnt der ganze Kreislauf noch mal von vorn.

__Wasserpflanzcontainer__ Seerosen, zur Pflanzung vorbereitet.

__Randpflanzung__ Die ausdrucksvollen Blätter des Tafelblattes bilden den Hintergrund zu dieser Sumpfbeetanlage. Im Vordergrund die Japanprimel, links Prachtspiere und Knöterich.

__Uferbepflanzung__ (unten). Bambus und Gräser sind nicht auf feuchten Standort angewiesen, aber ihre senkrechte Wuchsform kann sehr wirkungsvoll sein, wenn man sie in Verbindung mit Wasser verwendet, wie in diesem Beispiel. Blumenbinsen und Sumpfbinsen, echte Wasserpflanzen, vervollständigen diese Gruppe.

Kräuter

Würz- und Heilpflanzen können als Sträucher oder Kräuter nützliches und schmückendes Beiwerk in einer gemischten Pflanzung im Garten darstellen. Bestimmte Gewürze, wie zum Beispiel der Lorbeer und die Myrte, sind bei uns nicht winterhart und müssen in Kübeln gezogen werden. Die Zaubernuß kann sogar zu einem kleinen Baum heranwachsen. Es gibt aber auch gute Argumente für die Anlage eines gesonderten Kräutergartens. Für jeden, der einen kleinen Fleck in offener, sonniger Lage besitzt, sind Kräuterbeete leicht anzulegen, denn Kräuter sind wenig anspruchsvoll in bezug auf die Bodenqualität, besitzen dekoratives Blattwerk und duften angenehm. Die nicht winterharten werden als Einjährige kultiviert.

Wichtiger als ihr Zierwert sind die geschmacklichen Vorzüge von Kräutern. Ihr Wert als Würzmittel ist heutzutage, wo Nahrungsmittel nahezu ohne Geschmack in Plastikfolie eingeschweißt geliefert werden, besonders groß. Bestimmte Kräuter sind beinahe klassischer Bestandteil bestimmter Speisen in allen Teilen der Welt: Rosmarin in der Provence, Oregano in Italien, Majoran in Griechenland und Kümmel in Persien.

Im Orient sind Würzkräuter besonders wegen ihrer Heilwirkung populär. Auch im Westen ist die Verwendung von Heilkräutern durch das neuerliche Interesse an der Homöopathie als Alternative zu chemischen Drogen und Heilmitteln wieder im Kommen. Kräuter können auch zu Tee verarbeitet werden und beruhigende, schmerzstillende oder abführende Wirkung haben.

Kräuter können auch getrocknet als duftende Sträuße ins Haus gestellt werden. Die ätherischen Öle vieler Kräuter können extrahiert und als Duftstoffe z.B. für Körperöl weiterverwendet werden. Als Stabilisator benutzt man dafür z.B. die gemahlenen Wurzeln bestimmter Schwertlilien *(Iris florentina)*.

Bei all diesen heilenden und aufbauenden Eigenschaften braucht man sich nicht zu wundern, wenn Kräutern durch die Jahrhunderte außerordentliche Kräfte angedichtet wurden. Moderne wissenschaftliche Untersuchungen haben aber gezeigt, daß diese Kräfte nicht völlig »erdichtet« sind.

Viele Pflanzen, die wir gewöhnlich in eine gemischte Rabatte pflanzen, sind tatsächlich Kräuter, deren Unterarten als Heilkräuter oder Würzmittel bekannt sind, z.B. die Scheinbeere, das Johanniskraut, bestimmte Duftrosen wie *Rosa damascena* und *Rosa gallica,* die Stockrose *Althaea rosea,* die Gemeine Sonnenblume, der Gemeine Wacholder und der Gemeine Besenginster.

Die meisten Küchenkräuter lieben einen offenen, sonnigen Standort mit mäßig gutem, neutralem Boden. Minze, Schnittlauch und Petersilie gedeihen am besten in lichtem Schatten. Solchen Standort bevorzugen auch Engelwurz, Sellerie und Kerbel.

Viele Kräuterbücher empfehlen, Kräuter in geradegeformten, buchsbaumumsäumten Beeten zu ziehen, wie es vom Mittelalter her bekannt ist. Wer einmal Kräuter gezogen hat, weiß aber, wie stark sie sich ausbreiten, und es ist vergebliche Liebesmüh, sie quasi ständig in Schach zu halten. Die Schönheit eines Kräutergartens besteht in der herrlichen Fülle von bienenumsummten Pflanzen an einem heißen Sommertag. Daher kann man seinen Kräutergarten nach den gleichen Richtlinien planen wie die anderen Pflanzbereiche: Zunächst muß man feststellen, welche Kräuter sommergrün und welche immergrün sind. Dann berücksichtigt man ihre Endhöhe, Laubfarbe und Wuchsform. Bei den Blüten ist zu bedenken, daß viele Kräuter mit Blüten überladen sind, die aber vergänglich sind, während das charakteristische Laub bleibt. Besonders ange-

Einfassung mit Kräutern
Ein großer Buchsbaum dient als Hintergrund dieser Kräutermischung, die auch die Currypflanze beherbergt, Salbei, Thymian, Bohnenkraut und eine größere Gruppe von rotem Wegerich. Die Kräuter bilden wie in diesem Beispiel hübsche volle Polster, vorausgesetzt, daß man sie im Herbst zurückgeschnitten und richtig ausgedünnt hat.

legte Beete können hübsche Akzente in einem Kräutergarten setzen. Im unten dargestellten Gestaltungsschema wurden Beete in unterschiedlicher Höhe – verbunden durch eine Stufe – angelegt. Damit wird zugleich auch mehr Dreidimensionalität in die Anlage mit den vorwiegend niedrigwachsenden Pflanzen gebracht. Ein geschickt plazierter Pflanzkübel ist ein weiterer einfacher aber wirkungsvoller Blickfang, der ebenso gut durch eine Skulptur oder sogar ein Bienenhaus ersetzt werden könnte (in dem Sie dann tatsächlich auch Bienen halten und köstlichen Kräuterhonig »ernten könnten). In einem solchen Garten braucht man natürlich auch befestigte Wege zu den Kräutern, denn sie müssen geschnitten, geteilt und regelmäßig abgeerntet werden. Die Wegränder können auch mit aromatischem niedrigbleibendem Thymian oder mit duftender Kamille gesäumt werden. Eine Alternative wäre eine Rabatte aus Kräutern, bei der man Zugang auf der ganzen Länge hat.

Ich verwende Minze, Meerrettich und Beinwell nicht zwischen den üblichen Kräutern, weil sie zu stark wuchern. Solche Pflanzen setzt man am besten in einzelne Kübel. Ihr schönes Laub und ihre Blütenfarben lohnen es. Ägyptische Minze ist besonders hübsch. Ich halte auch das dunkellaubige Basilikum in einem separaten Kübel, denn es liebt einen extrem warmen Standort, ist einjährig und kann völlig trocken stehen.

Ein Kräutergarten erfordert regelmäßige Pflege, besonders den Rückschnitt abgestorbener Blüten. Andere Pflanzen, wie z.B. Schnittlauch, müssen geteilt und neu gesetzt werden *(siehe S. 259)*.

Gelungene Gärten verdanken ihre Wirkung fast immer dem zugrundeliegenden »Thema«, das die Anlage zusammenhält. Das kann auch mit Kräutern erreicht werden, die zudem noch einen zusätzlichen Vorteil haben: Sie duften aromatisch und können frisch oder getrocknet als Küchenkräuter verwendet werden.

Vorschlag für einen Kräutergarten

Die Kräuterpflanzung, die hier abgebildet ist, paßt in jeden offenen Garten, entweder als selbständige Einrichtung oder eingebunden in die allgemeine Gartenpflanzung. Man kann ihn auch als Terrasse nach Süden anlegen, damit er sich in voller Sonne befindet. Das Muster besteht aus drei schmalen Beeten, jedes etwa 2–3 qm groß. Eines der Beete ist mit Ziegelsteinen ca. 45 cm höher gesetzt worden. Das Grundgerüst besteht aus acht strauchigen Gewürzpflanzen: zwei Rosmarin, einem Lorbeerbusch (bei uns als Kübelpflanze zu ziehen) und Salbei, denn sie sind immergrün. Sie verlangen in den meisten Gegenden Winterschutz oder Überwinterung im Kalthaus. Während der Wachstumszeit erscheinen im Hintergrund die hohen Schößlinge der Engelwurz und später die grauwollige Königskerze. Ein Kraut, das besondere Beachtung verdient, ist die Winterzwiebel *(Allium fistulosum)*, deren schmale Form am Boden durch den Schnittlauch *(Allium schoenoprasum)* wiederholt wird. Als Kontrast wurde Blattpetersilie dazugepflanzt und der einjährige Dill. Die Zusammenstellung auf dem erhöhten Beet besteht aus dem strauchigen Thymian und Schwertlilien *(Iris x germanica »Florentine«)*, einem Kübel mit buschigem Origano *(Origanum onites)* und niedrigen, gelbblättrigen Thymianformen. Das größte Beet auf der unteren Gartenebene wird von Trittsteinen erschlossen, damit die Pflege erleichtert wird. Es enthält auch einen einfachen, gut geformten Kübel, der mit dem großen Liebstöckel dahinter, den gefiederten Blättern des Fenchels und den intensivblauen Blüten des Ysop eine gute Zusammenstellung abgibt.

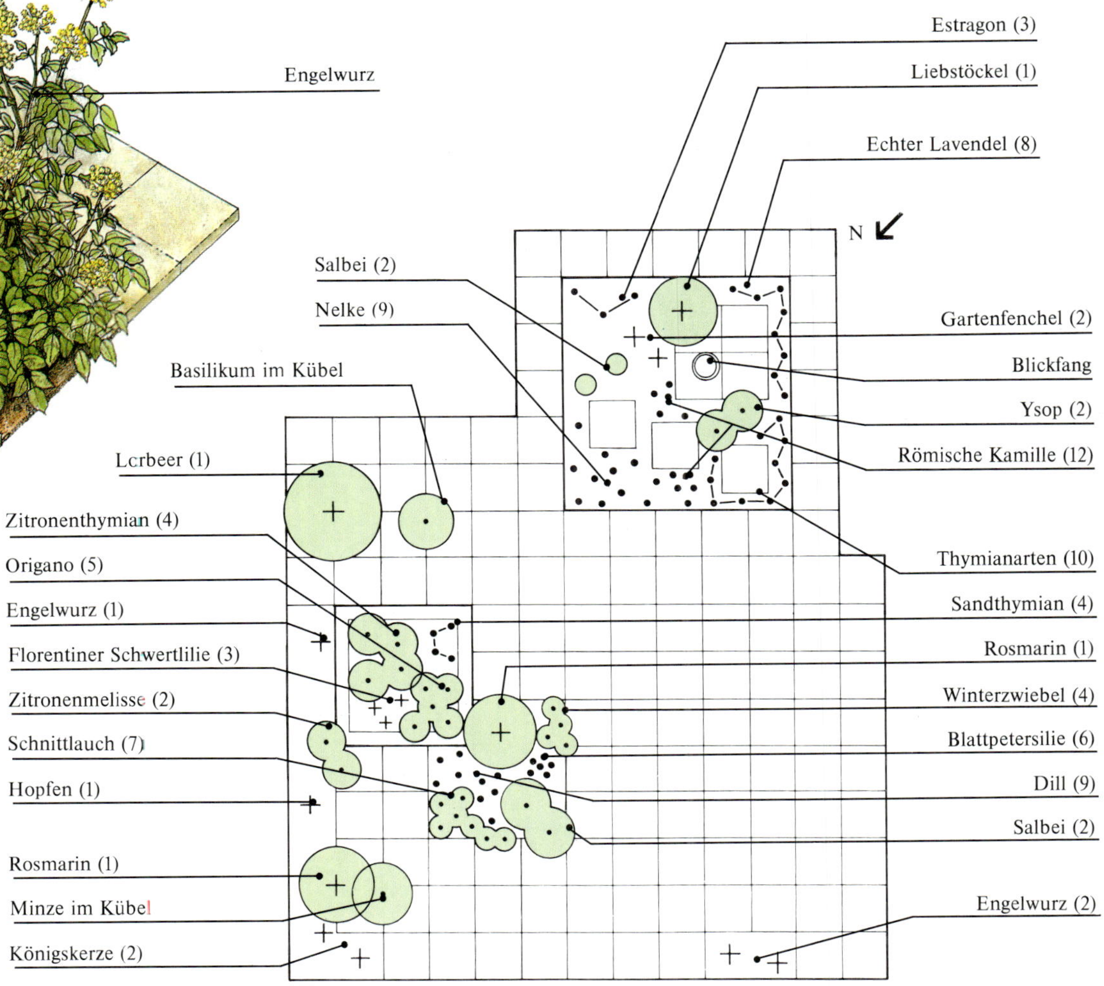

Gemüse

Die meisten Menschen verstecken ihren Gemüsegarten in größtmöglicher Entfernung vom Hause, denn sie halten ihn nicht für dekorativ. Ich bin anderer Meinung. Gemüse blüht zwar nicht, aber gesund und grün kann es in wohlgeordneten Reihen ein erfreulicher Anblick sein. Ein Gemüsebereich in der Nähe der Küchentür ist äußerst praktisch, vorausgesetzt, es handelt sich um einen offenen, sonnigen Fleck.

Wenn Stadtbewohner überhaupt einen Garten besitzen, ist meist wenig Platz für Gemüse übrig. Ein Kleingarten oder Schrebergarten am Rande der Stadt ist hierfür besser geeignet. In Deutschland ist ein Trend zur Selbstversorgung zu beobachten, und ein Kleingarten heißt nicht nur Geld sparen, sondern selbstgezogenes, ungespritztes Gemüse und Obst zu ernten. Ein Kleingarten ist nicht nur ein Grundstück zur Anzucht von Gemüse. Die meisten dieser Gärten besitzen kleine, sorgfältig gestaltete Lauben und werden wie ein Privatgarten genutzt. Die Lauben benutzt man im Sommer auch zum Wochenendaufenthalt, Verbote in bezug auf Elektroanschlüsse und andere infrastrukturelle Versorgungen schließen allerdings aus, daß diese Lauben als Zweitwohnung benutzt werden können. Die Gärten bestehen im allgemeinen aus Kombinationen von Obst- und Gemüseanbau, Schnittblumenkulturen, Küchenkräutern und einem Ziergartenteil. Eine solche Nutzung hat viel für sich, denn sie verbindet das Zweckmäßige mit dem Schönen.

Sogar ein kleiner Garten kann einen produktiven Obst- und Gemüsebereich enthalten, denn die meisten Familien benötigen nur sogenanntes Frischgemüse wie Salat, Bohnen, Tomaten und Küchenkräuter im Sommer. Wenn man genug Platz hat, können auch höhere Gemüsearten wie Stangenbohnen, Kar-

Früchte der Erde *Wer Gemüse für den Hausgebrauch in einem Boden anbauen will, der nur mit organischen Nährstoffen gedüngt wird, muß viel Arbeit dafür investieren.*

Ein Gemüsegarten *Dieser Gartenteil ist etwa 100 qm groß und enthält nicht nur Gemüse, sondern auch ein erhöhtes Kräuterbeet, das leicht abzuernten ist, einen Kompostbereich, einen Arbeitstisch und ein Schutzdach zum Topfen. Alles ist praktisch und zugleich schön. Hat man genug Platz, lassen sich zwei weitere Gemüsebereiche in gleicher Größe für vielseitigeren Anbau und mehr Gemüsearten anlegen, aber man kann auch auf engem Raum gute Ergebnisse erzielen, wenn man sorgfältig plant. Das Beet im Vordergrund wird von einer niedrigen Hecke aus Heiligenblumen, Rosmarin und Buchsbaum eingefaßt, eine Mischung, die auch in einem kleinen Garten in der Stadt gut aussieht. Die Wege, Kanten und Mauern der höher gelegten Beete bestehen aus dem gleichen Klinkermaterial. Weichholzzäune umschließen das durchsichtige Glasfaserdach, das von senkrechten Metallstützen getragen wird.*

Beet mit Sommergemüse Dieser Bereich enthält Stangenbohnen und Salatgemüse wie grünen Salat, Radieschen, Buschtomaten und Beetgurken.

Überdachter Arbeitsplatz zum Eintopfen und Unterbringen von Geräten Eine überdachte Fläche ist für die Aussaat in Kisten und für das Umtopfen sehr praktisch. Wenn man seine Gartengeräte reinigt und nach dem Gebrauch ölt *(siehe S. 248)*, sind sie gegen Feuchtigkeit geschützt und können auch hier untergebracht werden. Die Anordnung in der Ecke gibt dem Gemüsegartenteil zudem eine klare Form.

toffeln, Blumenkohl, Rosenkohl und dergleichen herangezogen werden, die auch mit Fruchtgemüsen kombiniert werden können.

Bevor man sich zur Anlage eines Gemüsegartens entschließt, eine Warnung vorweg: So enthusiastisch man auch sein mag, ist immer auch an die Praxis zu denken! Wenn man Selbstversorger aus dem eigenen Garten werden will, beanspruchen Pflanzung, Pflege und Ernte des Gemüses viel Zeit, die man im Freien verbringen muß. Um genügend Gemüse ein ganzes Jahr hindurch für die ganze Familie heranzuziehen, benötigt man einen größeren Bereich, der meist nicht zur Verfügung steht. Außerdem ist die Arbeit schwer. Der erforderliche Zeitaufwand ist beträchtlich, wenn der Garten produktiv und gut gepflegt sein soll. Wenn man ihn biologisch-dynamisch bewirtschaften will, benötigt man noch mehr Platz und Zeit, um Kompostwirtschaft zu betreiben. Zudem sind die erzielten Ernten nicht billig. Natürlich rechnen die meisten Menschen den eigenen Zeitaufwand nicht, und es stimmt sicherlich, daß selbstgezogenes Gemüse bekömmlicher und frischer ist als das auf dem Markt gekaufte.

Es ist unmöglich, die Idealgröße eines Gemüsegartens anzugeben, denn das hängt von der Größe der Familie ab, von dem, was man gern kultivieren möchte und von der Zeit, die man für die Bewirtschaftung aufbringen kann. Ein Garten von etwa 335 qm Fläche dürfte die meisten Ansprüche einer vierköpfigen Familie befriedigen. Die Lage des Gartens bestimmt die Auswahl der Pflanzen. Je milder das Klima, desto größer das Sortenangebot. Die Produk-

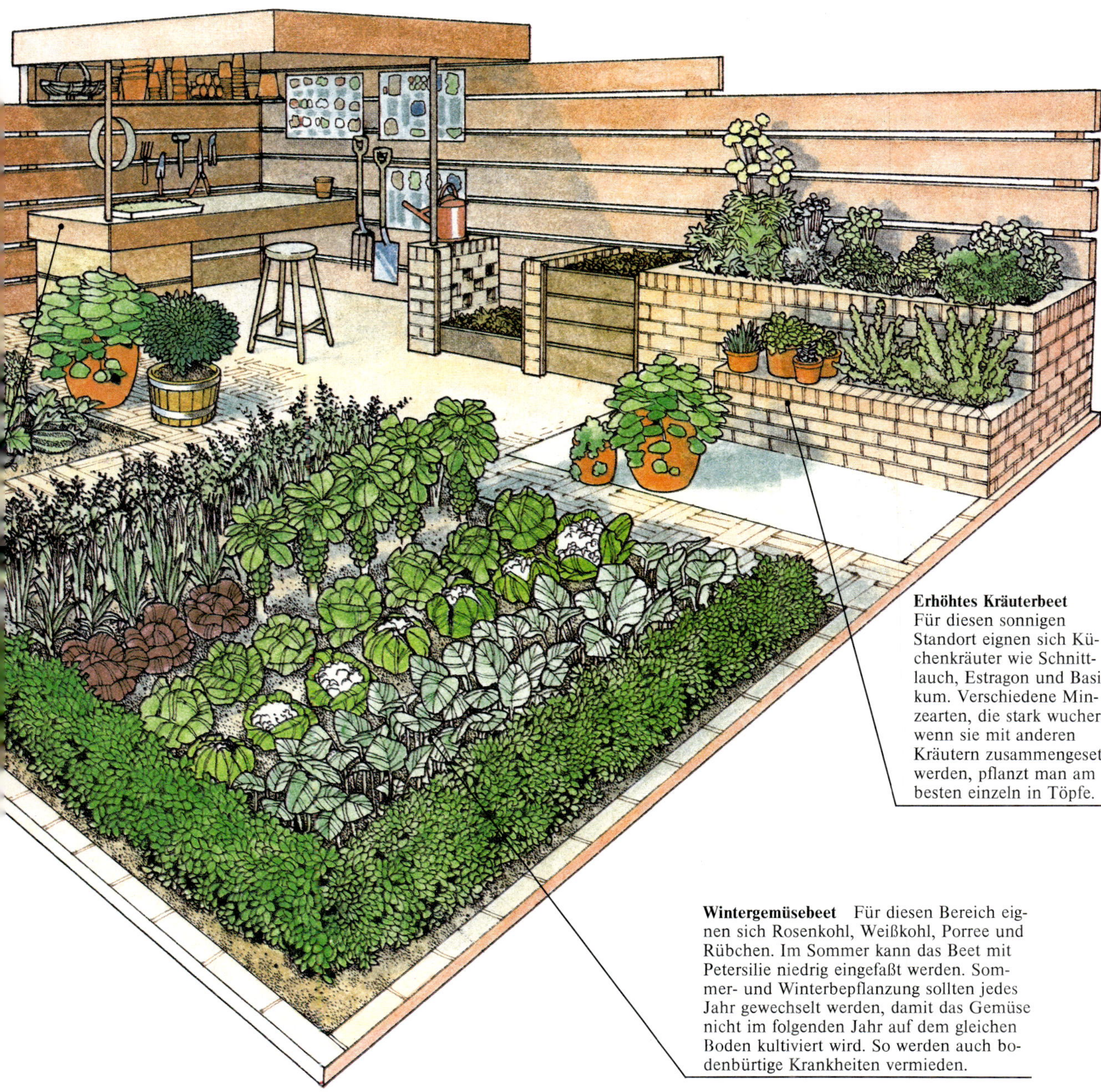

Erhöhtes Kräuterbeet Für diesen sonnigen Standort eignen sich Küchenkräuter wie Schnittlauch, Estragon und Basilikum. Verschiedene Minzearten, die stark wuchern, wenn sie mit anderen Kräutern zusammengesetzt werden, pflanzt man am besten einzeln in Töpfe.

Wintergemüsebeet Für diesen Bereich eignen sich Rosenkohl, Weißkohl, Porree und Rübchen. Im Sommer kann das Beet mit Petersilie niedrig eingefaßt werden. Sommer- und Winterbepflanzung sollten jedes Jahr gewechselt werden, damit das Gemüse nicht im folgenden Jahr auf dem gleichen Boden kultiviert wird. So werden auch bodenbürtige Krankheiten vermieden.

tion wird mit der Zeit größer, wenn man Erfahrungen sammelt und den Boden anreichert. Es ist immer gut zu sehen, was andere Gartenbesitzer in der gleichen Gegend ernten und aus ihren Erfahrungen mit verschiedenen Gemüsearten zu lernen.

Wenn man sich nach all diesen Überlegungen trotzdem zur Anlage eines Gemüsegartens entschließt, sollte man eine rechtwinklige Form wählen, denn die Anlage muß auch trotz des ständigen Wechsels zwischen unbebautem Boden bis zu erntereifem Gemüse ihren Charakter behalten. Eine klare, einfache Gestaltung ist unbedingt erforderlich, weil Gemüse traditionsgemäß in Reihen angebaut wird, die das ganze Jahr hindurch zwischen festen, gut begehbaren Wegen liegen sollten. Am besten unterteilt man den Garten in Abschnitte, damit unterschiedliche Gemüsearten in verschiedenen Bereichen jedes Jahr wechselnd herangezogen werden können. So erschöpfen sich die einzelnen Nährstoffe des Bodens nicht so rasch. Krankheiten oder Schädlinge können außerdem nicht im Folgejahr die bevorzugte Wirtspflanze befallen. Der Gemüsegarten sollte eingefaßt und vielleicht durch niedrige Hekken unterteilt werden. Buchsbaum, eine traditionelle Einfassung, beherbergt tagsüber Schnecken, die nachts die Kohlarten heimsuchen. Daher verwendet man besser Küchenkräuter wie Salbei oder Rosmarin als Einfassung.

Früher war der Gemüsegarten von Mauern umgeben, um Krankheiten und Schädlinge fernzuhalten. Man unterteilte ihn mit breiten Wegen in vier Abschnitte, die mit Schnittblumen, Küchenkräutern oder Spalierobst eingefaßt waren. Andere Obstspaliere befanden sich an den Hausmauern. Häufig gab es auch ein Schutzdach zum Eintopfen, ein Gewächshaus und einen Lagerplatz für Sand, Erdmischungen oder Kompostbereitung. Einer der vier Abschnitte wurde mit Fruchtgemüsen bestellt oder enthielt ein Spargelbeet und einige Küchenkräuter, denn diese Bepflanzung blieb über mehrere Jahre bestehen. Die anderen drei Bereiche beherbergten Gemüse, das jährlich gewechselt wurde, um bodenbürtige Krankheiten zu verhindern und eine ausgewogene Nährstoffversorgung für die verschiedenen Gemüsearten sicherzustellen.

Eine solche Fruchtfolge legt man heute im allgemeinen wie folgt an: In das erste Beet pflanzt man Leguminosen (Erbsen und Boh-

Fruchtwechsel

Der Sinn von Fruchtwechsel liegt darin, bodenbürtige Krankheiten zu verhindern und eine ausgewogene Nährstoffversorgung sicherzustellen. Die beiden Hauptfeinde sind Kohlfäule und Kartoffelälchen, denn beide können rasch den Boden verseuchen, wenn Kohlarten und Kartoffeln mehrere Jahre lang auf derselben Stelle angebaut werden. Man muß immer dafür sorgen, daß der Boden nach der Ernte einer Gemüseart für die nächste Pflanzung bereit ist. Man teilt am besten den Garten in 4 Abschnitte oder weniger ein, je nachdem, was man kultiviert. Hier wurde ein Abschnitt mit langfristigeren Kulturen von Spargel und Meerkohl bepflanzt, obgleich beide gelegentlich verpflanzt werden müssen. Eine Ecke mit Fruchtgemüsen könnte ebenfalls hier angelegt werden. Abschnitt B enthält Hülsenfrüchte und Salatgemüse. Kohlgemüse wachsen im Abschnitt C, und im letzten Teil findet man die Wurzelgemüse.

Die Anordnung ist ideal, doch wenn man nicht so viele Gemüsearten ziehen will, faßt man das Gemüse in den oben genannten Gruppen zusammen und pflanzt sie jedes Jahr an einer anderen Stelle.

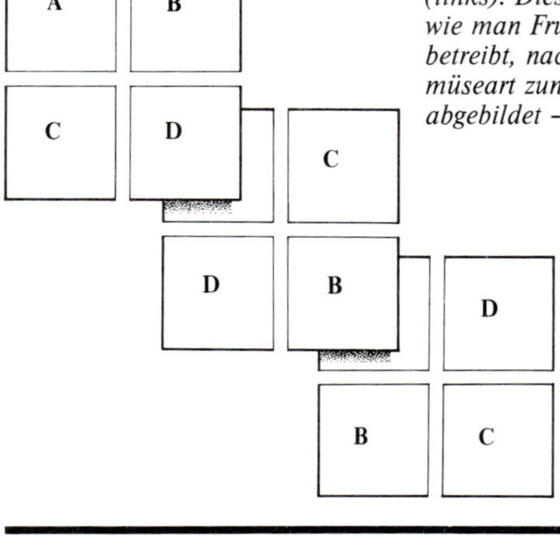

Schema für den Fruchtwechsel *(links). Dieses Schema zeigt, wie man Fruchtwechselanbau betreibt, nachdem man die Gemüseart zunächst – wie rechts abgebildet – festgelegt hat.*

Ein eingerichteter Gemüsegarten *Die Reihenfolge der Gemüsearten in diesem Garten besteht aus Kohl im Vordergrund, dahinter stehen reifende Paprika, die mit einer Strohlage vor Feuchtigkeit geschützt werden. Weiter hinten wachsen Buschbohnen, Rosenkohl und schließlich Mais. Links neben der Kulturfläche steht ein kaltes Frühbeet und dahinter ein Gewächshaus.*

Gemüsearten von ausgeprägter Form und Farbe *Gemüsearten können attraktiv zusammengestellt werden, wie z.B. die beiden Kohlarten (Grünkohl links und der leuchtendrote Mangold in der Mitte) sowie einige dekorative Kohlarten, rechts, die unterschiedliche Stiel- und Blattformen besitzen. Solche Beispiele kann man auch auf Mischpflanzungen im Ziergarten übertragen, wo sie gleichermaßen wirkungsvoll sind.*

nen), Zwiebeln, Schalotten, Schnittlauch, Salat, Sellerie und Radieschen, weil diese Gemüsearten gut gelockerten und nährstoffreichen Boden benötigen. Für das zweite Beet wählt man hauptsächlich Kohlarten (Weißkohl, Wirsing, Blumenkohl, Brokkoli, Spinat, Rosenkohl und Grünkohl). Hierfür ist mineralischer Dünger erforderlich, um die aufgenommenen Nährstoffe zu ersetzen. Auch eine Kalkgabe ist ratsam, wenn der Boden zu sauer ist. Das dritte Beet nimmt die Wurzelgemüse auf (Kartoffeln, Rübchen, Schwarzwurzeln, Sellerie, Möhren etc). Sie benötigen lediglich eine Anfangsdüngung mit mineralischem Dünger. Sobald die Fruchtfolge einsetzt, ist mineralischer Dünger nicht mehr erforderlich, da die Flächen durch reichen organischen Dünger in gutem Zustand gehalten werden können, den sie jedes dritte Jahr erhalten müssen. Dieses traditionelle Fruchtwechselsystem kann man natürlich für einen Küchengarten genauso anwenden wie für den alten, mauerumschlossenen Gemüsegarten, wie er vor 50 Jahren existierte. Als Anfänger muß man das System für den eigenen Gemüsegarten maßstäblich verkleinern, besonders wenn der Platz begrenzt ist, und intensivere Methoden für den Zwischenanbau wählen.

Vorschlag für einen dekorativen Gemüse- und Kräutergarten

Diese beiden dekorativen Rabatten sind im Frühherbst-Aspekt dargestellt. Die Flächen sehen im Frühling sicher kahl aus, aber kein noch so großer Planungsaufwand und keine Auswahl liefert eine Gemüsezusammenstellung, die das ganze Jahr hindurch gut aussieht. Durch entsprechende Vorüberlegungen kann man diese Zeitspannen jedoch auf ein Minimum beschränken.

Eine Zusammenstellung wie die hier abgebildete läßt sich auch in einem kleinen Garten verwirklichen, vorausgesetzt, daß er offen und sonnig liegt und daß der Eigentümer nicht zu viele Sorten wünscht. Einige der üblichen Küchenkräuter gehören dazu, obwohl die Engelwurz mehr wegen des Aussehens gepflanzt wurde. Die Einfassungen des mittleren Kiesweges bestehen aus Klinkern.

Man beginnt mit der Auswahl langsam wachsender Gemüsearten, denn sie können innerhalb der Reihen dichter gepflanzt werden. Dazwischen setzt man schnellwüchsige Schnittgemüse. Man muß die unterschiedlichen Pflanz- und Reifezeiten prüfen und den Umfang der Hauptgemüsearten bei der Reife kennen, dann kann man ein schnellreifendes Gemüse anbauen, ehe der gesamte Boden und das Licht für die Hauptkultur erforderlich sind. Raschwüchsige Gemüse sind Radieschen, die innerhalb von 6 Wochen erntereif sind, Kohlrabi und Rote Bete, die 8 Wochen benötigen, und Chinakohl und Karotten, die etwa 9–10 Wochen brauchen. Schnellreifende Gemüsearten sind auch zum Nachbau geeignet, wenn man gut vorbereiteten Boden nutzen will, auf dem im Jahr zuvor ein Hauptgemüse angebaut wurde. Fruchtfolgen sollten nicht durch gelegentliche Einsaaten durcheinandergebracht werden, etwa durch Aussaat gleicher Gemüsearten.

Während der Vegetationszeit muß man freie Stellen mit bestimmten Gemüsekulturen geschlossen halten, sonst sorgt die Natur für eine Bodendecke aus Unkraut. Es ist meist besser, schlecht keimende Saatreihen aufzugeben und eine andere Gemüseart neu einzusäen.

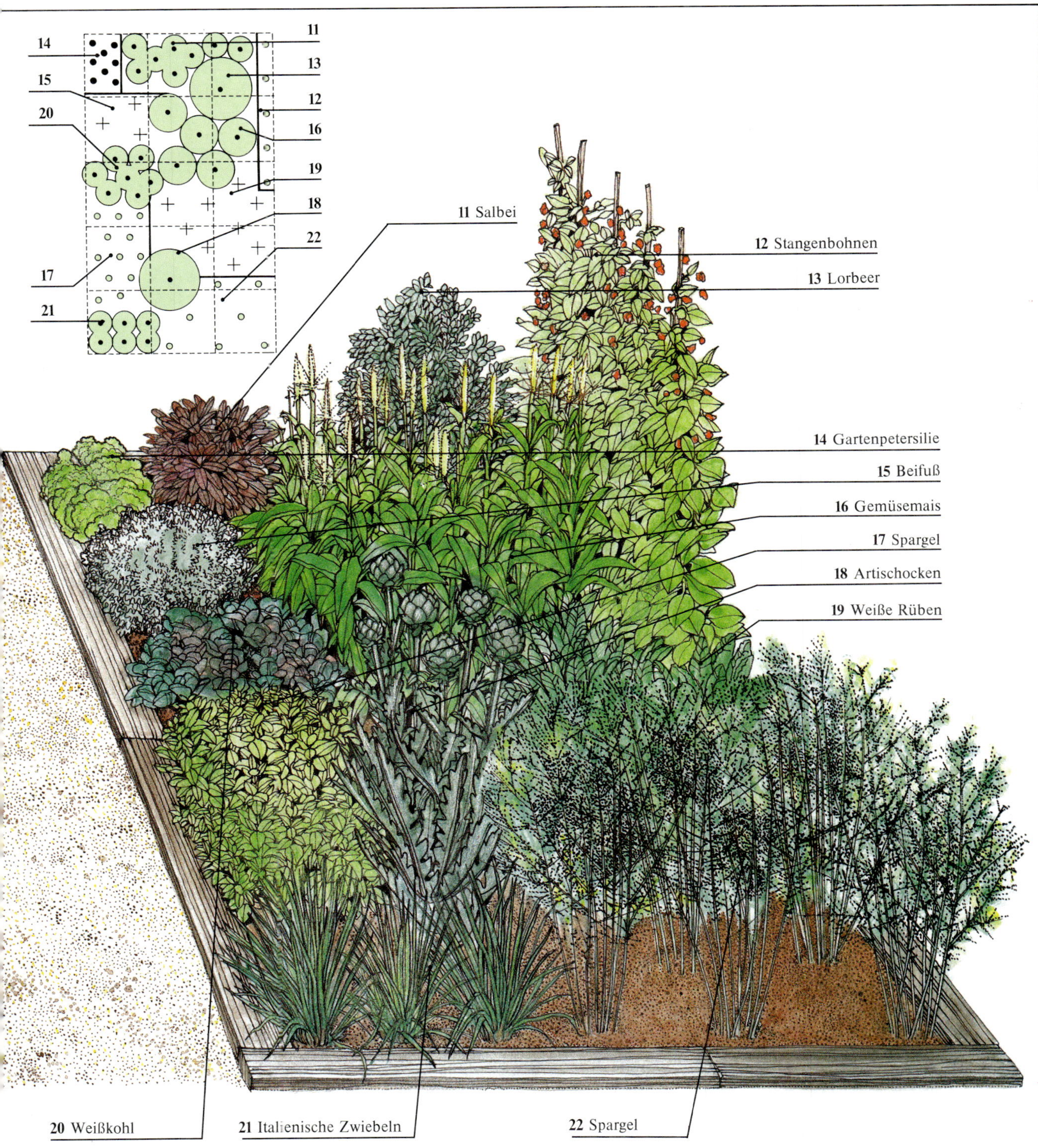

Gemüsepflanzen

Wenn Sie Platz für einen Gemüsegarten und Lust und Zeit für seine Pflege haben, sollten sie sich überlegen, wann ausgesät, gepflanzt und geerntet wird, wieviel Platz die einzelne Pflanze braucht und was der zu erwartende Ernteertrag ist.
Die Tabelle unten ist als Entscheidungshilfe gedacht. Im Zweifelsfall sollten Sie Gemüsearten wählen, die zur Erntezeit nur begrenzt im Handel angeboten werden und nicht solche, die meist billig, gut und in großer Auswahl auf dem Frischmarkt zu haben sind.

	Saatzeit	Ertrag von 3 m langen Reihen	Zeit bis zur Ernte (in Monaten)
GÄNSEFUSSGEWÄCHSE			
Rote Beete 	März-Juni	6,8 kg	2
Spinat 	März-Juni	3,6-4,5 kg	ab 2,5
KORBBLÜTLER			
Salat 	März-Juli	15 Köpfe	2
KREUZBLÜTLER			
Weißkohl 	März-Juli Pflanzung 2 Monate nach Aussaat	5-8 Köpfe	4,5
Wirsing 	Mai-Juni Pflanzung Juni-Juli	5-8 Köpfe	ab 3
Rosenkohl 	Mai Pflanzung Mai-Juli	5 kg	5-6
Grünkohl 	Mai-Juni Pflanzung Juni-Juli	5,4 kg	5
Brokkoli 	April Pflanzung Mai-Juni	5,4 kg	4
Blumenkohl 	April Pflanzung Juni-Juli	5-8 Köpfe	ab 4
Steckrüben 	Ende Mai, Juni	3,6-6,4 kg	ab 7,5
Stielmus (Rübchen) 	Pflanzung ab Mai	3,6-6,4 kg	2,5
Radieschen 	März-August	reichlich	1,5
SÜSSGRÄSER			
Gemüsemais 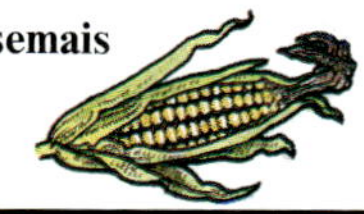	April-Mai unter Glas, Pflanzung Mai-Juni	30-40 Kolben	3
SCHMETTERLINGSBLÜTLER			
Bohnen (Dicke, Puffbohnen) 	Feb.-März	3,6 kg	3,5
Bohnen (Busch-) 	Mai-Juli	3,6 kg	ab 2
Bohnen (Stangen-) 	Mai-Juli	8-14 kg	ab 3
Erbsen 	März-Juni	9 kg	ab 3,5
LILIENGEWÄCHSE			
Zwiebeln (aus Samen) 	März-April	3,6-4,5 kg	6,5
Zwiebeln (aus Steckzwiebeln) 	Pflanzung März-April	3,6-4,5 kg	5,5
Schalotten 	Pflanzung Feb.-März	3,5-4 kg	ab 5
Porree 	März-April	20 Stengel	5
NACHTSCHATTENGEWÄCHSE			
Kartoffeln 	Pflanzung Ende Feb.-Mai	11,3 kg	ab 3,5
Tomaten 	Feb.-März unter Glas, Pflanzung Mai-Juni	9 kg	ab 3
DOLDENGEWÄCHSE			
Möhren 	Feb.-Juli	3,6 kg	ab 4
Pastinaken 	Feb.-April	6,5-9 kg	ab 7,5
Sellerie 	Feb.-April unter Glas, Pflanzung Mai	5,4-6,4 kg	ab 7

Der letzte Schliff

Gartenmöbel, Pflanzkübel und Container

Künstliche Beleuchtung und Skulpturen

Gartenmöbel

Den Sitzplatz im Garten richtet man meist zuletzt ein, und doch ist er es oft, der zuerst ins Auge fällt und die Grundstimmung des Gartens darstellt. Ein schlecht geplanter Garten wird selten dadurch schöner, daß man attraktive Details hinzufügt, ist er aber gut geplant und ausgeführt, können ihn die richtigen Attribute zu einem Meisterwerk erheben.

Man sollte Gartenmöbel daher unter den gleichen Gesichtspunkten auswählen wie die Möbel für das Haus und die Stücke für ihren jeweiligen Zweck aussuchen. Grundsätzlich sollten sie einladend und bequem sein, denn kaum ein Garten gewinnt durch kleine, verschnörkelte Metallstühle. Außerdem sollten Gartenmöbel zwar dekorativ aussehen, dabei aber immer stabil genug sein, damit sie das ganze Jahr hindurch im Freien stehen können. Die Alternative dazu sind stapelbare Möbel.

Es gibt grundsätzlich drei Formen von Gartenmöbeln: Tische und Stühle zum Speisen im Freien, Sessel zum Ausruhen und zum Plaudern und schließlich Liegen fürs Sonnenbad, vielleicht neben einem Schwimmbecken. Es gibt Möbel aus Holz, das zwar gut aussieht, aber schwer ist, aus Rattan, Bambus und Metall – gestrichen oder plastikbeschichtet –, oder aus geformtem Plexiglas.

Maßgeschneiderter Sitzplatz *Eine erholsame Atmosphäre im Freien geht häufig auf die Harmonie zwischen Sitzplatz und den anderen zweckgebundenen Einrichtungen zurück. Diese Sitzecke besteht aus gemauerten Bänken um einen Gartengrill.*

Metall

Metallmöbel können unbequem aussehen, wenn sie aber gut gestaltet sind, können sie sehr komfortabel sein, besonders in Verbindung mit losen Kissen. Die Linienführung von Metallmöbeln sollte einfach sein und nicht verschnörkelt, wie bei vielen angebotenen Eisenstühlen und Tischen häufig der Fall. Die Vorteile von Metall sind Dauerhaftigkeit und Stabilität. Die Möbel können von ausgeklügeltem Design sein und das ganze Jahr über im Freien stehen. Viele Metallmöbel sind plastikbeschichtet und machen Neustreichen überflüssig. Diese Materialkombination hat sich als sehr zweckmäßig erwiesen, besonders in städtischen Bereichen und in den Vorstädten, wo sie stilistisch am besten hinpaßt.

Metallmöbel als ganzjährige Einrichtungen *Diese Möbel sind nicht nur bemerkenswert bequem und praktisch, wenn sie im Freien verwendet werden, sondern auch bei Nichtbenutzung dekorativ.*

Möbel für den Schwimmbeckenbereich

Möbel für den Schwimmbeckenbereich bestehen meist aus Tischen und Stühlen, um Erfrischungen zu sich zu nehmen, oder aus Liegestühlen zum Sonnenbaden. Liegestühle am Schwimmbecken müssen Feuchtigkeit und mit Sonnenöl eingeriebene heiße Körper vertragen können. Der Rahmen muß stabil genug sein, damit sich Kinder hineinwerfen können. Die einfarbigen Bezüge, die man für eine Terrasse wählen würde, werden rasch schmutzig und faulen, wenn sie in der Nähe eines Wasserbeckens benutzt werden. Daher sind viele Liegen mit Bezügen aus einfachem, feingewebtem Nylon oder sogar aus gewebtem Plastik ausgestattet. Diese Überzüge haben den Vorteil, daß sie wasserdurchlässig sind und daß die Luft frei zirkulieren kann. Wenn ein Liegestuhl textilgepolstert ist, sollte das Muster so gewählt werden, daß die unvermeidlichen Flecken nicht so rasch sichtbar werden. Das Angebot an Liegestühlen reicht von einfachen Segeltuchbespannungen über Metallrahmen zu stärker verzierten metall- oder plastikgerahmten Ausführungen mit Rückenstütze, die auf dem Deckstuhlprinzip beruhen. Meist kann man sie für die Winterzeit zusammenklappen und stapeln. Schwerere Liegen sind für bequemen Transport oft mit einem Räderpaar versehen.
Möbel zum Sonnenbaden sind teuer. Sie beanspruchen ziemlich viel Terrassenfläche, die kahl aussieht, sobald die Möbel für die Winterzeit eingelagert werden. In kälteren Klimazonen stehen solche Möbel am besten unter einem großen schützenden Balkon.

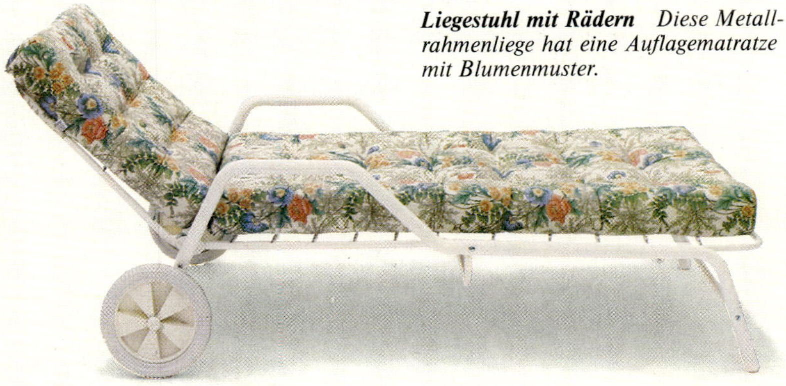

Liegestuhl mit Rädern *Diese Metallrahmenliege hat eine Auflagematratze mit Blumenmuster.*

Plastik

Glasfaserverstärkte Plastikmöbel sind leicht und wetterbeständig. Da Plastik beliebig verformbar ist, ist die Typenauswahl groß. Manche gut modellierte Plastikmöbel sind auch ohne Polsterung bequem, andere dagegen, wie z.B. der Stuhl unten, sind für abnehmbare Kissen gedacht. Einfarbige Materialien in kräftigen Tönen sind für Terrassen ideal.

Stein und Kunststein

Die Funktion von Stein- und Kunststeinmöbeln unterscheidet sich grundsätzlich von der der hier beschriebenen Gartenmöbel. Sie sind nicht zum bequemen Ausruhen bestimmt und ortsfest installiert. Steinmöbel werden in erster Linie wegen ihrer dekorativen Wirkung gewählt. Gut plaziert kann eine Steinbank ein einladender Ruheplatz beim Rundgang durch einen größeren Garten sein oder ein beherrschender Blickfang, sozusagen das i-Tüpfelchen Ihres gesamten Gartenplans *(siehe S. 239)*.
Die Verwendung von Stein ist wegen des massiven Charakters der Einrichtungen sorgfältig zu planen. Im allgemeinen benötigt man dichte Hintergrundpflanzungen, damit die starren Formen des Steins abgeschwächt werden.
Man kann einfache und doch schöne Steinbänke selbst herstellen oder kaufen. Viele Kunststeinmöbel sind im Renaissance-Stil gehalten und wirken eher lächerlich bei dem Versuch, den Charme vergangener Zeiten heraufzubeschwören. Solche Möbel sind Beweis für den mißglückten Versuch, mit einer Gartengestaltung die Pracht eines anderen Zeitalters nachzubilden. Die meisten Besitzer würden es jedoch als seltsam empfinden, wenn sie einen Herd aus dem 19. Jahrhundert in der Küche und eine Kalesche anstatt eines Autos in der Garage stehen hätten.

Ein romantischer Ruheplatz *Diese Bank ist eine ansprechende formale Bereicherung des Gartens. Sie steht vor einer einfallsreichen Pflanzenzusammenstellung von Rostroter Rebe und Pfaffenhütchen.*

Holzmöbel

Holz gehört wie Natur- und Ziegelsteine mit seiner Festigkeit und Oberflächenbeschaffenheit zu den natürlichen Baustoffen, die sich besonders für den Garten eignen. Die Details von unbehandelten Gartenmöbeln zeigen das deutlich. Gut plaziert werden die Möbel rasch zu einem festen Bestandteil des Gartens. Hingegen haben gestrichene Holzmöbel einen ganz anderen Charakter und sind eher Bestandteil des Hauses als des Gartens. Sie sehen auch städtischer aus und wirken durch die Farbgebung beherrschender und grafischer. Alte Weichholztische und -stühle kann man abbeizen und streichen oder imprägnieren. Sie ergeben weit hübschere und meist billigere Gartenmöbel als die in Gartencentern und Geschäften angebotenen.

Holz ist ein sehr ansprechendes und überall erhältliches Material. Wer Geschick hat, kann somit seine Möbel selbst bauen und dabei Geld sparen. Es gibt viele Vorschläge für einfache Holzmöbel zum Eigenbau. Einfache Formen sind natürlich leichter nachzubauen als komplizierte. Man kann andererseits auch selbst Tische und Stühle entwerfen, um den Sitzplatz im Freien perfekt zu gestalten. Am besten wählt man zusammenklappbare oder stapelbare Möbel, die im Winter leicht zu verstauen sind. Einige solcher Formen sind rechts abgebildet.

Es ist wichtig, qualitativ gutes Holz auszuwählen, das abgelagert ist und von Natur aus eine gewisse Wetterresistenz besitzt. Direkte Sonneneinstrahlung kann genauso schädlich für Holz sein wie Nässe und Kälte. Zeder, Kiefer, Lärche oder andere Weichholzarten sind in abgelagertem Zustand alle fast gleich gut geeignet, wenn sie regelmäßig gestrichen oder imprägniert werden. Ein elastischeres Holz, wie z.B. Esche, ist ideal, denn es kann längere Zeit unbehandelt bleiben und bekommt beim Verwittern einen schönen weichen Farbton.

Ein stabiler Gartentisch, der dicht beim Haus steht, ist nicht nur als Eßtisch verwendbar. Man kann ihn auch gut beim Umtopfen von Zimmerpflanzen, beim Blumenstecken usw. benutzen. Auch für gelegentlich anfallende Arbeiten wie Schuheputzen oder zur Tierpflege, wenn er vorher abgedeckt wird, tut er gute Dienste.

Stapelbare Holzmöbel *Solche Möbel lassen sich leicht stapeln. Der Tisch wird flach zusammengeklappt, und der Stuhl läßt sich in zwei Teile zerlegen, die ineinanderpassen und gut gestapelt werden können. Diese Möbel können mit farblosen oder getönten Holzschutzmitteln imprägniert werden.*

Eingebaute Holzbank *(links). Diese massive Holzbank wurde aus alten Bahnschwellen gezimmert. Obwohl sehr wuchtig, steht sie doch in harmonischem Verhältnis zur Bepflanzung und zur Steinwand dahinter. Eine kräftige Grünpflanzung mit Arten von klarer Form und strengem Habitus unterstreicht die Wirkung dieses schönen und einladenden Sitzplatzes.*

Eiche und Ziegelmauern Eichenstühle um einen Eichentisch passen gut zu dieser Ziegelmauer und dem Terrassenbelag. Alte Eiche und die sanften Ziegelfarben harmonieren fast immer. Die Stühle sind so konstruiert, daß sie umgekehrt genau auf den Tisch passen, wenn die Terrasse gekehrt wird oder der Eßplatz nicht benutzt wird.

Imprägnierter Picknicktisch aus Weichholz *(unten). Ein gut gestalteter, stabiler Tisch mit fest angebauten Sitzen kann unbezahlbar sein. Man muß allerdings darauf achten, daß beim Bau oder Kauf solcher Möbel Ausführungen gewählt werden, die stabil genug sind. Manche Fabrikate sind zu leicht und werden bei ständiger Benutzung wackelig.*

Klassische Bank *Wenn eine Bank ordentlich hergestellt und regelmäßig mit Schutzanstrich versehen wird, kann sie sehr lange halten.*

Gemauerte Einrichtungen

Obwohl die meisten Gartenmöbel als Krönung des Ganzen betrachtet werden oder als eigener Blickfang, der zugleich einen bestimmten Zweck erfüllt, kann man Gartenmöbel auch einbauen und als ständige Einrichtung in das Gesamtkonzept einplanen. Einige der in diesem Buch beschriebenen Gärten zeigen vorgefertigte Betonteile, die zu einer Bank zusammengesetzt werden können und dabei gleichzeitig als Stufen oder Stützmauern dienen. In anderen Gärten wurden Bänke in Verbindung mit Holzbelägen konstruiert. Auch ein aufgemauerter Beckenrand kann ein einladender Sitzplatz sein. Solche »Möbel« sind Teil der dreidimensionalen Einrichtung vieler Gärten. Sie wirken im Vergleich mit manchen eher auffälligen beweglichen Tischen und Stühlen stets zurückhaltend und harmonisch.

Sitzecke aus Beton *Handelt es sich um eine besonders aufregende Lage, kann man einen Sitzplatz – wie hier – sogar aus einfachem armierten Beton herstellen.*

Pflanzkübel und Container

Man kann in seinem Garten besondere Akzente mit bewußt angeordneten Töpfen, Kübeln, Trögen und anderen Behältern setzen, die mit und ohne Bepflanzung interessante Blickpunkte im Garten sind. Auch mit farbigen Containern kann man das Gesamtkolorit des Gartens betonen. Mit Behältern, die eine Terrasse oder ein Schwimmbecken einrahmen, lassen sich solche Effekte leicht erzielen. Allerdings sind nur wenige Gruppierungen groß oder auffallend genug, um Brennpunkt in einem weitläufigen Garten zu sein.

Nachdem man die unterschiedlichen Einsatzmöglichkeiten eines einzelnen Topfes oder einer Gruppe aus mehreren Exemplaren untersucht hat, wählt man die einzelnen Töpfe nach ihrem jeweiligen Zweck aus.

Container zur Verschönerung einer Terrasse *(rechts). Diese ausgezeichnete Zusammenstellung enthält Engelstrompete und Schmucklilie.*

1 Betonschale
2, 4 Steinguturnen
3 geformter Betontopf

1
2
3
4
5

Steingut, Steinguß, Porzellan

Steingut, einschließlich ausrangierter Spülsteine, die mit Mischungen aus Mörtel und Moos oder Torf ummantelt sind, sind schwer zu transportieren, wenn sie einmal mit Erde gefüllt und bepflanzt sind, können in einem alten ländlichen Anwesen aber sehr gut aussehen. Beton oder Steinguß kann so schwer wie Naturstein sein, aber es gibt Container mit leichterem Kern. Porzellangefäße, die man im Sommer aufstellt, sind häufig bemalt, um raffiniertere Effekte zu erzielen.

Einfacher Steingutkübel *Die klare Form dieses Kübels verträgt sich gut mit der Agave und dem Wickenstrauch. Für moderne Gefäße eignen sich kräftige Pflanzenformen.*

Gotische Urne *Die feine Unterteilung dieses alten Gefäßes wird durch die Bepflanzung mit einer feinblättrigen Geranie gekrönt. Dekorierte Töpfe eignen sich nur für zarte Formen.*

6
7
8

5 Steingut-»Korb«
6, 7 Plastikcontainer
8 bemalte und glasierte Vase

Tongefäße

Handgefertigte Tontöpfe aus Italien sind sehr in Mode und mit ihrem Dekor aus Zweigen und Girlanden oft auch attraktiv, aber sobald sie bepflanzt sind und auf dem Boden stehen, ist kaum noch etwas von ihnen zu sehen. Außerdem paßt dieser Pseudo-Renaissancestil nicht in heutige Hausgärten. Weit besser kauft man für das gleiche Geld ein halbes Dutzend billiger Container und erreicht damit eine weitaus bessere Wirkung.

***Einfachheit führt zum Erfolg** (oben und links). Einfache Container sind meist am besten. Hier sind Holz- und Tongefäße mit Pelargonien und Strohblumen bepflanzt.*

Holz

Für ein ländliches Anwesen sollte man einfache Formen aus natürlichem Material, wie Holz, wählen. Wenn man alte Holzgefäße wiederverwendet, z.B. alte Fässer, muß man nachprüfen, ob sie nicht giftige Stoffe enthielten. Sind es Wein- oder Bierfässer, muß man das Holz mit Farbe oder Imprägnierung anstreichen, wobei man die Reifen nicht vergessen darf, sonst rosten sie. Auch sollte man ein Faß nie austrocknen lassen, sonst lockern sich die Metallringe, von denen die Dauben zusammengehalten werden, und fallen ab.

1 halbiertes Faß
2 Holzcontainer
3 irdene Vase
4, 5 Terrakotta-Töpfe
6 verzierter Tonkübel

Hängekörbe

Für den Gartenfreund in der Stadt, der nur wenig Platz, vielleicht sogar nur einen Balkon besitzt, ist ein Hängekorb ideal für den Sommerblumenschmuck. Er ist jedoch schwierig zu gießen, wenn er über Augenhöhe hängt. Außerdem trocknet er sehr schnell aus, wenn er Sonne und Wind direkt ausgesetzt ist. Hängekörbe bestückt man mit Pflanzen, die freien Stand und Wärme lieben, z.B. Pelargonien, Petunien, Begonien und kriechende Verbenen. Im Winter kann man den Korb mit feinblättrigem Efeu bepflanzen. Hängekörbe sind sorgfältig mit guter Blumenerde, die viel Torf enthält, zu füllen, damit die Feuchtigkeit gespeichert werden kann.

Petunien und Geranien *So sollten Hängekörbe aussehen – dicht in Blüten und Blättern, farbenfroh und überquellend.*

Hängekörbe *Der Hängekorb wurde früher mit Moos ausgelegt und erst dann mit Blumenerde gefüllt. Heute kann man poröse Substrate kaufen, in denen die Pflanzen wurzeln können.*

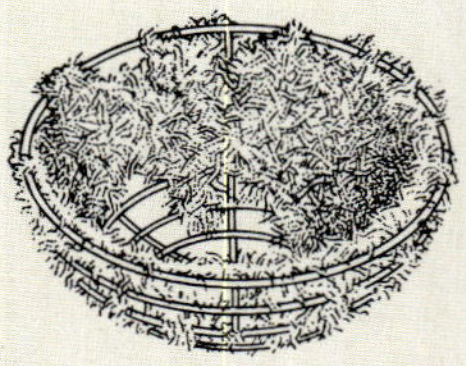

mit Moos ausgelegter Korb

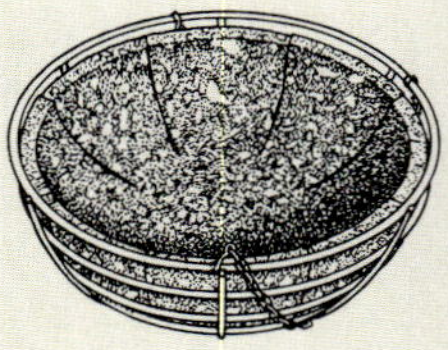

mit Spezialmischung gefüllter Korb

Plastikbehälter

Das leichteste Material für Container ist Plastik und Plexiglas. Die einfacheren Formen sind schön, allerdings sind zu grelle Farben zu vermeiden, die sich von ihrer Bepflanzung als auch von den Farben in ihrer Umgebung stark abheben. Plastik ist eine Überlegung wert, besonders wenn man die Behälter während der Wachstumszeit versetzen muß.

1, 4, 8–10 Topfcontainer
2, 5, 7 Töpfe mit Untersetzer
3 profilierter Kübel
6 Viertelkreiscontainer
11 geteilter Kugelcontainer

Andere Materialien

Es gibt eine große Auswahl an Töpfen und Containern auf dem Markt. Man kann sich für Metallurnen, die speziell als Pflanzgefäße entwickelt wurden und ein Leben lang halten, entscheiden, braucht sich aber nicht auf diese Form zu beschränken. Ausgediente Gefäße von ungewöhnlicher Form wie der Schornsteinaufsatz *(ganz rechts)* können sehr wirkungsvoll aussehen. Heute gibt es eine breite Palette von Containern aus Kunststoff (Plastik und Glasfaser). Sie sind leicht und in vielen Stilrichtungen zu haben und zudem kaum von natürlichen Materialien wie Porzellan, Ton oder Holz zu unterscheiden. Braucht man mehrere Container, sollte man sie am besten alle aus dem gleichen Material wählen.

Besondere Container *(links und oben). Diese Urne aus dem 19. Jahrhundert (links) steht in Einklang mit dem dahinterliegenden Gebäude. Auch alte Schornsteinaufsätze sind interessante Pflanzgefäße.*

1 Pflanzgefäß mit Ausstülpungen
2 Glasfasergefäß mit Relief
3 Plastikcontainer in Holzimitation
4 Plastikkübel in Kieselimitation
5 Container für Hydrokultur

Fensterkästen

Das Angebot an Fenster- oder Balkonkästen ist groß, aber je einfacher und dicker das Material ist, desto besser. Kästen sind häufig großer Hitze und Wind ausgesetzt, die beide den Boden schnell austrocknen. Darum kann man die Pflanzen um so besser kultivieren, je tiefer und größer die Kästen sind. Außerdem müssen sie genug Wasserabzugslöcher aufweisen, damit Staunässe vermieden wird.

Künstliche Beleuchtung

Es gibt zwei Beleuchtungsarten im Garten: die reine Zweckbeleuchtung und die Dekorationsbeleuchtung. Notwendig sind die Beleuchtung des Sitzplatzes und der Aktionsbereiche, auch die Ausleuchtung der Wege zu einem Kaminholzstapel, die Beleuchtung der Hausnummer oder des Namens. Diese Beleuchtung sollte zurückhaltend sein und doch hell genug, um ihre Funktion zu erfüllen. Besonders Stufen, die im Dunkeln begangen werden, müssen gut beleuchtet werden.

Eine gedämpfte Dekorationsbeleuchtung kann auch eine magische Wirkung im Garten hervorrufen, selbst wenn es wenig Pflanzen gibt, die man ausleuchten kann. Kahles Wintergeäst mit Rauhreif oder Schnee kann sogar wirkungsvoller aussehen als üppiges Sommerlaub.

Effektvolle Dekorationsbeleuchtung ist immer gedämpft, vom Betrachter weg gerichtet und stammt im allgemeinen aus einer bodennahen Lichtquelle. Man kann auch eine Szenerie beleuchten, wie zum Beispiel einen Teich und seine Umgebung oder nur einen einzigen Gegenstand, wie einen blühenden Baum, den Bogen über einem Torweg oder eine Plastik, wobei man weniger schöne Elemente im Dunkel verschwinden lassen kann.

Leuchten sind in vielen Formen und Größen erhältlich. Es ist absolut notwendig, daß sämtliche Fassungen für Außenbetrieb geeignet sind. Man kann zwischen Spotlight-Effekten oder allgemeinem Flutlicht wählen. Allgemein gilt: je einfacher und robuster die Form, desto besser. Die Leuchten lassen sich entweder an eine Wand schrauben, besitzen eine Klemmvorrichtung, mit der man sie an einem geeigneten Ast befestigen kann, oder einen Spieß, um sie in den Boden oder Kies zu stecken. Außenleuchten können so an Hauswänden angebracht werden, daß man sie von innen bedienen kann. Andere Anordnungen kann man mit wasserdichtem Stecker an eine Garten-Ringleitung anschließen *(siehe S. 105)*.

Es gibt verschiedene interessante Lichtkörper für den Garten, bei denen die Leuchte selbst ein Blickfang ist, zum Beispiel Chinesische Laternen und andere dekorative Lampen mit geringer Wattzahl für vorübergehende Illumination.

Strahler auf Spießen
Bei den drei unten abgebildeten Strahlern mit Spießen handelt es sich um (von links nach rechts) einen niedrigen Poller, der sich für Wege oder Zufahrten eignet, einen abgedunkelten Strahler, den man zwischen Büsche oder Blumen stecken kann, und einen Dreifachstrahler für die Beleuchtung von Bäumen und Sträuchern.

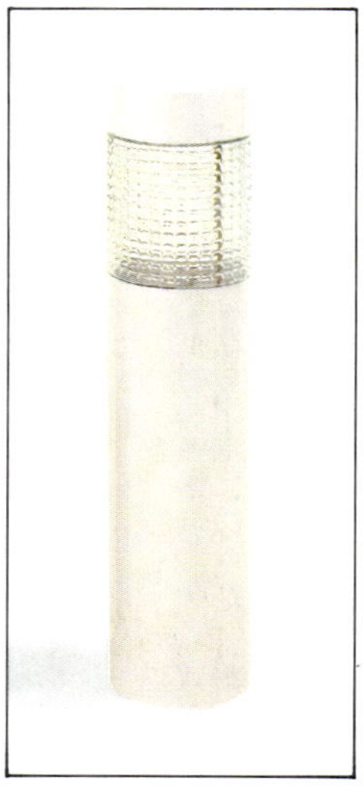

***Standleuchte** (oben). Diese Säule ist nützliche Beleuchtung und Blickfang zugleich.*

***Angestrahlte Gartenpartie** (links). Diese magische Szene zeigt die Wirkung, die häufig angestrebt wird, wenn Bäume und Sträucher hinter Wasserflächen angestrahlt werden. Direktes Licht sieht auf weißen Blüten gut aus, und dunklere Farben kommen damit erst richtig zum Leuchten. Man sollte die Lichtquelle immer verstecken. Sichtbare Lichtquellen lenken stark vom beleuchteten Objekt ab.*

Ansprechende Balkongestaltung *An warmen Sommerabenden ist so eine schimmernde Tischlampe sehr einladend. Die Bäume und Sträucher im Hintergrund werden von Lichtquellen unterhalb des Geländers angestrahlt. Wenn man solche Leuchten anbringt, erhöht man den Nutzen eines Aktionsbereiches im Freien.*

Beleuchtung eines Gartens in Hausnähe *(unten). Hier erhellen unterschiedlich plazierte Strahler Details eines Hauses und einer Terrassenanlage. Um ein Gleichgewicht zwischen Innen- und Außenbeleuchtung zu erreichen, muß man mit der Anordnung und Helligkeit der Lichtquellen experimentieren.*

Kerzen und Windlichter

Licht im Dunkeln zieht Insekten im Sommer an. Um sie loszuwerden, kann man speziell imprägnierte Kerzen verwenden. Diese Form sommerlicher Illumination eignet sich für Sommerpartys und hat darüber hinaus den Vorteil, nicht an Elektroanschlüsse gebunden zu sein. Die unten abgebildeten Leuchten sind groß und ziemlich teuer, aber es gibt auch kleinere Ausführungen. Die abgebildeten Leuchten können an Ästen aufgehängt oder auf den Boden gestellt werden. Sie bestehen aus Bambus und einem Windlicht. Die Eimerkerze kann den ganzen Sommer hindurch verwendet werden. Bei offener Flamme muß immer größte Sorgfalt angewendet werden, denn im Sommer kann trockenes Holz im Nu in Flammen stehen. Es ist daher ratsam, immer einen Eimer mit Wasser zur Hand zu haben.

Skulpturen

Skulpturen können das wichtigste Element eines Gartens sein oder nur zufälliges Beiwerk darstellen. Eine Plastik kann betont in den Vordergrund gerückt werden oder sich in völliger Harmonie mit der Umgebung in das Gesamtkonzept einordnen. Sie kann auffallend oder skurril, gegenständlich oder abstrakt sein. Auch Töpfe oder Urnen, Findlinge oder Steine können zu effektvollen plastischen Gestaltungselementen angeordnet werden. Jeder Bereich erfordert seinen eigenen Stil, wenngleich persönlicher Geschmack ausschlaggebend ist.

Wie bei allen anderen Dingen im Garten hängt die Wahl einer Skulptur vom Stil des Hauses, seiner Bauweise und seinem Alter und natürlich vom Charakter des Gartens ab. Die Größe ist ebenfalls wichtig, denn eine große Skulptur wirkt protzig in einem kleinen Garten.

Zunächst drängt sich die Frage auf, ob man einen Garten als Rahmen für eine Skulptur anlegen will, oder ob man eine Plastik aufstellen möchte, um einen bestimmten Teil des Gartens zu verschönern.

Für die meisten Menschen dürfte eine Skulptur als Gartenschmuck kaum in Betracht kommen, denn im allgemeinen sind Originale verhältnismäßig teuer. Gegossene Betonplastiken, die in Katalogen angepriesen werden, sind billiger, aber man kann auch selbst aus natürlich geformten Holzteilen oder Findlingen plastische Akzente setzen. In jedem Falle sollte man niedliche Figuren vermeiden.

Ideal ist eine feste Plastik, entweder gegenständlich oder abstrakt, von klarer Form und aus dauerhaftem Material. Wichtig ist gute Plazierung, z.B. vor einem festen Hintergrund oder einer Pflanzung mit architektonisch wirkungsvollen Arten. Die endgültige Anordnung sollte von allen Seiten und zu jeder Jahreszeit attraktiv aussehen.

Keine der hier abgebildeten Anordnungen kann als extremes Beispiel bezeichnet werden. Man kann sie schön finden oder nicht - alle aber zeigen die Bedeutung einer richtigen Aufstellung einer Plastik. Eine Skulptur sollte nie isoliert betrachtet werden, sondern kommt erst in Verbindung mit ihrer befestigten oder bepflanzten Umgebung zur Wirkung.

Man kann eine schöne Plastik innerhalb des Gesamtkonzepts beispielsweise als wirkungsvolles Gegengewicht zu einem großen Baum aufstellen oder auf einer Dachterrasse die Aufmerksamkeit von einem benachbarten »Dorn im Auge« ablenken. Es muß auch nicht jede Skulptur in der Mitte eines Gartens stehen.

Es wäre närrisch, die in Gärten üblicherweise aufgestellten Plastiken als große Kunst zu bezeichnen. Das heißt aber mitnichten, daß sie nicht schön oder lustig wirken können.

Schöner Rahmen *Plastiken sollten nicht nur für sich wirken, sondern auch in Verbindung mit ihrer Umgebung. Diese italienische Skulptur aus Glasfaser, die mit Blei ummantelt wurde, sieht sowohl in einem modernen als auch in einem herkömmlichen Garten gut aus. Hier steht sie auf gut gestaltetem Ziegelbelag vor einer Pflanzung mit ausdrucksvoll geformtem Blattwerk.*

Kugel in einem Innenhof *(oben). Diese schimmernde Metallkugel in einem Innenhof wird durch eine kleine Sprudelvorrichtung oben in der Mitte feucht gehalten. Das Wasser fließt über die Kugel, verschwindet in einem Behälter darunter und wird durch eine Pumpe wieder heraufgebracht.*

Wo stellt man eine Plastik auf?

Die verschiedenen Skizzen unten zeigen, wie ein bestimmter Typ von Skulptur auch eine ganz bestimmte Lage bzw. Anordnung erfordert und wie diese Anordnung einen Garten verändern kann. Wird die Plastik beispielsweise in der hinteren Mitte eines rechteckigen Gartengrundstückes aufgestellt, zieht sie den Blick sofort auf sich und wird Mittelpunkt des gesamten Gartens. Wird dagegen die Plastik seitlich als Gegengewicht für eine gegenüberliegende Pflanzung aufgestellt, so wird sie zum integrierten Bestandteil von eher zufälligem Interesse und ermuntert den Betrachter, auch seitwärts zu schauen. Wählt man den seitlichen Vordergrund für eine Anordnung, die durch eine Skulptur noch betont werden soll, scheint der Gartenraum um die Gruppe herumzufließen.

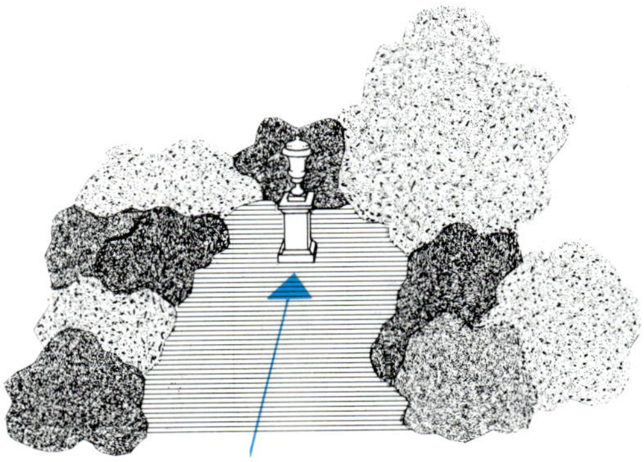

Skulptur als Mittelpunkt *Eine klassische Urne auf einer Plinthe beherrscht – in der Mitte plaziert – den Garten und zieht die Aufmerksamkeit auf sich.*

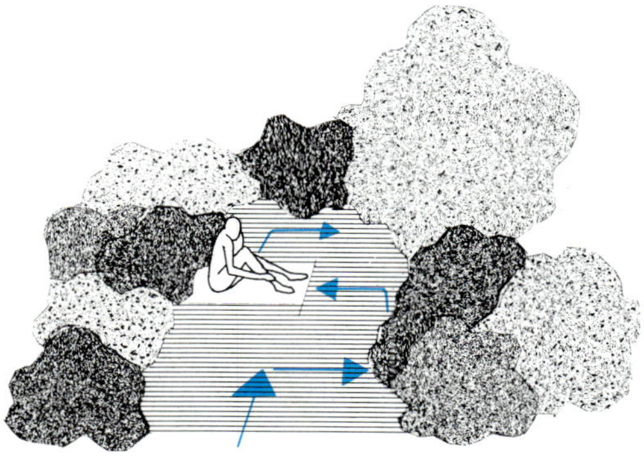

Skulptur als Gegengewicht *Eine moderne sitzende Figur betont die eine Seite des Gartens und stellt ein Gegengewicht zur massiven Pflanzung auf der anderen Gartenseite dar.*

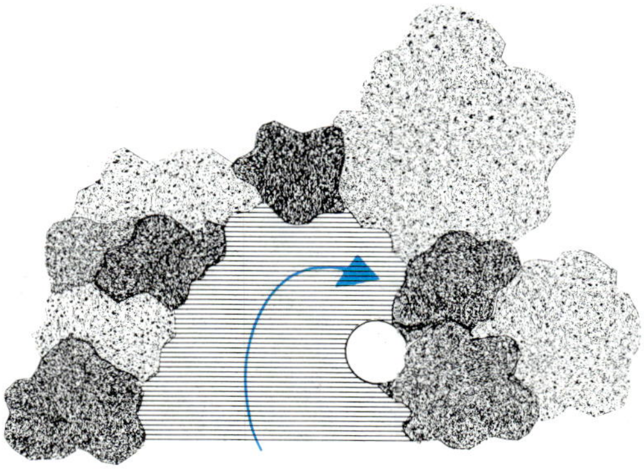

Betonung des Vordergrundes *Die Kugel hebt die Anordnung im Vordergrund stark hervor und erzeugt gleichzeitig ein Gefühl von fließender Bewegung um diese Gruppierung herum.*

Skurriler Blickfang *(oben). Diese witzige Zusammenstellung verschiedener Trödelmarktplastiken steht auf einer Dachterrasse und lenkt von der häßlichen städtischen Umgebung ab.*

Skulptur und Wasser *(unten). Wasser kann eine Plastik gut zur Geltung bringen. Dieser Schwan »landet« auf einem Springbrunnen. Funkienblätter steigern die Gesamtwirkung.*

Löwe im Dschungel
Ein Terracotta-Löwe wurde in einer dichten Gruppierung von tropischen Pflanzen aufgestellt, die die natürliche Umgebung des Tiers simulieren. Die Anordnung verrät Humor und ist in der Verbindung mit der Terrasse sehr wirkungsvoll und harmonisch.

Die Bedeutung des Rahmens *(unten). Der Hintergrund für moderne, abstrakte Bildwerke muß gut gewählt werden. Dieses Stück besitzt formale Strenge, die gut zu organischen Pflanzenformen paßt. Ist die Skulptur aber klein, sollte sie gegen den Himmel zu sehen sein, weil streng geformte Pflanzen den Blick von einer kleinen Plastik ablenken würden.*

Klassische Skulptur in moderner Umgebung *(rechts). Das wichtigste Stück dieser Gruppierung steht wirkungsvoll auf einem Betonsockel. Der Krug am Fuß der Plinthe ergänzt die Zusammenstellung. Das freundliche Blattwerk eines Kaukasus-Efeus bildet das ganze Jahr hindurch einen geeigneten Hintergrund*

Pflege und Unterhalt Ihres Gartens

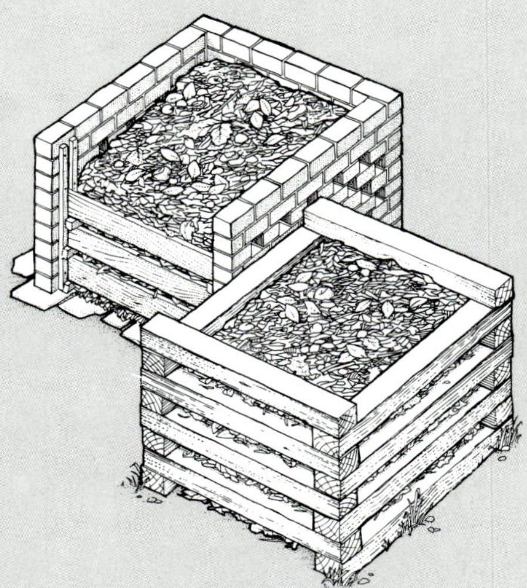

Wie man dafür sorgt, daß der Garten mit all seinen Pflanzen und Einrichtungen nicht verwildert

Gartenpflege

Erfahrene Gärtner wissen, daß es keinen pflegefreien Garten gibt, denn selbst die einfachsten Gärten mit großen befestigten Flächen benötigen ihre Pflege. Je vielgestaltiger der Garten ist, desto mehr Arbeit macht er. Durch einen gut durchdachten Gartenplan kann man die erforderliche Pflegearbeit sehr stark reduzieren. Gut gelegte Wege lassen zum Beispiel kaum Unkraut zwischen den Fugen aufkommen und sparen dadurch viel Arbeit.

Viele meinen, Gartenpflege hieße lediglich Pflanzenpflege, aber das ist weit gefehlt, denn alle gebauten Anlagen müssen gewartet werden. Außerdem fallen bestimmte jahreszeitlich gebundene Arbeiten an, wie das Düngen oder die Reinigung eines Schwimmbeckens.

Ich möchte hier nicht die täglich notwendigen Routinearbeiten im Garten aufführen, sondern nur die jährlich anfallenden Hauptarbeiten während einer Vegetationsperiode. Die meisten angelegten Gärten erfordern ständige Pflege ihrer einzelnen Komponenten. Aus diesem Grunde sollten sich Menschen im besten Alter darüber klar sein, daß das, was sie zur Zeit bequem ausführen können, für sie in zehn oder zwanzig Jahren zuviel sein wird. Deshalb sollte alle Gartenplanung darauf abzielen, daß die Unterhaltungsarbeiten zunehmend verringert werden. Das entspricht einer natürlichen Entwicklung, denn in jungen Jahren wird der Garten mehr Pflege beanspruchen, weil er auf die Bedürfnisse einer wachsenden Familie zugeschnitten ist.

Im Interesse des Lesers möchte ich die Pflege all der Elemente, aus denen ein Garten sich zusammensetzt, in der Reihenfolge diskutieren, wie sie in den Kapiteln über Anlage und Bepflanzung des Gartens aufgeführt wurden.

Grenzen und Einfriedungen

Mauern

Neue Klinkermauern auf soliden Fundamenten benötigen im Jahreslauf wenig Pflege. Von Zeit zu Zeit mag sich ein Stein lösen oder es kann ein Frostschaden entstehen. Alte Einfriedungsmauern aus diesem Material können sich allerdings neigen, und dann müssen sie abgestützt werden. Gern siedeln sich auf älteren Mauern auch Pflanzen an, wie z.B. Buddleien, die sich dort häufig aussäen. So schön die Wirkung zweifellos ist, so können die verholzenden Wurzeln die Mauer doch allmählich zerstören. Daher muß man sie entfernen.

Für sehr alte Mauern kann Efeu zum Problem werden, wenn er seinen Weg durch ältere, weiche Kalkmörtel- und Lehmfugen sucht. Es stimmt allerdings auch, daß Efeu eine Mauer stützen kann. Daher Vorsicht beim Herausreißen.

Zäune

Holzzäune erfordern wesentlich mehr Pflege im Jahreslauf. Sämtliche Lattenzäune müssen von Zeit zu Zeit mit Imprägniermittel behandelt werden, wobei die daran emporrankenden Kletterpflanzen abgelöst werden müssen. Es dauert dann eine bestimmte Zeit, bis sie wieder daran festwachsen, da die meisten Holzschutzmittel giftig oder nicht pflanzenverträglich sind. Wenn man die Kletterpflanzen abnimmt, muß man prüfen, ob nicht irgendwelche Latten durch die Pflanzen beschädigt oder zerbrochen wurden. Außerdem ist zu prüfen, ob die Pfosten nicht in Höhe des Erdanschlusses zu faulen beginnen oder durch Frost gehoben wurden. Man muß auch kontrollieren, ob die Abdeckungen der Pfosten noch intakt sind und vielleicht den Kiesstreifen erneuern, der in Bodenhöhe unter dem Holzzaun verläuft.

Zäune mit horizontalen Riegeln sollten regelmäßig an den Stellen nachgesehen werden, an denen die Riegel mit den Pfosten verbunden sind. Gleichzeitig untersucht man die Tore innerhalb der Zäune und hängt diejenigen, die sich gesenkt haben, neu ein.

All diese Unterhaltungsarbeiten können im Winter bei schneefreiem Wetter erfolgen oder unmittelbar nach dem Tauwetter im Frühling.

Schwachstellen bei Zäunen

Die untere Abbildung zeigt die potentiellen Schwächen der Pfosten und Riegel oder von Lattenzäunen und die Details, die regelmäßig erneuert werden müssen.

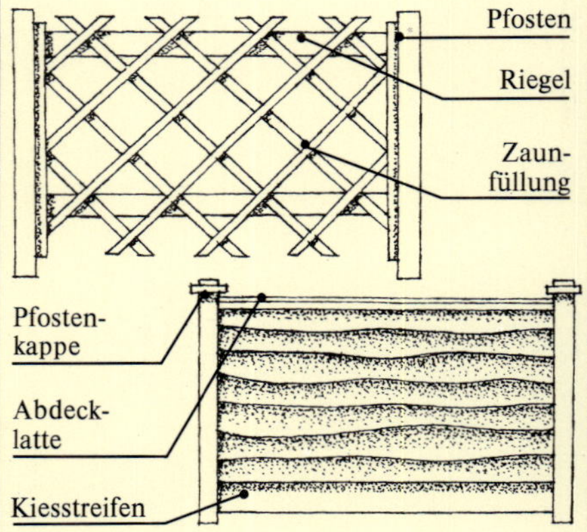

Höhenunterschiede

Stützmauern

Stützmauern sollten im Garten nach starken Regen- oder Schneefällen

Abstützung

Wenn sich eine Ziegelmauer neigt oder verwirft, kann man weiteres Abkippen durch zusätzliche Stützen, wie sie unten abgebildet sind, verhindern. Sie werden aus Materialien errichtet, die dem vorhandenen Material entsprechen und benötigen solide Betonfundamente.
Hat sich die Mauer allerdings schon zu stark gesenkt, muß sie – oder einzelne Abschnitte – ganz abgetragen und mit entsprechenden Stützmauern neu errichtet werden.

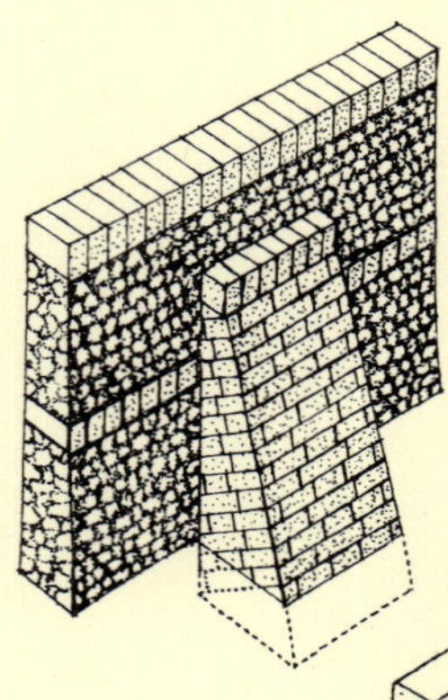

Eine dossierte Stütze aus Ziegelsteinen, die gegen eine vorhandene Natursteinmauer errichtet wurde.

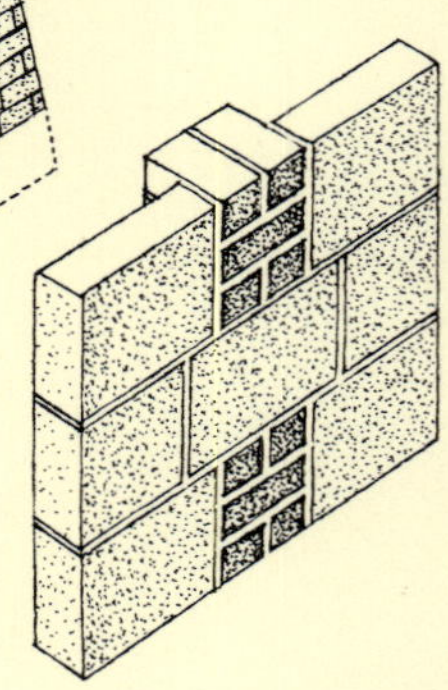

Klinkeranker, in eine Betonblockmauer eingesetzt.

Erneuerung angefaulter Zaunpfosten

Hölzerne Pfosten, die direkt in das Erdreich in den Ortbeton eingelassen wurden, verfaulen nach einiger Zeit am Boden. Wie man sie reparieren kann, ohne den Zaun herausnehmen zu müssen, ist unten dargestellt.

1 Pfosten freigraben und vorhandene Gründung entfernen.

2 Pfosten bis ins gesunde Holz absägen und Betonpfahl dagegen setzen.

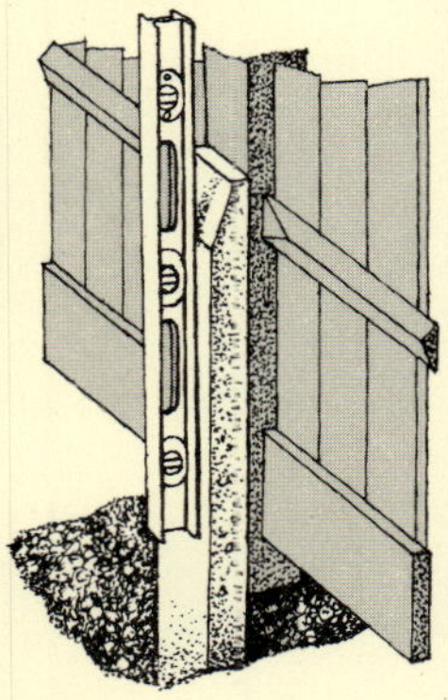

3 Pfosten durchbohren und mit Betonpfahl verbinden, dann Betonfundament gießen und Boden auffüllen.

Erneuerung von Kiesstreifen

Kiesstreifen unter dem Zaun schützen das Holz vor Fäulniserregern. Faulende Schutzbrettchen an den Pfosten im Bereich des Kiesanschlusses schraubt man ab und ersetzt sie durch neue, imprägnierte Teile.

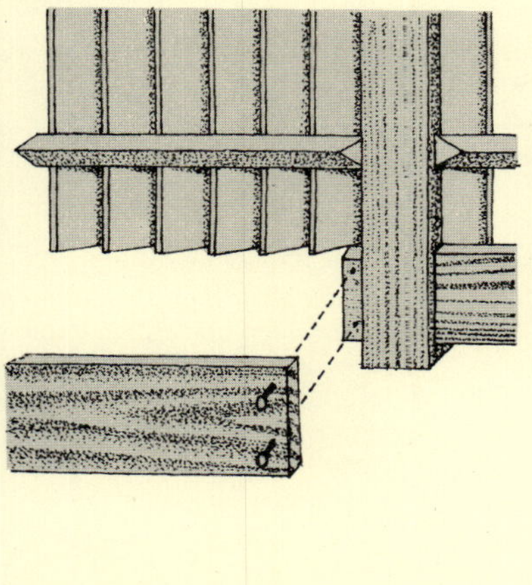

inspiziert werden, denn dann haben sie das größte Gewicht der nassen Erde aufzufangen. Wenn die Gefahr des Ausbrechens besteht, gräbt man sie auf der Rückseite frei, um den Druck zu verringern, bevor man den gefährdeten Bereich stabilisiert oder erneuert und mit einer breiten Lage aus Splitt oder Asche als Dränage hinterfüllt. Man muß auch darauf achten, daß Wasserabzugslöcher am Fuß der Mauer frei sind, um Wasserstau hinter der Mauer zu verhindern. Je nach Mauerart sollte man auch das Material, aus dem die Mauer besteht, und die Mauerabdeckung untersuchen und notfalls ausbessern.

Stufen

Abgestufte Höhenunterschiede müssen gegen Ende des Sommers überprüft werden. Sie dürfen nicht wakkeln. Wasser muß entweder seitlich oder nach vorn gut abfließen können, andernfalls kann sich das äußerst gefährliche Glatteis im Winter bilden.

Abnutzung oder Verschleiß einer Treppe hängen von der Konstruktion und dem verwendeten Material ab. Holzstufen müssen öfter auf ihre Festigkeit untersucht werden. Sie können sich lösen, brechen oder es kann sich Moos ansetzen, das man am besten mit einer Drahtbürste entfernt, weil die Oberfläche des Holzes sonst schlüpfrig werden kann. Gegossene Betonstufen können an den Kanten wegbrechen. Dann muß man neue Kanten aus dauerhafterem Material herstellen. Stufen aus Betonplatten können wackeln, wenn sich der Spliss unter den Platten gelöst hat. In solchem Falle sind die betreffenden Platten aufzunehmen und entsprechend neu zu verlegen. Vielleicht stellt sich heraus, daß die Stufen zum Begehen schlecht geeignet sind, der Antritt zu kurz oder die ganze Anlage zu schmal ist. Wenn man sich über störende Vegetation an den Rändern ärgert, kann man einen der unten abgebildeten Vorschläge realisieren.

Erneuerung abgestoßener Treppenkanten

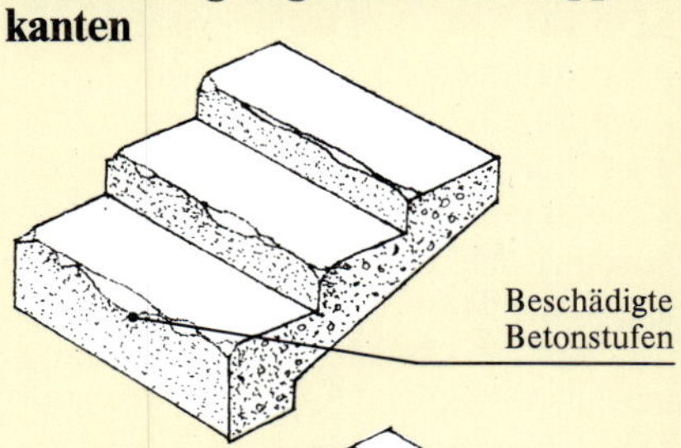

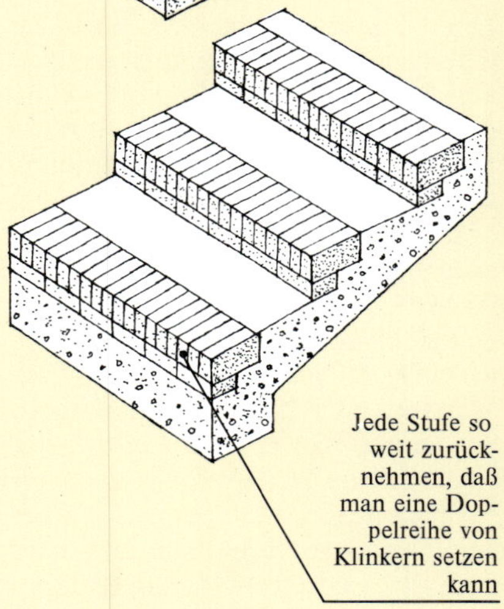

Überlegungen zur Einbindung von Stufenwangen

Es kann sein, daß sich die Stufenwangen nach einer gewissen Zeit schlecht pflegen lassen. Entweder läßt sich der Anschluß schlecht mähen oder sie werden von ausgeschwemmtem Boden beeinträchtigt, wie in der Zeichnung rechts. Zwei Lösungen sind rechts darunter abgebildet. Eine Stützmauer hält nun die Böschung an der einen Seite der Stufen, während L-förmige Ausweitungen der Stufen den Boden für eine Pflanzung auf der anderen Seite zurückhalten.

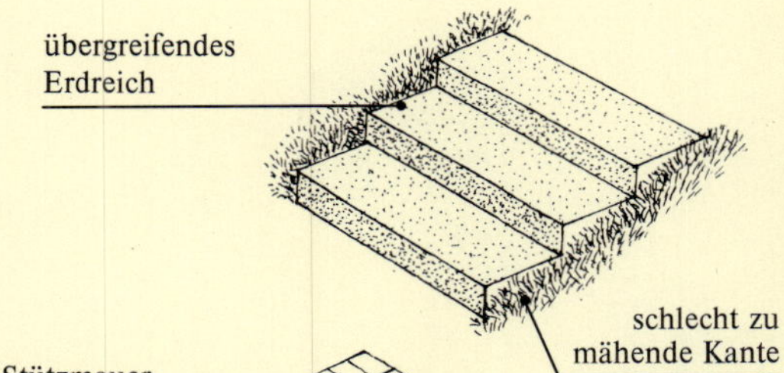

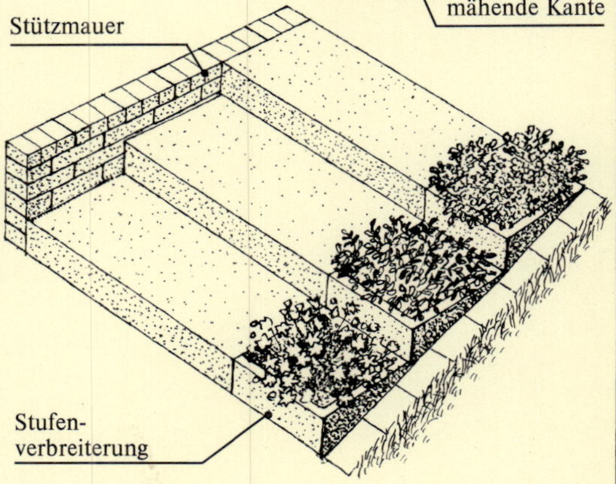

Böschungen
Man sollte regelmäßig überprüfen, ob nicht Höhenunterschiede, die durch frisch bepflanzte Erdböschungen miteinander verbunden sind, nach schweren Regen- oder Schneefällen ausgewaschen werden. Um eine neu angelegte Böschung, besonders eine mit steilem Gefälle, zu halten, kann man in regelmäßigen Abständen Draht- oder Plastiknetze über die Oberfläche spannen und Bodendekker hineinpflanzen. Rasenböschungen, die ein Jahr lang gemäht worden sind, muß man im Herbst nach Fehlstellen, die durch zu tief eingestellten Mäher entstanden sein können, untersuchen. Abgestorbenen Rasen sticht man aus und erneuert ihn durch Soden, die dort ausgestochen werden, wo ein Kahlfleck nicht so stark auffällt. Man stampft den neu verlegten Rasen fest an und hält ihn gut feucht, bis er angewachsen ist. Das Loch der ausgestochenen Sode füllt man mit einer Mischung aus Gartenerde und Sand und sät es neu mit Grassamen ein.

Befestigung einer unstabilen Böschung

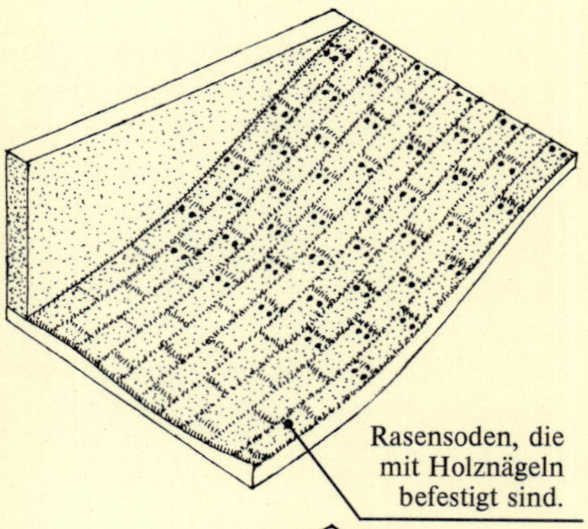

Rasensoden, die mit Holznägeln befestigt sind.

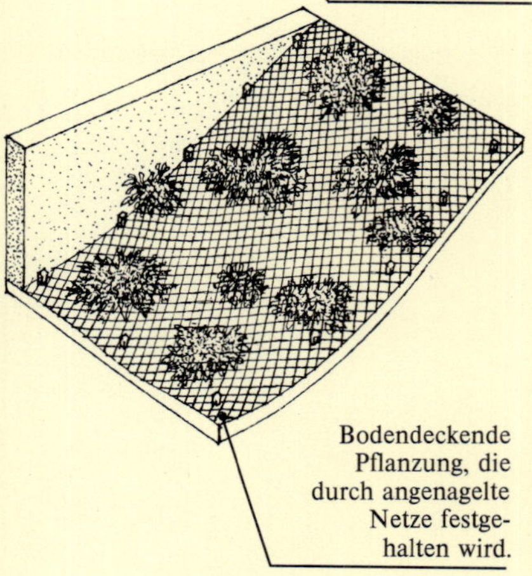

Bodendeckende Pflanzung, die durch angenagelte Netze festgehalten wird.

Dränage
Nach längeren Niederschlägen muß man nachsehen, ob irgendwo Wasser an der Oberfläche stehenbleibt, zum Beispiel am Fuß von Höhenunterschieden. Ist das der Fall, hebt man einen Drängraben aus, der überschüssiges Wasser zu einem Vorfluter abführt. Sämtliche Dränstränge müssen im Frühling auf ihre Funktionsfähigkeit untersucht werden. Vorübergehende Dräneinrichtungen wie Maulwurfdrän und offene Gräben sind nur kurzlebig, aber das hängt von den jeweiligen Bodenverhältnissen ab. Ein offener Drängraben in Lehmboden hält erheblich länger als einer in Sandboden, der rasch zuschlämmt oder einfällt.

Hat man stehendes Wasser auf dem Rasen oder breitet sich hier Moos stark aus, muß man ihn dränieren. Bevor man jedoch mit einer so kostspieligen Maßnahme beginnt, sollte man versuchen, ob das nicht an einer verfestigten Bodenschicht liegt, die durch Verdichtung mit Maschinen während der Bauzeit hervorgerufen wurde. In diesem Falle ist es am besten, den Boden tief aufzureißen oder in regelmäßigen Zeitabständen durchzugabeln und in die entstehenden Löcher Sand einzukehren, um den Wasserabzug zu erleichtern. Man kann den Boden mit der Gartengabel lochen oder spezielle Rasenlocher benutzen. Es gibt viele solche Geräte unterschiedlicher Konstruktion im Handel, die in regelmäßigen Abständen kleine Löcher in den Rasen stechen. Es ist wichtig, daß jegliche Dränage, die man verlegt, ein Gefälle zum Vorfluter besitzt und daß sie mit einem Vorfluter verbunden ist.

Bodenbeläge

Feste Beläge
Von Zeit zu Zeit muß man auch die Bodenbeläge kontrollieren. Im Herbst sollte man überlegen, ob die Terrasse für die Sommeraktivitäten groß genug war, oder ob man sie evtl. vergrößern muß. Wenn die Terrasse für einen bestimmten Zweck angelegt wurde, sollte man kritisch untersuchen, ob sie auch ihrer Funktion gerecht wurde. Ein Sitzplatz sollte beispielsweise genug Raum für Gartenmöbel bieten. Ist das nicht der Fall, muß man den Plan mit seinem Grundraster hervorholen *(siehe S. 40)* bevor man die Terassenfläche vergrößert. Außerdem sieht man nach ob die Oberfläche in Ordnung ist, ob irgendeine Stelle abgesackt ist und ob Wasser nach dem Regen stehenbleibt. All diese Reparaturen führt man im Herbst aus, bevor der Boden naß wird und sich dadurch schwerer bearbeiten läßt.

Eine vorhandene Terrasse mit solchen Mängeln muß unter Umständen aufgenommen und auf einen soliden, neuen Unterbau verlegt werden, wobei der Bodenbelag neu auszurichten ist. Manchmal sind freilich nur kleine Bereiche instandzusetzen oder leicht zu heben.

Der Fugenverlauf der gesamten Oberfläche ist von Zeit zu Zeit zu kontrollieren. Auch ist festzustellen, ob die Rückenstützen aus Kantensteinen oder hochkant gestellten Ziegeln, die

Veränderung einer Terrasse

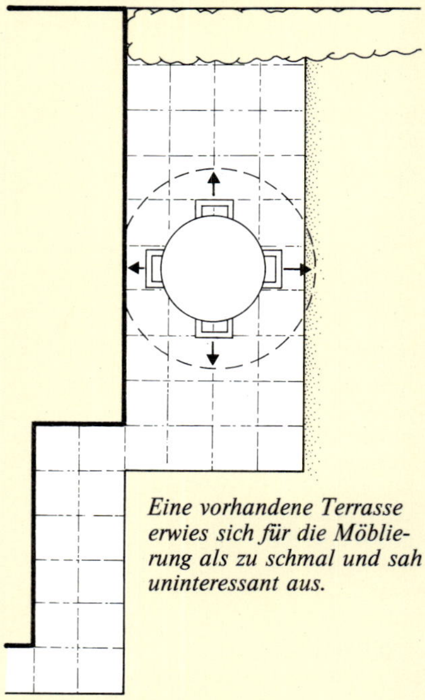

Eine vorhandene Terrasse erwies sich für die Möblierung als zu schmal und sah uninteressant aus.

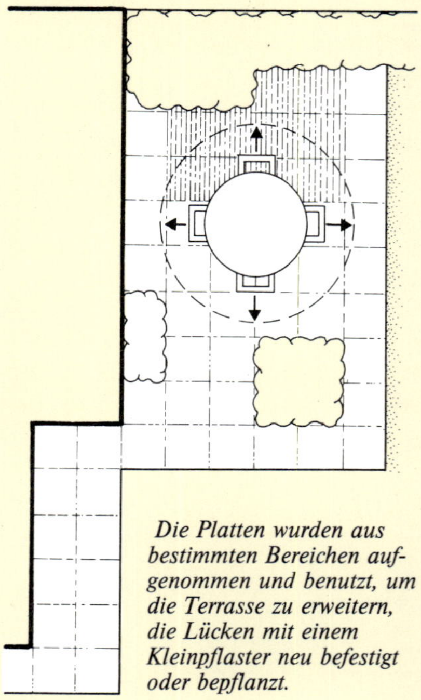

Die Platten wurden aus bestimmten Bereichen aufgenommen und benutzt, um die Terrasse zu erweitern, die Lücken mit einem Kleinpflaster neu befestigt oder bepflanzt.

den Belag zusammenhalten, nicht nach außen weggedrückt worden sind. Das könnte nämlich eine Lockerung des Belages zur Folge haben. In jede schmale Plattenfuge können Regen und Frost eindringen und das Pflastermaterial schnell zerstören.

Man muß auch prüfen, ob die angelegten Fußwege ihre Funktion erfüllen, ob sie breit genug und richtig geführt sind. Es ist zu untersuchen, ob Schrittsteine durch Rasen oder Wasser die richtigen Abstände voneinander besitzen.

Bevor der Winter einsetzt, muß man gegebenenfalls Klinker oder Natursteinbeläge säubern, damit sie nicht schlüpfrig werden. Hierzu benutzt man Salz oder einen Spezialreiniger aus dem Gartencenter. Diese Arbeit muß im Frühling wiederholt werden, wenn man die Oberfläche auch abspritzen sollte.

Wassergebundene Decken
Oberflächen aus losem Kies müssen von Zeit zu Zeit entweder von Hand oder durch einen Unkrautvernichter entkrautet werden. Benutzt man ein Spritzmittel, ist darauf zu achten, daß man nicht sämtliche Pflanzen im Kies damit vernichtet. Flüssige Unkrautvernichter lassen sich mit einer Gießkanne ausbringen, können aber auch als Granulat gestreut werden.

Holzbodenbeläge
Hölzerne Beläge in feuchtem Klima, die im Sommer nicht austrocknen können, sollten mit Salz oder einem geeigneten Reiniger behandelt und im Herbst und Frühling abgespritzt werden, damit sie nicht schlüpfrig werden. Eine Drahtbürste eignet sich zum Aufrauhen der Holzoberfläche am besten.

Säubern mit Drahtbürste

Besondere Anlagen

Steingärten
Steingartenpflanzen sollte man nach der Blüte im Frühling teilen. Im Herbst lichtet man allgemein aus, um die Steine wieder sichtbar zu machen. Die Anordnung der Steine im Steingarten muß geprüft und mit natürlichen Felsformationen verglichen werden. Es ist darauf zu achten, daß Steine nicht senkrecht aus dem Boden herausragen, daß keine unnatürlich kleinen Steine gruppiert wurden und Felsen in wahlloser, ungeordneter Manier verlegt sind.

Zuweilen müssen Steine aufgenommen werden, um darunter befindliche Wurzelunkräuter zu entfernen. Strauchige Koniferen müssen manchmal zurückgeschnitten werden. Herbstlaub und sonstiger Unrat, der sich in einem solchen Garten mit der Zeit ansammelt, sind zu entfernen. Die Wege und Trittsteine müssen fest liegen. In einem Steingarten erwacht das Leben im Frühling mit kleinen Zwiebelgewächsen und frühen Alpenblumen zuerst. Daher müssen die Aufräumungsarbeiten bis zu diesem Zeitpunkt erledigt sein.

Wasserbecken, Teiche
Gartenteiche mit ausgewogenem biologischen Gleichgewicht zwischen Pflanzen, Fischen, Insekten und Amphibien und mit klarem Wasser brauchen in den ersten Jahren nicht ausgeleert werden, doch ein Becken, das längere Zeit nicht gereinigt wurde – auch wenn es sauerstoffspendende Pflanzen, Fische und Schneckenpopulationen enthält –, sollte entschlammt

Überspannen eines Teiches
Die Überspannung oder Absicherung eines Teiches sieht stets häßlich aus. Wenn das Becken eine geometrische Form hat, kann man nichtrostende Rahmen mit Netzen bespannen und sie dicht unter der Oberfläche im Becken installieren.

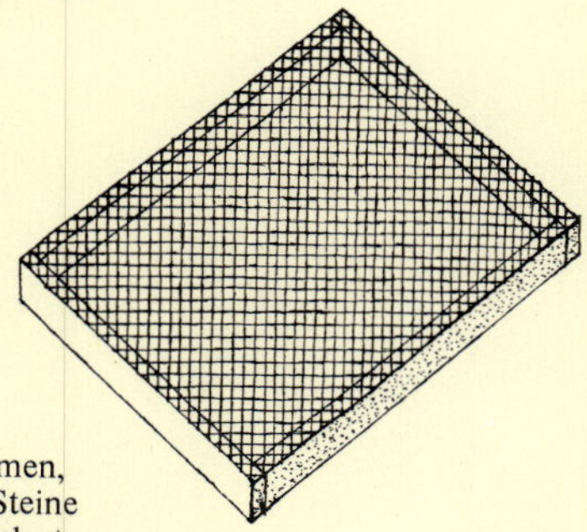

Rahmen, auf Steine aufgelegt

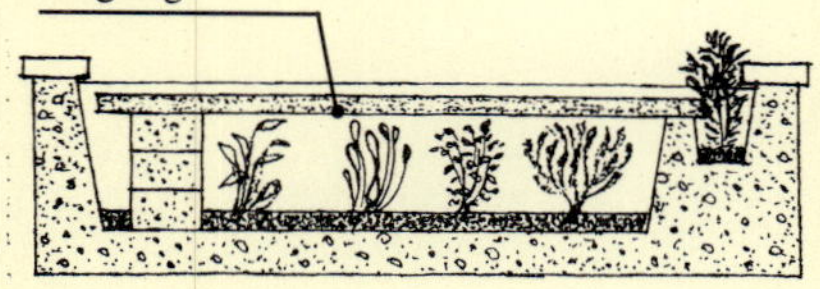

werden. Das ist nötig, weil im Herbst Blätter in das Wasser fallen, die Verunreinigungen und Vergiftungen verursachen, die auf natürlichem organischem Weg nicht beseitigt werden können.

Wenn es keinen Beckenabfluß gibt, kann man das Wasser mit einem Schlauch zu einer tieferen Stelle im Garten ableiten. Wenn die Fische bei diesem Vorgang noch im Becken bleiben, sollte man etwas Gaze über das Schlauchende binden, damit sie nicht aufgesogen werden. Man läßt dann das Wasser bis auf etwa 10 cm über dem Boden ab, nimmt alle Lebewesen heraus und säubert das Becken. Nach dem Reinigen werden die Pflanzen in ihren Körben und der Fischbestand wieder eingesetzt.

Ist es nicht möglich, ein neues Bek-

Leeren eines Teiches
Wenn der Teich nicht einen eingebauten Abfluß besitzt, kann man ihn einfach mit einem Schlauch ansaugen und leerlaufen lassen. Am besten setzt man einen Trichter mit einer Gazebespannung als Filter davor. Einige Meter des Schlauches müssen sich unter dem Wasserspiegel befinden.

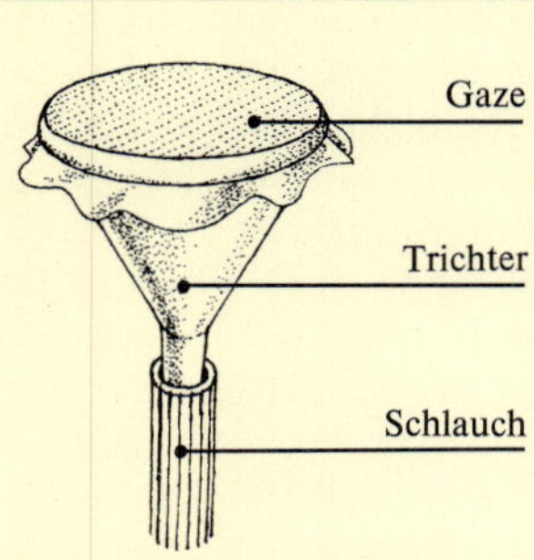

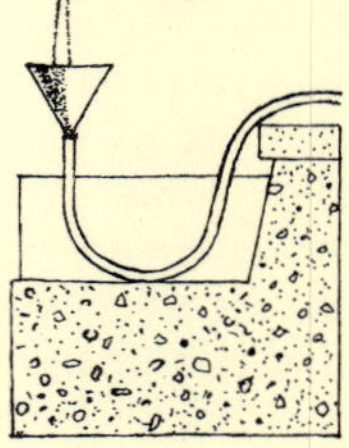

1 Den Ausfluß verschließen und den Schlauch durch den Trichter mit Wasser füllen.

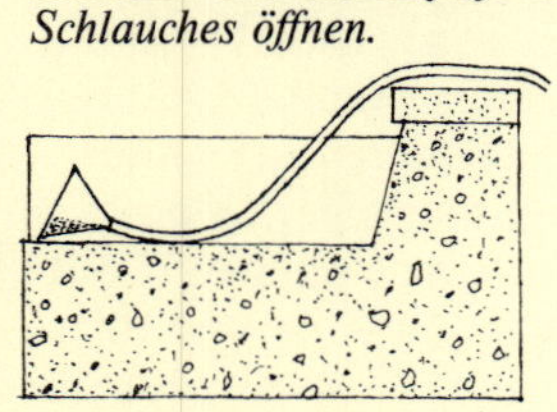

2 Gaze und Filter anbringen, in den Teich einsetzen und das Abflußende des Schlauches öffnen.

Reparatur eines Teiches

Ein schlecht gebautes Betonbecken kann reißen und Sie vor die Entscheidung stellen, es teuer zu reparieren oder mit einer Folie auszukleiden. Wie man sie faltet und die Ränder kaschiert, ist rechts und unten abgebildet.

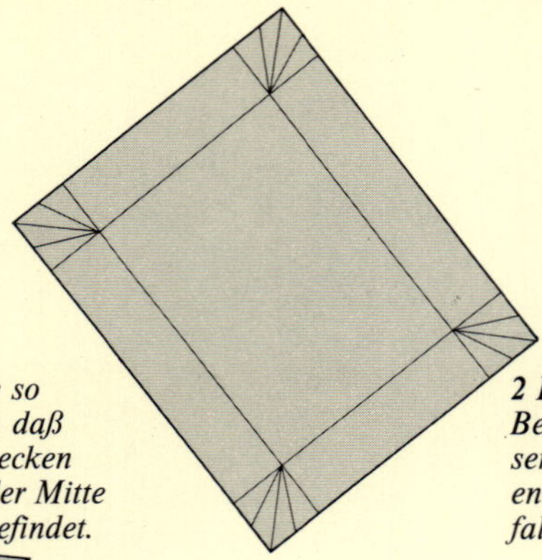

1 Die Folie so ausbreiten, daß sich das Becken genau in der Mitte darunter befindet.

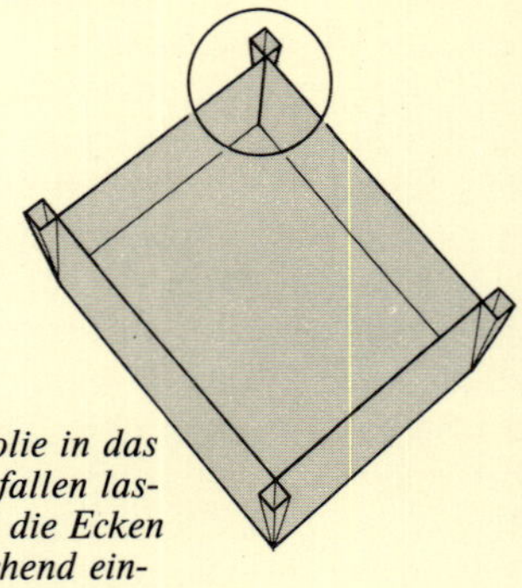

2 Die Folie in das Becken fallen lassen und die Ecken entsprechend einfalten (siehe unten).

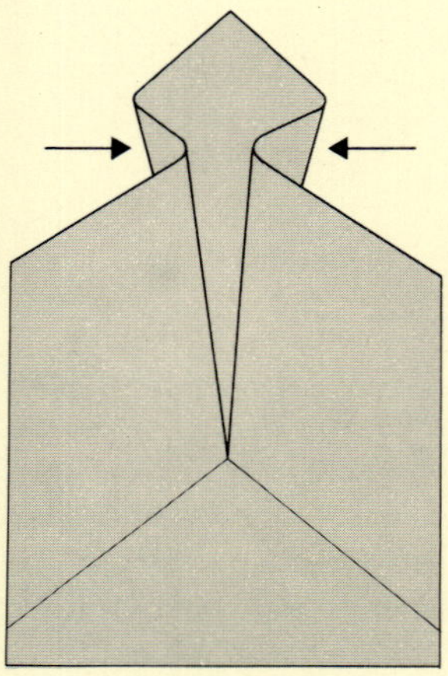

3 Die Folie in den Ecken scharf zusammendrücken und über den Beckenrand herausragen lassen.

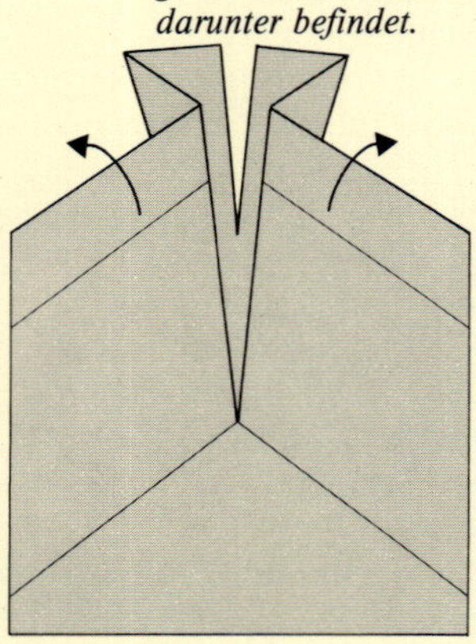

4 Den Überstand der Ecken abschneiden und auch den restlichen Überstand bis zum Erdanschluß entfernen.

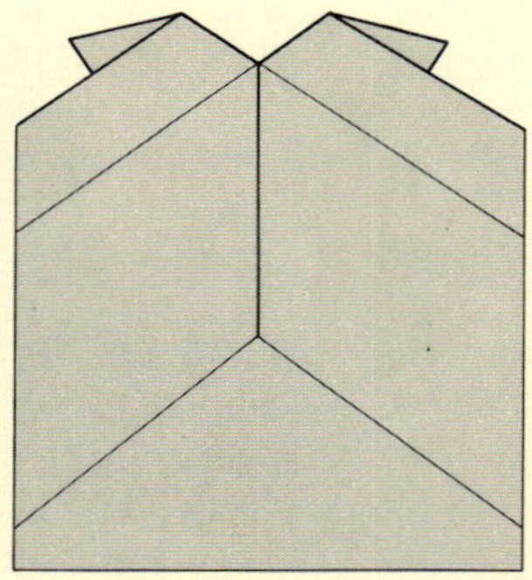

5 An jeder Ecke die Falte jeweils so nach unten falten, daß man eine gerade Abschlußkante erhält.

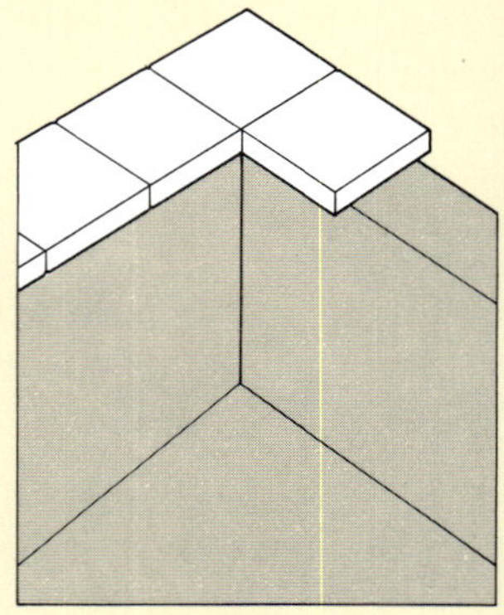

6 Den Folienrand mit über den Beckenrand ragenden Platten beschweren und so die Nahtstelle kaschieren.

ken abseits von überhängenden Bäumen zu errichten, so kann man das Becken im Herbst mit einem Netz überspannen, damit kein Herbstlaub hineingelangt, um sich die oben beschriebene Prozedur zu ersparen. In bestimmten Gegenden sind Netze über dem Wasser oder unmittelbar unter dem Wasserspiegel nötig, um Fischreihern und anderen Räubern wie Katzen das Fischestehlen zu verleiden.

Teiche und Becken, die aus Beton bestehen und gerissen sind, kann man kaum zufriedenstellend reparieren. Manchmal ist es dann besser, die Bekken zu leeren und mit einer schwarzen Folie auszukleiden, die in verschiedenen Fabrikaten als Spezialfolien für Wasserbecken erhältlich sind. Vielleicht ist man auch gezwungen, die Umgebung des Beckens oder die Beckeneinfassung zu verändern, um überlappende Folien zu kaschieren.

Jeder vorhandene Zu- und Abfluß in einem gerissenen Becken, das auf diese Weise geflickt wird, muß so beseitigt werden, daß keine scharfen Kanten verbleiben, durch die die Folie beschädigt werden kann. Außerhalb des Beckens installierte Pumpen sind wegen der Auskleidung mit Folie nicht mehr funktionsfähig und müssen deshalb durch Tauchpumpen ersetzt werden.

Schwimmbecken

Im Winter müssen Schwimmbecken besonders in rauheren Klimazonen geleert werden. Daher ist ein entsprechender Wasserabfluß nötig. In wärmeren Gegenden kann das Becken einfach abgedeckt werden. Gleichzeitig mit der Beckenreinigung sollte man auch die Randbereiche säubern. Möbel, Sonnenschirme und lose Kissen müssen ebenfalls gereinigt und verstaut werden.

Spielbereiche

Im Frühling ist der Bodenbelag des Kinderspielbereiches zu untersuchen, falls erforderlich grober Torf einzubringen und zu prüfen, ob sich nirgendwo Staunässe bildet. Man untersucht Schaukeln, Rutschen und Klettergeräte und prüft Zustand und Funktionsfähigkeit. Auch Baumburgen und Seile müssen sicher sein. Holzgeräte schmirgelt man mit Sandpapier ab, um Splitter zu entfernen, und man kontrolliert alle Holzteile darauf hin, ob sich Risse gebildet haben, die sich ausdehnen oder zusammenziehen können. Kleine Fingerchen können sich leicht darin einklemmen. Im Herbst sollten die Sandkästen abgedeckt werden. Im Frühling sieht man nach, ob die Entwässerung funktioniert und füllt die Kästen mit frischem, scharfen Sand.

Gartengrill

Die Überbleibsel eines Sommergrillplatzes können im Winter entmutigend aussehen. Transportable Einrichtungen säubert, trocknet und verstaut man. Ortsfeste Einrichtungen müssen ebenfalls sorgfältig gereinigt werden. Sie sind auch sehr praktisch zum Verbrennen von Herbstlaub und Gartenabfällen im Frühling, bevor sie wieder ihre Funktion als Grill im Sommer erfüllen können. Der auf S. 147 dargestellte Grill kann im Winter mit wenigen Handgriffen in einen Müllverbrenner umgewandelt werden, wie unten dargestellt.

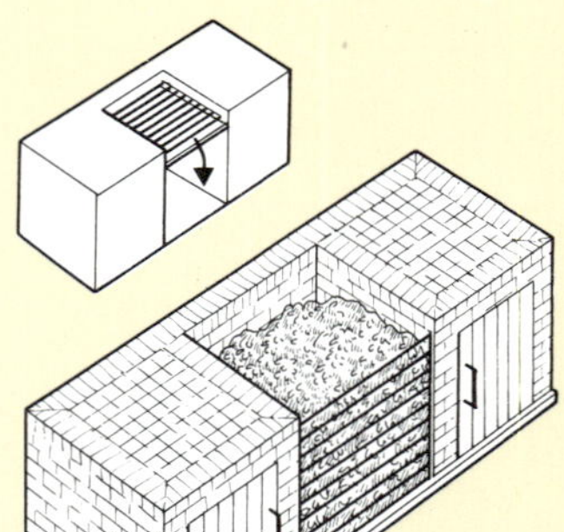

Durch Umstecken des Grillrostes kann man eine Feuerstelle in eine Müllverbrennungsanlage umwandeln.

Konstruktionen

Gewächshäuser und Frühbeete
Alle Holzkonstruktionen benötigen Pflege. Sind sie gestrichen, muß man sie etwa alle zwei Jahre neu behandeln. Auch Zedernholz muß mit einem entsprechenden Imprägnierungsmittel gestrichen werden. Metallrahmen brauchen weniger Pflege, das ist einer ihrer Vorteile. Glas sollte saubergehalten werden, damit soviel Licht wie möglich hindurchfallen kann. Es ist daher im Frühling sorgfältig abzuwaschen, damit Algen und Schmutz verschwinden, die sich hier festgesetzt haben. Niemals über ein Gewächshausdach kriechen! Besser stellt man, wie unten dargestellt, eine sichere Leiter auf. Für die Reinigungsarbeiten benutzt man am besten eine langstielige Bürste und einen Gartenschlauch. Glasfenster sind stets in Reserve zu halten, denn zerbrochenes Glas muß sofort ersetzt werden, damit nicht durch noch so kleine Öffnungen Wärme aus dem Gewächshaus entweichen kann.

Bevor der Winter beginnt, untersucht man die Verkittungen, damit das Haus überall dicht ist. Sonst gelangt die teure Wärme ins Freie. Im Frühling sieht man nach, ob die Scharniere des Ventilationsfensters in Ordnung sind. Die Gewächshäuser

Erkennen undichter Stellen im Gewächshaus

Eine Räucherkerze im leeren Gewächshaus anzünden, die Tür schließen und beobachten, wo Rauch entweicht.

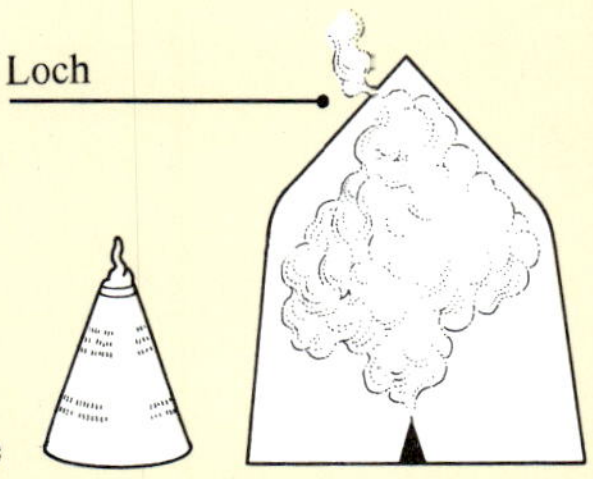

Einsetzen neuer Glasscheiben

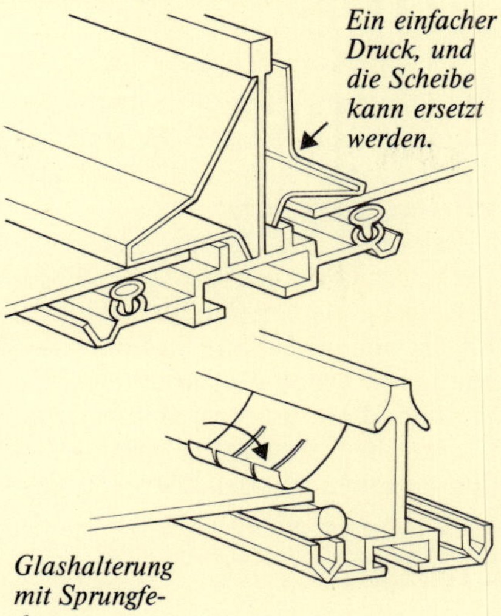

Ein einfacher Druck, und die Scheibe kann ersetzt werden.

Glashalterung mit Sprungfedern

und Kästen sind dann innen und außen sauber und gesund zu halten. Ziegelmauerwerk ist auf Feuchtstellen zu untersuchen, die fehlerhafte, wasserdurchlässige Fugen oder Löcher im Dach anzeigen.

Schnee kann ein ernsthaftes Problem sein, wenn die Konstruktionen aus großen Glasflächen bestehen. Daher entfernt man am besten den Schnee öfter vom Glasdach, bevor sein Gewicht zu groß wird. Es ist auch darauf zu achten, daß nicht plötzlich größere schmelzende Schneemassen von überhängenden Bäumen oder Gebäuden auf das Glasdach stürzen können.

Im Spätherbst reinigt man die Dachrinnen. Man entfernt Laub und Unrat und sorgt dafür, daß sämtliche Abläufe in Ordnung sind. Verstopfte Abflüsse führen während des Winters zu Leckstellen. Auch sämtliche Abflußvorrichtungen in den Gewächshäusern selbst müssen sauber sein und einwandfrei funktionieren.

Pergolen
Kletterpflanzen werden im Herbst von den Pergolen abgenommen, damit man das Holz auf Faulstellen untersuchen kann. Entdeckt man solche Stellen, muß man das Holz gegebenenfalls ersetzen. Sämtliche Holzteile werden dann mit Schutzmitteln oder Farbe gestrichen. In dieser Zeit kann man die Kletterpflanzen auch zurückschneiden *(siehe S. 258)*, bevor man sie wieder an ihre Stützen bindet.

Dachgärten
Dachgärten können durch Schnee, Wind und Regen in der kalten Jahreszeit stark in Mitleidenschaft gezogen werden. Möbel und Einrichtungsgegenstände sonstiger Art sollten trokken verstaut werden, dann muß man sorgfältig die gestalteten Flächen, die Pflanzbereiche, die befestigten Flächen, Aufbauten und elektrischen Leitungen an den Wänden prüfen. Das wichtigste ist, daß die Entwässerung funktioniert. Die Abläufe müssen an die öffentliche Kanalisation angeschlossen und die Rohre und Wasserzuleitungen sauber sein.

Wenn man die Einjährigen ausgelichtet und einige Gehölze zurückgeschnitten hat – denn sie sollten niedrig wachsen und kräftig werden –, kann man den ausgelaugten Boden in den festen Beeten durch Kompost ersetzen oder ihn sorgfältig mit organischem Dünger aufbereiten. Feingehäckselter Pferdemist, Kompost, Hornspäne und andere organische Nährstoffe werden sackweise angeboten und sind leicht und sauber auszubringen. Diese Bodenverbesserer werden dann leicht eingeharkt.

Balkone
Ein großer Teil der genannten Pflegemaßnahmen für Dachgärten ist auch für Balkonkästen erforderlich. Mehr Aufmerksamkeit sollte man aber den Pflanzkübeln widmen. Sie sind sehr viel kleiner als die auf einem Dachgarten und ihre Nährstoffvorräte sind bald erschöpft. Man erneuert den Boden und sorgt für eine entsprechende Menge guten organischen Düngers, um den Boden zu verbessern und die erforderlichen Nährstoffmengen einzubringen. Das hilft außerdem, Feuchtigkeit zu binden. All diese Arbeiten unternimmt man im Herbst, wenn die Container für den Winter bepflanzt werden. Will man sie aber für die Sommerpflanzung vorbereiten, sollten diese Arbeiten im Frühling durchgeführt werden.

Wie man auf ein Gewächshaus klettert

Es ist gefährlich, eine Leiter direkt an ein Gewächshausdach anzulehnen. Man muß zuerst Planken über die gesamte Rahmenbreite legen, um das eigene Gewicht und das der Leiter so gut wie möglich zu verteilen. Die Leiter sollte im Winkel des Daches angelegt und absolut rutschfest aufgestellt werden.

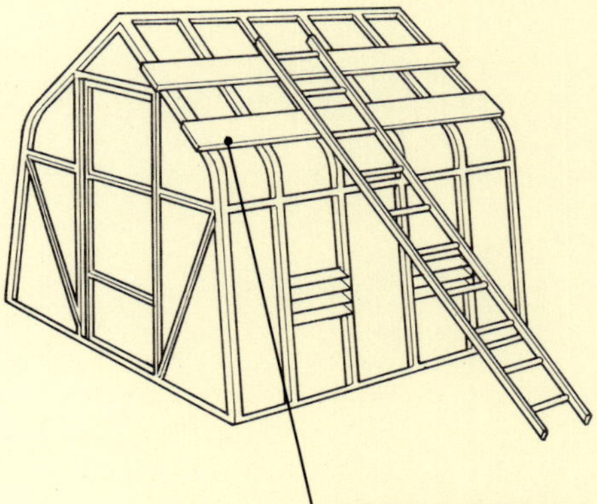

Bodenvorbereitung

Gartenbesitzer stimmen hinsichtlich der absolut notwendigen Pflegemaßnahmen für Kulturpflanzen selten überein. Daß ein Mindestmaß an Boden- und Pflanzenpflege unerläßlich ist, ist aber selbstverständlich.

Der Herbst ist die beste Zeit für eine Generalreinigung des Gartens, damit man organischen Dünger aufbringen und umgraben kann, bevor der Boden durch Niederschläge zu naß wird. Frost bricht die groben Schollen (organische Dünger helfen hierbei kräftig mit) und bewirkt eine Frühlingsgare für die Pflanzung. Leichtere Böden benötigen eher ein Durchgabeln im Herbst, wobei Kompost oder leicht zersetzliche, unkompostierte organische Stoffe mit eingearbeitet werden können.

Die meisten Gärtner graben heutzutage nur einen Spatenstich tief um, wobei die untere Seite nach oben gebracht wird. Wie und womit man den Boden umgräbt, hängt vom Bodentyp ab und davon, was man mit dem Boden vorhat. Schwere Böden *(siehe S. 16)* erfordern tieferes Umgraben als leichtere, weil hier eine Krümelstruktur schwerer zu erreichen ist. Zudem halten sie die Wurzeln ausdauernder Unkräuter besser fest. Boden, der immer wieder für Gemüsekulturen verwendet wurde, benötigt mehr Kulturarbeit, um die Fruchtbarkeit wiederherzustellen, als ein Boden, auf dem man nur Zierstauden zieht. Mit handbetriebenen Fräsen mit rotierenden Haken kann man den Boden einen Spatenstich tief umgraben, aber die zu bearbeitenden Flächen müssen eben sein, weil die Geräte schwer und schwierig zu bewegen sind.

Rabatten und Beete sollten im Herbst und Frühling mit der Grabegabel leicht durchgearbeitet werden. Blätter und organische Stoffe werden bei dieser Arbeit mit untergegraben. Werden diese Flächen aber zu tief umgegraben, beschädigt man die feinen Faserwurzeln der Pflanzen.

Gartengeräte

Es gibt eine Menge von Gartenwerkzeugen auf dem Markt, aber im Grunde genommen kommt man mit wenigen aus. Es ist allerdings ratsam, nur beste Gartengeräte zu kaufen, die ein Leben lang halten, selbst wenn man extrem schweren Boden besitzt. Die Grundausrüstung sollte aus Spaten, Gabel, Harke, Hacke, Truffel (Schüppchen) und Handharke, Gießkanne, guter Gartenschere, Schubkarre und Schlauch bestehen.

Es ist wichtig, daß man seine Gartenausrüstung nach Gebrauch reinigt, besonders wenn es sich nicht um Edelstahlgeräte handelt. Die Erde ist zu entfernen, das Spatenblatt möglichst mit einem geölten Lappen nachzuwischen. Dann hängt man die Geräte an einem trockenen Platz auf.

Spaten
Es gibt Spaten in unterschiedlichen Größen für verschiedene Zwecke. Der größte hat ein Blatt von ca. 29 × 19 cm, der kleinste ca. 26 × 16 cm. Wenn man nicht sehr kräftig ist oder schweren Boden besitzt, sollte man die kleinere Form wählen. Die besten Blätter bestehen aus Edelstahl. Sie gleiten gut durch den Boden, sind leicht sauber zu halten und rosten nicht. Holzstiele sollten enggemasert und griffig sein. Griffe gibt es in D- oder T-Form.

Der Spaten ist das wichtigste aller Gartengeräte, denn man benutzt ihn nicht nur zum Umgraben, sondern auch zum Pflanzen von großen Bäumen und Sträuchern. Daher sollte der beste gerade gut genug sein. Außerdem sollte man mehrere Spaten mit unterschiedlichen Blattgrößen und von unterschiedlicher Länge besitzen. Viele Spaten mit Holzstiel besitzen Blätter, die mit 3 Nieten befestigt sind, doch für schwerere Arbeit wie das Roden von Bäumen ist ein stärkerer Spaten mit längerem Schaft und vier oder fünf Nieten besser geeignet.

Gabel
Eine Grabegabel besitzt viereckige Zinken, die in Form eines Spatenblattes angeordnet sind. Die besten Gabeln bestehen ebenfalls aus Edelstahl und besitzen entweder Holz- oder Kunststoffschäfte und -griffe. Die Länge der Zinken variiert von 30–26 cm. Man wählt diejenigen, die man am leichtesten handhaben kann. Zum Durchgabeln benötigt man im

Jahreszeitliche Bodenbearbeitung

Wenn eine Fläche für Obst- und Gemüsekultur oder für einjährige Pflanzen benutzt werden soll, muß der Boden für die Aussaat oder die Pflanzung von Jungpflanzen gut vorbereitet werden. Das bedeutet sowohl das Einbringen von Kompost, das Umgraben zur Vernichtung von Unkräutern und das Harken vor der Einsaat. Um die Wirkungen des Frostes auf den Boden am besten zu nutzen, gräbt und kompostiert man den Boden bereits im Herbst, so daß das Harken im Frühling unmittelbar vor der Pflanzung erfolgen kann. Wenn man eine Dauerpflanzung anlegt, ist die Prozedur nur einmal nötig. Der Boden zwischen den Pflanzen wird später gehackt oder – falls erforderlich – mit Kompost als Kopfdünger gedüngt.

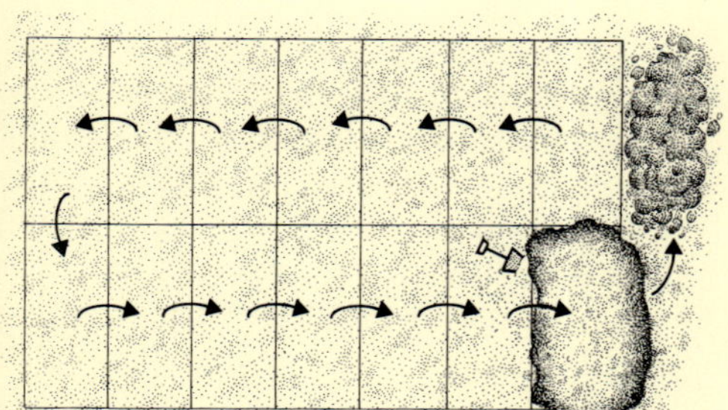

Einfaches Umgraben *Große Flächen halbiert man und arbeitet zunächst die eine Hälfte, dann die andere einen Spatenstich tief durch.*

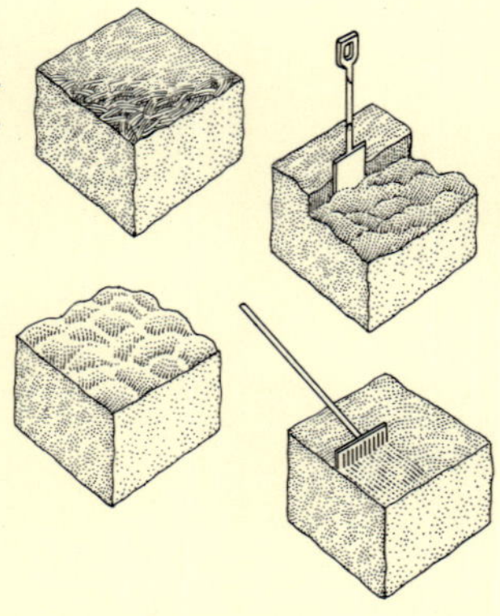

1 Gut verrotteten Dünger oder organischen Kompost ausbreiten

2 Umgraben, um Wurzelunkräuter zu entfernen und Dünger einzubringen

3 Boden über den Winter grobschollig liegenlassen

4 Schollen brechen und im Frühling kleinharken

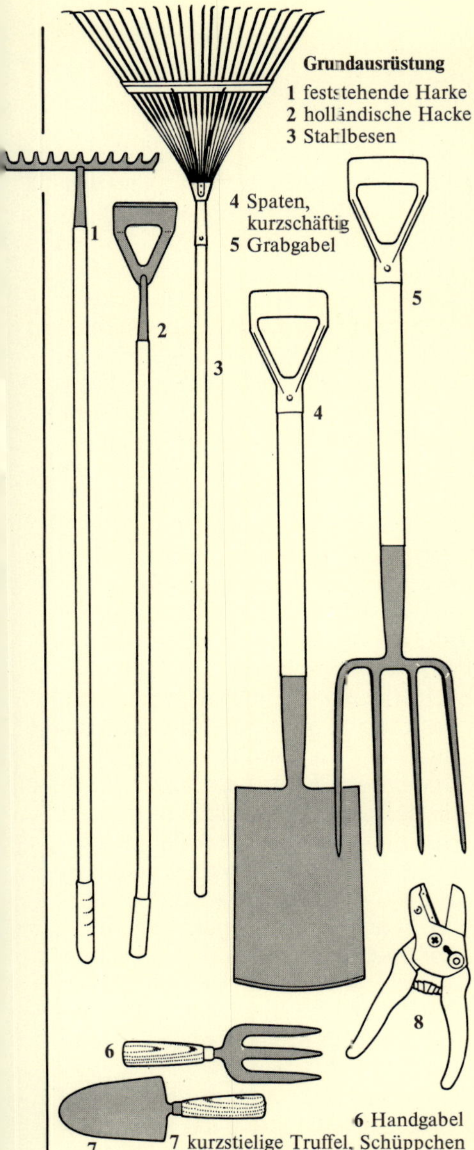

Grundausrüstung
1 feststehende Harke
2 holländische Hacke
3 Stahlbesen
4 Spaten, kurzschäftig
5 Grabgabel
6 Handgabel
7 kurzstielige Truffel, Schüppchen
8 Gartenschere

Gegensatz zu tiefem Graben keine große Forke. Gabeln sind vielfältig zu verwenden: zum Zerteilen von Erdklumpen, zum Mist- oder Kompostausbreiten und zum Lüften des Rasens.

Harken
Die Gartenharke oder der Rechen ist zum allgemeinen Saubermachen im Garten unentbehrlich, allerdings verwendet man für das Laubrechen im Herbst besser einen Stahlbesen.

Viele Gartenbesitzer schaffen sich auch eine große hölzerne Heuharke an, die man nicht nur zum Laubrechen, sondern auch gut zum Planieren des Bodens verwenden kann.

Im Gemüsegarten braucht man eine Harke zur Vorbereitung der Saatbeete. Man kann mit einer Harke auch Kiesflächen auffrischen. Die Größen variieren von 40 cm abwärts.

Hacken
Die alte holländische Hacke wird häufig übergangen, doch sie ist sehr zweckmäßig, wenn man Unkräuter zwischen Gemüsereihen und andernorts bekämpfen will. Man kann diese Hacke auch zum Ziehen von Saatreihen benutzen, wenn sie an einer Gartenschnur, die zwischen Pflöcken gespannt ist, entlanggeführt wird.

Andere Hackentypen sind: die Zughacke, die modernere Schuffel und - besonders für unzugängliche Ecken - die Dreieckshacke. Es ist wichtig, daß man das Hackenblatt nicht nur sauber, sondern stets auch scharf hält, vor allem, wenn man Unkraut damit entfernt, das unter der Oberfläche abgeschnitten werden muß. Ohne eine scharfe Hacke reißt man das Unkraut oft nur zum Teil aus dem Boden. Die Rückstände können sich dann wieder bewurzeln.

Truffel und Krätzer oder Handharken
Diese unentbehrlichen kleinen Geräte zum Pflanzen und Entkrauten von Hand sollten am besten aus Edelstahl bestehen. Ganz abgesehen von ihrer leichteren Handhabung verlegt man sie schon mal im Garten, und Edel-

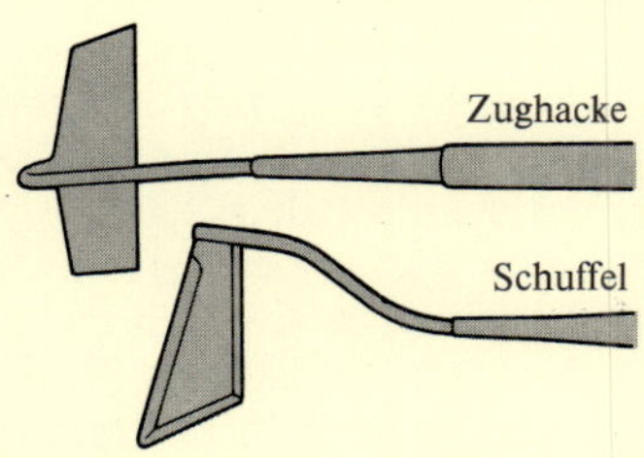

Zughacke

Schuffel

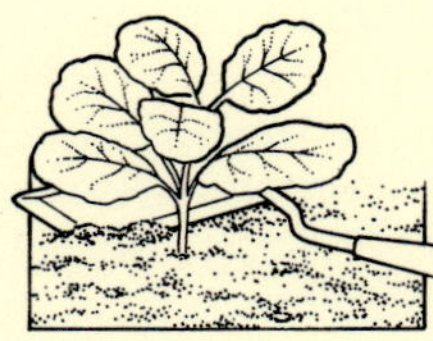

Hacken zwischen Kulturpflanzen

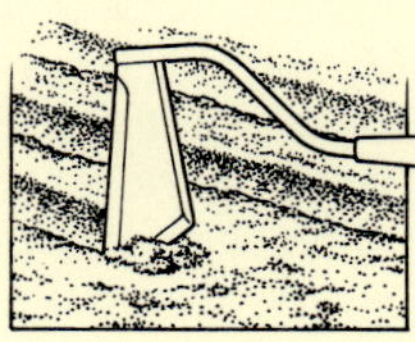

Ziehen von Saatrillen

stahl rostet auch dann nicht, wenn er eine Zeitlang draußen liegenbleibt.

Scheren
Es gibt eine enorme Auswahl an Scheren. Man sollte möglichst die beste kaufen, denn die billigeren Fabrikate schneiden nicht sauber und können Schäden an den Ästen verursachen und zu Krankheiten führen.

Andere Werkzeuge
Wenn man eine Schubkarre anschafft, sollte man eine robuste mit größerem Fassungsvermögen wählen, die gleichzeitig leicht genug ist, um in beladenem Zustand gefahren werden zu

Gartengerätesysteme
Dabei handelt es sich um verschiedene Werkzeuge, für die stets der gleiche Griff verwendet werden kann. Die Stabilität der Halterung ist dabei wichtig.

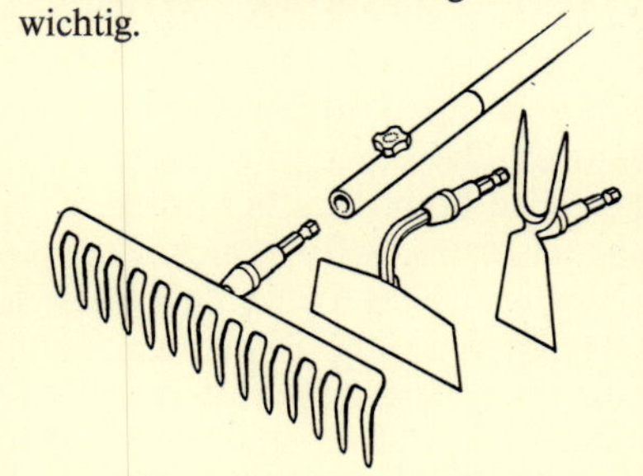

können. Gummibereifung ist notwendig, damit beim Fahren über Rasenflächen keine Spuren entstehen.

Schläuche sollten aus Gummi oder gummiähnlichem Material bestehen, denn Plastikschläuche neigen zum Brechen oder zum Knicken und der Wasserfluß wird blockiert. Eine Schlauchspindel ist besonders zum Verstauen des Gartenschlauches

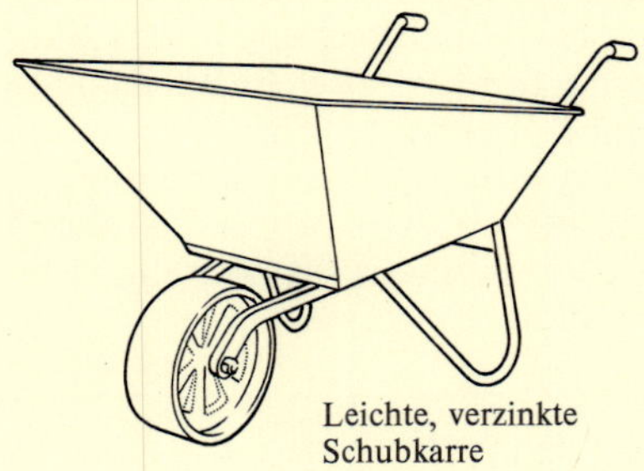

Leichte, verzinkte Schubkarre

praktisch. Zur Kultur von Obst und Gemüse wird mitunter auch eine Gartenspritze benötigt. Dabei gibt es Ausführungen für Hand- oder Rükkenbetrieb.

Daneben gibt es eine Reihe von Werkzeugen für besondere Arbeiten. Wenn man Obstbäume besitzt, lohnt sich die Anschaffung langstieliger Schneidewerkzeuge, und wenn ein Rasen direkt in Blumenbeete übergeht, ist ein Kantenschneider praktisch. Schließlich ist ein fester Gartenbesen zu empfehlen, denn befestigte Flächen müssen ab und zu von Moos und Unrat gesäubert werden.

Handspritze

aufgewickelter Schlauch

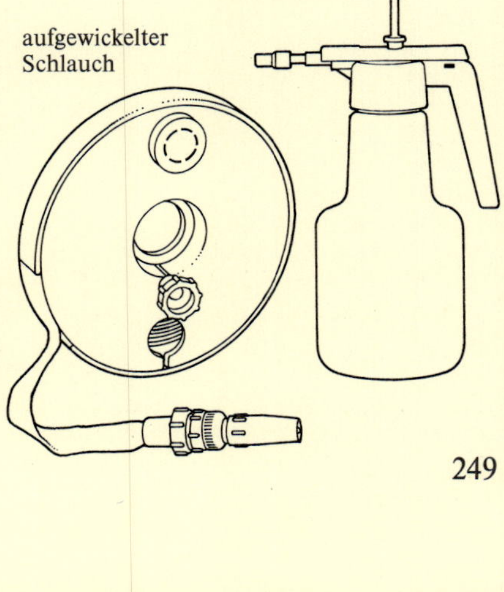

Die Pflege der Kulturpflanzen

Viele Hobbygärtner machen sich durch die Wahl von Pflanzen, die aufwendige Pflege erfordern, viel Arbeit; andere wieder entscheiden sich für Pflanzen, die nur wenig Pflege brauchen. Die Wahl liegt bei Ihnen. Entschließt man sich für Pflanzen, die regelmäßig neu gesetzt werden müssen, wie Gemüse oder Einjährige, dann muß man viele Arbeitsstunden aufbringen und sich ernsthaft mit diesen Kulturen beschäftigen. Hingegen ist bei Rabatten und freien Pflanzungen in Kies nur gelegentliche Arbeit erforderlich, die meist aus Jäten und Formen oder Schneiden besteht.

Bäume liegen meist zwischen diesen beiden Extremen. Im allgemeinen beanspruchen sie viel Pflege, wenn man sie pflanzt, und die meisten müssen gepflegt werden, bis sie sich eingewurzelt haben, was ein oder zwei Jahre dauern kann. Danach wachsen sie ohne Unterbrechung bis ins Alter weiter. Dann ist spezielle Behandlung eventuell erforderlich. Ausnahmen sind Obstbäume, denn sie werden im allgemeinen wegen ihres Zierwertes und für leichteres Abernten zurückgeschnitten.

Baumpflege

Neu gepflanzte Bäume
Während der Zeit, die auf die Pflanzung folgt, sind die Bäume sorgfältig zu behandeln, wenn man gesunde, stark wachsende Exemplare erhalten möchte. Je größer der Baum, desto wichtiger die Pflege. Ältere Bäume, die verpflanzt werden, muß man regelmäßig wässern, doch der Boden um die Wurzeln darf nicht im Wasser

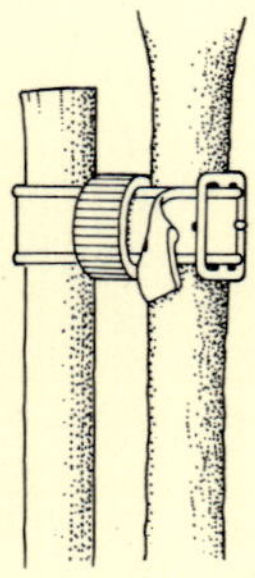

Bindungen *Nach stürmischem und feuchtem Wetter müssen Bindungen überprüft werden. Sie dürfen nicht zu fest sitzen, sich aber auch nicht lösen.*

ertrinken. Den Sommer hindurch hält offener feinkrümeliger Boden im Wurzelbereich auch die Feuchtigkeit besser. Unkraut, das sonst dem Boden wertvolle Nährstoffe entzieht, vernichtet man. Bindungen zwischen Bäumen und Pfählen müssen regelmäßig überprüft werden, um festzustellen, ob der Baum nachgesackt ist. Diese Maßnahmen sind bei allen neugepflanzten Bäumen während der ersten zwei Jahre erforderlich. Um bestimmte Koniferen, wie z.B. Kiefern, muß man sich länger kümmern.

Die Pfähle kleinerer Gehölze müssen im Frühling kontrolliert werden, um zu prüfen, ob sie den Winterstürmen standgehalten haben. Die Bindungen dürfen nicht zu fest sein, sonst schneiden sie in den Baum und schwächen ihn dadurch. Pfähle dürfen sich bei Wind nicht am Stamm reiben. Das verursacht Schäden und kann zu Krankheiten führen.

Von Zeit zu Zeit muß man auch die Form des Baumes kritisch unter die Lupe nehmen. Im Herbst schneidet man ihn zurück, indem man falsch wachsende Äste entfernt. Veredelte Baumarten, besonders die Pflaumenarten und viele Hängebaumformen, treiben unterhalb der Pfropfstelle oft Schößlinge. Diese Wildlinge schneidet man unmittelbar am Stamm ab.

Ältere Bäume
Bäume brauchen, wenn sie älter werden, speziellere Pflege, eventuell sogar »Baumchirurgie«. Die meisten Hobbygärtner besitzen dafür jedoch nicht die erforderliche Geschicklichkeit und Erfahrung. Spezielle Firmen mit entsprechend ausgebildeten Fachleuten bieten hierfür ihre Dienste an. Bevor man eine solche Firma beauftragt, sollte man prüfen, ob sie versichert ist, besonders wenn die Bäume bestimmten Schutzbestimmungen unterliegen (Naturschutz, Landschaftsschutz, Baumsatzung) oder an öffentliche Wege grenzen.

Die Arbeit eines Baumchirurgen (die man an kleineren Bäumen selbst durchführen kann) umfaßt das Schneiden und Entfernen von Ästen, das Stützen alter Äste, die Behandlung von Schnittwunden zur Verhinderung von Fäulnis und Zersetzung des Kernholzes und die Düngung der Bäume. Das Schneiden und Entfernen von Ästen und Zweigen gehört zu den üblichen Pflegemaßnahmen älterer Bäume, und in jedem Falle müssen Äste oder Zweige richtig bis zum Stamm oder den Verzweigungsstellen zurückgeschnitten werden. Die beste Zeit für diese Arbeiten ist der November.

Extrem dicke Äste werden in zwei Teilen abgeschnitten, um zu vermeiden, daß das volle Gewicht des Astes beim Abschneiden die Borke am unteren Ende des Astes einreißt.

Alle frischen Sägeschnitte sollten an den Rändern mit einem scharfen Messer nachgeschnitten und mit einem handelsüblichen Wundverschluß behandelt werden. Durch das Trocknen wird die Schnittfläche versiegelt und überwächst mit Kallus.

Baumschnitt
Der Sinn des Herbstschnittes liegt darin, gut aussehende, lichte Baumkronen zu erhalten. Drastisches, schweres Zurückschneiden bringt Massen von unansehnlichen, neuen Schößlingen. Sich kreuzende Zweige, totes Holz und schwache Triebe sind zu entfernen. Dann lichtet man die Krone in der vorbestimmten Form aus.

vor dem Schnitt

gut geschnittene, lichte Krone

starker Rückschnitt verursacht Büschel von wildwachsenden Schößlingen

Das Beschneiden freiwachsender Bäume oder sonstiger Pflanzen erfordert selten einen massiven Rückschnitt. Wenn man einen Zweig entfernt, unterstützt man dadurch das Wachstum von einem halben Dutzend kleinerer Zweige, die am Ende der nächsten Vegetationsperiode das Schneideproblem vervielfachen.

Ältere Bäume, die besonders dem Wind ausgesetzt sind, können eine häßliche Form dadurch bekommen, daß sie vielleicht in ihrer Jugend den Haupt- oder Leittrieb verloren haben. Bei starkem Wind schwingen bestimmte Baumteile in bestimmte Richtungen. Hierdurch entsteht Druck und möglicherweise Bruch an den Stellen, an denen sich ein Stamm verzweigt. Um das zu verhindern, können Äste mit Drähten zusammengehalten werden.

Entfernen von Ästen

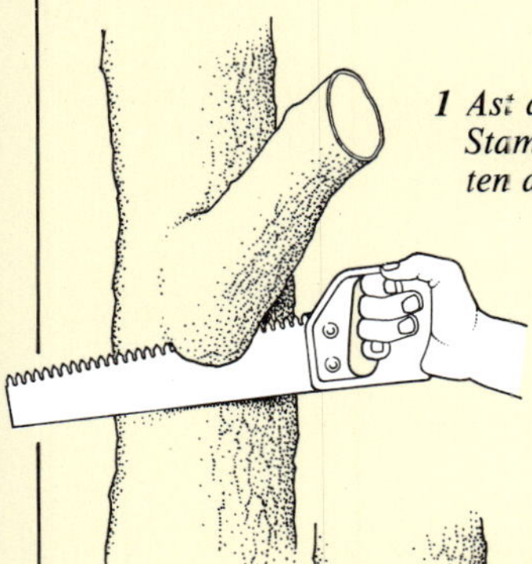

1 Ast dicht am Stamm von unten ansägen

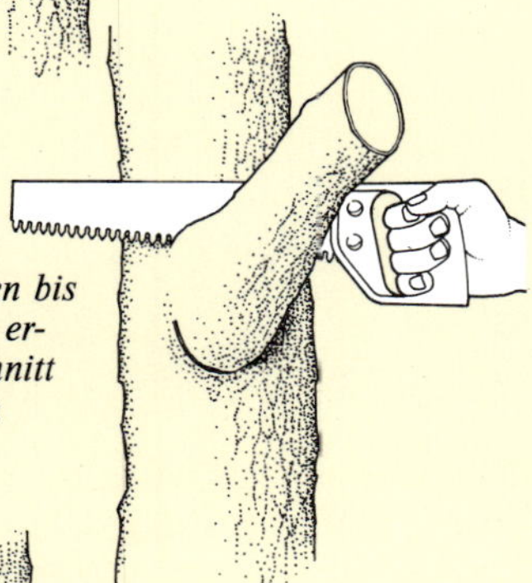

2 Von oben bis auf den ersten Schnitt absägen

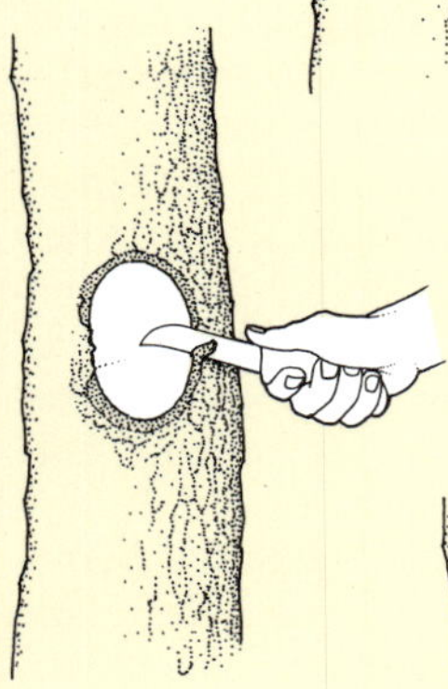

3 Rinde am Rand der Wunde glatt schneiden

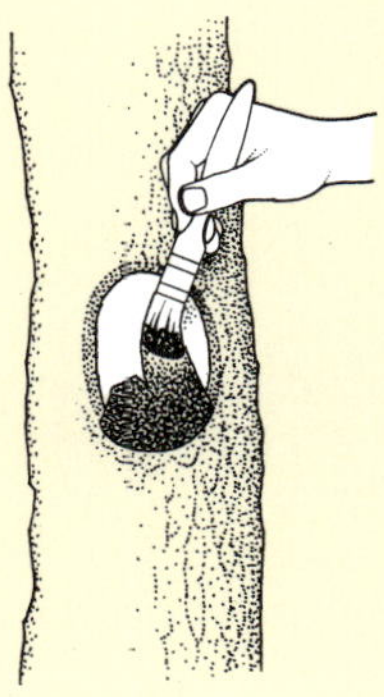

4 Wunde mit Wundverschlußmittel behandeln

Formieren

Der klassische Schnitt von Spalieren beginnt mit dem Spannen von Drähten zwischen Stützpfosten. Eine Reihe junger Hochstämme läßt man nur in einer Ebene wachsen, so daß sich ihre Äste verzweigen können. Jeden Herbst werden die senkrechten Triebe über zwei ausgewählten Augen abgeschnitten, um waagerechte Triebe an den Drähten formieren zu können, bis die gewünschte Höhe erreicht ist. Neue Triebe an diesem Spalier dienen zur Ausbildung des Blattwerks im Sommer, das man mit einer Heckenschere in Form halten kann.

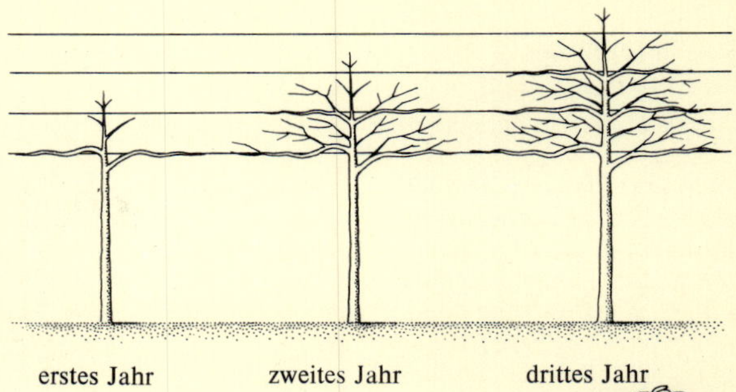

Wenn Hohlstellen in alten Bäumen entstehen, sollten sie ausgeschnitten und das faule Holz entfernt werden. Die Wunde reinigt man mit einem Antiseptikum und läßt sie trocknen. Dann verfüllt man das Loch lagenweise mit dem Material, mit dem man die Baumwunden behandelt und dem man Sägemehl oder Hobelspäne beigemischt hat. Nach dem Auslüften wächst der Baumkallus über das Loch und seine Plombe.

Alte, vernachlässigte Bäume können durch eine Wurzelbehandlung regeneriert werden. Hierzu hebt man 25 cm tiefe Löcher in Abständen von 60 cm im Boden im Bereich der Baumkrone aus und bringt eine Mischung aus 5 Teilen schwefelsaurem Ammoniak, 5 Teilen Superphosphat und 1,5 Teilen Kalisulfat in jedes Loch und deckt sie wieder mit Boden ab.

Besonderer Rückschnitt

Bäume können wie Sträucher zu bestimmten Formen gezogen werden. Der Rückschnitt verschiedener Bäume zur Bildung einer Hecke erfordert allerdings viel Pflege. Er schließt das Schneiden, Stützen, Anbinden im Herbst und den Sommerschnitt ein.

Gut gepflegte und zurückgeschnittene Obstbäume besitzen nicht nur eine attraktive Form *(siehe S. 181)*, sondern sie liefern auch Qualitätsobst, das somit leichter zu ernten ist. Das Formieren der Bäume beansprucht allerdings viel Zeit. Eine mögliche Form ist z.B. das Fächerspalier *(siehe S. 252)*, bei dem der junge Baum bis auf 60 cm zurückgeschnitten wird. Danach werden die Haupttriebe fächerförmig an Drähten aufgebunden. Alles, was nach hinten oder vorn herauswächst, wird abgeschnitten.

Die Spalierform *(siehe S. 183)* ist für Obstgehölze vielleicht die wirkungsvollste, aber sie erfordert ebenfalls viel jährliche Pflege. Der Vorteil der Spalierform besteht darin, daß man sie auch bei freistehenden Obstgehölzen (Heckenspalier) anwenden kann. Eine Spalierobstreihe kann auch als Trennung im Garten dienen. Wie bei einer Reihe von geschnittenen Bäumen werden alle Schößlinge, die aus der Flucht der Spanndrähte wachsen, entfernt oder entsprechend formiert. In den ersten Jahren schneidet man senkrecht wachsende Triebe oberhalb der beiden ersten Augen ab. Dadurch entstehen horizontal wachsende Zweige in der Spalierform. Auch diese Schneidearbeiten führt man im Herbst durch.

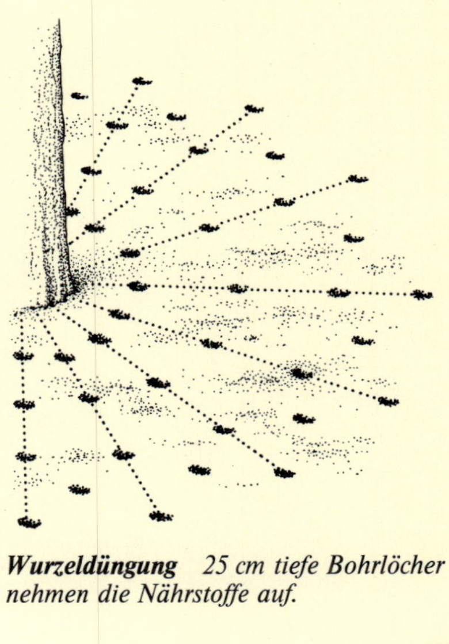

Wurzeldüngung *25 cm tiefe Bohrlöcher nehmen die Nährstoffe auf.*

Fächerspalier bei Obstgehölzen
Fächerspaliere eignen sich besonders für Kirschen, Pflaumen und Pfirsiche. Die Fächer werden im allgemeinen an Drähten oder Latten formiert. Der Haupttrieb eines jungen Baumes wird über zwei seitlich stehenden Knospen abgeschnitten, die dann ein Fächerpaar bilden.

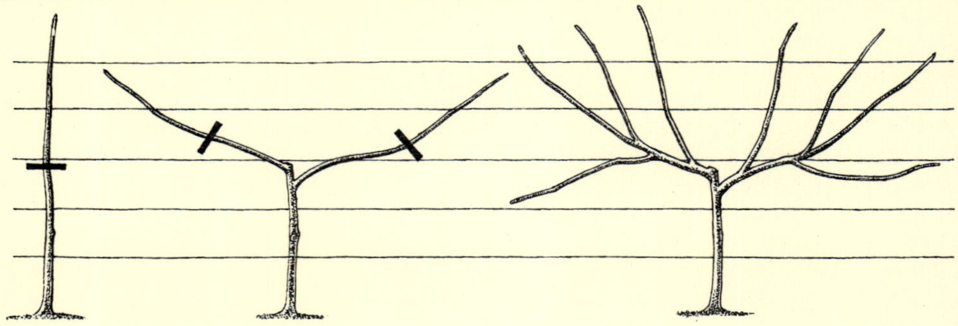

1. Jahr *Der Haupttrieb wird etwa auf 60 cm oberhalb von zwei gesunden, einander gegenüberstehenden Knospen abgeschnitten.*

2. Jahr *Die Zweige an Drähten befestigen, im Winter beide auf 45 cm Länge über einer gesunden Knospe zurückschneiden und vier Knospen pro Zweig stehenlassen.*

3. Jahr *Die folgenden Triebe werden beim Wachsen an das Spalier gebunden und im Winter auf 75 cm über einer Knospe zurückgenommen. Man muß jedem dieser Zweige wieder drei Knospen belassen, um einen Fächer aus 32 Ästen zu erhalten.*

Hecken

Die Pflege einer geschnittenen Hecke hängt von der Gehölzart ab. Bestimmte Arten, besonders die raschwüchsigen, wie Liguster, Dornarten und Geißblatt, müssen während der Wachstumsperiode von Zeit zu Zeit geschnitten werden, um sie dicht zu halten. Andere Arten schneidet man im Juli/August und nochmals im Oktober, um den zweiten Trieb, der nach dem ersten Schnitt erscheint, zu stutzen. Diese Gruppe besteht aus Buchsbaum, Hainbuche, Scheinzypresse, Zwergmispel, Eskallonie, Rotbuche, Stechpalme, Feuerdorn, Eibe und Lorbeerkirsche. Bestimmte Hecken müssen nur einmal im Jahr geschnitten werden. Hierzu gehören Aukuben, Sauerdorn, die Schmalblättrige Ölweide und Lorbeerkirsche *(Prunus laurocerasus* und *Prunus lusitanica).* Die großblättrigen Arten werden mit Gartenscheren geschnitten, damit man die Blätter nicht zerstückelt.

Nach der Pflanzung muß eine Hekke von Zeit zu Zeit gegossen und gedüngt werden. Wo Immergrüne als Schutzpflanzung extrem dicht nebeneinander gesetzt wurden, bilden sie auch ein Schutzdach, das den eigenen Wurzeln den Regen vorenthält. In solchen Fällen kann man an den Wurzeln entlang einen perforierten Schlauch verlegen und während des Hochsommers tröpfeln lassen.

Die beabsichtigte spätere Heckenform ist wichtig, denn die Gehölze sollten so früh wie möglich in Form gebracht werden. Geschnittene Hekken müssen bis zum Boden belaubt und so geformt sein, daß die Krone etwas schmaler ist als die Basis, um Schäden durch Wind und Schnee zu vermeiden. Eine kopflastige Hecke mit Schneelast kann in der Mitte aufspalten und schließlich auseinanderbrechen. Der Rückschnitt richtet sich nach der angestrebten Heckenhöhe. Stärkerer Rückschnitt kurz nach der Pflanzung ergibt eine dichtere Hecke.

Freiwachsende und blühende Hekken, die eine lockere Form besitzen sollten, werden nur geschnitten, um altes und abgestorbenes Holz zu entfernen, aber sie sollten keinen Formschnitt erhalten, weil dadurch unvermeidlich auch die Blütenknospen entfernt würden. Daher muß man diese Arbeit zur richtigen Zeit vornehmen. Wie bei den Sträuchern in Rabatten, gibt es auch Heckensträucher, die im gleichen Jahr (an jungen Trieben) blühen. Sie sollten deshalb im Winter oder Frühling zurückgeschnitten werden. Es handelt sich um Sommerflieder, Rispenhortensie, Ausgebreitetes Johanniskraut, Lavendel, Apfelrose, Zaunrose und andere. Einige Arten blühen am Holz, das im Vorjahr gebildet wurde. Sie sollten direkt nach der Blüte geschnitten werden. Hierbei handelt es sich um Berberitzen, Säkkelblume, Japanische Quitte, Rosenquitte, Forsythien, Sanddorn, Mahonien, Johannisbeeren und Weigelien.

Die dritte und letzte Gruppe besteht aus Pflanzen, die an Dornen oder Nebentrieben blühen. Diese Arten, die wenig Pflege benötigen – abgesehen von gelegentlichem Ausschneiden und Formieren –, setzen sich aus Berberitzen, Zwergmispeln, den verschiedenen Alpenrosenarten und Skimmien zusammen.

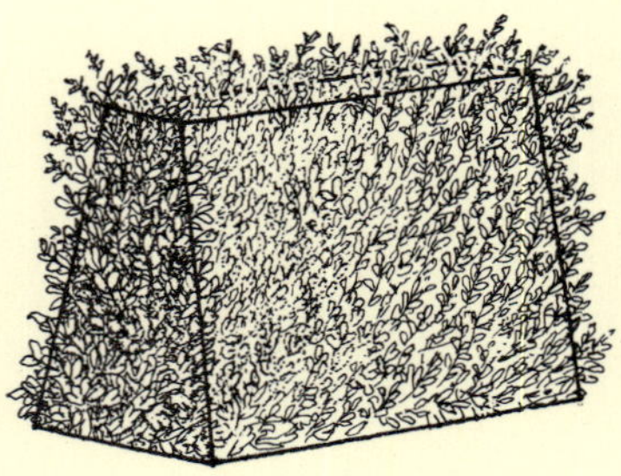

Hecke mit Formschnitt vor dem Rückschnitt

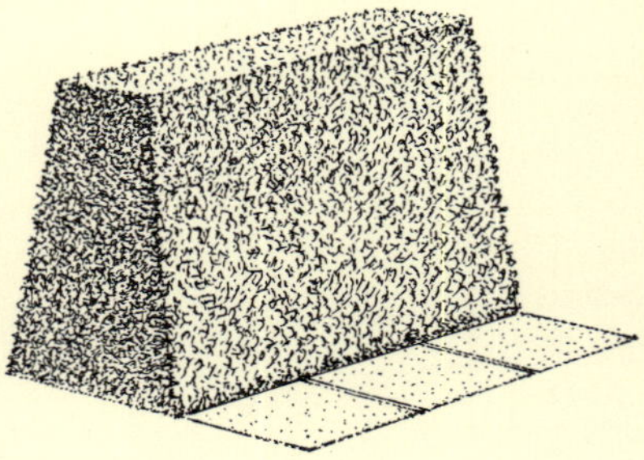

ideale Form mit Seitenweg für leichte Pflege

Herunterführen einer Hecke *Lückenhafte Hecken können verjüngt werden, indem man die verholzten Stämme auf die Hälfte zurückschneidet und ihre heruntergebundenen Kronen mit Pfosten befestigt.*

Sträucher

Umpflanzung

Die meisten Gehölze lassen sich umpflanzen, auch wenn sie schon älter sind. Hierzu müssen die Wurzeln vorbereitet und die Pflanzen selbst zurückgeschnitten werden.

Pflanzenwurzeln bestehen aus Verankerungswurzeln, damit die Pflanzen nicht umgeweht werden können, und aus Faserwurzeln, die an den Spitzen des Verankerungssystems wachsen. Meist entspricht die Größe des Wurzelsystems mehr oder minder der Krone.

Wenn man Gehölze vor dem Umpflanzen dicht an der Wurzel umsticht, zerschneidet man damit sowohl die Faserwurzeln als auch das Verankerungssystem. Je größer und älter eine Pflanze ist, desto schwieriger wird das Umpflanzen. Bis zu einem Alter von zwei oder drei Jahren besitzen Sträucher nur ein kleines Wurzelsystem und leichte Verankerung, da sie kein Gewicht zu halten haben. Sie können leicht verpflanzt werden. Je mehr Erde man mit den Wurzeln aufnimmt, desto weniger wird das Wurzelsystem gestört.

Ältere größere Gehölze sollten ein Jahr vor dem Umpflanzen vorbereitet werden, indem man sie mit dem Spaten im Abstand von 50 cm von der Mitte des Gehölzes gerechnet umsticht. Das erzeugt einen dichteren Wurzelballen aus neu gebildeten Faserwurzeln, der im darauffolgenden Frühling leichter verpflanzt werden kann. Ältere Gehölze sollten auch in der Krone zurückgeschnitten werden, um den Verlust an Feuchtigkeit durch die Atmung zu reduzieren, da man die Wasserzufuhr durch das Abstechen der Wurzeln ebenfalls verringert hat.

Bevor man ein Gehölz aufnimmt, hebt man das neue Loch für die Pflanzung aus. Es muß groß und tief sein.

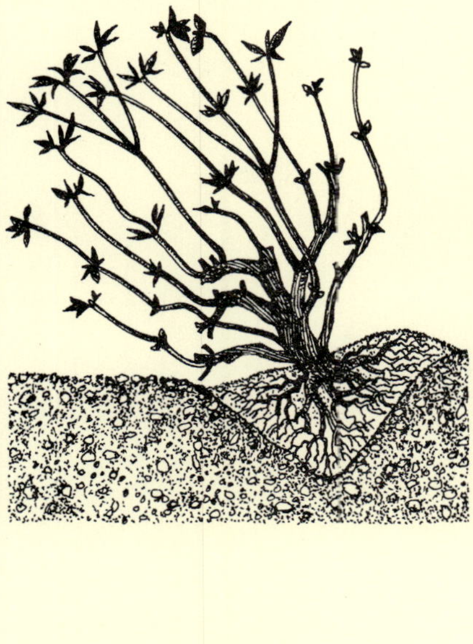

Es ist wichtig, daß das Umpflanzen so schnell wie möglich vonstatten geht, damit die freiliegenden Wurzeln nicht austrocknen können.

Wenn man einen Strauch herausnehmen will, löst man die Wurzeln so vorsichtig wie möglich mit einer Gabel. Dann sticht man mit einem Spaten die weitestreichenden Wurzeln ab. So arbeitet man rund um die

zum Umpflanzen vorbereitet

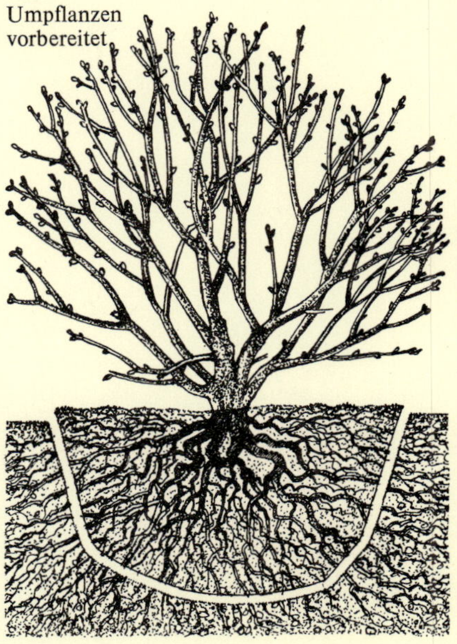

umgepflanzt und zurückgeschnitten

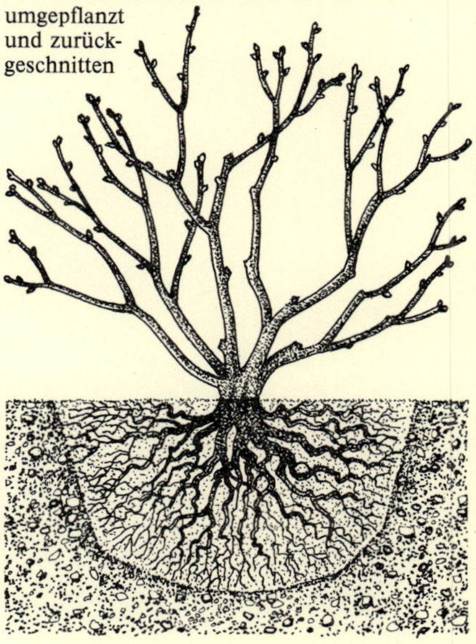

Pflanze und löst dabei allmählich den Boden darunter und lockert den Ballen von den Seiten. Wenn das Gehölz frei steht und man die Wurzeln sehen kann, schätzt man die Größe des Pflanzloches für die Neupflanzung. Bevor man es wieder einsetzt, lockert man den Boden im Pflanzloch mit einer Gabel und mischt ihn mit einem organischen Dünger oder Kompost und einer Handvoll Knochenmehl. Man setzt das Gehölz mit soviel Erde wie möglich ein, breitet sein Wurzelsystem aus, schneidet gebrochene Wurzeln sauber mit einer Gartenschere ab und schaufelt den Bodenaushub wieder in das Loch. Das Gehölz wird dann etwas angehoben und geschüttelt, damit sich der Boden zwischen alle Wurzeln setzt.

Bevor man den Boden auf Endhöhe bringt, schlägt man einen Pfahl ein, wobei darauf zu achten ist, daß dabei keine Wurzeln beschädigt werden. Dann füllt man weiter auf und tritt die Erde mit dem Absatz fest. Die Pflanze soll nach der Pflanzung genauso tief im Erdreich stehen wie zuvor. Ist der Boden trocken, muß das Gehölz stark gewässert werden, damit der Boden zwischen die Wurzeln geschlämmt wird und sie fest umschließt. Schließlich bindet man den Stamm nicht zu fest an den Pfosten, damit er durch Reibung nicht beschädigt werden kann.

Anschließende Pflegemaßnahmen

Neu gepflanzte Gehölze benötigen viel Pflege. Sie müssen regelmäßig gegossen werden, damit die Wurzeln nicht austrocknen (Immergrüne neigen besonders stark dazu).

Nach Frost oder Schnee sollten neu gepflanzte Gehölze durch Antreten wieder fest mit dem Boden verbunden werden. Die neuen Beete müssen sauber gehalten werden und die Bodenkrume sollte durch Hacken oder leichtes Durchgabeln während der Wachstumszeit krümelig bleiben. Das unterstützt die Wasserdurchlässigkeit. Im Frühjahr arbeitet man Dünger oder Kompost in den Boden ein.

Die Jahreszeit, in der man Gehölze verpflanzt, und die nachfolgende Pflege hängen von der Örtlichkeit ab. In milderen Regionen kann die Arbeit im Herbst, Winter und Frühling durchgeführt werden, vorausgesetzt, daß der Boden nicht gefroren ist. Das Umpflanzen ist in rauhen Klimabereichen im Frühling sicherer. Koniferen sollten immer zu dieser Zeit verpflanzt werden.

Das Wetter kann im Frühling sehr rasch umschlagen, doch wenn der Boden austrocknet, sind die neu gepflanzten Gehölze mit einem Schlauch oder einer Kanne ohne Tülle gut zu wässern. Auch Wind kann den Boden austrocknen. Je nach Art sollte man daher die Krone des verpflanzten Gehölzes ziemlich drastisch zurückschneiden, um neues Wachstum zu fördern.

Je größer das verpflanzte Gehölz ist, desto länger dauert es, bis es eingewachsen ist. Immergrüne verlieren nach dem Umpflanzen häufig sämtliche Nadeln, aber meist erholen sie sich wieder, auch wenn es eine ganze Wachstumsperiode dauern kann.

Der Gehölzschnitt

Sträucher blühen im allgemeinen sehr gut, wenn man sie in Ruhe läßt. Man sollte sie nur schneiden, um Höhe, Form und Dichte zu regulieren und damit sie in einer bestimmten Höhe blühen. Deshalb ist vor dem Schneiden zu überlegen, was man damit bezweckt. Wenn Sträucher sich selbst überlassen bleiben, wachsen sie in die Höhe und Breite und blühen früh an den vorjährigen Zweigen oder gegen Ende des Jahres am jungen Holz. Man sollte Gehölze schon deshalb schneiden, damit die Blüten nicht von Jahr zu Jahr höher ansetzen. Dabei ist auf folgendes zu achten: Man darf Frühlingsblüher nicht im Herbst schneiden, denn sonst entfernt man damit gleichzeitig die Blüten für den nächsten Frühling. Solche Gehölze werden nach der Blüte im Frühling geschnitten, damit sie den Sommer hindurch wachsen können und die Knospen für das kommende Jahr bilden. Im Herbst sollte man nur solche Sträucher schneiden, die an jungen Trieben im folgenden Jahr blühen.

Man kann den Gehölzen im Herbst einen Formschnitt geben, um sie auf die gewünschte Größe zu trimmen. Dichte Sträucher wie Buchsbaum und Stechpalme lichtet man aus. Man benutzt zum Schneiden Gartenscheren und schneidet die Triebe glatt über einer Knospe bzw. einem Auge ab, oder man entfernt alte verholzte Triebe an der Basis.

Strauchrosen benötigen keinen Rückschnitt. Floribundarosen erhalten nur einen leichten Formschnitt. Abgestorbenes Holz entfernt man. Teehybriden schneidet man bis auf zwei oder drei Augen an jedem kräftigen Trieb zurück. Durch guten Rückschnitt erhält man zudem einen lichtkronigen, gut geformten Busch. Da sich neues Wachstum aus den verbleibenden Knospen entwickelt, muß man sich den Busch beim Rückschnitt im ausgewachsenen Zustand vorstellen. In rauheren Klimazonen erfolgt der Rückschnitt erst im Frühjahr.

Im übrigen ist es vielleicht gut zu wissen, daß man durch Rückschnitt kaum einen Strauch zum Absterben bringen kann, sondern ihn vielmehr neu belebt. Nicht ganz winterharte Rosen kann man allerdings vernichten, indem man sie zu früh zurückschneidet. Bei Pflanzen mit starken Mittel- oder Leittrieben kann man diese Triebe herausnehmen, um eine etwas flachere Form zu erhalten.

Weichholzarten *Sommerflieder und einige andere Gehölze werden struppig, wenn man sie bis zum Endstadium wachsen läßt, und ihre Blüten bleiben dann klein. Sie müssen im Frühling wie unten abgebildet scharf zurückgeschnitten werden, damit sich starke, neu Triebe bilden.*

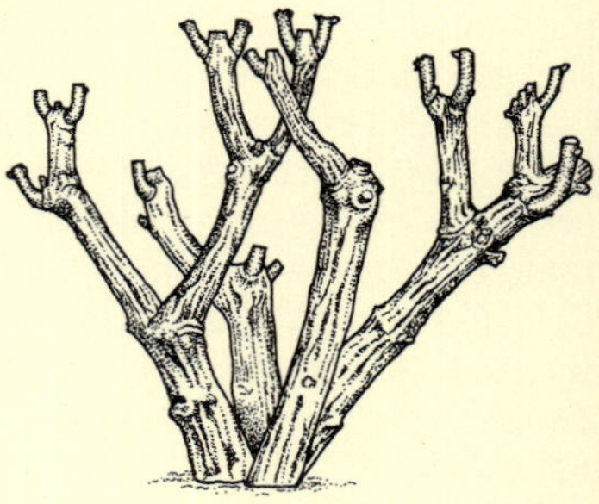

Dichte immergrüne Gehölze *Dichtwachsende Gehölze wie Ölweide, Liguster und Buchsbaum benötigen selten Rückschnitt, abgesehen vom Entfernen abgestorbener Zweige. Werden sie zu groß, zu ausladend oder zu sperrig, schneidet man sie im Frühling bis zum Boden zurück (siehe unten). Dichtes neues Wachstum entwickelt sich bald wieder, wenngleich es erst nach etwa zwei Jahren blüht.*

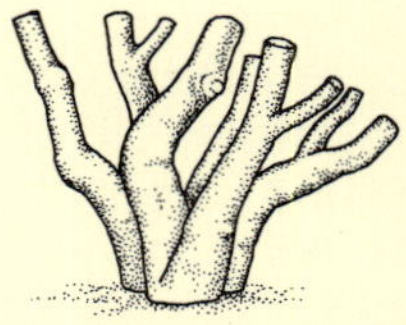

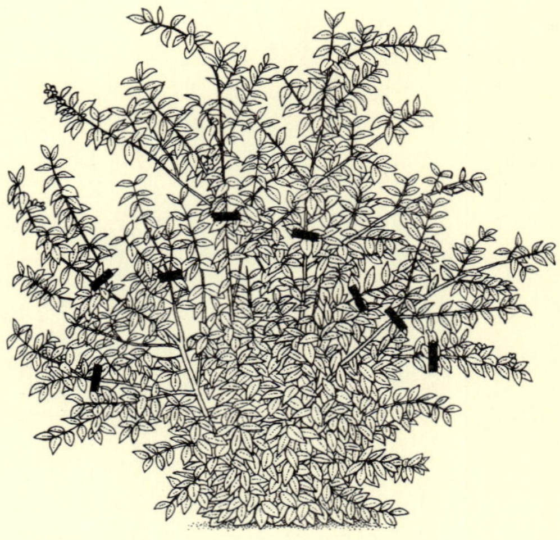

Stark verholzende Sträucher *Goldglöckchen und Pfeifenstrauch können staksig werden. Man schneidet sie nach der Blüte, indem man das abgestorbene Holz und dann die alten Triebe dort zurückschneidet, wo sich junge Schößlinge zeigen.*

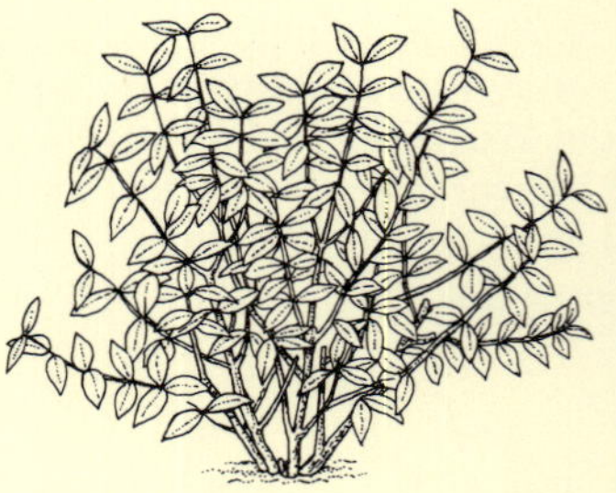

Schnittmethode

Wenn man einen Zweig entfernt, muß man einen glatten Schnitt dicht über einem gesunden Auge durchführen, wobei die Schnittschräge vom Auge weg verlaufen soll.

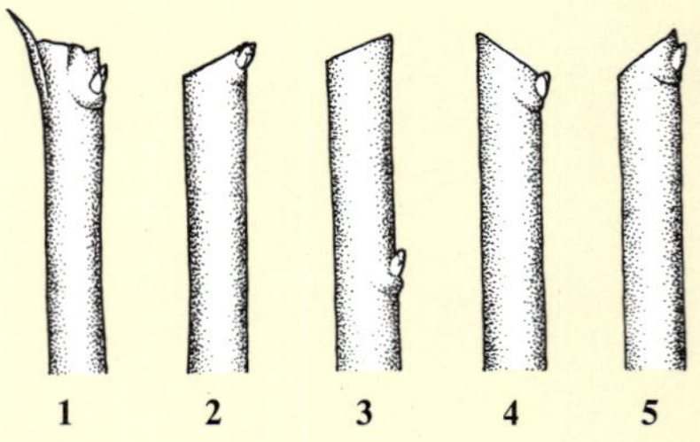

1 zu unregelmäßig
2 zu nah am Auge
3 zu weit vom Auge
4 falsche Schräge
5 richtiger Schnitt

Stauden

Die meisten Stauden wachsen in fast allen Böden, wenn es sich nicht um extreme Bedingungen handelt. Sie sind billig, erfordern aber mehr Pflege als die Gehölze. Sie wachsen rasch und erreichen ihr Endwachstum innerhalb eines Jahres. Doch auch Stauden haben ein begrenztes Leben. Jegliche Vegetation stirbt letztlich an Überalterung, auch wenn die Lebensspanne sich von einer Art zur anderen unterscheidet. Lupinen z.B. sind selten länger als fünf Jahre ansehnlich, während Pfingstrosen zehn Jahre und mehr erleben können. Bei der Teilung der Stauden im Herbst darf man nicht ängstlich sein, denn sie werden dabei nicht zerstört. Läßt man sie bis zum Frühling stehen, kann man sie auf der Rabatte nicht erkennen, da das typische Laub fehlt. Auch kann man ihre Triebspitzen in dieser Zeit leicht beschädigen oder zerstören, wenn man die Flächen betritt.

Viele Stauden säen sich selbst aus, und man erlebt in der Staudenrabatte immer wieder Überraschungen, wenn plötzlich irgendeine Pflanze erscheint, die nicht eingeplant war. Im Gegensatz zu Gehölzen haben Stauden weiche Triebe, die am Ende der Wachstumsperiode absterben. Stauden bilden das Grundgerüst einer Blumenrabatte und sind gleichzeitig der Sommerschmuck eines traditionellen ländlichen Gartens. Viele Stauden wirken auch vor Gehölzpflanzungen gut. Ihre Kultur in einer gemischten Rabatte ist leichter als in einer reinen Staudenpflanzung.

Teilen holziger Wurzelstöcke

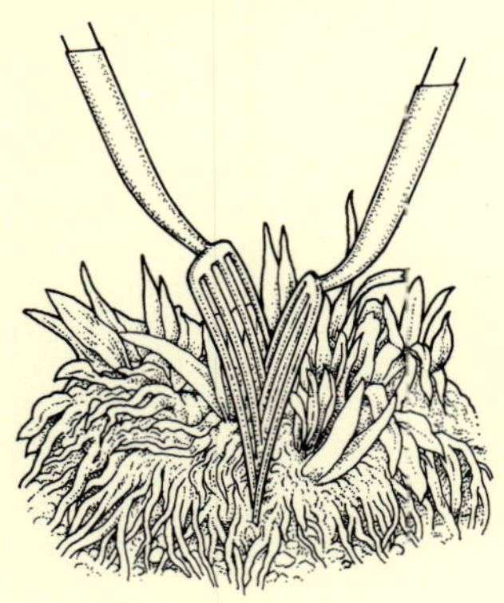

Teilen fleischiger Wurzelstöcke

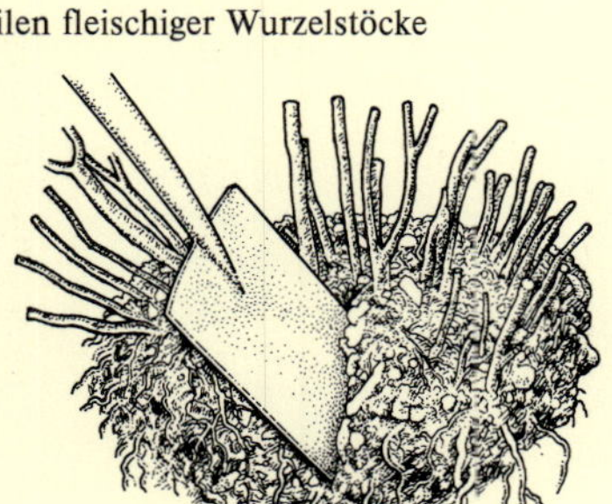

Die Staudenrabatte muß breiter sein als die doppelte Höhe der höchsten Stauden, die 2–3 m hoch werden können. Eine solche Anlage ist gut proportioniert. Diese Maße sind überraschend, und man ist manchmal gezwungen, die Rabatten im Herbst zu verbreitern, um dieses Größenverhältnis zu erreichen.

Staudenpflanzen kippen gern und wenn das über einem Rasen geschieht, erschwert es die Rasenpflege. Man kann den Randbereich mit Platten oder Pflastersteinen befestigen, damit man nicht jedesmal beim Mähen die Kanten nachschneiden muß.

Der Boden sollte einige Wochen vor der Pflanzung der Stauden vorbereitet werden, damit er sich setzen und festigen kann. Man lockert ihn so tief wie möglich und bringt organische Nährstoffe und Knochenmehl in der obersten Schicht ein. Am besten bereitet man ihn bereits im Herbst vor und pflanzt im darauffolgenden Frühjahr. Auf leichten Böden und bei geeignetem Klima kann man auch im Herbst pflanzen.

Das Pflanzloch für die einzelne Pflanze muß groß genug sein, damit man die Wurzeln ausbreiten und die Staude in der richtigen Tiefe pflanzen kann. Die Pflanzabstände innerhalb der jeweiligen Pflanzgruppen sollten 25–30 cm bei zwergwüchsigen Arten – wie z.B. Primeln –, 30–38 cm bei mittelhohen Stauden – wie z.B. Berufskraut – und 45–60 cm bei starkwüchsigen Arten wie z.B. Rittersporn betragen.

Die nachfolgende Pflege der Stauden beschränkt sich auf das Stützen der Pflanzen bei zunehmender Höhe, wenn Gefahr von Windbruch besteht. Nach der Blüte entfernt man die abgeblühten Stengel. Jährlich blühende Pflanzen, wie Lupinen, blühen dann oft ein zweites Mal.

Das Teilen der Pflanzen erfolgt im Herbst, wenn sie zu groß werden, denn Stauden wachsen gern nach außen und in der Mitte entsteht dann ein Loch. Sämtliche Wurzelunkräuter sind zu entfernen. Man nimmt die Stauden mit Hilfe zweier Gabeln, die man in die Masse hineinsticht, auf und spült das anhaftende Erdreich ab. So kann man besser beurteilen, wo sich der Wurzelstock am besten teilen läßt. Stauden mit fleischigen Wurzelstöcken, wie Pfingstrosen, werden mit einem Spaten geteilt, und ergeben drei oder vier Pflanzen.

Einjährige

Einjährige sind im allgemeinen sehr wirkungsvoll und benötigen wegen ihrer kurzen Lebenszeit wenig Pflege, wenn sie einmal eingewachsen sind. Viele werden im Frühling als Jungpflanzen verkauft, doch man kann selbst im leicht beheiztem Gewächshaus oder sogar im unbeheizten Kasten Einjährige aussäen, abhärten und auspflanzen. Andere, größere Samen wie die von Kapuzinerkresse kann man direkt an Ort und Stelle säen.

Man bereitet den Boden durch leichtes ca. 10 cm tiefes Auflockern vor und entfernt sämtliches Unkraut mit ihren Wurzeln. Sind die Samenkörner winzig, wie z.B. beim Goldmohn, streut man sie breitwürfig über den vorbereiteten Boden, indem man das Samentütchen vorsichtig schüttelt. Zum leichteren Säen sind sogar Pillen im Handel, die von einer sterilen Hülle umgeben sind. Sie faulen weniger leicht und lassen sich einfacher handhaben. Der Samen wird vorsichtig eingeharkt und mit einer Gießkanne mit feiner Brause übersprüht. Je nach Bodenart und Temperatur sollte der Samen nach etwa 14 Tagen auflaufen und muß dann möglicherweise ausgedünnt werden. Hat man seine Einjährigen früh im Jahr ausgesät, kann man sie nach der Blüte zurückschneiden, damit sie später eventuell noch einmal blühen.

Breitwürfige Aussaat von Einjährigen

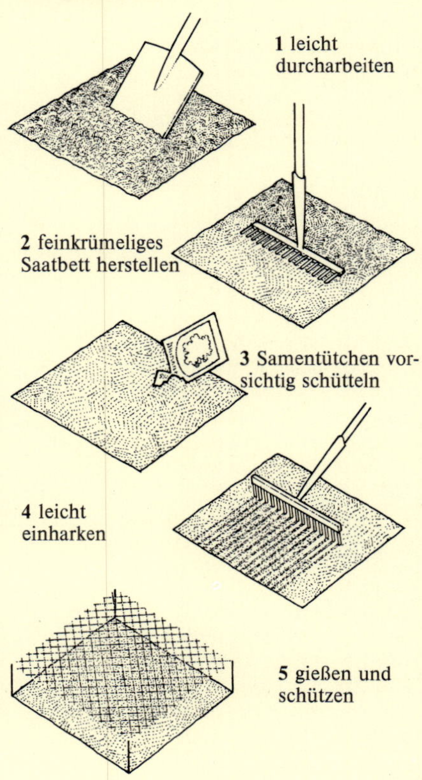

Rasen

Der schönste natürliche »Bodenbelag« im Garten ist eigentlich Gras, doch Rasenflächen haben auch Nachteile. Zunächst benötigen sie während der Wachstumszeit viel Pflege. Gras wächst außerdem nicht in tiefem Schatten oder an Stellen, wo es durch ständiges Begehen strapaziert wird. Trockenperioden können bestimmte Grasarten zum Eintrocknen und sogar zum Absterben bringen. Starker Frost und Schnee im Winter können sich ebenfalls fatal auswirken, und schließlich kann Gras Wirtspflanze für Organismen sein, die es im Wachstum behindern. Wenn Gras erkrankt, bleibt nur ein armseliger Rasen übrig.

Ist man jedoch bereit, dem Rasen die erforderliche Pflege angedeihen zu lassen, gibt es keine bessere Oberfläche für einen Garten. Durch Mähen, Gießen, Düngen und Jäten sieht ein Garten nicht nur sauber und attraktiv aus, sondern der Rasen wird auch gesünder und kräftiger und verhindert somit das Aufkommen von Moosen und Unkräutern.

Mähen ist während der Wachstumsperiode wöchentlich nötig. Die Messer des Mähers müssen scharf, richtig eingestellt sein und in der richtigen Höhe stehen *(siehe Zeichnung gegenüber)*. Wässern ist nach etwa sieben trockenen Tagen im Sommer oder nach zehn Tagen im Frühling nötig, sonst sieht der Rasen stumpf oder braun aus und verliert seine Elastizität beim Begehen. Wie bei allem Gießen soll man den Rasen gut wässern *(siehe Bewässerung S. 105)*. Durch zu wenig Wasser wurzelt der Rasen nur an der Oberfläche an.

Düngen ist notwendig, weil durch das ständige Mähen dem Rasen viele Nährstoffe entzogen werden. Düngt man im Frühling, wenn das Gras zu wachsen beginnt, sollte man einen stickstoffreichen Dünger wählen.

Durch Abharken des Rasens mit einem Rechen werden abgestorbenes Laub und strohige Halme, die die Bildung von Moos und das Aufkommen von Unkräutern begünstigen, entfernt, die den Transport von Luft und Nährstoffen an die Wurzeln beeinträchtigen können. Auch das Bürsten des Rasens mit einem harten Besen ist sehr wirkungsvoll. Moos und Unkräuter müssen ständig bekämpft werden. Aufkommendes Moos ist allgemein ein Zeichen dafür, daß der Rasen entwässert werden muß. Kleinere Moosflecken entstehen, wenn es längere Zeit geregnet hat. Man sollte ein Unkraut- und Moosvernichtungsmittel benutzen, sobald ein Befall feststellbar ist.

Wurmhäufchen sind ein Ärgernis, denn wenn man sie breittritt, ergibt die bloße Erde idealen Boden für neues Unkraut. Am besten verstreut man sie mit einem harten Besen, bevor man den Rasen mäht.

Ob man den Rasen an den Kanten absticht oder nicht, ist eine ästhetische Frage. Mit einer befestigten Rasenmähkante (aus Ziegelbelag oder

Pflege des Rasenbereichs

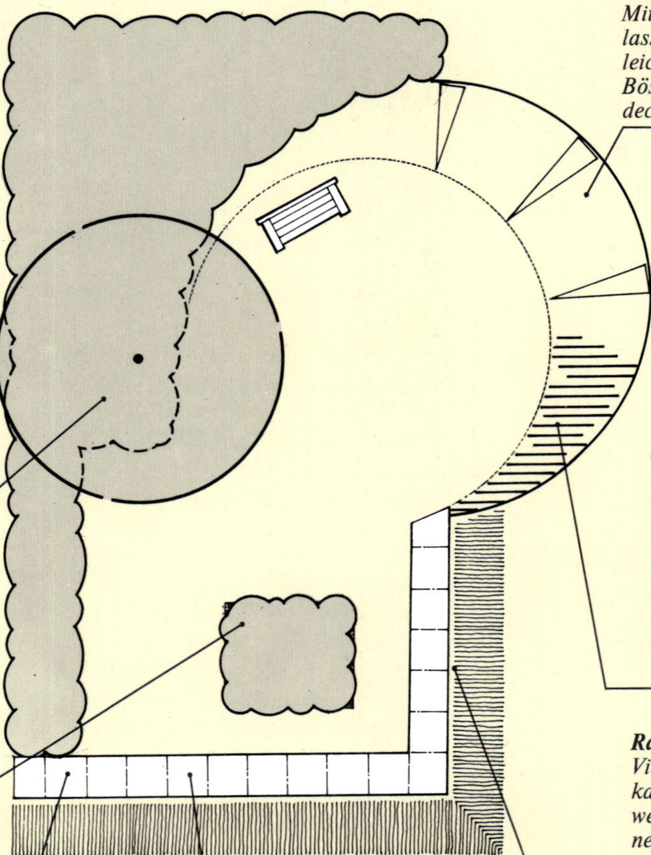

Bereiche unter Bäumen
Dichter Rasen unter Bäumen hat unvermeidbar zu leiden, denn hier herrscht Mangel an Nährstoffen, Wasser und Sonnenlicht. Das Entfernen der unteren Äste des Baumes schafft etwas Abhilfe. Auch jährliches Nachsäen des Grases ist empfehlenswert. Man kann den Bereich aber auch in ein Beet umwandeln und mit Sträuchern und Stauden bepflanzen, die im Schatten gedeihen. Außerdem kann man den Bereich um den Baumstamm pflastern.

Inselförmige Beete
Ein inselförmiges Beet muß im richtigen Größenverhältnis zum Rasen stehen, denn es läßt eine Rasenfläche immer kleiner erscheinen, wenn es der Form nach nicht dem Gesamtplan angepaßt ist. Nötigenfalls sind solche Beete neu zu fassen.

Zugangsbereiche
Der Zugang zum Rasen muß breit genug sein, sonst wird diese Stelle bei starker Benutzung bald zertreten und unansehnlich aussehen.

Wege
Wege sollten um einen Rasen führen und nicht hinein, denn die Verbindung von Weg und Rasen wird sonst schnell unansehnlich.

Böschungen
Mit modernen Rasenmähern lassen sich Rasenböschungen leicht mähen. Stärker geneigte Böschungen sollten mit Bodendeckern bepflanzt werden.

Zwiebelpflanzen
Narzissen sehen in einem Rasen besonders hübsch aus, aber das Laub muß einziehen können, wenn sie im kommenden Jahr gut blühen sollen. In einem kleinen Garten setzt man Narzissen in verstreute Flecken mit ungeschnittenem Nutzrasen.

Rasenmähkante
Viel mühsame Arbeit kann vermieden werden, wenn der Rasen mit einer Mähkante eingefaßt wird, d.h. mit einem befestigten Streifen zwischen dem Rasenrand und den angrenzenden Flächen oder Mauern. Auch Wege legt man für leichteres Mähen etwas niedriger an als die Rasenfläche.

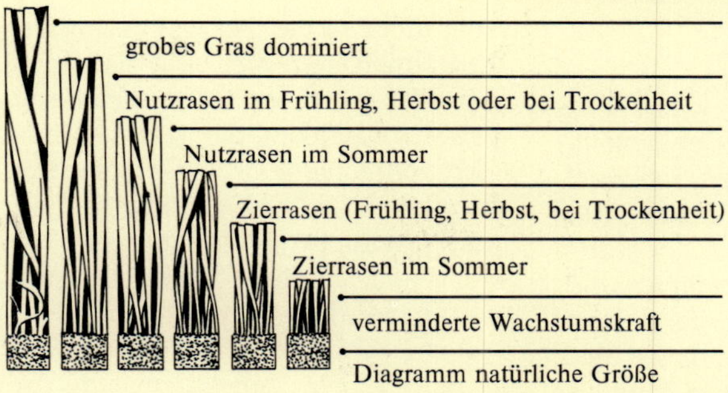

Schnitthöhe *Bei der Rasenfläche muß die Höhe des Rasens der Jahreszeit, den Wetterbedingungen und der eingesäten Rasenmischung entsprechen.*

Klinkerplatten) wird dieses Problem gelöst. Mühsames Nachschneiden von Hand erübrigt sich, wenn man einen Mäher besitzt, der in alle Ecken und über die Mähkanten reicht.

Es sind noch andere Arbeiten erforderlich, die aber seltener durchgeführt werden müssen. Man sollte z.B. den Rasen ab und zu mit einem Rasenlüfter oder einer Rasenharke lüften, um die Oberfläche zu lockern, die sich durch Benutzung und Mähen verdichtet hat. Dadurch wird der Rasen gleichzeitig dräniert. Das sollte wenigstens einmal jährlich durchgeführt werden, wenn sich z.B. das Moos breitzumachen beginnt.

Im Herbst gibt man dem Rasen eine Kopfdüngung, um den Boden mit Nährstoffen zu versorgen, besonders wenn es sich um nährstoffarmen Boden handelt. Mit einer Mischung aus Torf, Lehm und Sand füllt man kleinere Löcher und Rillen aus, um eine glatte Oberfläche zum Mähen zu erhalten. Im Herbst ist außerdem ein mineralischer oder organischer Kopfdünger anzubringen. Am besten sind ausgewogene Langzeitdünger, um Wurzelbildung und Krankheitsresistenz zu fördern. Stickstoffdünger im zeitigen Frühjahr reichen allein nicht aus. Man muß auch ausgewogenere Nährstoffmischungen verabreichen, um Mängeln, die durch einseitige mineralische Düngung entstehen, abzuhelfen.

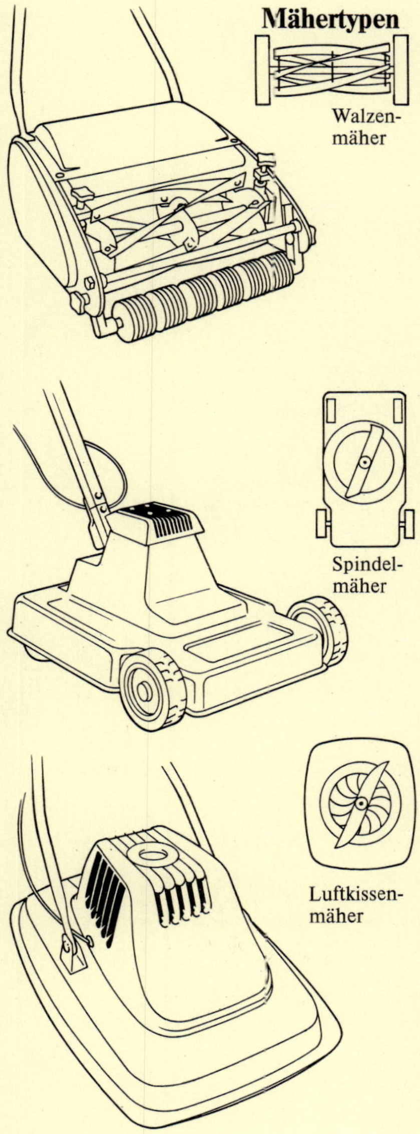

Eine Arbeit, die selten durchgeführt werden muß, ist das Walzen des Rasens. Es verdichtet allerdings den Rasen, wenn es nicht zur rechten Zeit durchgeführt wird. Der richtige Zeitpunkt ist der Frühling, wenn die Rasenoberfläche abgetrocknet, der darunterliegende Boden aber noch feucht ist und man den Rasen, der sich durch den Frost abgehoben hat, wieder fest mit dem Boden verbinden muß.

Bodendecker

Bevor man Bodendecker pflanzt, muß der Boden sorgfältig vorbereitet werden. Wurzelunkräuter, die zwischen diesen Pflanzen wachsen, sind im Nachhinein schwer herauszuholen. Trotzdem sind sie unvermeidbar. Daher müssen die Pflanzen von Zeit zu Zeit aufgenommen und die Wurzelsysteme gesäubert werden. Manche Pflanzen müssen nicht nur gelegentlich aufgenommen, sondern auch geteilt und neu gepflanzt werden, denn Polsterstauden wie Thymian, Grasnelken und Wollziest wachsen von ihrem ursprünglichen Mittelpunkt weg, der dann kahl wird. Man nimmt die ganze Pflanze heraus, wählt junge Triebe aus, die bereits ein eigenes Wurzelsystem gebildet haben, und pflanzt sie neu auf. Bei wuchernden Pflanzen müssen die Ausläufer entfernt werden. Als Beispiel hierfür gilt die Gefleckte Taubnessel, die sogar in Sträucher wächst, wenn sie nicht in Schach gehalten wird. Brombeeren und Himbeeren oder einige Arten des großblättrigen Efeus können ebenfalls lästig werden. Die kleineren Gräser, die interessante Rasenpolster bilden, verlieren ihre hübsche polsterartige Form bald, wenn sie nicht regelmäßig aufgenommen, geteilt und neu gepflanzt werden.

Wenn man Bodendecker gepflanzt hat, die nicht zu stark wuchern, ist die Pflege verhältnismäßig einfach. Zu den schwachwüchsigen Alternativen gehören die strauchigen Kriechwacholder. Daher sollte man die Pflanzen und ihr Wachstum genau studieren, bevor man sich entscheidet.

Bestimmte Pflanzen, wie die Johanniskrautart *Hypericum calycinum* und Bambus, müssen gebremst werden, besonders, wenn sie nur auf einer bestimmten Stelle wachsen sollen. Hier kann man sich mit 30 cm tief in den Boden eingelassenen Dachpappstreifen helfen, um die unterirdischen Ausläufer zu begrenzen, obwohl das nicht immer hilft, besonders beim Bambus. Hier nützen Metallstreifen, zum Beispiel das nichtrostende Aluminium, das längere Zeit hält und keine Pflege erfordert, allerdings sehr kostspielig ist. Dennoch erfordern Bodendecker Pflege, sei es durch Schnitt oder Mähen, um das Wachstum flach und dicht zu halten.

Die Ausläufer mancher Pflanzen, wie bodendeckende Rosen und Efeu, müssen in bestimmte Richtungen gelegt werden, damit sie offenen Boden überwachsen. Entweder beschwert man solche formierten Ranken mit einem Stein oder man macht sich Drahtösen und heftet die Ranken damit fest an den Boden.

Kletterpflanzen

Die Art und Weise, wie Kletterpflanzen wachsen, gibt uns den Schlüssel für ihre Behandlung am Ende eines Jahres. Auch hängt sie von der Höhe ab, welche die Pflanzen erreichen und in der sie blühen sollen, denn man möchte vielleicht bestimmte Gerüste beranken, die vom niedrigen Zaun bis zu hohen Mauern reichen. Andererseits läßt sich die Höhe, in der die Blüten erscheinen sollen, festlegen, denn sie bilden sich im allgemeinen an den neuen Trieben. Im übrigen gilt die Regel: Je stärker der Rückschnitt, desto tiefer an der Pflanze erscheinen die neuen Triebe und Blüten. Die Blüte hängt also vom Schnitt zur richtigen Jahreszeit ab. Frühlingsblühende Kletterpflanzen schneidet man nach der Blüte. Herbstschnitt, wie bei anderen Kletterpflanzen, würde hier gleichzeitig Verlust der Blüten für das kommende Jahr bedeuten.

Viele Kletterpflanzen, wie z.B. der Schlingknöterich, können jedes Jahr im Herbst stark zurückgenommen werden, denn sie entwickeln ein enormes Wachstum. Winterjasmin schneidet man im Frühling. Weinreben sollte man im Herbst bis auf die Haupttriebe zurücknehmen.

Kletterrosen befreit man im Herbst von allen Jahrestrieben. Neue Triebe bindet man in geeigneter Form an, um sich dadurch den Schnitt im kommenden Herbst zu erleichtern. Verholzende Kletterpflanzen, wie die Geißblattarten, werden – wenn überhaupt – im allgemeinen im Herbst geschnitten. Man entfernt das abgestorbene Holz, um neues Wachstum zu begünstigen. Bei starkem Rückschnitt erhält man so die besten Ergebnisse. Wenn man nur hier und da einen schwachen Ast entfernt, bekommt man wirre Ranken, die weder blühen noch dem Charakter der Pflanze entsprechen. Um die Höhe einer Kletterrose festzulegen, bindet man die wüchsigen, älteren Triebe an und nimmt die abgestorbenen Teile heraus. Die Schößlinge werden dann auf mittlere Länge eingekürzt, um die Blütenentwicklung weiter unten an der Pflanze zu begünstigen. Im Herbst entfernt man die Wasserreiser und Wildlinge der Unterlage und schneidet sie mit einer Schere dicht an der Austriebsstelle ab.

Waldreben sollten nicht geschnitten werden, mit Ausnahme der Jackmannii-Hybriden, die man nach der Blüte bis zum Boden herunternehmen kann. Wohnt man in einer rauheren Gegend, deckt man Clematis mit Farnlaub, Rindenmulche oder Stroh als Winterschutz ab. Glyzinien kürzt man nach der Blüte im Juli oder August ein. Dann müssen sie während des Herbstes gebunden und formiert werden. Genauere Instruktionen für Schnitt und Formieren besonderer Arten geben spezielle Fachbücher über Kletterpflanzen.

Der Herbst ist auch die richtige Zeit zur Pflege und zum Anbringen von Rankgerüsten, Drähten und Spalieren. Beim Zurückschneiden der Kletterpflanzen kann man diese Einrichtungen auch gut erneuern. Unter Umständen muß man die Pflanzen abnehmen, wenn man sie richtig schneiden will. Dabei stellt man schnell fest, ob die Kletterpflanze das Gerüst oder das Rankgerüst die Pflanze hält. Daher sind Drähte eine bessere Kletterhilfe als Spaliergerüste.

Rosenschnitt

Von den Strauchrosen entfernt man alle neuen Jahrestriebe, um gut geformtes, wüchsiges Holz zu erhalten. Bei Kletterrosen entfernt man nur das abgestorbene Holz und kürzt die neuen Triebe nach Form ein.

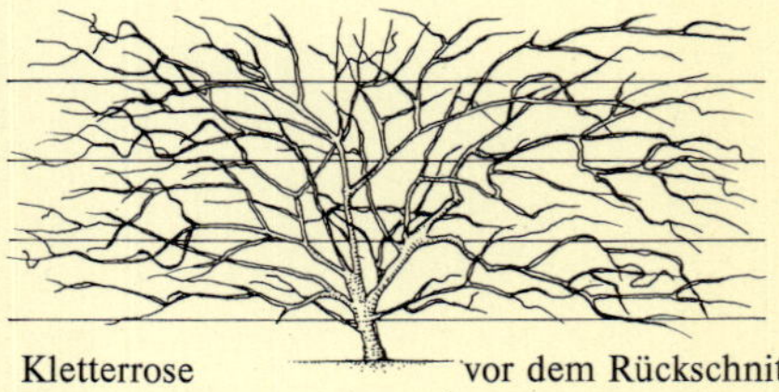

Kletterrose vor dem Rückschnitt

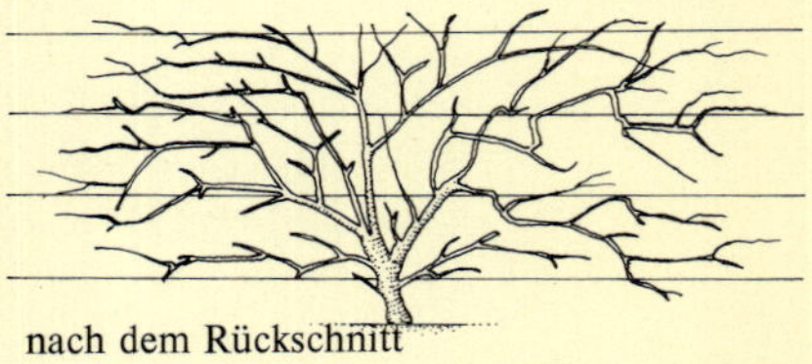

nach dem Rückschnitt

Strauchrose vor dem Rückschnitt

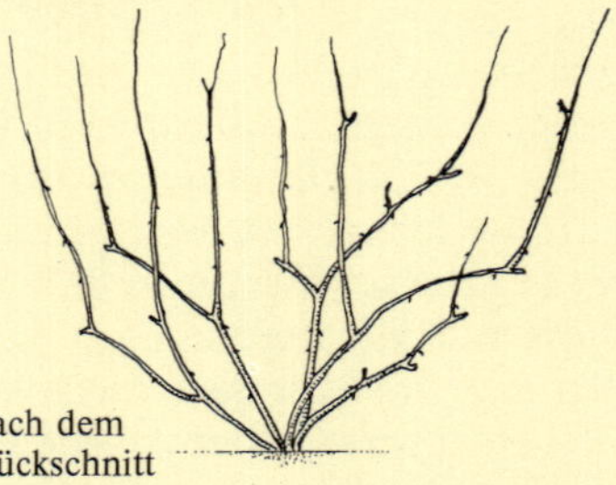

nach dem Rückschnitt

Schnitt bei verschiedenen Weinreben und Kletterpflanzen

Bestimmte Weinreben müssen bisweilen zurückgeschnitten werden, um übermäßiges Wachstum zu verhindern. Man nimmt sie bis dicht über dem Boden, oberhalb von gesunden Augen zurück. Kletterpflanzen sollten von den Gerüsten abgenommen werden, bevor man abgestorbene Triebe entfernt.

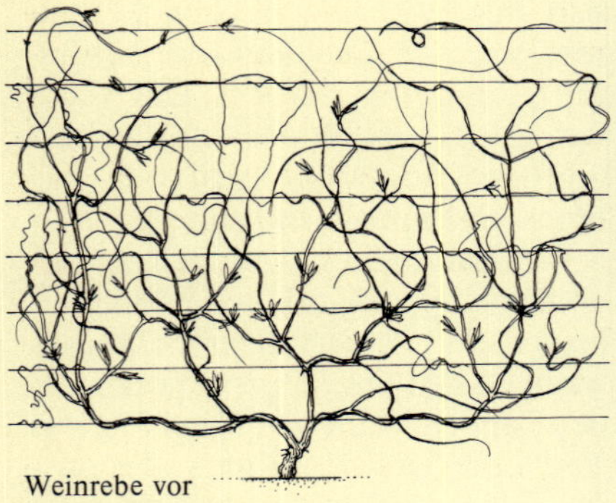

Weinrebe vor dem Rückschnitt

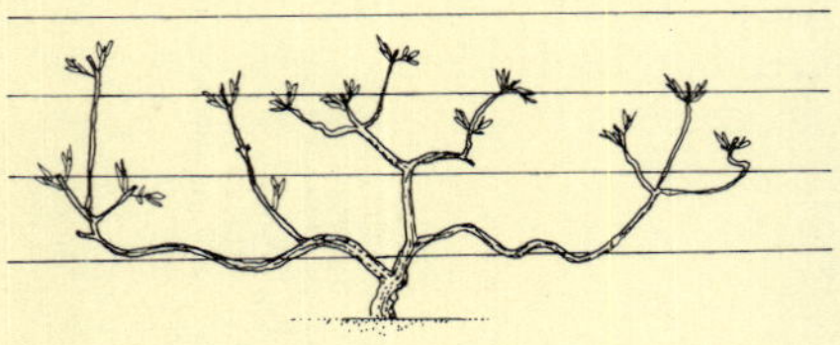

nach dem Rückschnitt

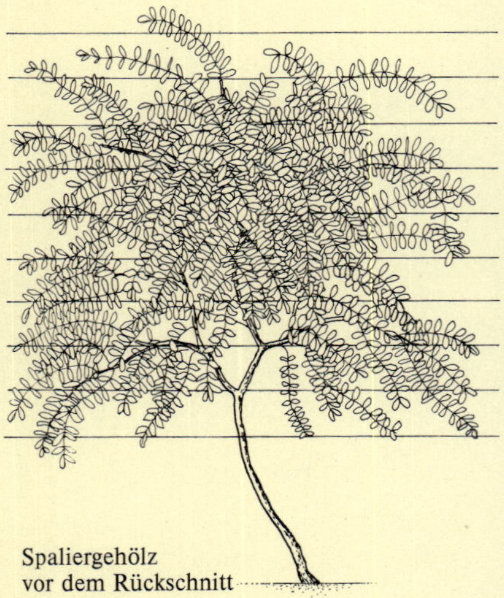

Spaliergehölz vor dem Rückschnitt

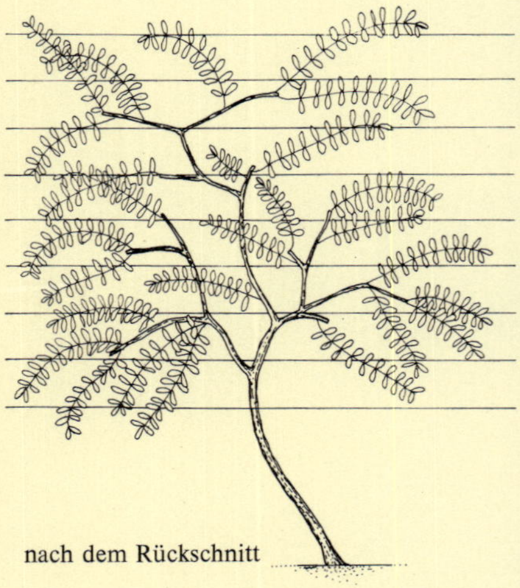

nach dem Rückschnitt

Wasserpflanzen

Ein Teich sollte nur sporadisch gereinigt werden, denn nach jeder Prozedur muß das natürliche Gleichgewicht zwischen Wasser, Tier- und Pflanzenwelt wiederhergestellt werden. Eine einfache Methode zum Herausfischen von Blättern aus kleinen Teichen ist ein Drahtnetz, das man in die Zinken einer Gabel hängt, um diese Vorrichtung dann wie einen Kescher zu benutzen. Man muß die Blätter herausholen, damit die Wasserpflanzen nicht ersticken. In voller Sonne ist das Algenwachstum im Wasser sehr stark. Es muß dann mit einem feinen Netz herausgefischt werden. Dafür gibt es zwar auch Chemikalien, die aber auch das übrige Teichleben gefährden können. Natürlicher Schatten löst das Algenproblem wahrscheinlich einfacher.

Wenn man das Becken leeren und reinigen muß, sollte man die Gelegenheit nutzen und die Pflanzen teilen, bevor man sie wieder in das Becken bringt. Die beste Zeit hierfür ist das späte Frühjahr. Dann wäscht man die Pflanzen und zerlegt sie. Schwache und kranke Triebe werden entfernt, starke Wurzelstöcke teilt man und bepflanzt die Kübel jeweils neu damit. Man benötigt nur Teilstücke der Wurzelstöcke mit Sproßenden. Es müssen auf jeden Fall einige Stücke der alten fleischigen Rhizome entfernt werden.

Pflanzen und Fische bleiben während der Winterzeit bei ausreichender Wassertiefe (wenigstens 80 cm) unter dem Eis gesund. Trotzdem sollte man ein etwa 50 cm großes Loch in das Eis schlagen, damit Luft in das Wasser gelangen kann und damit die Fische eventuell gefüttert werden können.

Sehr kleine Teiche können bei starkem Frost schnell zufrieren und Fische und Seerosen eventuell erfrieren. Das Leben in einem Teich kann

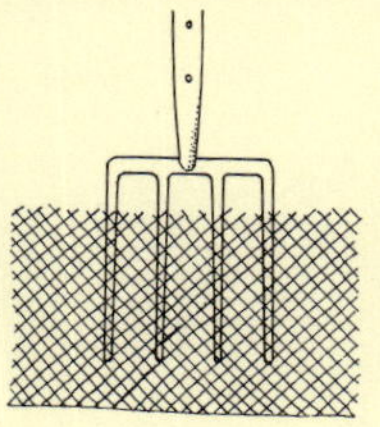

Drahtnetz, an den Zinken einer Grabegabel befestigt, dient als Kescher.

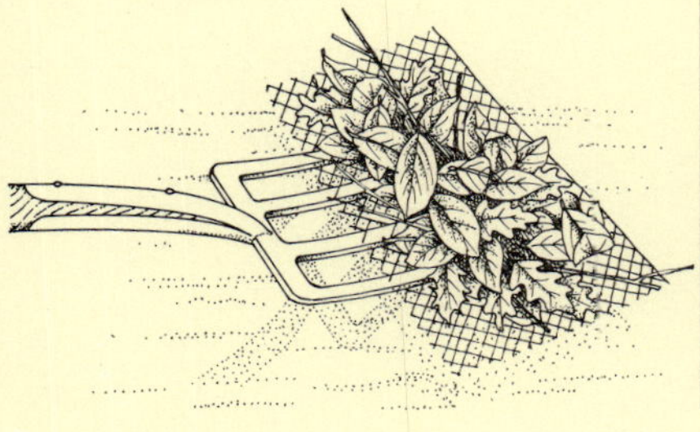

Teilung von Wasserpflanzen

Muß man Wasserpflanzen teilen, wählt man die für die jeweiligen Arten geeignete Methode. Uferpflanzen mit sellerieähnlichen Knollen, werden durch Auseinanderreißen des Wurzelstockes geteilt. Pflanzen mit kriechenden Rhizomen schneidet man am besten mit einem Messer in bewurzelte Teilstücke, und Knollenpflanzen, wie die Seerosen, werden auseinandergerissen.

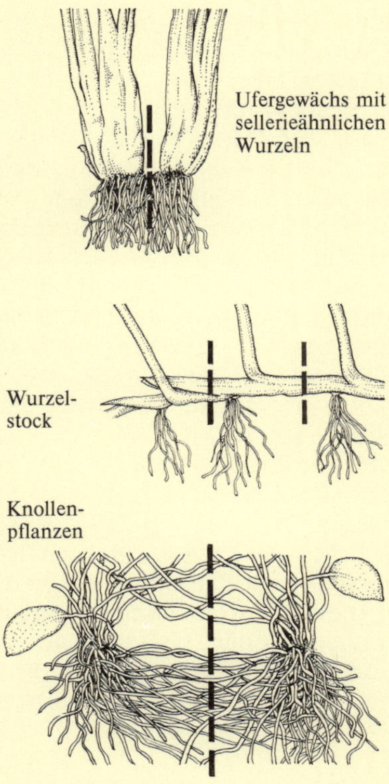

aber auch durch Holzplanken geschützt werden, auf die man Matten oder eine Lage Stroh packt. Man läßt sie auf der Wasseroberfläche bis zum Wetterumschwung im Frühling schwimmen. Dann müssen sie jedoch entfernt werden, damit die Pflanzen nicht zu früh austreiben. Man kann aber auch das Becken mit Latten überdecken und Säcke mit Stroh darüberdecken. Es ist ferner möglich, eine kleine eisfreie Stelle durch eine elektrische Beheizung zu schaffen, die mittels Thermostat kontrolliert wird.

Sumpfpflanzen, die am Rande von Teichen oder Becken wachsen, sollten während der Winterzeit zurückgeschnitten werden, wie das mit den Stauden bei einer gemischten Rabatte geschieht. Die Spitzen des riesigen Mammutblatts können dadurch geschützt werden, daß man ein abgeknicktes Blatt darüberstülpt und sie dann mit einem Korb oder Stroh abdeckt.

Kräuter

Die Pflege der Küchenkräuter besteht aus dem Rückschnitt des jährlichen Zuwachses im Herbst. Auch die abgestorbenen Triebe werden entfernt. Gelegentlich ist Formschnitt erforderlich. Salbei wird zum Beispiel nach einigen Jahren sehr sparrig und ist dann bis zum Haupttrieb zurückzuschneiden oder neu zu pflanzen. Einige horstartig wachsende Pflanzen, wie z.B. der Sauerampfer, müssen herausgenommen und geteilt werden, oder sie bedecken bald den ganzen Garten. Wenn man Pfefferminze in offenen Gartenboden pflanzt, muß man sie drastisch zurückschneiden, sonst lassen die unterirdischen Ausläufer sie bald in allen Ecken des Gartens erscheinen. Viele Kräuter, besonders Doldengewächse wie Petersilie, können sich selbst aussäen. Die Pflanzen müssen jedes Jahr gejätet werden. Fenchel und Angelika gehören auch dazu. Reife Samen, die auf den Boden fallen, keimen und durchwachsen andere Arten.

Will man Kräutersamen sammeln, zieht man die gesamten Pflanzen mit den Samenständen aus dem Boden, bevor der Samen reif ist, bindet sie in Bündel und hängt sie mit dem Kopf nach unten über ein vorbereitetes Tuch, auf das die Samen dann fallen. So kann man die Samen von Kerbel, Angelika und Dill leicht sammeln.

Einjährige abgestorbene Triebe von Dill und Basilikum entfernt man am Ende einer Wachstumsperiode, da sie im folgenden Jahr nicht wieder austreiben und man den Boden für Neupflanzungen benötigt. Schnittlauch wird leicht von Gras überwachsen. Im Herbst nimmt man die Zwiebeltuffs vorsichtig heraus, teilt sie, säubert sie von Fremdpflanzen und pflanzt sie neu auf. Die Blätter bestimmter Kräuter wie Basilikum und Majoran werden für den Tagesbedarf gepflückt. Man entspitzt die Pflanzen, damit sie buschiger werden. Bei Petersilie und Liebstöckel verwendet man die äußeren Blätter der Pflanzen und läßt die Herzen unberührt.

Andere Küchenkräuter müssen geerntet und getrocknet werden. Man soll nur soviel pflücken, wie man tatsächlich benötigt, denn der Gehalt an ätherischen Ölen geht nach dem Trocknen stark zurück. Einjährige und Stauden kann man zwei-bis dreimal im Jahr ernten. Der letzte Schnitt im Herbst sollte allerdings so früh erfolgen, daß die neuen Austriebe vor dem Einbruch des Winters ausreifen.

Der organische Kreislauf in der Natur

Viele Pflanzen der nördlichen Halbkugel gedeihen fast unter allen Lebensbedingungen ohne künstliche Hilfe, denn der organische Kreislauf der Natur sorgt für ihre Ernährung. So wird zum Beispiel das Wasser, das aus Meer, Flüssen und Seen verdampft, durch Winde transportiert und letztlich als Regen oder Schnee zurück zur Erde gebracht, um in den Boden einzudringen und Flüsse und Seen wieder zu füllen. Auf die gleiche Weise sorgt der Stickstoffkreislauf für die Anreicherung des Bodens mit Nährstoffen (abgestorbene tierische und pflanzliche Teile sinken in den Boden, verfaulen und geben Stickstoff für Pflanzen ab, der in pflanzlicher Nahrung wieder von Tieren aufgenommen wird). Wenn man nur künstliche Dünger und Schädlingsbekämpfungsmittel verwendet, kann man auf lange Zeit die Fruchtbarkeit des Bodens zerstören und den natürlichen organischen Zyklus unterbrechen. Organischer Dünger sorgt für einen natürlichen Kreislauf. Ideal ist ein eigener Komposthaufen, um Gemüseabfälle zu verwerten und mit tierischem Dünger in den Boden zu bringen.

Beseitigung von Laub

An ruhigen Herbsttagen kehrt man die Blätter von Rasenflächen, Wegen und Pflanzflächen. Man sollte das regelmäßig tun, bevor sich größere Mengen ansammeln, die zu Infektionen im Garten führen können. Man läßt die Blätter in einer Mulde verrotten oder bringt sie auf den Komposthaufen. Buchen- und Eichenlaub benötigt längere Zeit zum Verrotten. Es kann auch direkt – zusammen mit Farnlaub oder Farnkraut – als Mulche und Schutz für Stauden verwendet werden. Man häuft das Laub um die Austriebsstelle der Pflanzen und läßt das Herz frei, solange es noch grün ist oder wenn lediglich die Wurzeln zu schützen sind. Dann deckt man Zweige über das Laub, um es festzuhalten.

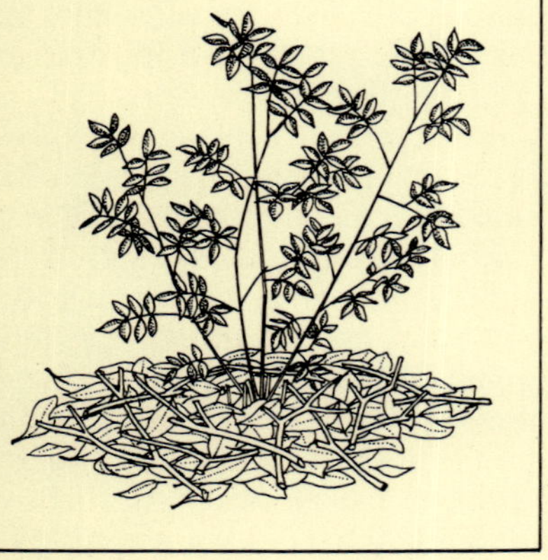

Komposthaufen

Ein Komposthaufen sollte abgedeckt werden, damit er sich rascher zersetzt. In einem gut zusammengesetzten Haufen sind Frühlingsabfälle bereits im Sommer kompostiert, Sommerabfälle ergeben Kompost im Herbst. Ein Herbstkomposthaufen benötigt zur Umsetzung bis zum Frühjahr.

Man kann einen Komposthaufen aufsetzen oder einen vorgefertigten Container kaufen. Baut man ihn selbst, so sollte man gleich zwei Kästen anfertigen, einen für Gemüseabfälle aus Küche und Garten und den anderen für den fertigen Kompost. Der Haufen sollte nicht höher als 1 m werden. Die Grundfläche sollte etwas erhöht liegen, damit die Luft besser zirkulieren kann (eine Lage aus Zweigen reicht aus), und die Seiten des Containers sollten ebenfalls luftdurchlässig sein.

Komposthaufen setzt man in 1,50–2,00 m breiten Haufen aus Gemüseabfällen auf. Giftige Blätter, auch die von Rhabarber, müssen herausbleiben. Aufgepackter Stallmist, organische Beschleuniger (Bakterienkulturen) oder schwefelsaures Ammoniak (ca. 15 g pro qm) streut man über die einzelnen Lagen und dazwischen etwas Lehm. Jede Lage ist beim Aufsetzen zu wässern. Zum Schluß deckt man den Haufen mit einer 20 cm dicken Lehmschicht ab.

Manche Gärtner ziehen es vor, den Verrottungsprozeß nicht zu stören, aber wahrscheinlich ist, daß der Umsetzungsprozeß durch monatliches Umsetzen und Gießen gefördert wird. Kompost ist fertig, wenn er sich krümelig anfühlt und eine frische, dunkelbraune Farbe besitzt.

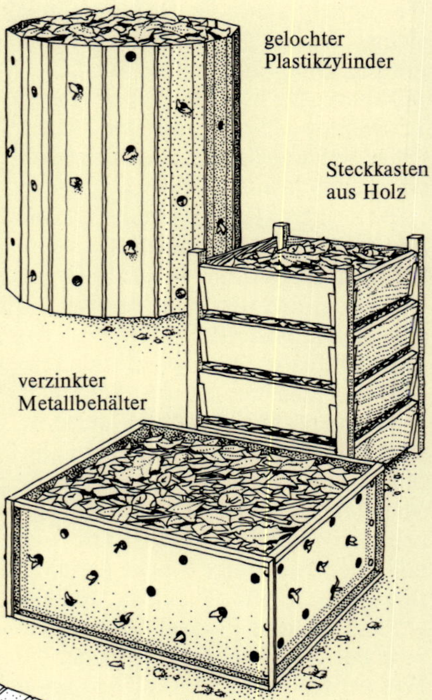

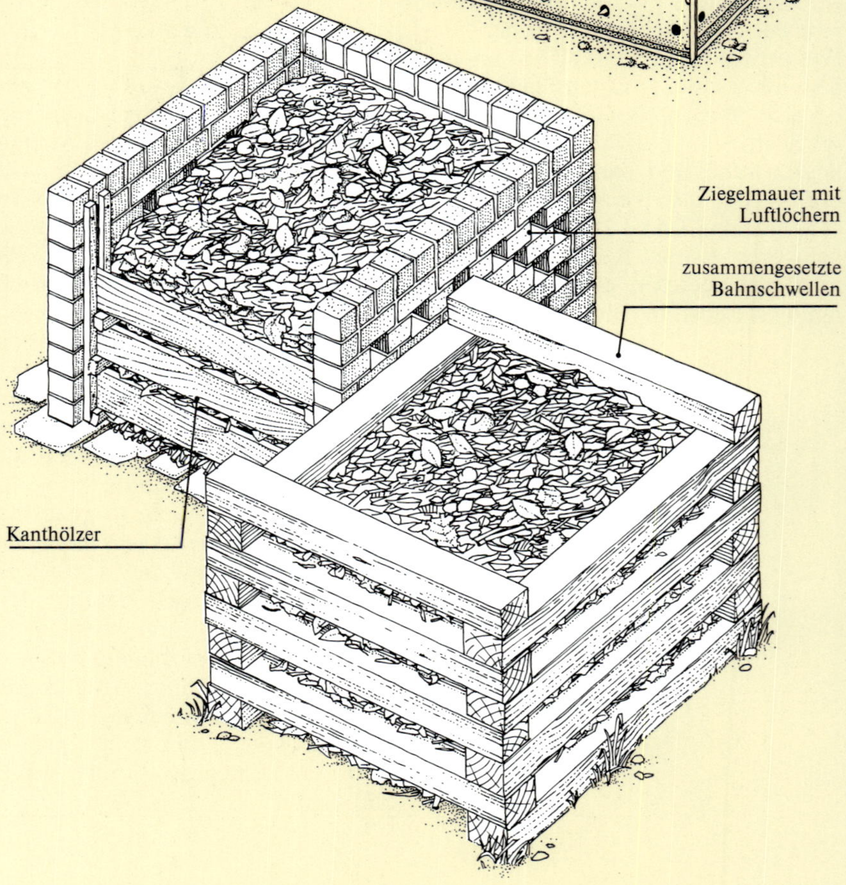

Anhang

Pflanzenübersicht

Bodenbeläge und Materialmischungen

Register

Bildnachweis

Bibliographie

Breitblättrige Bäume

Bäume werden in Koniferen (Nadelbäume) und Bäume mit breiten Blättern (Laubbäume) unterteilt. Bei den hier aufgeführten breitblättrigen Bäumen handelt es sich um eine Auswahl; alle sind laubwerfend (außer speziell gekennzeichnete).

Acer campestre (Feldahorn). Der einzige heimische Ahorn, den man häufig in Hecken und an Wegrändern findet. Rundblättrig, dicht belaubt, Herbstlaub goldgelb bis rötlich.
Acer negundo (Eschenahorn). Lichtkroniger, schnellwachsender Baum, schmale, gezähnte Blätter, die sich im Herbst kaum verfärben. Die Blüten stehen zu 12–16 rötlichen Blütenständen büschelförmig zusammen.
Acer platanoides (Spitzahorn). Sehr schöner, rundkroniger, raschwüchsiger Baum. Die scharf gezackten Blätter färben sich im Herbst gelbrot. Die gelben Blüten erscheinen vor den Blättern im April.
Acer pseudoplatanus (Bergahorn). Breitwüchsiger, dichtlaubiger Baum mit grünen, im Austrieb hellgrünen Blättern.

Aesculus (Roßkastanie). Dekorativer, weit ausladender, dichtlaubiger Baum mit großen, fingerförmigen Blättern, die sich im Herbst gelb färben. Die Blütenkerzen erscheinen im Mai.

Ailanthus altissima (Götterbaum). Eleganter Baum mit langen, eschenähnlichen Blättern. Die roten, geflügelten Früchte erscheinen an den weiblichen Bäumen im Herbst.

Alnus (Erle). Schnellwachsende, konische Bäume, deren Laub im Herbst lange haftet. Die Kätzchen erscheinen im März vor dem Laub.

Amelanchier canadensis (Kanadische Felsenbirne). Rundovale kleine Bäume, die auch als Strauch bekannt sind. Die grünen Blätter färben sich im Herbst goldgelb und rot. Die weißen zarten Blüten erscheinen in Trauben im Frühling vor dem Laub. Die korinthenähnlichen, im Juli reifenden Früchte sind eßbar.

Betula (Birke). Dankbare, lichte, im Alter meist weißrindige Bäume. Die Blätter färben sich im Herbst gelb. Kätzchen im zeitigen Frühjahr.

Carpinus betulus (Hainbuche, Weißbuche). Die buchenähnlichen Waldbäume besitzen eine glatte graue Rinde. Die Blätter sind stark gerippt und gezähnt, färben sich gelb und braun und haften meist über Winter.

Catalpa bignonioides (Gewöhnlicher Trompetenbaum). Breitwüchsiger Baum mit großen, herzförmigen Blättern. Die fingerhutähnlichen Blüten sind weiß, im Schlund gelb und purpur. Sie erscheinen im Sommer. Die stangenbohnenähnlichen Früchte reifen im Herbst.

Cotoneaster (Zwergmispel). Breitwüchsige Bäume, die in milden Wintern immergrün bleiben. Duftende, weiße Blüten im Mai. Langhaftende, rote Beeren erscheinen im September. (Die meisten Arten sind feuerbrandgefährdet!)

Crataegus (Weißdorn). Dichtlaubige, sehr ausdauernde Bäume. Die weißen Blüten erscheinen im späten Frühjahr. Die roten Beeren haften bis in den Winter (Feuerbrandgefahr!)

Fagus sylvatica (Rotbuche, Hängeblutbuche). Majestätische, großkronige Bäume mit silbergrauer Rinde. Das Herbstlaub ist kupfergold. Die Früchte dieser Bäume (Bucheckern) sind eßbar.

Fraxinus (Esche). Lichtkronige, raschwüchsige Bäume mit aufrechtstehenden Ästen. Die gefiederten Blätter sind bis zum Laubfall grün. Die geflügelten braunen Früchte erscheinen im Oktober und haften über Winter an den Zweigen.

Gleditsia triacanthos (Dornenlose Gleditschie). Die Gleditschie besitzt gefiederte Blätter und eine ausdrucksvolle, rauhe, rissige Borke. Die paarig gefiederten Blätter erscheinen spät im Jahr. Sie färben sich im Herbst gelb. Eine empfehlenswerte Sorte ist **»Honey Locust«.**

Juglans regia (Echte Walnuß). Breitkroniger Baum mit abstehenden, teils hängenden Ästen und großen, gefiederten Blättern. Die Nüsse erscheinen erst im September an Bäumen, die mindestens 15 Jahre alt sind.

Koelreuteria paniculata (Chinablasenesche, Blasenbaum). Kugelig wachsender Baum mit großen, gefiederten Blättern, die rötlich austreiben und sich über Gelb im Herbst rötlichbraun färben. Die Blüten erscheinen im Hochsommer.

Laburnum (Goldregen). Dankbare Bäume mit bogenförmigen Ästen, die im Frühling lange Trauben leuchtendgelber Blüten hervorbringen. Die Früchte in den braunen Hülsen sind hochgiftig!

Liquidambar styraciflua (Amerika-Amberbaum). Breitkroniger, hübscher Baum mit ahornähnlichen Blättern, die sich im Herbst leuchtend färben.

Liriodendron tulipifera (Amerika-Tulpenbaum). Raschwüchsiger Baum mit eckig geformten Blättern, die sich im Herbst goldgelb färben. An ausgewachsenen Bäumen erscheinen die gelblichgrünen, tulpenförmigen Blüten.

Magnolia kobus (Baummagnolie). Junge Bäume sind konisch geformt, werden aber mit zunehmendem Alter breiter. Leuchtendgrüne Belaubung. Nach ca. 15 Jahren erscheinen viele weiße, duftende Blüten.

Malus (Zierapfel). Dichtkronige, größere Bäume mit interessanten rosafarbenen, roten oder weißen Blüten im Frühling. Einige Arten färben sich lebhaft im Herbst. Die meisten bringen genießbare Früchte hervor.

Parrotia persica (Papageienstrauch, Parrotie). Breitkronige Bäume mit grauer, sich pellender Rinde. Das buchenähnliche Laub färbt sich im Herbst purpurn und gelb. Rote Büschelblütchen erscheinen von Januar bis März vor dem Laub.

Platanus (Platane). Schöne, große Bäume mit hochgewölbten Kronen. Die Rinde ist interessant gefleckt. Die ahornähnlichen Blätter färben sich manchmal im Herbst.

Populus (Pappel). Große, schlanke Bäume, die sich besonders gut als raschwachsender Sichtschutz eignen. Das junge Laub treibt rötlich oder bronzefarben aus und duftet zuweilen. Viele Pappelarten besitzen interessante Kätzchen. Pappeln sollten wegen ihrer äußerst durstigen Wurzeln nicht in der Nähe von Gebäudemauern gepflanzt werden.

Prunus cerasifera (Kirschpflaume, Winterkirsche). Lichtkronige Bäume, die im Februar und März überreich mit kleinen weißen oder blaßrosa Blüten übersät sind. Ausgewachsene Bäume tragen oft eßbare Früchte.
Prunus dulcis (Gewöhnlicher Mandelbaum). Lichtkroniger Baum mit aufstrebenden Ästen. Große rosafarbene Blüten erscheinen im März vor den Blättern, die Mandeln im Herbst. Nur für sehr warmes Klima und Südspaliere geeignet. Nicht sehr ausdauernd.
Prunus padus (Traubenkirsche). Im ausgewachsenen Stadium elegante kugelige Bäume mit aufrechtstehenden weißen Blütentrauben, die ab Ende Mai erscheinen.
Prunus persica (Pfirsich). Besenkronige Bäume mit blaßrosafarbenen Blüten, die im April erscheinen. Im Spätsommer reifen die Früchte. Muß gegen Kräuselkrankheit gespritzt werden.

Acer platanoides

Ailanthus altissima

Catalpa bignonioides

Eucalyptus gunnii

Gleditsia triacanthos

Prunus serrulata (Japanische Zierkirsche). Steifästiger Baum mit Massen von weißen oder rosafarbenen Blüten, die im Frühling erscheinen. Die Blätter sind im Austrieb häufig bronzefarben. Einige Arten färben sich im Herbst bunt.

Pyrus (Birne). Sehr ausdauernde, rundkronige Bäume mit Massen von weißen Blüten, die sich im April entfalten. Es gibt viele Zierbirnen mit schöner Herbstfärbung.

Quercus (Eiche). Hohe, ausladende statische Bäume. Manche färben sich im Herbst leuchtend. Die meisten fruchten.

Robinia (Robinie, Falsche Akazie, Scheinakazie). Sehr raschwüchsige ausdauernde Bäume mit lichten Kronen, die durch ihr hübsches gefiedertes Laub auffallen. Duftende weiße Blüten im Juni.

Salix (Weide). Umfaßt verschiedene starkwüchsige Arten. Die schmalen Blätter erscheinen zeitig und sind häufig silbrig gefärbt. Viele Arten zeigen im Winter bunte Rinde an Stämmen und Zweigen. Kätzchen.

Sorbus aria (Mehlbeere, Mehl-Vogelbeere). Dichte Bäume mit aufrechtstehenden Ästen und graugrünem Laub, das sich im Herbst rötlichgold färbt. Die weißen Blüten erscheinen in Ebensträußchen im Frühling. Hübscher roter Beerenschmuck.
Sorbus aucuparia (Eberesche,

Übersicht Breitblättrige Bäume

	BODEN				STANDORT		GRÖSSE			
	sauer	alkalisch	wasserdurchlässig	feucht	sonnig	halbschattig	über 18 m	10–18 m	4,5–10 m	sehr schattenspendend
Acer campestre	●	●	●		●	●		●	●	
Acer negundo	●	●	●		●	●		●		
Acer platanoides		●	●		●	●	●			●
Acer pseudoplatanus	●	●	●	●	●	●	●			●
Aesculus	●	●	●		●	●	●			●
Ailanthus altissima		●	●		●	●	●			
Alnus	●	●		●	●	●	●	●		
Alemanchier lamarckii	●			●	●	●			●	
Betula	●	●	●		●	●		●		
Carpinus	●	●		●	●	●	●	●		
Catalpa bignonioides		●		●	●	●		●		
Cotoneaster		●	●		●	●			●	
Crataegus	●	●		●	●	●			●	
Cytisus battandieri (f. mild. Klima)	●	●	●		●					●
Eucalyptus gunnii (f. mild. Klima)	●	●	●		●				●	
Fagus		●	●		●	●	●			
Fraxinus	●	●	●		●	●	●			
Gleditsia	●	●	●		●	●			●	
Juglans regia		●	●		●	●	●	●		●
Koelreuteria paniculata		●	●		●	●			●	
Laburnum		●	●		●				●	
Liquidambar styraciflua	●			●	●	●		●		●
Liriodendron tulipifera	●	●	●		●	●	●			
Magnolia kobus	●	●	●	●	●	●			●	
Malus	●	●	●	●	●	●			●	
Parrotia persica		●	●	●	●	●			●	
Platanus	●	●	●	●	●	●	●			
Populus	●	●	●	●	●	●	●			
Prunus cerasifera	●	●	●		●	●			●	
Prunus dulcis	●	●	●		●	●			●	
Prunus padus	●	●	●	●	●	●			●	
Prunus persica	●	●	●		●	●			●	
Prunus serrulata	●	●	●		●	●			●	
Pyrus	●	●			●	●		●	●	
Quercus	●	●		●	●	●	●		●	●
Robinia		●	●		●	●		●	●	
Salix	●	●		●	●	●		●	●	
Sorbus aria	●	●	●		●	●			●	
Sorbus aucuparia	●	●	●		●	●			●	
Tilia	●	●			●	●	●	●		●
Ulmus	●	●			●	●	●	●		●

Liquidambar styraciflua

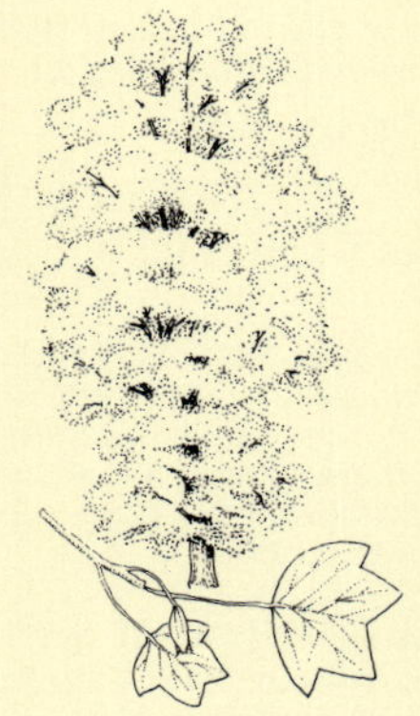

Liriodendron tulipifera

Pyrus communis

Robinia pseudoacacia

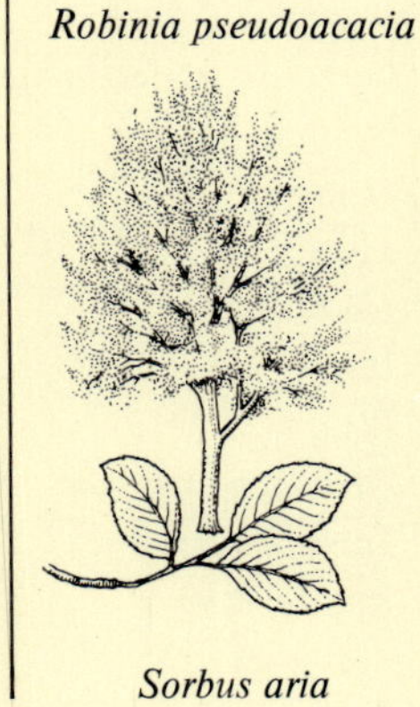

Sorbus aria

Wilde Vogelbeere). Unregelmäßig geformter, oval wachsender Baum mit gefiederten Blättern und weißen, duftenden Blüten im Mai. Leuchtendrote Herbstfrüchte.

Tilia (Linde). Dichtkronige Bäume mit mächtigen Kronen, aufrechtstehenden Ästen und saftiggrünen, herzförmigen Blättern. Die duftenden gelben Blütenbüschel erscheinen im Juni.

Ulmus (Ulme). Hohe, elegante Bäume, die früher überall in Deutschland heimisch waren, heute jedoch durch das Ulmensterben fast ausgerottet sind.

Koniferen

Bei dieser Auswahl handelt es sich vorwiegend um starkwüchsigere Gattungen. Ausführlichere Verzeichnisse finden Sie in Spezialklassifikationen und -werken *(s. Bibliographie S. 288).*

Abies (Weißtanne). Schöne, konisch wachsende Bäume, deren Name von der weißen Unterseite der Nadeln herrührt. Die aufrechtstehenden Zapfen sind bei einigen Arten zunächst bläulich gefärbt.

Cedrus (Zeder). Zunächst konisch wachsende, später breitwüchsige, große Bäume mit tönnchenförmigen Zapfen. Die Nadeln stehen in Rosetten zusammen. Bei einigen Arten sind sie blau oder silberblau.

Chamaecyparis (Scheinzypresse). Die einzelnen Arten unterscheiden sich in der Benadelung und den kleinen Zapfen von der Echten Zypresse, die rundliche Zweige und große Zapfen hervorbringt. Es gibt eine Reihe von buntgefärbten Varietäten.

Cupressocyparis (Bastardzypresse). Säulenförmige, extrem raschwüchsige Bäume, die sich besonders gut für Hecken eignen. Einige besitzen ungewöhnliche Laubfärbungen.

Ginkgo biloba (Ginkgobaum, Fächerblattbaum). Das einzige Relikt einer Vielzahl von Arten, die es bereits vor etwa 300 Millionen Jahren gab. Die hübschen, langsamwachsenden Bäume besitzen interessant geformte Blätter, die sich im Herbst leuchtendgelb färben. Ginkgobäume können sehr alt werden.

Juniperus (Wacholder). Es gibt eine Anzahl verschiedener Baumformen. Die meisten besitzen duftende Nadeln und graugrüne Beeren.

Larix (Lärche). Raschwüchsige Bäume mit hellgrüner Benadelung, die im Frühling erscheint und sich im Herbst gelb färbt.

Metasequoia glyptostroboides (Urwelt-Mammutbaum). Hübsche, konisch wachsende Bäume, die mit zunehmendem Alter walzenförmig werden. Das farnähnliche Blatt färbt sich im Herbst goldgelb und rosa.

Picea (Fichte). Dichte, konische Bäume mit scharf zugespitzten Nadeln und hängenden Zapfen.

Pinus (Kiefer). Eine weitverbreitete Gattung mit vielen Spielarten. Kiefern besitzen lange, scharf zugespitzte Nadeln. Viele Formen besitzen interessant gefärbte Rinden.

Taxodium distichum (Sumpfzypresse). Konisch wachsende Bäume mit rötlicher Rinde. Das grüne gefiederte Blattwerk färbt sich im Herbst bronzefarben.

Taxus baccata (Heimische Eibe, Taxus). Langlebige, dunkelgrün belaubte Bäume, die besonders zur Heckenpflanzung geeignet sind. Die Früchte sind rot.

Thuja plicata (Riesenlebensbaum). Große Bäume mit rotgefleckter Rinde. Stark riechende Belaubung in fächerförmigen Büscheln. Kleine Zapfen.

Heckenpflanzen

Hier werden sowohl laubwerfende als auch immergrüne Gehölze aufgeführt. Die blühenden Arten treiben jedoch nur Blüten, wenn sie zur richtigen Jahreszeit geschnitten werden *(siehe S. 252).*

Berberis (Berberitze). Weitverbreitete Art mit immergrünen und sommergrünen Sträuchern. Gelborangefarbene Frühlingsblüher. Die meisten bringen im Herbst Früchte hervor.

Carpinus betulus (Hainbuche). Gute Heckenpflanzen, an denen während des Winters die gelbbraunen, ovalen Blätter haften bleiben.

Cotoneaster (Zwergmispel). Sommer- und immergrüne Arten, die als Frühlingsblüher und wegen ihrer leuchtenden Früchte empfehlenswert sind.

Escallonia (Eskallonie). Meist immergrüne oder halbimmergrüne Sträucher, die im Sommer mit Blüten übersät sein

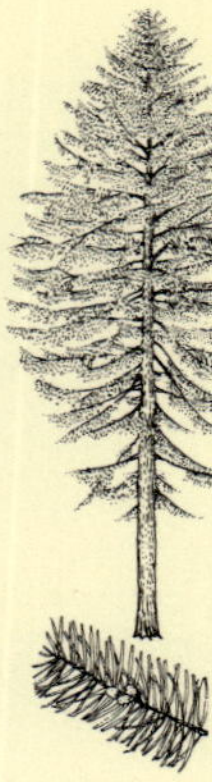

Abies alba

Ginkgo biloba

Metasequoia glyptostroboides

Taxodium distichum

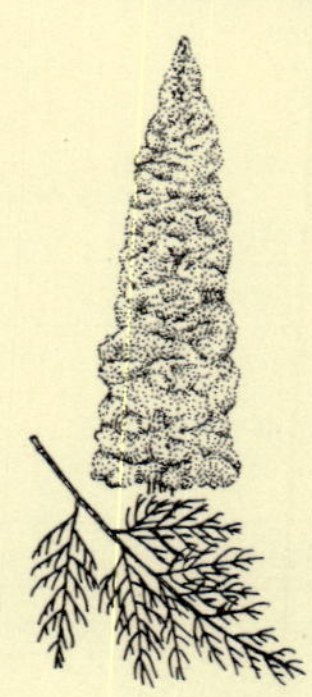

Thuja plicata

Übersicht Koniferen

	BODEN				STANDORT			GRÖSSE		
	sauer	**alkalisch**	**wasserdurchlässig**	**feucht**	**sonnig**	**halbschattig**	**schattig**	**über 18 m**	**10–18 m**	**4,5–10 m**
Abies	●	●		●	●	●		●	●	
Cedrus	●	●	●	●	●	●		●		
Chamaecyparis	●	●	●	●	●	●		●	●	
x Cupressocyparis	●	●	●	●	●	●		●	●	
Cupressus (Gewächshauspflanze)	●	●	●		●	●			●	
Ginkgo biloba	●	●	●					●	●	
Juniperus	●	●	●		●	●				●
Larix	●	●	●		●	●		●	●	
Metasequoia	●	●		●	●	●		●	●	
Picea	●	●		●	●	●		●	●	●
Pinus	●	●	●		●	●		●	●	●
Taxodium distichum	●	●		●	●	●		●	●	
Taxus baccata	●	●	●		●	●	●		●	●
Thuja plicata	●	●	●	●	●	●			●	

Übersicht Heckenpflanzen

	BODEN				STANDORT			GRÖSSE		
	sauer	alkalisch	wasserdurchlässig	feucht	sonnig	halbschattig	schattig	über 3 m	1,5–3 m	1–1,5 m
Berberis	•	•	•		•	•		•	•	•
Carpinus	•	•		•	•	•		•		
Cotoneaster	•	•	•	•	•	•		•	•	•
Escallonia		•	•		•				•	•
Euonymus	•	•	•			•	•	•	•	•
Fagus		•	•		•	•		•		
Griselinia (f. mild. Küstenklima)		•	•		•	•		•		
Hebe		•	•		•	•				•
Hippophae	•	•	•	•	•	•		•		
Ilex	•	•	•	•		•	•	•	•	
Ligustrum	•	•	•	•	•	•	•	•	•	•
Lonicera	•	•	•		•	•			•	•
Olearia	•	•	•		•	•		•	•	•
Potentilla	•	•	•			•				•
Pittosporum (Winterschutz)	•	•	•		•	•			•	
Prunus laurocerasus	•	•	•	•		•	•	•		
Prunus lusitanica	•	•	•	•		•	•	•		
Pyracantha	•	•	•		•	•		•		
Rosmarinus (Winterschutz)		•	•		•					•
Nadelgehölze										
Chamaecyparis	•	•	•	•	•	•		•	•	
Cupressocyparis	•	•	•	•	•	•		•	•	
Cupressus (f. mildes Klima)	•	•	•		•	•		•	•	
Taxus baccata	•	•	•		•	•	•	•	•	
Thuja plicata	•	•	•	•	•	•		•	•	

Berberis x stenophylla

Cotoneaster hybridus

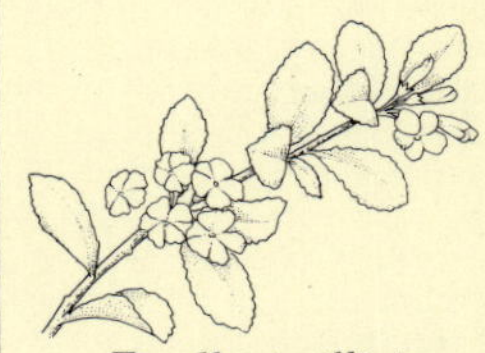
Escallonia illinita

Euonymus alatus

Pyracantha coccinea

Rosmarinus officinalis

Taxus baccata

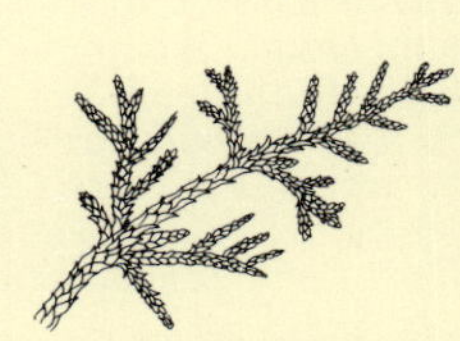
Thuja plicata

können. Die Pflanze liebt hohe Luftfeuchtigkeit.

Euonymus (Spindelbusch, Pfaffenhütchen). Es gibt immergrüne und sommergrüne Arten, manche mit interessanten Formen und Früchten. Schöne Herbstfärbung.

Fagus sylvatica (Rotbuche). Ausgeprägter Baum, der das ganze Jahr hindurch als Sichtschutz dienen kann. Behält seine braunen Blätter als geschnittene Hecke auch im Winter.

Hebe (Strauchehrenpreis). Nicht ganz winterharter, immergrüner Strauch mit hübschen Blüten, die im Sommer an den dünnen Trieben erscheinen.

Hippophae rhamnoides (Sanddorn). Silbergrün belaubte Sträucher mit gelborangefarbenen Beeren, die auch während des Winters an der Pflanze haften. Ideal für Sandböden.

Ilex (Hülse, Stechpalme, Ilex). Stachliger, immergrüner Strauch oder Baum mit glänzendgrünen Blättern. Es gibt verschiedene Formen mit leuchtendroten Beeren.

Ligustrum (Liguster, Rainweide). Immergrüner und halbimmergrüner, raschwüchsiger Strauch. Wächst überall.

Lonicera (Geißblatt). Dichte, immergrüne und sommergrüne Sträucher einer Familie, die auch Schlinggewächse hervorbringt. Alle Arten dieser Gattung besitzen duftende, meist cremefarbene Blüten.

Olearia (Margeritenbusch, Strauchmargerite). Immergrüner Strauch mit glänzendem Laub und weißen Blüten (muß bei uns als Kübelpflanze im Haus überwintert werden).

Pittosporum (Klebsame). Dichtbelaubte, immergrüne Sträucher mit eleganten, ovalen und kleinen, duftenden weißen Blüten, die im Mai erscheinen. (Bei uns nur als Kübelpflanze mit Kalthaus- oder Zimmerüberwinterung zu ziehen.)

Potentilla (Fingerstrauch). Kompakte, langblühende Sträucher mit prächtigen weißen und gelben Blüten.

Prunus laurocerasus (Lorbeerkirsche, oft auch als Kirschlorbeer bezeichnet). Starkwachsende immergrüne Sträucher mit dunkelgrünen, glänzenden Blättern, weißen Blüten im Frühling und schwarzen Beeren. Gut für tiefe Schattenlagen, aber etwas frostempfindlich.
Prunus lusitanica (Portugiesischer Kirschlorbeer). Nahe verwandt mit **P. laurocerasus,** hat aber purpurfarbene Früchte und wächst in Schattenlagen nicht so gut. Die Art ist in der Jugend nicht ganz winterhart und erfordert entsprechenden Schutz.

Pyracantha (Feuerdorn). Schöne, dornige Immergrüne mit weißen Blüten im Frühling und Massen von roten, orangefarbenen oder gelben Beeren im Herbst. (Vorsicht Feuerbrand gefährdet!)

Rosmarinus (Rosmarin). Schmalblättriges, aromatisch duftendes immergrünes Würzkraut mit kleinen blauen Blüten im Frühling. (Winterschutz!)

Nadelgehölze für Hecken

Chamaecyparis (Scheinzypresse). Ausdauernde Gattung mit fächerförmiger Belaubung *(siehe Koniferen).*

x Cupressocyparis-Varietäten. Ansprechendes, sehr wüchsiges Gehölz. **C. Leylandii** ist eine der raschwüchsigsten.

Taxus baccata (Heimische Eibe). Niedriger Baum oder Strauch, der sich gut zur Heckenpflanzung eignet. Die Belaubung ist allgemein dunkelgrün. Giftig.

Thuja plicata (Riesenlebensbaum). Ansprechendes Gehölz, das sich gut als Heckenpflanze eignet *(siehe Koniferen).*

Ziersträucher

Diese Auswahl verzeichnet eine stattliche Anzahl von meist winterharten Pflanzen (mit Ausnahme einiger lediglich in der Tabelle aufgeführter, die nur in sehr mildem Klima gedeihen). Siehe auch die Spalte »architektonische Form« in der Auswahltabelle. Ein x vor dem botanischen Namen bezeichnet Hybriden.

Abelia chinensis (Erdkrönchen). Ein dankbarer Strauch mit glänzenden, grünen Blättern und einzelnen, trompetenförmigen rosaweißen Blüten, die im Spätsommer erscheinen.

Acer japonicum (Japanischer Ahorn). Hübsche Sträucher oder Zwergbäume mit handförmigen Blättern. Ausgezeichnete, purpurrote Herbstfärbung. Bekannte Sorten: **A. j. aureum**, eine langsam wachsende Form mit gelber Belaubung, **A. palmatum**, Japanischer Fächerahorn, ähnlich **A. japonicum**, mit eleganten, fünf- bis siebenzipfeligen Blättern und wunderschönen purpurroten Herbstfarben.

Aesculus parviflora (Busch- oder Strauchkastanie). Eine strauchartig wachsende Verwandte der Roßkastanie mit ähnlichem Laub. Die weißen Blütenkerzen erscheinen im Spätsommer. Herbstfärbung.

Amelanchier canadensis *siehe Bäume.*

Aralia elata (Hohe Aralie, Teufelskrückstock). Stachliger, mehrstämmiger Strauch oder Baum mit meterlangen, palmähnlichen gefiederten Blättern. Die weißen Blüten erscheinen im Herbst in großen Dolden. Nicht ganz winterhart.

Arbutus unedo (Erdbeerbaum). Immergrüner Baum mit weißen, schalenförmigen Blüten und roten, erdbeerähnlichen Früchten. Blüten und Früchte erscheinen gleichzeitig bis zum Herbst. Nur für sehr geschützte Lagen.

Artemisia (Wermut, Beifuß). Die Wermutsträucher besitzen aromatisch duftendes Laub. Empfehlenswert ist **A. arborescens** mit feingefiederten, silbrigen Blättern (Winterschutz).

Arundinaria (Bambus). immergrüner Busch für Schattenlagen. Empfehlenswert ist **A. nitida** mit gebogenen, purpurfarbenen Stengeln, die gut mit den schmalen Blättern kontrastieren.

Aucuba japonica (Aucuba, Metzgerpalme). Hübsche, kugelig wachsende Immergrüne mit roten Beeren. Einige Formen besitzen gelbgefleckte Blätter.

Berberis (Berberitzen). Eine artenreiche Gattung mit Immergrünen und Sommergrünen, die wegen ihrer verschwenderischen Blüte (meist gelb) und ihrer Herbstfrüchte bemerkenswert sind. Die meisten Arten sind dornig und besitzen dichtes, glänzendes, immergrünes Laub. Bekannte Arten: **B. thunbergii** und **B. th. »Atropurpurea«** mit dunkelviolettrotem Laub (beide Arten sommergrün).

Buddleia (Schmetterlingsstrauch, Sommerflieder). Dankbare Gehölze, deren lange, duftende Rispenblüten die Schmetterlinge im Juni/Juli anziehen. Besonders empfehlenswert: **B. davidii** mit roten, weißen, violetten oder blauen Blüten.

Camellia japonica (Chinarose, Kamelie). Eine schöne immergrüne Pflanze, die bei uns leider nur in geschützten Lagen gedeiht. Sie bringt im Winter und zeitigen Frühling hübsche Blüten hervor. Liebt keine Morgensonne!

Caryopteris (Bartblume). Ein duftender, niedriger, graugrüner Strauch mit leuchtendblauen Blüten, die im Spätsommer erscheinen. Besonders empfehlenswert: **C. x clandonensis** und **C. incana »Heavenly Blue«**. Winterschutz erforderlich.

Ceanothus (Säckelblume). Eine große Familie mit immergrünen und sommergrünen Arten, die ab Juli im allgemeinen hübsche, leuchtendblaue Blüten hervorbringen.

Ceratostigma (Enzianbleiwurz). Ein herbstblühender, niedriger Strauch mit blauen Blüten und sehr schöner Herbstfärbung. Eine empfehlenswerte Art ist **C. wilmottianum**.

Cercis siliquastrum (Judasbaum). Langsamwachsender Strauch mit rosafarbenen Schmetterlingsblüten, die vor dem Blattaustrieb erscheinen. Nach der Legende erhängte Judas sich an diesem Baum. Das Gehölz verlangt einen geschützten Standort.

Chaenomeles (Scheinquitte, Rosenquitte, Japanische Quitte). Ausdauerndes, stachliges Gehölz mit hübschen, sehr früh erscheinenden Blüten und aromatisch duftenden Früchten. Empfehlenswert ist **C. lagenaria** für hohe, **C. japonica** für niedrige Hecken.

Chimonanthus (Winterblüte). Ein süßduftendes, winterblühendes Gehölz, das in seiner Jugend etwas Winterschutz verlangt. Empfehlenswert: **C. fragrans (praecox)** mit gelben Blüten und purpurfarbener Mitte.

Choisya ternata (Orangenblütenstrauch). Dunkelgrüne, immergrüne Sträucher mit stark duftenden weißen Blüten, die im Spätfrühling erscheinen. Die Pflanze ist bei uns am besten im Kalthaus zu überwintern.

Cistus (Zistrose). Immergrüner, niedriger Strauch mit Mengen von prächtigen, kurzlebigen, schalenförmigen Blüten. Die Pflanze kann nur in warmen Gegenden angepflanzt werden, sonst Winterschutz oder Kalthausüberwinterung.

Cornus (Hartriegel). Diese Familie besitzt eine Anzahl bemerkenswerter Vertreter, die sich sowohl durch ihre Blüte als auch durch Wuchs-und Blattform sowie eine schöne Herbstfärbung auszeichnen. Besonders empfehlenswert sind: **C. alternifolia** und **C. controversa**, mit etagenförmigem Wuchs, **C. florida** und **C. florida rubra** mit großen rosa und rosaweißen Blüten.

Cortaderia (Pampasgras). Immergrünes Gras mit hohen Blütenwedeln und stark überhängenden Halmen. **C. selloana** besitzt silberweiße Blütenrispen. Winterschutz erforderlich.

Cotinus (Perückenstrauch). Hübsche Gehölze mit interessantem Laub, das sich im Herbst stark färbt. Sie lieben sandige, nährstoffarme Böden. Empfehlenswert: **C. coggygria** mit feinen grünen Blättchen und zartrosa Blütenperücken, die im Sommer den Strauch fast ganz bedecken.

Cotoneaster (Zwerg- oder Felsenmispel). Die immergrünen Arten sind unter Bäumen und Hecken aufgeführt. Empfehlenswert sind auch: **C. horizontalis**, ein Bodendecker, der auch für Wandbekleidung geeignet ist. Er breitet seine Zweige grätenförmig an den Wänden aus und ist im Frühling mit rosafarbenen Blütchen und im Herbst mit korallenroten Früchten besetzt.

Cytisus (Braut- oder Besenginster). Dankbar blühendes Gehölz mit gelben Schmetterlingsblüten, die im zeitigen Frühling erscheinen. Hübsch ist der buntblühende **C. scoparius** mit vielen ungewöhnlichen Farben. In strengen Wintern ist Schutz angebracht.

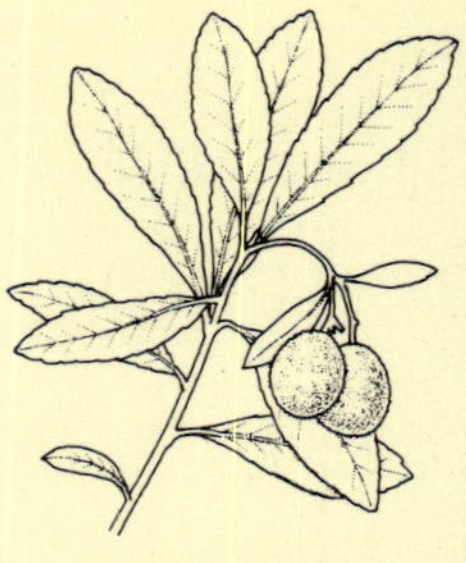

Arbutus unedo

Aucuba japonica

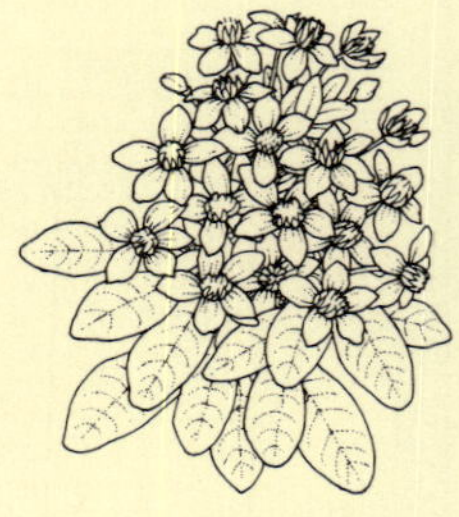

Choisya ternata

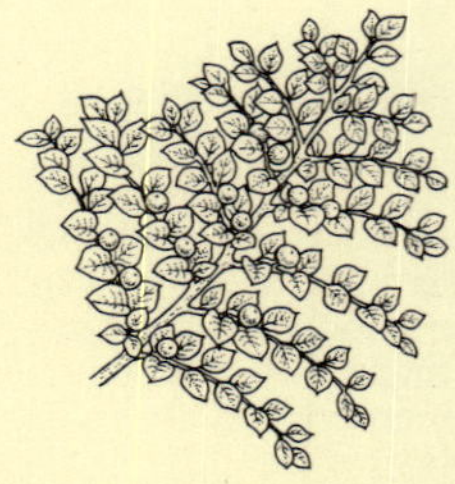

Cotoneaster horizontalis

Euonymus japonica

Daphne (Seidelbast). Stark duftende sommergrüne und immergrüne Gehölze, die im zeitigen Frühling blühen. Empfehlenswert: **D. mezereum**, eine völlig winterharte Art, die besonders gut im Halbschatten gedeiht.

Deutzia (Deutzie, Maiblumenstrauch). Hübsche, im Juni blühende Sträucher mit schmalen Blättern und verschwenderischen Büscheln von weißen Blüten, die an den Zweigen erscheinen. Empfehlenswerte Arten: **D. crenata** (Gekerbte Deutzie), hochwerdende, starkblühende Art, **D. gracilis** (Zierliche Deutzie), niedrig, weißblühend, sehr dekorativ.

Elaeagnus (Ölweide). Starkwüchsige, sehr ausdauernde sommergrüne und immergrüne Gehölze mit kleinen, duftenden Blüten und interessanter Belaubung. Empfehlenswert: **E. ebbingei** mit silbrigen Blättern und orangefarbenen Früchten.

Escallonia (Eskallonie) *siehe Hecken.* Empfehlenswerte Arten sind **E. virgata** und **E. floribunda**.

Euonymus (Spindelstrauch, Pfaffenhütchen) *siehe Hecken.* Niedrigbleibende Arten sind **E. alatus** (Flügelspindelstrauch), dessen Zweige mit Korkleisten versehen sind; leuchtendrote Herbstfärbung; **E. fortunei** gehört zu den immergrünen Bodendeckern.

Fatsia japonica (Fatsia, Zimmeraralie). Exotisch aussehende, immergrüne Büsche mit großen, efeuähnlichen Blättern und Büscheln von cremefarbenen Blüten, die im Oktober erscheinen. Bei uns nicht winterhart. Pflanze wird am besten im Kübel kultiviert und im Kalthaus überwintert.

Forsythia (Forsythie, Goldglöckchen). Ausdauerndes Gehölz mit Massen goldgelber Blüten, die zeitig im Frühling erscheinen. Besonders bemerkenswert **F. suspensa** (Hängeforsythie), **F. x intermedia »Spectabilis«**. Beide Arten sind starkwüchsig.

Fuchsia (Strauchfuchsie). Sommer-und herbstblühende Sträucher mit hübschen, nickenden Blüten. **F. magellanica** (Scharlachfuchsie) verlangt jedoch Winterschutz und geschützten Standort im Garten.

Garrya elliptica (Garrie). Eine immergrüne Kübelpflanze mit hübschen Kätzchen, die mitten im Winter an den männlichen Pflanzen erscheinen. Die Pflanze ist bei uns jedoch nur im Kalthaus zu überwintern.

Gaultheria (Scheinbeere). Ein immergrüner Bodendecker mit weißen, kugeligen Blüten im Frühling und Sommer und großen runden roten Beeren im Herbst. Empfehlenswert: **G. procumbens** mit besonders schönem Beerenschmuck (liebt saure Böden).

Genista (Ginster). Besenförmige Sträucher mit gelben Blüten, die im Sommer erscheinen. Empfehlenswert: **G. tinctoria** (Färberginster) und kleinbleibendere Arten wie **G. lydia, G. pilosa, G. sagittalis.**

Hamamelis (Hexenhasel, Zaubernuß). Hübscher Strauch mit duftenden Blütenbüscheln, die im Winter erscheinen. Auch die Herbstfärbung kann interessant sein. Empfehlenswert: **H. mollis »Pallida«**, mit dichten schwefelgelben, duftenden Blütenbüscheln, und **H. virginiana.**

Hebe (Strauchveronika) *siehe Hecken.* Empfehlenswert: **H. pinguifolia »Pagei«** mit kleinen grauen Blättchen und weißen Blüten, die im Mai erscheinen. Winterschutz geboten.

Helichrysum (Strohblume). Attraktive Sträucher mit Zwergwuchs, silbergrauen, aromatisch duftenden Blättern. Empfehlenswert: **H. lanatum** mit leuchtendgelben Blüten, die im Juli erscheinen. Winterschutz ist geboten.

Hibiscus (Strauchmalve, Eibisch). Schöne sommer- und herbstblühende Gehölze mit malvenähnlichen Blüten in Blau, Rot, Weiß. Sie lieben einen geschützten Standort und können Höhen bis über 4 m erreichen.

Hippophae (Sanddorn) *siehe Heckenpflanzen.* Empfehlenswert: **H. rhamnoides** mit Massen von orangeroten Früchten.

Hydrangea (Hortensie). Artenreiche Familie mit gewölbten oder flachen Blütenständen in Rosa, Rot, Blau oder Weiß, die im Sommer oder Herbst erscheinen. Empfehlenswerte Arten: **H. arborescens** (Schneeballhortensie), **H. macrophylla** (Gartenhortensie); **H. anomala »Petiolaris«** ist eine dankbare Kletterpflanze.

Hypericum (Johanniskraut). Immergrüne und sommergrüne Gehölze mit leuchtendgelben Blüten, die im Sommer und Herbst erscheinen. Besonders interessant: **H. androsaemum, H. patulum** und **H. x moseranum.**

Ilex (Stechpalme, Hülse, Ilex) *siehe Heckenpflanzen.* Empfehlenswert: **I. aquifolium** (Gewöhnliche Stechpalme) mit zahlreichen Formen und interessant gefärbten Beeren.

Kerria japonica (Ranunkelstrauch). Sträucher mit leuchtendgelben, hahnenfußähnlichen Blüten, die auf leicht gebogenen Zweigen erscheinen. Die Blüten entfalten sich im April/Mai.

Lavandula (Lavendel). Immergrüne Halbsträucher mit duftenden blauen oder purpurfarbenen Blüten, die in Ähren zusammenstehen. Empfehlenswert: **L. angustifolia »Hidcote«.** Winterschutz und Rückschnitt im Frühjahr erforderlich.

Ligustrum (Liguster, Rainweide) *siehe Heckenpflanzen.* Empfehlenswert: **L. ovalifolium »Aureum«** mit leuchtendgelber Belaubung.

Lonicera (Geißblatt) *siehe Heckenpflanzen.* Empfehlenswert: **L. nitida, L. pileata, L. yunnanensis** als kleinbleibende immergrüne Sträucher.

Magnolia (Magnolie, Falscher Tulpenbaum). Die immergrünen Arten sind bei uns nicht winterhart. Viele sommergrüne Formen bringen reichen Blütenflor, so **M. soulangiana, M. loebneri** und die **M. stellata** (Sternmagnolie).

Mahonia (Mahonie). Stachelige, glänzend immergrün belaubte Pflanze mit Dolden aus duftenden gelben Blüten, die im zeitigen Frühjahr erscheinen, und blaubereiften Beeren im Spätsommer. Die Pflanze eignet sich besonders für Schatten und Halbschatten (**M. aquifolium**).

Myrtus communis (Myrte). Duftender immergrüner Strauch mit weißen, im Sommer erscheinenden Blüten und purpurfarbenen Beeren, einige Varietäten besitzen auch weiße Beeren. Muß bei uns als Kübelpflanze im Haus oder Kalthaus überwintert werden.

Osmanthus (Duftblüte). Eine Kalthauspflanze, die mit der Hybride **O. x osmarea** einen winterharten Vertreter besitzt. Hat interessante stechpalmenähnliche, dunkelgrüne, glänzende Blätter und duftende Blüten und gedeiht auch noch gut in schattigen Lagen.

Pachysandra terminalis (Ysander, Dickmännchen, Dickanthere). Immergrüner Bodendecker mit gesunder, dichter Belaubung auch für schattigste Standorte. Die grünlichweißen Blüten erscheinen im Winter.

Paeonia (Pfingstrose, Strauchpäonie). Hübsche sommergrüne Sträucher, meist mit außerordentlich großen, schönen Blüten, die erst nach einigen Jahren erscheinen. Zahlreiche Varietäten in Weiß, Rosa, Rot, Violett und Gelb. In extremen Lagen Winterschutz nötig.

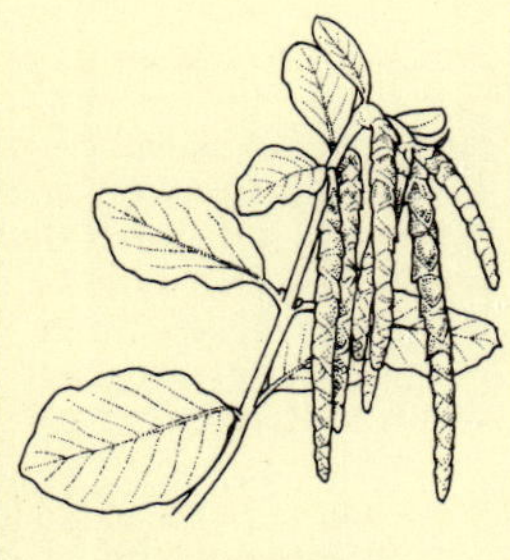

Garrya elliptica

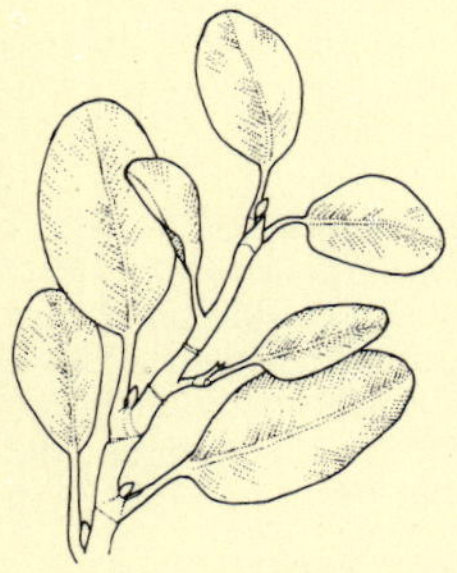

Griselinia littoralis

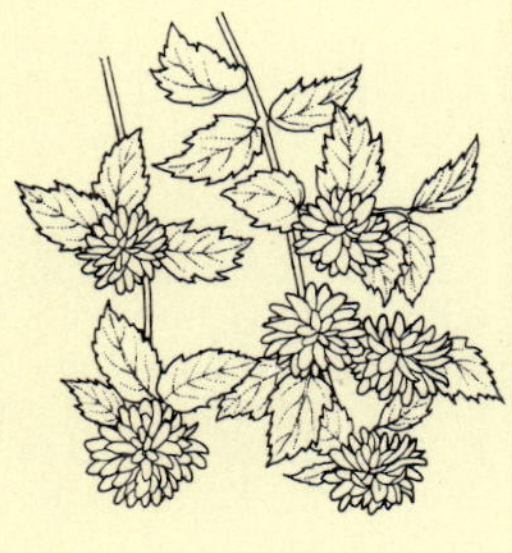

Kerria japonica

Laurus nobilis

Ligustrum ovalfolium

Parrotie persica (Parrotie) *siehe Breitblättrige Bäume.*

Pernettya mucronata (Pernettie, Torfmyrte). Immergrüner Bodendecker mit vielen weißen Frühlingsblüten und weißen Beeren im Spätsommer. Einige Formen bringen rosafarbene und rote Beeren hervor.

Perovskia (Perovskie, Blauraute). Ein duftendes Gehölz mit grauen, tief eingeschnittenen Blättern und interessanten blauen Lippenblüten im Herbst. Empfehlenswert: **P. atriplicifolia »Blue Spire«** (Winterschutz erforderlich!).

Philadelphus (Pfeifenstrauch, Falscher Jasmin). Duftende, weißblühende Sträucher. Empfehlenswert: **P. coronarius** (Gewöhnlicher Pfeifenstrauch) mit stark duftenden Blüten im Sommer.

Phlomis fruticosa (Strauchbrandkraut). Halbimmergrüne Gehölze mit leuchtendgelben Blüten, die erst im Spätsommer erscheinen. Eignet sich bei uns nur als Kübelpflanze oder benötigt starken Winterschutz.

Phormium tenax (Neuseeländer Hanf). Diese hübsche immergrüne Pflanze mit den schwertförmigen Blättern und bronzeroten Blüten kann bei uns nur als Kübelpflanze gezogen werden, die im Kalthaus zu überwintern ist.

Pieris (Lavendelheide, Andromeda). Herrliches, immergrünes Gehölz mit weißen, maiglöckchenähnlichen Blüten im Frühling. Empfehlenswert: **P. japonica** (Japanische Lavendelheide) und **P. floribunda,** beide für halbschattigen und schattigen Standort.

Pittosporum (Klebsame) *siehe Heckenpflanzen.* Empfehlenswert: **P. tenuifolium** mit dunkelpurpurfarbenen, honigduftenden Blüten, die im Frühling erscheinen. Bei uns nur als Kübelpflanze mit Überwinterung im Kalthaus oder kühlen Räumen.

Potentilla (Fingerstrauch) *siehe Heckenpflanzen.* Empfehlenswert: **P. fruticosa.**

Prunus laurocerasus (Lorbeerkirsche) *siehe Heckenpflanzen.* **Prunus lusitanica** (Lorbeerkirsche) *siehe Heckenpflanzen.*

Pyracantha (Feuerdorn) *siehe Heckenpflanzen.* Empfehlenswert ist **P. angustifolia** mit gelborangefarbenen Früchten während des ganzen Winters und **P. crenato-serrata »Orange Glow«** mit besonders großen orangeroten Früchten.

Rhamnus cathartica (Gewöhnlicher Kreuzdorn). Anspruchslo-

Übersicht Ziersträucher

	BODEN				STANDORT			GRÖSSE			
	sauer	alkalisch	wasserdurchlässig	feucht	sonnig	halbschattig	schattig	über 3 m	1,5–3 m	unter 1,5 m	architektonische Form
Abelia chinensis	●	●	●		●				●	●	
Acacia dealbata	●		●		●			●			●
Acer japonicum	●		●		●	●		●		●	●
Acer palmatum	●		●		●	●		●		●	●
Aesculus parviflora	●	●	●		●	●			●		●
Amelanchier lamarkii	●			●	●	●		●			
Aralia elata	●	●	●		●			●			●
Arbutus		●	●	●	●	●			●		●
Artemisia		●	●		●					●	
Arundinaria	●	●	●	●		●	●	●		●	●
Aucuba japonica		●	●		●	●	●		●	●	●
Berberis	●	●	●		●	●			●	●	
Buddleia	●	●	●	●	●	●		●	●		
Camellia japonica	●			●		●	●		●		●
Caryopteris		●	●		●	●			●		
Ceanothus		●	●		●				●		
Ceratostigma		●	●		●					●	
Cercis siliquastrum		●	●		●			●			●
Chaenomeles	●	●	●		●	●			●	●	
Chimonanthus		●	●		●					●	
Choisya ternata	●	●	●		●	●	●		●		●
Cistus		●	●		●				●	●	
Convolvulus cneor.		●	●		●					●	●
Cordyline australis	●	●	●		●	●		●			●
Cornus	●	●	●	●		●	●	●	●		
Cortaderia	●	●	●		●	●			●		
Cotinus		●	●		●	●		●	●		●
Cotoneaster	●	●	●	●		●	●	●	●	●	
Cytisus	●	●	●		●				●	●	●
Daphne		●	●		●	●				●	
Deutzia	●	●	●		●	●			●	●	
Eleagnus	●	●	●		●			●	●		
Escallonia		●	●		●				●	●	
Eucalyptus gunnii	●	●	●	●	●			●	●		
Eucryphia x nymansensis	●			●		●		●			
Euonymus	●	●	●		●	●	●	●	●	●	●
Fatsia japonica	●	●	●			●			●		
Forsythia	●	●	●	●	●	●			●		
Fuchsia		●	●	●	●	●			●	●	
Garrya elliptica	●	●	●	●	●	●		●			●
Gaultheria	●	●	●	●	●	●				●	
Genista	●	●	●		●						
Griselinia littoralis		●	●		●	●		●			●
Hamamelis	●		●	●	●	●		●	●		●
Hebe		●	●		●				●	●	
Helichrysum		●	●		●			●		●	
Hibiscus		●	●		●			●	●		
Hippophae	●	●	●	●	●			●			●
Hydrangea	●	●		●		●	●		●	●	

	BODEN				STANDORT			GRÖSSE			
	sauer	alkalisch	wasserdurchlässig	feucht	sonnig	halbschattig	schattig	über 3 m	1,5–3 m	unter 1,5 m	architektonische Form
Hypericum	●	●	●	●		●	●		●	●	
Ilex	●	●	●	●		●	●	●	●		●
Kerria	●	●	●	●	●				●	●	
Laurus nobilis	●	●		●		●	●	●			
Lavandula		●	●		●					●	
Ligustrum	●	●	●	●	●	●	●	●	●	●	
Lonicera	●	●	●		●	●	●		●	●	
Magnolia	●	●		●	●			●	●		●
Mahonia	●	●	●		●	●			●	●	●
Myrtus communis		●	●		●			●	●		
Nandina domestica		●	●		●					●	●
Osmanthus	●	●	●		●	●		●	●	●	●
Pachysandra terminalis	●	●		●			●			●	
Paeonia		●	●	●	●					●	
Parrotia persica		●	●	●	●	●		●			
Pernettya mucronata	●		●	●			●			●	●
Perovskia		●	●		●					●	●
Philadelphus	●	●	●		●	●			●	●	
Phlomis fruticosa		●	●		●					●	●
Phormium tenax		●	●		●					●	●
Pieris	●	●		●		●			●		
Pittosporum	●	●	●		●	●			●		●
Potentilla	●	●	●			●				●	
Prunus	●	●	●	●	●	●		●	●	●	
Pyracantha	●	●	●	●	●	●	●	●	●		
Rhamnus cathartica	●	●	●	●	●	●	●	●	●	●	●
Rhododendron (einschl. Azalea)	●			●		●	●		●	●	
Rhus typhina	●	●	●		●	●			●		●
Romneya		●	●		●				●	●	●
Rosa	●	●	●	●	●	●			●	●	
Rosmarinus		●	●		●					●	●
Rubus	●	●	●	●	●	●	●		●	●	
Ruta graveolens		●	●		●					●	●
Salix	●	●		●	●	●		●	●	●	
Salvia officinalis		●	●		●					●	●
Sambucus	●	●	●	●	●	●	●	●	●	●	
Santolina		●	●		●					●	
Sarcococca humilis	●	●	●			●	●			●	
Senecio	●	●	●		●				●	●	●
Skimmia japonica	●	●	●		●	●	●			●	●
Spartium junceum	●	●	●		●				●		●
Symphoricarpus	●	●	●	●		●	●		●	●	
Syringa	●	●	●		●	●		●		●	
Teucrum fruticans		●	●		●					●	
Ulex europaeus		●	●		●	●				●	
Viburnum	●	●	●	●		●	●	●		●	
Vinca	●	●	●			●	●			●	
Weigela	●	●	●		●	●			●	●	
Yucca		●	●		●					●	●

ser Deck- und Heckenstrauch mit sommergrüner Belaubung. Früchte giftig. Für Abpflanzungen geeignet.

Rhododendron einschließlich **Azalea** (Alpenrose, Azalee). Große Gruppe sommer- und wintergrüner Gehölze mit herrlichen Blüten. Einige besitzen interessantes Laub und verschiedene sommergrüne Formen gute Herbstfärbung. Empfehlenswert: **Azalea pontica** (syn. **Rhododendron luteum**) mit trichterförmigen, duftenden, gelben Blüten, die im Mai erscheinen und eine schöne Herbstfärbung zeigen. **R. praecox** ist der bei uns bekannte Frühlingsrhododendron.

Rhus typhina (Essigbaum, Sumach). Leicht zu kultivierendes Gehölz mit feingefiederten Blättern, die sich im Herbst bunt färben. Weibliche Pflanzen haben dunkelrote Fruchtstände.

Rosa (Strauch- oder Wildrose). Leicht zu kultivierende Gehölze von unterschiedlichem Wuchs und Aussehen. Sie können den ganzen Sommer über blühen und besitzen zum Teil dekoratives Laub und leuchtende Hagebutten. Empfehlenswerte botanische Arten: **R. canina, R. centifolia, R. hugonis, R. moyesii, R. nitida** und **R. omeiensis pteracantha** mit leuchtendroten breiten Stacheln an Jungtrieben.

Rosmarinus (Rosmarin) *siehe Heckenpflanzen.* Empfehlenswert: **R. officinalis** (Gewöhnlicher Rosmarin) mit dichtem Wuchs und graugrünen Blättchen (Winterschutz!).

Rubus (Zierhimbeere). Stachelige sommergrüne und immergrüne Gehölze mit hübschem Laub und duftenden Blüten. Die Früchte sind eßbar, aber meist geschmacklos. Empfehlenswert: **R. odoratus** mit großen, rosafarbenen, duftenden Blüten.

Ruta graveolens (Raute). Niedriges Würzkraut mit farnartiger Belaubung und gelben Blütchen im Sommer. Leichter Winterschutz ist angebracht.

Salix (Weide) *siehe Bäume.* Empfehlenswert: **S. repens »Argentea«** als niedrigbleibende Form mit silbriger Belaubung.

Salvia officinalis (Echter Salbei). Bekannte Würzpflanze, immergrün mit blauen Blüten im Spätsommer. Es gibt auch buntblättrige Formen. Winterschutz bei strengem Frost.

Sambucus (Holunder). Schöne Laubgehölze mit gutem Fruchtbehang. Empfehlenswert: **S. nigra »Aurea«** mit cremefarbenen Blüten, die im Juni erscheinen, und schwarzen Beeren im Herbst. Das Laub ist goldgelb.

Santolina (Heiligenblume). Empfindliche, silbergraue Immergrüne mit gelben Knopfblüten im Juli. Pflanze verlangt Winterschutz. Empfehlenswert: **S. virens** mit grünen, feinfiedrigen Blättchen.

Sarcococca humilis (Schleimbeere, Sarcococca). Dichter immergrüner Bodendecker mit glänzendem Laub und weißen, duftenden Blüten im Winter.

Senecio (Kreuzkraut). Hübsche Immergrüne mit gelblichweißen Blütchen für sonnige Plätze. Empfehlenswert: **S. cineraria »White Diamond«** mit gelben Blütchen in dichten Doldentrauben. Leichter Winterschutz geboten.

Skimmia japonica (Japan-Skimmie). Leicht zu kultivierendes, dekoratives immergrünes Gehölz mit duftenden Frühlingsblüten und leuchtendroten Früchten an den weiblichen Pflanzen.

Spartium junceum (Pfriemenginster, Spanischer Ginster). Beinahe blattlose, pfriemenförmige Zweige mit duftenden gelben Schmetterlingsblüten, die den ganzen Sommer hindurch erscheinen. Winterschutz nötig.

Symphoricarpos (Schneebeere). Dekorative Sträucher mit weißen, rosa oder lilafarbenen Beeren, die im Herbst oder Winter erscheinen. Empfehlenswert: **S. racemosus,** als anspruchsloser Deckstrauch, **S. chenaultii »Hancock«**, starkwüchsiger Bodendecker mit lilafarbenen Beeren.

Syringa (Flieder). Frühlingsblühende Sträucher und kleine Bäume mit duftenden Blüten. Empfehlenswert: **S. vulgaris »Mme. Lemoine«**, weiß; **»Michel Buchner«**, gefüllt, blau; **»Andenken an L. Späth«**, dunkelviolett; **»Primrose«**, blaßgelb.

Teucrium (Gamander). Dichte immergrüne Halbsträucher mit blaßblauen Lippenblüten, die während des ganzen Sommers erscheinen. Gute Bodendecker.

Ulex europaeus (Stechginster). Bis zu 4 m hoher, stark verzweigter Dornstrauch mit hellgelben, duftenden Blüten und schwarzen, behaarten Früchten. Samen sind giftig!

Viburnum (Schneeball). Die immergrünen Arten besitzen dekoratives Laub, sommergrüne Arten zeigen gute Herbstfärbung und besitzen duftende weiße Blüten. Empfehlenswert: **V. x bodnantense,** rosafarbene Blüten von Oktober bis April; **V. x burkwoodii,** immergrüne, dunkelglänzende Blätter und Blüten von Januar bis Mai; **V. davidii,** immergrün, mit leuchtend türkisfarbenen Beeren, wenn er in Gruppen gepflanzt wird; **V. plicatum,** Doppelreihen von Blütendolden, die im Mai und Juni erscheinen.

Vinca (Immergrün). Immergrüner Bodendecker mit blauen Blüten. Empfehlenswert: **V. minor** mit leuchtendblauen Blüten im Frühling, gelegentlich aber auch zu anderen Zeiten.

Weigela (Weigelie). Sträucher mit frischgrüner Belaubung und trichterförmigen Blüten, die in Massen im Juni und Juli erscheinen.
Empfehlenswert: **W. florida** und Weigelien-Hybriden mit den Sorten **»Eva Rathke«**, **»Bristol Ruby«**, **»Newport Red«**.

Yucca (Palmlilie). Diese zu den Liliengewächsen gehörenden Pflanzen besitzen einige Arten, die auch bei uns winterhart sind. **Y. filamentosa** stirbt nach der Blüte ab, entwickelt aber so viele Ableger, daß stets neue, blühfähige Pflanzen vorhanden sind, die meterhohe Blütenstände mit cremeweißen Blütenglocken im Spätsommer hervorbringen. **Y. gloriosa** ist stammbildend und blüht ab einem gewissen Alter jährlich.

Stauden

Unter Stauden verstehen die meisten Gärtner die winterharten Sommergrünen, die meist in Rabatten und gemischten Pflanzungen verwendet werden. In der folgenden Auswahl wurden vor allem die architektonischen Formen und farblich wirkungsvollen Pflanzen berücksichtigt.

Acanthus (Akanthus, Bärenklau). Dekorative Pflanze mit dunkelgrünen, tief eingeschnittenen Blättern und malvenfarbenen, weißlippigen Blüten im Sommer. Empfehlenswert: **A. longifolius.**

Achillea (Schafgarbe). Gelbe, abgeflachte Blütenschöpfe, feingefiedertes, duftendes Laub (60–80 cm). Empfehlenswert: **A. ptarmica »Parkers Variety«** mit leuchtendgelben Blütendolden (Mai–August).

Agapanthus (Schmucklilie). Tuffs aus langen, leicht überhängenden Blättern und bis zu 80 cm langen Blütenstielen mit kugelförmigen blauen und weißen Blütenständen (Juli bis August). Frostschutz erforderlich. Empfehlenswert: **A. umbellatus.**

Alchemilla (Frauenmantel). Die Pflanzen besitzen hübsche graugrüne Blätter und lockere Rispen aus gelbgrünen Sternenblüten (30 cm). **A. mollis** (Großblättriger Frauenmantel) ist als guter Bodendecker bekannt.

Anemone japonica (x hybrida) (Japanische Anemone, Herbstanemone). Buschige Staude mit dunkelgrünen, weinähnlichen Blättern und hübschen Herbstblüten in Weiß oder Rosa (60–90 cm). Empfehlenswert: **A. j. x »Honorine Jabert«**, **»Septembercharme«.**

Anthemis (Römische Kamille, Hundskamille). Petersilienähnliche Belaubung, margeritenähnliche, weiße Blüten mit gelber Mitte, Sommerblüher (75 cm). Empfehlenswert: **A. tinctoria »Grallagh Gold«;** Dauerblüher (50 cm), **A. bibersteiniana** (Bergkamille), silbriges Laub (25 cm).

Artemisia (Wermut, Beifuß). Silbriges, farnähnliches Laub und unscheinbare Blüten im Spätsommer (60–150 cm). Empfehlenswert: **A. albula »Silver Queen«**, silbergrau (70 cm).

Aster (Aster). Buschige Pflanzen, die im Spätsommer blühen (30–120 cm); meist blaue oder rosafarbene margeritenähnliche Blüten. Empfehlenswert: **A. amellus** (Bergaster), buschig wachsende Massenblüher.

Bergenia (Löffelblatt). Runde, glänzende, immergrüne Belaubung. Blütenstände mit weißen oder rosafarbenen Blüten im Frühling (30–45 cm). Empfehlenswert: **B. »Silberlicht«**, weißblühend.

Brunnera (Kaukasus-Vergißmeinnicht). Blaue, Vergißmeinnichtähnliche Blüten im Frühling und Sommer, herzförmige Belaubung, guter Bodendecker (45 cm). Empfehlenswert: **B. macrophylla.**

Campanula (Glockenblume). Viele Arten mit hübschen purpurfarbenen, blauen, weißen, kugel- oder glockenförmigen Blüten im Frühsommer (15–150 cm). Empfehlenswert: **C. latifolia** mit langen blauen Glocken im Juli. Sie gehört zu den höchsten Sorten.

Chrysanthemum (Chrysantheme, Margerite). Artenreiche Sommer-und Spätsommerblüher (60–90 cm), gefüllte und ungefüllte Margeritenblüten, gezähnte Blätter.

Crambe (Riesenschleierkraut, Meerkohl). Riesige Staude (180 cm) mit großen dunkelgrünen, kohlähnlichen Blättern und riesigem Blütenstand mit weißen, duftenden Sternblüten im Sommer. Empfehlenswert: **C. cordifolia.**

Cynara (Artischocke). Hohe (180 cm), hübsche, purpurfarben blühende Staude für den Spätsommer mit grauer, dekorativer Belaubung.
Winterschutz.

Pyracantha angustifolia

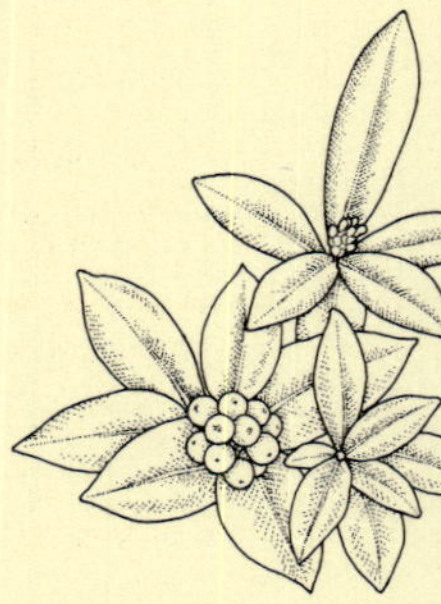

Skimmia japonica

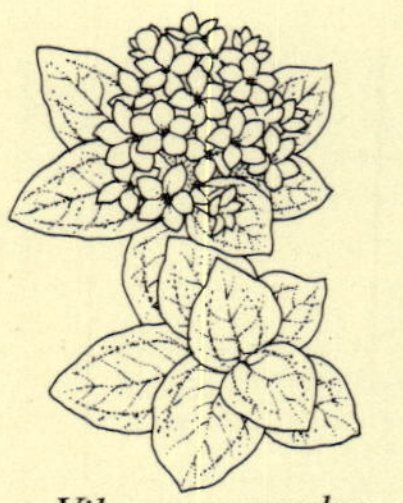

Viburnum opulus

Dianthus (Nelke). Hübsche, starkduftende Blumen mit bläulichem Laub (15–45 cm). Empfehlenswert: **D. deltoides** mit scharlachroten Blüten; **D. caesius »Blaureif«**, weiß gefüllte Pfingstnelke mit rötlicher Mitte.

Dierama (Trichterschwertel). Halbstrauch mit Rispen aus rosafarbenen Sommerblüten und langen binsenähnlichen Blättern (75–90 cm). Winterschutz.

Digitalis (Fingerhut) Hohe Blütenstände (60–150 cm) mit glokkenförmigen purpurrosa Blüten. Empfehlenswert: **D. ambigua** (Großblütiger Fingerhut), gelbe Blüten und kleine Blattrosetten.

Echinops (Kugeldistel). Stachelige Pflanze mit ausdrucksvollen blauen Blütenkugeln im Sommer (100–140 cm). Empfehlenswert: **E. ritro** mit stahlblauen Blüten.

Euphorbia (Wolfsmilch). Buschige Pflanzen (15–100 cm) mit grünlichgelben Blütenschöpfen im Frühling. Empfehlenswert **E. polychroma** mit leuchtendgelbem Blütenstand.

Gaillardia (Kokardenblume). Gelborange und bräunlichrote margeritenähnliche Blüten, die den ganzen Sommer hindurch erscheinen (90 cm).

Geranium (Storchschnabel). Gezähnte Blätter und hübsche blaue und pinkfarbene Blüten im Frühling und Sommer (45–90 cm).

Helenium (Sonnenbraut). Margeritenähnliche Blüten im Sommer (60–90 cm), gelborange, kupfer, mahagonifarben.

Helleborus (Schneerose, Christrose). Faszinierende Familie mit Winter-und Vorfrühlingsblühern. Attraktives Laub (30–60 cm). Empfehlenswert: **H. niger** (weiß), **H. atrorubens** (purpurrot), **H. corsicus** (gelblichgrün).

Hemerocallis (Taglilie). Massen von schwertlilienähnlichen Blättern und zahlreiche hübsche, kurzlebige trompetenförmige Lilienblüten in Rot, Orange, Gelb und Weiß (60–90 cm).

Hosta (Funkie, Herzlilie). Dekorative Blattpflanze (60–120 cm) mit malvenfarbenen, blauen oder weißen lilienförmigen Blütenähren im Sommer. Empfehlenswert: **H. plantaginea** (Lilienfunkie) mit duftenden weißen Blüten, **H. sieboldiana** (Blaublattfunkie) mit blaugrauem Laub und lilaweißen Blüten.

Iris (Schwertlilie). Viele botanische Arten und Sorten, meist blau, purpur, weiß (75–100 cm).

Übersicht Stauden

	BODEN				STANDORT		
	sauer	alkalisch	wasserdurchlässig	feucht	sonnig	verträgt Schatten	architektonische Form
Acanthus	●	●	●		●	●	●
Achillea	●	●	●		●		●
Agapanthus	●	●	●		●		●
Alchemilla	●	●		●		●	●
Anemone japon.	●	●	●		●	●	●
Anthemis	●	●	●		●		
Artemesia	●	●	●		●	●	●
Aster	●	●	●		●		
Bergenia	●	●	●			●	●
Brunnera	●	●	●			●	
Campanula	●	●		●	●	●	
Chrysanthemum	●	●	●		●		
Crambe	●	●	●	●	●		●
Cynara	●	●	●		●		●
Dianthus	●	●	●		●		
Dierama	●	●		●	●		●
Digitalis	●	●	●	●	●	●	
Echinops	●	●	●	●	●		●
Euphorbia	●	●	●	●	●	●	●
Gaillardia	●	●	●		●		
Geranium	●	●	●	●	●	●	
Helenium	●	●	●	●	●		
Helleborus	●	●		●		●	●
Hemerocallis	●	●	●	●	●	●	
Hosta	●	●		●		●	●
Iris	●	●	●	●	●		●
Kniphofia	●	●	●		●		●
Libertia	●	●	●		●	●	●
Ligularia	●	●		●	●	●	●
Macleaya	●	●	●		●	●	●
Oenothera	●	●	●		●		
Paeonia	●	●		●	●	●	●
Papaver	●	●	●		●		
Phlox	●	●		●	●		
Rheum	●	●		●	●	●	●
Rudbeckia	●	●	●		●		
Salvia	●	●	●		●		●
Sedum	●	●	●		●	●	●
Sisyrinchium	●	●	●		●		●
Stachys	●	●	●		●		●
Veronica	●	●	●	●	●		
Zantedeschia	●	●		●	●	●	●
Gräser							
Arundo	●	●	●	●	●	●	●
Avena candida	●	●	●	●	●	●	●
Carex	●	●	●	●	●	●	●
Festuca	●	●	●		●		●
Lasiagrostis	●	●	●		●		●
Miscanthus	●	●	●	●	●	●	●
Pennisetum	●	●	●		●		●
Stipa	●	●	●		●	●	●

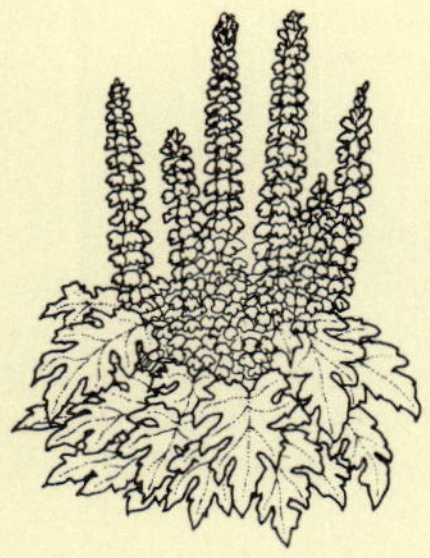

Acanthus mollis

Agapanthus umbellatus

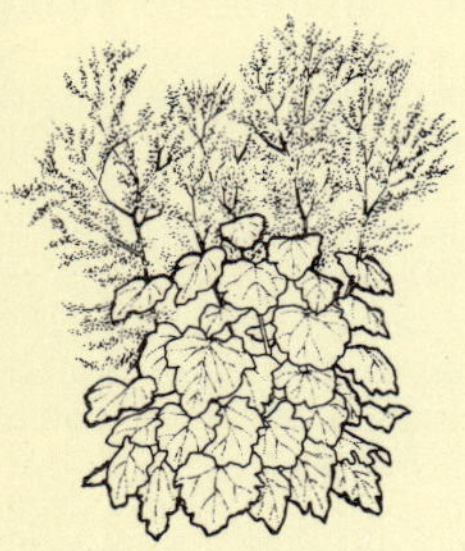

Crambe cordifolia

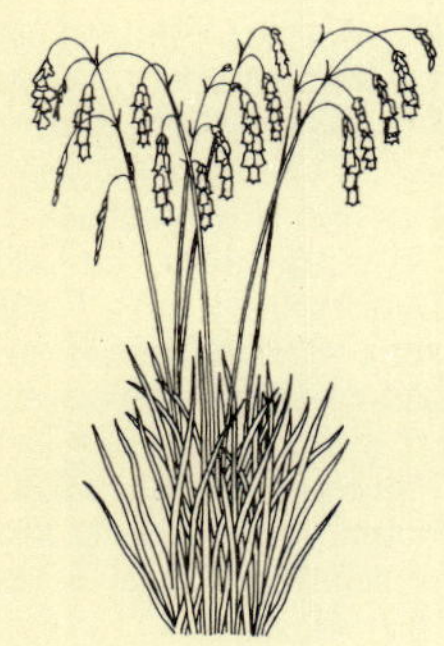

Dierama pendulum

Macleaya cordata

Empfehlenswert: **I. foetidissima »Variegata«** mit leuchtendorangefarbenen Samenständen im Herbst und Winter.

Kniphofia (Fackellilie, Raketenblume, Tritoma). Rotorangefarbene Blüten im Sommer und Herbst, grasähnliche Büschel mit immergrünen Blättern (60–180 cm), leichter Winterschutz.

Libertia (Libertie). Dunkelgrüne, grasähnliche, immergrüne Belaubung mit kleinen weißen, flachen Blüten im frühen Sommer. Empfehlenswert: **L. formosa** (75 cm) mit dichten Blütenrispen.

Ligularia (Ligularie, Goldkolben, Bandblume). Starkwüchsige, ausdrucksvolle Pflanze mit gelborangefarbenen Blüten (60–150 cm). Empfehlenswert: **L. clivorum** mit großen Blättern und margeritenähnlichen, gelben Blüten.

Macleaya (Federmohn). Hohe (180–300 cm) Stauden mit grauen, feigenähnlichen Blättern und weißen oder rosafarbenen Blütenrispen. Empfehlenswert: **M. cordata.**

Oenothera (Nachtkerze). Leuchtend im Austrieb, hübsche gelbe Blütentrichter im Sommer (20–45 cm). Empfehlenswert: **O. tetragona »Vyrwerkerij«** mit bronzefarbenen Blattrosetten.

Paeonia (Pfingstrose). Bekannte Frühlingsblüher mit attraktivem Laub (60–90 cm). Empfehlenswert: **P. lactiflora**-Hybriden mit zahlreichen Farbvarietäten.

Papaver (Mohn). Stark gesägte, behaarte Blätter, große, feuerrote schalenförmige Blüten (60–90 cm). Empfehlenswert: **P. orientale »Marcus Perry«.**

Phlox (Flammenblume, Phlox). Große, leuchtende Blütendolden, Sommerblüher (60–90 cm). Empfehlenswert: **P. paniculata** in zahlreichen Sorten (besonders die Bornimer Züchtungen).

Rheum (Rhabarber). Hohe (1,50 m) rotblühende Wildrhabarberstaude (Frühsommer), stark gezackte Blätter. Empfehlenswert: **R. palmatum** mit purpurrosa Austrieb.

Rudbeckia (Sonnenhut). Die Zungenblüten sind gelborange, die Blütenköpfe tiefschwarz (Spätsommer, 60–180 cm). Empfehlenswert: **R. sullivantii »Goldsturm«**, ca. 60 cm.

Salvia (Salbei) *siehe Ziersträucher.*

Sedum (Mauerpfeffer, Fette Henne). Bläuliche, fleischige Blattpflanze (30–60 cm) mit breiten Blütendolden in Rosa, Gelb. Empfehlenswert: **S. spectabile, S. telephium,** dunkelblaue Belaubung und dunkelrosa Blütenstände im Herbst.

Sisyrinchium (Binsenlilie). Kleine, immergrüne, schwertlilienähnliche Pflanze (20–40 cm) mit amberfarbenen Herbstfrüchten. Empfehlenswert: **S. angustifolium** mit blauvioletten Blüten im Frühsommer.

Stachys (Ziest, Eselsohr). Immergrüner Bodendecker mit wolligem, silbrigem Laub und purpurrosa oder weißen Blüten; Sommerblüher (30–60 cm). Empfehlenswert: **S. lanata** (Wollziest) mit silbergrauer Belaubung und kleinen rosafarbenen Blüten.

Veronica sp. (Ehrenpreis). Blaue Blütenähren, die den ganzen Sommer hindurch aus den Blattrosetten erscheinen (30–60 cm). Empfehlenswert: **V. spicata** mit blauen und rosafarbenen Varietäten.

Gräser

Arundo (Pfahlrohr). Ausgezeichnete Form mit bambusähnlichen Halmen und großen, gebogenen Blättern. Empfehlenswert: **A. donax,** eines der höchsten (180 cm), aus Südeuropa stammend, horstbildend, nicht wuchernd. Winterschutz!

Avena (Blaustrahlhafer). Blütenrispen über blauen immergrünen Horsten (75 cm). Empfehlenswert: **A. byzantina candida.**

Carex (Segge).Gestreiftes, goldgrünes, immergrünes Laub, Blüten in Ähren (30–90 cm).

Festuca (Rispengras, Schwingel). Aufrechtwachsendes graublaues Gras. Empfehlenswert: **F. amethystina,** dicht gepolstertes Staudengras mit graublauen nadelförmigen Blättern (bis 45 cm).

Lasiagrostis (Rauhgras, Silberährengras). Hübsches, lederfarbenes Gras, horstbildend (90 cm). Empfehlenswert: **L. splendens** (200 cm), trockenheitsresistente, immergrüne Staude, purpurfarbene Blüten im Mai–Juni.

Miscanthus (China-Schilf). Aufrechtstehende, sich langsam entfaltende Gräser (150–300 cm). **M. sinensis »Gracillimus«** besitzt schmale, hellgestreifte Blätter (100–150 cm).

Pennisetum (Lampenputzergras, Federborstengras). Weiche, grauweiße Halme und flaschenbürstenähnliche Blütenstände (30–90 cm). Empfehlenswert: **P. compressum** mit ausdrucksvollen Blütenähren im Herbst.

Stipa (Federgras). Hübsche Blütenähren mit langen Grannen über dunkelgrünen Horsten (90 cm). Empfehlenswert: **S. barbata** (Reiherfedergras), blüht Juni–Juli.

Einjährige

Unter Einjährigen versteht man Gattungen, die jeden Frühling neu gepflanzt werden. Bei den hier angeführten handelt es sich um Pflanzen, die besonders für gemischte Rabatten, Balkonkästen und Hängekörbe geeignet sind.

Ageratum (Leberbalsam). Blaublühende Beetpflanze (auch rosa) mit flauschigen Blütenköpfchen und weichen behaarten Blättern (25 cm).

Alyssum (Steinkraut). Teilweise ausdauernde Steingartenpflanze mit Massen von gelben, weißen und purpurfarbenen Frühlingsblüten (30 cm). Empfehlenswert: **A. saxatile »Citrinum«.**

Antirrhinum (Löwenmaul). Leuchtende, oft zweifarbige, teils ausdauernde Beetpflanzen mit schmalen, dunklen Blättchen (30–90 cm). Empfohlen wird **A. majus,** unempfindlich gegen Rostbefall.

Aster (Aster) *siehe Stauden.* Empfehlenswert: **A. amellus,** blauviolett, Spätsommerblüher (60 cm).

Calendula (Ringelblume). Pflanze für Beeteinfassungen, anspruchslos, blaßgrüne Belaubung und meist leuchtendgelbe oder orangefarbene Blüten den ganzen Sommer hindurch (60 cm). Empfehlenswert: **C. officinalis** mit orangefarbenen, margeritenähnlichen Blüten.

Cheiranthus (Goldlack). Anspruchslose, frühlingsblühende Zweijährige in Weiß, Gelb oder Rostrot (30–50 cm).

Chrysanthemum (Margerite, Wucherblume) *siehe Stauden.* Empfehlenswert: **C. carinatum,** anspruchslos und starkblühend.

Dianthus (Nelke) *siehe Stauden.* **D. barbatus** ist besonders als Schnittblume geeignet und zweijährig zu kultivieren.

Dimorphoteca (Kapkörbchen). Anspruchslos; gänseblümchenähnliche Blüten in Gelb, Orange, Rosa und Weiß, Sommerblüher (30 cm).

Eschscholzia (Goldmohn). Leuchtende, teils geflammte, robuste Beetpflanze (30–60 cm). Empfehlenswert: **E. californica** mit farnähnlichen Blättern und leuchtendgelben Blüten

Gazania (Gazanie, Mittagsgold). Wird bei uns meist als Einjähri-

Paeonia mlokosewitschii

Sisyrinchium striatum

Arundo donax

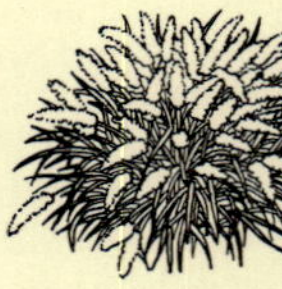

Pennisetum orientale

ge gezogen; mit gelben, orangefarbenen und roten margeritenähnlichen Blüten (30 cm). Empfehlenswert: **G. splendens** mit großen, sonneliebenden Blüten und Laub, das oberseits grün, unterseits silbrig ist.

Helianthus (Sonnenblume). Anspruchslose riesige Pflanze mit großen margeritenähnlichen Blüten, die im Spätsommer in ca. 3 m Höhe erscheinen.

Heliotropium (Heliotrop). Beetpflanze mit flachdoldigen, duftenden violetten Blüten im Sommer und Herbst, in milden Gegenden auch als Staude (90 cm).

Iberis (Schleifenblume, Schneekissen). Anspruchslose Pflanze für Einfassungen, Beetbepflanzung oder als Schnittblume. Weiße, rosafarbene und rote buschige Sommerblüher (30–40 cm).

Impatiens (Fleißiges Lieschen, Springkraut). Raschwüchsig, rosarotblühend, Überwinterung im Haus möglich (40 cm).

Limnanthes (Sumpfblume). Kleine, robuste Einjährige. Empfehlenswert: **L. douglasii** mit schalenförmigen gelben oder weißen Blüten im Frühling und Sommer (15–20 cm).

Lobelia (Lobelie, Männertreu). Hübsche Einfassungspflanze für Steingärten, deren leuchtendblaue Blüten lange erscheinen (15 cm). Empfehlenswert: **L. erinus** mit gelblichweißem Auge.

Lunaria (Mondraute, Judaspfennig, Silberling, Silberblatt). Malvenfarbene Zweijährige mit großen, rauhen Blättern und silbrig durchscheinenden Samenscheiden (60 cm). Empfehlenswert: **L. annua.**

Matthiola (Levkoje, Nachtviole). Farbenfrohe Blütenkerzen im Frühling, anspruchslos (40 cm). Empfehlenswert: **M. bicornis** mit duftenden Blütenschöpfen, die sich nachts öffnen.

Mesembryanthemum (Mittagsblume). Margeritenähnliche Bodendecker, die sich besonders für Steingärten in sonniger Lage eignen (5–10 cm).

Molucella (Muschelblume). Muschelförmige Kelchblätter umgeben weiße Blütchen (50 cm). Empfehlenswert: **M. laevis.**

Nicotiana (Tabak). Starkduftende, langblühende Beetpflanzen in vielen Farben, einschließlich Lindgrün. Vorkultur unter Glas (90 cm). Empfehlenswert: **N. affinis (alata).**

Nigella (Jungfer im Grünen, Schwarzkümmel). Anspruchslose Beetpflanze mit blaßblauen Blüten im Frühling und zierlichem, feingefiedertem Laub (30 cm).

Papaver alpinum (Alpenmohn). Farbenfrohe, sommerblühende Einjährige mit schalenförmigen Blüten und zierlichem Laub (30 cm).

Pelargonium (Geranie). Freiblühende Beetpflanzen, die im Haus überwintert werden müssen. Große Blütendolden in unendlich vielen verschiedenen Farben (70 cm).

Petunia (Petunie). Ansehnliche Beetpflanzen für heiße, trockene Lagen. Viele Spielarten mit trichterförmigen, duftenden Blüten (30 cm). Empfehlenswert: **P. x. hybrida.**

Reseda (Reseda). Gelbe Sternchen von duftenden sommerblühenden Einjährigen, die in Ähren zusammenstehen (60 cm). Empfehlenswert: **R. alba** mit hübschen weißen Blüten.

Silybum Marianum (Mariendistel). Anspruchsloses, zweijähriges Kraut mit großen breiten, buntgeaderten Blättern. Purpurrosa Blüten im Sommer (bis 120 cm).

Tropaeolum (Kapuzinerkresse). Wuchernde, manchmal kletternde, anspruchslose Einjährige mit hübschen, runden Blättern (als Salat eßbar) und orangefarbenen Blütentrichtern. Liebt magere Böden (Triebe bis 120 cm). Empfehlenswert: **T. majus** mit vielen attraktiven Farbvarianten.

Zinnia (Zinnie). Dahlienähnlicher Spätsommerblüher mit leuchtenden Blütenfarben (90 cm hoch). Überwinterung gelingt selten.

Übersicht Einjährige

	BODEN				STANDORT	
	sauer	**alkalisch**	**wasserdurchlässig**	**feucht**	**sonnig**	**halbschattig**
Ageratum	●	●		●	●	
Alyssum	●	●	●		●	
Antirrhinum	●	●	●		●	
Aster	●	●	●		●	
Calendula	●	●	●		●	
Cheiranthus		●	●		●	
Chrysanthemum	●	●	●		●	
Dianthus	●	●	●		●	
Dimorphotheca	●	●	●		●	
Eschscholzia	●	●	●		●	
Gazania	●	●	●		●	
Helianthus	●	●	●		●	
Heliotropium	●	●	●		●	●
Iberis	●	●	●		●	●
Impatiens	●	●	●	●	●	●
Limnanthes	●	●	●	●	●	
Lobelia	●	●		●		●
Lunaria	●	●	●	●		●
Matthiola	●	●	●	●	●	●
Mesembryanthemum	●	●	●		●	
Molucella	●	●	●	●	●	
Nicotiana	●	●	●		●	
Nigella	●	●	●	●	●	
Papaver alpinum	●	●	●		●	
Pelargonium	●	●	●	●		●
Petunia	●	●	●		●	
Reseda		●	●		●	
Silybum marianum	●	●	●		●	
Tropaeolum	●	●	●		●	
Zinnia	●	●	●		●	

Calendula officinalis

Gazania x splendens

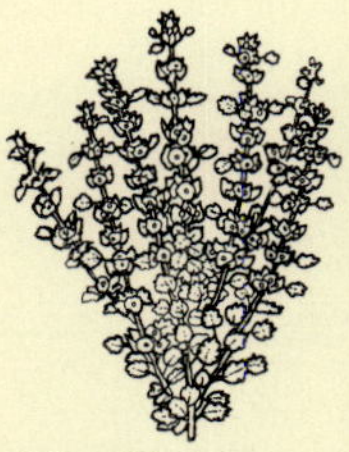
Molucella laevis

Nicotiana affinis

Papaver alpinum

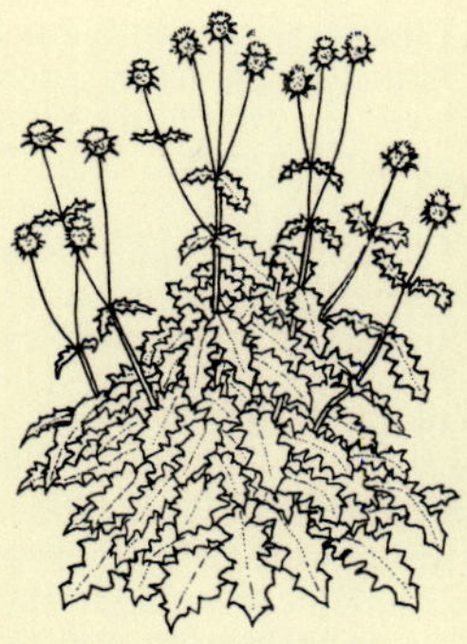
Silybum marianum

Zinnia elegans

Bodendecker

Zu dieser Gruppe rechnet man auch einige Gehölze, die trotz ihrer Höhe bis zum Boden dicht begrünt sind. Sie stellen eine Ergänzung zu den allgemein niedrigbleibenden Bodendeckern dar.

Ajuga (Günsel). Teppichbildende Staude mit leuchtendblauen Blütenähren. Empfehlenswert: **A. reptans »Atropurpurea«.**

Alchemilla (Frauenmantel) *siehe Stauden.* Empfehlenswert: **A. mollis,** der Massen von lichtgrünen Blättern und schwefelgelbe, rispenförmige Blütenstände im Sommer hervorbringt.

Anthemis (Hundskamille) *siehe Stauden.* Empfehlenswert: **A. cupaniana,** graulaubig, gänseblümchenähnliche Blüten.

Artemisia (Wermut, Beifuß) *siehe Stauden.* Empfehlenswert: **A. schmidtiana »Nana«,** feingefiederte silbrige Belaubung.

Aubrieta (Blaukissen). Langblühender Frühlingsblüher mit blauen, roten, rosa- und purpurfarbenen Sorten.

Aucuba japonica (Aukube) *siehe Ziersträucher.*

Berberis (Berberitze, Sauerdorn) *siehe Ziersträucher.* Empfehlenswert: sämtliche niedrigbleibenden Formen wie **B. candidula** (immergrüne Büsche mit glänzender Belaubung und purpurfarbenen Beeren), **B. thunbergii** (sommergrün, mit roten Beeren und guter Herbstfärbung).

Bergenia (Löffelblatt) *siehe Stauden.* Empfehlenswert: sämtliche Formen.

Choisya (Orangenblütenstrauch) *siehe Ziersträucher.* Empfehlenswert: die weißblühende **C. ternata.** (Winterschutz!)

Cornus (Hartriegel) *siehe Ziersträucher.* Empfehlenswert: **C. alba**, der viele interessante Formen mit schöner Herbstfärbung besitzt.

Cotoneaster (Zwerg- oder Felsenmispel) *siehe Ziersträucher.* Empfehlenswert: sämtliche flachwachsenden und mittelgroßen Varietäten, besonders **C. dammeri.**

Dianthus (Nelken) *siehe Stauden.*

Elaeagnus (Ölweide) *siehe Ziersträucher.* Empfehlenswert: sämtliche immergrünen Formen wie **E. pungens »Maculata«** mit goldgrün panaschierten Blättern.

Epimedium (Elfenblume). Herzförmige, immergrüne Belaubung und kleine gelbe, weiße oder rosafarbene Blütenrispen im Mai und Juni.

Erica (Winterheide). Große Familie von Immergrünen mit verschiedenen Laub- und Blütenfarben und unterschiedlichen Blütezeiten.

Escallonia (Eskallonie) *siehe Ziersträucher.* Empfehlenswert: **E. iveyi** mit glänzenden Blättern und weißen Blüten im Herbst. Winterschutz!

Euonymus (Pfaffenhütchen) *siehe Ziersträucher.* Empfehlenswert: **E. fortunei** mit einigen buntblättrigen Formen.

Euphorbia (Wolfsmilch) *siehe Stauden.* Empfehlenswert: **E. robbiae** mit dunkelgrünen Blattrosetten und hellgrünen Blütenständen, **E. wulfenii** mit größeren gelblichen Blüten (1,3 m hoch).

Festuca (Blaustrahlgras, Schwingel) *siehe Gräser.* Horstbildendes, blaues Gras. Es gibt auch eine blaugrüne Varietät.

Gaultheria (Scheinbeere) *siehe Ziersträucher.* Empfehlenswert: **G. procumbens** mit scharlachroten Beeren.

Genista (Ginster) *siehe Ziersträucher.* Empfehlenswert: **G. lydia** mit leuchtendgelben Blüten im Frühsommer.

Geranium (Geranien, Storchschnabel). Empfehlenswert: sämtliche Formen.

Hebe (Strauchveronica) *siehe Ziersträucher.* Empfehlenswert: Sämtliche Formen; benötigen Winterschutz.

Hedera (Efeu) *siehe Kletterpflanzen.*

Helianthemum (Sonnenröschen). Lieblicher kleiner Massenblüher, dessen meist gelbe Blütchen im Sommer erscheinen.

Helleborus (Schneerose, Christrose) *siehe Stauden.*

Heuchera (Purpurglöckchen). Niedrige, herzförmige Blattrosetten und schlanke Rispen mit

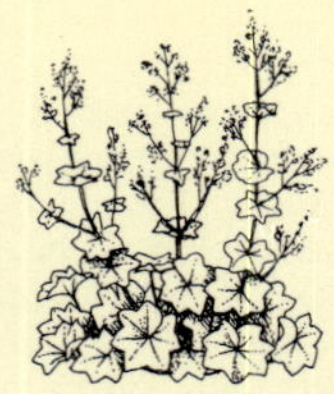

Alchemilla mollis

Bergenia cordifolia

Hypericum calycinum

Übersicht Bodendecker

	BODEN				STANDORT			GRÖSSE		
	sauer	alkalisch	wasserdurchlässig	feucht	sonnig	halbschattig	schattig	über 1,5 m	0,6–1,5 m	unter 0,6 m
Ajuga	●	●	●	●	●	●				●
Alchemilla	●	●		●		●	●			●
Anthemis	●	●	●		●				●	
Artemisia	●	●	●		●	●			●	●
Aubrieta	●	●	●		●					●
Aucuba	●	●	●	●	●	●	●	●	●	
Berberis	●	●	●		●	●		●	●	
Bergenia	●	●	●			●	●			●
Choisya	●	●	●	●	●	●	●	●	●	
Cornus	●	●	●	●	●	●		●	●	●
Cotoneaster	●	●	●	●	●	●		●	●	●
Dianthus	●	●	●		●					●
Elaeagnus	●	●	●		●			●	●	
Epimedium	●	●	●	●	●	●	●			●
Erica	●		●		●					●
Escallonia		●	●		●	●			●	●
Euonymus	●	●	●		●	●		●	●	●
Euphorbia	●	●	●	●	●	●				●
Festuca	●	●	●		●					●
Gaultheria	●	●		●	●	●				●
Genista	●	●	●		●				●	●
Geranium	●	●	●	●	●	●				●
Hebe		●	●		●				●	●
Hedera	●	●	●	●		●	●			●
Helianthemum		●	●		●					●
Helleborus	●	●		●		●	●			●
Heuchera	●	●	●	●	●	●				●
Hosta	●	●		●		●	●			●

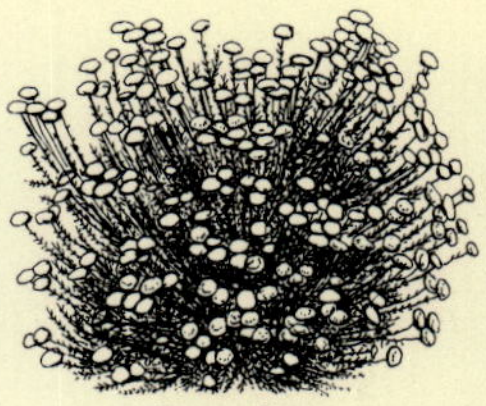

Santolina chamaecyparissus

Stachys lanata

Tiarella cordifolia

rosaroten Glockenblütchen, die im Sommer erscheinen.

Hosta (Funkie) *siehe Stauden.*

Hydrangea (Hortensie) *siehe Ziersträucher.* Empfehlenswert: **H. petiolaris** (Kletterpflanze) mit flachen Blütenschirmen und grünlichweißen Blüten im Juni.

Hypericum (Johanniskraut) *siehe Ziersträucher.* Empfehlenswert: **H. calycinum »Rose von Sharon«** mit goldgelben Blüten.

Juniperus (Wacholder) *siehe Koniferen.* Empfehlenswert: **J. x media** mit flachwachsenden Zweigen und vielen Farbvarietäten in Blaugrün, Goldgelb, Leuchtendgrün und farnähnlicher, immergrüner Benadelung.

Lamium (Taubnessel). Nesselähnliche sommerblühende Immergrüne für Schattenlage mit interessanter, vielfältiger Blattzeichnung.

Liriope (Liriope). Liliengewächs mit blauen Blütenähren im Sommer. Winterschutz erforderlich.

Lonicera (Heckenkirsche) *siehe Ziersträucher.* Empfehlenswert: **L. pileata** mit cremefarbenen Blüten und violetten Beeren.

Pachysandra (Ysander, Dickmännchen) *siehe Ziersträucher.* Empfehlenswert: **P. terminalis,** schattenliebender Winterblüher.

Polygonatum (Salomonssiegel). Gebogene Blütenstiele mit breiten Blättern und kleinen, nikkenden weißen Glöckchen.

Potentilla (Fingerkraut) *siehe Ziersträucher.*

Prunus laurocerasus (Lorbeerkirsche, häufig Kirschlorbeer gen.) *siehe Ziersträucher.* Empfehlenswert: **P. l. »Zabeliana«** mit schmalen Blättern und weißen Blütenkerzen.

Rhododendron (Alpenrose) *siehe Ziersträucher.* Empfehlenswert: sämtliche blühfähigen Formen.

Ribes (Zierjohannisbeere). Immergrüne und sommergrüne Gehölze mit gelben und rosafarbenen Blüten im Frühling.

Rosmarinus (Rosmarin) *siehe Heckenpflanzen.* (Winterschutz erforderlich!)

Ruta (Raute) *siehe Ziersträucher.* Empfehlenswert: **R. graveolens** mit senfgelben Blüten.

Salix (Weide) *siehe Ziersträucher.* Empfehlenswert: **S. hastata »Wehrhahnii«**, mit silberfarbenen männlichen Kätzchen, die sich im Frühling gelb färben.

Santolina (Heiligenblume) *siehe Ziersträucher.* Empfehlenswert: sämtliche Formen. (Winterschutz erforderlich!)

Sarcococca (Scheinbeere) *siehe Ziersträucher.* Empfehlenswert: **S. humilis** mit glänzendem Laub, weißen oder rosafarbenen Blüten und schwarze Beeren.

Saxifraga (Steinbrech). Rosettenförmige Blattstände mit rosafarbenen Blütenrispen im Sommer.

Sedum (Mauerpfeffer) *siehe Stauden.*

Senecio (Kreuzkraut, Greiskraut) *siehe Ziersträucher.*

Stachys (Ziest) *siehe Stauden.*

Symphoricarpus (Schneebeere) *siehe Ziersträucher.* Empfehlenswert: **S. alba** mit ovalen Blättchen, rosa Blütchen und weißen Beeren.

Teucrium (Gamander) *siehe Ziersträucher.* Empfehlenswert: **T. chamaedrys** mit blauen Blütchen im Sommer. (Winterschutz!)

Thymus (Thymian). Aromatisches, graublättriges Staudengewächs (Gewürzkraut) mit weißen, rosa- oder malvenfarbenen Blüten im Sommer.

Tiarella (Schaumblüte). Rundliche Blattrosetten mit blaßgrünen immergrünen Blättchen, die sich im Winter bronze färben. Weißrosa Blütenstände im Frühling und Sommer auf dünnen Stielen.

Viburnum (Schneeball) *siehe Ziersträucher.*

Vinca (Immergrün) *siehe Ziersträucher.* Empfehlenswert: **V. minor,** blauer Frühlingsblüher, breitet sich leicht auch im Schatten aus.

	BODEN				STANDORT			GRÖSSE		
	sauer	alkalisch	wasser-durchlässig	feucht	sonnig	halbschattig	schattig	über 1,5 m	0,6–1,5 m	unter 0,6 m
Hydrangea	●	●		●	●	●		●	●	
Hypericum	●	●	●	●	●	●			●	●
Juniperus	●	●	●		●	●		●	●	
Lamium	●	●	●	●	●	●	●			●
Liriope	●		●		●	●				●
Lonicera	●	●	●		●	●		●	●	
Pachysandra	●		●	●			●			●
Polygonatum	●	●	●	●		●	●			●
Potentilla	●	●	●		●	●			●	●
Prunus laurocerasus	●	●	●	●		●	●	●	●	
Rhododendron	●			●		●		●	●	●
Ribes	●	●	●		●	●		●	●	●
Rosmarinus		●	●		●				●	●
Ruta		●	●		●					●
Salix	●	●		●	●	●		●	●	●
Sambucus	●	●	●	●	●	●		●	●	●
Santolina		●	●		●					●
Sarcococca	●	●	●			●				●
Saxifraga	●	●	●		●	●	●			●
Sedum	●	●	●		●	●				●
Senecio	●	●	●		●				●	●
Stachys	●	●	●		●	●				●
Symphoricarpus	●	●	●		●	●	●	●		●
Teucrium		●	●		●					●
Thymus	●	●	●		●					●
Tiarella	●	●	●	●		●	●			●
Viburnum davidii	●	●	●	●	●	●		●	●	●
Vinca	●	●	●			●	●			●

Zwiebelgewächse und Knollenpflanzen

In der nachstehenden Auswahl werden Pflanzen beschrieben, die dank ihrer Blütenfarbe und Wuchsform das ganze Jahr über interessant aussehen.

Allium (Zierlauch). Die Pflanzen dieser artenreichen Familie besitzen im allgemeinen lanzettliche oder binsenförmige Blätter und blühen im Sommer mit kugeligen Blütenständen in Blau, Weiß oder Purpur an langen Schäften (15–60 cm). Empfehlenswert: **A. giganteum** (Riesenlauch) wegen seiner auffälligen violetten Blütenkugeln im Juli.

Anemone (Windröschen, Anemone). Hübsche Frühlingsblüher (weiß, blau, purpur, rot), oft mit attraktivem Laub (15–30 cm). Empfehlenswert: **A. blanda** (Balkan-Anemone), gut zum Verwildern geeignet.

Arum (Aronstab). Außergewöhnliche Blütenkolben, die von einem weißen Hüllblatt umgeben sind (15 cm). Empfehlenswert: **A. pictum** mit leuchtendroten Beeren im Herbst.

Chionodoxa (Schneeglanz). Sternförmige, leuchtendblaue, sehr frühe Blüher mit grasähnlichem Laub. Am schönsten, wenn sie verwildern (15 cm).

Colchicum (Herbstzeitlose). Rosalila, krokusähnlicher Herbstblüher, auch fälschlich als Herbstkrokus bezeichnet. Das Laub erscheint im Frühling (25 cm) und stirbt im Sommer ab. Empfehlenswert: **C. speciosum** in verschiedenen Farben.

Crinum (Hakenlilie). Hübsche, lilienähnliche Blüten in Weiß, Rot und Rosa. Die Pflanzen verlangen leichten Winterschutz. Schmallanzettliches Laub (90 cm). Empfehlenswert: **C. x powellii »Album«** mit lieblichen weißen Blüten.

Crocus (Krokus). Große Familie mit vielen Spielarten von Frühlings- und Herbstblühern. Hauptfarben: Purpur, Gelb und Weiß (10 cm). Empfehlenswert: **C. tomasinianus** (Elfenkrokus) mit zartlila Blüten. Vermehrt sich leicht.

Eranthis hyemalis (Winterling). Leuchtendgelber Vorfrühlingsblüher mit blaßgrünen, feingefiederten Blättchen. Ideal zum Verwildern (5–10 cm).

Eremurus (Lilienschweif, Kleopatranadel). Sommerblüher mit hohen Blütenähren (120–250 cm) mit winzigen lilienähnlichen Blütchen und großen schmalblättrigen Blattrosetten.

Fritillaria (Schachbrettblume). Nickende Blüten erscheinen im Frühling an hohen Stengeln mit eigenartigen Blattschöpfen. Empfehlenswert: **F. imperialis** (Kaiserkrone) mit beeindruckenden Blüten in Rot, Orange oder Gelb (120 cm hoch).

Galanthus (Schneeglöckchen). Liebliche, sehr früh erscheinende weiße Blüten (10–20 cm). Kann in Töpfen getrieben werden. Empfehlenswert: **G. nivalis**, besonders gut zum Verwildern im Rasen.

Galtonia candicans (Riesenhyazinthe). Lange schmale Blätter und weiße hyazinthenähnliche Blüten, die im Sommer erscheinen (120 cm).

Hyacinthus (Hyazinthe). Ideal für Freilandpflanzung oder Treiben im Haus. Im Frühling duftende blaue, purpurfarbene, weiße, rosafarbene und gelbe Blüten mit schwerem Duft.

Leucojum (Märzenbecher, Knotenblume). Weiße, nickende Blütenkelche (bis 40 cm) im Frühling und Herbst. Empfehlenswert: **L. vernum** (Frühlingsknotenblume) im zeitigen, **L. aestivum** (Sommerknotenblume) im späten Frühjahr.

Lilium candidum (Madonnenlilie). Große, weiße Blüten mit starkem Duft, Sommerblüher (bis 180 cm).

Muscari (Traubenhyazinthe). Trauben aus kleinen blassen Blütchen im späten Frühjahr (15–30 cm). Empfehlenswert: **M. armeniacum** (Armenische Traubenhyazinthe) mit dichten Horsten von blauen Blütenständen im April/Mai.

Narcissus (Narzisse, Osterglokke). Leuchtendgelbe oder weiße Trompetenblüten im Frühling (45 cm). Anspruchslos und leicht zu kultivieren. Es gibt Tausende von Spezies und Kulturformen in zahllosen Farbvariationen.

Nerine (Jerseylilie, Scharlachdolde). Sommerblüher mit hübschen rosafarbenen oder roten Blütchen, der starken Winterschutz erfordert (sonst Kalthaus); gute Schnittblume (30–60 cm).

Scilla (Blaustern, Meerzwiebel). Hübscher blauer Frühlingsblüher (auch weiß und rosa), der im Halbschatten leicht verwildert (15–30 cm), mit vielen interessanten Spielarten. Empfehlenswert: **S. campanulata** (Glokkenhyazinthe), frühblühend, verschiedene Farben.

Tulipa (Tulpe). Zahllose Spielarten leuchtendfarbener Frühlingsblüher, häufig zweifarbig. Empfehlenswert: Lilienblütige Tulpen mit hohen (60 cm) Blütenstielen mit nach innen oder außen gebogenen Blütenblättern.

Übersicht Zwiebelgewächse und Knollenpflanzen

	BODEN				STANDORT		
	sauer	alkalisch	wasserdurchlässig	feucht	sonnig	halbschattig	architektonische Form
Allium	●	●	●	●	●		
Anemone	●	●	●	●	●	●	
Arum	●	●	●	●		●	
Chionodoxa	●	●	●	●	●	●	
Colchicum	●	●	●	●	●		
Crinum	●		●		●	●	●
Crocus	●	●			●	●	
Eranthis hyemalis	●	●	●	●	●		
Eremurus	●	●	●		●		●
Fritillaria	●	●	●	●	●	●	
Galanthus		●	●	●	●	●	●
Galtonia candicans	●	●	●		●		●
Hyacinthus	●	●	●		●	●	
Leucojum	●	●	●	●	●	●	
Lilium candidum	●	●	●		●	●	●
Muscari	●	●	●		●	●	
Narcissus	●	●	●	●	●	●	
Nerine	●	●	●			●	●
Scilla		●	●		●	●	
Tulipa	●	●	●		●		●

Allium giganteum

Crinum x powellii

Fritillaria imperialis

Galtonia candicans

Leucojum aestivum

Kletterpflanzen

Manche Kletterpflanzen müssen angebunden bzw. gestützt werden, andere kommen ohne Gerüst aus. In der Tabelle sind sie nach Typen unterteilt.

Abutilon (Schönmalve). Ungewöhnlich schöne Wand-Kletterpflanze mit glockenförmigen nickenden Blüten, die bei uns nur als Kalthauspflanze kultiviert werden kann. Empfehlenswert: **A. megapotamicum** mit roten oder gelben Blüten im Sommer.

Actinidia (Strahlengriffel). Wüchsige Schlinger, zuweilen mit eßbaren Früchten. Empfehlenswert: **A. chinensis** (Kiwipflanze) mit cremefarbenen Blüten im Spätsommer und Früchten, die an sonnigem Standort reifen (Winterschutz).

Akebia (Akebie). Purpur- oder rotblühende Schlingpflanze mit hübschem Laub für Zäune, Hauswände und Pergolen. Empfehlenswert: **A. quinata** (Fingerblattakebie), die gelegentlich dunkelpurpurfarbene Früchte hervorbringt. Duftende Blüten.

Aristolochia (Osterluzei, Pfeifenblume). Pfeifenförmige Blüten im Sommer und breite herzförmige Blätter. Empfehlenswert: **A. macrophylla** (Pfeifenwinde), raschwüchsig.

Campsis (Trompetenblume). Schlinger zur Begrünung von Hauswänden und Mauern in geschützter Lage. Auffallende rotorangefarbene Trompetenblüten im Spätsommer. Empfehlenswert: **C. radicans** mit auffälligen leuchtenden Blüten.

Ceanothus (Säckelblume) *siehe Ziersträucher.* Empfehlenswert: **C. thyrsiflorus** mit hellblauen Blüten im Frühsommer.

Chaenomeles (Japanische Quitte, Rosenquitte) *siehe Ziersträucher.* Empfehlenswert: C.-Hybriden mit vielen attraktiven Blütenfarben.

Clematis (Waldrebe). Große Anzahl von Sorten und Hybriden mit hübschen Blüten und Fruchtständen. Empfehlenswert: **C. montana »Alba«** mit reinweißen Blüten im Frühsommer, wüchsig, ideal zum Beranken von Bäumen; **C. paniculata**, ein wirkungsvoller Spätblüher mit kleinen, weißen, sehr wohlriechenden Blüten in lockeren Rispen.

Eccremocarpus (Schönranke). Zarte aber wüchsige Klimmer, die bei uns nur einjährig kultiviert werden können. **E. scaber** bringt rote, orangefarbene und gelbe trompetenförmige Blüten im Sommer hervor.

Euonymus fortunei *siehe Ziersträucher.*

Garrya elliptica *siehe Ziersträucher.*

Hedera (Efeu). Ausdauernde, leicht zu ziehende Immergrüne mit vielen Blattformen und -farben. Empfehlenswert: **H. colchica »Dentata Variegata«** mit sehr großen, hellgerandeten Blättern.

Humulus lupulus (Gewöhnlicher Hopfen). Unscheinbare Blüten, im Spätsommer erscheinen die bekannten Hopfenfrüchte. Empfehlenswert: **H. lupulus »Aureus«** mit hübschen gelblichen Blättern.

Hydrangea anomala »Petiolaris« (Kletterhortensie). Breite, herz- bzw. eiförmige Blätter und große flache weiße Blütendolden im Juni; raschwüchsig.

Jasminum (Jasmin). Kleine weiße oder gelbe, duftende Blüten. Empfehlenswert **J. nudiflorum** (Winterjasmin) mit duftenden gelben Blüten, die von November bis März an den kahlen Zweigen erscheinen.

Parthenocissus (Wilder Wein, Jungfernrebe). Schönblättriger Klimmer mit großartiger Herbstfärbung. Empfehlenswert: **P. quinquefolia** mit großen Blättern und außergewöhnlicher Herbstfärbung.

Passiflora (Passionsblume). Große exotische Blüten, raschwüchsig, aber empfindlich. Empfehlenswert: **P. caerulea** mit blauweißen, duftenden Blüten. In milden Lagen an Nordseiten. Winterschutz!

Polygonum (Knöterich). Ausdauernder, sehr stark wuchernder Klimmer für jede Lage. Empfehlenswert: **P. aubertii** (Chinesischer Schlingknöterich) mit cremeweißem Sommer-und Herbstflor. Scharfer Rückschnitt erforderlich.

Rosen *siehe Ziersträucher.*

Solanum (Nachtschatten). Hübscher Spätsommerblüher mit blauen oder purpurfarbenen Blüten im Spätsommer.

Wisteria (Glyzine, Wistarie). Schöner Schlinger für Hauswände und Pergolen; braucht nahrhaften Boden in geschützten Lagen. Blaue, rosa oder weiße Blütentrauben im Frühling. Empfehlenswert: **W. sinensis** mit duftenden lilafarbenen Trauben an unbelaubten Zweigen und **W. floribunda »Macrobotrys«**, die schönste Art für sonnige, warme Wände.

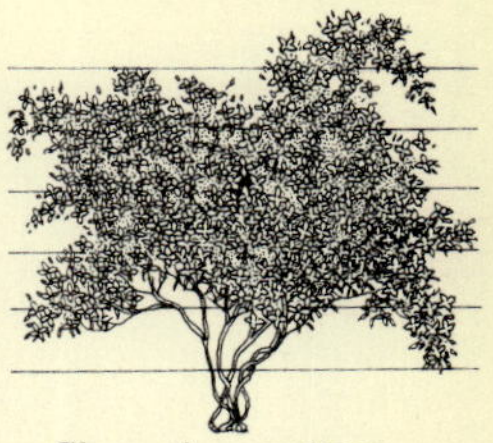

Clematis montana

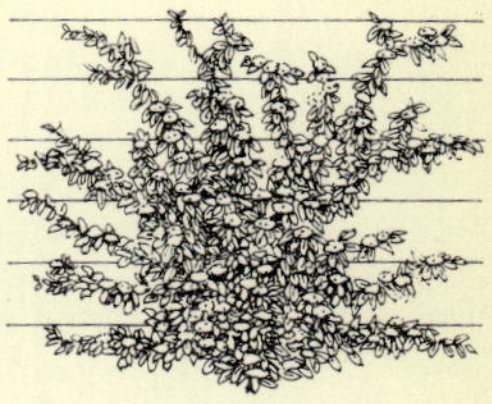

Hydrangea petiolaris

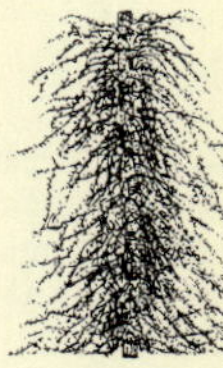

Jasminum nudiflorum

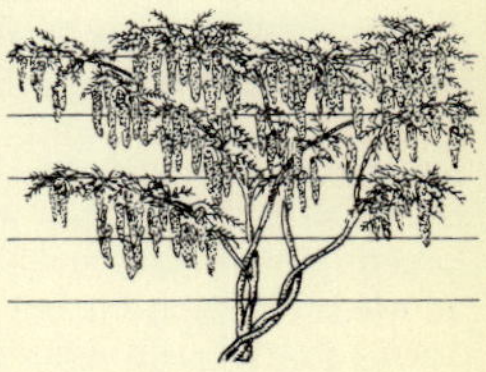

Wistaria sinensis

Übersicht Schling- und Kletterpflanzen

	BODEN				STANDORT			TYP		
	sauer	alkalisch	wasserdurchlässig	feucht	sonnig	halbschattig	schattig	selbstkletternd	Wandbekleidung	schlingend
Abutilon		●	●		●				●	
Actinidia	●	●	●		●					●
Akebia	●	●	●	●	●	●				●
Aristolochia	●	●	●	●	●					●
Campsis	●	●			●					●
Ceanothus		●	●		●				●	
Chaenomeles	●	●	●	●	●				●	
Clematis	●	●	●		●					●
Eccremocarpus	●	●	●		●				●	
Euonymus fortunei	●	●	●			●		●	●	
Garrya elliptica	●	●	●	●		●	●		●	
Hedera	●	●	●	●		●	●	●	●	
Humulus lupulus	●	●	●		●	●				●
Hydrangea periolaris	●	●	●	●	●	●		●	●	
Jasminum	●	●	●	●	●					●
Parthenocissus	●	●	●	●	●	●		●	●	
Passiflora	●	●	●	●	●	●				●
Polygonum	●	●	●	●	●	●	●			●
Rosa	●	●	●		●	●			●	●
Solanum		●	●	●	●			●		
Wisteria	●	●	●	●	●	●				●

Wasserpflanzen

Diese Auswahl ist unterteilt in Unterwasserpflanzen (Sauerstoffspender), Schwimmpflanzen und Sumpf- und Wasserpflanzen, die jeweils unterschiedliche Ansprüche an ihren (feuchten) Standort stellen.

Sumpf- und Wasserpflanzen

Acorus calamus (Gewöhnlicher Kalmus). Grünlichweiße Blüten, schwertförmige Blätter. Es gibt auch eine hübsche buntgestreifte Form. Für kleinere Becken nicht geeignet. Fügt sich am besten in größere naturnahe Anlage ein.

Alisma (Froschlöffel). Ausdauernde Staude mit weißen oder rosafarbenen Blütenrispen. Empfehlenswert: **A. plantago-aquatica** mit langgestielten Blättern und weißrosa Blüten in Doldenrispen (70 cm). Die Blütenstände sind in getrocknetem Zustand gut zur Blumenbinderei zu benutzen.

Aponogetum distachyus (Wasserähre). Bringt duftende weiße Blüten hervor und hat schmale Schwimmblätter, ist bei uns jedoch nur als Kalthauspflanze zu ziehen.

Butomus umbellatus (Blumenbinse). Rosafarbene Blütendolden im Juni. Schmale binsenförmige Blätter, im Austrieb purpurfarben. Auch für kleine Becken eine wirkungsvolle, anspruchslose Pflanze, die auch durch die Binsenhalme einen hohen Zierwert besitzt.

Calla palustris (Sumpfkalla, Sumpfdrachenwurz). Aronstabähnliche Blüten *(siehe Zwiebelgewächse und Knollenpflanzen)* und rote Beeren im Herbst. Dunkelgrüne, herzförmige Blätter.

Caltha palustris (Sumpfdotterblume). Goldgelber Frühlingsblüher mit großen, herzförmigen Blättern. Die Pflanze gedeiht auch im Sumpfbeet oder an feuchten Stellen im Garten. Sie liebt vollen Sonnenschein, benötigt allerdings auf trockenerem Standort leichten Schatten.

Juncus (Binse). Ausdauernde Pflanzen mit unscheinbaren Blüten und zahlreichen dekorativen Varietäten, von denen manche sehr hoch werden. Sie sind daher meist für größere Becken geeignet.

Mentha aquatica (Wasserminze). Blaublühender Spätsommerblüher (60 cm); Blätter duften nach Zitrone. Besonders als Uferpflanze für stehende Gewässer geeignet.

Menyanthes trifoliata (Fieberklee). Liebliche muschelfarbene oder weiße Blüten mit breiten bohnenähnlichen Blättern. Empfehlenswert: **M. trifoliata** mit dreiteiligen, lederartigen Blättern und weißrötlichen Blütentrauben.

Myosotis palustris (Sumpfvergißmeinnicht). Himmelblauer Sommerblüher mit breitlanzettlichen Blättchen. Blüte von Mai bis Oktober. Die Auslese **»Thüringen«** ist eine gute Schnittblume.

Sagittaria (Pfeilkraut). *siehe Unterwasserpflanzen.* Empfehlenswert: **S. sagittifolia** (Gewöhnliches Pfeilkraut) mit weißen Blüten im Sommer. **»Flore Pleno«** – gefüllte Blüten; **S. leucopetala** – weiß; **S. graminea** besitzt schmale, grasähnliche Blätter.

Typha latifolia (Breitblättriger Rohrkolben). Sehr hochwachsende (bis zu 250 cm) Staude mit silberbraunen Kolben. Empfehlenswert: **T. latifolia**, mit breiten Blättern und schwarzbraunen Blütenkolben (250 cm). Für kleinere Becken eignet sich besser **T. minima** mit kurzen eiförmigen Kölbchen.

Schwimmpflanzen

Azolla (Azolla). Einjähriger Farn für Kalt- oder Warmhauskultur, der sich selbst aussät und rotfarbene moosige Teppiche auf der Wasseroberfläche bildet. Für Gartenteiche nur als Sommerbesatz geeignet.

Eichhornia (Wasserhyazinthe). Glänzende herzförmige Blätter, violette, gelbgefleckte Blüten. Überwinterung im Haus. Liebt Temperaturen zwischen 12 und 20° C.

Nymphaea (Seerose, Wasserlilie). Blühwillige, exotische Sommerblüher. Sie werden nach ihrer Wassertiefe eingeteilt:
a) starkwüchsige (75–100 cm), empfehlenswert: **N. marliacea** mit vielen Spielarten;
b) mittelstarkwüchsige (50–75 cm), empfehlenswert: **N. gloriosa** mit hübschen scharlachroten Blüten;
c) schwachwüchsige (30–50 cm Wassertiefe), empfehlenswert: **N. odorata »Alba«** mit duftenden, weißen Blüten und blaßgrünen Blättern (Kalthausüberwinterung);
d) zwergwüchsige (10–30 cm), empfehlenswert: **N. »Tove«** mit rosaweißen Blüten (Kalthauspflanze). Pflanzung erfolgt am besten in Körben oder Plastikgefäßen.

Unterwasserpflanzen

Callitriche (Wasserstern). Einige Varietäten gedeihen völlig unter Wasser, einige bevorzugen Flachwasserbereiche (15 cm) und bringen ihre Blattrosetten an die Oberfläche. Der Wasserstern ist auch für fließende Gewässer geeignet. Die Blüten sind klein und unscheinbar, die Schwimmrosetten wintergrün.

Elodea canadensis (Kanadische Wasserpest). Schwimmpflanze mit kleinen Blättchen, ausgezeichneter Sauerstoffspender, wuchert sehr. Als Futterpflanze für Graskarpfen geeignet.

Hottonia palustris (Wasserfeder). Hübsche farnähnliche Wedel, blaßlila Blütenrispen. Bevorzugt Halbschatten; die Blüten erscheinen im Mai. Die Blätter sind konkurrenzempfindlich. Die Pflanze verträgt kein kalkhaltiges Wasser und gedeiht am besten in kühlen Teichen im Schatten höherer Bäume.

Myriophyllum (Tausendblatt). Hat feingefiedertes Laub; es gibt einige Arten mit roten Trieben. Die Blüten ähneln der Mummel (Teichrose). Bei nicht zu tiefem Wasserstand entwikkeln die Pflanzen aufrechtstehende Blätter, die über den Wasserspiegel hinausragen; Winterschutz erforderlich.

Potamogeton (Laichkraut). Gewellte, rötlichgrüne, durchscheinende Blätter, ähnlich dem Meersalat. Wassertiefe zwischen 0,50 und 1,50 m. Wertvoller Sauerstoffspender.

Sagittaria (Pfeilkraut). Die pfeilförmigen Blätter stehen ca. 60 cm über dem Wasserspiegel; weiße Blütendolden.

Butomus umbellatus

Calla palustris

Caltha palustris

Sagittaria lancifolia

Übersicht Sumpf- und Wasserpflanzen	BODEN				GRÖSSE	
	sauer	alkalisch	sonnig	halbschattig	über 30 cm	unter 30 cm
Acorus calamus	●	●	●	●	●	
Alisma	●	●	●	●		
Aponogeton distachyus	●		●	●		●
Butomus umbellatus	●	●	●		●	
Calla palustris	●	●	●	●		●
Caltha pal.	●	●	●	●		●
Juncus	●	●	●	●	●	
Mentha aquatica	●	●	●	●	●	
Menyanthes trifoliata	●	●	●	●	●	●
Myosotis palustris	●	●	●	●	●	
Sagittaria	●	●	●	●	●	
Typha latifolia	●	●	●	●	●	

Beläge und Materialmischungen

Wer seinen Garten im »Do-it-yourself«-Verfahren anlegt, muß auch berechnen können, welche Materialmengen für die Anlage eines Gartens benötigt werden. Wenn man den Gartenplan maßstabgerecht aufgezeichnet hat *(siehe S. 40/41)*, kann man die erforderlichen Mengen leicht danach errechnen. Die unten und umseitig dargestellten Tabellen geben wertvolle Hinweise über Bodenbeläge und helfen Ihnen, die exakte Mischung der Zuschlagstoffe für Mörtel, Beton und die Zusammensetzung von Grassamenmischungen für verschiedene Rasentypen zu ermitteln – je nach Ort, Klima und Zweckbestimmung.

Selbst hergestellte Mischungen sind immer billiger, machen allerdings auch mehr Arbeit.

Plattenmaterialien

Anhand der Tabelle rechts können Sie ermitteln, wieviele Platten einer bestimmten Größe Sie pro Quadratmeter brauchen. Will man mehr als eine Plattensorte zusammenbringen, gibt es wohl keine einfachen Hilfsmittel, sondern man muß die erforderliche Anzahl anhand des maßstabgerechten Plans errechnen. Hat man schwierige Ecken im Garten, sollten leicht zu schneidende Platten gewählt werden. Dünnere Platten brechen leicht, besonders während des Be- und Entladens, das sollte bei der Berechnung einkalkuliert werden. Es empfiehlt sich auch, ein paar Platten für spätere Reparaturen zurückzulegen.

A Bodenplatten (700 mm²)
B Bodenplatten (460 mm²)
C Bodenplatten (305 mm²)
D Granitpflaster (240 × 110 mm)
E Pflasterklinker (220 × 110 mm)
F Fliesen (150 mm²)

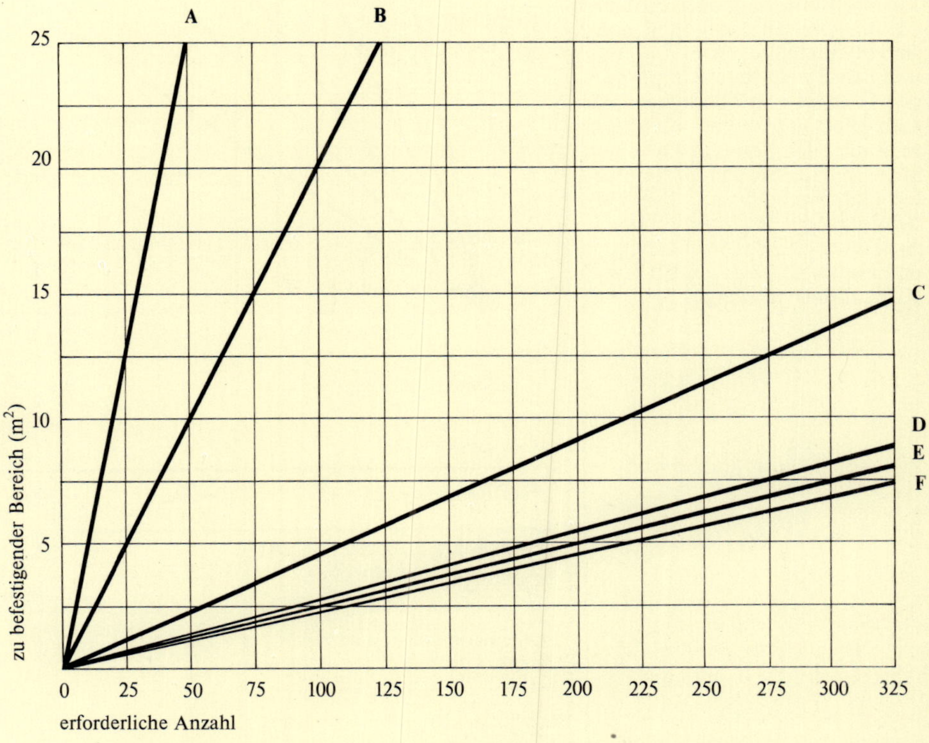

Mörtelmischungen

Mörtel besteht aus Sand und einem Bindemittel. Dieses Bindemittel ist Zement oder Kalk oder eine Mischung davon. Wenn man reinen Zement verwendet, erhält man eine harte Mischung, die schnell trocknet, dafür aber brechen kann, während der Zuschlag von Kalk eine schwächere Mischung erzielt, die langsam trocknet und weniger leicht bricht. Die Mörtelschicht sollte nicht dicker oder dünner sein als die Materialschicht, die damit befestigt wird. Belüfteter Mörtel besteht aus Zement und einem geeigneten Plastikzuschlagstoff, der in der Mischung Luftblasen bildet. Die Mischung läßt sich dadurch leichter handhaben und ist frostbeständig.

Verwendung	Zementmörtel	Kalkzementmörtel	Belüfteter Mörtel
Stützmauern Kanalklinker	1 Teil Zement 3 Teile Sand		
Abdecksteine, Auftritt und Gegentritt	1 Teil Zement 3 Teile Sand	1 Teil Zement 0,5 Teile Kalk 4,5 Teile Sand	1 Teil Zement 6 Teile Sand Weichmacher nach Angabe
Außenmauern, Arbeiten unterhalb der Dampfsperre	1 Teil Zement 3 Teile Sand	1 Teil Zement 1 Teil Kalk 6 Teile Sand	1 Teil Zement 6 Teile Sand Weichmacher nach Angabe
Exponierte Mauern oberhalb der Dampfsperre		1 Teil Zement 1 Teil Kalk 6 Teile Sand	1 Teil Zement 6 Teile Sand Weichmacher nach Angabe
Innenwände		1 Teil Zement 2 Teile Kalk 9 Teile Sand	1 Teil Zement 8 Teile Sand Weichmacher nach Angabe

Betonmischungen und Bodenbeläge

Dichte und Mischungen von Beton hängen von seiner Funktion ab – besonders von der späteren Verkehrslast. Man kann Kies und Sand gesondert einkaufen oder etwas mehr für eine Fertigmischung und Sand bezahlen. Kies ist in verschiedenen Größen vom Feinkorn bis zum Rollkies erhältlich. Ist eine große Menge Beton nötig, zum Beispiel für eine Zufahrt, so lohnt es sich, mit einer Firma Kontakt aufzunehmen, die fertige Betonmischungen direkt anliefert. Fertigmischungen haben den Vorteil, daß sie gut durchlüftet *(siehe S. 279)* und daher widerstandsfähiger gegen Frost sind als Mischungen, die man selbst vorbereitet. Allerdings muß man den Beton an Ort und Stelle mit Karren und Geräten sofort einbringen können, denn Fertigmischungen beginnen schon nach einer Stunde abzubinden, und ein Kubikmeter enthält etwa 40 Schubkarrenladungen.

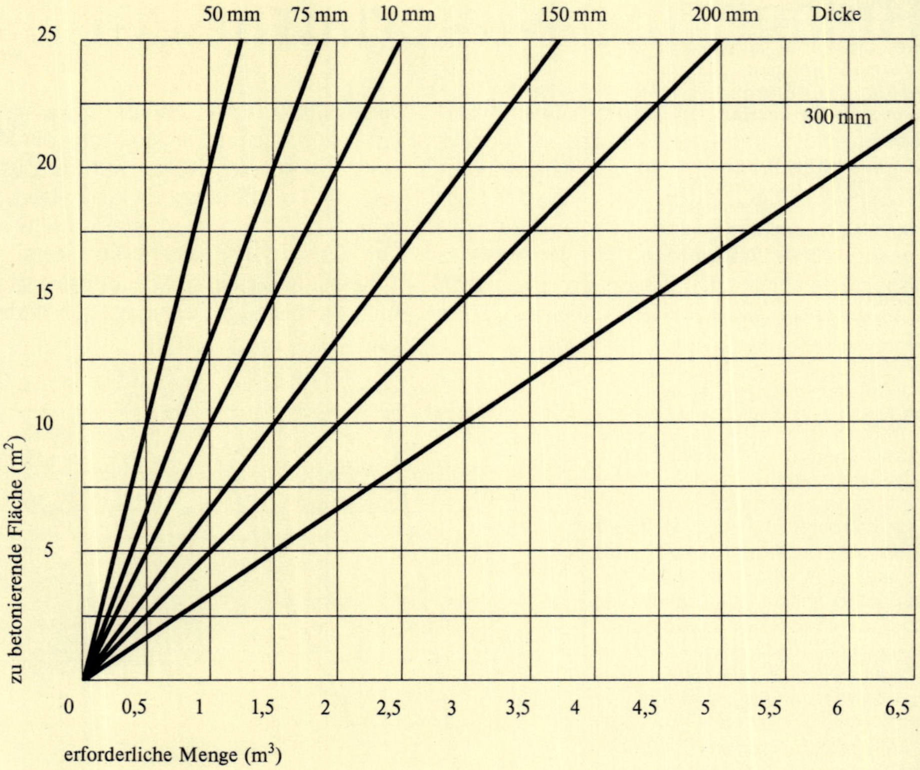

Verwendung	Zement	Kies	Sand
Fundamente, Zufahrten, Garagenzufahrten, Befestigung für schwere Belastung	1 Teil Zement	4,5 Teile gemischtkörniger Kies (max. 20 mm)	
(Alternative mit besonderem Kieszuschlag)	1 Teil Zement	4 Teile Kieszuschlag (max. 20 mm)	2,5 Teile Sand
Wege, Fußwege	1 Teil Zement	3,5 Teile gemischtkörniger Kies (max. 10 mm)	2,5 Teile Sand
Unterbau für Platten	1 Teil Zement		3 Teile Sand
Beckenrand	1 Teil Zement	4 Teile Kies (max. 10 mm)	

Grassamenmischungen

Mischungen gibt es für fast alle Bodenarten. Im allgemeinen enthalten sie sechs Grassorten mit verschiedenen Eigenschaften, unterschiedlichem Aussehen und verschiedenartiger Belastbarkeit. Mischungen unterscheidet man nach solchen mit und solchen ohne Raygras. Raygras ist ein robustes, raschwachsendes, horstbildendes Gras, das stark belastbar ist. Es eignet sich besonders für Rasenflächen, auf denen Kinder spielen. Grassamen sollte von einem guten Samenfachgeschäft bezogen werden. Die Samenkörner müssen voll, sauber und klar aussehen.

Rasentyp	Zierrasenmischung	Nutzrasenmischung ohne Raygras	Nutzrasenmischung mit Raygras	Schattenrasenmischung
Straußgras *(Agrostis)*	8 Teile	1 Teil	1 Teil	
Schwingel *(Festuca)*	2 Teile	3 Teile	3 Teile	2 Teile
Raygras *(Lolium)*			4 Teile	
Rispengras *(Poa)*		3 Teile	1 Teil	8 Teile
Lieschgras *(Phleum)*		2 Teile	1 Teil	
Kammgras *(Cynosurus)*		1 Teil		

Register

Da die Volksnamen von Pflanzen regional häufig verschieden sind, ist der botanische (lateinische) Name die einzig verbindliche Bezeichnung. Deshalb sind die im Buch mit ihrem Volksnamen genannten Pflanzen hier jeweils auch mit ihrem botanischen Namen aufgeführt.

A

B

C

H

I

J

K

Q

R

S

T

U

V

W

Y

Z

Bildnachweis

o = oben; u = unten; l = links; r = rechts; m = Mitte

Molly Adams: 136; Architectural Association: 22o; A–Z Botanical Collection Ltd.: 124o; Michael Boys: 2, 6, 39or, 50, 62, 100, 131, 149u, 150o, 212l, 217, 235ol; (Susan Griggs Agency): 9o, 24, 27, 90, 130u, 151, 155l, 156, 164u, 182ul, 213u, 228u, 231u, 237o, 237ul; John Brookes: 18u, 118, 149o, 158o, 173u, 188o, 189o, 229u, 232ul, 232um, 238l; Karl-Dietrich Bühler: 4, 11o, 13u, 19o, 43, 44, 47, 48, 54, 74, 88, 120, 121, 140, 141o, 143o, 145o, 145u, 154, 157r, 169, 192, 201, 206o, 211o, 214, 216u, 230u; Camera Press: 14, 15, 19u, 26o, 33, 39u, 45, 46, 56, 66, 70, 72, 76, 80, 86, 94, 110, 119, 128, 130o, 137, 142, 148, 159u, 170, 172, 175, 179, 202o, 212r, 228o, 236u, 240o; Michael Crockett (E.W.A.): 82; Cam Culbert (Susan Griggs Agency): 23; Geoff Dann: 30, 109, 114, 115, 132, 133, 230o, 231ml, 232m, 232ur, 233u, 234u, 235m, 235u, 236ol, 236or, 237ur, 229 ol, 229or; Richard Davies (E.W.A.): 26u; Michael Dunne: 127m, 144; E.W.A.: 134o; Roberta Frateschi Bosetti: 147, 161or; The Iris Hardwick Library of Photography: 117m, 139, 157l; Pamela J. Harper: 12ur, 22u, 58, 60, 96, 107u, 111u, 112u, 116, 117u, 123, 126, 134ul, 153o, 155r, 163o, 195, 206ul; Peter Hayden: 21; Clive Helm (E.W.A.): 98; Ann Kelly (E.W.A.): 166; Landscape Institute: 112o; Georges Leveque: 12ul, 37, 186u, 203, 207; Neil Lorimer (E.W.A.): 9u; Michael McKinley: 10, 28o, 34, 111o, 122, 125o, 127o, 127ur, 129o; Tania Midgley (Vision International): 17ml, 17mr, 36u, 52, 125u, 138o, 143ur, 152, 158u, 181ur, 185, 198, 199u, 200, 205r, 234o; Michael Nicholson (E.W.A.): 160, 162, 239o; Ian O'Leary: 150u; George Perkins: 130m, 134ur, 240ul; Spike Powell (E.W.A.): 145m; Ivan Ruperti: 49; Scala: 20; John Sims: 235or; Harry Smith Agency: 8, 36o, 143ul, 164o, 168, 189u, 215o, 223o, 232o; Anthea Sieveking (Vision International): 146; Tim Street-Porter (E.W.A.): 25, 28u, 124u, 135r, 159o; George Taloumis: 13o; Friedhelm Thomas (E.W.A): 84; Pamela Toler: 17o, 17ul, 17ur, 18o, 35, 64, 68, 117o, 127ul, 141u, 163u, 165, 171, 174, 178, 180, 182ur, 183, 184, 186o, 193, 194, 197, 205l, 206ur, 208, 210, 211m, 215u, 223ur, 233o, 233m; Jerry Tubby (E.W.A.): 11u, 108, 135l, 153u, 161u, 202ul, 231o; Steven Wooster: 39ol, 106, 107o, 129u, 138u, 161ol, 181ol, 181or, 181ul, 188u, 202ur, 213o, 213m, 216o, 231mr, 238r, 239u, 240ur; George Wright: 78, 92, 173o, 199o, 220, 223ul, 223um.

Schutzumschlag: Pamela Toler.

Die Illustrationen stammen von David Ashby, Will Giles, Jim Robins, Saxon Artists, Les Smith, Eric Thomas, Venner Artists und John Woodcock.

Bibliographie

Encke, F., Buchheim, G. und Seybold, S., *Zander – Handwörterbuch der Pflanzennamen und ihre Erklärungen,* 12. Aufl., Stuttgart 1981.

Frank, G., *Gesunder Garten durch Mischkultur,* 6. Aufl., München 1983.

Hansen, R. und Stahl, F., *Die Stauden und ihre Lebensbereiche in Gärten und Grünanlagen,* Stuttgart 1981.

Koehler, H., *Das praktische Gartenbuch,* München 1977.

Mücke, K.-H., *Der Intensivgarten – Höchsterträge von kleinster Fläche im ganzen Jahr,* München 1981.

Stangl, M., *Gesundheit selbst gezogen – Obst und Gemüse aus dem eigenen Garten,* 2. Aufl., München 1979.

Michel, H.-G. und Umgelter, H., *Pflanzenschutz im Garten,* Stuttgart 1983.

TIME-LIFE-Serie *Handbuch der Gartenkunde, 18 Bde. (Stauden, Zwiebelgewächse, Rosen, Gemüse und Obst, Rasen und Bodenbedecker, Ziersträucher, Bäume, Sommerblumen, Immergrüne Bäume und Sträucher, Der Kräutergarten, Farne, Kakteen und Sukkulenten, Handwerksarbeiten im Garten, Orchideen, Pflanzen als Schmuck, Pfropfen und Beschneiden, Kletterpflanzen, Stein- und Wassergärten),* Amsterdam 1977–1980.

Danksagung

Ich möchte mich an dieser Stelle bei all denen bedanken, die mir bei der Realisierung dieses Buches geholfen haben: bei Hilary Bryan-Brown, die mein chaotisches Manuskript so geduldig abgetippt hat; bei David Lamb, der es so kenntnisreich redigiert hat, und bei Steven Wooster, der für die Gestaltung des Buches verantwortlich war. Ebenso gilt mein Dank Ivan Ruperti für die Überlassung seines Fotomaterials.

Der Verlag Dorling Kindersley möchte den folgenden Personen für wertvolle Hilfe danken: Michael Runge (Landschaftsgestalter) und James Seymour (von Seymour's Garden and Leisure Centre in Ewell), die den Großteil des im Abschnitt *Die Anlage Ihres Gartens* dargestellten Materials zur Verfügung gestellt haben; Peter Morter für die Farbillustrationen im Abschnitt *Die verschiedenen Gartentypen*; Alison Chappel und Geoff Fann für Spezialfotos und George Perkins (von der Cements and Concrete Assn.) und Anna Selby.